·山东省社科理论重点研究基地山东省齐文化研究基地项目
·淄博民间文化艺术传承创新平台项目

淄博民俗志

主　编　张晓明
副主编　金梦鸽
撰　稿　张晓明　金梦鸽　平娟
刘甲敏　李新宇　阚楠

山东人民出版社·济南
国家一级出版社　全国百佳图书出版单位

图书在版编目（CIP）数据

淄博民俗志 / 张晓明主编；金梦鸽副主编. -- 济南：山东人民出版社，2023.6

ISBN 978-7-209-14183-3

Ⅰ.①淄… Ⅱ.①张…②金… Ⅲ.①风俗习惯—介绍—淄博 Ⅳ.①K892.452.3

中国版本图书馆CIP数据核字(2022)第224752号

责任编辑 刘 晨 刘一星
封面设计 张丽娜

淄博民俗志
ZIBO MINSUZHI
张晓明 主 编
金梦鸽 副主编

主管单位 山东出版传媒股份有限公司
出版发行 山东人民出版社
出 版 人 胡长青
社 址 济南市市中区舜耕路517号
邮 编 250003
电 话 总编室（0531）82098914
市场部（0531）82098027
网 址 http://www.sd-book.com.cn
印 装 山东新华印务有限公司
经 销 新华书店

规 格 16开（185mm × 260mm）
印 张 35.75
字 数 570千字
版 次 2023年6月第1版
印 次 2023年6月第1次
ISBN 978-7-209-14183-3
定 价 169.00元

序　言

王志民

张晓明教授主编的《淄博民俗志》即将付梓，该书的出版，填补了淄博地域文化研究中一个重要领域的缺环，很值得祝贺！

一

民俗，是一个涉及领域非常广泛的文化概念。大凡民间的宗教信仰、年节习俗、人生礼仪、艺术竞技、民间文学、艺术活动乃至各种劳动组织操作的表现形式和技术等，都在其内。民俗反映了一定历史时期内、某一地区人民的生产能力、科学水平、道德情操、悲苦欢愉以及理想与愿望，是覆盖范围最广，对乡土社会渗透、浸润最深的文化。无论从时代发展，还是空间地域来看，它都是传统文化的重要组成部分。记得二十几年前，齐都临淄的部分学者出版了一本《齐俗研究》，内容主要是利用文献、文物资料挖掘当年齐国民俗的。主编张龙海先生让我写序言，我感到"齐俗"是凸显齐文化精神、特色的一个重要方面，于是欣然命笔，写了下面一段话：

> 民俗，是文化的活化石。欲研究一国之文化，须研究一国之民俗；欲研究一地之文化，亦须研究一地之民俗。中华民族的灿烂文化，一脉承传，代代不息。要研究、开发、弘扬民族文化，除了有赖于文字的记载和古迹、文物的再现，很重要的就是民俗的研究。而在当代世界文化格局发展、变化的形势下，民俗研究更有着强烈的现实意义和深远的历史影响。

二十年后，我读美国人类学家罗伯特·雷德菲尔德的《乡民社会与文化》一书，对民俗在传统文化形成、发展、传承中的地位，有了新的认识。雷德菲尔德提出：在某一种文明里面，总会存在着两个传统：其一是由为数很少的社会精英在学堂或庙堂之内创造出来并用文字记载下来的文化，称为"大传统"；其二是由为数很大的人群在他们诞生的那些乡村社区的生活里自发地萌发出的文化，称为"小传统"。文明社会的这两个"传统"既缺一不可，又相辅相成：大传统依赖于小传统，从中汲取营养，由社会精英在学堂、庙堂里，将这些民间的文化转化、创造、上升为高雅、上流乃至神圣的知识系统；而最终，大传统又会经过一定的途径塑造和改造相对处于低等、世俗、乡土、民间的小传统，社会由此获得变迁与发展。因而，包括民俗在内的“小传统”是世界每一种文明中丰富多彩内涵的重要底色，是每种文明形成发展的要素之一，甚至可以说是“半壁江山”。雷氏的大、小传统理论最核心的观点有二：一是虽然大、小传统是一个复杂社会分立的两端，但又是相互依存、密不可分的，前者以后者为源头和根基，后者受前者影响与塑造，二者共同形成推动社会文化发展的合力；二是大传统不“大”，来自少数精英，重义理，引导文化方向，小传统不“小”，生成于民间大众，较低俗，提供丰富文化素材。

以儒家思想学说形成为例，其渊源是西周以来的礼乐文明；而礼乐文明，最早则是远古人类对祖先、天地的崇拜和祭祀。孔子创始儒家学说，与他整理的“六经”有直接关系，而“六经”之原始也是来自民间的。孔子最看重“六经”之首的《诗经》，说：“《诗》三百，一言以蔽之，曰：‘思无邪。’”可见孔子对《诗经》研究、挖掘之深，对其文化内涵评价之高，亦反见《诗经》对孔子创始儒学影响之大。但《诗经》305篇，采自民间风俗之诗的十五《国风》就有165篇，占了多半。这些诗怎么来的？《汉书·艺文志》记载：“古有采诗之官，王者所以观风俗、知得失、自考正也。”该书《食货志》又记载：“孟春之月，群居者将散，行人振木铎徇于路以采诗，献之大师，比其音律，以闻于天子。”儒学形成的理路，正是雷氏理论中所说的“大传统”植根于民间小传统，汲取营养，从而转化为传统文化思想主干的轨迹描述。清代学者章学诚在《文史通义》中说：“道”必求之于“人伦日用”，以及“学于众人，斯为圣人”。这是我们理解民俗文化在中国传统文化中地位的一个视角。由此来看民俗研究和民俗志书的编写，就会更明晰它的重大意义和文化学术价值了。

二

就民俗而言，它与自然地理环境和人们生活的社会形态有直接的关系。东汉应劭的《风俗通义·序》中说：“风者，天气有寒暖，地形有险易，水泉有美恶，草木有刚柔也。俗者，含血之类，像之而生，故言语歌讴异声，鼓舞动作殊形，或直或邪，或善或淫也。”即是说：“风”是与一个区域的气候、地形、山川、林草等自然环境有关的社会风气；“俗”则是人们在一个区域的长期活动中逐步养成的不容易改变的语言、行为、倾向观念或社会习尚。从这样一个观察点来看淄博的民俗，它应是一个蕴含丰富的文化宝库。从自然地理环境看，淄博的南部有雄伟壮丽的名山大川和延绵起伏的丘陵山地，北部则有广阔的平原沃野和源远流长的大河、湖泊与湿地。高山、丘陵、平原、河川，如此复杂多样的自然环境决定了民俗文化形态的丰富多彩。地理环境和自然资源又决定着生产方式和生活方式的差异，由此带来生产、生活民俗的多样化。淄博以工、商、农、林、牧各业并茂著称于世。百余年来更发展为近现代工业基地，形成城乡交汇、业态多样、民俗文化多元交汇、丰富多彩的特点。历史上的行政区划，大多根据地理环境、历史文化因素划分，是对人们社会交往、风俗习惯影响巨大的因素之一。当今淄博的八个区县，明清以来的六七百年间，曾分别属于济南府、青州府、沂州、武定府，这样一种多元区域民俗文化的聚合，使淄博民俗增添了特有的丰富性和多元性，这也是淄博民俗较之其他市域更值得深入挖掘、研究的又一个重要原因。

民俗文化在传统文化中的重要地位和淄博民俗文化的丰富多元，彰显了《淄博民俗志》编纂出版的重大意义。虽然近些年来，淄博的民俗文化已经受到市内外文化学术界的关注，在齐文化、淄博地方文化的著作中，对淄博的民俗调查、传统村落、商埠集镇、聊斋俚曲、陶琉工艺以及民间传说、饮食文化等均有研究和阐发，取得了一些成果。但是，像《淄博民俗志》这样较真实、全面反映淄博民俗专题的志书，尚属首次。

该书在以下几个方面具有突破和创新性意义。其一，该书按照中国民俗学协会制定的编纂大纲，比较全面、系统地搜集、整理了淄博民俗的各类事象，保存了大量的民俗资料。该书内容分为生产贸易民俗、日常生活民俗、社会民俗、游艺民俗四个部分，涵盖农林牧副、商贸金融、民间科技、衣食住行、宗族村落、民间团体、教育教化、医疗卫生、岁时节令、人生礼仪、民间信仰、巫术禁忌、文学与工艺、曲艺游艺、体育竞技等民俗事象，是一本百科全书式的、资料丰富的民俗集成之作。其二，该书注重反映了淄博民俗丰富多彩的地域性特征。在每一个民俗事象门类下，都对富有地方特色民俗进行整理与挖掘，反映出浓郁的区域乡土气息。仅就生产民俗而言，高青的大米种植与酿酒，桓台的建筑与渔业，临淄的花边与条编，沂源的山乡果蔬种植，博山的陶琉工艺，周村的蚕桑与酿造，淄川和张店的煤炭开采与冶铁等，都展示出业态民俗的丰富和多样性特色。其三，该书注重了民俗传承性的研究、梳理和描述。该著作收录的是清末、民国以来到新中国成立后的民俗资料，在研究阐发中着力关注民俗继承、革新及历史发展的脉络线索。一方面留意上述时限内消失或即将消失的民俗事象，如20世纪40、50年代坍毁的庙宇建筑与牌坊碑刻，以及婚丧中的旧俗；另一方面也注重描述当代的传承现状和新风尚的变迁，还特别制定与收录了蕴含浓郁民俗特色的事象名录，例如淄博市老字号名录、地理标志证明商标及产品名录、非物质文化遗产名录以及国家级中国传统村落名录和自然人文景观名录等，古今对照，展示历史的变迁和传承。

当然，作为第一本《淄博民俗志》，虽然作者做了最大努力，为淄博的文化研究、阐发填补了空白、做出了贡献，但是从更高的要求着眼，今后还有努力增补、修订之处。一是要注重田野调查，写出深度。该书所收时代主要为清末至今，此百年间为我国社会千年未有之大变局时期，传统农业、农村呈阶段性巨变；传统民俗受影响最大，有转折性变迁。这就不仅搜集地方文献性资料，更需要对典型事项进行深入的田野调查，以获取各时段真实、可信的第一手资料。由此来梳理、撰写民俗的传承、变革、发展才更丰富、真实、可感。二是要适当注意辨析、阐发，注重优良传统民俗的传承、发扬和转化，成为新一代民俗建设的丰富营养。改变传统的着重收录资料式的编志方式，为传统文化的创造性转化和创新性发展服务。三是作为全市的民俗志，还应全面把握各类民俗事项，防止区域偏颇、顾此失彼，挂一漏万。作为一本民俗志，配有一定数量的图片图示也是必要的。总之，衷心希望作者继续努力，将本书打造成一本资料性、学术性、实用性兼具且广受读者欢迎的权威性民俗著作。

2023年仲春写于瑞贤园寓所

编写说明

一、本志记述山东淄博境内民俗事象及其变化，记述时间上限不做统一规定，下限基本截至2009年12月，部分事象后延。

二、本志时间表述，1949年10月中华人民共和国成立以前基本采用历史纪年括注公元纪年的方法，1949年10月以后采用公元纪年。

三、本志使用的地名、官职、党派、机构、计量单位等，一般使用记事时名称，个别有变动者括注说明。

四、本志以篇、章、节、目、子目为框架，以记、志、图、表为体裁。

五、本志每篇篇末列主要参考文献，注释采用页下注，非原文引用，一般不注出处。

六、本志资料主要来自近年出版的各类志书、部分旧州府县志、文史资料、民俗调查资料及民俗研究文献。

目　录

第一篇　生产贸易民俗

淄博位于山东省中部，地形地貌比较复杂，在长期的历史发展中，形成了丰富多彩的农林牧副渔等传统生产门类。淄博也是近代中国工矿业开发较早的地区之一，近现代工业发展历史已逾百年。淄博商业兴盛，是鲁中有名的商业古都，周村商埠驰名中外。这些生产门类形成了诸多具有地方特色的传统习俗。随着社会政治经济的飞速发展以及农村社会的巨大变革，有些传统习俗还在发挥着重要作用，有些业已消失而成为历史记忆，有些正在消失而成为残存的历史遗留。

第一章　生产民俗

淄博古称“齐”，古文字形为禾麦上齐之形，说明淄博种植业起源很早。张店区傅家乡大汶口文化浮山驿遗址出土石铲、石斧等，冢子坡龙山文化遗址出土石镰、石斧等[1]，说明六七千年前淄博就出现了原始农业，并持续发展。北魏贾思勰《齐民要术》记录了大量农林牧副渔等业的生产经验，包括农作物栽培、经济林木生产、野生植物利用、禽畜饲养、农副产品加工、日用品生产等，说明当时黄河中下游包括淄博地区的生产已经达到一个较高水平。

第一节　农业种植民俗

淄博地处鲁中，南部是山区，北部是平原，农业生产种类比较丰富，包括蔬菜、果树、家畜、水产、微生物等。农作物主要是小麦、大麦、荞麦、玉米、谷子、大豆、绿豆、甘薯、高粱、水稻、棉花、花生、油菜、蓖麻、烟草等；蔬菜主要是番茄、茄子、辣椒、黄瓜、西葫芦、冬瓜、南瓜等。[2]冬小麦主要分布在胶济铁路沿线北部平原和孝妇河两岸，蔬菜集中于城郊，棉花、黄烟分布于桓台、临淄两地，花生主要生长于博山区南部和淄川区山丘地区的红沙壤土中。[3]淄博作物种植传统模式主要为一年一熟和二年三熟制，新中国成立后发展出一年二熟制。

[1]《淄博市文物志》编纂组编：《淄博市文物志（初稿）》，1984年版，第12、15页。
[2]李奎封主编：《淄博农业五十年》，济南：山东科学技术出版社，1999年版，第43～56页。
[3]山东省淄博市农业局编：《淄博市农业志》，1987年版，第41页。

一、粮食种植

淄博粮食种植种类主要是高粱、谷子、大豆、小麦，直至民国年间，仍以高粱、谷子等杂粮为主。新中国成立后，粮食作物渐渐以小麦、玉米为主，其次才是谷子、高粱、大豆、甘薯等。粮食作物俗称“庄稼”，春播作物称“春庄稼”，夏播作物称“秋庄稼”，又分别称“春茬”“秋茬”，每种作物都有其独特的生产程序和习俗。

（一）小麦种植

淄博传统上主要种植冬小麦。新中国成立以前，农家通常在秋分前后种麦，正如农谚所云：“白露早，寒露迟，秋分种麦正适宜。”先用耧条播，然后下种。播种之前要先整地，整地之前要先施肥。肥料主要是堆肥、圈肥、人粪肥等。播种前要施一遍基肥，翌春于起身、拔节期间再追肥一两次。20世纪中后期才多施化肥。

耕地的传统方式有畜力牵引的犁耕与人工劳作的耦耕、刨耕等数种。耕过之后，要用耙和耢进行碎土、平整地面、保墒的工作，这是北方传统的旱作土壤的耕作程序。最初，播种以行距60厘米的“大扒垄”居多，50年代，耧播改镢挑沟，手撒种，行距40厘米，播幅6厘米，是宽幅种植。在施土杂肥基础上，开始施少量化肥，有的冬季镇压、浇尿，开春用竹耙耧麦、浇水、追肥、划锄、治虫等。为了减少阴阳茎，促苗整齐生长，播种方向大多由东西改为南北行。60年代，推广密植耧，水浇地调畦播种，一般行距20厘米，播幅10至13厘米，并开始施种肥，粪种隔离，后来又推广宽畦窄行播种，畦宽1米，畦梗宽约40厘米。旱田实行“小排垄”，不再用原来的“大扒垄”。70年代，耕种技术更为精细，磷肥及生长激素也开始应用。80年代重点采用精播高产栽培，种植技术达到新水平。[1]

小麦在生长过程中，需要有充足的水分供应。但淄博多春旱，俗谓“春雨贵如油”，因此由开春到收获前各个阶段，如返青、起身、拔节、挑旗、扬花、灌浆、蜡熟，如有必要，都需要进行人工灌溉。主要使用辘轳、水车、戽斗等灌溉工具。

芒种左右小麦开始收获，正如农谚所云：“芒种三日见麦茬。”收麦开始前，先准备打麦脱粒的场地，即打麦场，俗称“场院”“场”。打麦场多设在田间地头或房前屋后，或在村外某个地方设大场，供全村使用。但做过打麦场的地方通常长不好庄稼，故有俗谚云：“能种三年路，不种一年场。”遇上好天气，麦头被毒日头晒上一两天，变得焦脆，就可以打场了。打场是整个麦收的高潮，时间在烈日当头的正午前后。打场之后即收场，收场先要辨别好风向，看好风向后，先用麦叉把打过的麦草一一抖过，然后集中到一旁准备打垛，再把连糠带粒的麦子集中到下风头的场边。收麦粒后要扬场。扬场是一项技术性十分强的活计，分开一边是金黄的麦粒，一边是麦糠碎草。再晒上一两天，就可以入仓，麦收结束。最后把麦根子垛成一个大垛，留作柴草或做苫房子用。

20世纪90年代后，传统小麦生产技术开始发生改变。在平原地区，拖拉机耕

[1] 山东省淄博市农业局编：《淄博市农业志》，1987年版，第47～48页。

地逐渐取代畜力、人力而成为主要方式。在丘陵地区、山区，由于受地形条件限制，仍有人工刨地的形式存在。播种机日益普及，抽水机逐渐取代了传统的辘轳，联合收割机获得推广，既省力、省时，还免去了收割、运输、打场、扬场等一系列繁重的体力劳动。麦收之时，农家会在路上拦一台联合收割机，交上钱，一会儿工夫便可收割完毕，农家只管把麦粒运回家晾晒即可。拖拉机普遍应用，牛、驴等役畜运输形式消失。传统碌碡逐渐被脱粒机取代，扬场作业消失。

（二）玉米种植

玉米，果实称“棒子”“棒米”，是一种美洲作物，明代传入我国。淄博地区玉米种植历史约四百年，明清时期种植面积少，产量低，被列入杂粮统计。新中国成立后，玉米种植面积和产量逐年提高，成为高产作物。

玉米播种分麦田套播和夏播，分别称“春茬玉米”和“夏茬玉米”。以夏茬玉米为多，与小麦轮作。五月中旬芒种前后开始在麦田套种，先播中晚熟品种，后播早熟品种，低产麦田套种稍早，高产麦田套种略迟。小麦收割后，先用畜拉犁开沟（俗称“穿沟子”），再手播点种，最后覆土；或用人工刨坑点种的方式，一人用镢头刨坑，一人随后点种，并随之用脚覆土。若季节不允许小麦收割后再播种，也可直接播种于未收获的小麦垄间，称“套种”。这种方式只能实行人工刨坑点种，且收割小麦时必须非常小心，以免伤及刚出土的玉米幼苗。

玉米幼苗既出，就需要锄地。锄地又称“耪地”，用锄头或三齿锄。头遍锄地要深锄，既要锄去割麦后留下的茬子（又叫“耪茬子”），还要锄尽杂草（又叫“开荒”），还要松土为玉米生根创造条件。锄过头遍之后，隔 10 ~ 15 天还需要锄第二遍、第三遍，目的主要在除草。要浅锄，防止伤及玉米根，农谚有云：“头遍深，二遍浅，三遍四遍刮刮脸。”若幼苗期锄草不及时，玉米封行后就只能采取人工拔草的方式。此时正值天气溽热，玉米行间又不通风，故辛苦异常。近几年，随着除草剂在农村的推广使用，喷洒除草剂去除杂草普遍流行，大大减轻了工作的辛劳。

锄过头遍地后进行间苗，在土地较湿润时直接用手拔除弱苗。定苗之后，要施一次肥料。除用土杂肥做基肥外，还带种肥，并肥种相隔。玉米三叶期间苗、定棵，定苗后两次追肥，分别在拔节前和抽穗前。玉米生长中后期，要及时中耕和防治虫害。20 世纪后期绝大部分地区施用化肥。施肥时一人持镢头在前，于每两棵玉米间刨一个坑，一人挎化肥篮子于后，把适量化肥放入坑内，方法与人工刨坑点种玉米完全相同。许多农家还施用速效肥料尿素，通常是在雨后，直接用手撒在玉米地里。

待玉米长至齐腰高，伏雨季节来临时，以犁中耕垄沟，壅土培根，以便压埋根部杂草，便于大雨时排水。此后不再锄地，俗称“挂锄”。挂锄之后，极望多雨，故有“六月连阴吃饱饭”的农谚，又有“豆子开花，捞鱼摸虾”的民谚。

玉米多在秋分左右收获。掰下的玉米棒用小车等运回家中。剥皮晾晒工作一般由老人和儿童完成。先剥去玉米外层较硬的皮，只留下较柔韧的皮在尾端，然后编成长长的辫子，悬挂在檐下或树枝上，或于平地立柱，缠绕成塔堆。也可把所有的玉米皮去掉，剥下的玉米铺放在平地上晾晒。

脱粒机普及以前，玉米脱粒通行手剥，俗称“剋棒子”。一般是在入冬以后，全家人围坐一起，中间放一个大笸箩，一边剥玉米粒，一边闲聊天儿。这种农家风情，至今在一些地区还可见到。

（三）水稻种植

淄博水稻主要产自高青。高青大米也叫“黄河大米”，因引进黄河水浇灌得名，是高青县著名特产之一。据考证，清朝初期，来自浙江上虞的移民从家乡带来稻种，在大清河边试种成功，这是鲁北地区最早关于水稻种植的记载。乾隆皇帝侍读罗国俊《过大芦湖》：“密雨阴浓白鸟飞，水田一片绕柴扉。何人识得湖中乐，稻花飘香鱼正肥。”描绘了当地大米业发展盛况。清咸丰五年（1855）黄河夺大清河道入海，高青沿黄湿地增加，水稻种植面积形成规模。1935年，时任山东省政府主席韩复榘视察黄河防汛情况，对当时高青所产大米大加赞许，高青大米遂成为当时省政府后勤物资特供。20世纪60年代，高青县两座引黄闸建起，水利条件大为改善，利用配套沟渠，水稻种植进一步扩大。

古老的种植习俗、丰富的产业历史文化与原生态环境，对高青大米内在品质的形成产生了巨大的影响。高青县土壤肥沃，水质纯净无污染，有良好的水利灌溉条件，非常适合水稻生长。目前高青县2万亩水稻，主要集中在常家镇、木李镇、芦湖街道等地，如常家镇的蓑衣樊村、说约李村、许管村、刘王村、沙李村，木李镇的杨坊村、芦湖街道的包福李村等。黄河大米一年只收获一季，大米品质优良，米粒晶莹剔透，颗粒饱满，口味纯正，做出来的米饭特别好吃，深受百姓喜爱。

养鸭治虫技术是古法种植技术之一。在水稻插秧20天后，放进鸭苗，鸭吃虫，粪肥田，形成了一个“稻—虫（草）—鸭—粪—稻”微型生态链，稻和鸭都具备了有机品质。经过实打验收，采用古法种植的高青大米亩产量达到480斤，虽比传统产量略低，但售价却高于普通大米。

（四）高粱种植

高粱是汉代引进中原种植的，俗称“胡黍”“蜀黍”“秫秫”。作物秸秆俗称“胡秸”“秫秸”，可用于扎房顶、架篱笆；高粱秸皮是编席的好材料；穗子脱粒后为胡黍瓤，可扎笤帚。由于高粱抗旱耐涝，淄博本地种植较多，是农民主粮之一。新中国成立后，随着耕作制度的变革和一年二熟制的推广，又由于春播高粱复种指数低，加之高粱适口性差，种植面积逐年减少，种植区域逐年移到南部山区旱田和丘陵地带。高粱播种一般在清明或谷雨前后，有耩种与刨坑点种两种方式。播种后开始间苗、锄地、砍高粱、扦穗、打场等，田间管理比较粗放，定苗后追肥一次，中耕两三次，秋初收获。

（五）谷子种植

谷子俗称“谷”，在淄博种植历史悠久。因其易贮存、抗逆性强、营养丰富等特点，谷秸又是较好的牲畜饲草，所以深受当地人民重视。新中国成立后，被列入地产作物，由平原栽培挤到山地、坡地、丘陵地带，因而种植面积和产量都不高。谷子分春谷与夏谷两种。春谷一般在四月中下旬谷雨前后播种，双腿耧或单脚耧播种。夏谷多在六月中上旬播种。间苗定棵后追肥一次，及时中耕，防止虫害。秋初收获。为充分利用耕地面积，近年来春谷减少，夏谷增多，随着作物内部结构的调整，谷子种植面积和产量都有所回升。

（六）黍种植

黍俗称“黍子”，春播的为早黍子，夏播的为晚黍子。秸秆称“黍秸”，穗子去粒后为黍瓤，多用来扎制小笤帚，俗称“黍瓤笤帚”“扫炕笤帚”。籽粒去皮后称“大黄米”，粉碎为面则称“糕面子”。外种皮称“黍糠”，可用来填充枕头。其农活程序与谷子基本相同。

（七）大豆种植

大豆俗称“豆子”“豆儿”，是榨油的好原料。大豆种植历史悠久，新中国成立前，大豆是本市人民的主食之一，又能榨油，种植较多。播种方法一般是点播或耧播，分春播和夏播两种，以夏播为主。多为单作，也有与玉米间作。以前单作居多，逐渐转间作为主。田间管理多是中耕、锄草、防止虫害、消除大豆菟丝子，多数不施肥。其与玉米共生，九月中旬与夏玉米同收。

（八）甘薯种植

甘薯俗称“地瓜”。地瓜收获后切片晒干，做成地瓜干，可用以酿酒或作为猪饲料。瓜干磨面称“地瓜面”，秸蔓称“地瓜蔓”“地瓜秧”，可用作牲畜饲料。淄博种植地瓜历史二百余年，主要在南部博山、淄川一带种植。

地瓜种植分春季和夏季两种，多为一年一作，春种为主。早春育苗，五月插，要在翻后的土地上直播，行距 1 米左右。田间管理多采取翻秧、锄草等措施。新中国成立后，地瓜和小麦、玉米一起被列为高产稳产三大作物。改为火炕育苗，终霜后插秧。插秧前用杀菌剂浸苗，起垄栽插，田间管理以中耕和追肥为措施。70 年代育苗在火炕上加盖塑料薄膜，仅在低温时加温以节省燃料。插秧改为短秧斜插法，培垄也由大胖垄改为小垄密植。基肥多为包馅肥，即将基肥包在瓜垄中间，改翻秧为不翻秧。

“窝瓜下蛋”是 1968、1969 两年间推广的地瓜栽培技术。秋后，选留重约 50 克的无病瓜块进行冬藏，翌年清明以后，栽于垄顶，并用土将瓜母全埋，每亩 3000 至 4000 株，瓜母出芽后进行清墩，即将瓜母的埋土扒去，使瓜母的三分之二裸露，这样瓜母不膨大，而新根下扎形成瓜块，故称“下蛋”。此法产量高，品质好，但因瓜种用量大，栽种困难，两三年后被淘汰。[1]

二、经济作物与蔬菜种植

淄博经济作物主要有棉花、花生、烟草、药材，还有麻类、油菜、芝麻、向日葵、

[1] 山东省淄博市农业局编：《淄博市农业志》，1987 年版，第 52 页。

蓖麻、莲藕、啤酒花等，还有野生经济作物，如芦苇、菖蒲等。蔬菜主要是白菜、黄瓜、芹菜、西葫芦、西红柿等应季蔬菜。

（一）棉花种植

棉花简称“棉”或“花”，种植始于16世纪，主要分布于淄博北部平原一带。20世纪90年代，高青县就列入全国棉花生产百强县。

棉花一年一熟。栽培技术主要是地膜覆盖植棉和营养钵育苗，可以使棉苗健壮，还能提前一个多月种植。棉花播种通常在谷雨至立夏时节，农谚云：“清明种棉早，小满种棉迟，谷雨立夏正当时。”播种之前先整地，分冬耕与春耕（俗称“转二犁”）。入冬后冬耕，只耕不耙，待来年春天土壤解冻后再耕遍并细耙，方式与小麦播种前的整地方式相同。春耕前施用大量农家肥料或化肥，先遍撒于地，耕地时再直接翻入土中。在大面积棉花种植的地区，耕好的土地通常要做畦，以便于开沟播种及干旱时的灌溉作业；零星种植的地方，则通常不做畦，不开沟。

播种前先选种。把棉籽倒入水中，沉入水中的即是饱满的好种，漂浮在水面的则是干瘪之种，此种种子必须去掉。选好种后，还要浸种。把种子泡在水中一天左右，让其充分吸收水分，然后捞出，堆在湿土上，并用瓦盆或麻袋、塑料布等覆盖一夜，次日取出，用草木灰搅拌，然后就可下种了。播种有开沟撒播、水种包包与捣窝点种等方式。开沟撒播，就是先在地里开出一条沟，再把棉籽撒到开好的沟里，然后覆土。水种包包，就是先刨坑，然后往坑内倒水，再把棉籽放入，待水完全没入土内时再覆土。此种方法通常于天气干旱、土地墒情不好时采用。捣窝点种，就是一人用镢头等工具刨坑，一人随后点种，再由刨坑人直接用镢头把所刨的下一个坑带出的土覆在前一个坑内，然后再由点种人用脚踩一下。

棉苗出土后需要锄草、培土，同时进行间苗作业。传统是一步留两苗，现在株距已有所增大，通常要经过几次间苗后才最终定苗。锄草从棉苗出土到棉棵封行为止，要进行多次，既利于保墒，还可培土、行根，所以农谚有云：“棉花收在锄头上。”棉花枝条有果枝与叶枝两种，为保证棉花丰收，需要去掉叶枝，保留果枝，并适时抹掉赘芽，以免徒耗营养。待立秋左右棉棵长到一定高度时需要摘顶，又称“打顶心”，即摘掉棉棵最顶部的生长部；还需打边心，又称“打群尖”“打旁心”，即去掉其他棉枝的顶部，以促进下部果枝及棉桃的生长发育。摘顶通常在烈日当头的中午进行，辛苦异常。还有摘老叶、剪空枝（或叫“打杈子”）等工作。棉花易受病虫害，生长过程中需要不断喷洒农药治虫治病。

白露左右棉花陆续成熟。与其他作物不同，棉花并非一次性全部成熟，而是棉铃陆续开放，因此每隔两三天就需要收获一次。采摘棉花称“拾棉”，通常由妇女和儿童进行。拾棉者手携袋或篮，另一只手摘取盛开的棉朵放入，按畦逐步向前推进。这项工作通常于午后进行，持续一两个月，霜降后陆续结束。按农村传统习俗，收获结束后残留在棉田内的零星小朵，孤寡及贫穷者均可拾取，体现扶助贫弱之风。最后再把棉秸拔掉，运回家中，棉花种植工作就结束了。收获后的棉桃带回家，把棉絮取出，去除粘在棉絮上的碎棉叶、草叶等，再放在平坦空旷的地方晾晒几天，就可出卖了，还可用轧车把棉籽去掉后再出卖。

（二）花生种植

花生又称“长生果”“长果”“果子”，果仁称“长果仁”“花生仁”“花生米”，用花生米榨的油称“花生油”“长果油”，榨油后剩下的渣滓饼称“花生饼”“长果饼”，秸棵称“长果蔓子”“花生秧”，是上好的饲料。花生种植历史悠久。新中国成立前，淄博花生种植面积较大，但产量不高，由青岛外销。新中国成立后，尤其是80年代后，地膜覆盖种植方法普遍推广，极大简化了工作程序和劳动强度，产量提高。

花生种植为一年一作，春播、夏播皆可。春播在立夏前后，麦田套种和夏播则在五月下旬至六月上旬，宜早不宜迟。田间管理为：前期培育壮苗、清棵锄地；中期中耕培土、施肥、浇水、治虫、保针促果；后期锄花生、刨花生、摘花生、剥花生。

（三）烟草种植

烟草为淄博重要经济作物之一。烟草分旱烟和烤烟。旱烟据传从沂水县一带引进，始种于16世纪末期，分布于南部山区。民国年间烤烟引进，旱烟逐渐销声匿迹。

据记载，淄博烤烟始种于1916年，由英国人在潍县试种后，扩种到临朐、益都、安丘、临淄一带。1923年美国道格等人在东安次（今临淄孙娄乡）指导黄烟生产，并进行烟草施化肥对比试验、烘烤和分级绑把、田间栽培指导。1937年七七事变前，为烤烟生产最盛之时。为了发展黄烟，1935年4月省立临淄试验农场成立，位于西关以北，场内有玻璃温室，实验室内备有显微镜、温箱、烤箱等。此农场1937年10月解散。日伪期间，黄烟生产受到破坏。新中国成立后，烤烟种植面积一直不稳，年份之间差异较大，质量有所下降。

春烟一般在雨水前后播种育苗，谷雨前后移栽，苗龄60至70天。夏烟一般在清明至谷雨播种，麦收后抢茬移栽。春夏烟苗床管理，主要是培育足量、适龄、齐壮烟苗。苗床期进行覆盖保温、浇水、追肥和炼苗等措施。移栽有垄栽、平栽、沟栽和穴栽之分。淄博丘陵地带多垄栽，北部平原地区多沟栽。烟苗适时中耕、追肥，以保成熟期的品质。烟叶叶片一般在移栽后60天自上而下渐熟。采收后将烟叶进行绑扎，上炉烘烤，故称“烤烟”。[1]

（四）蔬菜种植

淄博种植蔬菜历史悠久，《齐民要术》对临淄以及淄河一带种植蔬菜方法有记载，历史上也培育出一些优良品种，如：桓台的青苗实秆芹菜、周村的山药、张店的早熟麦黄瓜、淄川的大葱、临淄的“二道眉”芥头、博山的“金耙齿”胡萝卜及“大青皮”萝卜等。目前，栽培蔬菜40余种，市场供应量较大的有10多种。[2]

---

［1］山东省淄博市农业局编：《淄博市农业志》，1987年版，第53～54页。

［2］山东省淄博市农业局编：《淄博市农业志》，1987年版，第69～73页；周飞舟、巩曰国主编：《文化桓台》，济南：山东人民出版社，2021年版，第204页。

蔬菜种植的茬口安排有发展。20世纪50年代，仍然沿用“老三茬”安排，即春夏菜、秋菜、越冬菜。市场供应存在“两旺两淡”（夏旺、初冬旺、春淡、夏秋淡）现象。60年代，逐步增加了夏淡季菜和早春大棚菜两个茬口。70年代以后，早春保护地栽培面积成倍增加，山区夏季西红柿和蒜黄栽培也随之发展，过去“老三茬”的种植结构发展到七个茬口，即：露地越冬菜、冬季保护菜、早春速生菜、拱棚菜、夏菜、山区越夏菜、秋菜。市场供应状况大有好转。

蔬菜种植由露地种植发展为保护地栽培。50年代，主要推广冬季风障阳畦和早春玻璃窗扇加盖苇苴的风障阳畦，进行冷床育苗。60年代初，引入农用塑料薄膜代替玻璃早春阳畦育苗。农用薄膜的推广，加快了保护地面积的发展，使黄瓜、芹菜、西葫芦、西红柿等主要蔬菜在春季提前上市20至50天。

新中国成立前大白菜多为平畦栽培，易发病害，产量很低。50年代推广起垄栽培，防涝，防软腐病，并且从穴播改为条播，以保全苗。70年代又提倡适时晚播，从立秋前播种改为立秋后播种，以防病害。桓台乌河两岸的耿桥一带是境内白菜的重点生产区，享有盛誉，素有“桓台白菜章丘葱”之说。

黄瓜种植在淄博有一百多年历史，品种有地黄瓜和架黄瓜两种，在春、秋两季种植。60年代已改为一年四季种植，春节也吃上了鲜黄瓜。70年代后，大棚黄瓜及地膜加小拱棚覆盖的早春黄瓜发展起来，品种也随之更新换代。

西红柿也叫“洋柿子”，系50年代初引入的新品种。开始种植是高架、大架，架子高4尺有余，起垄栽培，春栽一年一季。60年代引入矮生品种，架子高1尺多，春、夏两季露地栽培。加上保护地栽培，一年可在四季种植。小拱棚西红柿，临淄区齐都镇较多，大都采用阳畦或温床等方式，十二月育苗，次年二月初分种苗，三月下旬扣小拱棚定植，五月中旬收货。山区越夏西红柿，70年代末，先在博山、淄川南部山区种植。农民利用本地夏秋两季气候凉爽、降雨偏多、昼夜温差大的特点，六月栽种，九、十月收获上市，经济效益高。

蒜黄主要在淄河上游城子、镇后、小口头、泉河头、西池等地种植，村民利用自然优势，冬季在河滩上挖池盖棚，生产蒜黄。特别是70年代太河水库兴建以来，上游水位增高，使泉水涌出量增多，大面积发展蒜黄更为有利。淄川区口头乡城子村，1985年产蒜黄2000多吨，除供应本市和全省大中城市外，还销往天津、北京等地。

桓台荆家镇一带种植韭黄历史悠久。清同治五年（1866），东孙村孙景礼与其弟孙景谊发现芦苇铺盖之处，韭菜长出鲜黄嫩芽，香气扑鼻。第二年初冬，在韭菜地上以芦苇做挡风障，用芦花苫盖韭菜，实施昼掀夜盖、扒土晒根等措施，至春节前，韭菜长成数寸，集市销售获得厚利。同时期，伊家村农民伊振焕也培植韭黄成功。荆家韭黄畅销淄博周边地区，远至河北、天津、沈阳。

莲藕是清代初期由南方引进种植的，品种有“缩脖子”“大青条”等，有深水莲藕与旱藕（浅水藕）之分。深水莲藕主要分布在桓台县马踏湖一带，浅水藕多分布在张店、临淄北部少数村庄的池塘中。莲藕质地细腻、圆润、浑如白玉，所产莲子可做莲子羹。夏秋之交的莲藕称“花下藕”，清脆香甜过梨。

桓台新城镇周围村庄所产山药久负盛名。新中国成立后，新城镇宫家、河南一带有成片种植，近销淄博、济南等城市，远销日本、东南亚等国家与地区。

桓台陈庄大蒜“大八瓣”已有几百年的栽培历史，清代曾作为朝廷贡品。主要产于陈庄乡的崔家、姚郭两村附近，故又称“崔姚大蒜”。其特点是白皮、蒜头大，品质好，黏辣清香，口味纯正，便于贮存，驰名省内外。

三、农具使用

早在原始社会晚期，淄博就有石镰、石斧、石铲等农业工具出现。春秋时代开始使用铁制农具。战国时期，临淄、桓台一带已广泛使用犁、铧、锄、镢、铲、斧等成套铁制农具。秦汉以后，虽有革新，但一直沿用锄、镰、锨、镢等旧式传统农具。清朝初期，博山八陡产的镰刀负有盛名，远销省外。1904 年，山东省在周村、临淄城设立农事试验场，并使用铁制水车。1918 年，博山开始制造水泵，除用于煤矿排水外，农田灌溉亦有使用。1924 年，桓台县广泛使用水车汲水，是省内著名灌区之一。1934 年前后，博山、周村造的水车、犁、锄等农具，盛销鲁南及小清河地区。农谚有“辘轳头鸳鸯罐，锄镰锨镢四大件”，说明靠传统农具劳作收获。新中国成立后，淄博市把推进农业机械化作为发展农业生产的重点，农机事业有了长足的发展，到 20 世纪后期，各种新式农机具日渐普及，有些传统农具已很少应用。这里仅对传统农具分类介绍，包括耕整农具、播种农具、中耕农具、灌溉农具、收获农具、运输农具及农产品加工农具等。

（一）耕种农具

1. 耕整农具

犁，主要用来翻耕土地，又称“步犁”。旧式为木质，装有生铁制的犁铧，由牲畜牵引，也有人力牵引的。

耙，耕过土地后用来碎土、平整土地的农具。木框呈梯形，装有铁齿或木齿，框中间钉八字形木梁，操作时，人立耙上，既增加重量，又便于驱使牲畜和控制方向。

镢，用于刨地、开沟、收获，由铁头和木柄组合而成。

锨，用于翻土、起土和装卸，又称“铁锨”“板锨”。

耢，用于耕后平畦，作用和耙相类。一横木上装一排耙齿，其上编制荆条或藤条。操作时，人立耢上，驱使牲畜拖拉前进。

2. 播种农具

耧，又称“耧车”“耩子”，有单腿、双腿、三腿之分。山区多用单腿耧，平原用二腿耧、三腿耧。腿上“种金”和耧斗里的“蛋子”是铁制，其余为木制。通常只用来播种麦子、谷子、豆子等小籽粒的作物。

砘子，又称“轱轮子”，用于播种后镇压保墒，有单眼和双眼之分。单眼砘子有一只石磙，双眼砘子有两只石磙。砘地时推拉石磙。

3. 中耕农具

锄，用于除草、松土。由铁钩和木柄组成。

耘锄，用于灭茬、松土、开沟、扶垄、培土。铁制的架子下设三扁齿，用畜牵引使用。

抓钩，铁制、木柄，有二齿与三齿之分，多用于春季麦田划锄。

三齿钩，形状如锄头，只是改锄板为三扁齿，土壤黏湿时代替锄头使用。

手锄，由铁制锄头和木柄组成，用于间苗或锄掉作物株间的杂草。

铲子，又称“剜刀子”，用于间苗、移栽幼苗。

铁叉，五股，木柄，用于从圈中出粪等。

拾粪叉子，五股，木柄，形制轻便，用于背粪筐在野外拾粪。

（二）灌溉农具

水车，是一种畜拉或人推的提水工具，木制或铁制，由水井架子和水车盒子或水车桶组成。

辘轳，古老的提水灌溉工具。一般以三根木棍做辘轳腿，镶插于一段圆木制成的辘轳身子上，组成辘轳架子，再于辘轳架子上横插一轴，称“辘轳芯子”。辘轳芯子上穿圆木制成辘轳头，辘轳头外端置一弯木摇把，俗称“辘轳把”。把钢丝或麻制辘轳绳绕在辘轳头上，里端固定，外端备铁环拴水斗（有铁皮与条编两种），然后放水斗于井中，再摇把提水，用来灌田。

鸳鸯罐，又称“复式辘轳”。在井口两旁各立一支架，横轴圆筒两头各安一个曲柄，圆筒上绕两根方向相反的绳子，各挂一个水桶。两人一起操作。

桔槔，又称“吊杆”“拔斗子”。用木制长杆，把中间点横悬在立杆上，一头挂水桶，另一头绑挂重石。操作时，把挂水桶的一头向下拉，使水桶垂于井中，这时悬石的一端高高翘起。桶中装满水后，再轻轻一提，悬石的一头坠下，水桶即提出水面，然后再把水倒入田中。

戽斗，又称“撩斗子”“撇斗子”“撇碗”。用一柳条编的水斗或水桶，两侧各系长绳两条，操作时，二人立于两侧协调拉绳使水斗或水桶左右摇摆，于摇摆中向低处取水再扬到高处田中。

（三）收获和加工农具

1. 收获农具

镰刀，刀似月牙，柄有长短之分。田间用于收麦的俗称“麦镰刀”，长柄，也可用来割谷子、芝麻等作物。山区用来割取草木的名为“柴镰”，短柄。

碌碡，又称“砘”“石磙”，分光面磙和棱沟磙。圆柱形石磙的两头有轴窝，使用时装上“挂子”，牲畜或人工牵拉，碾压使小麦、大豆等脱粒。

扇车，又称“风车”“扬风车”“飏扇”，是脱粒后的分离清选工具。扇车由风箱、风扇叶、喂料口、出料口、手柄等组成，木制。使用时一人送料，一人摇动手柄，利用箱内形成的风流将粮壳杂物吹出箱外，粮粒则由出粮口流出，车下设笸箩接盛。

擦床，在长约 50 厘米、宽约 6 厘米的方木上钉一粗铁锥，锥的下方挖一小孔。使用时一手扶擦床，一手拿玉米果穗往锥上推，辅之以手剥，达到脱粒目的。

传统的场上辅助工具有木锨、木耙、竹耙、木杈、拉耙、扫帚、簸箕、筛子、折子、二齿、苫子等。近年除木锨、木耙、苫子减少外，其余仍普遍使用。

木锨，状如铁锨，木制，小麦打场时用于收集粮食与扬场。

木耙，于一小横木上镶木齿，装长柄，晒粮时通过划梳翻晒。

木杈，树条加工而成，麦子打场时用来拆垛、打垛及翻晒麦头。

扫帚，又称“大扫帚”，用细竹枝扎成，用于掠去粮堆上的浮皮、碎草等。

簸箕，用去皮的柳条等编成，前设木板（俗称“簸箕舌头”）方便撮物，用于去除粮食中的草屑与杂质。

筛子，有竹制、铁丝编织两种，用以筛去粮食中的沙、土及各种杂质。

苫子，用麦草或谷草编织而成的长帘，用以覆盖粮食或柴草垛顶。

2. 加工工具

粮食脱壳、去皮的传统工具为碓臼与石碾，粉碎的传统工具为石碾与石磨。现在只有石碾还在少数农村中使用，大量粮食的加工一般用电磨等农具。

杵臼，由杵木和石臼组成，用于少量粮食脱壳、去皮。使用时将粮食置于臼内，用杵反复击捣，使之去壳或粉碎等。

脚打碓，一根直径四五寸、长五六尺的木梁前端装一圆木，置于坑槽内，木梁中间立一支点，用脚踩木梁后端，前端的圆木便上下起伏，对粮食进行击打。

碾子，由碾盘、碾槽、碾磙、碾架子等组成，碾盘中心设竖轴，连接碾架，架中镶碾砣，用人力或畜力使碾磙在碾盘上滚动。碾有花碾、光碾之分。花碾是在碾磙表面顺圆柱方向凿有凹槽，用于粮食脱壳去皮；光碾没有凹槽，用于粉碎小麦、玉米、谷子、高粱颗粒等。还有一种草碾子，碾磙为一大石轮，石轮中心凿孔，镶一长木杆，木杆中部吊在木杈上，人从一端推动，石轮即在碾盘上滚动，功用与碾相当。还有一种油碾，只有少数油坊使用，后被榨油机替代。

磨，亦称“石磨”，有旱磨、水磨两种。旱磨加工面粉，水磨加工煎饼面糊、豆浆等。沿乌河、孝妇河两岸还有一种水轮磨，新中国成立前多用来加工香料，故亦称“香磨”。还有一种拐磨，形制较小，设拐把，多用于磨芝麻制香油。磨多为石制，主要部件为支架、磨盘与磨脐。从前乡村中多有代人加工粮食的专业户，作业的地方叫“磨坊”。通常每个家庭都有磨，支在放杂物的小屋当中。磨在天井中的安放位置是有讲究的，在淄博一带，通常放在院子的西北角。

箩，用于筛面，有大小两种。小箩直径 1 尺左右，大箩如面盆。以樗木（臭椿）薄板弯成圆形，俗称“箩圈”。马尾编成细网制成箩底，以箩底扣眼大小分粗箩与细箩。大箩，木制长方形，悬一大木箱中，引摇把于箱外，人立箱外，或坐高凳上，摇动曲把，箩即于箱中反复碰撞箱壁，箩面于箱中。箩面的种类很多，以小麦为例，第一遍磨下的，以细箩箩出，叫“头箩面”，是面里最好的，相当于现在的精粉。

第二遍的叫“二箩面”，第三遍的叫“黑面”。若不分遍数混在一起，则称“一箩到底”。

（四）运输农具

大车，主要用于运粪、装土、运输收获的作物。由 1 ~ 3 头牲畜牵拉。车轮原为铁木结合装置，后变为胶轮。装载量较大，用粗绳绑缚。

地排车，有普通地排车与畜力地排车之分。

拖车，平原地区耕翻土地时的运载农具。一方形木架，下设两长木，放置农具、杂物，用牲畜拉着下田，常见于平原洼地、黄河滩区。

二把手车，平原地区多用，结构与木轮手推车基本相同。

小车，用于装运粮食、粪土等。使用时，往往配备两个条编的长筐，名为“偏篓”，又称“粪篓”“粪篓子”。

驮篓，固定在一张弓形的木架子（如马架子）上，山区多用驴驮。

扁担，分挑的扁担与抬的扁担数种。挑物时用绳子捆扎，绳子末端用滑钩挑起。

小船，桓台湖区主要运输工具。木制，船宽 1 米多，长 5 ~ 6 米，载重 1000 多公斤。无帆无舵无遮篷，船体光滑，行走快慢、进退转弯和停驶，全靠一根 5 米左右的长竹篙驾撑。湖区户户门前停泊小船，出门必用，男女老幼均能执篙驾撑。

四、水利灌溉

淄博地区水利事业历史悠久。临淄齐国故城有三大排水系统、四处排水口，为世界同时代城市排水系统建筑所罕见。齐国为沟通其都城临淄与中原地区的水运交通，在临淄东北的淄水与济水之间开挖济淄运河，并与鸿沟水系连通，可航运，亦可利用河水灌溉农田。明清时期，境内北部平原地区凿井提水灌溉已很普遍。1933 年，桓台花园村高氏兄弟首次打洞子井，引乌河水浇地。但在新中国成立前，水利建设事业发展极为缓慢，河道缺乏治理，水土流失严重，水旱灾害频繁。

淄博农田灌溉有两千余年的历史。历史上都是采取人工打井、人力提水和采取筑坝、破堤引用部分河水等措施进行农田灌溉。到新中国成立初，总灌溉面积为 48.8 万亩，其中井灌 44.8 万亩，引河灌溉 4 万亩左右。新中国成立后，修建了各种类型的灌溉工程，因地制宜，讲究实效。在北部平原地区，主要采取以挖为主，挖、引相结合，大搞机井建设，大力开发利用地下水；在南部山丘区，主要以蓄为主，蓄、挖、引、提、截相结合，修水库、建塘坝，充分利用地表水。

全市自 20 世纪 50 年代中期起，共修建大、中、小型水库 55 座，兴利库容 1.95 亿立方米，有效灌溉面积 30.72 万亩（含库区提水）；在此期间，兴建提水站 843 处，装机 5.13 万千瓦，提水灌溉面积 14.03 万亩（在引河、库灌中已含）；另有其他灌溉面积 3.15 万亩。1985 年全市总灌溉面积 165.55 万亩。[1]

[1] 水利灌溉参见淄博市志编纂委员会编：《淄博市志》，北京：中华书局，1995 年版，第 1377 ~ 1412 页。

（一）井灌

淄博水井灌溉农田历史悠久。到清末民初，临淄、桓台等北部平原地区，水井已遍及农田。富用水车（斗式，有铁、木制两种和大小之分），贫用桔槔、辘轳头、鸳鸯罐等，提水灌田。新中国成立后，井灌建设迅速发展。成井技术由人工开挖发展到钻机打井，井型由土、灰、砖、石井，发展到管深井，提水工具由人工提水，发展到机、电动力提水，找水技术由土法发展到用电测仪同水文地质相结合等方法。

随着打井工具、井型、提水工具的发展，灌溉方式、灌溉效益、灌溉成本均有发展变化。50 年代用人工打的普通水井，井深大都在 5 ～ 10 米，浅者 2 ～ 3 米，深者 10 ～ 15 米。用简易水具人力提水，单井效益多在 2 ～ 5 亩，少者 0.5 亩，多达 7 亩。采取条播沟灌，平均亩次用水量 30 立方米左右；小麦一般每年浇 3 次水，平均年亩用水量 300 立方米左右。轮灌期 15 ～ 20 天。60 年代中期至 70 年代中期，由人力钻机发展到动力打井，由浅井发展到深井，离心泵发展到深机泵，单井效益 80 亩左右。采用宽畦灌溉，亩次用水 60 至 100 立方米，年亩用水量达 500 立方米左右。轮灌期 10 天左右。70 年代末期以后，采用防渗渠、长畦短浇等措施，亩次用水量 90 立方米左右。轮灌期 7 ～ 10 天。

（二）水库灌溉

据记载，明嘉靖四十四年（1565），在淄川城南般阳河上筑石为坝以障水，利民灌园种树，时人称“官坝”。后仅存坝址残迹，库容大小无所考。自新中国成立至 1985 年，全市统一规划，综合治理，兴修了大批水利工程，提高了抗御自然灾害的能力，改变了农业低产落后面貌。全市共建成大型水库 1 座，中型水库 2 座，小型水库 52 座，中型闸坝 5 座，塘坝 500 座，总蓄水能力 3.18 亿立方米，实灌面积 28.5 万亩，年产鱼 6 万公斤。

太河水库位于淄川区太河乡淄河干流上。建库初期，因其位于金鸡山下，曾名“金鸡山水库”，为纪念太河惨案，更名为“太河水库”。其主体工程有东西两溢洪道、输水洞和泄洪洞。控制流域面积 780 平方公里，总库容 1.818 亿立方米，设计灌溉面积 40 万亩，有效灌溉面积 15.6 万亩，最大实灌面积 14.8 万亩，防洪能力达百年一遇，是一座以灌溉、防洪为主的大型水库。水库 1960 年 2 月动工，1990 年底工程全部竣工。

萌山水库位于周村区萌水镇夏侯庄西南，孝妇河一级支流范阳河中游，因坐落在萌山脚下而得名。水库主体工程有大坝、溢洪道、输水洞。控制流域面积 288 平方公里，总库容 8201 万立方米，设计灌溉面积 9.68 万亩，有效灌溉面积 8.9 万亩，防洪能力为千年一遇，是一座以灌溉、防洪为主的多年调节重点中型水库。1958 年 11 月动工，1966 年 7 月工程全部竣工，后又进行六次整修与加固。

石马水库位于博山区石马乡西石马村南，淄河上游山谷中。控制流域面积 75 平方公里，总库容 1573 万立方米，其中兴利库容 791 万立方米，设计灌溉面积 2.13 万亩，防洪能力为三百年一遇，是一座以灌溉防洪为主的年调节中型水库。主体工程有大坝、溢洪道、输水洞三大部分。1959 年 11 月动工兴建，至 1970 年基本完成，后经整修加固。

小型水库自 1955 年开始兴建，第一个建成的是磁村水库，到 1985 年共兴建 52 座，总库容 2610 万立方米。除牛角水库属大汶河流域外，其余均属小清河流域，多数分布在南部山区的淄河、孝妇河、乌河等河流的支流上。这些小型水库都是由所在乡（镇）、村的群众自带工具、义务出工，国家补助部分主要材料费的方式修建的，并由所在乡（镇）、村管理运用。总的综合工程效益：可灌溉 2.56 万亩农田，年均捕鱼 0.5 万斤左右，还有一定防洪作用。

闸坝工程自 1958 年开始，在孝妇河干流上先后建中型拦河闸、坝 5 座，设计总蓄水量 456.5 万立方米，灌溉面积 4.92 万亩。

太河水库枢纽工程及其配套的干渠工程、萌山水库及其引孝济范水渠等骨干工程的建成，从根本上改变了淄博的水利面貌，实现三河（淄河、孝妇河、范阳河）相通，两库（太河、萌山）相连，东水西调、南蓄北引的宏伟规划，构成了防洪、灌溉、供水、补源等多功能的水利网络，使昔日的穷山恶水，变成了山清水秀、造福人民的宝贵资源。

（三）引河灌溉

据记载，战国时期齐国于临淄城东北的淄水与济水之间开挖运河，时水（即乌河）近愚公山（即路家山）处，水侧有田引水溉迹尚存。桓台县引用孝妇河灌农田，相传始于明末，旱季临时在河中堵坝，破堤引水漫灌，一般年份可灌 3 万亩左右。临淄县自 1839 至 1949 年的百余年间曾在乌河上建闸 7 处，能引水浇地 1000 余亩；桓台县自 1933 年起，沿乌河开挖洞子井，引、提水浇地。至新中国成立前夕，全市各类引河灌溉面积仅 4 万亩左右，而且多数是临时性的简易工程，既不便控制运用，又无水源保证，年均灌溉一两次，增产效益甚少。

20 世纪 50 年代后，随着国民经济的恢复和发展，大力兴建各类引河灌溉工程。1956 至 1958 年和 1964 至 1965 年间，曾掀起两次兴建引河灌溉工程高潮，共建灌溉工程 25 处，最大控制灌溉面积 30.5 万亩。这些工程多数是国家补助材料费，群众出工兴建的。70 年代初，随着工农业的发展，大量开采地下水，以及干旱年份偏多，致使河水流量逐渐减少，加之工程老化等问题，先后共报废 16 处，使灌溉面积缩小到 5 万亩左右。70 年代中期，桓台县兴建引清济湖工程后，使灌溉面积恢复到 8.96 万亩，其中自流灌溉近 3 万亩，扬水灌溉 5.96 万亩。

引河灌溉区有引孝妇河灌区、引乌河灌区、引东猪龙河灌区、引淄河灌区。

引河灌溉工程主要是桓台和高青的引黄工程和引清济湖干渠，后者是淄博市引河灌溉工程中效益最大的工程。

（四）扬水站灌溉

淄博市扬水站灌溉始于 1956 年。第一处是周村区前进农业生产合作社，于 1956 年 3 月，以淦河为水源，建成小型电力扬水站 1 处，可灌溉土地 1200 亩。第二处扬水站是临淄区齐陵乡牛山脚下的刘家终村温泉扬水站。该站自1956年冬兴建，以温泉为水源，三级扬水，60年代70年代改建，有效灌溉面积1100亩。

自1957年起，各区、县相继利用河水、泉水和小型水库、塘坝为水源，以锅驼机、煤气机、柴油机为动力，修建了一批装机多在20马力以下的小型扬水站，每站灌溉面积100亩左右。60年代是全市扬水站建设最快的时期，以年增50处左右的速度发展（包括已有站的改造）。采用电动的也越来越多，站的装机数量、功率、扬程、灌溉面积逐渐增大。淄川区城子电灌站（原称引淄入坪电力灌溉工程）是全市规模最大的扬水站。位于淄川区口头乡城子村南，淄河左岸，以城子泉和淄河为水源。

至1985年底，全市建有各种类型的扬水站843处，总装机5.13万千瓦，灌溉面积14.03万亩。其中，电力扬水站746处，装机3.76万千瓦，灌溉面积11.67万亩。

（五）喷滴灌

1959年秋在淄川区峨庄乡十亩地村使用固定式喷灌，1976年春在张店区王辛庄建可喷灌80亩的固定式喷灌设施，先后废除。为尽快解决缺水、少水山丘地区农田灌溉问题，1978年将发展喷灌列入市、区水利建设计划。为抗旱应急，喷灌在全市山丘缺水少水地区迅速形成发展高潮。1983年实喷面积6600亩。1984年以后，喷灌机具损失较多，喷灌能力降低。1985年全市实喷面积仅2500亩，其中周村2200亩，博山300亩，其余区县未使用。

1978年春，在水电部水利科学研究院和省、市有关部门支持下，由淄博市水利局和博山区水利局共同组织，在博山区岳庄公社和域城公社首次进行滴灌试点。滴灌试验面积共233亩。1978年秋，博山区掀起大搞滴灌的热潮，全区仅1月时间，就有6处公社、20个大队，安装干管3万米、支管10.5万米、毛管17万米，可滴灌面积近5000亩。同年12月，水电部水利科学研究院在博山召开全国滴灌技术经验交流会。1979年秋，博山区滴灌发展到32个大队，可滴灌面积7600亩。但由于滴灌管路、滴头等质量太差，供水工程机具设施不配套，群众对这种新型灌溉方法在思想、技术上也不适应，因此实际滴灌仅2456亩。1981年至1985年滴灌在全市没有再试验和应用。

五、土地制度和用工习俗

（一）土地权属和用地方式

新中国成立前，淄博农村土地大部分归地主所有，农民没有或占有少量土地，多数以租佃土地为生。地主、富农和小土地出租者以租佃、高利贷等形式剥削农民。

地主向农民出租土地，收取地租。地租分为死租（即定租，预先定死交租数量）和活租（定死交租数量，按实收数量交，多以对半分成的方法提取地租），又分为实物地租和货币地租。实物地租一般是地主净得当年收获的50%；有些地主用“小除佃田法”，即按庄稼用工多少定分成。小麦一般按一九（佃户一，地主九）分成，豆子按二八分成，高粱、谷子按三七分成。货币地租一般不管丰歉，地主如数向佃户索取固定的货币。“分工地”是地主对农民的另一种剥削形式。农民可与地主分种土地，农民除负责耕种外，还要负担全部种子和肥料，最后以七三定分成（地主七，耕者三）。高利贷分放粮、放钱两种。放粮为春借粗，夏还细，春借一斗，秋还二斗。放钱，普通为三分利，三年本利平，有的高达月利十分，即当年本利平有余。另外还有利生利的“驴打滚”、现收利（放钱时扣下当月利息）等。

1951年底淄博地区完成土地改革，彻底废除封建土地制度，政府发给农民土地房产所有证，掀起组织互助组高潮。互助组是本着“自愿互利、等价交换”的原则，由几户或十几户农民自愿组合成的生产性组织，有常年性、季节性、临时性三种。临时性互助组由务农经验丰富的组长安排农活，以工换工，不记账，各户出工的差额，多用实物找补的办法解决。季节性互助组，一般由几户农民在农忙季节组织起来，民主推选组长，不能相抵的部分，按市场工价折粮或其他办法兑齐，忙季过后，自行解散。常年性互助组，除在全年农事活动中劳动互助外，还实行副业的互助合作，有简单的计划和初步的分工分业，收入归己。[1]

1952年开展农业生产合作社，分初级合作社和高级合作社。初级合作社一般都有管理委员会，设正社长、副社长、会计等，每社由十几户或几十户组成。财务管理日清月结，按时向群众公布。劳动管理一般是根据社员的身体素质，年初评定一次劳动力的基本工分，年终在劳务分红部分中按工分分配。土地入股分红，其比例一般是“地四劳六”或“地五劳五”。年终分配时社里留出一定数量的公积金和公益金，用于发展集体公益事业和集体生产。高级合作社建立以生产资料农村人民群众集体所有制为基础的生产关系，取消土地分红，社员的土地全部归合作社所有，主要实行按劳分配。

1958年淄博市实现人民公社化，强调逐步由集体所有制向全民所有制过渡，有领导、有计划地消灭个体经济。人民公社既是经济组织，又是基层政权组织，下设生产大队、生产队。人民公社时期分为五个阶段，经营管理多次调整，变化较大。

1978年以后，农村实行各种形式的生产责任制，突破了农村社会主义公有制的两种模式——全民所有制和集体所有制，形成了新型合作经济。1984年以后，农村人民公社先后改建为乡、镇政府，大队改为村民委员会，其经济活动、经营方式、管理方法发生了重大变化。生产责任制主要实行集体收种，田间管理包工到劳（或组），采取统一经营、联产到组（或劳）、包产到组（或劳）及包干到户（也称“大包干”）等形式。

（二）土地交易

土地是农业生产的最基本要素，通常称“耕地”。田地称“坡”“山”“湖”“洼”等，下地干活称“上坡”“上山”“下地”“下湖”“下洼”，地处平原的称“坡地”，地处丘陵的称“土篝地”，地处山区的称“山地”，地处黄河口一带的冲积而成的土地称“大洼”，地处山区、丘陵的土地经常会有石头垒成的地堰，俗称“坝子”。

耕地面积以亩、分、厘来计算。20世纪50年代前，民间通行之“亩”相当于

[1] 淄博市志编纂委员会编：《淄博市志》，北京：中华书局，1995年版，第1311 ~ 1313页。

市亩的三倍，俗称“大亩”“旧亩”“老亩”，而称市亩为“小亩”“新亩”“官亩”，自20世纪50年代初，渐统于市亩。山地、丘陵地区由于耕地形状不规则而难以丈量，产生特殊的土地计量单位。淄川山村地带，以“工夫”作为土地计量单位。所谓“工夫”，就是在一天时间内所能开垦的土地。据20世纪50年代土改时期的测量，四个工夫约为一市亩的土地。丘陵地带则有“杆子”这种计量单位，就是以大家公认的一定长度的杆子来计量土地。

20世纪50年代农业合作化以前，土地属私有。各家土地与土地之间都有界限，立有界石，俗称“角石”。有的还在地界之间留条小沟，名为“墒沟”，并沿墒沟种植桑墩、马蔺、公道老（一种灌木）数丛作为标识。各家不得越界耕种，并在每年耕地过程中加以确认。20世纪后期，土地与土地之间栽种植物的方法已不多见，但界石仍普遍可见。

耕地命名方面，有以耕地所在村的方位来命名的，如家北（“家”相当于“村”）、家东、家西、家南；有以耕地所在地区的地形特点来命名的，如西北洼、大东溜（即山沟）、西南沟、埠子岭、北夼；有以地的形状特点来命名的，如偏偏子地、鞋带子地、刀把地等；有以本片土地以前所属主家姓氏来称呼的，如刘家地、孙家地。其他有以面积来称呼的，如十八亩；有以与某一要道相对位置来命名的，如官道西；有以所种植物来命名的，如桑园、北麻地等。地名因各种原因而产生，并在村民间代代相传。

土地有等级之分，主要根据土质的肥沃程度及所能种植的作物来确定。淄川聚峰村土地分为三级：一级地最好，可以用来种麦子；二级地次之，也可以种麦子；三级地土质最差，不能种麦子，只能种一些杂粮作物，如高粱、谷子等。在分配土地时，为公平起见，好地与坏地总是按一定的比例分配。

农业合作化以前，土地所有权都以地契为凭，上面写明一块土地所在的地点、面积、四至等详细条文。农业合作化之后，土地归集体所有，农村每家只有耕种权与使用权，因而地契制度也就不再适用而逐步消失了。

（三）劳动力使用与转移

劳动力是农业生产的基本要素之一。农业劳务称“农活”“活”“营生”，农作劳动称“干活”“做营生”。20世纪50年代前，农活主要由男子承担，女子主要从事家务劳动与纺织等家庭副业生产，即所谓“男耕女织”。20世纪50年代中期，政府倡导男女平等，女性开始大量参与农业生产。淄博农村劳动力的性别构成始终没有多大变化，女劳动力在劳动力总数的占比一直在49%至50%间。[1]

20世纪50年代前，若农忙时期自家劳动力不足，就会雇工。可分长工（一年为度）、季节工（一季为度）、短工（计日工）和多种支差。常年受雇于人做长工称“扛活”“扛长活”，其人称“长工”“做营生的”“伙计”。长工称主家“东家”“掌柜的”。若一户雇有多名长工，则选其中一人为领班，名为“把头”。雇

[1] 李奎封主编：《淄博农业五十年》，济南：山东科学技术出版社，1999年版，第108页。

工中以觅汉最苦最累。觅汉终日不离其主，从天明干到天黑，稍有不慎，即被赶走。俗语有“穷人头上三把刀，租子重，利钱高，拨工派差多如毛”，“禾稼登场，眼泪汪汪，辛苦一年，刮尽钱粮，卖儿卖女，要饭逃荒”。[1]还有“四个义务工”方式，即佃户每年要无偿为地主做四个工日。这四个工日多在农活忙时摊派，凡有违者，来年将其租地收回。

除雇工外，农家还用其他方式弥补自家劳动力的不足。一种是请人帮工，主家负责饮食，但不支付报酬。一种是换工，又包括两种形式：人工换人工，双方按照基本对等的原则，你先帮我干几天的农活，我再帮你干几天的农活，与请人帮工相比，这种形式是双向的，也不一定要提供饭食；人工换畜工，又称“换牛工”“换驴工”等，通常是借用一天畜工要偿还两到三天的人工，有时还会提供一定数量的粮食作为牲畜的饲料。在借用畜工的过程中，有时役畜的主人也会随同前往。以上几种形式，主要发生在关系较好的亲戚、朋友及邻里间。20世纪后期，农村劳动力互助形式除帮工外，其他几种已不多见。

自20世纪50年代互助合作运动起，开始有“劳动力”之称，简称“劳力”。当时有整劳力与半劳力之分，男子18岁以上、60岁以下为整劳力，12至17岁或60岁以上为半劳力。因当时报酬多用工分计算，所以又有十分劳力、八分劳力等名目。大多数男劳动力每天十分，女劳动力每天八分。劳动计工形式则有大拨工、卯子工、基本工、小包工、大包工等名目。

淄博农业在20世纪70年代以前基本上是封闭式的单一经营模式，多种经营很不发达，所以，农林牧副渔业劳动力占农村劳动力总数的比重一直在95%左右。十一届三中全会后，随着农村产业结构的调整，二、三产业特别是乡镇企业得到迅速发展，农村非农业收入不断增加，农村劳动力逐步由种植业向林、牧、建筑、运销业转移，由第一产业向第二、三产业转移。农村青壮年到城市工作或在本地工矿企业中工作，称“打工”。但是，21世纪初，由于市场疲软，原材料不足、能源紧张、城镇职工下岗、东南亚金融危机等因素影响，加之国家实行积极的财政政策，使部分在乡村企业务工经商的农民纷纷归田还乡，导致劳动力在农村内部转移的规模缩小，向城镇转移的规模扩大，由二、三产业向农业“逆转”的劳动力增多。在农村劳动力转移过程中，出现较多的反复与波动。[2]

第二节　养殖生产民俗

一、畜牧

淄博畜牧业历史悠久。临淄桐林（田旺）遗址出土家畜骨骸和牙齿，说明距今

[1] 淄博市志编纂委员会编：《淄博市志》，北京：中华书局，1995年版，第1312页。
[2] 李奎封主编：《淄博农业五十年》，济南：山东科学技术出版社，1999年版，第108～109页。

四千年前的原始社会就开始饲养畜禽。[1]封建社会畜牧业比较发达。北魏贾思勰编写《齐民要术》，卷六专门介绍禽畜和鱼类养殖。[2]淄博农作物种类多，饲草饲料资源比较丰富，具有发展畜牧业的良好条件。牲畜种类主要是供农业役用或为农业生产提供肥料的马、牛、驴、骡、猪等，羊的饲养也比较普遍。还有少量家禽饲养，主要有鸡、鸭、鹅等，属于家庭副业生产。

淄博畜牧业生产主要以小规模家庭圈养的方式为主，随着生活水平的提高和农业机械化的发展，20 世纪 90 年代后，作为役畜的牛、马、驴、骡用途日渐减少，特别是牛，由过去主要从事农事活动逐渐变为提供肉奶，肉牛与奶牛的规模化养殖兴起。猪的养殖逐渐减少，个别农户或肉类加工厂的规模化养殖模式代之而起。相比之下，单个农户养鸡、羊的情况仍较普遍，尤其是在淄川、博山、沂源山地丘陵地区，仍有大量喂羊户，并成为农户增收的重要方式之一。禽肉及禽蛋由新中国成立前的农户自食为主，变为商品为主。到 1985 年淄博市初步形成肉蛋奶供应结构：肉以猪、牛、羊、鸡肉为主；蛋以鸡、鸭、鹅蛋为主；奶以牛、羊奶为主。

（一）役畜饲养

淄博传统的役畜主要为驴、骡。新中国成立前，驴、骡，特别是驴，主要用于驮运、拉磨、拉水车、乘骑等。新中国成立前饲养的主要是当地土种驴，体型小，有“小毛驴”之说。50 年代大量引进良种驴，体重和生产性能有明显的提高。

农户用土坯盖一草棚饲养牲畜，通常称“栏”，也有称“圈”“棚”的，如“牲口棚”。栏中通常有槽子，通称“牲口槽子”，多为木制，少量石刻而成。平时役畜拴在栏内饲养，在槽子内放料以供其食用。牲口栏必须要经常清扫、垫土等，清扫称“起栏”，垫土则称“垫栏”。这样一是为保持畜栏的清洁，防止役畜生病，二是便于积肥。

不同的季节有不同的饲料。晚春及夏、秋两季通常饲喂野外的青草，再配以一定量的精细饲料，如豆饼、麦麸等，农忙时尤其要加料。从野外割青草带回家饲养牲口，称“割草”。于闲时牵到野外放牧，称“放青”。没有青草的季节则喂以作物秸秆。役畜不同，对饲料的要求也不同。喂马一般要用谷草（俗称“秆草”），另外还要配以麦麸、黑豆等精细饲料。喂牛驴骡的饲草有玉米秸，谷秸、青草、地瓜秧、麦糠，精料有玉米面、麸皮、高粱、大豆等。饲料以草为主，不需要多少精料。秋末割青草晒干，可作冬季役畜的饲料。另外，在许多地方，还有采集将要成熟庄稼的叶子晒干以备冬季喂养牲口的习惯，称“打”，如“打高粱叶”“打玉米叶”等。还有的地方每到秋季就掘地为窖，将铡好的青玉米秸、青草等埋储其中，待冬季从窖子里取出喂牲口，也可以作为精细饲料来喂养牲口，称“青储饲料”。这种晒干或青储的饲料，由于色青且味道好，为牲畜所喜食。

［1］王志民主编：《山东省历史文化遗址调查与保护研究报告》，济南：齐鲁书社，2008 年版，第 277 页。
［2］（北朝）贾思勰著，缪启愉、缪桂龙译注：《齐民要术译注》，上海：上海古籍出版社，2009 年版，第 331 ～ 404 页。

喂养牲畜一次称“一和”，通常每天三四和到五六和不等。马有吃夜草的习惯，为了不耽误夜间喂草，农家常在牲口脖子上系一铃铛，这样只要牲口一吃草，铃铛就会作响，主人即可安然睡觉，一旦铃声停歇，就赶快起来添草添料。这种铃铛俗称“报君知”。喂养牲口的饲草，通常要用铡刀铡细。铡出的短草俗称“草节”，草节越短越好，正如农谚所云：“寸草铡三刀，没料也上膘。”长途运输或田间流动作业时，畜主会用大袋子盛装饲料，此袋俗称“草料袋子”，可为一临时的畜槽，停车、停工时即可就地喂养饲料。

牲口除需要饲料喂养外，还要经常饮水。牲畜饮水，有清水饮、盐饮、麸饮、粥水饮之分。冬季里农家常用饭后的刷锅水来饮畜，取其温热适中；夏季通常牵到河边或新取井水饮之，由于天热，通常要在水里加少量的盐，以补充牲畜盐分之不足。牲口冬季要多晒太阳。

马、驴、骡等圆蹄牲畜要按时挂铁掌，俗称“上蹄子”。过去，农村有打马蹄铁、上蹄子的专业户，通常称他们作业的地点为“蹄庄”。给牲口切蹄挂掌，过去为农民所必需，是一门重要的手艺，但随着畜力车的消失，这门手艺也逐渐衰落。

庄稼人时常与牲口打交道，对它们非常熟悉，因而总结出许多饶有兴味的谚语。例如，对于如何相牛，农谚有“（好牛要）前裆放下斗，后裆放下手”“前腿直似箭，力量大无限；后腿弯如弓，行走快如风”“看犊看娘，儿肥母壮”。对于驴子，则有“懒驴上套，不拉就尿”“驴子是个怪，骑着比牵着快”等谚语。对于各骑畜该如何具体骑用，更是细致，所谓“驴骑后，马骑前，骡子骑在正当间”。

（二）家禽饲养

淄博饲养家禽历史悠久，鸡最多，鹅次之，鸭较少。养鸡的主要目的在于卖蛋，因此母鸡最受重视，谚语有“老太太三条命，母鸡、闺女和外孙”。鸭、鹅主要是桓台、临淄及张店孝妇河两岸饲养。鸡的饲料非常杂，各类粮食、谷糠、麸皮、花生饼或豆饼、剩菜剩饭、剩茎叶、吃剩的瓜皮等都可以用来喂鸡，但通常还是用粮食喂养，如玉米、高粱等。鸭、鹅除让其在水湾、河沟自觅食外，在家一般喂玉米、麸皮、青草、草粉等。

农村养鸡主要以母鸡为主，一群一二十只鸡中只要一两只公鸡即可。养鸡主要在农家庭院内进行，有散养与圈养两种。散养就是把鸡随便养在院子里，任其随意四处活动。圈养就是把鸡养在院子中用作物秸秆或专用的网子（俗称“鸡网子”）围起的一块地方里，或者空闲的猪栏里。农户养鸡多是建舍，称“鸡窝”。建在院子里的某个角落，中间放一木架，夜间鸡在上面栖息，可防止黄鼠狼等袭击。还要在鸡窝或院子里的某个地方堆一个柴草窝，以备母鸡下蛋时用。

小鸡春天购买。买回的小鸡，先放在一个纸箱或箩筐内饲养，饲料用小米、压碎的花生饼或切碎的野菜。等小鸡浑身长出硬毛，就可以放在院子里散养了，再大一些，就可圈养了。也有自家母鸡孵化小鸡，称“抱窝”。通常认为面颊通红、总是咯咯叫个不停、四处走动的母鸡是要抱窝的鸡。还有炕孵、缸孵等方法。70年代引进孵化器人工孵化，一次可孵出近万只，大大提高了孵化率。

除传统的农家散养鸡之外，80 年代兴办集体、个体养鸡大棚、养鸡场，大都采用二至三层笼养，温度用空调控制以保持恒温，并采用自动排气系统，喂配合饲料，实行科学养鸡。除饲养蛋鸡外，也有的大棚专门饲养肉食鸡，以供给肉食加工厂。喂养全部用专门的鸡饲料，五六十天就可出鸡，大大提高了生产效率。

（三）养猪

淄博农民素有养猪的习惯。新中国成立前对猪的饲养，南部山区多放养；北部平原多圈养。饲料有玉米面、高粱面、地瓜、胡萝卜、谷糠、花生秧、青草、野菜等。新中国成立后，在农业部门的技术指导下，逐步实行科学养猪。20 世纪 80 年代初，由过去的传统喂熟食改为配合饲料生喂，提高了出栏率。黑猪，是淄博东南山区群众长期选育形成的一个地方良种，集中分布在博山、淄川、临淄南部山区。猪的疫病称“猪瘟”，要重点防治。

喂猪的场所称“猪栏”“猪圈”“圈”等。猪圈分圈坑、圈台、圈墙及栏门等部分。圈台约占整个圈面积的三分之一，是供猪睡觉、吃食的地方。一般在圈台的里角，用石板或水泥制板支架一个猪窝，因此常称那石板“猪窝石板”。近外圈处放一个猪食槽子，通常是石制的，供猪吃食用。圈坑是积肥的地方，约占整个圈面积的三分之二。猪粪、猪尿，垫栏的土、草，平日的生活垃圾等，都铲在圈坑内。猪有时也在圈坑内活动，俗称“踩粪”。圈四围的墙称“圈墙”或“猪圈墙”，有的于围墙上开设栏门。猪圈的位置，通常位于农家院落内，与农家的大门位置相对。也有的地方把猪圈设在院落外面，既讲究卫生，也方便出粪。

一般农家只养肥猪而不养母猪，喂养母猪的农户则通常只养母猪而不养种猪。母猪俗称“老母猪”，即使刚产下的小母猪也称“小老母猪”。种猪称“脚猪子”“大脚猪子”“猢猪”等。母猪发情，称“打栏”“叫栏”，给母猪配种称“配”，怀孕称“怀上了”“带崽”，分娩则称“下崽儿”“抱小猪”。阉猪俗称“骟猪”“摘猪”，专司此业的人称“骟猪的”。一般春季从市场或本村养有母猪的农户处购买小猪，称“捉猪”“拉窝子”等，刚买来的小猪称“绑蹄儿”“猪秧子”，需用精料喂养，待其稍大，渐渐多用粗料，名为“换食”。长到一定时候，骨架既成，体大身瘦，称“壳篓子”“壳篓猪”。此时食量极大，正如俗谚所说“半桩孩子壳篓猪”。待猪渐渐上膘，开始逐渐增加精饲料，称“上食”。上食之后，力求其速肥，称“揣肥猪”。肥猪养成，或自己宰杀卖肉，或卖与屠户，称“出圈”“出栏”。通常一个村子中都会有一两个专业屠户，称“杀巴子”“杀猪屠子”等。

养猪一为赚钱，农谚云“庄稼人不喂猪，好比秀才不读书”“养猪不赚钱，回头望望田”；二为积肥，猪粪肥通常于冬季或初春从猪栏里弄出来，俗称“出粪”。俗谚云“喂猪没巧，栏干食饱”，经常起栏垫栏，猪栏干净、干燥，可保猪不生病，又可多积攒肥料。21 世纪采用智能养猪的方法，养猪车间安装了控制系统，实行全封闭、工厂化管理，定时喂料喂水，仔猪实现了源头编码管控，年出栏量大大提高。

（四）养牛

农民视牛如宝。夏、秋两季多为放牧，饲料添加麦糠，晚用烟火驱蚊；冬、春两季多喂农作物秸秆、青干草，春季辅以食盐、玉米面、麸皮等催膘。春、秋用于耕种，故增加精料数量。入冬，堵盖牛栏以防冷风侵袭，饲喂温水，晴天牵于避风处晒太阳。日喂三次。

耕牛或由公社统一饲养，或归户养，用于耕种、运输、积肥等。奶牛则由奶牛场饲养，精料部分由单一品种逐渐改喂混合饲料，冬、春改喂青贮饲料等。新中国成立前，牛的繁殖多野交乱配，只求数量不求质量。70 年代建立了牲畜配种站，配种由过去的群选种牛改变为用良种牛和冷冻精液配种，牛的质量有所提高。奶牛数量增加。奶牛从 1978 年开始采用冷冻精液人工授精（冻精来源于北京、上海、辽宁铁岭等地），受胎率达 70% 左右，其后代产奶量提高。牛已由过去的役用型逐渐向乳用、肉用、役肉兼用型发展。

养牛省草、省饲料有 9 种办法：

1. 长草短喂。俗话说："寸草铡三刀，无料也增膘。"饲草铡短后喂牛，比整喂节省 20%左右，消化率也有所提高。一般应把茎秆铡成 3 ~ 5 厘米。

2. 粗草细喂。用作饲草的作物秸秆，若能进行盐化、碱化、氨化处理，或粉碎后拌精料喂牛，能提高饲草的利用率与适口性，从而节省饲草。

3. 少喂勤添。一次喂给，牛易养成挑剔适口草料的毛病，使饲草浪费。少喂勤添，可节省饲草。

4. 槽内饲喂。要改变把饲草直接扔在牛栏里饲喂的不良习惯，将饲草槽内饲喂。这样，饲草就不会被粪便污染，牛食后卫生，免生病，也节省大量饲草。

5. 先粗后精。先喂粗饲料，牛会饥不择食，采食较多。之后再按其营养需要饲喂精料或优良牧草。这样，充分发挥反刍牛对粗饲料的利用特点，节省饲草。

6. 改造食槽。食槽过浅，牛在吃草时把草料弄到外面，造成浪费。食槽做深一些，即可避免。一般牛槽深度在 40 厘米左右为好。

7. 剩草加工。以前往往把牛吃剩的秆当作燃料烧掉，如果将其晾干后收集起来，用粉碎机粉碎成草粉，然后喂给，就能有效利用。

8. 节约垫草。要保持栏舍内卫生清洁，尽量用废弃的杂草做垫草，用饲草浪费。

9. 看牛吃草。不少养牛户把草料放到牛槽，然后一走了之。牛吃草时把草料弄到槽外，落地草被牛踩后就不能再喂用。因此，饲养人员应尽量看着牛将草料吃完，发现饲草落地，要及时收起喂牛，可节约不少草料。

（五）养羊

淄博山地丘陵地区历来有养羊传统。羊分绵羊与山羊两种，皮、毛、肉、奶皆用于出卖赚钱。羊由户养，普通农户总是会养上三两只，一年生上一两窝，等小羊羔长大后再卖掉换钱。60 年代引进奶山羊，产奶量很高。

养羊一般是春、夏、秋放牧，冬季、早春则舍饲。养羊有时并没有专门的圈棚，只是用作物秸秆或树枝临时搭建一个棚子，称“羊栏子”，也可以放在猪栏等地方饲养。羊的饲料比较杂，各类野草及作物秸秆、农业剩余物几乎都可以。如果是圈内饲养，一天饲喂四五次，晚上不需要加草。如果是牵到野外放牧，夏天天热通常是在下午，其他季节则没有时间限制。放羊人手持鞭子，不停吆喝，以防止羊跑远或吃路边的庄稼。放羊时只要控制好头羊即可，可散开其他的羊吃草，回家时只要牵走头羊，其他羊就会跟着往回走。也有人认为羊的嘴臭，被羊咬过的庄稼很难再长好，为防止羊破坏庄稼，许多村庄都有相关规定，禁止在长满庄稼的田地旁放羊。收获后的庄稼地则允许放牧羊群，羊可吃残留在地里的作物秸秆或落下的地瓜干。牲畜粪便留在田里，也会受到田地主人的欢迎。有些地方还有在冬季麦田中放牧的习惯，据说这样有利于来年麦苗的生长。

不论山羊还是绵羊，多靠自然交配繁殖。公羊俗称“羯羔”，母羊俗称“母羔”。母羊发情称“起圈”，用公羊配种称“配”。有人专门饲养大公羊以给别人家的母羊配种，并适当收取费用。刚出生的小羊称“小羊羔子”，需要细心照料，待长到一定时候，便牵到集市上卖掉，或直接卖给走街串巷的收羊人。

（六）养兔

淄博素有养兔的习惯。20 世纪 40 年代家兔用于产肉、皮、毛，皮、毛多销往济南、青岛等地。兔窝主要是穴窝，喂树叶、青草等。新中国成立后饲养管理改善，由穴养发展为笼养。兔笼一般三至四层，不仅讲究卫生，预防疫病，还可提高地面利用率，使兔毛不受污染。用人工授精方法繁殖家兔，提高产量。

（七）养蜂

养蜂业也是一项传统养殖业，被称为“甜蜜的事业”。淄博养蜂历史悠久，至 21 世纪 20 年代，淄博市的养蜂量占到全省的十分之一。养蜂业在淄博市特色畜牧业中占重要位置，养蜂数量达 3 万群左右，特别是沂源、博山、淄川的养蜂量，近几年里翻了一番还多，养蜂业现已成为农民经济收入的重要来源。养蜂业占用土地资源较少，产品绿色健康无污染，特别是发展起来的蜜蜂授粉，为养蜂业开拓了极大的发展空间。蜜源植物有南部山区的刺槐、枣树、荆条以及平原地区少量的棉花等。

淄博以前饲养土种蜂，新中国成立后引进意大利蜂、澳洲黑蜂、中蜂等良种进行饲养。意大利蜂，抗病能力强，蜂蜜产量高，经济效益好。土蜂（中华蜜蜂）难养殖、收益低，渐渐成为濒危物种。为了保护物种，有些地方划出中华蜜蜂自然保护区。淄博养蜂人引进当地已经灭绝的中华蜜蜂，通过改良蜂箱、改变交尾环境，避免了意大利蜂对中华蜜蜂的入侵，实现了混养，为维护生态平衡发挥了作用。[1]

高青县程玉玺养殖土蜂，为了获取优质蜜源，每年元旦前后就到达江西，追着花期一路向北迁移，有油菜花、槐花、枣花、紫荆花等，直到深秋才回到高青老家。一年要搬五六次家，行程一千多公里。2022 年 4 月，“程氏土蜂养殖采蜜技艺”

［1］山东商报：《养蜂卖蜜做出新模式淄博 80 后青年回归大山深处返乡创业》，2017 年 7 月 5 日，齐鲁网，http://news.iqilu.com/shandong/shandonggedi/20170705/3610171.shtml。

获批淄博市第七批非物质文化遗产。[1]

二、林业

受自然地理环境限制，淄博少有大型林木业，但也有封山造林、四旁（田旁、村旁、路旁、宅旁）植树的传统，又以果树种植、桑园生产最有特色。

（一）瓜果种植与加工

1. 瓜类

淄博种植的瓜类主要有西瓜、甜瓜，其余有梢瓜、南瓜等。

西瓜在淄博种植历史悠久，明清时期临淄、新城、淄川等县都种西瓜。淄河、孝妇河、乌河沿岸的西瓜，尤其是临淄、萌水、高塘西瓜，在民间素有盛名。在推广地膜覆盖栽培技术的基础上，又推广“一条龙”小拱棚（双覆盖）栽培法，使西瓜分期播种，分批上市，西瓜上市期由过去的40余天，延长到120余天。

甜瓜在淄博种植历史悠久。《齐民要术》记载了瓜类作物轮作、间作、施肥和防治病虫害等方面的经验，“常岁岁先取‘本母子瓜’，截去两头，止取中央子”的选种留种方法[2]至今流传沿用。“青州银瓜”三百多年前就在淄河流域的沙滩地种植。新中国成立后甜瓜种植面积逐年扩大。瓜农摸索出一套栽培技术，即精耕细作，科学管理，合理整枝，重施农家肥和分期追肥等。1980年开始推广风障阳畦育苗和塑料薄膜棚移栽新技术，提高了产量和品质，提前上市时间，延长市场供应时间。淄博甜瓜品种20余种，主要有：淄河流域的青州银瓜，南部山区上瓦泉、下瓦泉、邢家一带的羊角蜜，淄川的芝麻粒甜瓜、白皮梢瓜、绵瓜，张店北部及桓台县的黄金甜瓜，周村一带的菊花芯、青皮脆、白皮脆，等等。

2. 果类

梨树是栽植历史悠久的果树之一，淄川区池板村尚有千年的古梨树。博山池梨相传始自明朝，因主要产地是池板村（清代时属博山区）和池埠村，故名。历史上博山县曾将这种梨作为贡品进京奉献给皇帝，所以闻名全国。现在池梨主要分布于淄川、博山、沂源三区县交界的山区，如淄川区的口头、峨庄、太河和博山区的李家、池上、岭西等乡，年总产量1000万斤左右，尤以淄川区口头乡的池板、西股，峨庄乡下端士和博山区李家乡的虎林、池埠最著名。池梨多数散栽在梯田堰边，树形呈半圆，层次明显、角度开张、骨架牢固，以短果枝结为主。池梨果树寿命长，连续结果能力强，一般在10年左右，最长达25年。池梨分酥梨和平梨，都是佳品，是山东省优质产品，2012年获得国家地理标志商标认证。果实呈卵形，主要有黄皮酥和青皮酥两个品种，皮薄，果点均匀，肉细而脆，味甜，汁多，甜酸比例适度，耐贮运。用土窖贮藏至翌年五月仍酸甜可口，酥脆如常。贮后香味变浓，风味更佳，

[1] 刘炳友等:《夫妻携手酿造“甜蜜事业”》，2022年6月23日，淄博新闻网，http://www.zbnews.net/content/2022-06/23/content_3065402.html。

[2]（北朝）贾思勰著，缪启愉、缪桂龙译注:《齐民要术译注》，上海:上海古籍出版社，2009年版，第129页。

无贮藏病害，唯出窖 2 ~ 3 天，果皮变褐，影响商品价值。[1]

苹果在新中国成立前仅有零星种植或小面积果园，新中国成立后山区、丘陵、平原均有大面积栽培。种植工序，按时间先后包括移栽、刮树皮、刻芽、翻地、中耕、施肥、灌系、授粉、打药、疏果、套袋、解袋、采摘、剪枝等。70 年代后密植园栽植，80 年代后向短枝型发展，主要有玫瑰红、新国光、短枝富士等品种。创新夏季修剪技术，疏花疏果，果园覆草，地膜覆盖，穴贮肥水，果品产量、质量都有很大的提高。沂源县土质好，地势高，光照强，昼夜温差大，境内无客水流入，发展绿色无公害果品、蔬菜有着得天独厚的条件，是全国果品生产百强县、无公害果品生产示范基地县、绿色食品红富士苹果标准化生产基地县、果品标准化生产示范区。沂源苹果以其色泽鲜艳、清脆香甜而闻名于世，有“江北第一果”的美誉，有“奥运果”“全运果”“世博果”之称。2009 年沂源苹果获批国家地理标志证明商标，纳入 2021 年第二批全国名特优新农产品名录。[2]

樱桃已有三千多年的栽培历史。《礼记·月令》记载“羞以含桃，先荐寝庙”[3]，这里的“含桃”就是樱桃，可见当时已把樱桃作为祭祀祖先的珍贵果品了。樱桃主要产在南部山区，传统上以博山岭西乡产量较多，主要品种有毛樱桃、红樱桃等。19 世纪 80 年代，由华侨引入欧洲甜樱桃，开始在燕崖镇燕崖村栽培，经过百余年的培育，形成了果实大、口味美、宜鲜食、适于加工的燕崖大樱桃。燕崖大樱桃有早紫、小紫、大紫、水晶、那翁、鸡心、秋鸡心、琉璃泡以及毛把酸等九个品种，分作红、黄、紫三类，有硬肉和软肉两个类型。大紫、那翁栽培数量最多。大紫樱桃果实大，紫红色，肉软皮薄，含糖量 14% 左右。那翁樱桃黄中透红，肉硬脆，浆汁多。燕崖大樱桃暮春初夏即陆续登市，是北方果树中成熟最早的春果，以“北方春果第一枝”闻名遐迩，纳入 2021 年第二批全国名特优新农产品名录。[4]

杏的品种多、产量丰，种植历史久，为山区群众一大经济来源。现市内山区还有百年以上大杏树，生长正常，尚能结果。依照果实性状和经济用途，杏可分为鲜食品种群、肉仁兼用类群、仁用类群和杂交类群。杏集中产于淄川、博山两个区以及淄河上游的峨庄、口头、张庄、磁村、黄家峪、李家、池上等深山村。

山楂主要产地在峨庄、口头、李家、太河、张庄等乡，布局零星分散，管理粗放，产量低。淄博原有品种以大敞口最好，红色浓，个头大，星点明显，果形美观。此外，在南部山区有野生山楂，但为数不多。

干果有柿子和软枣。柿子，市内山区和平原均产，主要产地在峨庄、口头、黑旺、

[1] 山东省淄博市博山区区志编纂委员会编:《博山区志》，济南：山东人民出版社，1990 年版，第 228 ~ 229 页。

[2] 农业农村部农产品质量安全中心:《农业农村部农产品质量安全中心公告（第 9 号）》，2021 年 9 月 14 日，中国农产品质量安全网，http://www.aqsc.agri.cn/mtyx/tzgg/202109/t20210918_387700.htm。

[3] 杨天宇撰:《礼记译注》，上海：上海古籍出版社，2004 年版，第 190 页。

[4] 农业农村部农产品质量安全中心:《农业农村部农产品质量安全中心公告（第 9 号）》，2021 年 9 月 14 日，中国农产品质量安全网，http://www.aqsc.agri.cn/mtyx/tzgg/202109/t20210918_387700.htm。

池上、李家、太河、张庄、东坪、磁村、洪山、下庄、石门、岭西、大武、路山等。品种多样，加工以油性柿、四方柿、花萼柿为主，生食以磨盘柿、甜柿、小油性柿为主，柿饼以本齐、廉家峪较为出名。软枣，君迁子，黑枣，亦称“羊枣”。软枣树市内山丘堰边、山坡均有零星栽植。除了做嫁接柿子砧木外，雌树所结果实可供食用，有全核、半无核、无核三种，无核为市内特有佳品。

3. 果品贮藏与加工

淄博是杂果产区，对贮藏果品有一定的经验。盛产池梨的淄川区幸福溜，采用窖藏法贮藏的池梨可到翌年春季。柿子晒制成柿饼或切成柿皮，山楂切成山楂片，或用于酿酒，或加工成罐头和制成糖果、药材等。恒温库采用液氨制冷，贮存效果良好，春节以后出库，果实新鲜，硬度、水分色泽与刚采下相似。果品加工由一家一户的简单制作，向商品化生产发展，有果酒加工厂、果脯厂、罐头厂多处，生产水果罐头、杏脯、桃脯、山楂饼、软枣酿酒等10余种产品。利用本地中药和鲜果资源兴办药厂，生产山楂丸、人参健脾丸等13种中成药，将杏仁、桃仁晒干，药用或食用。

做柿饼由来已久。从霜降开始采收、晾晒柿子，选柿子是头道工序。最好的是牛心柿，形状和窝头一样，太扁的不行。去皮要用特制刀具，像削苹果一样把最涩的外皮削下来，否则易伤及皮肉，出现柿子发黑的情况。晾晒柿饼方式多样，过去是放在席上或专门的篦子上晾晒，容易招惹苍蝇，后来采用串晒和吊晒，去掉柿子上的萼，保留柿子的柄，然后将柿子吊起来。吊晒的柿子晾晒充分，柿柄保持水分，里面的酸性物质不容易晒出，柿饼就不会发酸。经过20天左右的吊晒，越晒越软，待到能捏扁的时候，就已经晒得很干了，柿子也就糖化了，完全祛除柿子的涩味。之后再在秫秸席上晾晒出霜，就可以放缸里储存了。

采用山楂酿制红果酒，在淄博已有近三十年的历史。红果酒酒液澄清，透明有光泽，甜酸爽口，芳香浓郁，在饮料酒中以独特的品质而驰名，年产量以数百吨计。红果酒的色泽由原来果实的色素自然形成，酿造过程中选择粒大色深的果实，所以酒色鲜艳有光泽。酒香醇厚而持久，味甜而不腻，酸甜适口，酒体成分完整。红果酒采取科学方法酿造，使山楂成分溶解于酒中，酒液营养丰富。山楂具有降血脂、降血压及强心营养等作用，中医以山楂“化饮食，消肉积”来治疗脂肪过多所引起的疾病。饮用红果酒能促进冠脉血流，调剂全身血液循环。饮用后清口，提神，减轻疲劳，促进食欲。红果酒有全汁和半汁之分，畅销全国各地，是山东省优质酒之一，曾获山东省优质产品证书。[1]

（二）蚕桑

淄博一带丝绸生产的历史，最早可以追溯到龙山文化时期。那时已能够采摘野蚕，纺出丝线，织出最早的丝织物。夏商时期，已经形成男耕女织的社会分工，能

[1] 山东省出版总社淄博办事处编：《淄博风物志》，济南：山东人民出版社，1985年版，第151～152页。

够人工植桑、选育蚕种，织帛技术也有了提高和发展。之后经历代发展，淄博一带一直是桑蚕业与丝织业的重要地区。

1. 植桑

周村及附近地区自古就有种桑养蚕、缫丝纺织的传统。周村位于长白山脉东麓，故又名“长山县”。周村地势平坦，土壤肥沃，并有来自南部山区的孝妇河、源自长山东部的淦河和濯河，非常适宜桑麻种植。1904 年之前，品种主要是鲁桑，有黑鲁桑、黄鲁桑等，叶厚，适宜饲蚕。种植方式为散植，或与其他农作物并种，或种植于耕地边缘的梯田地边。1904 年，长山县率先从杭州引进湖桑建立桑园。1916 年淄博桑园已达数万亩，以博山、周村和淄川为盛。

清代以前，栽植新桑多先移植野生条，或移栽树下发出的脚棵桑，然后嫁接改换良种。民国之后，随新品种的引进，一般在春、夏两季采用播种培育实生苗的方法。桑树嫁接，淄博历史上曾广泛采用芽接，1957 年以后主要采用袋接和根接。周村区萌水桑苗圃在进行桑苗繁育过程中，利用电子叶间歇喷雾法进行一年生桑条保枝杆插试验并获得成功。鲁桑砍伐方法，一是留枝留芽法，大、小鸡冠桑采用此法；二是春箍法，黄鲁桑、实生桑采用此法；三是年年箍；四是一年留芽一年阉（或棚）法。湖桑砍伐采用夏伐法。在树形养成后，结合春壮蚕期收叶进行。

2. 养蚕

1904 年之前，山东多养黄色一化性三眠四龄蚕，即一年只能孵化一次，并且蜕三次皮，每次蜕皮如同睡着一般，称“眠”。每次蜕皮眠起后，便进入一个新的龄期。这种蚕发育慢，食桑量多，体质较弱，但茧形大，丝量多，是一种不错的桑蚕品种。经过长期培育，最终出现了潍县种、青州种、临淄种等不同品种。但由于长期近亲繁殖，出茧量越来越小，蚕种病毒率不断增加。1904 年，长山购进数百张改良蚕种，后来青州又从南方及意大利、法国、日本等国引进几十个新蚕种，并且研制繁育出许多新品种。市场上销售的，不只有桑蚕茧，还有山蚕茧。山东是我国山蚕生产的发源地，长山和淄川所织山蚕应当来自周边地区。[1]

3. 催青

新中国成立前，“谷雨三天便孵蚕”，即谷雨蚕种催青（暖种）。多是将蚕种置于锅内或炕上，或包于被褥之内，或由老人揣于怀中。只有极少数蚕户用火烘催，点青时用松针熏追，或用棉纸包裹让日光晒。新中国成立后，淄博开始建立蚕种共同催青室，催青时间每年四月底到五月初，约需 10 天。

4. 饲育

小蚕饲育形式多样。20 世纪 50 年代以前，蚕户都将小蚕（1 ~ 3 龄）盛于爬篮，置于炕上，盖以棉被，采桑叶切长条饲育，一眠日喂七八次，二眠六七次。50 年代开始推广“五不”养蚕法，即：不冷着、不热着、不撑着、不呛着、不饿着。后又推广“稚蚕防干纸育”等法。50 年代后期起，普及小蚕加温补湿及时除沙以

[1] 朱丽霞主编：《文化周村》，济南：山东人民出版社，2021 年版，第 50 ~ 59 页。

及眠起处理等技术。70年代起，小蚕饲育逐步规范化，形式渐趋多样。80年代，小蚕饲育采用覆盖育方式，用塑料薄膜或编织布覆盖蚕座，1～2龄食桑期间下垫上盖，3龄只盖不垫。

淄博历史上大蚕饲育一直采用大箔育，在屋内搭箔篷，或一层，或两层。箔上铺席，席上养蚕。1976年以后，推广小箔养蚕，房屋利用率提高6倍以上，且便于除沙。有的用蚕匾饲育。1964年以后，旱天养蚕添食水桑，提高产量。

淄博历来以养春蚕为主，仅有少数乡村饲养秋蚕。1954年后，开始推广夏秋蚕新品种，1970年以后，夏秋蚕饲养量已占养蚕总量的30%左右。

历来蚕农上蔟，或用松柏杨树枝，或用谷草、麦秸做成的草帚和伞蔟。20世纪60年代后开始用蜈蚣蔟，70年代用折蔟，1985年全市推广方格蔟。把蔟子小心地均匀放置在蚕铺上，让蚕爬上做茧。60年代提倡春蚕上蔟后7天、夏蚕6天、中晚秋蚕8天开始采茧。70年代后又强调选茧出售，即采茧时轻采轻放，并将双宫、烂茧、黄斑、柴印、畸形茧分别放置，分级出售。[1]

（三）信仰、规约与禁忌

淄博保护山林树木有优良传统，政策法规及乡规民约历代有之。

现淄川区口头乡池板村有清同治十二年（1873）立的护林碑，碑文主要内容是："恐日后有开垦边界翦伐草木者，遂将所罚之行条开列于后，是为志。使锯者罚钱拾仟，用镢者罚钱伍仟，执斧者罚钱伍仟，操镰者罚钱叁仟，执筐者罚钱贰仟，手执者罚钱壹仟，牧牛者罚钱伍佰，牧羊者罚钱伍佰。"

现博山区南博山村笔架山有清同治十二年（1873）立的护林碑，碑文主要内容是："在明嘉靖年间此处封禁并立石碑，晓谕民众爱护山林，有不法之徒将碑毁坏。现重修此碑，将原条文刻记，严禁樵采、放牧牛羊、乱砍滥伐。"

现博山区域城镇伊家楼村西九龙峪有清同治十三年（1874）立的护林碑，碑文主要内容是："凡太平山树木，不许樵夫牧子再有采折伤损……倘仍有无知之徒放牧牛羊、任意作践或竞乘间窃代者，许看山人通知……即扭禀送案，以凭按究治，决不宽贷。"

现博山区蕉庄镇瑚山有清光绪二十年（1894）立的护林碑，碑文主要内容是："务必协力看管，严加保护，倘有无知之徒偷伐该山树株以及垦种荒地，许尔等指名禀究，以凭物案惩办，决不宽贷。"

新中国成立后，各级政府更加重视发展林业、保护林木。

植树也有相应的庭植禁忌。一般房前屋后院中忌栽桑树、柳树和杨树，俗称"前不栽桑，后不栽柳，院内不栽鬼拍手"。因为"桑""丧"同音，出门见"丧"不吉；柳不结籽，恐无子绝后；"鬼拍手"指杨树，栽杨树怕招来鬼祟，宅室不安。多栽梧桐、石榴、枣树、榆树等，取其美好寓意：梧桐寓意"栽下梧桐树，引来金凤凰"；石榴、枣有"多子""早立子"含义；榆树皮、叶均可食用，特别是榆树

[1] 淄博市志编纂委员会编：《淄博市志》，北京：中华书局，1995版，第1166～1168页。

上长榆钱，即“余钱”，是摇钱树；榆木做房梁，即榆梁，有“余粮”之意。

周村有很多与蚕文化相关的风俗。旧时养蚕是维持一家生计的主要方式，从清明到谷雨这20天内，是“蚕忙”的前夜，有蚕仙祈福的民间习俗。一则是祈神赐福，另外也是预酬蚕节的辛苦劳作。博山养蚕户有一个习俗，养蚕初和摘茧前要烧香供奉蚕姑神。蚕姑神掌管蚕的质量和养蚕顺利与否，供奉了蚕姑神，才心中踏实。[1]

蚕姑又称“蚕神”“蚕姑娘娘”“蚕姑奶奶”，传说是黄帝的妻子嫘祖所化，因教民植桑养蚕、织绸制衣，被尊为蚕姑圣母。又因她常施济百姓，感化了女娲娘娘，被点化成仙，成为庇佑蚕农之神。祭祀蚕姑，一是元宵节（或正月十六）蚕姑祭祀，二是小满祈蚕节。相传小满为蚕姑诞辰。民间认为蚕是娇养、难养的“宠物”，被视作“天物”，为祈求宽恕，使养蚕有个好收成，便在蚕姑诞辰放蚕，举行祈蚕节。小满这一天，历朝历代的皇后要参加织桑养蚕活动，祭祀蚕神，举行亲蚕礼。沂源县有三岔乡南鲍庄、中庄乡韩庄等五处蚕姑庙。三岔乡周围十几里的养蚕妇女这日纷纷结伴到西山蚕姑庙祭祀祈祷[2]，保佑蚕桑丰收。

柞蚕生产活动中有许多避忌。因“屎”与“死”同音，蚕屎改称“蚕沙”；蚕的长度不叫“长短”而叫“高矮”。又有忌蚕工不和之说，如果蚕工不相和好，蚕即不能收。至于老妇、产妇入场蚕必变，则属于迷信思想。

三、水产

（一）水产养殖

淄博河沟纵横，池湾众多。河流有淄河、孝妇河、乌河、东猪龙河等，干支流共20余条。淄博北部马踏湖，水域面积约5万亩，水面广阔，水质肥沃。水产资源丰富，鱼类、虾类、蟹类、贝类多达30余种，淄鳖、乌鳝尤负盛名。水生植物有30属40余种，莲藕、芦苇等水生植物历代不衰。

渔业生产以淡水渔业为主。历史上鱼苗、鱼种靠自然繁殖，1956年开始引进长江鱼苗、鱼种，主要是青、草、鲢、鳙四大家鱼，也有少量鳜、鳊、鲂。1972年起，在太河、萌山、石马等营养型水库培育鱼种和人工孵化鱼苗。养鱼最初是粗养，即不投饵，依靠天然饵料，三年后起捕，回捕率很低。后来转向“自孵、自育、自养”，投放鱼种的规格、品种和数量逐渐增大，水库养殖和池塘养殖产量大大提高。博山区泉河电灌站自流冷泉虹鳟鱼养殖，淄川区口头乡小口头村自流温水井罗非鱼养殖，成为享誉省内外的特色养殖。马踏湖众多河流汇聚，下游入小清河与渤海湾相通，既利于水生及湖洼植物的生长，又适宜蟹虾鱼类的繁殖与洄游，有鲤、鲈、鲢、鲫、鳢、鲇、鳅、鳝等品种繁多的鱼类，也有虾、蟹、贝等。

（二）水产捕捞

淄博渔业生产历史比较悠久。早在明清年间，北部湖区就有人专门从事渔业生

［1］政协博山区委员会编：《博山民俗》，淄博：淄博市文化广电新闻出版局，2013年版，第70页。
［2］李障天、阎象吉主编，淄博市政协文史资料研究委员会、淄博市经济科技委员会编：《淄博经济史料》，北京：中国文史出版社，1990年版，第187页。

产。现在桓台县起凤镇的鱼龙、华沟等村，在20世纪30年代初期，有40%的人从事捕捞业，当时就有“东村网，西村线，南村下大箔，北村靠渔船”之说。鱼龙村有早市，天明渔民携鱼提虾汇集鱼市，日上市量1000公斤。

湖区渔民捕捞用具主要是拉网、抬网、旋网、箔等。新中国成立前至50年代捕捞野生鱼多使用投网或密扣小拉网，渔船简陋，渔网皆以棉线编织。1962年市水产技术人员首次在萌山水库推广使用合成化纤材料的三层挂网和胶丝刺网，提高了回捕率。70年代大中型水库开始使用小马力机动渔船，并从外地引进了小圆网，同时推广了“赶、拦、刺、围”联合捕鱼法。

（三）捕捞用具

新中国成立前，淡水渔业使用的船只多为传统平头方底型木制船，大致可分为划子、撇子、溜子、座船四种，其中，座船为生活用船，其他则为生产兼生活用船。1960年后开始有机动船只出现，但主要用于安全救助。1972年后机动船开始增加，但大多用于运输业而非捕捞作业。渔船多为自己制造，所用木料主要是柏、槐、楸、桑等树木，较大的船桅则需要从南方购买。

划子，船长7～10米、载重4～10吨，一船一篷，由两人驾驶，风力驱动，拉网、袖网、风网、虾拖网作业时使用。

撇子，船长7～10米，载重2～3吨，两头微翘，风力或人力驱动，用途较广。

溜子，分枪溜、生产溜、大溜子等数种。枪溜专门用于冬季打枪作业，长约4米、宽1米、深0.5米左右，轻便灵活，多作为交通工具。生产溜和大溜子船型与枪溜相同，只是船体略大。

座船，渔民生活用船，较笨重，一般不移动。船长5～7米、宽1.5～2米，分为上下两层，有前后舱。20世纪80年代以后建造的座船，尺寸有所加大，有的为水泥船，但船型基本相同。

淡水捕捞多采用传统渔具及渔法进行，大致如下：

圈鱼网呈长方形，属于无囊围网，一般在明水区或水草很少的水域内作业。作业时用载重两吨左右的渔船两只、人员八人，到达渔场后，载网船抛出取鱼部，由带网船以最快速度拖曳并向载网船靠拢，使网具形成包围圈。两船靠拢后，载网船快速起网，在起网过程中，始终有一人持竹篙击打水面以惊鱼，最后将鱼集中到取鱼部拉到船上。捕捞对象以水域中上层小杂鱼及虾类为主，作业期为春、秋两季。

刺网俗称“丝网”，网具呈长方形，在鱼类经常洄游的水域内作业。作业时用载重一吨的小船一只，两人操作，一人划船，一人在船首上风舷放网。起网时，一人顶风划船，一人在风舷收网摘取渔获。傍晚下网，翌日凌晨起网。捕捞对象主要是鲫、鲤、鳊、鳜等。湖区多用定置刺网，河流、水库则用流刺网或三层挂网。

罱网也叫“夹子网”，是湖区最常用的渔具，通常每船必备。作业时用小船一只，由两人操作，其中一人撑船，一人持罱网捕鱼。渔民常以数条船同时作业，俗称“打围”，除冰封期外，可常年作业。主要捕捞底层鱼类，渔场多在水草较多的静水、浑水及软泥底质的水域。

提罾为湖泊小型定置网具，网衣为正方形，提绳为四根爪，下有沉子，上有浮标。作业前，先在罾内投放诱饵，之后一人划船，一人下罾。每罾之间相距约1.5米，每船带罾50个左右。每隔二十分钟，依次提上水面，取出渔获。提罾主要用来捕捞青虾、白米虾和挠头虾等。作业期在四月至十月，一般日产10～15公斤。

顿钩亦称“划钩”“拉钩”，每副钩由两只单钩呈背向构成，通过支线连在干线上，以钩刺拖挂鱼体而获鱼。作业时将拴有若干副钩的干线敷设在水底，不断地往复拖拉，以刺拉底层鱼类。作业时用小船两只，每船两人，共带钩100对，一人划船，一人手持弹杆击水惊鱼，两船交替拉钩前进。当挂住三两以上的鱼时，操作者便觉得绳抖动，这时两端同时停止前进，其中一船收回拉绳和干线，摘取渔获。主要捕捞对象为鲤、鲫、鲇、乌鳢、鳜等鱼种，一般日产10～15公斤。

滚钩属于无饵延绳钩，操作时将钩横拦在鱼类游走的通道上，以钩尖挂刺鱼体。两人用小船带钩在水草较多的水域内作业。水温低时下沉钩，反之下浮钩，使钩保持在一定的水层。起鱼时，一人划船，一人提起钩线检查，有鱼则用小抄网捞取。除冰封期外均可作业，主要捕捞鲤、鲫、鳜、鲶等鱼，一般日产7公斤左右。

网箔俗称“迷魂阵”，是大型定置网具，捕捞对象以鲫鱼为主。作业时将网箔设在鱼类洄游场所，拦截诱引其入网。下箔前先把下纲拉紧，并把拴在下纲上的茅子（草把）牢牢插入泥内，使下纲站泥底。每隔十几米插一根杆子，将上纲挂在杆子上，使之露出水面。设置网箔的部分，要拉紧升道网，升道网的末端位于网箔内水面以下30厘米左右，拉直囊网，用绳扎紧底端拴在杆上。起鱼时将囊网提出水面，松开底部即可。除冰封期外均可作业，一般日产15～25公斤。

杆子箔是20世纪70年代以来在网箔基础上改进而成的一种渔具，特点是在网上按一定距离定置竹竿，便于下箔作业。其下箔方法与网箔基本相同。作业方法有勾手式、二郎担山式、耙头式、衩口式，以勾手式为多。捕捞对象广泛，除冰封期外均可作业，每日可取鱼两三次，一般日产15公斤左右，有时可达50～100公斤。

卡是用毛竹做成的捕鱼工具。作业时先把卡棒弯成弓形，夹进诱饵，然后用芦苇圈套住端部，依次拴在干线上，鱼吞食诱饵后，卡棒弹开，撑住鱼嘴以达到捕获目的。一般用熟玉米、大麦、面团、小虾及薄皮螺蛳等做诱饵。下卡多在傍晚，翌日清晨收卡起鱼。捕捞对象多为鲫鱼、鲤鱼、赤眼鳟及鳊鱼等。

（四）捕捞方法

传统捕捞方法中常见的是鱼鹰捕鱼。放鹰下水之前，要用事先泡好的草绳把鱼鹰的脖子勒住，让鹰吃不进鱼去，否则鹰吃饱了就不干活了。鱼鹰在湖面上反复扎猛子捞鱼，嘴里叼满小鱼向渔家小船游去，渔家用竹篙勾起被鱼撑起粗粗脖子的鱼鹰，吐出鱼的鱼鹰便又扎进水里捞鱼，循环往复。鱼鹰捕鱼随季节不同，捕鱼量从五六十斤到近百斤不等。马踏湖地区早些年放鹰的人很多，有的一个村就有二十多户，有一二百只鹰。现在很少了。

颤青又称“踏青”，是流行于马踏湖地区的一种破冰作业叉鱼的方法。在冰上看见鱼，就用木榔头敲打冰使其受惊逃跑，再敲再逃，直至鱼疲惫不堪时，敲开冰块用鱼叉取鱼。

冰上粘鱼也是马踏湖地区流传的老手艺。数九寒天湖面冰有 10 厘米厚，人站在冰上凿冰打孔，用竹竿放进一个粘网。湖面结冰后，鱼虾因为缺氧，喜欢贴着冰层游动。一凿开冰洞，鱼儿就游进冰洞，钻进粘网，被紧紧缠住。主要粘黑鱼、鲫鱼和鲤鱼。为了鱼类的生存与繁衍，粘鱼要粘大的，留小的，抓大放小。

（五）渔业禁忌

语言禁忌方面，禁说“翻”“沉”“扣”等不吉利的词。因“帆”“翻”同音，渔民不叫“帆船”而说“蓬船”；饭吃完了要说“添饭”或“装饭”，不能说“盛饭”，因为“盛”“沉”谐音。在行为禁忌方面，船上的锅碗瓢盆等容器不能扣着放，吃鱼时不仅不能翻鱼，也不能说“翻”字，否则预示渔船有凶兆。这些反映了渔民祈盼生活平安幸福的美好愿望。

第三节　盐业、煤炭业、冶金业民俗

山东濒临黄海、渤海，拥有三千多公里的海岸线及三千多平方公里的滩涂面积，占全国海岸线的六分之一。有丰富的制盐原料——海水和储藏量巨大的地下卤水，历史上一直是中国重要的盐业生产基地。淄博煤炭资源分布广泛，不仅储量大、种类多样，且煤质优良、富存条件好。张店区中埠镇铁山，因铁矿石形成褐色山体，历来是冶铁业发展的重要基地。《考工记》记载“六齐”法则，说明冶铸工艺技术趋于规范化和科学化。[1]在长期的盐业、煤炭业与冶金业发展过程中，形成了许多富有特色的习俗。

一、盐业

古渤海深入今滨州市青田办事处（即旧镇，原属高青县）的千乘入海口附近，海岸线蜿蜒曲折，港湾众多，海滩平坦广阔，地下卤水蕴藏丰富，且气候适宜，地质条件有利，非常适合盐业生产。传说炎黄时期，宿（夙）沙氏在这一带煮海为盐。西周初期，姜尚被册封齐地，确定了“通商工之业，便鱼盐之利”的立国之策，盐业是齐国崛起的基础产业。汉代全国二十五个郡设盐官，千乘郡名列第六。

［1］《考工记》据传是春秋末齐国人记录手工业技术的科学著作，该书记载了青铜合金成分配比的“六齐”法则：“金有六齐：六分其金而锡居一，谓之钟鼎之齐；五分其金而锡居一，谓之斧斤之齐；四分其金而锡居一，谓之戈戟之齐；三分其金而锡居一，谓之大刃之齐；五分其金而锡居二，谓之削杀矢之齐；金、锡半，谓之鉴燧之齐。”参见闻人军译注：《考工记译注》，上海：上海古籍出版社，2008 年版，第 41 页。

（一）制盐法

1. 煎煮法

煎煮法包括煮、煎、熬三种方式，其中煮盐法最古老，也最简单。古人将海水置于鬲中，生火加热，鬲内海水浓缩得盐。至汉代大部改煮为煎，即先制卤，后用浅盘煎。熬盐用深锅。灶锅设置有一灶一锅、一灶多锅两种，古时渤海沿岸多为一灶一锅，黄海沿岸则多用一灶多锅。煎盐所用的锅，春秋时期为青铜制作，每口锅的直径通常为 1.4 米，深 14 厘米，重 100 多公斤。汉代始改用铁锅。

煎盐的方法是：先从海边刮土淋以海水，沥取卤水，然后放到锅里，生火煎熬，水干即成。煎盐先要制卤，可在海堤内淋卤，若潮水不到，则在海滩刮碱淋卤。取卤方法是：堆土为阜，高 1.3 米，平顶为牢，围一小墙在靠池的一面开一出口，聚碱土于牢中，然后用水淋，流于池内即成。测试卤水最初多用石莲子试卤，因此物不易得，后改用煮熟的大豆。豆如沉下，则证明无卤；豆浮于水中，卤只半数；豆浮于上，则证明达到标准。一般每年农历二月中旬开煎，五月末闭灶停煎，历时两个半月。通常一昼夜煎盐 6 锅，可得盐 600 斤。

2. 滩晒法

滩晒法是目前盐业生产的主要方法。相比煎盐，晒盐，生产工序大大简化，成本降低，产量大又省工时。以前滩晒法所使用的工具非常简陋，大致是铁锨、耙子、拾筐、水斗等，民谚说道："一对耙子两张锨，挑筐杠子常在肩，三户共用一只斗，四捆草苫用五年。"这种状况直到 1952 年才陆续改变。滩晒制盐法的基本步骤和方法如下：

先修滩。古时修滩，由于滩小，所以修滩较细，一般初修是将底土翻起荡平压实，再做熟泥逐块排列并夯实，使用期间再随时晾压。现在修滩，分一年多次修滩和多年一次修滩两种。一年多次修滩，主要是修蒸发、调节及结晶区。结晶区实行春、秋主修，四季保养；蒸发与调节区实行一般保养。春修一般在农历二月前进行。秋修一般在雨季结束时开始，到农历八月底九月初结束。

再纳潮和汲取地下卤水。滩晒有多种制卤方式，可掘井晒盐，也可纳潮晒盐。纳潮晒盐，古代通常采用自然纳潮法，新中国成立初期仍然沿用，即在潮沟设闸门，涨潮时打开闸门，海水入沟或入库，落潮时放闸蓄水。潮水不及之处，常采用单龙骨车、多龙骨车或风车等纳潮。新中国成立后，改用动力纳潮法，即在海边潮沟处设扬水站，安装柴油机或电机驱动水泵扬水。纳潮时一般根据当地潮汐规律、设备动力条件和需要海水量，定出纳潮计划，采用旱天纳潮头、雨后纳潮尾的方法，尽量纳取高浓度海水。

掘井晒盐即提取地下卤水制盐。这种方法唐已有之。新中国成立初期，提取地下卤水要开挖大井口，人工用水斗子打水。20 世纪 60 年代开始用风力机提水。70 年代后普遍采用水泥管井，提水工具因条件而异。古代制卤多用灰淋、土淋法，近代以来主要采用滩晒蒸发的方法。因滩田、技术等条件不同，各场因时因地常采用各种不同的制卤方法。其中，按走水路线分为平赶卤、横赶卤、咸水倒扬等；按制卤方式分为一放一干制卤、留底水深水制卤、薄赶深储制卤、冰下抽咸制卤、沟壕制卤、化盐碴制卤等。

结晶是制盐的主要工序。古代用煮、煎、熬法，近代以来主要靠滩晒，通过多次滩晒结晶得到原盐。结晶时间，自有滩晒开始到新中国成立初期，一般为三月初开始，五月底结束。20 世纪 50 年代到 80 年代初期，大部分盐场春节前后灌池，雨季到来之际结束春晒；雨季结束开始秋晒，农历十月底结束。1973 年，埕口盐场实验越冬结晶成功，许多盐场遂采用秋灌春收的连续结晶法。20 世纪 80 年代初，大力推广塑料薄膜苫盖结晶池，实现长年结晶。

收盐是最后的工序。清代至民国年间，池小盐少，多者三五日收盐一次，少者一两日收盐一次。产量少者 2000 多斤，多者可达 3000 多斤。收盐时，用勾混耙将盐堆起，然后肩挑人抬，将盐运出入坨。20 世纪 60 年代，试制成功收运及堆坨机械，收盐、运盐、堆坨逐步实现机械化。

（二）盐业信仰

盐民中流传着关于盐业神灵的信仰，盐业神灵有盐宗与盐神。

盐宗为夙沙，又写作“宿沙”，相传为山东人，最早发明了海水煮盐，这就是夙沙作煮盐的传说。相传远古时候，山东半岛南岸胶州湾一带住着一个原始部落，部落里有个人叫“夙沙”，他聪明能干，臂力过人，善使一条用绳子结的网，每次外出打猎，都能捕获很多的禽兽鱼鳖。有一天夙沙在海边煮鱼吃，和往常一样提着陶罐从海里打半罐水回来，刚放在火上煮，突然一头大野猪从眼前飞奔而过，夙沙见了岂能放过，拔腿就追，等他扛着死猪回来，罐里的水已经熬干了，罐底留下了一层白白的细末。他用手指沾了放到嘴里尝尝，味道又咸又鲜。夙沙用它就着烤熟的野猪肉吃起来，味道好极了，而那白白的细末便是从海水中熬出来的盐。

盐神是战国时期的齐相管仲。管仲重视发展鱼盐之利而使齐国富强、称霸天下，对后世盐业政策产生很大影响，亦被尊为盐业行业神。[1]许多产盐县曾建有盐神庙，如无棣盐神庙，古书中有无棣“有盐山神祠”的记载。潍坊渔盐文化馆也建有盐神殿，专门祭祀盐神管仲。

二、煤炭业

（一）开采业技术

唐宋时期淄川煤田已经出现凿井采掘技术。[2]初期采掘设备简陋，作业简单，非常艰辛。如果煤层储存靠近地表，开采就相对容易些，只要开凿口径为 1 米左右的筒子井，挖 10 米深左右即可采到煤。但大多数煤层埋藏较深，需要深打井、深采挖，付出几倍的劳作。后来出现了劳力协作，由几家几户凑份子，集资金，出劳力，合

[1] 张艳丽：《管子治国思想的历史传承与发展研究》，长春：吉林文史出版社，2022 年版，第 59 ~ 63 页。

[2] 淄博矿务局、山东大学编：《淄博煤矿史》，济南：山东人民出版社，1986 年版，第 14 页。

作采掘，俗称“开份子井”。这时期采煤范围不大，一般在方圆百米内，遇水就停，一井挖尽，另开一井。凿井使用锤錾、扒钩拉槽和锤锲开帮，井上设手摇辘轳，用麻绳、条筐提升，用碟子等器皿点植物油照明。后来，井深开凿到 20 ~ 40 米左右。在淄川煤田南部今西河镇的“周家地、田家地、走马岭”三个地方，发现了五处古井遗址，相传都是唐代一个名叫“周七”的人开凿的，已具相当规模。其中，有的开采一层，有的分三层开采，凿到 80 米可以采七行；从巷道再往下开凿 40 米，采九行；再向下开凿 40 米，采十行的煤。开凿这样的井很不容易。明嘉靖年间以后，特别是清初康乾年间，掘井采煤者渐多，多是凿竖井，开斜井较少，都是用的土法开采。

到了清代末期，淄川矿区出现机器生产。1889 年，官办淄川煤矿在苏家堤添置英国蒸汽泵用于矿井排水，矿工增至千人。这是淄博矿区最早使用近代机器生产的矿井。民国时期，民营煤矿中购置机械者逐渐增多。在距淄川城东北十余里的天成等煤矿，采用的是简单的蒸汽提升机。尽管简单，却表明淄博煤田已开始进入新的历史阶段。[1]

（二）信仰禁忌

煤炭业风险极高，最担心发生塌方、透水、瓦斯爆炸事故。博山俗话“下窑的是埋了没死”“四块石头夹着块肉”“瞎米瞎面别瞎炭”，都是讲采煤危险艰难，收获不易，因而民间信仰风气浓郁。

在淄川地区，最出名的是黑石炭爷爷信仰。传说，某书生被骗至井下从事采煤，遇到险情，受到黑石炭爷爷的庇佑而获救，后来考中进士，成为一名整治煤炭秩序、保证井下矿工安全的清官。由此，黑石炭爷爷成为矿业主供奉的财神兼下井矿工的保护神。还有一则仙姑故事，说的是王某开井，因连挖数井未见煤炭，债台高筑，并拖欠工人工钱，正当走投无路时，于黉山前遇狐仙资助，最终开出煤炭，成为财雄一方的巨富，遂捐资修建了仙姑庙。时至今日，每逢阴历三月三和九月十八的黉山仙姑庄庙会，四方善男信女都纷纷前来祭祀，香火十分旺盛。

在博山地区，黑山爷爷是博山煤矿工人创造的行业保护神。博山的黑山神和黑山庙，都是随着煤炭开采而产生、兴旺、传续。神以煤炭业而生，民以神为依。在开矿之时必须先祭祀黑山爷爷一番，求得保佑。除信奉黑山爷爷之外，人们还信奉观音菩萨、土地、财神、泰山奶奶、颜文姜，甚至信奉当地的小财神——黄鼠狼等，这种风俗旨在求保佑一方煤炭财运亨通、人员安全、生计长久。[2]

煤矿业忌称年纪大的人“老师傅”，因这是对被埋井下矿工尸骨的统称。矿工在井下挖煤时，忌说“死”“完”“灭”“鬼”“神”“塌”“失火”“砸死”等话语。行为上，忌敲打或抚摸矿工的头部，对矿工头上的安全帽，也忌讳敲打或扔在地上。下矿井忌带火柴或点火工具，以免引起瓦斯、煤尘爆炸等。忌讳在矿井门

[1] 张士闪主编：《文化淄川》，济南：山东人民出版社，2021 年版，第 68 ~ 71 页。
[2] 政协博山区委员会编：《博山民俗》，淄博：淄博市文化广电新闻出版局，2013 年版，第 65 页。

口烧纸，因只有死人后才烧纸。在井下，忌把矿灯直接对准别人的脸庞。另外，矿工还对老鼠敬若神明，不直呼其名而尊称“灰八爷”，忌讳在井下捕捉老鼠，平时还带饭食到井下饲喂它们。之所以如此，因老鼠感觉灵敏，能事先感知到瓦斯、煤气、沼气及井下振动等。因此，若井下老鼠群体性迁移，则是发生事故的前兆。还有：忌生人随便下井；矿工吃饭时摔了碗，当天便不再下井；井口忌讳妇女靠近；矿工上下井或上班的路上，忌讳和妇女打招呼，更不可与妇女开玩笑或打闹。进入21世纪，这些禁忌习俗逐渐不再遵从。

三、冶铁业

（一）冶炼技术

古代最初的炼铁技术是从块炼法开始的。将铁矿石和木炭一层夹一层地放在炼炉中，点火焙烧，在650℃～1000℃温度下，利用炭的不完全燃烧，产生一氧化碳，使铁矿石中的氧化铁还原成铁。但由于炭火温度不够高，还原成的铁只能沉到炉底而不能呈熔化状态流出，需待铁炼成，炼炉冷却后，再拆炉取铁。

差不多与块炼法同时或稍晚，又兴起坩埚炼铁，是由坩埚炼铜演变来的。矿石敲成小块，同木炭及助溶剂混合放入坩埚。先在炉底铺一层硅瓦碎片以使炉底通风；然后留出火口放易燃物；接着再铺一层木炭，木炭上放置成行的坩埚；在坩埚上再铺木炭，木炭上再置成行坩埚，直到把炉装满；然后火口点火并鼓风（或采取自然通风），使坩埚中矿石还原熔化为生铁。这种炼铁法直到近代仍流行。

春秋末战国初，由炼铜演变来的竖炉（鼓风炉）开始应用。许多齐国战国时期生铁铸件的出土，也说明当时已采用鼓风竖炉炼铁。鼓风设备主要是皮制的囊。囊有口，口有柄，用人力鼓动，风力较强。使用多个风囊，可以加大炉内气体压力，提高燃烧强度，使铁的渗碳速度加快。

从块炼法发展到竖炉炼铁是一种冶炼技术的进步。块炼铁接近于纯铁，渗碳超过2%便成为生铁。春秋时期的生铁往往是含碳很高的白口铁，其优点是耐磨，适于制造犁铧一类的农具，其缺点是质脆易裂。春秋战国之交，又创造了生铁柔化处理技术。所谓柔化处理，就是把白口铁进行退火处理，使白口铁变为可锻铸铁（亦称展性铸铁或韧性铸铁），由此降低铸件的脆性，提高韧性，使性能得以改善。可锻铸铁的出现是冶金史上一个划时代的事件。它使生铁广泛用作生产工具成为可能，大大延长了铁器的使用寿命，加快了铁器替代铜器生产工具的历史进程。

先秦时期齐国在金岭铁矿采矿冶炼，制造铁制工具，后历代相沿，在此设立冶铁机构。近代以来，西方列强，主要是德国和日本，开始对淄博经济入侵。但经过德国、日本的科学勘测，基本搞清当地的地质和矿藏状况。使用蒸汽机、卷扬机等先进机械设备，引进德国工业革命后的新科技成果，是淄博工业近代化的标志之一。

（二）管理与禁忌

为发展冶铁业，齐国建立了专门的管理机构。张店铁山下的冶里村（今为铁冶村），便是当年齐国冶铁工匠集中管理之地，设置工正、工师、铁官等官吏管理官营手工业作坊。工正负责管理官营作坊的正常运作；工师的职责是“论百工，审时事，辩功苦，上完利”[1]，即考核工匠的技术优劣，按时节审定产品种类，检查产品质量等；铁官主管冶铁业以及工具、农具、生活用具等铁器的铸造，重视冶炼工匠的技艺和产品质量的提高。齐桓公时规定技艺低劣的工匠不得从事手工业生产，对于产品质量，“聚天下之精材，论百工之锐器，春秋角试以练，精锐为右，成器不课不用，不试不藏”[2]。意即聚集最好的材料，研究所有工匠制造的兵器，春、秋两季进行比试；已经制好的兵器，未经检验，不准使用，不得收藏。

（三）炉神姑：冶铁文化标识

炉神姑的传说流传于张店区中埠镇孟家庄、铁山一带。齐桓公时期，李娥（另传为中埠镇孟家庄丁氏女）为救其父，除掉四处为害的铁牛，跳进熔炉中牺牲。为纪念这位无私无畏、勇于献身的李娥，百姓修祠立庙，塑神像，将其奉为炉神姑，以资怀念和祭祀，世代相沿。炉神姑传说的产生和传播，极大地丰富了铁山冶铁文化的内涵，也反映了铁山冶铁发展的影响力。人们把炉神姑作为孝女传颂，同时赋予她无所不能的神的职能。虽然冶炼的背景没有改变，但她已不仅仅是一个行业神了，而成为当地民俗文化和信仰文化的有机组成部分。[3]

第四节　手工业生产民俗

淄博民间手工业生产种类多种多样，有的以专业生产工匠的形式存在，如木匠、铁匠等，有的则是以家庭副业生产的形式存在，如做豆腐、条编等。这些手工业生产形式，都有很强的技术要求，具有独特的生产工艺和从业习俗。

一、器具制造

（一）制陶

制陶，民间又称“烧窑”。山东历来没有设立官窑，但民窑十分发达，以淄博最为有名，淄博又以博山为盛，无论产量和质量，在省内首屈一指。用于生产陶瓷的主要原料黏土（高岭土、膨润土）、石英砂、长石、滑石等矿物在博山区资源丰富。据考证，从汉代开始淄博南部山区（博山的颜神镇、八陡镇）一带就有陶器生产。北朝时烧制青瓷，有黄、褐、青色，接近洛阳唐三彩，但制作粗糙。唐时烧制黑釉器，釉质滋润光亮，类似漆器。釉中所含铁的化合物常在烧制过程中渗出表面，形成“雨点釉”“茶叶末”效果，是黑陶釉色之精品，在日本评价极高。

制陶流程为取土和制料、制坯、上釉、装窑和烧窑。取土和备料是先将优质

[1] 黎翔凤撰，梁运华整理：《管子校注》，北京：中华书局，2004 年版，第 73 ~ 74 页。

[2] 黎翔凤撰，梁运华整理：《管子校注》，北京：中华书局，2004 年版，第 117 页。

[3] 王立武主编：《文化张店》，济南：山东人民出版社，2021 年版，第 84 ~ 100、114 ~ 117 页；杨宽：《中国古代冶铁技术发展史》，上海：上海人民出版社，2014 年版，第 3、5 ~ 14 页；张光明、张晓：《中国冶铁发源地淄博铁山概论》，《管子学刊》2012 年第 2 期，第 27 ~ 30 页。炉神姑内容亦见本书其他章节。

白泥（白泥巴、耐火土）挖起来堆放在一起，用锄头把白泥片成小薄片，然后将泥片放入事先挖好的泥凼中（一般为正方形，长宽 4 米左右，深 1.5 米），加入清水浸泡 2 ~ 3 天后将水放干，用铁锹一锹一锹地把白泥铲起，反复 3 ~ 4 次，再将白泥翻上池坎堆成方形备用，这种泥土俗称“熟料”，用以制作陶坯。坯在车盘上制作，车盘是一个圆盘（古时为木盘，后来为石盘），盘的直径 80 厘米 ~ 90 厘米，厚 5 厘米，中间有一根轴，直径约 10 厘米，轴的下端插入地下木敦内，托着车盘。将熟泥放在车盘上，脚蹬车盘快速旋转，用手或篾片捏、造、推、粘、接、削，可制成各式陶坯。将做成的陶坯放入车间房晾干水后，还要在车盘上进行一次精细的整修。上釉是烧制前在陶坯上涂一层釉料，使制出的陶器光滑、美观、经久耐用。釉料的制作是用谷壳子 50 公斤加 15 公斤鲜石灰混合烧成灰，再加入 2.5 斤 ~ 3 斤捣细的铁末子，拌匀后放入染缸加水搅拌成糊状。烧制土陶的窑子通常建在地势较高、向阳背风的地方。一个土陶窑一般有 8 ~ 10 个窑仓（窗），由低到高呈阶梯形分布，里面互相连接，烟道共用。每个仓长约 4 米，宽 3 米，高 3.5 米，窑仓内底部由低到高也呈阶梯状分布，阶梯的宽度根据放入陶器的大小 0.6 米 ~ 2 米不等，整个窑仓的上面盖砖木结构的小青瓦房。装好窑后，封好窑门即可点火烧窑了。20 世纪 60 年代前用木柴作燃料，70 年代后以煤代之。烧时由低到高一仓一仓地烧，每个仓约烧制 12 ~ 13 小时，烧制完待窑内自然冷却后（一般 3 ~ 4 天）方可出窑。

制陶业也有信仰和禁忌。大年三十和每年烧第一窑时，都要杀猪头或杀红鸡公，到窑前点香蜡、烧纸钱祭祀，俗语说“祭得好，才烧得好”。装窑时忌说“封窑”，因窑内怕风，有风会烧坏陶坯。

（二）烧砖瓦

烧制砖瓦的历史可追溯到唐代以前。旧时修建房屋的砖瓦都是人工烧制的，烧制砖瓦的工匠叫“砖瓦匠”。烧制砖瓦要选择有黏土的地方建窑，窑的形状有馒头状的扇子窑和桶状的甑子窑两种。窑的大小不一，容量不同，一般用泥砖砌成穹形，高 3 米 ~ 5 米，圆拱直径约 8 米，有进出料口，也是火口。窑顶有四个孔做烟囱。

烧制砖瓦的步骤首先是备土。将泥土挖松后泼上水，牵牛用蹄反复踩泥土后搬运到砖瓦厂房（多为草房），将泥堆成长弯形的泥墙，宽 25 厘米，高不过人，便于取用。接着是制坯。砖坯用长方形“井”字砖匣制作，砖匣放在砖板上，可以拆开扣拢，内撒柴灰或炭灰（不能用草灰，会沾砖泥），用辽刀将砖泥切成砖形大小，用力掼入砖匣，用弓刮刮去余泥后运到堆砖处，拆开匣子码砖，码好的砖坯阴干待烧。制瓦坯的工具有瓦罩、瓦桶、车盘（转盘）、泥掌、辽刀、弓刮等。瓦桶外周有四根分瓦埂条，将瓦罩套上瓦桶后置于车盘上，用弓刮在瓦泥墙上割取瓦泥，用泥板将泥皮贴紧瓦桶，刮去余泥；再用泥掌沾水，转动车盘后边转边拍打成瓦坯，后将瓦桶一并提去堆放处，解扣取桶，待圆形瓦坯晾干时用手将一桶瓦分为四匹瓦，取下堆码待烧。下一步是装窑。用木板凳放上砖瓦坯担进窑内，规则地从内壁装码成扇形。砖与砖间要有 2 厘米缝隙，便于通火，一层一层地往上堆。顶端装瓦，也要有缝隙。普通窑子可装一万匹砖和四五万匹瓦。窑不可装满，要留火膛，然后用泥砖封窑留火口。最后是点火烧窑。从窑门送柴或炭入窑，前两天用小火微烧，俗称“秋（熏）窑”，后五天用猛火烧，温度高达千度，要日夜不停放进柴火，火力要匀要旺，连烧七个昼夜，观窑内砖熟透则封窑门。窑顶用稀泥糊成窑田，这时把水倒在窑田内，用1厘米粗竹棍插洞，水慢慢淋入窑内，使砖瓦见水变青冷却，称“小青瓦”“青砖”。两天后可开窑取出砖瓦。烧窑要有一位经验丰富的掌窑师，具有关键的装窑技巧和掌握火候的功夫，烧出的砖瓦才不变形、不断裂。90年代末，传统的砖瓦窑被现代的页岩机砖厂取代。

（三）制琉璃

博山生产制作琉璃的原料主要产自当地和周边地区，有白砂、紫石、洋碱（外国货多用英国卜内门公司出品）、皮硝、火硝（外货）、柴碱、颜料（外货）、煤炭、焦宝石、青土、石棉、坩子土等。到20世纪初，随着西方化工熔冶技术的传入，博山琉璃制造开始采用德国技术配方，与之前配方相比，最大的变化是配方中采用了纯碱。这个配方的原料大致为硝石、萤石、硅石、信石（即白砒）、孟养石（即二氧化锰）、玻璃屑、木炭、曹达（日语，即纯碱）。这个配方先是在官办博山玻璃工厂用于平板玻璃的制造，后来博山传统的琉璃配方也随之发生了改变，再后来熔炼水晶料的原料组合也有所变化，变为硝石、萤石、木炭、白药石等。

经过持续二三十年的探索尝试，匠人们不断改进配方，更多地使用当地矿石原料和工厂生产的化工原料，其中制造平板玻璃的配方为白药渣、碱、紫石、菱石、硝、红砒，熔炼水晶料条的原料变为白药渣、碱、紫石、硝、红砒、菱石、石灰石。不难看出，白药渣取代了硅石和白药石，红砒替代了信石，石灰石替代了木灰。另外，纯碱在很大程度上取代了硝，这在一定程度上降低了原料的成本。新中国成立后，这种配方一直为琉璃工厂所沿用。到20世纪50年代，匠人们开始使用优质石英粉代替了白药渣，使琉璃熔炼过程更加稳定。

博山琉璃业的生产工具主要有炉窑、坩埚、吹管、模型等种类，其种类和构造依产品和制作而有所不同。料炉主要生产条状半成品——料条，圆炉主要生产花球、烟嘴、搿珠、镯、簪、耳坠、戒面、筷子、叉子、弹子等，米珠炉主要生产玻璃细珠，蓝货炉专制景泰蓝。琉璃制作技术分拔条、拔丝、制作料货等几类，每类使用的炉具、原料、加工工具、制作方法都不同，需要专业的工人来操作。[1]

从配料到成型再到粘接，每件作品都要经过十五道工序。为充分利用琉璃的黏度和张力，工人将手柄上的琉璃原料放入1450℃的炉内加热，待柔软时取出，利用煅烧后琉璃的流动性，使用工具以拉、缠、剪裁等技法制作琉璃装饰部分，两三分钟一件作品已见雏形。作品成型后，再将其放置降温炉里冷却，使其定型。这一系列的工序并非依靠机械化生产，都是通过手工制作完成的。[2]

[1] 宋暖：《博山琉璃研究》，济南：齐鲁书社，2016年版，第92页。
[2] 陈新利：《淄博琉璃烧制技艺》，《中国城乡金融报》2018年8月31日第B04版。

（四）木工

木匠是农村中专门修建房屋、制作家具及各种木制生产工具的工匠，村民常以姓氏或家中排行来称呼他们，如“李木匠”“三木匠”等。修建房屋、制作粗重农具的称“粗木匠”，制作细致家具又从事雕刻的则称“细木匠”。另有专做大车、小车、棺材的木匠。只是随着时代的发展，后者在农村已很少见到了。

木匠用的工具有多种。锛用于砍去木材多余部分。锯有多种类型，用于横截大圆木的叫“快马子”，两人对面推拉、用于解木为板的称“大锯”，较小的则统称“手锯”。现在越来越多地使用电锯，用于横截大木块等，省力又省时。斧子是木匠最常用的工具，因此匠人都十分重视，俗谚云“千日斧子百日锛”。曲尺又称“拐尺”，是木匠代代相传的量具。墨斗是在木料上打线的工具，多为一牛角所制，在角的一侧开一个方孔，横架一小铁梁，从一侧引出作为摇把，构成一个简单的摇车，车轴在角腹中，腹中置棉，渍以墨汁，轴上绕线，削去牛角尖，从孔中穿出。使用时，一人置墨斗于木头的一端，另一人引墨线于另一端，两端绷紧，再扯动中间部分，全线一弹，就会在木料上留下一条清晰的墨线，称“打线”。与墨斗相伴随的，还有一只角片制成的“匙子”，用来蘸墨斗中的墨汁在木料上做各种记号。刨子又称“刨刀”“推刨”，刀称“刃子”“推刨刃子”，架称“床子”“推刨床子”，有多种用途和样式。其他工具有凿子、钻、铲、羊角锤、锉等。

通常认为做一对条凳（又称“二人凳子”）可测试木匠手艺高低。做成后，一条仰放，另一条四只脚放在仰放凳子的四只脚上，倘若八只凳脚能正好相对，严丝合缝，则证明该人技艺已堪称绝。

（五）铁艺

铁艺俗称“打铁”，打铁的人称“铁匠”，其祖师是老子。传说老子面黑如锅、刚正神圣。旧有“一骗二补三打铁”的说法，打铁在“七十二行”中名列前茅，很“吃香”。从事铁业行当艰苦费力，技术要求很高。铁器好坏在于钢火，钢火即铁器锻造的“火色”，一堆废钢铁经铁匠高手反复锤炼，制出的刀具利可断发。

各区县都有冶铁处和铁匠铺，铺里砌有打铁炉子，称“红炉”，“U”字形红炉连接烟囱及风箱送气管。打铁工具有大锤、小锤、铁砧、铁夹（钳子）、铁凿、起子、冷水缸等，燃料为焦煤或散煤。打铁时，手拉风箱使煤燃烧到高温，然后将铁块夹入炉中烧红，使铁块变软，然后夹出放在铁砧上。师徒二人用铁锤轮番猛砸，一般使大锤是徒弟，使二火锤是师傅。也有夫妻操作的，男的打铁，女的扯风箱，故有“铁匠的婆娘——扯火”歇后语。铁块降温变硬，再放入炉中烧红，再夹出锤打，在刀刃部加入钢片，再反复锻造，经过淬火（放入冷水中冷却），再用起子铲平刀口等，便成为成品了。最后在产品上打上制作者的标记，如“于记”“张”等。人们广泛使用的铁器有锄头、镰刀、火钳、铁锹、锅铲、菜刀、弯刀、剪刀、屠刀、镰刀、小刀（斧头）、大刀（长身斧头）、凿子、匕首、工具刀等。铁器门类繁多，一些特殊用途的刀具需要很高的工艺水平，如装裱师用的花刀、理发匠用的刷刀，一般的铁匠师傅是不能制造的，要请名师专制，但价格要高些。

淄博铸造业历史悠久，西汉时临淄设有铁官掌管冶铸。铸造又叫“翻砂”，一是红炉化铁水，二是置模造型。模具由黏土加耐火石粉末制成制造物的窟空状，放入泥地坑中固定，有的直接在泥地上制模。再把红炉中熔化的铁水倒入置好的模具中、冷却后将铸件取出，锉其边角即成。明代临淄韶院村所生产的农具已颇有名气，当时打制的农具有犁、耙、锄、镰等。清乾隆年间，周村有专门制造铜响器的作坊，产品有月锣、糖锣和光边锣。民国初至抗日战争前期，淄博各地五金制造业已很发达，不少产品成为当地特产。韶院村有14处炉场，从业户占全村总户数的50%以上，产品除农具和铁制家具外，每年生产鏊子2000个。博山铁匠炉遍及各镇、店、集，八陡镰以品种多、质量高而闻名。博山石马乡所铸铁锅亦以锅体大、经久耐用闻名省内外，年产大锅300口，畅销黄河以北及江南各省。20世纪60年代，一些从事生产日用五金产品和打制简单农具的工厂，开始转产工具五金及煤炭、铁路等专用五金工具。70年代以后，经过调整和发展，淄博五金业新产品不断增加，优质名牌产品大量涌现，不少五金产品相继出口，主要产品有钢叉、精铝制品、彩印铁罐、汽车配件、电热电器、铜响乐器及火锅等。其中周村鲁东乐器厂、博山钢叉厂为全国最大的生产铜响乐器、火锅和钢叉的企业。20世纪80年代后，随着科学技术的进步，传统的制作法已发生根本变化，如菜刀、理发工具、剪刀、木工工具、小五金用品等都是厂家机械化生产，而且使用了不锈钢、合金钢，使铁器更加锋利，且批量进入市场，传统铁匠的数量便逐渐减少了。

（六）铜器

旧时，日常生活中所用铜器很多，如脸盆、水烟袋及许多家具的饰件等皆为铜制，铜匠便成为重要人物。今天铜器在日常生活中已很少应用，铜匠也很少见到，技艺得以保存并发展的，只有周村的铜响器了。

周村铜响器源自清初。当时泰安铜匠王启贵、王启朴兄弟来到周村，先做烟具，后改制铜响器，如货郎所用的月锣、卖糖小贩用的尖边锣（俗称“糖锣”）以及乡间秧歌队所用的采锣，晚年兄弟二人又创制了手锣。到乾隆年间，章丘一姓柴的人在周村创办一个初具规模的铜响器作坊，名为“聚合成”。这家作坊继承了王氏兄弟的传统，又生产出开道锣，并引进生产了奉锣、苏锣等响器。光绪年间，在开道锣的基础上又制成光锣。随着京剧的日益发展，聚合成作坊于1915年在光锣的基础上制成虎音锣。这种锣能打出横音，浑厚圆润，声如虎啸，得到了京剧界的一致好评。铜锣的生产过程非常复杂、细致，包括配料、化铜铸砣、锻打制片、剪圆成形、淬火、旋光、定音等工序。一面锣往往要经过万锤锻打，才能使铜片厚薄均匀、大小合格。最后一道定音工序，必请老匠人上阵，执手锤在锣面上不断轻轻敲打，耳听，目注，寻找定音的部位。找准之后，只要一锤两锤，就能使一面新锣臻于完美。

（七）草编

草编是个统称，指以草秆、木杆和麦秆、高粱秸等作物秸秆及玉米包皮之类为原料，经过简单的技术处理，制作成日常生活用品的工艺。草编制品种类很多，如蒲团、枕、席、帽、锅盖、簸箕、筐箩、筐、篓、囤、鸡笼、筌笼等。

草席光洁美观，冬暖夏凉，防虫蛀。织草席的工具有席架、席筘、席棍、梭子、麻砣等，工序有吊麻、上经、抹草、抖草、织席、打磨。吊麻是把皮麻撕细，用麻砣吊搓成麻线，作为草席的经线，单股的叫“小经”，双股的叫“大经”。上经是把大小经线穿入筘眼中，按照所编草席的宽窄先把大经穿在席筘两端，再把小经穿在席筘中部，线头活结在席棍上，织好草席后，将活结的线头解开，再死结在草席末端。抹草是抹掉草头的一层外皮，并把草用水喷湿，使之软和，不易折断。抖草是手握长草的草颠，抖下夹杂在中间的短草，使长短草分开，便于织席时长短搭配。织席须两人合作，一人掌筘，一人递草。掌筘者将筘上下推压，使经线间隔前后分开成空隙，便于递草；递草者将长短草一颠一倒套在竹片做的梭子缺口上，穿入大小经的空隙，作为草席的纬线；递一次草，用筘砸一下，同时掌筘者把左右席边挽好，递上十次左右，将筘用力砸几下，使草挤紧，以不露经为宜。最后一道工序是打磨，织成的草席两面的草须捡（用布摩擦）干净，用油光石压摩使之光洁平整；用刀将两边的草头削下来，使之整齐。现在使用草席的人渐少。

笤帚与盖垫是农家的常用物品。笤帚分两种，即扫地、压碾等用的笤帚以及做饭刷锅用的炊帚。扫地用大笤帚，扫衣、扫床用小笤帚，压碾、推旱磨用的压碾笤帚，都是用高粱穗草扎制而成。笤帚与炊帚的制作方法是：取一根弓弦，一端拴在柱子上，一端系在扎帚人的腰间，口衔麻绳，卷笤帚或炊帚把于弓弦中，身子后仰，勒紧，拴上麻绳，节节缚紧，因此又称“勒笤帚”“勒炊帚”。

盖垫又名“盖帘”，是一种用上下两排高粱莛秆制成的用具，可用来盛放馒头、饺子等，也有些地方做锅盖用。钉盖垫是许多农家的传统副业，旧时从业者以妇女为多。

（八）条编

条编，即用树木枝条等编制器具。用来编制的树条有很多种，如腊条、荆条、紫穗槐条、杞柳条（俗称“柳条”）等，乡间统称“条子”。条子分两种，不去皮的称“黑条”，去皮的称“白条”。

黑条多用来编制生产用具，如大车拉粪时堵在车厢两头的粪帘子，用来抬粪抬土的抬筐，放在独轮车两边用来盛放物品的偏篓（或称“粪篓”），跨在驴、骡背上的驮篓，外出割草拾柴用的草篓子（又称“系筐子”或直接简称“筐”）和背筐（又称“粪箕子”），用以装蔬菜的花笼子，装运水果的果筐，个头很大的粮食囤子，等等。

白条多用来编制生活用具，主要材料是去皮的杞柳条。多编制成大小适中的白条篓子，以其形似元宝又图吉利，多称“元宝篓子”，又因为农家常用来送饭食，所以又称“饭篓子”。另外，还有饭馆用来盛放面胚的大白条筐、农家用以盛放干粮的小白条筐（俗称“小筐”）、用作炊具的笊篱等。

还有用麻绠绳勒编白条为器物，如晒粮面用的大笸箩、妇女盛装缝纫物件的针线笸箩、用来盛装粮食的簸箕等。用这种方法编织出来的篓子称“圆斗”或“疤瘩篓子”，播种时用来点种庄稼。还有柳条箱，多用于出行携带。从前广泛使用的量具，也多用白条编制，如升、半斗，还有可盛装整斗粮食的大斗。

（九）藤编

藤编制品主要是藤椅，为手工制作，分多人椅和单人椅。藤椅美观轻便，坐上舒适。制作工序分备藤、制椅架和缠扎。备藤时选用大山上的甜角藤（广藤子），割回后用石灰水浸泡去皮晾干，用硫黄熏白，粗的用篾刀划开，匀刀刮圆、刮光，使之粗细均匀。制椅架是用荆条或小斑竹做成高约 45 厘米、宽约 45 厘米 ~ 50 厘米的单人椅架，由凳、靠背和圆圈组成，上下各半，左右为扶手；按座椅尺寸，用明火将竹烧软，取弯折角，以手钻钻眼，穿藤或铁丝连接，做成框架。缠扎时分不同部位用粗细藤条搭配，编座凳，缠脚架、靠背及左右扶手，下编花纹图样，便制成藤椅。今有的藤椅用金属条、管焊接成椅架，用仿藤塑料条编缠成塑料藤椅。

二、衣物制造

（一）原料加工

1. 纺棉

纺棉是把棉花纺成织布的棉线。棉花从地里收摘后要进行清理翻晒，再经过弹花匠弹泡（松软）。弹花匠常扛着木质的弦弓走村串户，边走边用木槌敲击弓弦发出嗡嗡的声音，以招揽顾主。弹花匠一般夫妻一起操作，因此，派生出一句歇后语：“弹花匠的婆娘——会谈（弹）不会纺。”弹棉时，弹花匠背上弦弓，弦触到棉花，用木槌击弦发出“砰！砰！砰！”的弹棉声，经反复弹动把棉花弹泡，然后把弹好的棉花撕成薄片或条状放在木板上，用一根木纤裹起，再用木掌压紧，滚动搓成指头粗细、20 厘米长的棉条，拿到纺车上去纺线。纺车由竹、木制的绞车、车架、铤座组成，绞车车轴安有手柄，绞车放在车架上，铤座上放铤针。纺线时人坐车旁，右手摇动手柄，绞车带动铤针高速转动，同时左手拿棉条与铤针，一端缠线慢慢往后拉，就把棉线搓紧了。拉的速度就是技巧，慢了线绞成疙瘩，快了线要拉断。当纺线拉到一米长时，右手反摇手柄，铤针反转，左手缓缓把线送去缠在铤针上，继而再纺。纺出的线要细、匀。当铤针上的线缠满成锥形时，要换下来取出线绽再继续纺。取下的线绽用小竹竿做成 35 厘米长的线耙子，将线缠叠成扎备用。纺好的棉线可以自己织布，也可上市销售，从中得到工钱。这种手工纺棉的工艺 20 世纪 50 年代后逐步消失。

2. 织毛线

织衣帽俗称“打毛线”，多是妇女的手工活。20 世纪 50 年代前，因羊毛线昂贵，能用毛线织衣的只限少数富有人家，一般人都用棉线编织。编织工具简单，用竹子削成 3 毫米粗的圆形长条线签，两端削尖，4 根为一套。有的部位如颈口、袖口要用更细的线签，所以还要一套细签。通过漏针、跳针、连针等技巧，在衣、帽上织出各种不同的纹路、花样，用收针、放针使衣物各个部位长宽恰到好处。织一件成人毛衣需要 0.6 公斤左右的线，四五天才能织成。一般是自织自穿，也有付工钱请人织的。50、60 年代，男女青年婚恋时女方大多为男方送件自织的毛衣作为信物。成家后还要为家里人编织衣、帽、袜、手套等。20 世纪末，机织毛衣多了，而且款式新颖、色彩鲜艳、价格合理，手工编织衣帽的便逐渐减少了。

3. 刺绣

刺绣就是绣花，主要用来制作被盖、枕头、门帘、衣服、鞋、帽、袜底、手帕等。旧时女孩从小就要学刺绣，花样多为花鸟、虫鱼、山水、人物、花边图案等。绣花时，把要刺绣的图案白描临摹在丝绸布料上，然后用一个两层竹篾圈的绷子扣紧，使面料平整硬挺。绣溜根、袜底、鞋、帽等不用绷子，直接拿在手里刺绣。绣花的针很小，叫“绣花针”，绣时左手拿绷子，右手持针。绣花是细致活，需要心灵手巧，光袜底鞋垫的绣法就多种多样。有的用丝线，有的用绒线。有的简单地用十字格、斜纹格，或疏或密，或曲或直，用点线面组成菱形、斜方形、杏花、梅花、海棠花等五彩花纹；有的则用复杂的刺绣针法如挑花、插花、锁绣、打子等手法刺绣复杂的图案。绣时注意花样的选择，不同的使用对象绣制不同的花样，常以花、果、粮象征丰收，以双鱼（余）象征吉庆有余，以戏水鸳鸯象征夫妻恩爱，以牡丹象征富贵，以蝶舞花间象征爱情，以松鹤象征长寿，以佛手、桃象征福寿满堂。刺绣反映出人们追求幸福生活的美好愿望。

4. 织布

20 世纪 50 年代前，普遍使用家庭手工织布，称“家机布”，又叫“土布”，分宽窄两种。织布需有机房和织布机，织布机是木工打造的木架上装机头、纵、滚筒、旁观、盖板、筘、脚踏板，直立于室内，外加一个梭子。织布机的机头在机床前端，安一活动木板作凳，下有脚踏板，踏板前后各连两根纵，分挂左右板端，功能与现在缝纫机脚踏板相同，踩动脚踏板，纵就牵动挂于机床上端的筘。纵用麻线搓成，指头大小，用油浸过，光滑耐磨。筘像梳头的梳子，齿长 15 厘米左右。筘的两端挂在机床两边的旁观上，旁观下端穿在机头的横轴上，可前后晃动。筘前面的滚筒轴穿在机床边可滚动。滚筒上面的盖板上有几十根竹钉，辅助机床后边羊角上几十个棉线锭子上的棉线分穿过筘眼，直达机头上的滚筒、盖板。机头下的盖板也有几十根竹钉，用经线线头系于上面作布头子。梭子用牛角做成，两头尖，后侧有穿线的线眼，中心空腹有轴，轴上套线绽即纬线。织布时，经线从羊角上的锭子抽出，分于盖板，铺于滚筒，穿过筘眼，直达下滚筒，系于下盖板的竹钉上固定。织布者坐在凳上脚踩踏板，踏板前后翻动，纵则拉动箱，经线分别进退一次。一组进，右手持带线的梭子甩向左边穿经线而过，左手接梭子，成为纬线，同时用手放筘扎紧纬线；二组退，梭子又从左向右穿过，周而复始，纬线增加，布逐渐增长。每织 30 厘米 ~ 40 厘米左右，要用刮刀刮布，清理棉絮、棉球，使布平整顺眼。织布者大多是妇女。20 世纪 50 年代后土布被机织布（洋布）取代，家庭织布作坊逐渐消亡。

（二）成衣制造

1. 制衣

旧时，衣服大多是家庭妇女手工缝制，也有专门从事缝制衣服的手艺人，叫“裁缝”。裁缝要拜师学艺，据说祖师爷是轩辕氏。裁缝的工具有尺子、大条剪、针、线、灰线包、夹子（用以挽布纽扣）、浆刀子、熨斗、毡子（桌布）。裁缝有三种类型：一是在场镇上开铺子，家底厚，有本钱，雇用技工，招收学徒，除来料加工外还自购原料生产成衣销售；二是无力开铺子，在家中缝制；三是走村串户、上门缝制以维持生计。有钱人家把裁缝请到家里后摆上案桌、铺上桌布，将布铺直，在熨斗内烧木炭熨布，再量体裁衣。做男子长衫、按所量尺寸画线，先剪派子再剪大襟成4片，用糨糊粘贴前后两襟对缝、左襟密缝，右襟置扁为派子、缝布扣5～6对，扁内缝吊兜。一般是袖长不过手背，领高3厘米。做女子短衫，裁剪缝制与长衫同，长至臀部下。这种短衫男的也可以穿，谚曰“有长衫，做短衫，男女都可穿”。缝制棉衣时在夹层内铺匀棉絮，用针线挑缝使外不露线，内不脱棉。裁缝常常把针往头发里划，以便缝针利滑，因而有歇后语“裁缝脑壳——当真（挡针）”。旧时请裁缝到家里做衣服，有的为了婚嫁，有的为过年一家大小穿上新衣服，有的为老年人缝制寿衣（死后穿），有的为丧葬赶制丧服（蓝、黑色）、孝服（白色）。主人家安排裁缝一日三餐并付工钱。女主人要守着裁缝裁剪，防裁缝偷布，俗话说“十个裁缝九个偷，一个不偷是憨头”“裁缝不偷布，娃娃没得裤”，表现出对裁缝的轻蔑和裁缝地位的低下。现代服装都用机器缝制，服装商店有各种成衣出售，手工缝衣业基本消亡。

2. 印染

染坊多兼染、印二业。从前人多穿蓝色衣服，用的是土靛染布的方法，其步骤是：先抽靛脚子，即用抽水葫芦抽出沉在染缸底的靛脚子；再下靛，置土靛于箩中，在缸水中淘洗，使细靛漏下，再把碱和石灰加入水中；然后疏缸，用缸棍子搅动缸水，用缸碗看颜色深浅；最后染布，在缸中间悬挂一个用铁丝编成的网状缸罩子，把缸水分成上、下两层，把布浸在上层，染20分钟后取出，叠起来放在缸口上的担缸板上，压出水分，摊开晾干，布就由黄变绿、由绿变蓝了。

染匠营业有许多讲究，最有特色的是印子。印子是一块小竹牌，一面并排烙两个编号，另一面烙一个符号，然后从正中劈成两块，各钻小孔成对穿系。收布时，把其中的一块交给顾客，为取布凭证；另一块拴在布头边角上，既作为布主的记号，也作为布料染何种花色的记号。印子拴在布角上，表示染深蓝；印子拴在距布一指处的布边，表示染二蓝；印子拴在距布角二指处的布边，表示染月白色；印子拴在距布三指处的布边，系双扣，表示要染蓝印花被褥面；印子拴在距布四指处的布边，表示染蓝印花衣料。印子要盛在木盘里，郑重地放在供财神的桌子上。

高青手工棉布采用土法印花。把布平铺在桌子上，布面上放一块刻有图案的镂花板，把豆面加石灰做成的粉状物倒在镂花板上，再反复刷抹，这样粉状物就漏粘在布面上，使之稍干，下锅染色，捞出晾干，用刀刮去黏结在布上的粉状物，就出现清晰的图案了。主要有花草、飞鸟等小动物以及生活日用品等图案。[1]

3. 做布鞋

旧时，一般百姓家的妇女都自做布鞋。材料是将破旧衣服拆剪成大小布片，洗净晒干，然后用米粉或麦面炒成糨糊，在木板上一层一层地黏糊三四层或五六层，晒干取下后叫“布壳”“壳子”。做鞋时按照鞋样剪壳子，薄型的剪成鞋面，厚型的剪成鞋底，也有用笋壳剪样与布壳子混叠五六层做鞋底的。然后用新白布将鞋底面包好，覆过去留 3 毫米边，用糨糊黏紧。再用大针穿上麻索（细麻绳），密密实实地将鞋底扎一遍，叫“打鞋底”。打鞋底的针线走法可从鞋头横排打，也可从外边一圈一圈地往里打，鞋底厚实的还要用锥子引针。针眼及麻索要有规则地排列成“梅花点”“核桃花”“疙瘩点”“人字路”式样，横竖交针，左右成行，美观而结实。做鞋面用薄壳子剪样，面料用厚实新布，里层垫以较薄的布。鞋面有平口、圆口、方口、抱鸡婆（脚背全封、逢中一条凸型线条）等式样。女鞋大多绣花，花色视年龄而定。中青年多绣荷花、牡丹，老年以梅花或兰花居多。新婚妇女穿软底缎面绣鞋，上绣“凤戏牡丹”“喜鹊啄梅”，寓意喜悦美丽。儿童流行“虎头鞋”“猫头鞋”，并在虎头上绣一“王”字，寓意雄猛矫健，聪敏活泼。面料采用绸缎、平绒、花布等。做鞋集剪、绣、编、补、画等工艺于一体。女人给男人（丈夫）做鞋，表达爱恋深情；给子女做鞋，显示慈爱；给公婆做鞋，表示孝敬；给亲友做鞋，表达亲情友情。家庭主妇以全家人在过年时都穿上自己做的新鞋为乐事。

4. 打草鞋

编织草鞋叫“打草鞋”。20世纪50年代前，穿草鞋的人很普遍，打草鞋的人也多。打草鞋用的原料主要是修长、韧性好的稻草秆，晒干后摘去表层枯叶，切除草尖，打捆备用。用嫩竹锯成竹筒，每节一筒，不留竹节，经火烤使其变软后用特制铁挟拉成竹丝，即是竹麻，把竹麻搓成细绳备用。打草鞋的工具有草鞋架子、腰弯、撬棍、棒槌、剪刀等。草鞋架子长约 1.2 米，高约 60 厘米，宽约 60 厘米，后能坐人，前有尖角形锯齿架。打草鞋时，先用搓紧的竹麻绳缠一寸长的“鞋鼻子”，人坐入架内，腰拴弯木，将鞋鼻绳套在弯木上，另一端分别套在前架的左、右锯齿架和中间小柱上，成为草鞋四根经线。打草鞋是从鞋尖打起到后跟收尾，要随时调整竹麻绳的宽度，织成鞋底形。编草在鞋边折转时要搓草，中间穿插时不搓，每编 3 厘米许用撬棍把鞋草撬紧。鞋分左右脚，在边线适当部位要用竹麻安四五根“耳子”，织成后穿鞋带用。草鞋收尾后要进行打磨、修剪，使其光洁美观。用竹麻绳从“鼻子”开始，穿过各个耳子，再到后跟，作为鞋带，叫“麻耳子草鞋”。也有用棉线做耳子的，叫“线耳子草鞋”。有讲究的，还要用彩色丝绒扎成乒乓球大的绣球系在鞋尖上，使之美观好看。在脚后跟处编成“人”字形图，用棉布条作带，穿着舒

［1］季乃礼主编：《文化高青》，济南：山东人民出版社，2021 年版，第 124 页。

适。打草鞋的大多是妇女，手脚麻利的妇女一天可打五六双，但盈利很少，只能挣点油盐钱。20 世纪 60 年代后，打草鞋和穿草鞋的人已很少见了。

三、食品制造

（一）榨油

油坊是压榨食用油的作坊，往往秋后农忙结束时开工，春耕农忙前关门。可用来榨油的籽实有很多，如花生、大豆、棉籽、芝麻等。榨油所剩之物往往做成圆形，称“饼”，根据原料不同分豆饼、棉籽饼、花生饼（又称“果子饼”）等。这种饼既是家禽役畜的好饲料（豆饼喂马，上膘有劲，又叫“马参”），又是园艺作物的好肥料。民国初期，豆油畅销济南、青岛、南京等城市。[1]桓台县农业发达，各油坊所产豆饼作为农业肥料用于本地，不向外地出售。

芝麻油俗称“香油”，制作很有特色。首先要把芝麻炒熟，然后用石磨推出麻汁。将麻汁放在大盆中，倒进开水，然后用木棒搅动，使油浮上来。再慢慢摇动大盆，使渣与油分离开，名为“晃油”。晃过之后，舀出的第一批油，其色清澈，无任何杂质，为精品。此后，用一镶柄的大葫芦在麻汁中轻轻顿杵，名为“顿油”，边顿边把冒出的油弄出来，这一批油含有很多杂质。剩下的油渣可作为西瓜肥料。20 世纪后期，用土法推磨香油的作坊仍有很多，人们认为这种香油比用机器出产的味道要好，作坊主往往打出“小磨香油”的招牌。

（二）酿造

淄博酿造业历史悠久。清末有酱园、醋店共 19 家，民国时期有酿造业户 95 家。当时的酿造业，生产工艺陈旧，一般都是木榨取油，大缸淋醋。酱腌菜加工需刀切物搓，劳动强度大，生产效率低。酱油生产靠天然发酵，生产周期一年，产量有限。从 1961 年起，淄博酿造业逐步采用地炉暖缸发酵和固体发酵，生产周期缩短到 24 天。此工艺较前有改进，但温度难把握。1965 年，又改用水温池发酵，通风池制曲，浸泡冲淋工艺，生产周期 1 个月，酱油味鲜醇正，成本降低。

1. 王村醋

王村醋亦称“小米醋”，主要原料为小米、麦曲，同时又以黄酒曲为辅料，经加工过滤、高温发酵等工艺酿造而成。主要特点是外观褐色、酸度适宜、味美香甜、醇厚柔和，且贮放时长，久不变质。由于王村一带有特殊的地质条件，地下水质好，自古就有酿醋和造酒的习惯。据史料记载，明嘉靖二十五年（1546）王村就有“春分酿酒拌醋”之说，迄今已有四百多年的生产历史。王村醋是中国传统发酵食品地图地标代表，誉为“小米醋始祖”，被认定为中华老字号、省级非物质文化遗产。

2. 信芳园与“玉兔”

清同治十二年（1873）信芳园在周村创立。这是淄博首家酱园，号训：“酿酱

[1] 山东省桓台县史志编纂委员会编：《桓台县志》，济南：齐鲁书社，1992 年版，第 268 ~ 269 页。

不用往年粮，腌制用材无皮伤，倒缸莫简勿惜力，柜台掌称足钱两。”历经百年，发展成现代化调味品工厂，创立了玉兔品牌。在传承中华传统酿造工艺的基础上，持续不断学习全球的先进经验，引进日本酿造工艺，先后开发和改良了日式酱油、活酱油、红曲米醋等产品，让信芳园这一老字号老树发新芽，焕发第二春。玉兔品牌先后荣获了中华老字号、中国驰名商标、中国名牌等一系列荣誉。

（三）酿酒

淄博酿酒业历史久远，齐国故城临淄酿酒文明源远流长。这里土质肥沃，气候湿润，有着优越的酿酒生态环境，很早就有“高阳馆外酒旗风”的诗句流传。清末，酿酒作坊已广布淄博各地。主要原料高粱多从外地购进，红谷、麦曲则产自当地。酿酒用木制甑桶，原料粉碎用驴拉磨，提水用辘轳头，主要以高粱为原料生产烧酒，也能生产红谷黄酒。之前整个酿酒过程处于手工生产，原料平均出酒率仅在30%左右。后来各酒厂先后试制成功出池机、白酒蒸馏机等设备，推广应用机器通风凉渣，结束了手工扬锨凉渣的落后状态，用上了工业锅炉蒸汽，改变了过去用坑烧炉蒸酒的局面，使白酒的产量、质量有较大提高。

临淄酒厂传统酿造技艺始于清光绪年间，公司始创于1954年，之后临淄区正式建立临淄酒厂，采取纯粮固态发酵，按传统工艺原理酿造。在长期的传承实践中，形成了独特的酿酒心法。原料方面专门定制高密产优质高粱，颗粒饱满、淀粉较多，蛋白质含量高，具有吸水性强、容易糊化的特点，是历史悠久的酿酒佳料。在固态发酵中，经蒸煮后，疏松适度，熟而不粘，利于发酵。辅助料为谷壳，粉碎度要求达到梅花状、无跑生。配料方面要求达到无团糟、无白眼，入池发酵根据季节与气温不同，予以合理调整。装甑要求实现轻、松、匀、薄、准、平，缓火蒸馏，大气追尾，糊化则熟而不粘，内无生心。每年四五月份桃花盛开时开始踩制曲，到入伏时止，制成桃花曲；每年入伏开始踩制曲，到出伏时止，制成伏曲；每年八月底、九月初菊花开时踩制，到初霜时止，制成菊花曲。将三种曲合理配比，三曲合一，所酿之酒，窖香浓郁，浓头酱尾，绵香醇厚。

桓台酿酒业中，以中华老字号山东黄河龙酒业集团的前身索镇强恕堂酒坊最为著名。1922年清末举人王国锡创立强恕堂酒坊，以自己书斋“强恕堂”命名酒坊，以“强己恕人、戒欺戒躁、仁义诚信”为经营理念。1945年强恕堂酒店由渤海行署三分局接管，改名“恒源酒店”，后易名“索镇酒厂”。该厂以“老五甑酒酿造法”酿制的乌河酒畅销各地。

扳倒井酒系高青县地方名酒。相传宋太祖赵匡胤征战南北时途经高青，众将士口渴之急，路见一井，井水晶莹清澈，宋太祖挥剑疾呼，言毕此井倒斜，将士进入井里畅饮，全军得救，“扳倒井”由此得名。后来当地用此井水酿制成酒，取名“扳倒井酒”。此酒古酿醇香，口味独特，浓香悠长，在众类酒家中独领风骚。高青于50年代建厂扩产，在古老酿制工艺上大胆探索，成功研制了“扳倒井”系列白酒：金龙、玉龙、皇龙、海龙、绿卡、银龙、群龙、扳倒井11年酒、扳倒井15年酒和泸州扳倒井等。[1]

三蕉叶、蒲公酒系中轩集团开发的系列优质白酒，以高粱、小麦、大米、玉米、糯米等为主要原料，用特制泥池发酵，采用老五甑、混蒸混烧等传统工艺精心酿制，酒名源于清代著名文学家、世界短篇小说之王蒲松龄及其推崇的稷下名酒，具有窖香浓郁、不口干、不上头、醇净爽口、余香悠长等特点。三蕉叶酒和蒲公酒的质量在省内同行业一直名列前茅。蒲公酒十多次获得国际、国内大奖和“淄博名牌”称号，三蕉叶酒多次被评为“山东名牌”。

（四）糖果糕点

糕点首推景德东点心。景德东创办于1937年9月，坐落于博山区西冶街中段路西，由吴德京、吴克明、吴桂荣父子三人创建。主要经营自制蜜饯茶点、各式糖果饼干，现在已有十余家连锁店。百年来，景德东秉承“货真价实、秤平提足、薄利多销”的宗旨，以新的经营机制使其焕发了生机活力。景德东食品从原料购进到配料制作成品，都严把质量关，一丝不苟。景德东职工发扬优良店风，做到“何时来买何时卖，半夜叫门半夜开”。其糕点有芝麻片、百子糕、状元糕、枣泥卷、红蜜食、绿豆糕、芙蓉果、奶酪酥等几十种名品，尤其以芙蓉果制作精细，用料考究，味道酥甜，闻名淄博。景德东多次获得国内大奖，荣获“淄博名小吃”“山东老字号”等多项荣誉称号。

周村花样糖果也颇受人们喜爱。造型有各种瓜果梨桃、蔬菜，形象逼真，色泽鲜艳，口味各异。黄瓜形糖的制作，是将熬制好的白砂糖乳，倒入冷却箱内，加绿食色，并留出少量，加以薄荷霜，其余全部拉白。用亮皮包白芯，将糖拉细后，按一定长度剪断，搓条使剪下的糖出现大小头后弯曲。放入盘中凉透，再用大粒砂糖，加少量水拌湿，粘接在糖条的外表，使之呈出刺状。大者10厘米，小者5厘米左右，看上去鲜润水灵，吃起来清凉可口，润喉迷肺。红辣椒形糖的制作，是加入姜泥，余少量加红食色作皮用，用皮包馅，然后拉细，剪成12厘米左右，将两头搓尖，用线绳从中间勒断，成为两个，凉透后按上把，再用熬熟的花生油拌匀即可。生姜辣味浓郁，开胃助食。莱阳梨形糖的制作，是芯内加炒熟去皮芝麻，皮呈青黄色，并略放芝麻，用皮包芯，就出现了黄梨皮面的黑点。用线绳勒成长、粗各4厘米，然后搓成梨状冷却。此糖酸甜适度，芝麻香味颇浓。栗子酥糖的制作，是芯内放入花生泥，皮加可可粉，用皮包芯，然后用专门模具摊出。每斤约80粒，浓香可口，营养丰富。先后投入市场的还有青辣椒、扁豆、芸豆、红玉苹果、樱桃等形状的花样糖果。造型逼真，别具风味。[2]

芙蓉果原名“蓼花”，长圆形，表面为淡紫色，外表附以浅红或白色糖末，似芙蓉花，故称“芙蓉果”。淄博生产芙蓉果，是由石镇轩师傅传入的。石镇轩把各地不同的芙蓉果制作方法和自己的实践经验加以总结，在原料和工艺上进行改革，

[1] 李奎封主编：《淄博农业五十年》，济南：山东科学技术出版社，1999年版，第381～382页。
[2] 淄博市志编纂委员会编：《淄博市志》，北京：中华书局，1995年版，第1564～1565页。

制作出风味独特的芙蓉果，于1939年投产上市，深受欢迎。制作芙蓉果，首先要制成坯体，然后油炸而成。坯体制作在春、秋两季为宜，以江米、黄豆为主料，先将浸泡好的江米加工成细粉，用开水和成面，揉成馒头状，放入笼内蒸熟；后在搅拌机内搅拌片刻，再加入黄豆糊一同搅拌，成半流体状，倒在铺有熟面粉的案板上待凉，切成长6.5厘米，宽、厚1.5厘米的坯条，放置晾干即成。炸芙蓉果时，先将坯体放入温油锅内浸泡，后用勺子浇泼沸点热油，使之逐步升温，膨胀，最后倒入150℃热油锅内，至微黄色捞出，晾凉后，浇拌上用白砂糖、米稀、桂花等熬制的糖浆，后取出再拌上白糖霜即成。淄博生产芙蓉果历史悠久，配料考究，精工制作，产品内部空隙均匀，呈丝瓜瓤状，无杂质，桂花香味浓郁，香甜酥脆，清爽而不腻，具有独特风味。[1]

四、其他手工业

淄博各地还存在着其他的手工业生产行当，如磨剪子戗菜刀的工匠、扎纸匠、理发匠等，也都有独特的生产习俗。

（一）印刷与装裱

民国以前，有木板印刷和石印两种。木板印刷是将字反写在木板上，用手工刻成凹、凸两种字板，然后涂墨印刷；石印属平版印刷。大多印刷《三字经》《百家姓》《增广贤文》等蒙学课本，以及历书、信封信笺等。印刷时在版上着油墨后用力下压在纸上即成。周村是淄博地区印刷业创办最早的地区，目前有案可查的最早印刷厂是明末清初的三益堂书坊。20世纪50、60年代，淄博印刷业以铁印、铅印为主兼有木刻印刷。铁印是用生铁铸字钉，铅印是用铅铸字钉，一字一钉，字形与书面字形相反，是活版印刷。印刷前按序把字钉排在字框内，即排版。印刷时把排好的版置于印刷机内，在版上刷油墨，纸夹在印刷机的盖板上，从上往下压覆于版上，字钉上的字便印在纸上，用手揭下已印上字画的纸页，叠压整齐后待切割装订。最初的印刷机是用脚踩带动，有电后才用电动机带动，使印刷速度倍增。机型有圆盘机和平板机两种。这种印刷方式为单色印刷，若需套色、套图，则在排版时留空贴纸再到另外刷有所需颜色的印刷机上去再次印刷，套几种颜色就到几部印刷机上印几次。进入90年代，凸版印刷发展为平版印刷，街头巷尾出现图文打印店，使用激光照排技术，用电脑打字、绘图，制PS板置于印刷机上。配备四色机，一机多筒，不同色彩的油墨着于不同的滚筒上，纸压机内自动传送，一次成形。

装裱是对用宣纸书画的字画作品裱糊装帧，制成能悬挂在墙上的条幅、横幅、斗方、中堂及对联，使其美观耐久，是一种古老的传统工艺。其工序是先将字画用丝绫或仿绫纸镶边，将字画正面反铺在案板上，喷水刷平，上浆糊铺宣纸，再刷浆，如此三层，要求粘贴严实，不能出现气泡，然后起下上到晾架上，不能暴晒，经5～10

[1] 淄博市志编纂委员会编：《淄博市志》，北京：中华书局，1995年版，第1565页。

天晾干后，取下切边，最后裹上画轴或装入镜框。镶边时各有比例讲究：条幅与对联上下宽、左右窄；中堂与横幅则左右宽、上下窄；斗方呈正方形。

（二）桑皮纸

桑皮纸制作工艺复杂，需经过三十多道工序，基本工序有抄纸、制料和晒纸，抄纸最难。把桑树皮和桑树枝条等原料放入水中浸泡松软，大锅煮半天以上，放到石碾上碾去表层深色粗皮，取出里层白色韧皮，再浸泡、蒸煮、碾压。碾压后切成很小的块，装进特制的袋子里，按 10∶2 的比例放入水和石灰浸泡。浸泡两天后，移到水窖中，用木杆将其捣碎成糊状，搅拌均匀，进入抄纸环节。笊篱或帘子插入纸浆中，将纸浆轻轻摇晃，等摆动均匀，便将抄（捞）出的纸张贴在席子上（高青是贴在光滑的墙壁上）。经过晾晒，最后打捆、整理。整个流程一般二十多天，均为手工操作。纸张的均匀度、厚度等，全凭匠人的经验、眼力、手上功夫来把握。

桑皮纸透明度高，细薄富有韧性，柔软复折不断，能隔风避寒，适宜糊窗或做棉衣内衬之用。其纤维长，易接火，可做火药芯。此纸无毒，吸水性强，可做卫生纸，也是出口包装的上等材料。还可以供写毛笔字用，有绵宣纸的特点。制造桑皮纸是一种谋生的技艺，沂源、高青等地出现许多作坊，世代相传。[1]

（三）弹棉絮

弹棉絮，首先将棉花用手摇梳花机梳松，放到木板搭的工作台上按照需要的尺寸铺匀，用竹编的笆子压平，再用弹弓的弦在棉花上面弹，让棉花的纤维尽量交错布置，棉絮才不容易起层、穿孔。然后用双手握卷木熨斗在棉絮上面反复熨压，消除棉絮内部的空腔、空洞，让棉絮均匀结实，最后在棉絮两面布好经纬线。早期，居民家用棉絮是请匠人到家手工制作，民间弹棉絮工匠带上弹弓、卷木熨斗、挑杆等工具走村串户招揽活路，仅少数在城镇开店。20 世纪 50 年代大办农业，走村串户弹棉絮工匠减少，人们到商店购买或到弹棉絮的店铺定做。80 年代棉絮品种逐渐增多，开始出现轻便的太空被、鸭绒被、蚕丝被等，多数家庭还是喜欢用纯棉棉絮。

20 世纪 90 年代后，随着半机械化的操作，民间棉絮加工工艺更为进步，弹制的棉絮更耐用。其工艺流程为：将籽棉脱籽后的棉花，送入电力梳理机梳理三次成棉片，这道工艺替代了旧时的人工梳花；梳成棉片后，木板上平铺网纱，替代旧时的人工网纱；再将棉花平铺在网纱上，用规格型的竹笆将其压平，按照长宽要求切除四周多余的棉料后，弹棉匠再身背传统的弹弓，将棉片反复弹一小时左右；待棉花均匀、疏松后，又在上面盖以网纱，再转至电力揉棉机反复揉压，揉棉机替代旧时人工操作的棉盘；揉压机揉压半小时许，即制成棉絮。

[1] 张富祥主编：《文化沂源》，济南：山东人民出版社，2021 年版，第 96 页；季乃礼主编：《文化高青》，济南：山东人民出版社，2021 年版，第 146 页。

（四）瓦工

瓦工指砌砖、盖瓦等建筑工人。桓台建筑业颇具传统优势地位，有“一把瓦刀闯天下，养妻养子养爹娘”的民谣。桓台先期从事建筑及相关行业的工匠，主要包括木匠、瓦匠、石匠、苫匠、铁匠和窑匠等，其中一部分技术精湛、经验丰富者，多属木瓦两作，甚至是木、漆、瓦、石、苫数作的综合型人才。“作”即为工种的俗称。县内传统房屋建筑施工沿袭的是：请风水先生择定建筑空间和院落整体布局，选定地基方位朝向，择日破土动工；木匠掌尺弹墨，剁大梁，锛檩条，扣榫卯，定好房屋间口的长短宽窄；瓦匠抄平放线方盘子，卡拐找方，开槽夯基，起墙装框、上梁封顶至竣工。具体到某一个或相邻几个村庄，主持此类关键技术环节的，往往是一位相当于技术权威的人，乡间俗称瓦作头师傅为“掌作的”或“匠工头”。每逢庄里乡亲要盖屋立院，通常先把这位掌作师傅请到家，求指教，作谋划，并求拜为总施工负责人及技术总监，可谓甲方乙方职责一肩担。

掌作师傅往往使用师传的土办法和多年的经验。最先估计房基长宽，常常用“步”（俗称“叉”）计量，而用来丈量长度的尺子，通常用本人腕掌和手指的特定长度确定，相当于一“潍县合尺”（约为 54 厘米）的长度，这种由不同掌作师傅自制的尺子，俗称“则儿”，尽管分寸不十分精确，但只要此“则儿”使用开了头，就再也不离掌作的本人之身，即使两只手忙活起来，也会将其小半截插进衣领内，以防被“侵行”的小人做了手脚。卡拐找方做直角时，应用放样为“六”“八”“十”这三个数字组合的固定套路办法（即勾股定理的实际应用）。抄平时，往往采用一大缸水漂浮木条或苇棵后，三点成一线目测完成。为展示房坡挂瓦的平实度，还会从屋脊上往下滚石碌碡而小瓦不破不烂来验证。

俗话说：“手艺手艺，有手就有艺。”在乡人传统理念中，受人尊重的除了私塾先生、治病郎中，就是木瓦作匠人。如果打算入行木瓦作学匠工，通常以家族传承或以师带徒的方式进行。掌作师傅通常是接手承揽施工活的工头，一旦承接到工程后，就率领子侄门徒及招揽社会闲散工匠进行施工，计日付酬，工始则聚，工完则散——这是处于萌芽状态的建筑施工组织形式，俗称“行帮组织”。这种组织形式很不固定，但对匠工人才的培养和建筑水平的进步有一定的促进作用。

从中也可以看出，所谓掌作师傅，其实就相当于后来的施工队长和现在的项目经理，属施工管理和技能操作兼一身的全能人物，常常一个人肩负设计规划、预算工料、组织施工管理等多项职责，甚至在施工关键环节“上梁”时举行的仪式中，主持张贴“太公在此，上梁大吉”“上梁欣逢黄道日，立柱巧遇紫薇星”的大红横幅对联及分赠喜糖、瑞烟、吉馍馍等。掌作师傅注重风水，讲究传统，因材制宜，精打细算，视户主贵贱贫富及需求确定建筑规格档次。工程项目的施工运作、建筑风格、质量标准，往往因掌作师傅经验能力、思路眼光和管理方式的不同，而带有鲜明的个人色彩。近代以来，桓台工匠开始接受西方的建筑理念、建筑工艺及建筑材料。一部分精明的掌作师傅与匠工头，敏锐地感知到建筑业的发展趋势，勤奋好学，善于模仿和钻研探索，将新的理念和工艺与中国传统的结构技艺糅合在一起，踏上了一条变革更新的建筑施工之路。[1]

（五）石工

从事石工工艺的人是石匠，即用石料制作生产生活用品的匠人。石匠有粗工、细工之分。粗石匠俗称“磨匠”，主要任务在于开山取石，技艺精到之处在于辨石脉、选石场、看丝缕、打炮眼、下钻。细工石匠，施展技艺的天地就广阔得多了。蒲松龄在《日用俗字》中有十分细致的描述：“材料完全成器皿，礤石甃井盖楼房。柱碇花样雕刻就，垂带高低尺寸量。剪子石须加斧剁，压檐还得大石镶。接脚矼礤一蹬蹬，过门践脚一方方。门砧打成还起线，狮子衔球在两旁。打就碾砣安接米，寇深臼碓捣黄粱。碑刻蛇龙仍造字，更凭高手打牌坊。端溪龙尾磨为砚，款致随心效宋唐。坟上香炉挨供桌，冢中造椁下石梁。朝廷谕葬石人马，又有石虎并石羊。錀子风快刻花草，玲珑剔透始精良。细石雕琢为人物，玉工轮碾更无双。”[2]石匠制作的产品种类繁多，有修建住房、庙宇、桥梁、河堰、码头等用的基石、条石、石板、石柱，有水碾、水磨、手磨、石缸、猪槽、墓碑，有石龙、石狮等雕刻工艺品。淄博碑碣墓志有崔猷墓志铭、宋四帝御押石碣、大奎山摩崖石刻、咸平石碣、北岭庄石刻、临淄县城四门石匾、孔子闻韶处碑等。造像有金陵寺北魏石佛、西天寺北魏石佛、东寺石佛、兴福寺明代石佛、施福寺北魏石佛等。

石匠的工具有磅锤、小锤、铁楔、钢钎、大小方圆扁钻、铁尺、墨斗线纤及用于钻子拔尖磨口的红炉、风箱、磨刀石等。做水碾、石磨用青石，石匠备料首先要选岩层厚、石质好的山体，削去“盖山”（山体表层土），然后顺着石头岩层水缝钻眼，加上铁楔后用铁锤打磨破石，取得所需的石料备用。施工时根据所做工程项目的设计，把石料钻成合乎规格的石条、石板或石墩等。有的还需要做凿穿眼，用扁钻将表层打磨平整、光滑。

（六）制硝

原高苑县境内遍布盐碱地，很久以前就有土法制硝。据记载，早在宋元时代，即有“贫民扫潮土，淋卤脂，熬制盐硝，以为生计”。土制火硝生产流程为：一是扫积硝土。一般春、夏、秋扫土，冬天一起淋熬。二是装缸淋脂。两个上缸，一个下缸。上缸装土倒水，渗过硝土，淋到底缸里，这就是脂。三是熬浓冷却。将脂放进大锅熬制，舀到盆里冷却成硝渣子，做成火硝半成品。四是复熔成型。硝渣子放入沸水锅内，熬成粥状，冷却后的晶体硝坨，就是成品火硝。

土硝有两种。一种是芒硝，俗称“皮硝”，可入药，还可供皮革手工作坊鞣制各类皮货。20世纪30年代后期，芒硝逐渐停止生产。另一种是火硝，即现代工业生产的硝铵，是制造火药的必需原料，烟花爆竹和猎人土枪火药配制所需。

扫土熬硝关涉火药，历来被官府禁止，但是不用多大本钱，又是老辈传下来的

[1] 周飞舟、巩曰国主编：《文化桓台》，济南：山东人民出版社，2021年版，第229～231页。
[2] 张树铮注：《蒲松龄〈日用俗字〉注》，济南：山东大学出版社，2015年版，第176～179页。

手艺，民间熬硝从未停止，一直是广大农户的一项重要副业。旧高苑生产的土制火硝质地纯净，火焰好，销路甚广，是桓台、广饶、博兴、潍坊和淄博民间烟花爆竹作坊所需的主要来源。到80年代初，现代化学工业发展起来，上千年的高苑土制火硝退出了历史舞台。[1]

（七）补锅

补锅行业历史悠久，补锅的人叫补锅匠，但补锅匠不仅补铁锅，还补盆、碗、盘、缸以及磨菜刀、剪刀等。补锅方式有游补、坐补，工艺分冷补、热补。游补主要是冷补，手持铁响（5厘米宽、10厘米长的六七块铁片用绳有序串联），肩扛一条板凳，板凳一头装铁铆钉、钉锤、铁顶、手钳、黄泥、小木凳之类，一头装磨刀石、油桶之类，行走于乡村小路和场镇街巷，边走边将手中铁响前后摆动，发出“哗啦啦！哗啦啦！”的响声，以示补锅匠来了。顾客招呼便放下板凳就地作业。补缸、补碗，要用金刚钻钻眼后嵌铁扣、抹黄泥，俗话说“没有金刚钻，别揽瓷器活”，金刚钻要算补锅匠最值钱的家当。补锅时根据漏洞大小嵌入铆钉扣脚，扣脚反贴锅底，将铁顶紧，用小钉锤敲打平整抹上黄泥，至不漏水即可。坐补有固定摊位，逢集日在摊位上热补，以补锅、插铧尖等为主。热补设有熔化铁块的炉具，一般是师徒二三人联手操作，手拉风箱使炉温高达千度以上，把铁熔化。补锅时将锅底的漏洞处放在用冷水打湿后垫有草木灰的一块厚布上抵紧，用生铁小匙按需用量把铁水舀入漏洞，再用塞满浸油布条的油桶迅速抹压平整，冷却后即可。插铧尖先把铧头尖部放在炉边烧热，将铁水舀入模具，及时把铧头插入灌满铁水的模具，冷却后即可。

（八）骟匠

骟匠俗称“骟猪匠人”，是阉割猪、牛及小家禽的手艺人。旧时一般是走乡串户招揽生意，边走边敲马锣子（小马锣），发出“铛！铛！铛！”的声音招揽顾客（行规约定忌用口喊）。肩上扛着木柄骟杖（俗称“望圈”），杖上挂铜环，环上穿系阉割下来的禽畜睾丸，用于展示自己技艺高、生意旺，又可拿回家吃，故有俗话“骟猪匠的女——吃现（骟）卵”。小猪产后30天要请骟匠骟割，以利猪生长出肥快，所以骟匠的生意向来较好。大多在赶集的村镇找一茶铺临街座位就座，把骟杖立在桌旁，边饮茶边招揽生意，与顾客约好日期上门服务。有的就在猪市摆摊设点开展阉割服务。骟猪、鸡等畜禽一年四季都行，唯有骟牛须在三伏天，此时农闲，牛无田耕，水草丰茂，长膘快，便于阉割后的刀口康复。骟匠是七十二行之外的手艺，数“下九流”，但也要拜师学艺。对无师者，同行会“捡家伙（工具）”，不准从艺。骟匠的祖师爷是华佗，所以要入“华佗会”并缴纳会费，否则也不准从艺。骟匠工具简便轻巧，有骟畜刀、绷子、棕绳、马锣子，骟杖就是招牌。骟畜刀有两种，一种是瓜米形，一种是漂刀形，刀把头上有钩。

骟猪时把猪肚子朝天踩在脚下，找准部位用双刃刀尖划开口子。是小母猪则挤

[1] 季乃礼主编：《文化高青》，济南：山东人民出版社，2021年版，第121～123页。

出卵巢，用刀把上的钩掏尽割除；是小公猪就把睾丸部划一刀用钩拨动，挤出睾丸割除。骟后不用缝口，让其自然愈合。阉鸡用绷子、棕丝套。绷子用竹板做成，宽1厘米，长20厘米，具有弹性；开刀后用绷子张开刀口，用一根棕丝做套伸入小竹筒，套住鸡的睾丸一勒，再用刀把上的钩子钩出睾丸，然后扯一片鸡毛贴在刀口上，让其自然愈合。骟牛时，骟匠自带棕绳，将牛四脚串拢拉倒，请人按着牛角，开刀取卵。骟后有的抹点消炎药，也不缝合，让刀口自然愈合。手艺高不高，要看刀口大小、愈合快慢、骟得净不净，手艺差的就无人找。20世纪60年代，无专职的骟匠，由乡镇兽防员兼职，不敲马锣，不打骟杖。

（九）理发

旧时民间称理发师“待诏”“剃头匠”，都是男性且专为男性剃头。清兵入关前，无理发这个行业。古人喜留发，任其生长，“身体发肤，受之父母”，头发是不能随意损伤的。婴儿剃胎毛后便开始蓄发，成年男子挽发盘于头顶，戴帽遮盖，或用方巾缠绕固定；成年女子挽发髻盘于脑后，用簪钗固定。清兵入关后，朝廷下令男子蓄辫剃发，辫子扎于脑后（故称“满鞑子”），不从者杀无赦。理发师剃头挑子上挂有“留头不留发，留发不留头”的诏书，所以称“待诏”。民国时期，男性剪除辫子，成年男子统剃光头，没有其他发型。有的幼儿在头前留6厘米见方的浅发，有的在左、右、后脑勺各留一撮发，以示童趣。大部分待诏都在街上开店理发。理发用的围单称“转单”，剃刀是铁打的土刀，称“汉刀”，荡刀用的牛皮带称“皮踏子”，镜子称“照面”，还有条剪、刷子、梳子、篦子、刮胡刀、磨刀石、水壶、铜盆、镊子（掏耳用）等工具。理发要先用热水洗头，旧时没有肥皂，洗发剂是皂角或木患子砸绒后的浸泡液，然后用剃刀剃头。剃刀要特别快（锋利）才行，所以要常磨，剃头时还要不时在皮踏子上反复荡（擦拭）使刀刃锋快。剃头时只听“嚓嚓嚓”的头发断裂声，脑壳上痒痒得很舒服。如果刀子不快会痛得人掉眼泪，这种情况在开店的待诏手下是不会发生的，只在少数人自己买刀子理发时才可能发生。手艺好的待诏除了理发外还要练就端、捶、推、拿、掏耳、修面的绝活，在穴位上推拿按摩后可以舒筋活络，使顾客舒服，甚至能解除病痛。旧时睡觉失枕（颈部软组织损伤）的患者一般不看医生而是请待诏治疗，疗效很好。掏耳时要按摩耳朵、后颈、后背、剪鼻毛，掏耳朵必须细心，稍有疏忽就可能伤到顾客发生事故。还有挑着担子走街过巷的流动剃头匠，担子一头是理发工具箱兼坐凳，一头装水壶、铜盆，在路边或上门服务。

旧时待诏地位很低，收入也很低。新中国成立后，开办了国有理发店，各乡镇组织了集体性质的理发店。男士不再只剃光头了，出现了学生头、分头、背头、平头等发式。70年代后，理发工具有了电剪、电吹风等。90年代末，理发业迅猛发展，顾客中女性较男性还多，理发铺子改称“发廊”“美容美发店”“形象设计室”“会所”等。男女发型千变万化，增加了焗油、染发、烫发、按摩、洗脸洗脚、修眉画眼、美容等项目；使用的洗染用品有国产的、进口的，名目繁多，档次、价格多样；

从业者大多是年轻女性。现代理发业已成为高收入行业。

第五节　民间科技

民间科技与民众生产、生活密切相关，是人们长期生产生活经验的积累，多具有指导性意义。但因条件所限，人们对自然界的诸多事象仅限于感性认识，解释时往往附以宿命、迷信的外表，有时也会遮盖其科学、合理的内核。民间科技习俗的传承，多以民间口头文学的形式进行，尤其以谚语传承居多。

一、民间算术

（一）心算与珠算

口算是应用最广泛的算法，多用于两位数以内的加减乘除运算。集市小额贸易、工时估算、小数目物资清算，常用口算。小贩摊主尤擅此术，即使目不识丁，也可称物报价，脱口而出。其计算过程，一般是将一组计算之数先四舍五入，凑成整数计算，再将零数计算，最后将初步计算的结果或加或减，运算得数便是所求结果。

心算也是民间常见的传统算法，实质是珠算口算两相结合的运算方式。以手做算盘，以手指小节代珠，拇指与其余四指配合做拨珠状。计算时，手拟拨珠，口诵诀谣。心记运算过程。此法用于多位数的加减乘除运算，十分实用。然而，不善珠算者不能用，非经专门训练也不成，故操此术者较少。

笔算和珠算是民间常用算法，应用较为普遍。算盘是传统的算具。20世纪50年代后，有学生的家庭几乎都备置算盘。80年代后，小型电子计算器出现，以其小巧便携、易于操作等特点，成为继算盘之后应用最广泛的算具。随着互联网和办公自动化的普及、应用，微机作为常用算具，已经广泛应用于社会的各个行业。

（二）计算知识传承

计算知识的传承途径有家庭传授、课堂讲授和专业培训。

家庭传授主要是言传身教，既无专门的模式，也无专门的教材，传授进行于日常生活之中。最初始于歌谣、游戏和口诀。流传于民间的《数蛤蟆》《剁草谣》《拾子歌》《百数谣》等歌谣，可以说是幼儿数学的启蒙教材；《懒羊》《打尜尜》《撒子儿》等游戏是针对儿童的加减法训练；巧女类型与机智人物类型故事常融入传统的应用计算题，是对少年计算应用的启发教育。

旧时，人们生活于自给自足的环境中，商品交易活动稀少，用于复杂计算的事情不多，加之传统的轻商观念，对计算知识的掌握，没有太高的标准，只满足于对家庭账务的演算。只有离开土地，从事工匠、建筑或商贸等行业时，才专攻相关的计算知识。这类知识作为从业技能，大都是在漫长的拜师学艺过程中逐步掌握的。

20世纪50年代后，文化教育普及，算术成为必修文化课之一。普通的计算知识，是由老师在课堂上讲授的。大多数人的专业计算知识、是通过专门的培训获得的，其中包括培训班学习、进修和电大、业大的学习。

二、民间计量

（一）计量工具与单位

各地商品销售大多按照全国统一的度量衡标准进行计量，旧时多为市制，时下公制、市制兼用。

质量计量工具为磅（大宗货物）、秤（一般货物）、戥（主要用于药铺、珠宝店、颜料店，称重微量物品）。各地还有各式各样的地方规格的秤，如行秤、大秤、盐秤、柴草秤、旧市秤等。重量单位包括吨、斤（公斤、市斤）、两。旧时以16两为一斤，现均改为十进制。依据斤两总数不同，分为大小各种秤，如十斤秤（最大称量范围是10斤）、五十斤秤、百斤秤、二百斤秤等。根据对货物的估重，选用合适的秤称量。药店一般用两、钱（1钱约等于3克）、分、厘、毫、丝等单位计量药材。民间还有以袋子约重的计量方式，如装100斤或120斤或160斤的大小麻袋、80斤的尼龙袋、30斤或40斤的面布袋等。民间称量柴草、蔬菜等习惯用炮，一炮为20斤。旧秤单位为每斤合16两，计价不方便，为快速报出价钱，商贩编制了《斤两歌》，牢记基本换算。自20世纪80年代起，国家要求衡器使用国际通用的公斤制，即以千克（公斤）为计量单位。这一要求只在部分大商场得到落实，各地集市依然习惯沿用市斤制，即使使用公斤秤，也会折算成市斤计价。

容积计量工具为斗、升、合。民间还以篼为计量容积的工具。篼，俗称“篼子”，即条编的提篮，用以装盛东西，有一升篼、五升篼、斗篼子等规格，用起来十分方便。卖油、醋等液体商品用“端子”，卖油用铁端子，醋用竹端子，有一两、二两、半斤、一斤、二斤等多个单位标准；现在多用秤称或瓶装、桶装。容量单位有石、斗、升、合、勺、撮等，都是十进制。主要用于粮食交易。

长度计量工具为尺。民间土法计量长度，有用步的，一步约相当于5尺，约合0.9米；也有用拃的，以大拇指与食指张开两指尖最长距离为一拃，约合16厘米，购买扁担、家具或布、鞋、袜等物品时，无须十分精确的数字，即可用拃测量长度。长度工具主要包括长尺、短尺、皮尺、卷尺等各式形式的尺子。有土木建筑所用的每尺相当于54厘米的木工合尺（即鲁班尺），有每尺相当于55厘米的棉布尺，还有老广尺（相当于1.05市尺）、苏尺等。也有以杆子丈量土地和宅基的，24平方杆子合一分土地，240平方杆子合一亩。长度单位有里、丈、尺、寸、分、厘、毫。1里等于150丈，其余皆为十进制。

面积计量单位为顷、亩、分、厘、毫，皆为十进制。

（二）计量方法

民间贸易所用度量衡的计算方法，除了按照国家统一规定的标准外，根据所售物品的不同，还有一些颇具民间特色的计量方法。

价格低廉的商品常论堆、捆、扎出售。集市上卖葱论捆而不论斤，卖菜苗论扎而不论棵，或是将萝卜、地瓜等论堆出售。渔民卖鱼，多是不分鱼种、不分大小，就一堆鱼一起卖给鱼贩子（多是老主顾）或“坐地虎”（当地卖鱼的头儿，对渔民抽取十分之一的利润）。他们大致看看鱼的品种和大小，说个大约的平均价格，议定后即付钱取货。

体积较大商品常论车出售。旧时冬天居民要在褥子下面铺一层厚厚的山草以取暖，有卖铺床草的用地排车、驴车或小推车载着小山似的一捆捆干草沿街叫卖，卖时一般不论斤称，而是整车或半车售卖。城市内制煤球等需要用土，也有从郊外拉黄土到城市出售的，一般也是论车卖。有时批发商卖菜、卖水果也以车论价。

卖饭的小贩，如卖面条、馄饨、凉粉、甜沫、豆浆的，按碗计算，常有大碗、小碗之分。卖炒半空花生（扒开仅有一粒小仁）的，不用称量，几分钱给装一口袋。卖胡椒粉、辣椒粉的，常用小茶杯计量，每杯约合一两或二两。旧时卖油的论“提”出售，“提”用竹筒或葫芦做成，一提合半斤或四两。买卖鸡蛋论“把”的习俗十分普遍，十个鸡蛋为一把，每把的价格依鸡蛋的大小和质量而定，交易时买家会问：“一把子蛋多少钱？”

三、天文历法

（一）天文

1. 天体

民间传说，宇宙最初是朦胧不分、混混沌沌、深沉幽暗的形态，后来，清阳之气上升形成天，沉重混浊之气下沉形成地。将天地分离的神是盘古。天地的形状，民间的说法较多：一说，天是圆的，地是方的，地居汪洋的中央；一说，天圆得像锅，地圆得像盘，天倒扣在地的上方；一说，天地像一枚鸡蛋，黄心是地，由天裹于其中；一说，天阔无垠，地圆如球，悬浮于空中。在原始神话中，一说天地是人类至尊、男女之神，天为男，地为女，天地交合，便生云雨，万物滋生。

在民间传说中，日的形状一说是金乌，三只脚的青鸟；一说是灼热的火球。各地都有日居扶桑、十日并出和后羿射日的神话。月因形状多变，民间传说对其描述也甚为模糊，对月中阴影的解释较多：一说是桂花树，一说是玉兔捣药，一说是梭子树，一说是蟾蜍。有的天体神话传说里，日和月都是天庭中每日必须当值的小神，或为兄妹，或为夫妻。在汉代画像石中，表现最多的是伏羲捧日和女娲托月。在天狗吞日月的神话中，日月丧失了神性，成了无力自卫的小东西，每遇侵害，不得不依赖于人间的声援救护。每遇日食或月食，乡间便有敲锣打鼓惊犬救日或救月之举。直至20世纪50、60年代，此俗犹存。

在民间，人星对应之说很普遍，即天上的星星和世间的人相对应，人的生死与星的出现和陨落相联系。人生在世，都有相应的星和位置，且星光的亮与暗，与人的尊卑荣辱、生老病死息息相关。陨星，一说是月中梭树的落叶，是由天庭上主司之神专门射落的，以防梭树叶日久成精，危害天庭和人间。历代各地方志都将较大陨星的出现作为大事记录。流星，一说是人间相应之人亡故所致，一说是不祥之兆，显示将有天灾人祸发生。彗星称“扫帚星”或“扫把星”，由于该星不常出现，民间视作不祥之星。金星亦称“太白”“明星”“启明”“长庚”，金星昼见常视为异常之兆，作为灾异记入地方志。银河以及织女星、牛郎星、北斗、南斗、东斗、西斗等星宿，因其星光明亮，容易辨认，在民间有优美的传说，更因它们是观星纪时的参照物，在谚语、歌谣中出现频率较高。

2. 天文知识的传承

民间对天文知识的传承，是在生产生活中通过神话、传说、戏剧、歌谣、谚语以及节俗、游戏等途径实现的。人们通过传统的天文知识认识世界、熟悉节气、掌握时间、安排生产、安排生活。20世纪50年代以后，现代天文知识出现在教科书中。随着科学技术的发展和教育的普及，传统天文知识的传承越来越为人们所淡漠。

（二）历法

1. 纪时

民间纪时习惯各个时代有所不同，究其原因，除使用历法有所不同外，主要还受社会、政治、文化、生产、生活等诸多因素的影响。

纪年法主要有干支纪年、王公即位纪年、属相纪年和公元纪年。清末沿用王公即位纪年法，民国时期，虽推行公历，仍以此法纪年，以公元1912年为民国元年，依次作纪，直至1949年。新中国成立后，摒弃王公即位纪年法，使用公元纪年。在日常生活中，口语或非正式行文，习惯将“公元19××年”简称“××年”。干支纪年法沿用至今，使用范围较窄，多限于文人。生肖属相纪年，一般只在计算年龄或合年命时使用。

纪月通常以序数为纪。民国时期，除报章、文件纪月纪日使用公历外，民间仍沿用农历。以农历纪月习惯，一月称“正月”，十二月称“腊月”。在文字上，使用农历纪月，大都注明，使用公历一般不注。在口语中，使用公历纪时，有的地方要附加说明，否则往往与农历混淆。一整月分作上旬、中旬、下旬，口语称“月初”“月中”“月末”。乡间常设集市、庙会，或十日两集或十日三集，故而乡人习惯以集日或庙会日将月分段，以纪时纪日。

纪日一般以每月一日为首，依次作纪。在口语中，公历称作“一号、二号、三号……三十一号”，称农历“初一、初二、初三……初十儿、十一、十二……二十儿、二十一、二十二……三十儿”。农历日数后面通常不要“日”或“号”，“十”“二十”“三十”口语时儿化。纪日也常以星期序数为纪，与纪月日并用，口语称“礼拜一、礼拜二……礼拜日”。

一天之内纪时，因城乡传统作息习惯不同，一日内的时段划分也略有区别。依天色划分，一般将日出时分称“早上”，日落前后称“黄昏”，日中时间称“晌午”。早饭后至晌午是上午，午饭后至黄昏是下午，日出之前是黎明，日落之后是傍黑、合黑。民间习惯将一昼夜等分作十二个时辰，以子、丑、寅、卯、辰、巳、午、未、申、酉、戌、亥十二地支表示，每时辰再分作初、正之时。夜间纪时，习惯以时辰或五更作纪。粗分时段，常以傍黑、夜静、半夜、鸡叫、黎明划分。现今日内纪时大都以小时为参照。口语习惯以十二小时纪，只有使用文字时，才在书面以十几时或二十几时作纪。

2. 应用

历法知识应用于农业、林业、渔业、运输业、养殖、农产品加工和日常生活等诸多方面。

农谚中涉及节气的谚语占相当大的比例，在农业生产方面，耕作、验墒、施肥、播种、浇水、植保、收获、收藏等，无不涉及节气。至今，这类历法知识在指导农事方面仍发挥着不可替代的作用。在林业生产方面，幼林的营造、苗木的培育、成林的管护、病虫害的防治、果实的收获和藏储外运等，各个环节无一不考虑节气。传统的历法知识仍是指导林业生产的技术经验中不可或缺的组成部分。

在渔业生产方面，无论是淡水渔业，还是海洋渔业，一切生产活动都随季节的转换而组织安排。气象的变化也与渔民的安危有着密切的关系。对海上运输、运河运输和公路运输来说，气象、季节、降水对其影响十分明显。旧时，在漕丁、漕夫、车夫预测潮汛、信风、气象或河水落涨的经验中，历法知识是其主要的组成部分。他们对历法知识的重视不亚于渔民，究其原因也在于行业风险很大，安危受制于天。

和农业相关的养殖、商贸、农产品加工等行业中，传统历法知识的应用也比较普遍，至今仍产生着不容忽视的影响。除生产、经营外，历法知识应用最广泛的还是居民生活。岁时节令、衣食住行、信仰禁忌、人生仪礼，无不和历法知识相关。

3. 传承

历法知识的传承民间有三种方式。

一靠历书。过去，文人和阴阳先生必备以清朝道光、咸丰、同治、光绪或宣统年号命名的万年历及民国时期的万年历。印有二十四节气的灶福，则是城乡家庭的必备之物。20 世纪 50 年代后，城乡家庭一般都备有当年的历书、日历或附有日历的年画。进入 80 年代，各式精美的台历、挂历出现，成为城乡家庭的必备饰物，新年馈赠新挂历发展成民间的一种节俗。

二靠农书。流行民间的《齐民要术》《农桑经》等农书以及《庄农日用杂字》等庄户书中有丰富的传统历法知识。这类农书的特点，就是以季节、月序为经线，介绍相关的农事活动，具有很强的实用性，深受人们的欢迎，得以广泛流传。

三靠口传。千百年来，历法知识以民谣、小调、谚语、俗语、熟语的形式，流行于各地，历久不衰，表现出强盛的活力。

四、气象与地震观测

（一）气象

淄博地处暖温带，属于半湿润半干旱的大陆性气候。四季特征分明，春季风大干旱，夏季湿热多雨，秋季晴朗干旱，冬季干冷少雪。全市光照充足，热量丰富，适宜于冬小麦和玉米等粮食作物、花生和黄烟等经济作物及蔬菜的生长。气象灾害主要有干旱、洪涝、霜冻、大风、暴雨、冰雹等，威胁着工农业生产和人民的生活。1840 至 1985 年，淄博出现严重干旱灾 124 次、洪涝灾 39 次、霜冻灾 26 次、大风灾 39 次、暴雨灾 67 次，冰雹灾 52 次。[1] 淄博民间对气候的变化尤为注重，气象知识的积累也颇为丰富。民间气象知识传承主要通过文字和口授相传。前者有农历书和方志，尤以民国年间纂修的志书载入较多。后者是这部分知识传授的主要方式，谚语是主要载体。

（二）地震

在封建社会，地震一直视为上苍对统治者的一种警示，是世间的不祥之兆。除非强震，地方官吏大都讳而不言。各地“灾祥”卷中虽有较多的追记，但都是简略记述，并没有详记或评述。

山东是地震多发地区，著名的郯城—庐江断裂带就纵贯山东中部。清康熙七年（1688），郯城、莒县发生 8.5 级大地震，震中烈度高达 12 度，波及邻近数省，有 140 多个县遭到不同程度的破坏和人员伤亡，是破坏严重的一次大震。1937 年 8 月菏泽 7 级大地震，震中区的房屋几乎全部倒塌，“情况之惨，空前未有”。但是淄博历史上从未发生过大地震（震级大于或等于 7 级、小于 8 级，称为“大地震”）。最大的两次地震分别发生在临淄和博山。1829 年 11 月 19 日在临淄东南（青州附近）发生 6.2 级地震；1931 年 7 月 25 日在博山（震中经纬度在淄川口头）发生 4.8 级地震。[2]

地震发生之前，地下岩石破裂和错动会引起地磁场、电场的变化，甚至地下水位升降、气味变化等，这些现象可能会引起一些动物的异常反应。各州县官修或私纂的志书和文人笔记记录了大量的地震前兆，为后人预测、预防地震提供了丰富的资料和经验。例如明清以来的方志中，《峄县志》有 18 次记录，《滕县志》有 11 次记录，皆或详或略地记述了许多具有参考价值的异常事象。[3]

地声，是临震的一种警报式的征兆。各地的方志对康熙年间郯城大震时的地声大都有记述，对其他地震的地声，也有大量的记载。例如《聊斋志异》记：“忽闻声如雷，自东南来，向西北去。”《邹县志》记：“地震有声，至子时止。”《滕县志》记：“有声自西北来，如奔雷，又如兵车铁马之音。”

前震和余震，是主震型地震的前后小震。对这种现象，各地方志也都有记录。例如《峄县志》曾记：道光八年冬十月地震；九年冬十月甲申夜，地连震；十年闰四月已酉，地震；十一年八月子寅地大震。对康熙七年郯城大震之后长达三年的余震，各地方志几乎都有记录。

地下水异常，尤其是水位突然变化，常是地震前兆，方志亦多有记载。例如康熙七年郯城大震，《寿光县志》记：“未震之前一日，耳中闻河水汹汹之声……亦无所见，或云先一日弥丹诸河水忽涸。”其他像震前突然泉涌、喷沙、变色、变味

［1］淄博市科学技术委员会编：《淄博市科学技术志》，济南：山东科学技术出版社，1992 年版，第 60 页。
［2］崔洋洋：《淄博历史上未发生过大地震》，《齐鲁晚报》2013 年 4 月 22 日第 Y04 版。
［3］地震异象与征兆参见山东省地方史志编纂委员会编：《山东省志・民俗志（1840—2005）》，济南：山东人民出版社，2016 年版，第 413 页。

的现象，也都有记录。

气象异常，如高温酷热、大旱大涝、大风大雨、阴霾昏晦等也常是地震前兆，各地一般都有记录。比如康熙六年，即郯城大震前一年、济南一带的“夏，大雨雹；秋、大水”，德州“霪雨河溢”，莱阳“大雨，自六月起至八月止，稼伤过半”。地震当年，许多地方也是阴雨连绵、平地泉涌。

动物异常，特别是众多的动物同时出现异常，往往是一种临震征兆。从各地众多记载来看，震前异常反应的动物，除家禽、家畜外，还有鼠、蛇、鱼、鸟、蜂、蚁、狐、鼬等野生动物。

对地震异常事象的观察和记录，为后人积累了丰富的预报地震知识，对于研究地震规律，进行地震预测，具有重要意义。现代使用地震台网观测震情。1999 年数字化改造后的淄博地震台网投入运行。该台网是全国第二家地市级数字地震台网，有博山白石洞、齐鲁石化峰山、张店四宝山和沂源县地震局和台网中心地下室五个子台，采用广播电视系统的电话线进行有线传输，提高了运行质量、观测精度和震情处理速度。

五、生产谚语

生产谚语是群众长期生产实践的经验结晶，也是传授生产技术的载体，是社会文明与生产进步的历史见证，保留着鲜活的生命力，具有现实应用价值和历史借鉴作用。

（一）农业

与农业生产相关的谚语，简称农谚。

1. 播种

（清明）头十天不早，过十天不晚。

白露麦，不用粪。

白露早，寒露迟，秋分种麦正当时。

白露种红薯，好过借米煮。（白露是种红薯最佳时间）

春天不忙，秋后无粮。

春天多流汗，秋后吃饱饭。

春天刨个窝，秋后煮一锅。

春争日，夏争时，万事宜早不宜迟。

伏中有雨好种麦。

干耩深，湿耩浅，墒情适宜盖上脸。

早黍稷，晚地瓜，十年种上九年瞎。

好孩儿有好娘，好种子多打粮。

好种才有好收成。

好种出好苗，好葫芦开好瓢。

辣椒种花，茄子种芽。（辣椒长到开花再种也行，茄子不能等苗长得太

老才种）

老头活到八十八，没见早麦晚谷瞎。

雷打惊蛰前，高地好种田；雷打惊蛰后，洼地好种豆。

立春晴一日，农夫好犁地。（风调雨顺）

立冬不出土，不如土里捂。（麦）

立冬小雪把耧摇，种一耩子收一瓢。

六月里栽茄子，饿死老爷子。

买牛要买抓地虎，种地要种雨后土。

麦不种早不种晚，五宿六宿正当间。

麦茬不让耧，晚种一天十天晚收。

麦茬无早，越早越好。

麦出七，豆出五，高粱半月才出土。

麦黄种稻，稻黄种麦。

麦怕胎里旱，人怕老来穷。

密倒秫黍，稀倒谷。（合理密植）

母大儿胖，种大苗旺。

清明高粱谷雨花，立夏之前栽地瓜。

清明晒干柳，一棵高粱打一斗。

清明秫黍谷雨谷，立夏芝麻小满黍，大麦豌豆不出九，清明前后种瓜豆。

缺苗断垄，无好收成。

人勤地不懒，大囤尖小囤满。

人误地一时，地误人一季。

三麦不如一秋长，三秋不如一麦忙。

舍不得种，抢空垄；舍不得苗，抢着瓢。

数伏不耧豆，耧豆植不就。

黍早晚麦不归家，种麦早字要狠抓。

四月芒种麦在前，五月芒种麦在后。

头伏萝卜，末伏荞麦。

五月豆，半个露。（覆土要薄）

五月六月好种田，七月八月胡抱怨。

下种先灭茬，秋收十成拿。

夏播不让晌，春播不让耧。

夏至耩豆，不前不后。

夏种晚一天，秋收晚一旬。

想吃面，泥里拌，想吃高粱干下蛋。

小满不种花，种花不回家。（种棉）

小满花，不进家。（小满后不宜种棉花）

行船不等客，季节不等人。

杨叶哗啦啦，地里去种瓜。

要想萝卜大，夏至把种下。

一早了三光，一晚了三慌。

有钱买种，无钱买苗。

早种三分收，晚种三分丢。

枣发芽，种棉花。

枣树开花种芝麻。

正月种竹，二月种木。

种地选好种，一垄顶两垄。

种地种到老，还是早麦早豆好。

种豆子入了伏，打着有和无。

种怕水里漂，禾怕折断腰。

种是金，土是银，错过季节没处寻。

种子不选，产量得减。

庄稼就怕提耧雨。

庄稼难得露头雨。

庄稼要长好，一年四季早。

2. 栽培

不怕耧得浅，就怕耧得远。

蚕老一时，麦熟一晌。

锄板底下三指雨。

锄头响，庄稼长。

船在人撑，地在人耕。

春分犁不闲，谷雨好种田。

春耕浅，秋耕深，遍地出的是黄金。

春耕如翻饼，秋耕如掏井。

春耪犁，夏耪皮。

春深夏浅秋刮皮。（锄地）

粗耪三遍吃饱饭，细耪一遍白扯淡。

倒茬如上粪。

到了夏至节，锄头不能歇。

地耕三遍，黄金不换。

地是刮金板，土里也有钱。

冬不夺衣，夏不夺锄。

冬耕冻一冬，治虫土又松。
冬耕深一寸，等于上遍粪。
冬耕深一寸，旱涝都撑劲。
豆子耪三遍，豆角结成串。
二遍锄不好，到老还是一地草。
伏里耧地划破皮，强似秋后犁一犁。
干耕干耙，湿耕湿耙。（黑土洼地）
干耪棉花湿耪瓜，雾雾啦啦耪芝麻。
干耪浅，湿耪深，不干不湿甭伤根。
高粱锄八遍，拿麦都不换。
耕地不平，难保墒情。
耕三耙四锄八遍，打的谷子不用碾。
耕耘不怕早，早耕早耘收成好。
谷耪八遍没有糠，棉耪八遍白如霜。
谷雨前后，点瓜种豆。
谷子扛枪，不动锄杖。
瓜怕刮，烟怕淹，辣椒最怕连阴天。
瓜耪八遍瓜上走，谷耪七遍饿死狗。
旱浇田，涝浇园。
花生地里没有草，十个果子十个饱。
见苗三分收，无苗无收成。
九成熟十成收，十成熟一成丢。
辣椒是棵摇钱树，韭菜是个聚宝盆。
涝天锄下有火，旱天锄下有水。
露中不掐葵，日中不剪韭。
轮作套种，粮食打满瓮。
家土换野土，一亩顶两亩。
萝卜入了泥，一夜长一皮。
麦前锄三遍，麦后不怕连阴天。
麦锄三遍面充斗，谷锄八遍饿死狗。
麦倒一把草，谷倒一把糠。（防倒伏）
麦耩黄泉谷露糠，豆子耩在地皮上。
麦子不倒股，不如土里捂。（倒股，分蘖）
麦子收在犁上，谷子收在锄上。
棉花锄八遍，桃子结成担。（适时多锄）
棉花耪八遍，桃子赛鸡蛋。

能留二郎担山，不留猴毛一撮。（间谷）
七宿麦子八宿谷，十朝半月看秋蜀。（出苗时间）
七月金，八月银，九月耕地哄死人。
千年万年，立夏锄田；立夏不锄，立秋不熟。
前蹬，后刨，双挖耳。（耪谷）
秋耕早一天，囤里冒个尖。
秋天破层皮，强似冬后犁十犁。
人哄地一时，地哄人一季。
人怕老来穷，麦怕胎里旱。
人勤地生宝，人懒地生草。
入了伏，不离锄。
三分种，七分管，十分收成才保险。
三伏有雨好种麦。
三耕六耙九锄田，一季收成顶三年。
三天不除草，草比庄稼高。
三月三，点的南瓜往家担。
沙盖土，一亩顶两亩；土盖沙，算白搭。
山上开荒，平地遭殃。
深耕如上粪，细耙如浇水。
深耕细耙，旱涝不怕。
深耕细耙苗儿旺。
十年种瓜九年瞎，一年不瞎发了家。
霜降拔葱，不拔就空。
水土不下坡，粮食自然多。
蒜薹甩尾，一天一水。
贪耕不耙，满地坷垃。
田间管理如绣花，功夫越细越到家。
田头地角甭落空，拔出萝卜栽上葱。
调茬如上粪，苗壮地有力。
头遍扒，二遍埋，三遍再锄横过来。（锄高粱）
头遍耪，二遍埋，三遍四遍耪着玩儿。
头遍浅，二遍深，三遍培土迎果针。（锄花生）
头遍浅，二遍深，三遍四遍不伤根。（锄地）
头遍水要晚，二遍水要赶。（年后小麦弱苗管理）
头伏萝卜二伏菜，拔了萝卜撒菠菜。
头伏萝卜二伏菜，三伏里头种荞麦。

土改人翻身，改土地翻身。

弯弯地不打弯弯粮。

五黄六月坐一坐，秋后必定挨大饿。

五月六月偷耪地，七月八月看巧云。

五月栽茄子，到老结不了一碟子。

想吃高粱面，扒出根来看。

小麦不怕草，就怕坷垃咬。

小麦锄三遍，沟里都是面。

修好塘坝，旱涝不怕。

夜冻日消，浇水正好。

一翻二不收，三翻到了秋。（尽量不翻种）

一犁春雨一犁金，一犁秋雨一犁银。

一亩园，十亩田。

一穗一粒青，一亩少一升。（收获要适时）

有没良心的人，没没良心的地。

有钱买种，无钱买苗。（一播全苗）

雨水不下坡，打的粮食多。

早耕秋地不用问，枯枝烂叶顶遍粪。

早浇花，晚压瓜。

早耪一遍光，晚耪十遍荒。

只种不管，打破饭碗。

种地不保墒，苗出也不旺。

种地不用问，全靠功夫粪。

种地如绣花。

种瓜十年不重茬。

种上一亩园，强得十亩田。

种庄稼无巧，只要勤锄草。

庄稼不收，管理不休。

庄稼不收空掩。

庄稼就怕偎根草，花生就怕坷垃咬。

3. 施肥

氨水施地面，容易跑了氮。

不施百担肥，难打千斤粮。

春前一道粪，粮食堆满囤。

春天比粪堆，夏天比粮堆。

底肥金，追肥银，白茬种地哄死人。

地里上上粪，家里支上囤。
地是活宝，越肥越好。
地无唇，饿死人。（水土保持）
肥不足，苗不旺。
粪捣三遍，给豆饼也不换。
粪是庄稼宝，种地少不了。
伏里能积三圈粪，明年麦子打满囤。
化肥施得深，一斤顶二斤。（提高肥效）
积肥没巧，七挖八换沤绿草。
积粪如积粮，粮在粪里藏。
金管银管不如粪管。
金筐银筐不如粪筐。
麦喜胎里富。（施基肥）
没有大粪臭，哪有五谷香。
没有千斤肥，甭想千斤粮。
明年的活儿今年干，今年的肥料明年的面。
奶足孩子胖，肥足多打粮。
人哄地皮，地哄肚皮。
人靠地养，地靠粪养。
人是铁饭是钢，庄稼没粪不打粮。
三犁一担杖，强似撞耩。
三追不如一底，年后不如年里。
沙盖红，没有穷。（改良土壤）
晒土如上粪。
施肥入土，一亩顶二亩。
施肥一大片，不如一条线。（集中施肥）
细倒当年旺，粗倒十年壮。（倒粪）
养猪图攒粪，挣钱是枉然。
要想庄稼好，上粪要足还要好。
要想庄稼旺，粪筐不离膀。
一车沃土一车粪，一犁春雨一犁金。
有收无收在于水，收多收少在于肥。
种地不上粪，等于瞎胡混。
种地没有巧，粮食跟着肥水跑。
庄户老头不要犟，一个粪底一个样。
庄稼一枝花，全靠肥当家。

追肥不适时，贪青又晚熟。（追肥偏晚）

4. 收藏

八成熟，十成收；十成熟，两成丢。

打场不到边，等于白转圈。

大麦上了场，小麦收了黄。

割麦不要忙，把大路子长。

谷子老了吃米，高粱老了吃糠。

旱七不旱八，旱八包胎杀。（七月旱了八月不旱，如果八月旱，收成就减产）

会扬的一条线，不会扬的一大片。

拦穰三遍，吃顿干饭。（精收细打）

立冬不挖姜，一夜少三两。

立冬萝卜葱，小雪收白菜。

楝花开，割大麦；枣花开，割小麦。

六月房中无绣女。

六月六看谷秀，七月七割谷吃。

麦打短秆，豆打长秧。

麦到芒种谷到秋，过了霜降刨芋头。

麦上场，谷入仓，豆子扛在肩膀上。

麦上垛，谷上场，豆子扛在肩膀上。

麦收时节松一松，风吹雨打一场空。

麦熟一晌，蚕老一时。

宁可早归仓，不叫迟遭殃。

秋天弯弯腰，强似冬天走一遭。（小秋收）

秋天虾虾腰，赛过伏天跑三遭。

三麦不如一秋长，三秋不如一麦忙。

收麦有五忙：割、运、晒、打、扬。

五月芒种顶忙种，四月芒种打完场。

夏至端午远，麦子有一闪。

夏至临端午，庄户老头抱着麦垛哭。

一麦顶三秋。

雨打秋，件件收。（立秋下雨，作物大丰收）

雨打秋头廿日旱，雨打秋后烂稻秆。（初秋多雨，后期易旱；秋后多雨，作物易烂）

栽秧抢先，割麦抢天。

5. 节气

八月十五云遮月，来年十五雪打灯。

白霜秋分过，一夜凉一夜。

不到冬至不寒，不到夏至不热。

春分犁不闲，谷雨好种田。

大寒小寒，赶狗不出门。（天气寒冷，连狗都不出门）

大暑大割，小暑小割。

大暑禾，大暑禾，一夜不割少三箩。（大暑及时收割稻谷）

二月二的风婆，三月三的雨。

二月二晴，粮食满登登；二月二阴，粮食减五分。

伏里雨大，九里雪大。

干冬湿年下，麦子不值烂甜瓜。

过了惊蛰节，耕地不停歇。

惊蛰春分地凌开。

惊蛰打雷米似泥，春分有雨病少稀。

九尽三场雨，遍地都是米；九尽三场风，遍地皆是空。

九里雪多，伏里雨多。

立春天气晴，五谷好收成。

立冬阴，一冬温；立冬晴，一冬凌。

立冬若遇西北风，定主来年五谷丰。

立了秋，挂锄钩。

立秋不带耙，误了来年夏。

立秋处暑，上蒸下煮。（立秋、处暑两节气天气炎热）

立秋喜雨，白露喜晴。

立秋种，处暑栽，白露上（追肥），寒露卷（心），寒露不卷就瞪了眼。（白菜）

淋了伏王，一天一场。

淋了伏头旱伏尾儿。

六月六晒龙袍，龙袍晒不干，旱涝四十天。

芒种芒种，样样都种。

七月十五定旱涝，八月十五定收成。

清明断雪，谷雨断霜。

清明对着三月三，腊月食物是仙丹。

清明南风起，收成好无比。

清明难得晴，谷雨难得雨。

清明前，好种田，清明后，好种豆。

清明湿了乌鸦毛，今年小麦水里捞。

夏至东南风，荞麦收洼坑。

夏至东南风，种地种到坑。
夏至响雷三伏寒，重阳响雷一冬暖。
小暑若刮西南风，乡里五谷减收成。

（二）畜牧

拌草拌料，四角拌到。（拌料均匀）
不怕寒风一大片，就怕贼风一条线。（畜棚）
槽头五畜兴旺，地里五谷丰登。
槽头兴旺，年成有望。
草膘，料劲，水精神。（饲养管理）
畜棚牛圈向正南，夏撑热来冬抗寒。
春剪梨花，夏剪谷茬。（剪羊毛）
春雨贵如油，瘦马不瘦牛；秋风如刀刮，瘦牛不瘦马。
寸草铡三刀，没料也上膘。
待要富，养猪磨豆腐。
冬牛要暖，夏牛要露。
冬天的食儿，春天的力儿。
羔羊美酒盛席间，二月猪娃当年肥。
好人长在嘴上，好马长在腿上。
鸡鸡二十一，鸭鸭二十八。（孵卵）
鸡下蛋，粮食换，各种营养要配全。
家有动物园，四季都进钱。
叫驴不叫，白给不要。
九月重阳，撒开牛羊。
渴不急饮，饿不急喂。
驴十二，马十一，黄牛下犊二百七，山（绵）羊一百五，家兔一月一窝按天数。
马怕满天星，牛怕肚底冰。
马无夜草不肥。
忙时喂嘴，闲时喂腿。
猫三狗四，猪五羊六，牛七马八。
能买贵猪，不买贵食。
牛吊线，驴拌嘴，猪跑圈，羊叫唤。（发情）
牛怕满圈水，马怕满天星。
牛喂三九，马喂三伏。
农户养了牛，耕地不用愁。
圈干槽净，牲口没病。
圈要干，槽要净，防止牲口传染病。

三九不喂料，开春难上套。
上买一张皮儿，下买四个蹄儿。（相牛）
牲口要吃好，夜里要塞饱。
湿冻牛羊干冻麦。
睡仨月的牛犊儿，跑仨月的驴驹儿。
田养猪，猪养田，猪粪把地养成园。
铁打的骡子纸糊的马。
头大尾巴粗，必定是好猪；头小尾巴细，越喂越不济。
尾巴扇，不下蛋；尾巴尖，下一千。（养鸡）
喂猪没有巧，只要窝干吃食饱。
温食暖圈，一天斤半。（养猪）
小配早，老配晚，不老不小配中间。
秀才离不开书，种地离不开猪。
羊到谷雨吃饱草。
养畜保冬膘，春耕如马跑。
养猪养羊，家有钱粮。
一只兔，不能富；十只兔，油盐醋；百只兔，穿衣盖瓦屋。
饮后不打滚，喂后不加鞭。
饮马三提缰。
有病没病，倒沫为证。（养牛）
早喂喂到腿上，晚喂喂到嘴上。
种地不养猪，必定有一输。
种地没有牛，庄稼人发愁。
猪吃百样草，看你找不找。
猪是农家宝，粪是地里金。

（三）林业

插柳莫叫春知。
大枣抗旱杏怕淹，黄梨喜欢雨露天。
冬天栽树如做梦，春天栽树害场病，夏天栽树要了命。
槐栽骨朵柳栽棍，杨条入地就生根。
家有百棵桐，一辈子不受穷。
家有千棵树，不富也得富。
家栽柳，不愁自有；家栽槐，不愁自来。
能叫树受伤，不叫树扛枪。
宁在人檐下，不在树底下。（树苗）
七月核桃八月梨，九月柿子乱赶集。

若要富，房前屋后多种树。
三分造林七分养。
三年粮食五年桐，七年杉木绿葱葱。
砂里青杨泥里柳，石头缝里长杆柳。
山后松，山前柞，山下庄稼，山腰果。
山区林是宝，没林富不了。
山上多栽树，等于建水库，雨多它能吞，雨少它能吐。
深挖实砸，扁担也发芽。
树木成林不怕风。
桃三杏四梨五年，核桃柿子六七年，酸枣当年能换钱。
无灾人养树，有灾树养人。
现在人养林，以后林养人。
要想富，多栽树。
要想水土住，山上多种草和树。
一棵松树一把伞，一棵柳树一眼泉。
一年四季可栽柳，看你动手不动手。
樱桃好吃树难栽，不下苦功花不开。
栽桑种桐，吃穿不穷。
栽树没巧，深埋实捣。
栽树十年，强似种田。
栽树栽柳树，喂猪喂母猪。
枣树当年死不算死，柳树当年活不算活。
只造不护，苗不成树。

（四）气象

八月初一下一阵，旱到来年五月尽。
八月十五云遮月，正月十五雪打灯。
朝霞不出门，晚霞行千里。（观天测雨）
吃了端午粽，才把棉袄横。
打了春瞎欢喜，还有四十五天冷天气。
大雾不过三，过三十八天。
大雪不封地，不过三两日。
东降（虹）云彩，西降（虹）雨。
冬前不结冰，冬后冻死人。（冬至气温不降至零度以下，冬天将很冷）
二八月，乱穿衣。
风倒八遍，不用掐算。（快要下雨）
风刮一大片，雹打一条线。

风有刮头，雨有下头。
过了清明冷十天。
旱了东风不下雨，涝了东风不晴天。
久晴大雾阴，久阴大雾晴。
砍倒高粱秸，两手就抱肩。
靠墙七分暖，寸草遮丈风。
冷雨，热雪。
冷在三九，热在中伏。
立秋处暑天渐凉。
立秋雷响，百日无霜。
六月北风当日雨，好像亲娘接闺女。
六月天，娃娃脸。（天气变化很大）
落山放明，天亮会晴。
莫言三冬雪，须防六月霜。
日落胭脂红，无雨便是风。
日雾晴，晚雾雨。
日晕三更雨，夜晕午时风。
三九不冷也打战，中伏不热也出汗。
三九中心腊，河里冻死连毛鸭。
十月天短，无风自暖。
霜打麻籽头，光棍儿犯了愁。
霜打梅豆架，光棍儿害了怕。
天不短不冷，天不长不热。
天上星星跳，有雨像水倒。
夏至东南风，不用问先生。
小暑不见日头，大暑晒开石头。
星星闪眼，下雨不远。
雪打灯盏，雨打秋千。（正月十五下雪，清明日下雨）
一场春雨一场暖，一场秋雨一场寒。
一场秋雨一场寒，十场秋雨得拿棉。
一日南风三日曝，三日南风狗钻灶。
有钱难买五月旱，六月连阴吃饱饭。
云彩向东一阵风，云彩向西水没鸡；云彩向南雨连连，云彩向北一阵黑。
早晨烧，不用浇。
早晨下雨，当日晴。
早看东南，晚看西北。（观云）

早立秋，凉丢丢；晚立秋，热死牛。

早上立了秋，夜来凉飕飕。

正二三月桃杏红，四五六月火焰生，七八九月金风起，十一二月水成冰。

重阳无雨看十三，十三无雨一冬干。（九月初九和九月十三不下雨，预兆冬季干旱少雨雪）

重阳无雨一冬晴。

（五）物候

（冬至数九）一九二九不出手，三九四九凌上走，五九六九抬头看柳，七九六十三，路上行人把衣担，八九七十二，耕牛遍地是，九九八十一，家里做饭地里吃，九九再九九，麦子入了口。

（夏至数九）一九至二九，扇子不离手；三九二十七，泉水甜如蜜；四九三十六，汗水把衣透；五九四十五，树头清风舞；六九五十四，乘凉甭去迟；七九六十三，上床摸被单；八九七十二，当心受凉治；九九八十一，早晚穿棉衣。

1. 植物

豆子开花，捞鱼摸虾。

八月无青枣，五月无青麦。

干冷冻死麦，湿冷冻死牛。

寒露两旁看早麦。

九尽杨花开。

立秋遍地黄，处暑一扫光。

立秋三天，寸草结籽。

立秋三天遍砍田。

立夏麦龇牙。

立夏十天大麦黄，小满十天麦上场。

立夏小满麦穗齐。

楝子开花，小麦还家。

麦到芒种自死。

麦到清明垄三节。

麦子去了头，高粱没了牛。

七月核桃八月梨，九月柿子黄到皮。

七月核桃八月梨，九月柿子上满集。

七月十五点儿红，八月十五全红。（枣）

七月十五红皮枣，八月十五打到了。

清明晒种立夏种，霜前拔姜窖深井。

三月寒食菠菜小，二月寒食菠菜老。

三月寒食花不开，二月寒食花开败。（杏花）

三月清明花不老，二月清明老了花。（杏花）

三月清明榆不老，二月清明老了榆。

山楂开花，花生两荚；山楂通红，花生透明。

桃花开，杏花败，栗子开花卖苔菜。

天九尽，地韭出。

五九萌芽向暖生。

咸菜瓮打潮，大雨快来到。

小满见三新。

小满麦就满，不满有一闪。

雪打灯，好收成。

一穗两穗，一月上碓。

雨打清明节，豆子不落叶。

枣树开花，麦子还家。

正月菠菜满地青，二月集上羊角葱，三月韭菜熟开口，四月莴笋露水松，五月黄瓜上了架，六月瓠子拧成弓，七月茄子一包籽，八月南瓜秋后收，九月白菜街上卖，十月萝卜上秤称，冬月蔓菁满地滚，腊月韭黄拿粪壅。

2. 动物

八月蚊虫绕一花，九月蚊虫回娘家。

蚕懒，四十五天做茧。

春过三天鱼北上，秋过三天鱼下南。

嘟嘹叫，伏来到。

二月二，燕门开，大雁走，小燕来。

谷雨前后下早蚕。

过了谷雨，百鱼上岸。

蛤蟆打哇哇，（还有）四十五天喝疙瘩。

鸡发愁，不进窝，大雨降临不过夜。

惊蛰籽，谷雨出，四十五天就上蔟。（蚕）

涝生蜻蜓，旱生蚂蚱。

立春阳气转，谷雨鸟全来。

蚂蚁搬，蛇过道，大雨不到小雨到。

七九河开，八九雁来，九九加一九，耕牛遍地走。

七月半，八月半，蚊子还在脚下蹿。

清明暖蚕谷雨出，等到芒种上了蔟。

清明鱼下籽，谷雨鸟娩蛋。

蚯蚓唱曲儿，四十五天割麦。

三月三，没老鸹。（麦苗）

五月端阳，鲍鱼上床。
燕来不过三月三，燕走不过九月九。
燕子低飞蛇过道，缸穿裙子山戴帽，大雨一定要来到。
鱼鸟不失信。
早哇阴，晚哇晴，半夜哇叫不到明。（哇是一种水鸟）

（六）生产经营

百样生意百样做，买卖灵活客自多。
不懂生意经，买卖做不通。
不怕不卖钱，就怕货不全。
不怕生意小，就怕主顾少。
菜卖鲜，粮卖干，鸡卖叫，鱼卖跳。
仓里无粮稗子贵。
城里聚宝盆，城外闲死人。
打铁要有技术，经商要有门道。
大生意怕跌，小生意怕歇。
待人礼貌，主顾必到。
店有雅号，主顾自到。
冬则置丝，夏则置棉。
冬置单夏置棉，把住时机就赚钱。
多进样，少进量。
柜台三年站，见人会相面。
和气为贵，公平为高。
货贵时，商贵通。
货有高低三等价，客无远近一样来。
季节商品一溜烟，掐头去尾补中间。
经商信为本，买卖礼当先。
经商要知商，开店要懂行。
开店容易守店难。
快马难赶青菜行。
炉火不旺不出钢，不懂行情难经商。
买卖甭赊钱，拉账容易还账难。
买卖不成仁义在，生意不成话不到。
名声在世上，行情在市上。
宁卖贱，甭卖烂。
人叫人千声不语，货叫人点头自来。
人离乡贱，货离乡贵。

人情一匹马，买卖争分文。
商如行船，客如流水。
商是抄财路，市是聚宝盆。
身有实在货，不用嘴吆喝。
生意无大小，信誉是个宝。
生意做独市，买卖抢头先。
绳捆三道紧，账算三遍稳。
十分生意账，三分在路上。
市上无鱼蛤蟆贵。
手是戥子眼是秤，买主心里底数清。
手是钩子眼是秤，人心才是定盘星。
书要勤念，账要勤算。
算盘精不如花样新。
问甭烦，挑甭厌，生意兴隆客满店。
无商不成市，无市不经商。
信誉好，换来宝，巷子再深客不少。
要经商，走四方。
一分精神一分财，十分精神财就来。
一分利吃饱饭，十分利饿肚皮。
一年生意，十年货底。
真君子仁中取利，大丈夫义里求财。
坐商变行商，财源达三江。
做买卖如修行。
做生意不懂行，好比瞎子撞南墙。
做生意三件宝：人和，门面，信誉好。

第二章　商业民俗

淄博商人深受齐文化和传统伦理道德的熏陶，秉持重义轻利、诚实守信、崇尚节俭、踏实肯干等经商理念。店铺和集市遍布城乡各地，为人们的日常生活提供方便，有各自的经营特色与行业惯例。商贾摊贩运用销售策略，吸引顾客，招徕生意，在商业竞争中谋求立足和发展。淄博有许多老字号，是地方商贸传统的代表。这些富有特色的商业贸易习俗，有些被传承下来，有些则逐渐退出历史舞台。

第一节　集　市

一、一般集市

集市即集贸市场，简称“集”“市”，是遍布城乡的重要贸易场所。集市商品齐全，销售形式灵活，货品新鲜廉价，为城乡居民日常生活提供方便。到集市上买东西，称“赶集”“上集”“赶闲集”“逛集”等，有人专门等集即将散时去买便宜货，称“压集头的”。

旧时，设立集市要由附近几个村的族长共同商议，再由地方上颇具威望与影响力的士绅或商人提出申请，报呈县衙审批。新中国成立后，设立集市要由村级组织提出申请，报地方工商管理部门审批。设立新集市谓“起集”，要举行隆重的庆贺活动。旧时，起集当天要祭拜财神，保佑集市兴旺繁荣。祭毕，鞭炮齐鸣，锣鼓喧天，秧歌队载歌载舞，有的还请戏班连唱数日大戏，吸引商贩和周边居民。

集市一般设在人口稠密、经济发达且交通便利的地方，以保证充足的客源和货源。选址多于村镇主要街道或较空旷宽敞的地段，具体场所往往因地理环境而异，正如俗谚所说：“沂水赶集上山去，长岛赶集下海滩。淄博赶集在街上，胶南赶集去河边。”最多见的是设于当地的主要街道，也称“街市”。许多城镇的街道曾作为集市所在地，故街名也多以“市”为名。周村老城区以专业市场命名的街道多达36条以上，如丝市街、绸市街、银子市街、棉花市街、鱼店街、油坊街、皮货市、铁器市、箔柴市、窑货市、骡马市、豆芽桥、大车馆、肴鸡门、穿心店胡同、商埠街等。

二、综合性集市

综合性集市商品门类齐全，能够满足日常生活基本消费需求。一般按照交易所需与习俗惯制分行设市，各市各行都有固定的集中营业区域，各据一方，互不交叉。

粮食市从事粮食交易（旧称“粜”“粜”）。粮食计量用升、斗等量器，计价单位为升或斗。自20世纪40年代起，粮食买卖计量逐渐改为使用衡器，如杆秤、地磅等，计价单位改为斤（旧制1斤合16两，后改为1斤合10两）。在由量器改为衡器的过渡时期，人们仍习惯把斤折换成升或斗来论价。折算方式各地略有差异，一般是以玉米25市斤为一升，小麦、大豆和绿豆则分别以26市斤、27市斤、30市斤为一升，60市斤为一斗。后来则一概以斤、公斤作为计价单位。

蔬菜市上最主要的商品是蔬菜，赶集的人们以购买蔬菜者为多。有的蔬菜市也卖菜种、菜苗等。卖方有两类，一是菜贩批发来零售，二是农家自产自销。蔬菜计量单位一般是市斤。散集的时候，菜贩常会降价出售，甚至有的不再论斤卖，而是论把或论堆卖，若有包圆（把剩菜全部买走）者，则更加便宜。有些过日子俭省的人就专门赶在将散市时去买便宜菜。

水果市也称“瓜果市”“果子行”，卖家也有商贩批发来零售和农家自产自销两种。卖家多用条筐装盛或直接摆在地上卖，也有的大宗商贩直接在三轮车或农用车上卖。计量多使用衡器，以斤为计价单位，也有的直接论个出售。为了招徕顾客，往往允许顾客先尝后买。水果也有论堆卖的，那一般是质量较差的，或者散市时别人挑剩下的。水果市除了时鲜瓜果外，也有核桃、栗子、柿饼、红枣等干果。干果由于可以久贮，每集价格比较固定，较少出现降价销售的情况。

鸡蛋市上卖鸡蛋的多为妇女，鸡蛋用篓子或篮子装盛。为防磕碰损坏，往往在篓子或篮子里垫麸皮、谷糠、锯末之类。现在，鸡蛋多是卖家从大型养鸡场批发来零售，盛具多为塑料周转箱，也有使用专用模板的，可减少破损率。旧时鸡蛋买卖以把为计价单位，十个鸡蛋为一把，按鸡蛋大小和新鲜程度确定价格。现在则多以衡器计量，计价单位多为斤。鸡蛋市也卖鸭蛋、鹅蛋、鹌鹑蛋等。也有的农家会捎带在鸡蛋市出售一两只活鸡，多以绳缚鸡于篮旁，不用叫卖。

肉市上卖家多为肉贩，旧时也有屠户自宰自卖的。守法肉贩会从合法屠宰点批发生肉来集市销售，也有个别肉贩不遵守国家规定，从非法渠道批发生肉。生肉摊有两种，一种是支起木架子，将整扇生肉（屠宰后纵向劈开的半只猪）用铁钩挂在木架上，卖家按顾客需要，用利刀切割出售；另一种是将大块生肉放在肉案上切割出售。旧时人们多选购肥肉，特别是走亲戚送礼，会要求卖家割成“一刀礼”（长长的一条猪肉，其中肥肉从上到下不断），切好后以麻绳系好。现在人们多选择瘦肉。肉市上一般不销售熟肉。

鱼市出售鱼虾蟹蛤等水产品，包括鲜、干海货及小海产等。鲜海货包括新鲜的各色鱼虾。在海滨、湖滨的鱼市，卖家多为自家捕捞或养殖的；在其他地区，卖家多为鱼贩批发来零售的，多有从沿海地区直接往内地贩海鲜者。20世纪后期，交通越来越便捷，高速公路四通八达，沿海渔港当日卸船的鱼虾第二天凌晨即可运到内地集市。旧时鱼市上的鱼贩多用筐盛鱼，如今多用铁箱或塑料泡沫保温箱盛鱼。鱼市卖家以衡器称重，计价单位多为市斤，但对虾常是论对不论斤。也有卖小虾、小鱼的，为图方便，以碗、杯子等作量具计价出售。旧时卖活鱼的在称好后会持一根长约二尺的铁制鱼针，在针鼻中穿入马蔺草叶，将针自鱼鳃斜着穿入，从口中穿出，然后把鱼撸到马蔺草上，系好后递给顾客，因此买鱼又称“穿鱼”。近年多用塑料袋盛鱼。还有的卖家当场帮助顾客“宰鱼”，即在称重、成交之后，就地刮鱼鳞、清除鱼内脏，为顾客提供方便。干海货包括咸干鱼、大鱼肉、乌鱼干、虾皮、海米等。小海产的卖主多为妇女，主要出售蛤、螺、蛏、蛎、蟹、蛸等。

柴草市亦称“柴市”“草市”。卖柴草的多为山区以打柴为生者，所售柴草包括松木棒（又称“火头”“火头棒棍”）、松枝（又称“松柴”）、松果（松球，又名“松葫芦”）、松针（俗称“松毛”）、劈柴（杂木烧柴，劈成小块出售）、苫草（秋后收割的山草，用于盖房时苫屋顶）等。有的农家还出售自家农田的玉米秸、高粱秸、棉花秸等。柴草大多论斤出售，也有的论担、论车出售。成交之后，卖家还可送货上门，不过有的要再加少许脚钱。有的柴草市也卖芦苇、秫秸等，买家一般以此作为建筑材料（铺房顶、筑篱笆等）或编制材料（编席、打苫等）。

服装市在旧时集上较少，自20世纪80年代起，集市上服装摊位迅速增加，主要售卖衣裳、鞋帽、围巾、胸衣、服饰、针线等。摊主会用几根竹竿搭起架子，或借助树、墙，拴上绳子作为货架，绳子上挂满各式各样的时装。卖鞋帽的，则多用折叠床或木板等支成货摊，有的干脆直接在地上铺块塑料布陈列货品。顾客可以当场试穿、试戴，有的卖家还承诺包退包换。

缸瓦市主要出售陶制品和瓷器，如缸、碗、盆、罐、坛等储具、炊具、餐具。卖主会不时用木棍敲打缸沿盆边，发出清脆响亮的声音以示货品成色上好。由于陶瓷制品容易损坏，所以人们在选购时十分小心，以防失手。成交之后货品如出现损伤，卖家一般不再负责。

铁器行主要出售铁制工具、农具、生活用品，如镰刀、锄头、铁锨、犁铧、铡刀、铁耙、菜刀、铁铲、铁链等。卖农具的常随季节、农时变化提供货品，如春季提供铁锨、犁铧，麦收时提供镰刀，夏季提供锄头等。

木器行和家具行出售各种原木木料、板材以及成品家具等。木器行多设在较空旷宽敞的地方，除家具放在地上外，木料等多半倚墙而立，有的甚至连车也不卸，就放在车上。

条货市出售条编货物，如笤帚、扫帚、席子、竹篮、竹帘、柳条筐、背篓等，多为农家自产自销。有的卖家还会将部分原材料带到集上，一边出卖成品，一边编制。

牲口市只有大集市才设立，主要进行骡、马、牛、驴等的交易。因牲畜会随时便溺，容易污染环境，所以一般设在集市边缘位置或临近集市的树林里、河滩上。有的地方的牲口市也卖猪、猪仔、羊等，有的地方猪、羊单独设市。买牲口者，一般要通过看牙口（看牙齿判断年龄）、看膘（看是否肥壮）、看有没有怀驹等判断牲口质量。在牲口市，买卖双方一般不直接交易，而要通过经纪人从中说合。由于买卖双方要不断讨价还价，所以经纪人往往要经过多个回合才能使双方成交。成交后，经纪人会按照当地约定俗成的比例收取一定费用，一般由买卖双方各承担一半（双方另有约定者除外）。

花鸟鱼虫市，城市集市设立较多，乡村集市设立较少。不过，在花卉种植业较集中的乡村，也有专门设立花市的。淄博各区县都有花市，张店、周村为最。花鸟市不仅出售花鸟，还有观赏鱼、奇石、盆景以及花盆、花架、花肥、鱼缸、鱼食、鸟笼、鸟食等。花鸟市也常出售茶花、杜鹃、月季、水仙等花卉，鹦鹉、百灵、画眉、腊嘴等笼鸟，狮头、丹凤、绒球、水泡等金鱼。

旧货市俗称“破烂市”，是专门交易旧货的场所。在民间，凡进入破烂市的货物，不论新旧程度如何，也不论价格贵贱，一律称“破烂”。经营破烂的小贩俗称“倒腾破烂的”，平日游走城乡，从民间低价收购，到集上高价卖出，从中获利。交易物从大型家具、农具到针头线脑，无所不有。赶闲集的最为关注，有的眼力过人、鉴赏力强，往往能“拾漏”，从一大堆货物中淘得奇货珍品。破烂定价比较随意，卖主总是先往高处要价，所谓“能要跑了，别要少了”，精明的买主则知道“破烂，破烂，还价一半”，必会使劲砍价，最终成交的价格往往与最初的要价相差悬殊。若买家不懂得还价，或是因不识货，花高价买了假货，商贩就会大赚一笔，故有“三年不开市，开市吃三年”之说。2006年开设的张店开元文化市场，既有将家中旧物拿来出售的居民，也有专职贩卖旧物的小贩，摊位不大，货物多包括古籍善本、字画报刊、文房四宝、古玩玉器、珠宝钱币、湘绣苏绣、珍奇皮毛、名贵家具等，后来货品增添了民国文物、革命文物、“文革”时期文物等，主要针对市民、文人、收藏家、文物商和古董贩子等消费群体。

工夫市是把劳动力作为商品出售的场所。但凡有力气又有时间者，都可汇集到工夫市，通过帮雇主打短工以赚钱养家。根据不同季节，打工者自带相应的农具等候雇主。雇主挑选合意的人选，双方议定工钱，打工者便跟随雇主去干活，活毕即可领钱。现在叫“劳务市场”。

除了形形色色的商品货摊，每逢集期，饮食行临时支锅搭灶，设摊经营，荟萃各种地方名吃、风味小吃，成为集市吸引人的一个重要方面。集市上既可见火烧、烧饼、油条、油粉等当地小吃，也可品尝到南方馄饨、胡辣汤、甜沫、灌汤包、灌饼等外地小吃。烧饼、油条和包子是各地集市最常见的饭食。烧饼摊位通常与汤食摊（如卖豆浆、豆腐脑、胡辣汤的）相邻，便于人们饮食搭配。卖蒸包或水煎包的，现做现卖，包子出锅时最是诱人，热气腾腾，香味四溢，卖者趁机吆喝“热包子（煎包）——趁热吃”，吸引人们光顾。集市上还有一种专为人们提供热菜热汤的饮食摊，有的搭起布棚或席棚，更多的则是露天支锅经营。

集市上还有一些特殊的服务行业，如修鞋的、理发的、修伞的、配钥匙的等。他们大多设摊于集市一角，技艺熟练，价钱便宜，为人们提供廉价、舒心的服务。

旧时集市有说唱、杂耍等娱乐活动，逢大集也有戏班子搭台唱戏。近年许多地方的大集，还会有一些草台班子搭台演出现代歌舞等。集市上说书的通常爱说《说岳全传》《杨家将》《三侠五义》等长篇评书，平时听众以老年人为主，冬季农闲时则老少皆有。说书人按回收钱，每次说到紧要之处便戛然而止，来一句“欲知后事如何，且听下回分解”，那就是该收钱了。听众于是解囊交钱，等待“下回”。

集市杂耍常见的是耍猴。耍猴者首先敲锣吆喝，牵着猴子绕场“打场子”，待观众聚拢后，便指挥猴子做出各种动作，表演一段后，耍猴者会提示观众向场内投钱，由猴子上前拣拾回来交给主人，也有的猴子会端着铜锣绕场向观众收钱。集市上的娱乐活动还有小型杂技、魔术、拉洋片等，有的集市还开展竞技和斗戏活动，如武术、摔跤、斗鸡、斗羊、斗蟋蟀等。集市上的这些娱乐活动，丰富了人们的文化生活，成为日常生活中不可缺少的调味剂。

三、年集、庙会、物资交流会

从第二次鸦片战争到20世纪前期，随着烟台、青岛相继开埠和胶济铁路的通车，淄博贸易大量增加，大大改变了传统市场体系和规模，集市、庙会（山会）等市镇经济市场有了显著发展。

（一）年集

旧时正月初一至初五，所有店铺照例关门停业，人们通常在年前便购齐供神祭祖及宴客所需的一应物品。置办年货主要依靠赶年集来完成，年集一般自腊月十五或二十开始，年末最后一天结束，这段时间是一年中城乡集市贸易最为红火兴隆的日子。为保证人们购足年货，许多地方还在除夕特设半天集市，一般规模较小，货无定价。有些货主定价较低，以求尽快卖完；而有些出售紧缺货物的，则可能定价高于平日数倍。

年集上各类年货用品全部上市，包括酒肉菜糖茶果等饮食类、衣料鞋帽等服饰类、锅碗瓢盆等日常器用类、香烛纸馃等祭祀用品类、年画春联灯笼花木等装饰用品类、花炮玩具等娱乐类商品。

年集上最为惹眼的是年画摊与春联摊。小贩们或是席地铺排，或是搭建席棚，将年画和对联满满当当地摆挂起来。每个摊位所占面积较大，加之数摊相连，远望一片红火，营造出喜庆的节日气氛。除了固定的摊位，集上还有许多流动小贩，出售红纸、门笺、窗花等。对于门神、灶神、财神、天地神等年画，买卖双方都不能说“买”，而要说“请”，称“请神”或“请族谱”。购买祭神祀祖所用的香纸、蜡台、香炉等祭品、祭器时也遵循此例，如要说“请香火”，以示对神的虔诚与敬重。过去的春联摊上，能书者将写好的春联悬挂或排列出售，有时还会根据买者的要求当场挥毫书写，招徕顾客。现在，商贩多销售印刷的春联。这种春联条幅较宽，多为红纸黑字或金字，字体规整，但缺少特色和针对性，给人千篇一律的感觉。

鞭炮和烟花摊是年集上最热闹的地方。卖主为了招徕买家，经常试放鞭炮，甚至相互竞放比响，每每鞭炮声此起彼伏。现在禁放烟花爆竹，都是摆放在桌架上，不鸣放招徕顾客。大爆仗论盘，小鞭论挂，二踢脚论支或束，滴滴金论扎或把，其余各色烟花多论个或盒。

近年来，随着生活质量的提高，年集上的花木摊也成了人们喜爱光顾的地方。

（二）庙会

庙会，首先是完成祭祀活动的需要，其次才是商品交易的需要。随着经济的发展和人们交流的需要，庙会和集市融为一体。新中国成立前，淄博庙会颇多。名寺古刹、观庵庙宇，大都有定期的庙会。各庙会每年举行一至二次，时间多在麦收之前或秋收之后，会期一般三至五天，有的长达半月。庙会交易，春季多为锄、镰、锨、镢、扫帚等农具，秋季则是农副产品、土特产品、药材、牲畜、地方百杂货等，并有马戏、猴戏、戏班、杂耍等演出。淄博最大的庙会曾为淄川的无影山庙会，时间长，规模大，每年两期，近三个月时间，赶会者络绎不绝，直至30年代初衰落。

在沂源，庙会称“山会”，老百姓称赶山会为“赶山”或“赶会”。沂源山会颇多，较大的有十多处，如天齐庙、神清宫、香云寺、汇泉寺、栖真观、唐山山会等。[1]沂源山会一般每年一次，也有一年两次的，时间多在春、秋两季。每到庙会时节，商贾云集，行人摩肩接踵、水泄不通，笙歌妙舞，好不热闹，有祈福的，有购物的，有看热闹的。山乡庙会一个显著特点就是卖山里特产的特别多，有灵芝、首乌、山鸡、野兔等。这一天十里八乡的商贩早早来到，卖什么的都有，大至成套家具、建修房屋材料、布匹、绸、五金、牲畜，小至针头线脑、儿童玩具、香火信物，一应俱全，还有各色美食更是让人垂涎欲滴。

天齐庙庙会盛时到会可达万余人。天齐庙始建于唐，位于距县城西12公里的鲁村镇鲁村四村南2公里处，四面环山，地势平阔。每年自农历三月二十八起会，五天或六天不等，视交易情况而定。

香云寺庙会盛时到会亦可达万余人。香云寺始建于明，位于悦庄镇北张良村南150米处的高埠上。北高南低，坡缓而宽阔，饮马河潺潺流水傍庙西向注入沂河。农历正月十六是“财神会”，三月二十八为“香火会”，各历时三天。

（三）物资交流会

20世纪50年代，在“发展生产、繁荣经济、城乡互助、内外交流”方针指导下，各地开始组织物资交流会，类型一般分为大、中、小型。大型物资交流会系全市性的，规模较大，时间较长，并约请邻省、县批发、零售商业代表参加交易；中型物资交流会由各区县组织，每年春、秋两季召开；小型物资交流会一般由行业组织到各乡、镇、村开办，会期一般较短，通常称“送货下乡”。

四、主要集市

（一）西关大集

淄城大集因设在淄城西关，当地人称“西关大集”，于清雍正八年（1730）由淄城南巷张氏家族立市。大集沿孝妇河西岸，南起淄川留仙湖公园，北至张博铁路，长约4华里。民国时期，淄城大集已具相当规模，农历一、六设集，设摊贩卖500余人，有淄川本地商贩，也有周村布贩、博山陶瓷贩、桓台蔬菜贩、博兴席贩等。

[1] 张富祥主编:《文化沂源》，济南：山东人民出版社，2021年版，第112～113页。

新中国成立后，淄城大集有较大发展，有11个专业市场：牲口市、木货市、粮食市、菜市、鱼市、禽蛋市、山果市、布市、陶器市、餐饮市、说唱市。上市物品主要有：粮食、油脂油料、猪、羊、禽、大牲畜、肉食、禽蛋、水产、干鲜菜、干鲜果、皮革、绒毛、鞋帽、布匹、木材、家具、棉、麻、黄烟、饮食等30多个品类，近500个品种。1960年被国家工商行政管理局列为全国重点集市之一，并被国家工商行政管理局定为集市联络点，成交额、上市人数、物资品种猛增，集期由过去的一、六集日又增加了三、八小集日，五天两集。

（二）辛店大集

自明代开始，辛店集就是临淄县的大集之一。早期设在辛店村，1954年迁至辛店站。民国时期，辛店街里有居户120余，人口约600，小商号20家，农历二、七有集，各类摊贩均有。每逢集日，方圆百里，车推、驴驮、肩挑各种物资云集于此，东西长3华里的大街两侧布满各种摊贩。日上市人数淡季5000余人，旺季万余人。上市的物资品类300余种。其中以干鲜果品、粮食上市量最大。每集干鲜果品成交量约5万斤、粮食万余斤。新中国成立后，设辛店交易所，取缔牙行经纪，实行公平交易。成交额、上市人数、物资品种成倍增长。

（三）临淄黄烟集

临淄黄烟交易由来已久。民国初期，临淄周围盛产黄烟，每年烟叶上市时，外来烟商建库设庄收买者18家，烟市期百商汇集，市面繁荣，时间达三个月之久。其中有6个收烟场属外国人经营，他们实力雄厚，仗势欺人，操纵价格。

外国烟商有：颐中烟草公司，1929年英国人开设，俗称“大英”，是来华收烟的第一家外商，设两个收烟场，铁路南叫“南大英”，铁路北叫“北大英”；联华烟草公司，1930年美国人设立，俗称“大美”；南信烟草公司，1931年日本人设立；米星烟草公司，日本人开设，1933年在临淄设收烟场；山东烟草公司，1931年日本人设立。南信、米星、山东三家公司于1938年组成华北烟草公司，后转为日本独家经营。

民族烟商有：华成烟草公司，其主沈少年，上海人，于1930年开设，经理是方景修；南洋兄弟烟草公司，1930年南洋华侨兄弟二人所开；捷克烟草公司，1932年青岛人开设，由临淄县安次村罗兴斋代收；复新烟草公司，1933年上海人开设；东鲁烟草公司，1932年青岛东鲁烟场开设；源兴烟草公司，1932年青岛源兴恒瓷器庄开设；武昌烟草公司，1933年由“武昌”“中和”“中南”“三星”等几家烟商组成。以上民族烟草公司，均于“七七事变”后停业。[1]

（四）卫固大集

卫固为历代交通要道，大集由此形成，集期为逢五排十。清末民初，大集为东

[1] 山东省政协文史资料委员会编：《山东工商经济史料集萃》（第二辑），济南：山东人民出版社，1989年版，第318～321页。

西大街，南北两侧有土布店20余家，并有客栈。时逢集日，惠民之土布土线、粮棉，益都、临朐、莱芜、淄川、博山之山货，皆云集于此，异常繁荣。后因战乱，集市繁荣程度受到影响。新中国成立后，卫固大集迅速发展，上市商品有：大牲畜、猪羊、细布、土布、百货、杂货、粮食、柴草、木货、青菜、苇制品、家具、铁器等，品种达500余种。1953年每集上市万余人，全年成交额90余万元。1958年公社化后，卫固大集陷入萧条，1964年上市仅有蔬菜、菜种、柴草、杂品、猪羊、家具等几个行市。1978年后卫固大集得到迅速恢复和发展，成交额、上市人数、物资品种比1964年增加4倍多，集市设有布摊近300个，服装鞋帽摊60余个，缝纫摊近30个，肴肉车10余辆。

（五）博山大集

博山大集旧称“颜神集”。据载，清代西关大街八巷每月三、八大集，东西门街每月一、六中集。西关大街八巷指现在博山大街及其几条主要胡同，东西门街则指东、西关集市。从永济桥至下河，行市排列依次是：骡马市、柴草市、木材市、木器市、饮食市、蔬菜市、铁器市、百货棉布市、料器市（琉璃）、陶瓷市、炭栏子（贩卖煤炭）；孝妇河与范河相会处逆流向东沿岸是水产杂货市、禽蛋市、粮食市、猪市。三、八为大集，一、六为中集，五、十为小集。因地处博山中心，是通往济南、临沂、莱芜、泰安等地的交通要道，每逢集日，赶集者蜂拥而至，远道而来的有沂水、蒙阴、莱芜、济宁、泰安、济南、高青、博兴、桓台、益都、寿光等县市的客商。因赶集者多，博山自赵庄至七门头不足15公里的地段内大小旅店、车马店就有200多家。1983年后，逐渐形成天天交易市场，商品成交额大幅度增加。1985年，博山城区集市贸易成交额比新中国成立初期增加8倍。

（六）周村大集

清末民初的周村集市，除四、九大集外，还设有三、八小集和二、七粮食集。大集日市面活跃，各业交易颇盛，分行划市摆设摊点：绸绫出售于保安街，丝线、丝绠、丝腰带出售于绸市街，粗纸、黄表纸出售于鱼店街，帽结、水胶出售于下河一带，此为大集日最热闹之处。小集亦曰“绸市集”，地点在东门外，绸绫交易不减于大集日的保安街。粮食集亦曰“东街集”，地点在长行街。1937年后，由于日军入侵和连年内战，周村大集奄奄一息，小集和粮食集逐渐消失。新中国成立后，周村四、九大集逐步恢复正常。1978年后，周村大集仅靠传统的四、九大集已不能满足迅速发展的城乡集市贸易的需要，90年代周村逐步新建、扩建1个工业品市场（东门商业街，为天天市）和6个农贸市场（下河、第一村、北门、太乙门、东民、王家胡同，为天天市），并将周村大集在城区内的9个市口（建材、木材、木器、废旧、条编、柴草、牲畜、生猪、自行车）集中到北郊周村新市场去。每逢大集日，周村城内摊点罗列，百货杂陈。

（七）田庄大集

桓台田庄大集建于清雍正六年（1728）农历六月初十，属义集，四、九为大集，大集在方圆百里内颇有名气，享有“小周村”和“第二周村城”之称。“文化大革命”期间，田庄大集如同其他集市一样遭到严重摧残，就连保存了260多年的立集石碑也遭严重破坏。1978年后，各类行市恢复并发展。

（八）新城大集

据载，明末新城大集是天天市集：一日为宣化街，二日为南关，三日为十字街，四日为北关，五日为县西街，六日为西关街，七日为南街，八日为东街，九日为北街，十日为后街。民国时集期改为“三、八”，集地由四关轮赶，余者俱废。日军侵华时，该城被日军占据，日伪为保其城内据点安全，强行将集市迁于城东门外的东花园村。抗战胜利后，该集才移回到城里及四关，沿袭至今。1978年后，该大集有32个较大的行市，仅服装鞋帽市摊位日上市可达500个，平均上市人数不低于6万人，高峰期可达10万人，上市商品总值平均达70万元，成交额在15万元左右。

五、赶集时间

集有定期，约定俗成。乡村的集市，因乡民的购买力相对较小，所以集期一般有所间隔，多为五日一集，按农历计算，分别以“一、六”“二、七”“三、八”“四、九”或“逢五排十”（若小月没有三十日，则该日的集排至下月初一，称“小集”）为集日。各地设定集期，都会注意与周边地区的集市错开时间。既能使商贩每天都有生意可做，又为居民的日常购物提供保障。随着商品经济的发展与消费水平的提高，有的地方五天一集已无法满足贸易需求，便设定为十天四集。商贸交流发达的城镇，还有的隔日设集（一般按照单双日），甚至也有天天逢集的。沂源南麻集时间为“三、八”，悦庄集为“一、六”，南麻、鲁村、悦庄、东里集为大集，各乡镇驻地的集为中集，其他各乡村集为小集。

每逢集期，商贩们天不亮就出发，旧时多为赶驴车或推小车的，还有肩挑背扛步行而来的，20世纪中后期则多骑自行车、摩托车，甚至驾驶农用三轮车、小型货车。商贩在天亮前赶至，摆好摊位。集市上的摊位设置都很简易，大多是就地摆摊，即在地上铺一块布或塑料布甚至几张纸，直接将货物放在上面待售，讲究点的也不过是用砖石或箱子搭台设架，作为简易的临时柜台。此外，商贩大都在头顶搭一个布篷，以遮阳挡雨。近年来，许多城镇集市由政府管理部门整体规划，搭建棚屋，设置统一而固定的货架，显得更为规整、干净。逢集必赶的商贩一般都有相对固定的摊位，有些商贩则要临时现找位置设摊，也有一些商贩不设摊位，而在赶集的人潮中穿梭叫卖。

按照传统俗例，集市多是在天刚亮时开集，中午12点左右散集，所谓的“日中为市”。有些地方的大集以及各地腊月里的年集，全天都进行贸易。一些规模较小的乡村集市，赶集的人不多，所以持续的时间也较短，有民谣形容道：“××集，当庄人赶，当庄不赶没人赶；吆喝一声吃饭去，剩下一个推碾的。”有些集市的交易时间比较特殊，如所谓的“露水集”“夜猫子市”，天不亮时即已成市，太阳升起后就散集了。还有专门在夜间交易的夜市。

六、行商小贩

商贩指专门从事商业活动的作为交易媒介的人，俗称“生意人”“做买卖的”。按照经营方式，商贩大致分为坐商、行商与居间商三种类型。

行商指走街串巷、上山下乡从事小本经营的小商小贩，俗称“小贩”“贩子”“做小买卖的”。他们本小利薄，没有固定的经营场所，通常是以一地一时之所需为经营对象贩运倒卖。此类小贩常挑一副货担，两头各挂一只箩筐，因每只箩筐用四股绳拴系，所以又被形象地称为“挑八股绳的”。当然，还有挎篮、背搭子、推小车、牵牲口的，现在大多是骑自行车、摩托车或驾驶机动三轮车。

在城镇经营的行商小贩，多贩卖粮食、副食品，包括米面、刚上市的新鲜蔬菜与水果、鸡蛋、面点、自制的熟食、炒货、土特产、山货等，兼有一些售卖日常用品和杂货的，如条编筐篮等。在乡村中经营的行商小贩，多出售日用品，如鞋帽、衣服、农具以及针线、梳镜、刀剪、火柴等，还有主动上门收购粮食、鸡蛋、红薯、粉条等农产品的。此外，城乡都有一些服务行业的小贩，如修笼的、补锅的、锔盆的、磨刀的、修伞的、剃头的、修脚的、看病的等。

行商小贩大都有各自特定的活动范围，常年沿着固定的路线，沿街依次寻找顾客，其中有许多是已结识多年的老主户。他们往往与当地百姓形成一种常年固定的关系，相处融洽。除了平日串街走巷，许多小贩还逢期赶集市、赶庙会售卖。虽是行商小贩，许多也在当地打响了名号，其产品或服务成为当地居民心仪的品牌产品，上街后无须叫卖，众人竞相购买。

（一）饮食类

卖大米、绿豆的，依照农时，在特定时节销售。卖大米的多是郊区农民，每年秋季或冬闲时进城叫卖。20世纪90年代前，他们常骑一辆28型号的大自行车，车后架上驮着两个口袋，车把上挂着一把杆秤和一个人造革的黑色提包，推车边走边喊：“卖大米来，卖新大米来！”当时还有换大米的，市民用节余的计划内粗粮或粮票换取。卖绿豆的一般在盛夏时分上街售卖，吆喝“卖绿豆来，新打的绿豆”。人们买回家后，熬绿豆汤消暑解热。

卖熟食的，多卖自家生产加工的食品，如馒头、煎饼、包子、烧饼、锅饼、粽子、馓子、麻花等。他们是常年经营的老商户，一般都能保证货真价实、足斤足两。顾客多是常年老主顾，买卖双方十分熟悉，根本用不着问价、还价。卖馒头的俗称“卖馍馍的”，用竹编筛子盛着馒头，盖以白布单或小薄棉被，以求卫生和保温，白布上面放着几个又白又大的馒头，既是样品又是广告。卖馒头、烧饼的一般收现钱或用小麦兑换。麻花出售时论根卖或论斤称。卖粽子的多骑车驮着箱子，售卖箱内的红糖、红枣、豆沙、八宝等各种馅料的粽子，吆喝“热粽子，江米粽子”。

卖蔬菜的，挑两个菜筐或推一辆架子车，串街叫卖，时常讨价还价。小贩在称足分量后，常会给顾客再添加少许，以示照顾和优惠。卖豆腐的多挑担或骑车，敲着豆腐梆子，售卖自家制作的豆腐，可用现钱购买或用黄豆、小麦换取。卖粉条的，也叫“换细粉的”，农家可用地瓜干换取。

蛋贩主要有两种：一种是专门收购贩卖的，他们在农村用现金或实物换购鲜蛋，再运至城镇沿街叫卖；一种是出售自家鸡所产鸡蛋的，此类多为农家妇女，为挣些零花钱以补贴家用。蛋贩挎着竹篮，或拉着一辆小平板车，上面放两个大篮子，篮子里铺着麦草或木屑，以防鸡蛋被碰碎。在20世纪60、70年代，除了用现钞交易，城市居民也多用粮票、布票等证券等价交换，购买时一般问价“十斤（粮票）换多少”或“一丈（布票）换多少”。也可用大米、面粉交换。

卖油盐酱醋等调味品的，常骑一辆三轮车，车上放几个大桶（最早为木桶，后换成塑料桶），分别装盛酱油、醋等。他们一边在街上慢慢骑着，一边高声吆喝“卖酱油、醋来”，骑到街中间便停下来。听到叫卖声的居民拎着瓶子出门，围着三轮车购买。小贩一边用提子打酱油、醋，一边算账收钱，动作十分娴熟。

卖桃、杏、甜瓜、苹果、梨、枣等水果的，大多是自产自销。西瓜一般不与其他水果一起出售，常固定在一个地点长时间售卖。每至夏季，小贩将西瓜运至某个地点后，就地设摊、摆桌案。把西瓜切成莲花瓣状，摆在瓜堆上，作为“幌子”，同时吆喝“沙瓤西瓜，不甜不要钱”。有的还在摊前放一块小木牌，写明是正宗某地西瓜，并标示价格。买卖西瓜有保甜的习俗，即顾客挑好瓜后，小贩可应顾客要求将西瓜剖出一块三角锥状的小角，露出瓜瓤，让顾客查验是否成熟，若不熟则可退货。小贩不仅出售整瓜，也可切开零卖，或是让顾客现买现吃，去暑止渴。

售卖特色小吃的小贩各地都有，如卖小炸食、小卤食、饸饹、馄饨、豆腐脑、臭豆腐、煮蚕豆、炒田螺、酸梅汤等。卖凉粉的，肩挑一副担子，前面放一个木盘，上面摆着碗筷、醋瓶、佐料、小盆等，后面挂一个木桶，内盛凉粉，有客来食，即用铜片将大块的凉粉旋成细条，浇淋油、醋等调料，递给客人。

卖零食的小贩在城乡都较为普遍，如卖糖果的、卖花生瓜子的、卖熟玉米的等。冬季多见卖糖葫芦的，肩扛用谷草扎成的一个圆柱形草把子，上面插满糖葫芦，沿街叫卖。除了山楂，又有山药等各类糖葫芦。后来，为卫生起见，在糖葫芦外面裹一层糯米纸或套塑料袋或把糖葫芦放在玻璃柜内，骑车四处叫卖。烤地瓜也是冬季多见的小吃。当小贩骑着烤地瓜车经过时，阵阵香甜味扑鼻而来，让人禁不住诱惑。出售时揭开炉子上盖着的棉垫，露出几个热乎乎的地瓜，让人挑选。

还有一些小贩专门出售孩童喜爱的食品。20世纪60、70年代，爆大米花的最受孩子们的欢迎。每听到吆喝声，孩子便向家长讨要一茶缸大米或玉米，再带上一角钱，到摊前排队等候。若要甜的则再加上五分钱的糖精。小贩烧旺炉子后，将米倒入爆锅内，用铁棍将锅口上紧，然后一边抽拉风箱一边转动爆锅，几分钟后，根据锅上的压力表指示，约莫到了火候，便扯过布筒袋，用力一扳锅盖，随着“嘣”的一声巨响，香脆可口的爆米花便出锅了。后来改用高压锅和液化气，更加干净卫生。也有小贩出售江米团、江米棍、黑枣等价廉味美的孩童小吃。

（二）用品类

此类小贩主要出售日用百货，如布、绒线、鞋垫、绢花、砂锅、瓦盆、锅盖、筐箩、劈柴、扇子、竹帘、皇历、年画等，种类繁多。

货郎是村民们最为熟悉的小贩，他们挑着货柜或推着小车，游走四乡。货郎的担子，一头为货架，另一头挑着装盛货物的多层货箱或箩筐，设摊时也可作为临时坐具。货郎所售的日用小百货，包括针线、纽扣、顶针、手帕、剪刀、镜子、梳子、篦子、发卡、胭脂、水粉、雪花膏、梳头油、猪胰子（肥皂）、卫生碱、裹腿带、松紧带、花线、头绳、染料（洋红、洋绿等色）、鞋提子、铅笔、橡皮、粉笔、糖果、玩具等，应有尽有，最受妇女和儿童的欢迎。交易方式灵活，可收现款，也可用头发、破布、旧棉花、废铜烂铁、牙膏皮等折价换取，并且允许赊账。因为货郎的买卖大都与媳妇、姑娘打交道，所以货郎特别需要注意自己的言行举止，一般要衣帽整齐，语言文雅，做生意时尽量少讨价还价，少纠缠。若货郎有半点轻佻行为传扬出去，日后会被禁止进村，即使进了村也不会有人买他的东西。

布贩常挑担、推独轮车或肩背一个大包袱，放着各色布匹、布头，任凭主顾挑选、讨价还价。所售布头来源于大商店卖剩的零碎布料。人们花低价买上几块布头，可以拼接成孩子穿的衣服或大人的内衣。一些只有数寸宽的小布头，常用作衣服补丁，也可用于给穿破的衣服领子、袖口、口袋等处换新。

卖黄土的小贩，无须花费本钱，只出力气即可。市民修缮房屋、盖新房或和煤渣子都需要大量黄土。卖黄土的以独轮推车、地排车为运输工具。卖煤的与之类似，车运肩挑，辛苦售卖，赚取微薄利润以养家糊口。

还有一些在特定时节才出现的行商小贩。每年开春之后，卖小鸡的挑着数层叠摞的圆形鸡笼，或驮着一个方形大纸箱，沿街吆喝“卖小鸡了”“赊小鸡了”。民间惯例，小鸡养不活或长大后不是母鸡，不用付账。因春天买雏鸡时尚不能辨别公母，所以许多卖小鸡的并不收现钱，而是赊卖，秋后再上门收账，买家也都能如实付钱，极少赖账。旧时没有电冰箱，每至酷暑，街上便出现卖冰者的身影。他们从冰窖里取出整方的大冰块，供给菜市、鱼行、肉铺及饭店等。有些小孩常在旁捡拾碎冰，用蒲包包好，沿街贩卖，价钱十分便宜。居民买去用以冰镇绿豆汤、冰镇西瓜、保存剩饭剩菜。

（三）服务类

服务类小贩中从事加工修理行当的，多为掌握一门手艺的工匠，包括木匠、石匠、铁匠、锡匠、箩匠、补锅匠、锔碗锔盆匠、冲磨匠（修理石磨）、磨刀匠、鞋匠，以及修理旱伞雨伞、修风箱、修笼屉、修钢笔（上衣口袋上常别着数支旧钢笔，除了修理，兼买卖、兑换钢笔）、穿床箅子（修理棕床）、弹棉花的匠人。他们挑着工具箱，走村串户，一路吆喝。有需要的人家听到，便拿着东西出门寻找，或招呼到自家院内。议定工钱后，匠人开始干活，干完当场结账。

修伞匠的工具与材料有伞骨、油纸、刷子、血料、桐油、胶水、麻绳、铁丝、刀剪、钳子等。箩匠的挑担内放有木条、竹片、藤条、芦席以及钻头、锤子、锥子、刀子等工具，用于换补箩底，拴系扫帚簸箕，或给损坏的笼屉、盖垫、笸箩等换新藤条。“没有金刚钻，就别揽瓷器活儿”，这句俗语就是出自修补陶瓷器裂缝的锔碗锔盆行业。这类小贩也称“锔咕噜子的”“锔盆子锔碗锔大缸的”，其工具比较特殊，有不同规格的各种锔子、钻头、弓以及手锤等。锔泥陶器物时用普通的钻子，锔细瓷时则需使用金刚钻。

随着人民生活水平的提高，修补类行当也不断发生变化。一方面，一些行当已是踪迹难觅，甚至已彻底消失，如补锅的、锔碗锔盆的、修秤的、冲磨的、箍桶匠。另一方面，修鞋、修表、修眼镜以及修理电视、冰箱等各类电器的小贩，悄然走入人们的生活。如修鞋的，过去的布鞋都是自家制作修补，现在的皮鞋、高跟鞋自己就无能为力了，只能由专业修鞋匠修补。

旧时专门以给他人拆洗缝补衣裳为业的贫苦妇女，叫“缝穷婆”，俗称“缝穷的”。她们多为中老年妇女，坐在马路边、街道旁、小客栈院外、村口，把包袱铺在地上，摆好剪子、针线、布头，给来往的穷人缝补衣裳；也有的游街串巷揽活，或到家里去缝洗，或守家为业。她们的主顾大多是一些穷苦的单身汉。现在城市街头仍有很多修拉锁、缝补衣裳的小贩。

此外，还有剃头匠、修脚匠、游医、算命的等服务类小贩为城乡居民提供日常生活服务。

旧时理发业都是流动的剃头挑子。剃头匠所挑的担子，一头是炭火炉，炉上的铜盆里热着水，一头是带抽屉的工具柜兼坐具，里面放着剃头刀、剪刀、木梳、刮脸刀、篦子、挖耳勺等工具以及磨刀石、围巾等。挑担的扁担特别长，两头微微上翘，靠近火炉的一端挂着两根长铁片，行走时铁片和火炉相碰，发出声音，作为响器。他们不仅提供理发服务，还兼做挖耳、修脸、推拿按摩服务。

修脚的帮助修治脚部皮肤和趾甲疾病，如刮削鸡眼、脚垫、嵌趾甲等。修脚的打着竹板，吆喝着“修脚，点瘊子”，使用各种专用刀具，经过镑、修、削、挖、劈，再敷上外用药，一般都能当场见效。

卖药看病的江湖游医，大多微通医术，略懂药性，四处游窜给人看病，兼及卖药。有的所卖为假药，凭借能说会道骗取人们的信任，每服药要价很高。由于经常行骗，名声不好，往往都是一锤子买卖，走后不会再来，上当受骗的顾客只能自认倒霉。

算命的多为盲人，也有明眼算命的，游走于街市，四处寻找主顾，为人批八字、合婚嫁、看流年、推算吉日、解签说梦等。他们大都久闯江湖，有着丰富的社会经验与阅历，凭着察言观色的本领，迎合顾客的心理，胡诌一通，骗取钱财。

还有一类专门靠卖力气挣钱的服务类小贩。拉洋车的，即人力车夫，自 19 世纪末 20 世纪初兴起，常在车站、商场、街头巷尾等待主顾，谈妥价钱后，送客至目的地。20 世纪中叶以来，这种洋车逐渐被平稳、轻快、省力的三轮车代替。挑夫，俗称“挑脚的”，专门帮人挑担送行李货物。赶脚的，常在城关附近等候主顾，出租驴子，供出城、下乡或外出游玩的客人租用。此外，城市里还有拉着地排车或大胶皮车为居民清理垃圾的，挑担或推水车为居民送水的，等等。

（四）娱乐类

卖玩具的，一路上边走边吹吹打打，亲自操作示范，做着鲜活的广告宣传，吸引孩子们前来购买。换泥娃娃的，担子的前筐内放各种造型的泥塑玩具及模具（用土烧制的泥模，买回家可自制泥人），后筐内放换来的废旧物品。

捏江米人的，挑担至学校、公园或街口等儿童聚集处，摆摊设点，现场捏制，边表演边售卖。五颜六色的江米面团，在艺人手中很快就变成各种可爱的造型。艺人也可应买者的要求捏制出各种形象，形态逼真，栩栩如生。

吹糖人的，挑着带架的木柜和小炭炉、糖鏊子（用于熬制糖稀），木架上插放吹好的糖人，用以展示宣传；同时也现场制作，揪下一小块糖稀，一边吹一边用手捏，或是直接用成对的模具吹制，吹出孙悟空、小老鼠、小鸡等各种人物、动物形象。孩童买一个糖人，把玩一阵后吃掉，既好玩又解馋。

还有玩杂耍、变戏法、拉洋片、打把式卖艺等各类艺人。耍猴是民间常见的杂耍，艺人先在沿街热闹处鸣锣为号，引人围观，然后指挥猴子表演戴鬼脸、穿衣服、爬竿、翻筋斗、跑羊等节目，演完一轮便收取看钱。耍耗子的也以铜锣为号揽客，训练几只小鼠顺绳梯爬上一个数层高的小木架，各自寻找玩物，有的钻塔，有的进瓜，有的汲水，有的钓鱼，十分有趣。走街串巷打把式卖艺的，往往都有真功夫，吞刀、耍叉、蹬大缸、钻火圈、耍石磨石锁、掷飞镖、顶碗、耍坛子、耍火流星、翻跟头等，都要尽力玩出多种花样，而且要越往后练得越精彩，才能吸引顾客不断掏钱。有些卖艺的则是以表演技艺为号召，以卖药为主要目的，主要兜售治疗跌打损伤、腰酸腿疼的膏药、大力丸等，故俗称“卖大力丸的”。他们往往简单地练几手便开始宣传卖药，如耍飞叉的艺人在手指中节的皮肉上用刀割开一道口子，然后贴上一小副膏药，过一会儿把膏药揭下，皮肉就愈合了，以此表示膏药效果，吸引顾客购买。还有的会采用佯称限额、假送真卖、再三降价、买一赠一等常见的推销手段。

（五）收换类

除了纯粹售物的小贩，还有专门上门收购换取物件再贩卖的一类商贩。

收购废旧物品的，俗称“收破烂的”“买破烂的”。他们推车、挑担或仅背负一只麻袋，四处串游，上门收购旧货。交易时可付现金，亦可以物易物，即以破布旧鞋、废纸、牙膏皮、鞋底、废铜铁、旧瓶罐等废品，交换洋火（火柴）、皂荚、清凉油等生活日用品。因营业范围、方式不同，收破烂的小贩分为两类：一类仅背负一个麻袋，以收购破布为主，吆喝着“花胎（棉花）——破布衬”；另一类常挑一副担子，收购各种废品，拖着长腔吆喝“乱——头发来，换——洋火”或“拿头发——换针使”，表示可用头发或旧物换取火柴、玩具等，故又称“换洋火的”“收头发的”。城市里的此类小贩多推车。市民用杂铜、废铁、废铝锡、破布、旧衣服、旧麻袋、麻绳头、旧报纸书本、旧家具、旧瓶子、碎玻璃、辫发、梳落发等废旧物品，换取日用小商品。现在废旧物品又增加啤酒瓶子、易拉罐、包装箱等，甚至电脑、电视、冰箱、洗衣机等废旧家电也囊括其中。

专事收购的小贩，一般是到农村收购粮食、鸡蛋、山果、皮毛、药材或牲畜等农副产品或土特产，其收购或贩运来的货物，多由固定的商店或加工作坊接收。如山村常有小贩上门收购花椒、柏籽、松子、酸枣核、活蝎子等中药材、山货，农户在山间收集采摘，适时换钱补贴家用。

七、交易中介

与坐商和行商不同，居间商本身并没有可买可卖的商品，也不用出资金，只是作为交易双方的中间人，通过说合买卖双方达成交易，从中获取佣金或好处。民间对于一些特殊物品，尤其是大宗物件的交易，如车辆、牲畜、房产等，买卖双方一般不能直接接洽、议价，而是经过居间商从中说合才能达成交易。由于居间商提供了这种中介服务，因此买卖双方都要按比例支付一定数目的酬金，即“中人费”。

（一）行、栈

开设店铺的大型贸易货栈，称“行”“牙行”“庄”“栈”，属大型居间商，资本雄厚。作为专门做说合买卖的中间机构，行栈设有店房、运输工具，将各地产品集中到此，为买卖双方寻找渠道，或组织双方贸易，或代人买卖，从中提取丰厚的利润。通常设店于水陆交通要冲和农副产品集散地，凭借其运输工具和库房，将各地产品囤积于库，寻觅买家，组织各方进行交易，从中收取佣金。行栈经营者一般都有一些特殊的社会关系，交际广，路子宽，在军政警宪、交通运输等部门都要有熟人，才能方便运营。还必须具备过硬的专业知识与技术，能够分出各级货，懂得鉴别品种、质量等。此外，货栈经营者还要信息灵通，联系广泛，对市场动态了如指掌。出于经营的保密性，货栈从业人员时常使用隐语。各类行栈有米行、粮栈、油栈、花行、蛋行、牛栈、猪栈、鱼行、干鲜果品行、枣行、丝麻行、茶叶行、土货行、木材行等。还有一种特殊的行栈，俗称“中人行”，是专门给主顾介绍仆人、用人以赚取中人费的代理性机构。

货栈的主要收入靠提取佣金。收取佣金的数额，按照货物成交量的多少，若货物成交量大、成交额多，按 2% ~ 3% 提取；成交量小、交易额少的，按 4% ~ 5% 提取。此外，还有代为运输的佣金，按运费总值收取十分之一，小宗货物则按件收费。

行栈往往凭借其垄断地位，操控交易，尤其是控制着出货的决定权，从中获取丰厚的报酬或利润。行栈在交易时也会作假：在说合贸易的过程中，对买卖双方都不报实价，最终成交时获得中间隐报的差价，而买卖双方毫不知情；卖主在售货时常将货物交给行栈保管，行栈有时会对货物动手脚，掺杂假货、以次换好或偷梁换柱等；还常在秤上要花样，如称重时将货物紧挨地面，趁机用脚尖抵在货物上以减轻分量，再如在秤尚未稳定时就使秤砣落地，算作称好了，俗称“抢秤”，可使分量增多或减少。此外，还有一些投机商人利用货栈行业投机倒把，从事买空卖空、走私贩私等勾当。

（二）个体居间商

个体居间商主要活跃于广大乡村地区，俗称“经纪”“牙子”“说合人”，沂源称“堵袖筒的”“圆盘子的”。集市中主要从事骡马市的大牲畜（不包括猪、羊）的中间说合的经纪人，属于职业的或半职业的个体居间商，故又称“驴经纪”“牛经纪”或“骡马经纪”。

民间习俗，大牲畜的买卖，因投资风险大，没有明确检验标准，故需要具有专业知识的人帮忙挑选，且必有经纪从中说合才能成交。牲口经纪成为双方交易所需的“中间人”。牲口交易过程中，可以由一个经纪作买卖双方的代理，从中说合，但更多的是由两个经纪分别作为买方和卖方的代理人互相谈价。

牲口经纪有着丰富的相牛、相马经验，会通过看齿、蹄、毛色来判断牲畜的优劣，行话称“懂行”“懂牛马经”。为了帮助买主下定决心，经纪往往手持一根小树条或短鞭，在牲口身上抽打几下，使原本萎靡不振的牲口精神抖擞起来。这是因为经纪深谙牲口身体各部位的功能，对于牲畜的体力、健康状况、缺陷与疾病都了然于胸，所以一鞭打下去，总能切中要害部位。

牲口市也称“哑巴市”，经纪人通常不直接言价，而是通过说行话隐语、打手语的方式进行暗中操作，牟取额外收益。沂源规定：一留、二叮、三品、四壶、五慢（帖）、六熟、七柴、八卧、九赚、十掐子嘎。有的经纪人自备一个钱褡（布袋），议价时将钱褡搭在两人的手上，在钱褡下面出指示价，称“递码”，成为他们的行业标志。沂源经纪人常是外衣不系扣，只穿一只袖子，另一只胳膊放在衣襟下面，也是出于摸手言价的需要。[1]

大牲畜交易谈妥，俗称“出栏”。卖方要摘下牲口的缰绳、笼头，谓之“卖牛卖马不卖缰”。俗以为缰绳为“财引子”，将之卖掉或送人就等于把财源给了别人。若所买牲畜有病，可以在有效期限内退回，称“打倒”。经纪人在成交后都要给双方说明：“不吃，不喝，三天（退回）；脑丧，鼻涕，五天（退回）；眼瞎，腿瘸，是自己眼看的（不能退回）。”买卖说成后，经纪从卖方所得钱款中抽取一定比例的佣金，俗称“杀头子钱”。

经纪在促成大牲畜的交易中发挥着一定的作用，但是除了在讨价还价的过程中作假骗人、投机取巧获得额外收入之外，还经常为了促成交易取得酬金而故意说谎坑骗买主，或成交后抽取佣金时大肆敲竹杠、克扣卖主，或串通买卖双方在签订契约时匿报契价，故经纪在社会上声誉不高，常被称“黑经纪”。民间一般将其归于下九流之类，为人所瞧不起。

旧时民间土地经纪和房屋经纪俗称“房牙子”。交易时，买卖双方请来中人，将田、房丈量清楚，经中人协助交涉价格，谈妥后双方签订契约。交易成功后双方

[1] 刘曙升主编，沂源县政协文史资料委员会编：《沂源民俗》，北京：人民日报出版社，2002 年版，第 368 ~ 369 页。

支付交易费，俗称“佣钱”。民国时期房地产经纪的佣金数目一般是“成三破二”，即所得报酬为卖价的5%，买方出3%，卖方出2%。经纪人时常暗中操纵，相互拉拢，弄虚作假，将佣金强行增至7%（“成四破三”）甚至10%（“成六破四”）。

八、市声

俗话说“商店的幌儿，小贩的响儿”。游商小贩招揽顾客的主要手段是市声，通过音响、语言等听觉符号，传达商业信息，进行广告宣传。

（一）叫卖声

叫卖俗称“吆喝”，卖者直接用语言宣传所售货物，即“卖什么吆喝什么”。吆喝是一种有声有辞的口头广告，要吐字清晰、声音洪亮，富于宣传、鼓动性，富于节奏感和音乐性，有的还精心构思唱词，大都朗朗上口，诙谐幽默。

莱阳梨极为出名，故小贩叫卖时特意强调“莱阳”；卖强力胶的，喊时说明作用为“粘胶鞋、皮鞋、旅游鞋”；卖锅饼的吆喝“热锅饼、新锅饼”；卖火烧的吆喝“火烧来，头麸面的大火烧”；卖醋的吆喝“新酿——醋来”；卖包子的吆喝“热的，热的，您多跑十里地儿，来吃个现拉屉儿”；卖蔬菜、水果类的直白喊报价格“黄瓜，八毛，便宜卖了”；卖花生的挎着篮子，沿街叫卖“买花生吧”；卖红心脆萝卜（绿皮红心，清脆爽口，可以去火）的小贩挑着担子，将几个萝卜花着切开，摆在上面，沿街叫卖：“脆萝卜！红心的脆萝卜——”

磨剪子戗菜刀的吆喝起来很有韵味，“磨剪子——咧噢——戗菜刀——”，声音悠长响亮。锢炉匠的吆喝比较特别，其音为“纹儿——瓦呵——”，音拖得很长，传得很远，没有人能解释其音为何字何义，但一闻此声便都知是锢炉匠来了。每逢小贩进村，不论购物与否，人们都围拢过来，听听富有韵味的吆喝，凑个热闹。

卖药的喊：“我送你你不要，你要买还买不到！”卖老鼠药的也是说唱能手，唱词有：“我叫你买你不听，你家的耗子成了精！”或是：“老鼠药，真是好，大小老鼠跑不了。老鼠药，真是灵，大小老鼠都绝种。”摊上摆着老鼠标本和药品，摊子后面常挂一幅捕鼠画。

卖五香粉的，沂源称“卖肴药的”，设摊摆放桂皮、良姜、白芷、草果、花椒、大小茴香、陈皮等调味香料，吆喝时出口成章。在包香料时会唱：“包一包，又一包，包包都是好材料。买回家去拌馅子，省下酱油一半子。”在锉香料时唱道“再锉上些好肉桂，拌出馅子有香味”，“锉上一点肉豆蔻，省下大娘浇香油”。

卖荷包香料的，称“卖香头的”，进村后择地摆出各种香料，如香附子、马兜铃根等，唱道：“我的香头不一般，天南海北都集全。东海东的灵芝草，西海西的老龙涎。”香料大部分都是块状的，小贩在每一块香料上锉下一些香沫，同时介绍其产地，宣传其优点，如锉香桃时唱道：“毛桃香，毛桃香，毛桃不出咱地方，要问毛桃出何处，出在北京燕山上，跳蚤闻见劈了腿，蚊子闻见心发慌。”

卖针的，常串游城乡，在街边就地设摊，一边吆喝，一边演示货物的质量、使用方式等。所售缝衣针俗称“洋针”，有缝包、绱鞋、纳鞋底子用的锥子针，缝棉衣、做棉被用的大行针、缝衣针以及绣花针等几十种。小贩在地上铺一块方布，将各种规格的针各打开一包，从锡纸包（外包黑纸，内衬锡箔）中取出一撮针，用力掷向一块软木板，每根针都直钉在木板上，排成整齐的一排，以此说明所卖为真的钢针。小贩一边演示撒针，一边唱："买我的大针纳鞋底，买我的小针缝头枕。各种钢针都买到，不弯不折不扯鼻。"也常唱："这大行针，做被窝，一天四床真出活；买一包，送一包，老太太买了真乐呵。"有时拿出一枚大号钢针，以针鼻作火石，靠近火杆，用小砂罐作火镰，不断摩擦出火花，边摩擦边唱："我的钢针管打火，打着火，吸袋烟，胳膊不累腿不酸。"然后打着火杆，点着烟袋，吸起烟来。这种边唱边演的推销方式，往往吸引大量围观者，掏钱购买者也不在少数。

现在，这些富有韵味的吆喝声几不可闻，小贩多是把吆喝声录成磁带，反复播放，内容直白，形式简单，如"清洗抽油烟机""糖炒栗子，热的，好吃好剥""热棒子，黏棒子"等，失去了传统吆喝特有的韵味和人情味。以下是部分博山叫卖谱。[1]

叫 卖

1=C

记谱：李　辉　翟小磊
整理：陈继春

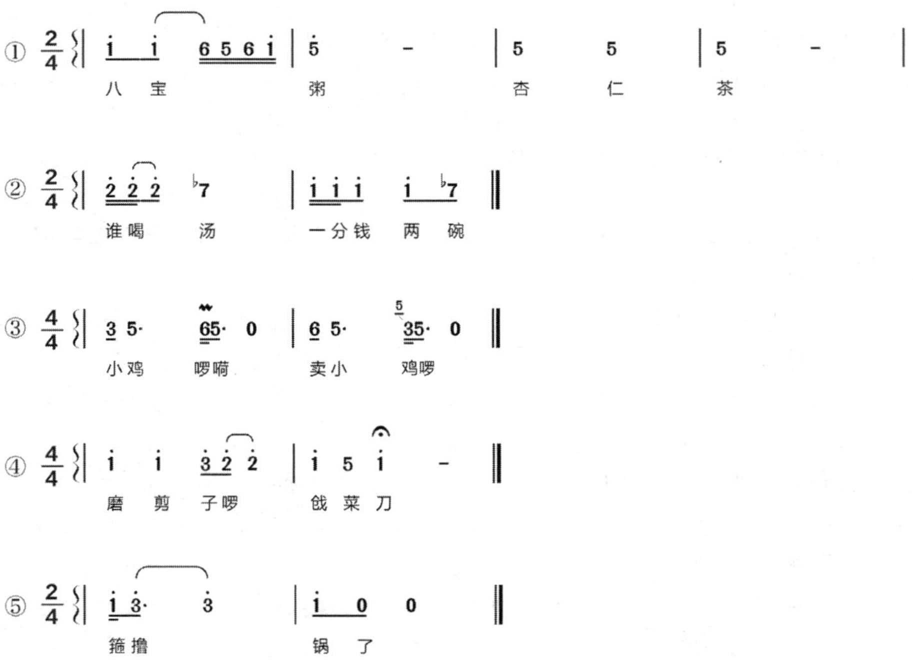

[1] 政协博山区委员会编：《博山民俗》，淄博：淄博市文化广电新闻出版局，2013年版，第89页。

（二）代声

所谓代声，即以某种器物的声音代替叫卖声，可以省力并使声音传得更远。商贩使用的发声器具称“响器”。民间响器多为打击器具，如鼓、锣、钹、木梆、竹板、铃、串铁等，也有少数吹奏和摩擦乐器，集工艺美、造型美、音乐美于一体。不同行业的商贩使用不同的响器，发出各自的特殊声音，成为行业标记。

货郎用以招徕顾客的代声器具称“货郎鼓”，也称“拨浪鼓”。碗口大小（直径约10厘米）的鼓和锣各一个，锣在上，鼓在下，固定在长约半尺的木柄上；锣和鼓的左右两边各拴一软线锤，摇动时锣鼓齐鸣，发出“嘣嘣当当”的响声，清脆响亮，悦耳动听，富有节奏感。一听到这熟悉的响声，妇女、儿童便嬉笑出迎。货郎鼓又可摇出多种花点，如果仔细区分，进街和出街时的鼓点不同，停下招徕顾客时的又不同：进街时要摇出“哈啷、哈啷、哈啷——哈啷”，似乎在说“进庄、进庄”；进街后要摇出“嘟当、嘟当、嘟当嘟嘟当”，似乎在招呼“都买，都买，都来买”；将要出街时摇成“不楞、不楞、噔噔”，像在说“货郎，货郎，等等”。

卖布的手持的拨浪鼓，只有一个大扁鼓，安在长柄之上，来回摇动时，软线锤敲打鼓面，发出“嘣咚、嘣咚”的声音。人们听到这鼓声便来到街上，围着卖布的小车，挑选中意的商品。

挑担卖糖的用锣锤敲击一面直径约半尺的手锣，发出悠长而洪亮的“当当”的锣声，很快便会招来一大群孩子，或是拿钱购买，或是用头发、猪鬃、马尾来换。卖糖瓜的也敲此类手锣代声，吹糖人的、捏面人的所使用的锣则较大。

卖油郎俗称“油匠”，卖的多是小磨香油和花生油，挑着两个油篓或油桶串乡叫卖，其响器名“油铛铛”，为一直径约20厘米的圆形薄铜片，拴挂于担子一头，边走边用一块削尖了的板子敲击，发出“当、当”的短促声音。

算命打卦的盲人也敲铛铛，与油铛铛的不同在于铜片中心有一突起部分，而且这种响器装在小竹架上，与槌拴连在一起。其人一手持杆探路，一手提此铛铛，手腕用劲，使之摇摆，便能发出有节奏的响声。

卖锅碗钢盆的使用巴掌大小的镗锣，悬挂于担子前端，两旁各悬一个小摆锤，行走时随着担子的颤动，摆锤有节奏地击打镗锣，发出“叮当、叮当”的清脆响声。

卖豆腐的用一截掏空的木头做成梆子，材质一般为桑木，长约20厘米，扁圆形，中间挖空槽，下面安木把。用木棍有节奏地连点敲击，发出“梆梆、梆梆梆”的响声，距离很远都能听到。

卖熟肉的则是敲大梆子，发出单点的“梆、梆、梆”声，让人分辨清楚。

弹棉花的是摇铃为号，发出一阵阵急急摇响的铃声。卖猪胰子的使用大摇铃。

游方郎中，在手指上套一个“虎撑”，在中空的环形铁管内装数粒铁球，边走边摇，发出源源不断的铃声。有需要的人家听到，将其请到家中诊治，接受诊断兼买药。

磨刀磨剪子的将四五片铁片错落排列，用线穿连在短木柄上，向前一提一落碰击便能发出响亮的“哗哗”声。他们自称此物为“金柜”，亦为“惊闺”。

焊铁壶的敲击挂在担子上的镔铁壶；卖瓷盆瓷碗的用一根细木棒敲击盆碗，发出“当当”声；卖瓦盆的用小木槌敲击瓦盆，发出“砰砰”声；卖葫芦瓢、擀面杖、笊篱、炊帚等炊具的则用一根藤棍敲击葫芦瓢，发出“啪啪”声。这都是以代声引起顾客的注意。

白铁匠又称“打洋铁壶的”，代人修理器物，也出售自制产品，吹一把小号招揽顾客。抗战时期，卖人丹的都是吹着洋号，敲着小洋鼓，吹奏欢快的乐曲，以吸引顾客。卖乐器的，如街头常见挑着二胡、笛子、葫芦丝等乐器的小贩，边走边用乐器吹奏乐曲，以做宣传。卖“噗噗噔”（也叫“鼓档”“噗噔巴”，用玻璃吹制成的葫芦形玩具）的，用力吹吸，发出“噗噔噗噔”的响声。卖泥哨等玩具的，边走边吹，向孩子们兜售。

剃头匠以及卖梳子篦子的，都用铁制的双股音叉作为宣传工具，俗称“唤头”。他们左手握住音叉的柄，右手持一铁棍插入中空处，从底部迅速向上滑擦，发出“呲唧——呲唧——”的响声，用以吸引顾客。

随着社会的发展，有些行商小贩已消失，有些依然活跃在城乡，为人们的生活提供便利的服务。20世纪90年代以后，城市老街巷拆迁开发，让位于商业大厦、小区单元楼，而这些地方常挂出“小商小贩禁止入内”的牌子，使流动小贩在城市里的活动空间越来越小；在乡间，随着小卖部的普及与超市的设立，加之便利的交通运输条件，对小贩形成不小的冲击。这种便利的送货上门的销售方式，连带着充满温情的叫卖、颇具民俗特色的响器、饱含默契与信任的交易，都在慢慢消失。

第二节　店　铺

传统店铺兼营各行各业，有粮行、盐店、油坊、酱园、茶庄、糕点铺、丝行、布匹绸缎店、成衣店、鞋帽店、染坊、瓷器店、木器店、五金店、土产店、中西药店、书店、文具店、钟表眼镜店，钱庄、银铺、酒馆、饭馆、戏楼、浴池（澡堂）、旅店（客栈）、理发店、修车铺、修衣铺，以及茶社、戏院、妓院、烟馆，还有电影院、照相馆等。选址大都在交通方便、人口稠密的地方，以保证足够的客源量和畅通的运输渠道。

习惯上，规模较大、资金雄厚的称“店”，如商店、百货店；店面较小、资本较少的称“铺”，如小铺、铺子、杂货铺。另有馆、栈、号、记、行、坊、庄等。因行业不同，各类店铺有各自的习惯称呼。经销布匹、丝绸的称“布店”“绸庄”，经营米面的称“米行”，经营木材、铁器的称“木货铺”“铁器铺”，从事饮食业的称“饭庄”“饭铺”“饭店”“酒楼”等。

大店和小铺各有经营优势。一般来说，大店设施条件好，商品种类齐全，大多为明码交易。小铺设备相对简陋，专事零售，如经营烟酒糖茶、柴米油盐、针头线脑、锅碗瓢盆、农具工具等日常生产生活用品，主要服务于附近的居民，本小利微，不拘早晚提供服务。店里若无人，顾客进来也不会随意拿取，高声称呼，主人应声而出，再做交易。有些小店经营的商品极富特色，如以家传秘方配制的食物等，规模不大，名声却很响。

自20世纪40年代中期以来，解放区开始创办供销合作社，乡村小铺多为之所代替，民间简称“社”。供销社主要负责农副产品（主要是粮食和棉花）收购、农业生产资料和生活日用品供应。现在，虽然这样的小铺多已改称“门市部”“小卖部”，但仍有一些地方把到小铺买东西称“上社”。

20世纪中叶以来，专卖旧衣的估衣店、专卖剪绒花和绢花（妇女和戏曲演员的头饰）的花店等传统店铺逐渐消失。20世纪80年代，开出现超市、购物中心等超大规模的综合性商业经营模式。超市是“超级市场”的简称，引自英文“supermarket”，指以顾客自选方式经营食品、家庭日用品为主的大型综合性零售商场。很快，超市便成为城市居民日常购物的首选之地。继大型综合超市之后，在居民住宅区又出现以经营即时性商品为主的便利店，也是采取自选式购物方式，只是规模较小，主要为满足顾客应急性、便利性需求。一般便利店的营业时间为16 ~ 24小时，全年无休，为社区居民生活带来极大便利。

一、店铺开张

俗话说得好，“车马未动，粮草先行”。博山旧时的店铺开张，一般要经过几道程序，方可完成开业庆典之大礼。[1]

1. 筹备：请族人和有财势之人商量，约定日子开业或筹备资金等。

2. 择日：查日子，请德高望重的名人选黄道吉日。

3. 请柬：也叫“请帖”，一般是请文人墨客和有名望之人书写请柬，以示重视和尊重，也显得有身份。

4. 挂幛：庆典中要把客人送来的丝绸幛面悬挂起来，上有贺词和敬贺之类的吉祥词语，如“开业大吉”“紫气东来”，分上款、下款及年月日和时辰。

5. 庆典仪式：请当地有名望之人主持仪式和讲话。

6. 上供：要做上十个大件，取十全十美之意；要有豆腐箱，说是金箱开宝；要有鲤鱼，说是年年有余（鱼）；也有“参打头，鱼打尾，来年吃穿都不愁”的说法。

7. 拜财神：一般是拜文财神赵公明和武财神关公老爷，但也有特殊的，例如庆祥银楼开业，拜的是老子李耳，因他是铜匠、银匠、铁匠和锡匠的祖师爷。

8. 庆典筵席：一般是在大饭庄举行。其间，主人在司仪的陪伴下，到各个席口去致礼和敬酒，一般都是喝六个满盅（三钱一盅），叫“六六大顺”。

9. 礼品馈赠：庆典完毕后，主家回敬礼品，大部分用糗糕，叫“步步登高”，也有高档礼物。

10. 接待礼仪：有条件的店铺开张，一般在聚乐村饭店吃“四四席”，还雇轿

[1] 政协博山区委员会编：《博山民俗》，淄博：淄博市文化广电新闻出版局，2013年版，第85页。

子和洋车把客人送回府第、公馆或商会会馆。

二、格局与陈设

店铺的经营场所称“店面”“铺面”“门面”或“门市”等。就格局设置而言，一类仅设店面，作为商品储藏与销售的场所；另一类则为前店后坊（厂）式格局，临街的房间设为门市铺面，后面为一进或二进的四合院，为生产或加工作坊（厂房）以及职员的住所。商店的门市，大多为三五开间。实力雄厚的大型店铺，门市往往建成二层的木板楼或石楼。资金、规模较小的店铺，多为沿街开设门头房，门面简陋，面积狭小，仅有一间或半间；内设小柜台，货品摆放得满满当当，仅留有能过人的狭窄通道。虽然设施简单，但商品种类繁多，居民日常所需基本都能买到。更小型的，则仅在临街的墙上开一个小窗，设为对外售卖的窗口。

传统店铺的门窗采用活动式木门板、木窗。每天早上开始营业时卸下门板，俗称“下门”“开板”；晚上打烊后再安上门板，俗称“上门”“关板”。临街一面的窗户为木隔扇，通常刻有精美的雕花。店铺出檐很深，向外探出约一米，既可遮阳又能挡雨，方便顾客和过往行人。现代店铺营业时多以玻璃门面示客，晚上歇业后拉下卷闸门落锁，安全防盗。

旧时店铺的柜台，为厚重的黑漆长条木柜台，高约一米，因这种柜台又称“栏柜”，故而售货俗称“站栏柜”，售货员亦称“站柜台的”或“伙计”。柜台最主要的作用是向顾客展示货物以便挑选，同时，对于一些较为贵重的物品，柜台也起到将货物与顾客隔开的作用，以确保经营的安全性。现代店铺的柜台板面都采用玻璃质材，通透明亮，柜中商品一目了然。现代大型超市内部空间开阔，商品分区分类摆放，主走道、次走道、货架走道纵横交织，引导顾客选购商品。卖场中商品的位置，按照顾客的购买习惯和消费心理精心陈列。通常营利较大的百货类商品摆在靠近入口处，以方便顾客采购；生鲜食品摆在最里面，因为生鲜食品是顾客最需要的商品，顾客前往的过程中经过其他商品，不自觉地就会延长浏览时间，引发购买冲动；干货类食品也是家庭必需品，放在靠近出口处，不会损失商机；日化商品靠近周转仓出口，因其销售量大，商品回转快，这样便于快速补货，提高营运效率。这些设计不仅满足顾客需求，而且促进连带性消费，增加商品销售量。

传统店铺柜台里面通常设有账桌，记账的（即会计）称“账房先生”或“账桌先生”。用天平或戥子称银，用银剪分银，用钱板子（又名“钱比子”）数铜钱，在长方形木板上刻出一道道凹槽，按标准能容纳一百文铜钱，计十行。用于收纳铜钱的还有一种钱柜，高如板凳，平时可当坐凳，柜盖上凿一条小扁缝，平时可将散钱由缝中投入。柜身上面雕刻着吉祥图案或祝语，每逢年节会贴上写有“黄金万两”或“招财进宝”合体字的红纸斗方。20 世纪 30 年代起，尤其是 1935 年废止银本位制后，纸币成为主要流通的货币。现代店铺的交易方式更加方便灵活，除了现金交易，商家还备有 POS 机供顾客刷卡消费，或者扫二维码，手机支付宝或微信支付。

三、招牌与标志

商业标志，包括字号、字招、幌子、商联、招贴、商标、包装等，各地商店均精心设计制造，以加大宣传力度，树立良好的商业形象，增强竞争能力。

（一）字号

字号即店名，是商店的名称与标志，承载店铺的信誉、品质。通常称昭示悠久历史和深厚文化底蕴的字号为“老字号”。各商店对于字号的选取有讲究：既能展现店铺性质和经营内容，又富有吉祥兴旺的寓意，而且响亮、有特色，以便吸引顾客，并让顾客牢牢记住。店铺的命名方式多种多样，主要分为以下几类：

1. 寓意吉祥兴隆的字号

商业经营的目的是营利，商家无不希望生意兴隆、财源茂盛，所以选取吉利寓意的字眼作为字号，成为最普遍的取名方法。20 世纪上半叶，周村的金融老字号复盛公、三晋源、阜祥、益泰瑞、鸿昌福、滋厚福、恒康、恒生、丰亨豫、晋生裕、庆和永、德庆、元亨、聚泰、乾元、德兴等，无不反映着经营者的美好愿望。

2. 强调商业道德的字号

此类字号如酒水行的强恕堂、鞋帽行的一正斋、典当行的正立等。还有的店铺字号结合自身行业特色凸显经营道德，以中药店最为典型，如沂源鲁村镇的德兴堂、益芝堂、益生堂等，都强调了仁善为怀、济世救人的行业道德。

3. 追求风韵典雅的字号

此类字号多为饮食业、书店、文物古玩店等采用，以表其高雅、素洁。在传统饮食业中，这类字号处处可见，如清梅居、清馨斋、聚乐村、又一村（取自陆游诗句“山重水复疑无路，柳暗花明又一村”）等。

4. 突出经营特色的字号

此类字号范围较广。有的突出行业特色，如茶叶店的字号中常带“泉”“鸿”等字，表示和水有关；有的突出地方风味，如周村烧饼；有的则突出服务品质，如满意酒店、如意酒家、百意合饭庄；有的以价廉相号召，如便宜坊、一分利酒店、便宜餐厅等；也有的以物美招徕顾客，如半里香饼铺、千里香馄饨铺等。

5. 以人名命名的字号

此类字号多是在店主的姓、名或外号后面加上所从事行业或经营商品的名称。如赵培印膏药，即以创制人的名字命名；高青迎宾馆以历史文化名人田横作为商标名称。还有的别出心裁，用店主的外号命名，以怪取胜。博山有一家经营水饺的小饭铺，设店于河滩旁，所做水饺好吃又好看，颇受欢迎。有人以其饭店临河，又以店主石玉璞身体肥胖，形似蛤蟆，故戏称之“石蛤蟆”。这一称呼虽然不雅，但越叫越响，生意日益火爆，由此“石蛤蟆水饺”成为远近闻名的招牌。这也验证了商界的一句俗话：“没有外号不发家。”

6. 联号同字的字号

此类字号多为一些下设分号或大型商号所采用，表示同一资东的关系。为表明从属关系，这些店或是采用同名加注“分号”字样的形式，或是沿用总号中的一两个字，使人便于认知品牌，也展示商家的强大实力。章丘孟氏家族开设的一系列字号店名中都带有“祥”字，即著名的“祥字号”，包括经营布匹和绸缎的瑞蚨祥、隆祥、谦祥益等绸布店，以及经营茶叶的泉祥、鸿祥等茶庄。

7. 表明合办性质的字号

此类字号为多家出资合办的店铺所使用。沂源鲁村镇的公和成杂货店，因由唐守德、郑朋、李之勤、郑连会等人合创，故而得名。

也有以商品来源、商品制造者、商品制造技术、商店所在地理位置、商店特殊历史、掌故、趣闻等为依据起名者，可谓五花八门，数不胜数。

（二）字招

字招即字号牌匾，一般高悬于店门正上方。制作用料精良，多选用质坚纹细的上等木料（如楠木），也有用铜、铝等金属材料制成的，既有防止日晒雨淋风蚀的实际作用，又暗含希望商店像牌匾一样稳固长存的寓意。通常请社会名士、政要或著名书法家题写店名，精雕细刻，有的还在四周雕刻花纹，装饰十分华美。

（三）幌子

幌子最初是指酒店的酒旗，也称“望子”，后来泛指悬挂在店门口或立在门前的各种商业标志物。其作用在于标明经营内容或服务项目，引起人们的注意，吸引其入店，有的也用于宣传店铺的经营宗旨和商业精神。幌子大多悬挂在店铺门前醒目处。店铺幌子形制多种多样，大致可分为七种类型。

1. 以实物为幌子

用作幌子的实物大都为店铺所售商品，即卖什么挂什么。卖棉花或代客弹棉花的店铺，以网兜装一大团棉花悬挂门前；卖麻的在店门前挂一束长麻；木版年画店高挑一张年画；自行车修理铺在门前竖桩悬挂车圈或车胎；花圈寿衣店、纸扎铺在门前悬挂花圈或摆放彩色纸扎物（多为马，也是以此展示纸扎工艺）；服装店在门口摆出身穿时装的模特；等等。

2. 以实物模型为幌子

仿照实物的形状，放大或缩小，制成幌子。棺材铺以下缀红绸的黑色小木棺材为招幌；蜡烛店便做木蜡烛悬挂门前；梳篦店则悬木制大梳篦为标记；修锁配钥匙的在铺子门口挂一用塑料或硬纸板做成的钥匙模型；煎饼店挂一块形似半张煎饼的半圆形木牌，或悬一象征整张煎饼的圆形木板，缀以红绸以作标记；钱庄通常高悬一个木头做的大铜钱作为幌子。

3. 以商品附属物为幌子

有些商品无法悬挂，如液体类，便以附属物代替，如容器、量具等，暗示所售商品的种类。卖油店于门前挂油瓶作为标志；博山山头李家同心居饭店挂一个酒葫芦，一看就知道是酒店；酱菜园悬挂一串漆桐酱菜小篓；米店挂升，缀一条红绸，作为幌子；卖香烟的小铺，将四五个烟盒粘连成一串，挂在店门前作为幌子，以示店内有烟出售。还有其他形式的商品附属物幌子，如博山西冶街荣章书社挂的是一枝大毛笔，一看就知道是卖文具的。

4. 以含有隐语暗示的物件为幌子

此类多为象征性幌子，虽然随着社会的发展，其隐含的意义在传承过程中逐渐消失，人们不再清楚地了解其意义，但世代相沿成习，约定俗成，见之即可辨识出标示的是什么行业。最典型的是饭铺门前挂缀穗的罗圈作为幌子，汉族饭店的罗圈缀红穗，回族饭店的罗圈缀蓝穗。所挂罗圈的数目有讲究：挂三只串联的表明是大饭店，设备齐全，可包办酒席；挂两只表示为一般饭店，可由顾客任意点选各种炒菜；挂一只则说明是小吃铺，可以花钱少、吃得饱；如果所挂罗圈上没有包红绸，也没有缀穗，就说明是大车店（既可住宿，又可吃饭，有停放马车的大院和饲喂牲口的马棚）。

5. 以灯具为幌子

灯具幌主要用于晚间，即在门前挂大红灯笼或宫灯，上面标写行业或店铺标记。旧时浴池（俗称“澡堂子”），在门前竖高竿悬红灯笼，并以灯笼的起落表示营业与否。茶馆、饭店、酒店也悬挂大红灯笼，上面写着“茶”或“酒”字。较早期的理发店，采用红白蓝三色相间的条纹灯柱作为幌子，或彩绘于门前墙上，或设电动玻璃柱转灯标识，这一从西方传入的理发店标志幌渐渐成为理发业的统一标志。现代理发店沿用圆柱转灯，柱内的图案形状和色彩已是千变万化、五彩缤纷。20 世纪上半叶，店铺开始使用霓虹灯广告招牌幌子，每至入夜时分亮起，异常醒目。

6. 以旗帘为幌子

传统的酒店、茶店，习惯在店前竖一根高竿，挑起一面方形或三角形旗帜，上书简单的几个大字，使人远远一望便知是什么店铺。

以上几种均为形象幌子，观赏性、实用性极强。

7. 以文字牌匾为幌子

牌匾上的文字与字招相比少而精，标明行业性质。当铺、茶楼、米店，悬挂一块菱形木牌，上写大大的“当”“茶”“米”字。庆祥银楼在彩旗上写“银楼”；松鹤酱园镌刻“酱园”或“酱”字。一些文字牌匾带有广告宣传性质，药店写“丸散丹膏，参茸饮片”，表明品种齐全；茶叶店写“清润肺腑，香气宜人”，表明茶叶功效与品质；酒店写“太白遗风，陈年老酒”，宣扬货真质优；小饭铺写“家常便饭，经济小吃”，表示物美价廉；有宣扬诚信的，如“货真价实，童叟无欺”。

（四）商业对联

作为一种传统的广告宣传方式，商业对联亦是店铺坐商的商业标志之一。商家借用对联的形式，既暗示出行业经营特色，又寄寓办店的希冀和追求。常用的商业对联，是关于生意兴隆、招财进宝的通用对联，如“生意兴隆通四海，财源茂盛达三江”，适用于各行各业。此外，还有针对本行业特色的对联，人们根据对联就能判断经营内容。如“只愿世间人无病，不惜架上药生尘”，是药店常用的对联；粮店用“米乃国之宝，民以食为天”；棉花店用“弹起白絮皆成朵，衣遍世人是此花”；鞋帽店用“脚踏实地前程似锦，步履严谨登月凌云”；百杂货业用“绫罗绸缎，丝纶棉麻，货真价实；针头线脑，修妆日用，童叟无欺”；浴池用“石池春暖人宜浴，水阁冬温客最多”。以下是旧时博山商业（铺）流传较广的部分楹联：

聚乐村：聚太和气 乐适意游

清梅居：清清正正 风骨若梅

庆祥银楼：金柳若摇燕莺欲语 银花如绽蝴蝶相寻

松鹤酱园：金鼎酸咸皆适口 玉缸滋味好充肠

浴池：汤泉中有沉浮客 水阁旁多徙倚人

景德东：财以宽和聚 人凭道义高

景德东：生意三春花柳 财源万顷波涛

西冶街城楼：珍珠玛瑙翠 琥珀琉璃街

税务街悦来客栈：相逢皆萍水 小住息风尘

西关当铺：敢谓有余补不足 无非暂去又从来

西冶街玉文刻字店：染霜毫效秦法汉 试锋刀刻玉雕金

泰云照相馆：像自心生幻出百般面目 机由手定全凭一点精神

碎窑市王家瓷器店：出炉火色宫窑美 绕座金光造化功[1]

（五）包装

包装不仅具备装盛商品以利携带的实用性功能，还可起到宣传商品和字号的作用，因此对包装的质料、形式、色彩、图案等各个方面均要精心设计。

材质方面，传统包装多为纸、叶、条、木等材料。中药店，每一味药用方纸包成小包，再取印有店名、地址、经营项目等内容的一张大纸，将各小包药整齐地摞在中间包好，用纸绳捆扎结实，并随药赠送一个过滤汤药用的小箩。卖点心的，称好后用纸包裹，用纸绳捆扎；品种俱全的什锦点心，则用木质的点心盒包装，能存放较长时间。有些则采用天然的包装材质。荷叶也是常见的包装物，包子铺、黄米黏糕铺、熟肉铺等都用新鲜干净的荷叶作为食品包装，并以麻绳捆扎，方便顾客携带。酱菜铺，购量少者用荷叶包裹，量大者则用柳条篓装盛。

形式方面，除了突出包装牢固、使用便携的功能之外，有的商家还考虑到多种需求改进包装形式。如食物公司针对礼品馈赠需求，改进了传统的原色木盒的糕点包装形式，专门定做适于馈赠的精装彩色糕点礼品盒，美观精致，新颖独特，成为上好的馈赠礼品。多数包装器物印有文字说明或配有标签，用以介绍字号和产品。茶庄在销售新品时，以每四两（旧制计量单位，一斤等于十六两）为一包，方便携带，并在包装纸上加印说明文字，详细介绍这种茶叶的外形、质量和特点。

[1] 政协博山区委员会编：《博山民俗》，淄博：淄博市文化广电新闻出版局，2013 年版，第 86 页。

四、人事任用与分工

小店铺多为父子店、夫妻店或兄弟店，经营人员主要由自家人组成，也没有具体分工，大都是“自东自伙自掌柜”。较大的商号人员配备齐全，分工较细，主要有资东、掌柜（经理）、会计、伙计、学徒、勤杂人员等。博山聚乐村饭庄的人员配备包括经理、副经理、账房先生、红、白二案、烹饪人员、伙计等共十八人。

资东俗称“东家”，即出资方。持有资金的东家往往并不亲自经营，而是聘请或委托擅长经营的人员担任经理，具体负责经营管理的一应事务，即东家出资，掌柜出力，共同获利。这种委托经营的方式可以做到量才为用，实现资源的合理搭配。资方虽不参与直接经营，但仍握有很大的权力。资方对其委任的代理人，不论经理还是副经理，若不满意，均可无条件地将其免职或解雇，因此民间称为“水牌上的经理”，意为随时可能被抹掉，职位没有丝毫保障。东家对普通店员、学徒更是任意处置。资东对委任者都能放心大胆地任用，除每年一次结算交账时向经理、财务人员咨询业务状况或指示经营方针之外，平时很少过问经营状况。

资东所委托的代理人，即经理，俗称“掌柜”“掌柜的”“老板”，负责具体经营管理事宜。由出资人直接经营管理的，叫作“自东自掌”。大型商号除了有当家掌柜之外，还设有二掌柜、三掌柜或执事掌柜，日常的经营活动主要由执事掌柜负责，而当家掌柜只负责处理店中重大事务。经理往往是资东信赖的同乡、相知或亲戚，但都是挑选的精明强干之人。孟氏家族的祥字号，对于经理等管理人员的录用和选拔遵循智、勇、仁、强四项标准，考察合格者，才予以录用。

会计俗称账房先生，简称“先生”，负责管理账目，核算收入、利润、支出、亏赔及分配。每日向经理报告相关经营数字，年终向东家报账。

店员旧时称“伙计”，现在称“服务员”。店铺在雇用店员时，大都签订契约，俗称“做约”“签约”。契约中除写明店员应遵守的店规和所得的报酬外，还有店员生老病死等内容。伙计又有不同的分工，各司其职。在店内售货的称“站柜的”；专门负责外联工作的，如搜集市场信息行情，维持同其他商号与机构之间的联系与业务往来，接待外地来办货的客商等，俗称“跑外柜”“跑街”，往往兼具公关和推销等多种能力；专门负责采购货物的，称“跑外程（城）的”。有的店铺还设有管理一个营业室或部分业务的负责人，俗称“柜头”。

伙计有大小之分，按入店时间先后，先入者为大，师兄可以支使、管制师弟。伙计有内外之别：内伙计，也叫“本屋徒”“门里徒”，为店内学徒出身、期满留用的店员；外伙计，是指并非自本店学徒出身而是从社会上雇用的店员，入店时已具有一定的业务知识和工作能力，但与资方没有任何社会关系。内外伙计的任用有别，待遇也不相同。孟氏家族的隆祥布店，内伙计大多是章丘人，与资东有着各种社会关系，进店后，经过长期的努力，遇有机会，可以侥幸开份子（入股），升到部门掌柜甚至经理的位子。经理对外伙计态度客气，但并不信任，即使表现优秀者，也不能开份子，不能担任司账、柜头等职务。

没有从业经验的初入店者一律从学徒干起。学徒的年龄一般较小，在十五六岁甚至十三四岁时即开始。要入店，必须托保人举荐，即“保荐”，经允许后通知家长和本人。由掌柜进行面试，考察其是否勤快朴实、谨慎稳当，合格者方被录用，双方订立合同契约。入店时要举行仪式，学徒要敬财神、谢情，对资东、经理行跪拜礼。学徒地位低，主要干粗活，做杂务。他们也没有节假日，三年内不许回家探亲。在干活的同时，学徒还要抽空学习店规、待客礼节、推销之术、管物诀窍，练习写字、口算、珠算等。

学徒期间，店铺仅提供食宿，衣物、零用等均要自行支付。学徒没有工资，有的只获得少量零花钱，名为“鞋钱”，即跑腿磨鞋的钱。年终发放一次性微薄馈赠，称“赏钱”，一般商号只送点衣帽鞋袜之类的东西。少数店铺也给学徒发工资。三年学徒期满，晋升为正式伙计，即可另定工薪。但有些店铺为了尽可能多地利用这种廉价劳动力，往往要求学徒多干一年，即所谓“三年满，四年圆，五年头儿上才给钱”。若是学徒于学徒期间退出，店方要追究推荐人的责任，并向学徒追讨饭钱；若学徒不合格，掌柜则会委婉地通知他另谋高就。博山聚乐村饭庄采用奖勤罚懒的办法，对勤恳卖力的店员，给以物质奖励或提升嘉奖，对偷懒不好好干活者，根据情节轻重，扣发分红或婉言辞退。

现代服务业都是招工，已无学徒之说。对于店员的管理，严格按照相关的规章制度执行，要求按时上班，坚守各自的岗位，履行相应的职责。平日无要事不许请假，以免影响营业；逢重要节日，规定值班制度，轮流休息探亲。严格考核，并根据考核成绩决定人员的升降、奖惩。

五、经营管理与规章

经营管理是决定店铺兴衰的关键，为了获取厚利，店铺经营者都在生产管理、销售方式、人事管理等方面想尽一切办法，采取各种措施。周村瑞蚨祥为近现代产业发展和工商管理树立了典范。[1]

（一）经营管理

第一，货真价实。瑞蚨祥以“货真价实，童叟无欺”为店训，将货物质量视为店铺生命，严把各个环节，务求货真价实。在进货上，一般都是从产地选择声誉高、质量好的厂家直接进货。在验货上也极为严格。先称分量，分量不足者剔去；再逐匹验看是否有残，有残者剔出；最后量尺寸，不足者亦剔出。验后，交染坊加工。印染后的验货也十分严格，在光线充足没有烟火的房屋里逐匹验视，颜色稍有不匀或不足者，即退货复染，复染不合格者由染坊赔偿。当时，一般商户的布匹随染随卖，色泽不深，染水又差，瑞蚨祥要将染好的布匹闷色三至六个月，闷得愈久，颜色渗透愈深，愈不易褪色，色布挺括、色足、坚牢。在销售上，瑞蚨祥强调和气生财，热情接待，明码实价，“足尺加一”（买一尺加一寸），从不搞促销，也不打

[1] 周村瑞蚨祥管理之道参见朱丽霞主编：《文化周村》，济南：山东人民出版社，2021 年版，第 214 ~ 219 页。

折扣，却始终销售良好。瑞蚨祥把“货真价实”落实于流通营销全过程中，一丝不苟，坚持不懈，既获得了丰厚的经济效益，也造就了响当当的金字品牌。

第二，人才为宝。人事管理也是店铺经营的一个重要方面。瑞蚨祥能够做到慧眼识才，知人善任，充分发挥人才的作用。孟雒川聘任沙文峰为第一任全局总理，筹划设立北京、天津、青岛、烟台瑞蚨祥。孟觐侯被任命为全局总理，坐镇北京瑞蚨祥，在大栅栏一条街连设五号，财雄势巨，上通宫廷王府、权贵势要，中连衙局所司、军警豪强，下结三教九流士农工商，买卖做到各个阶层。1900 年八国联军入侵北京，孟觐侯使瑞蚨祥躲过劫难，为北京瑞蚨祥的中兴功臣。[1]李竹轩是负责泉祥茶庄南方业务的经理，常住福州南台制茶厂，指导收购、加工、调运等事宜。李竹轩对窨制茉莉花茶颇有经验，技术高超，在同行中久负盛名，经营上素有稳准的特点，经营的花茶不但成本低、质量高，而且货源丰富，从未脱销。

第三，以义致利。孟雒川以“财自道生，利缘义取”为经商指导思想，常对经理掌柜们讲：“《洪范》五福先言富，《大学》十章半理财。生财有大道，生之者众，食之者寡，为之者急，用之者舒，则财恒足矣。”告诫大家：“欲治其国者先齐其家，欲齐其家者先修其身，欲修其身者先正其心。”正是因为秉执这种循道求利、修身正心的价值取向，他所创建的瑞蚨祥商号才能不断发展壮大，成为行业霸主。

（二）店章铺规

店规是店方为保障正常经营而制定的规范店铺职员行为的规章制度。店规内容庞杂，如管理制度、人事任用制度、利润分配制度、营业活动规范、各类人员的工资奖金待遇以及红利分配等，都有明确而严格的规定。瑞蚨祥制定有详细系统的店规，显现出富有特色的商业经营习俗。

> 盖用生意之道，铺规为先，章程不定，无所遵循。今奉东谕，议定章程列后，望各遵议奉行，以图长久，如有违犯，被辞出号，贻误终身，悔之无及矣。
>
> 1. 柜上同仁不得携带眷属。
>
> 2. 因私事出门，必须向掌柜请假，说明事故及去处，不得指东往西。出门时必须到账房写请假账、挂出门牌。假期不得过长，如因事不能回柜时，必须在上门前向号中声明。
>
> 3. 亲友来访，只能在指定处所谈话，接谈时间不得超过一小时，并不能接待亲友在柜上食宿。
>
> 4. 早六时（冬季七时）下门，晚十时上门。上锁后非有要故，一律不得出门。
>
> 5. 不得长支短欠，顶名跨借，不得代客作保。
>
> 6. 同仁探家打行李，须经指定人员检查后，始得包裹。
>
> 7. 同仁探家要按探家次序，并经经理决定，到期即回。至期因事不能回店，

[1] 徐畅：《鲁商撷英》，济南：山东人民出版社，2010 年版，第 26 ~ 27 页。

须来信续假，多住五天，下期即压班一个月，如因业务繁忙，到期不能走时，压班一个月，补假五天。

8. 春节放假，必须留人值班，顾客上门应予接待。

9. 摇铃开饭，不得抢前争先，菜饭由柜房规定，不得随意挑剔。

10. 同仁洗澡，下门去，早饭前回柜，不得借机游逛或下饭馆。

11. 同仁无论在柜吃饭或出外应酬，均不得饮酒过量，醉后发狂。

12. 同仁用货，必须有店中人员剪裁，不得私自找人；只能自用，不准代买。

13. 柜上同仁不准吸烟卷，以防发生火灾。

14. 不得代存衣物。

15. 同仁之间，不得吵嘴打架，如有违犯，双方同时出号。

16. 营业时间，不得擅离职守，不得交头接耳，妨碍营业，影响观瞻。

17. 严禁嫖赌和吸鸦片，违者立即出号。

18. 不准无故纳妾。如因无子纳妾者，须事前声明，经考察属实后方准实行。

19. 对待顾客必须谦和、忍耐，不得与顾客争吵打架。

20. 同仁必须注重仪表，无论冬夏，一律穿长服，不得吃葱蒜，不得在顾客面前扇扇子，不得把回找零钱直接交到买主手里（须放在柜台上），并应尽量避免粗词俗语，不得耻笑顾客。

21. 不得挪用柜上银钱、货物，有贪污盗窃行为，立即出号。

22. 不得以号章为他人作保。此事关系至巨，任何人不得违反。

23. 柜上同仁，不得在有瑞蚨祥企业的地区开设同类企业和染房，亦不得兼营其他业务。

24. 挑拨是非，猜忌倾轧，致伙友不和者，此为害群之马，应立即出号。

25. 结伙营私，要挟号中者，立即出号。

26. 同仁被辞出号，不得凭借他种势力逗留不去。

27. 调拨他处不立即前往者，立即出号。

以上各条俱系省、京诸店应有之定章，凡我同仁，概不准违犯。有份股者，更宜谨遵履行，方能为同仁之表率。如随便自私，或姑息因循，则章程为虚设，号务必日渐废弛，问心亦当有愧。号务綦繁，非一二人所能周及，须群策群力，严格执行，方免贻误。国家论功行赏，铺事亦大同小异，凡我同仁慎之勉之。

瑞蚨祥的铺规是店员的行为规范、安身之本，涵盖了道德品行、生活作风、请假制度、营业规则、服务态度等，所有人员必须烂熟于心，严格遵守，如有违犯，被辞出号。铺规对于规范商号管理、保障商号经营、促进商号发展起着重要作用。激励机制上，对普通员工在高额的工资之外还有“馈送”和名目繁多的“待遇”。馈送是指根据员工的绩效、年限、态度等所发的奖金；待遇包括伙食、路费、用货、医药费、婚丧、放假等方面，用以激励员工忠诚店铺、好好劳动。对于各级管理人员则实行股权激励，资产所有者与经营者按照七三共分盈利。瑞蚨祥近百名管理人员享受分红，最多者每年可获万两白银以上的红利，极大地激发了他们的积极性和创造性。

六、商业作息生活

（一）日常生活

商家的作息时制，一般为早上 6 点或 7 点至晚上 9 点或 10 点，学徒、店员的工作时间每天约 14 ~ 15 小时。传统商业惯制，平日全体从业人员（经理也不例外）均在店房后的宿舍住宿，由店铺负责提供食宿。日常伙食是一日两餐，众人凑一桌，人数多的则每桌 10 人。在瑞蚨祥，早餐两荤两素，每人一碗汤；晚餐四盘两碗，荤素各半，可以喝酒；每月还有两次犒劳；此外，茶水可随便饮用，水烟、旱烟也由店里供给，但不准抽纸烟。平日不准私自离店，请假外出者要尽量早归，不得在外夜宿；不准嫖妓、纳妾、赌博、吸食鸦片，有的店铺甚至规定不准下馆子、听戏等。

店铺一般规定店员平日不许随身带钱。在账桌上边的墙上挂一排小口袋，每个口袋上贴着每个人的名字。店员自己的工资一般不向外支，而是存在账上，仅支出一部分零花钱，用不了的必须放在小口袋里，而且自己的小口袋自己不许动，用钱时由专人给取。

如遇婚丧嫁娶，店方视情况给予一定的假期和补助。在瑞蚨祥，职员本人及其子女结婚时，以资东或店铺名义送喜幛一架（一般是 12 尺花缎），父母丧事则送蓝缎幛料一架或是折送银钱。本人病故，若是死在店里，衣食棺椁与运灵费用全由店方负责；若是死在自己家里，则概不过问，仅送幛料和少许吊仪，对个别家境困难者也会送上几十元钱以示安抚。

（二）节假日规定

店铺从业人员有探亲假，多在经营淡季或春节期间，店铺发给川资，即探亲路费，有的商号还同意预支一年的工钱。20 世纪 30 年代，瑞蚨祥规定：距离较近的，如章丘籍店员，允许每半年探家一次，假期为 20 天，每年发 10 元路费；距离较远的，如昌邑、惠民等地的店员，一年探亲一次，假期为 40 天，每年发 20 元路费。每逢假日，店方多发给补助、过节费。瑞蚨祥每年六月轮流放假一天，称“放官工”，每人发给 2 元娱乐费。

商家每年于“三节”（春节、端午节、中秋节）放假，端午与中秋各放一天，春节休假三五天。各店于“三节”前向顾客索要平时赊欠的账款。节日当天，店方要设酒宴款待伙计，热闹一番。春节是最隆重的节日，店铺往往在大年三十才歇业，关门结算账目。掌柜要请留守的伙计喝年酒、吃年饭，还给每人发一份红包。瑞蚨祥发给每人 2 元的守岁钱。店员至迟正月初四就要回店，准备在初五财神生日这天开市（如果店铺初五或初六不能开门营业，就说明将要关门大吉）。店员过年回家，多数店铺不发放路费，仅在经营业绩较好的年份发少量路费。

七、老字号

在众多店铺字号中，一些老字号世代传承，经久不衰。老字号之所以屹立不倒，不在于规模大小，而在于其鲜明的特色。他们或具有悠久的传统与文化，或具备独到的经营之道，而且各家必有历代相传的绝活或品牌产品。除了优质的产品，老字号更多地承载着优秀的商业经营习俗，时时处处注重信誉，公平买卖，货真价实，童叟无欺，博得消费者的信任。到2022年，淄博市老字号企业达到46家。其中，中华老字号11家，山东老字号35家。[1]

八、商业街

各地都有代表性的商业街道，商家云集，尤其是汇聚了一批老字号，形成贸易中心，发挥着引领城乡经济的作用。明清以来，周村古商城拥有百余条商业气息浓厚的街道。周村大街、丝市街、绸市街、银子市街等，五行八作，货物丰茂，以至于康熙皇帝都注意到了它的影响[2]，乾隆皇帝也感慨于周村商贸繁荣而亲笔题匾“天下第一村”。形成于宋元、兴盛于明清的大街，北段主要为手工业品加工区，南段多为商业楼房，还有在此设点经营的英美烟草公司、南洋兄弟烟草公司。全长730米的丝市街是丝绸集散中心，是当时山东蚕丝交易最繁盛的市场。作为周村金融街的银子市街，最盛时聚集的钱庄票号有108家之多，资本总额达600万两白银，故民间云：“济南、潍县日进斗金，不如周村一个时辰。”[3]

丝市街是蚕、茧、生丝的专卖市场。东起平安街，西至兴隆街，长约300米。明代因工商业兴隆而得名，是丝店、蚕茧收购店、加工转卖店集中的街道。至清中叶，丝市街发展为周村蚕丝交易最大的市场，有八大家丝店，外省丝货与山东各县蚕丝源源不断地云集于此，销路极盛。

绸市街最早为於陵至千乘（今高青）的古道，南至油坊街，后因河道改道，南首东转向大街。它形成于宋元时期，在周村各商业街中历时最久。东起大街，西至梯子崖（此段叫“水胡同”），北至武圣门里（今新建中路西首），长不足1华里，明清时为绸缎交易中心，后为聚丰店、德昌太、聚太昌等众多绸缎店集中的街道。

大街位于绸市街东侧，与之平行，是古代周村的主干道。南起丝市街西段，北至顺河街口。明永乐年间，大街作坊店铺逐年增多，逐渐成为周村最繁华的商业街道。这是一条高档商品综合买卖的街市，现存南段残长不到1公里，却有明清老字号遗址120多处。著名的工商老字号如恒祥、谦祥益、瑞林祥、隆祥、瑞生祥、聚合成、聚合斋、鸿昌义等，都是从这里起家，后来逐步发展。

保安街南起棉花市街，北至原油店街（今新建中路）。南段（丝市街路口以南）称“保安街”，北段（丝市街路口以北至油店街）石家胡同南称“福鹤街”，石家胡同北称“下沟”。此地设有几家银号，有保安人员守卫，管理正规，安全有保证，

[1] 淄博市老字号名录见本篇附录。

[2] 郭济生：《关于康熙皇帝与周村的几段史料》，《周村史志之窗》2012年3期。

[3] 周村商业街参见朱丽霞主编：《文化周村》，济南：山东人民出版社，2021年版，第92～100页。

故名。

长行街是周村南北最长的街道，故曰“长行”。全长分南、中、北三段：南长行街南起老济青（济南至青岛）公路，至丝市街路口；中长行街南起丝市街路口，北至油店街（今新建中路）路口；北长行街南起油店街，北至水胶场街。长行街将数条商业街衔接起来，形成一个广袤的商贸整体。

银子市街南起棉花市街，北至丝市街，因此地原有银庄而得名。

平等街南起银子市西首，北至丝市街西头兴隆街崖头。原名后街，因位银子市银庄后门而名，民国初年取平等之意而更名，体现商界老少无欺的观念。

油坊街最早为於陵至千乘的古道，形成于宋元时期。南起原济青公路，北至棉花市街西首。明代榨油作坊集中在这一区域，清咸丰年间街道扩展，故以“油坊”为名。

羊坊胡同分北羊坊胡同和南羊坊胡同两部分，为羊肉作坊的集聚区。南长行街弯西拐回至南长行街，形成品字街道，中部有胡同西通至保安街南段。

电话胡同在下沟街路西北数第二条胡同，与马家胡同斜对，因过去电话局开设于此得名。

棉花市街东起今东门路，西至油坊街北，原有棉花加工作坊，清中叶为棉花市场。

芙蓉街东南起棉花市街，西北至丝市街下。原名“小米市”“铁器市”“棺材市”，据说因为沿街栽种芙蓉树而得名。

周村街在清代是周村的政治、经济、文化和商贸中心。长约150米，位于北大街与西顺河街南首，千佛阁、天后宫、山陕会馆庙群的北面，东首是镇武阁，是长山县丞衙门所在地。街上有著名的山东老字号福顺号、隆兴帽庄、信记帽庄、同祥帽庄、连祥帽庄与明代李家老店等。新中国成立后，取消“周村街”名，统一称“西顺河街”。

灰市街南到鱼店街，北到老大车馆街东首，是明代石灰交易中心。1948年后改称“南北大车馆街南段”。万蚨祥、瑞蚨祥中门、后门开于此街。

染坊崖街也叫“泉子崖街”，在瀼河西岸，周村镇、仁和镇之间。古代染坊多以河水为媒介，著名老字号孟雒川的阜源永、燕翼堂的染坊、毕家的染坊等十几家染坊汇聚于此，故称“染坊崖街”。

上述街道明显以主流商贸物品命名，说明周村商业已经达到高度专业化水平，许多商品已经独立成市。周村已非一般意义上的商业城市，而是具备了早期现代化大都市的规模和运作规律。谚语云：“打不开的潍县城，走不出的周村街。”据统计，仅周村城内百余条街道中，就有七十多条专业商贸街市。这些商业指向明晰的街道，不仅见证了周村商贸文化的繁荣，而且从一个侧面证明了周村成为著名的“旱码头”的深层原因，同时也说明了周村位列明清山东四大商业重镇（周村、济宁、临清、潍县）之首的缘由。[1]

[1] 张光明、李国经主编：《周村商埠文化与鲁商文化研究》，济南：山东人民出版社，2010年版，第175页。

第三节 营 销

一、广告宣传

商家素来重视广告宣传效应，不惜投入大量人力物力，利用“广而告之”的形式宣传自己，以促销商品、提升形象。常见三种方式。

第一，使用广告招贴、宣传画。招贴一般印在尺寸不大的方形纸上，随销售商品散发。点心铺常在包装纸外面加放一张“果子贴”，然后再用纸绳子捆扎好。果子贴上面印有该店铺和产品的情况简介，有的还印有吉祥祝福语。卖布的有“布贴”，商家将所购布料折叠好后，也会附上一张招贴。有的商家在销售商品时附赠顾客美人画，画面下方则印有本店介绍。还有的店铺充分利用墙体空间，画或张贴宣传画，以进行广告宣传。

第二，发放宣传单。商家常将特地印制的广告传单在街头、集市散发。

第三，发布新型传播媒介广告。20 世纪以来，在报纸上刊登广告这一新型的宣传方式在商界广泛流行，将传播范围扩大至全社会。除了报纸，商家还在其他一些纸质媒介上面刊登广告，如杂志、图书、年画、日历牌等。后来，又相继出现无线广播广告、电视广告、网络广告等形式，通过传媒发布广告的形式愈加多样化。

除以上形式外，商家还会采取其他广告方式，如利用电影、音乐、照片等现代化声像形式进行宣传。还有的商家利用名人效应进行广告宣传。

二、营销

商业营销主要有零售、批发、批发零售兼营、函售以及近年流行的网络销售等方式。对于一些大型店铺而言，这些销售方式往往兼而有之，如绸布店以门市零售为主，兼营少量批发业务，并专设函售部办理函售业务。21 世纪初，易趣、淘宝等网络电子销售平台开始出现，卖家通过互联网销售产品，买家足不出户就能采购到各类所需商品，这种销售方式日渐普及。

（一）定价

薄利多销是商家针对中低档商品惯常采用的销售策略，对高档商品一般会采取高定价策略。“在一些大路货上是‘货真价实’，有时甚至比其他同行标价还低一些，以此招徕顾客，而在多数品种上则是‘货高价出头’，实际价格高出一般同业，而瑞蚨祥较之其他七‘祥’又有过之无不及。”[1]其实，这正是瑞蚨祥重视品质与品牌的反应。隆祥布店的绸缎、呢绒、皮货等高档货价位极高，利润率常达 30% ~ 50%，甚至高达一两倍。在古董业，定价往往也是大大超出货物价值，虽然可能短期内卖不出去，但一旦出手即可获取高额利润。

[1] 中国科学院经济研究所、中央工商行政管理局资本主义经济改造研究室编写：《北京瑞蚨祥》，北京：生活·读书·新知三联书店，1959 年版，第 114 ~ 115 页。

（二）说价

价格行情称“行市”，货物价格常随行就市，灵活多变。有些初上市货物的价格掌握不准，卖主一般会先要个高价试试，称“晃晃行市”，若无人还价，称“晃不动”，再把价位下调。卖主要价一般都会比实际应售价高，称“要谎”，这也是事先留出还价的余地，所以买方常需讨价还价，民间有“漫天要价，就地还钱”之说。一些日用品，有时要在卖主出价的基础上砍掉三分之一或一半以上。

讨价还价称“打价”“对和价”，经过一轮轮的协商，买卖双方最终达成一致。有时经过几个回合的唇枪舌剑，进入僵持状态，卖主认为还价太低，会说“卖不着”，买方便假意转身要走，待迈出两三步，卖主会将其喊回，或直接答应买方最后所出的价位，或略退一步继续议价。反之，商家也有“三捆”“三丢”之说，即顾客还价未成交时，故意将其放走，然后再叫回来，如此再三。俗话说“从南京到北京，买的不如卖的精”，在讨价还价的舌战中，最终的赢家几乎都是卖方。不过卖主时常得了便宜还卖乖，明明赚钱还要说“连本儿都赔上了”。

旧时商家不对商品进行明码标价，店员须牢记价格，看货物行销情况随行就市，自行报价，再经买卖双方的讨价还价，达成一个都能接受的成交价格。这种交易方式虽然灵活，但不规范，故有“一日买卖三时价”的说法，容易引发顾客的不信任。近代以来，店铺经营者开始采用明码标价的方式。各种商品的价位一目了然，有利于挑选和比较，极大地方便了顾客购物，商家也借此标榜“货真价实”，赢得顾客的信任。明码标价之后，一些商家规定“概不还价”，必须按标价出售；有的却是标价虚高，顾客可再行还价。

在销售中，许多商家都使用自己的交易隐语暗码，既是为防止同行探听价格，也是对顾客隐瞒成本价及零售价，以便暗中加价。这种隐语暗码是以十个特定的汉字，依次代表“1”至“10”这十个数字。隐语暗码的用字，多选用吉利字眼。瑞蚨祥的暗码有五套：1. 瑞蚨交近友，祥气招远财；2. 心田辅百世，义理助千秋；3. 诚纯守慎切，敏善就正习；4. 恭从聪明睿，肃义哲某圣；5. 江泗淮汝济，恒衡岱华嵩，各地分店可自由选用。

店方用这些汉字组合标示价格，可以将商品的原价（实价）与售价都写到价格标签上，如将棉布的原价每尺二角五分与售价三角三分分别标写。在对买主要价的时候，店员自己心中有数，可以上下浮动，但最少不会低于原价。这种暗码隐语，只有自家人才能看明白，外人却是一头雾水。当着顾客的面，伙计之间也可用隐语交谈，掌柜也可以以此暗中授意伙计应该如何出价。各商号的隐语暗码是商业机密，一旦发现泄密或有人员变更，店方便会重新编制。

小商贩也常以此类方法进行交流。集市上卖梳篦、布匹、首饰、化妆品等的杂货行，行里人经常用暗语交流，如问对方今天卖了多少钱的货，一方问：“今天可以吧，足不足？”另一方回答：“差远着哩，连庙也不庙。”外行人听不懂，他们自己却十分清楚，“足”是代表整数“十”，“庙”代表“六”，其隐语暗码为：一留、二拍、三网、四则、五神、六庙、七星、八卦、九爰、十足。

打手语也是经纪常采用的一种特殊的讨价还价方式，即在袖内摸手言价，也叫“袖里吞金”，沂源称“触袖筒”或“摸嘎”。或是藏在衣襟、钱褡下面，用手指比画数字议价。以指表示数字，各地的习惯为：伸拇指表示一，伸无名指与小指表示二，伸小指、无名指与中指表示三，伸小指、无名指、中指与食指表示四，五指全伸表示五，伸小指与拇指表示六，将五指捏在一起表示七，伸拇指与食指表示八，伸出食指弯作钩状表示九，伸拳头表示十，正如俗谚所云：“一到五伸指头，大小齐伸是个六，捏七别（或叉）八钩子九，拳头一晃两只手。”

（三）促销手段

在激烈的市场竞争中，商家为了争夺销售市场，扩大销售量，往往要想方设法采取各种促销手段。

1. 降价销售

价廉是吸引顾客的最有效方法，降价销售是商家常采用的招徕顾客手段，具体方式包括直接言明减价出售，或说打折扣、甩卖等。另外，商贩也经常给熟客和购买量大的顾客以优惠照顾，如旅店为拉拢常住客人，实行包房间住宿，给予住满一月者八折优惠价，月终结账。降价时，商家往往辅以多种宣传广告，如在店门口大书“血本大甩卖”“× 折优惠大酬宾”等，有的派店员在门前大声吆喝，有的还燃放鞭炮、敲锣打鼓以造势，吸引行人注意。现代大型超市通常定期选取部分商品降价促销，为整个卖场吸引人气。促销商品除了在原来的货架上用醒目的标签标识出来，还在专门的促销区（一般是在主、次走道）摆放一个个摊位，将此种商品单独堆积在一起，或是艺术性地垒出特定造型，十分吸引人。

有的商家将降价销售作为一种营销策略，是商家打出的幌子，实际商品的价格并未下降甚至不降反升。

2. 亏本销售

为了在竞争中取胜、赢得顾客，商家有时会采取亏本销售的方法，以低于进价的价格售出。这样做看似亏本，实际从总体来说还是盈利的。有的亏本销售是为了放长线钓大鱼。有的亏本销售是出于商业竞争的需要，为打压对手，不惜将某些商品压价至亏本销售。

3. 量多优惠

许多商家在顾客购物达到一定数量后，再赠送少量货物，以此鼓励顾客多多购买其商品，增加销售额。卖豆腐的小贩，在过秤称好豆腐后，往往再切一小块加上，以示赠送；卖花生、栗子的，在称好后会再抓上一把。这种赠送让顾客感觉到优惠，每每因此增加许多回头客。

4. 赠送礼品

商家在销售时常会赠送一些配套用具或小礼物等，以此与顾客联络感情。中药店会将部分熬药所需用的药引子、包裹煎药所用的纱布、过滤汤药所用的小滤网等免费送给顾客。

5. 设奖、抽彩销售

商家承诺顾客在购买一定数量或价值的商品后，向其赠送奖品或奖券，或提供抽奖，利用顾客侥幸得利心理，吸引顾客，从而提升销售量。奖品多为该店商品，也有的直接奖励现金。更多的设奖销售是采取抽奖的形式，抽奖的头等奖往往是贵重商品或巨额现金，虽然极少，但有极大的诱惑力，顾客为碰运气或出于好奇而积极参与，使商家大大获利。

兜售小食品的商贩也常采用类似方法，以转糖、投彩、抽彩、抓彩等方式吸引儿童购买。转糖的小贩，所担挑子的一头是一个方形大盘，从中心向外辐射分为十几格，每格中放有糖果、画片、小玩具等，盘中心横插一根小木棍，上面吊着根铁针。小孩交钱后，以手拨动木棍旋转，针停在哪一格即可得到该格中的物品。投彩、抽彩、抓彩与之相似，看似凭借好运气赚得糖果，实际上格内物品的价格和转动一次需交的钱相差无几。

6. 发售礼券、购物卡

每逢大节或喜庆大事，有的商家会发售标明一定金额的礼券，购券者可将此券作为礼品转送他人。此类礼券，不限购买次数（有的规定有效时限），但只可用于购物，不能兑取现金。现代大型超市和商场则以发放购物卡的方式取代礼券。

7. 给予回扣

对于采购大宗货物的顾客，商家会给予回扣；对于给商家介绍成交巨额买卖的中间人，商家也会给予提成。回扣和提成有的直接在货款中扣除，有的则在实价交易后变相给予，如赠送实物、发放奖金等。旧时旅店为招揽生意，便联系车夫，凡将旅客拉至该店住宿者，旅店将客人所付住宿费按二八或三七的比例与车夫分成。

8. 信用赊销

赊销俗称“放账”，即顾客购物时可先不付现金，事后统一结账。大多是月底或年底统一结清账目。按照传统商业惯制，商家一般要在端午、中秋、春节这三大传统节日前结清账目，届时店家会派人上门收账。赊销原是一种原始信用交易性质的买卖形式，近代以来为商家活用作促销手段。旧时店铺常设一块木牌，俗称“水牌”，有赊购的即将顾客的姓名和所购货物名称、数量、款数等有关内容记录在牌子上，名为“挂账”。一般来说，商家赊销多对熟客，对外地陌生客户多取慎重态度。赊销不仅限于零售小商品，大型批发业有的也允许赊账，不过由于批发商品占用资金数额较大，故赊销时限一般较短。

9. 以物易物

以物易物是民间一种灵活的销售方式，源于“以其所有易其所无”的原始交易形式。卖馒头的允许买者用小麦换取，卖豆腐或豆油的可用黄豆换取，卖棉油的可用棉籽换取，卖油、盐的可用鸡蛋等换取。20 世纪 60 年代，各地卖酒的允许顾客以地瓜干换酒，一般 3 斤地瓜干加 2 角钱换取 1 斤 60 度白酒。

10. 现场演示

商家为了显示自己的商品货真价实，常会现场制作或演示。卖芝麻板糖、花生板糖的，多采取现场熬糖制作的方式。现代大型超市、商场也常采用这种促销手段。卖锅具的现场演示如何在三五分钟内制作一道美味菜肴，卖烤箱的烘烤一些简单的蛋糕，卖咖啡机的则演示如何在最短的时间内做一杯咖啡，并在做好后分发给顾客品尝，往往能收到良好效果。

（四）优质服务

优秀的服务质量是商家吸引顾客的主要手段之一，也是决定商业经营能否成功的重要因素。商家多以“顾客就是上帝”为宗旨，无不在优质服务方面下足功夫。

1. 营造良好环境

商家通过营造良好的环境，使顾客置身于洁净、优雅的环境中，感觉舒适惬意，心情愉快，以确保交易顺利进行。注重环境的营造，室内摆设考究，所有设备、器具一尘不染，服务人员每天早中晚清理三次卫生，做到窗明几净，茶具无茶锈。店铺规定必须做到“四亮”，即门把亮、铜壶亮、水桶亮、鞋拔子亮。对铜制用品，每天用防锈油擦拭一遍，使铮亮可鉴。玻璃窗每周擦两次。地板每周用地板油擦一遍。从走廊到房间，从座席到烟茶用具，处处洁净光亮，一尘不染。走廊和营业室的墙上悬挂名人字画，陈列奇巧古玩；走廊和各个房间摆满鲜花绿草，四时花香不断，还养金鱼供人观赏。

2. 注重着装、仪表

营业人员的仪表关乎商号形象，素为商家所重视。对于从业人员，尤其是柜台售货员，要求容貌洁净、仪态端庄、精神焕发，着装要求干净整洁、大方得体。旧时店铺，伙计冬天穿长袍马褂，夏天穿长衫，穿短褂也要衣扣整齐，扎腿带，穿袜子。一些大店铺还由店方出资，安排店员定期理发、修容。在行为举止方面，站柜台的伙计要求两手自然下垂，立正站直，不准把手放在柜台上，也不准倚靠柜台。店员不准在店堂门口打哈欠、伸懒腰，更不准随便交谈，时刻注意维护商号形象。

3. 服务礼貌热情

俗谚云“三分生意七分待客”“和气生财”，以礼待客是商家成功的要诀。

坐商依托固定的店铺或摊点，在固定的时间经营销售固定的商品，因是坐等顾客上门购买，在买卖关系中较为被动。尤其是在商品丰富、商业竞争激烈的时候，商家就要特别注重管理和营销策略，对买主的态度也尤为重要。为此，知名商号会在门口设有专门迎送顾客的伙计，为顾客开门掀帘，让座上茶，再由专门营业员负责客人购物的全程服务。顾客购物结束要走时，伙计要帮助取衣服和寄存的贵重物品，开门送客，等客人上车后再转身回店。

几乎所有的店铺都严格规定店员不许与顾客顶嘴、吵架，即使是顾客无理取闹、肆意寻衅、大敲竹杠，也必须谦和忍让，殷勤招待，同时婉言解释，耐心化解，以求息事宁人。老字号都特别注重服务质量。博山聚乐村饭庄要求伙计不管对达官贵人，还是对平民百姓，都要笑脸迎送，热情招呼。客人落座后，要打洗脸水、拿毛巾、沏茶、询问点菜等。顾客点菜，不论有无，都应和颜悦色地回答。对顾客的赏钱，伙计应呼“谢谢”；顾客离店，伙计应高呼“送客”，并热情送至门外。

4. 服务注重细节

专设迎送顾客的服务员。见顾客到来，立即开门，笑脸相迎，在辨明顾客身份后，因人而异指定一名售货店员为其服务，以便采取不同的销售策略。若见来客行色匆匆，进门便直奔柜台指名要货，这类顾客多为有预定的购买目的，不愿耽误时间，就把他让在前柜接待；若看到顾客来人较多，有男有女，这类顾客一般采购的东西较多，就把他们引到二柜，任其随意挑选；若看到顾客穿着体面、气派非凡，一定是有身份的大主顾，便指定善于辞令、娴于礼节的店员接待，将其让到楼上，并拿出烟、茶招待，同时指示售货员把店内的精品拿出来让顾客挑选。顾客出门，店员送至前柜，要起身点头以示送行。陪着顾客看货的店员，在提供服务时也会多加注意，先陪着顾客一起浏览挑选，看顾客在哪里停留，即请顾客就近落座，然后再问买什么。店员帮助顾客选货时，要先介绍中档货，若顾客嫌次再拿好货。一方面，防止先拿好货顾客买不起而受窘，行话称“拿顶了”；另一方面，若顾客不满意，店员却没更好的货可拿，又会使自己处于被动地位，这都算是店员的失职。店员要一直陪同客人挑选到最后，直至将顾客送出店门，内部称“人盯人”。对于特殊顾客，店员要为顾客提货，部门掌柜亲自陪送出门，并且代为叫车，待顾客上车后，店员将货递上，车开后方能转身回店。

现代大型超市和商场的服务更是周到细致，在入口处为顾客提供雨伞架、擦鞋器等设施；在外租区设置顾客休闲区，为顾客免费提供购物车、购物篮等。

为了真正方便顾客，商家还想出各种方法。许多商贩、商铺同意小份额出售。一些小店酒按杯卖，烟论支售，所以民间有歇后语“小铺的蒜——零揪了”，形象地说明了小铺的这一特色。博山聚乐村饭庄打破陈规旧俗，不仅承办定人定款的大桌筵席，而且也实行不受人数和钱数限制的点菜办法，客人可随时任意添菜。

旧时的馒头店（俗称“馍馍铺”）常用竹木做一些小牌，顾客可以事先买些馍馍牌，临到吃饭时用牌子去取馍馍，不用次次都支付现金。卖水的也用竹子制成小牌（竹签），宽约一指，长约一拃，也称“水牌子”，上面烙有印记，一角钱卖十个，一个水牌子可买一担水。卖开水的茶炉，也卖水牌子，一个水牌可打一壶开水。

过去交通不便，有外地顾客当日不能返回者，店方也必殷勤接待，不仅敬茶递烟，留宿管饭，有时还赠送礼品。为路远当天来不及返回的顾客免费提供食宿，以此吸引回头客，形成一批老主顾。

药店除了售药，还常年设立坐堂中医，为顾客看病开方。药店对坐堂医生的选择很严，因为一旦用了庸医，便会砸药房的招牌。此外，每种药材单独称量、独立包装，包内装草药图鉴说明，赠送配套用具，以及夜间售货等措施，都是以方便顾客为首要原则。

5. 讲究服务技术

优质的服务技术是店员必备的素质之一。商家要求店员必须熟悉业务，能够熟练地向顾客介绍商品的性能、特点、质量、使用方法和价格等，准确解答顾客疑问，迎合顾客心理，帮助顾客挑选合适的商品。布店的营业员不仅要能说会道，还要学习掌握量尺技巧。饭馆的伙计算账报账时要“一口清”，既快又准，才会受到顾客的赞赏。商家为提高营业人员的服务技能，也采取多种措施。如理发店实行挂牌挑选理发员的方式，督促其提高理发技艺。

上门服务也是店家的便民措施之一。如馒头铺可以送货上门，顾客如果吃不完，只要不弄脏，不破皮，下次还可以换个热的。多数饭店都开设送外卖业务，客户订餐时说明时间、地点、品种、数量，饭店便会按时送至，少至一菜一汤，多至整桌宴席，包送到家。博山聚乐村饭庄，为扩大市场，还采取外地煨菜的办法。所谓“煨菜”，就是派厨师带着现成的原料或半成品，到外地现做，这样现吃现做，味道鲜美，保持了地道的博山风味。聚乐村不仅到张店、周村等周边地区煨菜，还曾到青岛、徐州等地，博得外地主顾的好评。

（五）其他销售方法

打感情牌也是商贩普遍采用的辅助销售方法。许多顾客经常到一个固定摊位或店铺购物，时间一长，便与常摊商贩或坐商熟悉起来，甚至彼此有了交情。对待熟客，商贩会主动推荐新鲜、质优的货物，要价也不会太高，甚至会主动让利，“卖别人两块，给你一块八”，以拉拢主顾，争取回头客。瑞蚨祥每逢过年，都会派一名吃股掌柜带着一个学徒，拿着字号名片到常来往的大户人家拜年；每到元宵节，则在店内挂灯，请人来赏灯，节后设宴招待老主顾男宾，称“请春酒”。有的商家还留心备案顾客资料，让店员记下经他手接待的买主的地址、姓名。

三、账目结算与利润分配

（一）账目结算

夫妻店、父子店一般不设账，多是钱一堆货一堆。较大的店铺，尤其是合伙经营的，有严格的财务管理制度。平日，每天结束营业后，必须结算清楚账目。经理对每天支出和收入账目都进行查阅，若发现问题，也需及时弄清。年终盘点结账，账房先生和经理一起向资东汇报经营管理、收入支出、效益盈余等事宜。

（二）利润分配

商家一年所获盈余，先用于缴纳所得税，再由股东提取股息，剩余利润的分配主要有三种方式：分红、工资、奖金。

店铺的红利分配，由出资的东家和负责经营的西家按照契约所规定的比例来进行。惯例是“东六西四”，或称“钱六人四”，即股东分六成，经理、会计、店员等从业人员共分四成。也有的是“东七西三”。西家分得的四成或三成红利，一般再分为十股，每股又分为十厘，由经理、会计和店员等各按规定比例获取，数目不等，称为“吃股”或“吃西股”。经理通过顶身股制度（也称“人力股”，与银股同为常见的股份形式），所享有的分红一般为每人一股，偶尔也有一股二三厘者。在店内工龄达十年以上、工作没有犯错的伙计，也可由掌柜向股东推荐，经众股东认可后获得顶身股，一般最初为二厘，根据其业务能力和贡献大小，可日渐增加，增至一股为止。为了调动店员的积极性，有的商家采取入股分红的方式，也让店员入股，参与经营利润的按股分配。管理者还设立各类杂股，为自己争取福利。

工资是经营者较为固定的收入，也是普通店员的主要收入，一般按月领取，也有年终一次性发放的。根据资历、能力和贡献大小，工资的数额不断调整。除了固定的工资之外，还有各种不定额的奖金。提成便是较常采用的一种奖励方式。这种奖励的数额根据经营的好坏而定。

另外，常见的奖金形式还有小费，完全属于店员和学徒等劳动人员。在德馨斋酱园，年终时西家人员每人可分得一份“抛二钱”（包装费和小费等），这部分钱比学徒一年分到的钱还要高出许多。在经营良好的店铺，资东还会在年终时给予西家人员不同程度的馈赠，作为辛苦费或劳力钱，以示关怀鼓励。瑞蚨祥年终馈赠全体店员，普通职工每人 10 ~ 50 元不等，经理可达 200 元以上。

除了金钱奖励之外，有些店铺还注重其他福利待遇，以调动店员的积极性。如负责店员的食宿，连洗澡、理发、洗衣费用也来支付；夏季每人发一套衬衣、短裤，表现好的店员发给两套；每年有 10 天（包括旅途时间）的探亲假，家属探视时的食宿费由店里包管；若店员在本店买东西，可按成本算钱；在员工或学徒探亲时，赠送一份本店产品。博山聚乐村饭庄每至端午节、中秋节、春节，资东要大摆筵席，犒劳店员，还会赠送生鸡、生肉、鞭炮、蜡烛等物资。

四、商业管理与规约

新中国成立前，集首（俗称“集头”）是集市的管理者，负责维持交易秩序、划分行市、制定集规等。他们或是当地有钱有势的富商，或是横行一方的恶霸（民间称“爷”），将集市视为自己的地盘，严加控制。若有人违犯集规，扰乱市场秩序，集首便对其进行处罚，甚至将其驱逐出市场。此外，他们还要经常在集市上巡视，严禁小偷在他们所管辖的集市上“做活计”。集市上的商贩则要向集头交纳管理费或代收的税费，如不按时缴纳，将难以在集市上继续立足。旧时集市上的集首，虽然对于保障市场交易活动起到一定的积极作用，但由于多为当地有权有势的人物，故常有欺行霸市、恃强凌弱、危害商贩利益的现象发生。

旧时沂源集市上的杂货市还有以卖梳篦者作为集市的管理者，俗称“二集首”。他的摊点设在哪里，其他日用小百货摊位就在左右依次排开，不许其他货摊杂入。摊位各得其所后，待卖梳篦的撑开一把特制的大黄伞（或黄白相间的伞），各摊点才可解包袱、摆货品、开张售卖。若伞未撑开，谁也不能买卖。据说这把黄伞是皇帝御赐的，因他们的祖师爷曾靠梳篦头令皇帝十分满意，因此被封为百业之首。

新中国成立后，政府加强对集市的管理，集首和行首逐渐消失，集市由当地工商行政管理部门统一管理。各个集市设有专门的市场管理人员，负责维护市场秩序，调解市场纠纷，监督买卖公平，打击欺行霸市、短斤少两、以次充好、坑骗百姓的不良行为，维护消费者的合法权益。

五、近代商业

20世纪初，随着商品经济的发展，一批新型商人群体涌现出来。一方面，大宗商品异地流通，既要“走出去”，又要“运进来”，原来那种传统方式经营的店铺已无力胜任，一种购销代理的行栈商人便应运而生。到20、30年代，周村、张店、博山、辛店、桓台等地这种行栈商人已经为数不少，十分活跃。经营范围包括粮食、生丝、丝绸、煤炭、苇席、黄烟、陶瓷、琉璃、杂货、颜料等。代理业务按货值收取一定佣金，有的还从事批发为主的自营买卖，其下游是零售的店铺、商贩。它们有的在外埠设有分号联号，类似连锁经营。另一方面，在市场需求和出口增加的刺激下，一些适合进村入户而又技术含量不高的手工业进入市场网络。在这些行业中，出现了一手牵着市场、一手牵着散户的手工工场。此类工场在资金、原料、制作方法、加工规格、生产价格等方面控制着手工业者，把千家万户与国内外市场联结起来。临淄的花边业和周村的发网业就是在这时兴盛起来的。

临淄花边是一种服装上的装饰品，有两千多年的历史。近代花边最初由意大利传教士组织生产，由外国神父供给原料，发给教徒和农村妇女加工，支付工钱，收回成品后外销。1895年后，临淄出现私人花边作坊，自行放货收货，然后送益都洋行外销。到民国年间，花边生产在临淄普及，花边庄越办越多，并直接与烟台洋行签订合同，来料加工。后来，有的花边庄的艺匠，如义成祥号，可以根据洋行的照片或实物，自行拆解研制出花边大套产品，极受外商欢迎。发网业主要在以周村为中心的淄川、长山一带，发网商直接与北京洋行建立供货关系，在周村购丝发丝，由散户负责编织生产。产品在周村整理后，发往北京洋行，再出口至伦敦、曼彻斯特、纽约、巴黎等地。其原料供应、加工方式、成品整理、产品外销与花边基本相同。类似这样的手工工场，在络丝、打线等行业也出现了。它把远方市场和乡村农户连接起来，使农村妇女劳力参与到市场网络中来，是农村商品生产的一个重要类型。

从洋务运动开始，淄博一带部分手工业作坊开始向近代化工厂转变。商业资本开始向博山、张店、周村等城市流动，有不少商人还到京、沪、济南、汉口等地投资创业。资本聚合形式也发生变化，产生出股份制公司。民国初期，随着经营规模的扩大和市场扩大，合股经营的工厂、作坊、店铺越来越多，风险共担，利益共享，其基本原则已经接近于后来的股份公司。1919年，博山聚乐村饭庄成立，实行比较规范的股份制经营，制定了章程，字号名称、组织形式、资金筹集、人员配备等都由股东会议研究做出详细约定。开业后业务持续兴盛，成为30年代饮食业的执牛耳者。1920年，博山煤商马官和等人联合投资40万银圆，修建博山至八陡间轻便铁路，全长27千米，设6个车站，为运煤专用线。

民国初年，农村资本开始向工商业流动，有的向县城转移，有的跨县甚至跨省投资。这与市场扩大、铁路开通、资本积累都有直接关系。桓台县苗杏村、张景韩、王贯东、穆伯仁四家在济南安营扎寨，省城的桓台帮声名显赫。到二战前，济南面粉工厂共 7 家，其中桓台帮投资 4 家；纺织厂 3 家，都为桓台帮投资。由此可见，当时淄博一带的工商业者视野已经拓展到全省，事业登上新台阶。

清末至民国前期，淄博一带传统的陶瓷、琉璃、丝绸三大产业空前兴盛。特别是胶济铁路通车以后，煤炭实行产业化开采，从而带动了机械化的起步，同时，淄博也在省内较早出现了电力工业。市场范围的扩大，使农产品商品率提高，其中以茧丝、棉花、烤烟为大宗；外国资本开始进入淄博地区农产品加工、运销的链条中，资本主义的生产关系在一些经营体中体现出来。依托工业、手工业的发展，商业也日趋繁荣，一批商业城镇崭露头角。在资本组织方面，近代公司制开始在工商业中大量出现。淄博一带的近代化和城市化进程逐步向前推进，但是社会的动荡和外国列强势力的压迫，使得这一进程只能是步履蹒跚，艰难前行。[1]

第四节　信　贷

淄博是铸造和使用金属货币最早的地区之一，东周时期，齐国都城临淄就铸行刀币。淄博金融业始于近代。清同治元年（1862）山西大德通票号在周村设立分号，光绪四年（1878）博山始建钱庄。此后，典当、银炉各业应时建立，经营汇兑、存款、兑换、质押、首饰等业务。1921 年，淄博地区的钱庄多达二百余家，后因战乱，银钱业三分之一亏累甚巨，时有倒闭。1913 年淄博始有新式银行机构，到 1936 年，先后有七家银行在周村、博山、张店三地建过分支机构。1949 年 11 月中国人民银行淄博支行成立，到 1952 年已基本建立起统一的社会主义金融体系。

一、钱庄与典当

据考证，淄博早在 18 世纪初就有经营商业兼做放款的店铺，一直延续到 20 世纪 30 年代，而专门经营货币信用的钱庄则始于 19 世纪 60 年代。清同治元年（1862）号称“汇通各省”的山西大德通、大德恒票号在周村设立分号，继而大德川、三晋源、协成乾也设立分庄。票号凭借其雄厚的资本和广泛的分支机构承办埠际间汇兑，经营存款、放款业务。清光绪四年（1878）莱芜人朱玉文集资五万吊钱，在博山西冶街创办恒顺成钱庄。次年淄川人束心斋集资四万吊，在博山宋家胡同开设益盛公钱庄。桓台县较晚，于清光绪十二年（1886）开设资本较小的祥和钱庄。到清末，淄博钱庄业有 40 余家。辛亥革命后，依靠清朝政府支持的山西票号相继倒闭，但因当地钱庄业已有较巩固的基础，工商各业的资金可赖以周转支持，故仍能保持优势并继续发展。1914 年淄博的钱庄已增到 50 家。第一次世界大战期间，民族工商业有了喘息的机会，淄博的银钱业随着工商业的发展而逐步发展起来，1937 年日

［1］近代商业参见王培源主编：《文化淄博》，济南：山东人民出版社，2021 年版，第 143 ~ 145 页。

本入侵淄博后，钱庄大都倒闭或转营他业。1948 年 8 月山东省政府公布《山东省管理银钱业暂行办法》，周村的 8 家钱庄即遵照此办法进行清理债权债务，向人民政府申请转业或停业。至此，私营钱庄在淄博的历史遂告结束。

典当，又称“质当”，简称“当”。当户将其财物（包括动产、不动产或财产权利）作为当物抵押给典当行，交付一定的费用作当金，在约定期限内偿还当金、支付当金利息，便可以赎回当物。典当与钱庄、银号、票号并称“钱”“当”两行，同属旧时的金融业。当铺的营利性明显，其字号名称大多与“利”相关，表达获利的愿望，如周村的阜祥、永孚，桓台的永吉，淄川的隆吉，洪山的隆兴当铺等。

规模较大的当铺，主要客户为急等钱用却一时周转不灵者或原本家道殷实后败落者，主要当押金银饰物、珠宝玉器、古董书画、皮毛绸缎、豪华家具、房地契约、有价票据等；规模小的当铺，服务对象主要是平民，往往是不论何物，只要有价值便可典当。清末民初是典当业兴盛时期，一般的县、乡、镇都有几家当铺，多则十几家，城市则更多。受钱庄和新式银行的影响，典当业逐渐由盛转衰直至没落，传统当铺新中国成立后绝迹。20 世纪 80 年代后期以来，适应市场经济发展的需要，典当业复苏，当铺又悄然出现于人们的生活中，并在功能方面发生了显著变化：它在继承传统服务于一般市民的同时，更主要的是帮助中小企业和个体经营者周转资金，解决资金临时不足的问题，成为一种方便快捷的融资方式。

二、当铺

淄博的典当可考证者，清同治四年（1865）至 1948 年有 14 家。其中较早的是博山志和成、谦发及周村阜祥等 8 家，其次是桓台永吉，再次是淄川隆吉等。

博山志和成当铺，约建于清道光十五年（1835），地址在博山西关，1945 年日本投降后关闭。桓台永吉当铺，地址在桓城东街，清光绪十一年（1885）开业，1948 年停业。该当铺占地 10 余亩，分设 4 个院子，铺主丁某，山东黄县人。淄川隆吉当铺，清光绪二十六年（1900）黄县丁石泉所开，地址在淄川城里东街，雇店员百余人，并在罗村、西关、王村、洪山、昆仑等地设代当点。1937 年，日军侵占淄川前夕倒闭。周村永孚当铺，建于清朝末年，地址在周村保安街，店主丁某，山东黄县人。该铺有大小庭院十几个，雇店员 40 余人，设家具、戏具、衣物、首饰、玉器等库房，1948 年关闭。高城当铺，据传也是山东黄县姓丁的设立。店中伙计不用当地人，赚钱很多，生活极其奢侈，每日三餐都有账记载，不能重样，房屋几十间，分为好几个院落，光狗就养了十多只，狗的生活都高于一般常人。

（一）当铺建筑

典当是一种特殊行业，店内常存有大量现金和价值不菲的当物，这就决定了当铺建筑的设计以坚固、安全为第一要务，形成了类似堡垒的建筑特色。周村永孚当铺，为龙口丁氏于清光绪年间创办，位于周村保安街南首路西，院墙高大，院落宽敞，住宅楼十分坚固豪华，许多大官僚来周村时都借住在这里。20 世纪 30 年代，韩复榘任民国山东省政府主席期间，但凡到济南以东视察，都是住在这里。

当铺建筑，必须与四邻屋宇间隔一定的距离，或四周设高墙间隔，以防附近失火会殃及当铺。当铺院落的围墙高大，房屋的墙体厚重结实，窗户都安有防盗铁栅栏，防火防盗的功能突出，而且易守难攻。当铺的门槛比一般店铺要高，以防止水淹。当铺的铺面，也称“柜房”，为典当交易的前厅。大门厚重结实，包有铁皮，里面可用粗大的门闩拴住。大门内设有影壁或屏风，既防止别人窥探当铺内部情况，又避免让熟人看见来典当者的窘相。柜台下段为石墙或厚木板，柜台以上是直至屋顶的木栅或铁栏，留出营业窗口。窗口刻意筑得很高，接近 2 米，内设踏板，约高 40 厘米，有的设两级踏板，高达 60 厘米。这一方面是基于安全考虑，避免因争执引发打架斗殴，起到保护的作用；另一方面，迫使当户在当东西时都要用两手将物品高举，送到柜台上。与居高临下站在柜台里面的当铺伙计相比，当户自觉矮人一头，语气腔调也不觉软了下来。柜台后面是会客大厅，为接待来访客人或洽谈大宗业务的顾客而设。厅后的一间大屋为过渡储物室，用于临时储物。

铺面后面是储放当物的库房，通常为数层高的当楼，围墙下段用毛石筑成，上部用砖砌筑，形如碉堡。当楼下层绝少开窗，上层多开小窗，竖挡小铁栏，用于瞭望和通风，又便于射击。出于自卫的考虑，除了置备枪械之外，还常储备大量石灰、石块，若遇盗匪打劫，居高临下，在楼上撒灰抛石。当楼内设有木梯通往各层，木梯狭窄，仅容一人上下，需缓慢而行，颇费周折。各层楼内摆放着一排排高大的货架，架子分层分格，按编号分别存放当物。室内设有高低梯子、折梯、高凳等，以便取放当物。对于房地产契约、首饰、古董、字画等贵重物品，要存放于专门的房间，或是贮存于铁柜，确保防火、防水、防潮、防盗、防鼠。当铺大多设置地窨、暗室等，为避难应急之用，一旦发生意外可将贵重物品转移进去，有的则在里面存放银钱。当铺院落里都设有水井，除供饮用外，亦是防火之必需。

当铺都有专门的护院人员负责保障安全，他们夜间值班巡更，白天辅助办理店中杂务。为防御盗贼匪徒、散兵游勇持凶抢劫，当铺有时会雇武师护卫宅院和教授武艺。龙口丁氏家族的当铺，曾聘请六合螳螂拳第二代传人林世春当拳师，令盗贼闻风丧胆，无人敢近。当铺一般都喂养狼狗，白天拴在存放金银珠宝等贵重当物的库房门口，晚上则放开锁链。

（二）当铺经营

1. 收取当物

当户持物前来典当，先由店员验货。当铺尤其喜欢选取能够保值增值、易于保管的当物，不会收取没有价值的东西，也不能收取赃物和武器军械。若接柜人员误收赃物，一旦发现，要及时报警，补填一份注有“盗票”字样的当票，由警方转交失主，允许其免息取赎，若期满仍未来赎，则按例归为死当。准确鉴定和合理估价是典当至为关键的一环，所以要求店员必须具有丰富的业务知识和经验。

2. 议定当金

决定收当之后，双方要商定当金数额。名义上要由双方协商确定，实际上当铺方对于定价起着决定作用。为尽可能地获取高额利润，当铺在收购当物时尽力压价。当物价值的折算价，一般为原价的三成至六成不等。金银首饰至多七八成，衣物至多六七成，一般当品只当时价的一半，俗称“当半”。当然，在对当物进行估价时，店员还需看人下菜碟，灵活应对，以免得罪人、惹麻烦。因此站柜台的都是熟悉人情世故、办事精明老练并且能说会道的伙计。当铺内部人员常用行话隐语相互交流、商量当金数目。当铺都有一套特定的行话隐语，如将袍子称为“挡风”，马甲称“穿心”，裤子称“叉开”，珠子叫“圆子”，桌子称“四平”，灯叫“高照”等；另用十个汉字作为暗码，代替“1”至“10”这十个数字。

当铺之间为了自身利益，彼此通气，不会哄抬当价。如果当户坚持要高价，双方不能达成协议时，店员在退还当物时便暗中做手脚，留下记号，如是衣物，整理折叠时把上衣的一只袖子反叠，袖口朝下，把裤子折三折；如是金货，就用试金石轻磨一下；如是金表，则将表盖微启一点。第二家当铺一看便心中有数，开出的当价与第一家差不了多少。这样，即使当户问过几家当铺，最终还是只得以低价当出。

在压价时，当铺总是对当物吹毛求疵，加以贬低，例如要把好说成次，将新说成旧，将完整说成破损，将贵重说成低贱。书画称“烂纸片”，红木、花梨木称“杂木”，银器冠以“毛银”二字，锡器则加一个“废”字，首饰注以“淡金”“砂金”，金表说成“破铜表”，衣服都要冠以“破”“旧”字样，完整的衣衫说成“缺袖少领”，崭新的皮袄说成“光板无毛，虫吃鼠咬，破毛袄一件”。这样做也是为预防储存期内若当物有所蚀损，在当户取赎时可以搪塞过去，避免麻烦。

当铺押品多为生活资料及零星物品，如衣服、首饰、珠宝、玉器、家具等。押品价值折扣由当铺自定，一般仅占原值的10% ~ 60%。质当期限，早期为3年、2年、18个月，以后大都定为12个月，期满可延到13个月。利息按当值2分，另加收保管费1分，到期不赎，当铺有权对物品投标销售。从事典当业的主要是地主、商人、官僚，当物者多为小手工业者、农民和城市贫民。典当有明显的季节性，春、秋两季为旺季。农民春种需资金，较多质物入当；秋收资金有余，较多赎当。当铺为获得高利润，定有许多条例。凡入当者要“听从估价，不准押当”，“逾期满当，不准强赎”，“虫伤鼠咬，不准勒赔”。民间传说“气死不告状，穷死莫当当”。

3. 开具当票

待相关事宜全部商议完毕，当铺开具当票。当票是当铺与当户之间订立契约的凭据，由当铺开具，是当铺向当户支付当金的付款凭证，也是当户日后赎取当物的唯一依据；若是引发纠纷，当票也是诉讼时最重要的证据。当票上面除印有当铺字号、地址等说明文字之外，还要写明当物名称、数量、质量、编号、当金数额、抵押利息、立据日期、抵押期限等内容，交由当户收存，到期凭此赎取当物。

当票上的编号称“当头”，当头按《千字文》前十二个字编号，每月以一个字为号。填写当票时，要用该行业专用的特殊字体，即“当字”。当字是典当行世代相传、约定俗成的专用文字，只有当铺内部人士才能辨认，外行人很难识别、书写。当字的数目有一千个左右，常用的不过三四百字。其字体大致如行草，有的是使用减笔法、拆字法而形成的异体字，如俗话所说的“当店字有头无耳”。当票上常将“衫”字写成“彡”，将“袄”字写成“夭”，将“棉”字写成“帛”；钱数用“壹”至“拾”汉字表示，第一个字特别大，下面的数字又草又密。当票采用这种特殊的文字书写，有着多种目的：一是便于快速书写，能够一挥而就，节省时间；二是可以防止伪造、涂改；三是一旦有纠纷发生，有利于当铺做出维护自身利益的解释，因此有时也成为不法当商欺诈盘剥顾客的手段。

当铺对当票的管理极为严格，专门刻版印制以防假冒，并且规定当票不得涂改和伪造。当票不记名，赎当时当铺认票不认人。若当户不慎遗失当票，需至当铺说明当物的样式、花色、当本、日期，经核查无误后，在有人担保的情况下，才允许挂失，即可赎当或重开“补票”。如果在当票挂失之前已被他人抢先赎走当物，当铺概不负责。当户若急需用钱，也可将当票出卖（当票实际上也是一种有价证券）。为避免上当，买家一般先到所在当铺进行核对，确认属实无误后方予付款。

店员拿着当物到账桌前开具当票时，要高声唱叫报账，账房先生根据所报物品和金额填写当票并盖章，管钱的负责付款，店员将当票连同当金一并交给当户。当铺付给当户钱款时，按例要先扣第一个月的利息钱。

4. 收当入库

在开具当票的同时，店员要从账桌上事先排好号数的成串竹牌中依序拿取一根，每个号牌上都系有白线，将这一号牌拴在当物上，并将当物放在过渡储存室，等待入库。店员每天经手的当物、现款，都有专人记录于账簿，到晚上停止营业后统一结算。当日出本多少、取利多少，账房都要集中登入账簿，并核查店员缴入的现款是否与账簿上的相符。账房先生一边核对，一边高声叫号，即口唱号码、名目、数字，声音响亮，韵调独特。核对无误后，主管人盖上印章，店员将收当物品整理打包或打卷，穿挂上已写好品名、件数、金额的小号，并撤下号牌。为了避免出差错，对每件当物进行编号时，通常要用三个号签：一个拴挂在包外，十分醒目，便于取当物时查找；一个放在包皮里面，若外面的小号被蹭掉便可据此查对；有时还会放一个在物品里面，如放在衣服口袋里、表壳里等，以策万全。

5. 保管当物

当物经双方当面清点、签封后，移送至库房，由专门负责保管的人员将当物按顺序编号，分类放入货架。对于当物，当铺在当期内不得出租、出借、质押和使用。当铺设有专职保管员，负责收藏、检查、存取当物。原因是若日后当物变为死当，当铺易于变卖并可多卖些钱；而且若因保管不善而造成当物破损，便是当铺的责任。典当业尤忌丢失了当物遭当户索赔，这会使当铺信誉尽失，即使日后找回原物补还，也已是恶名在外，极有可能就此一蹶不振。

贵重物品的保管人员责任重大，当铺必会任用绝对忠实可靠之人担任。保管此类当物的库房，也成为当铺内的禁区，除经管人和掌柜以外，其他同仁不得擅入。

普通库房的保管人员业务量很大，负责各类质押物品的存放和日常保管、保养，做好防火、防盗、防霉、防潮、保险等工作，如要定期打开包皮翻晾，妥善放置樟脑球，留意堵老鼠洞、放老鼠药、捕杀蟑螂等，确保当物完好无损。对于当物保管，当铺多有相关制度规定，定期清理、养护。每隔两三个月，保管人员便要对架上物品进行一次集中清理，重新安排当物。在春、秋两季，当铺集中对收当的皮毛制品进行一次去潮、防虫的养护。少数特殊的当户，他们典当并不是为借贷，而是为了财产保险储藏。有的农民于春暖时将棉衣等容积较大的物件当出，冬天再赎回。

准确掌握、查验当物的赎期，是架本保值、及时周转的重要一环。为便于有效的管理，当铺都在柜台旁挂一块“望牌”，或称“月牌”，用以显示当期、查对期限，便于及时查询、处理当物。按照所执行当期的月数，一般是选择《千字文》开篇的18个字依序代表各个月份，即以“天、地、玄、黄、宇、宙、洪、昌（原为荒，为取意吉利，以近音字代替）、日、月、盈、者（原为昃）、辰、宿、列、章、安（原为寒）、来”代表18个月赎期的各个月份。这些字已分别记在收当的当票和架签上，同时用望牌标示。

6. 续当、赎当、死当

典当期满，当户若仍无财力回赎，可以续当。当户要持当票向当铺申请，交清利息后办理续当手续，每次续当的期限不能超过原当期，续当期内的利息和保管费用不变。

在当期内，当户可随时付清当金和利息后赎回当物。赎当时，除了要查验当户所出具的当票，当铺还要问原抵押品的品种、名称、数量，以防冒领。一旦确认赎当人无误，当户付清本息以及保管费等一应费用后，当铺收回当票，退还当物。当户核清当物，检查是否完好无损，双方完成交接。当物在当期届满或续当期满后，成为死当之前，一般还有一段缓冲的时间，多数规定放宽5天，也有放宽10天的。在这段时间内当户仍可以取赎，不计逾期利息，但要补交相关服务费用。

当期届满五日后，当户仍未能赎取或续当的，即为死当，也叫“绝当”，当物即归当铺所有，当铺有权任意处理。死当物品的处理，一般采取拍卖的形式，由当铺联系、组织相关行业的店铺拍卖。当铺对于中高档物品，通过投标竞价的方式，拍卖给金银首饰行、珠宝行、古玩铺及估衣店、旧货商；对于低档物品，大多集中至庙会出售，有时也会低价卖给店员。由于当铺所拍卖的绝当物品基本都能保证是真货，加之当铺出售绝当物品的目的在于尽快回笼资金，因此要价较低，极受欢迎。估衣店、旧货商购去当物之后，稍加整理修饰，再行贩卖，从中获利。

当铺收当时支付的当金仅为当物价值的一半左右，拍卖时往往会赚取很高的利润。一般来说，当铺的销售利润要远远高于普通商店。但是，典当业易受社会时局影响，存在着一定的风险。一旦政局动乱，货币贬值，物价飞涨，当物随之贬值，当户不按原价加利息取赎，当铺只好亏本低价出售死当物品。一些当物的价值随社会发展变化很大，如妇女服装的式样和面料一旦过时，立刻无人问津，无人来赎。

（三）土地、房屋典当

旧时，房屋典当交易设有专门机构，通常由经纪人说合。典房宅时，房屋主人以房屋作为财产抵押，与典主协商当金数额，一般折价为房价的三分之二。期满赎房，付清当金和利息，房屋即归还原主。若到期没钱赎取，房屋便永远归典主所有。一般典主会转当给他人，从中牟取利钱。

当地是一种以土地为抵押的借钱方式，在20世纪上半叶的农村较为常见。当地人一时急需用钱，又不舍得卖地，便以土地为抵押物借钱，称“卖活”。典地的大多是家中有劳力却没有地的，只是“当地不为业”，这种典来的地不能算作产业，当期一满就可能被卖主赎回了。

当地在地价和亩数方面不像卖地那么严格，多为随行就市商议地价，也无须事先丈量土地。若遇时局动荡，通货膨胀严重，当金到回赎时常常贬值数倍甚至十几倍，双方往往为此发生争执，所以当金一度改为以粮食支付。

若到期后原主无钱回赎，可以续当，根据地价上涨或下跌的行情，再找中人商议价钱，叫“复地价”。如果双方同意，可再延期二至三年，赎当时须付清两次出当的钱款。若续当期满仍不能赎回，原主只得忍痛把当地变成卖地。当地成交的当年，若正赶上庄稼尚未成熟收获，通常是约定到收获时双方各收一半。由中人进行说合，达成协议后，双方要订立契约，作为凭证。

三、首饰

淄博自清代即有从事首饰生产的银匠，工具简单，手工操作，多系自制自销的家庭作坊。首饰业主要集中于博山、周村两地。1912年博山有五六家，周村有一家；1921年博山增至十几家，周村增至八九家，多设有门面，称“银楼”“金店”。淄川、张店、临淄等地也有依赖手艺谋生的少数银匠。

淄博地处铁路沿线，交通便利，巨商、富户需用高档首饰，多去济南、青岛、天津等城市购买，故当地首饰业以制作银饰为主，虽有“金店”之称，也仅是制作金箔（金页），作贴金、包金之用。工艺品主要有发簪、发钗、手镯、戒指、耳环、项圈、项链、帽饰、挂锁、耳挖等。首饰业历史较长、工艺较精湛者有博山的马家、钱家、辛家。马家早期开设有“东盛”“长盛”两家银楼，后又增设三家，于1932年加入博山县商会。1937年日军入侵后，淄博首饰业逐渐衰落，大部分银楼改为小摊经营。国民党统治时期，有一定资本的首饰业以搞金银买卖为主要经营手段，一般摊贩仍依靠手艺制品赶集销售，谋取生计。1949年，政府对金银饰品业进行遵纪守法教育，动员转营他业。博山福盛、庆祥等银楼先后转业和歇业。为照顾群众风俗习惯，仅留了少数银匠、摊贩继续制造和经营。

第五节　商业崇拜与禁忌

一、神祇信仰

在经商过程中不可避免出现亏盈，商家希望通过虔诚祭祀，得到神灵庇护，以保生意兴隆、财源茂盛，免于破财遭灾、生意惨淡甚至关门倒闭。

经商最普遍信奉的神祇是财神。凡是商家开业，必要“请财神”，或是挂财神像画轴，或是立财神塑像。掌柜要带领全体伙计一起叩拜，烧香奠酒，祈求财神保佑。此后也要每日烧香上供。

大年初一早晨，在拜年之前，周村孟家“祥”字号总经理要带领全体店员，跪在财神像前，从总经理到副经理、柜台头目、店员、学徒等依次跪拜。然后，全体人员围坐一圈，由司仪主持，给经理、柜台头目拜年。拜毕，众人齐说“恭喜发财”“年年如意”“万事亨通”“大吉大利”等吉利话。

正月初五相传为财神生日，旧时商家普遍于此日正式开门营业。清晨各店都要选取吉时，敬拜财神，鸣放鞭炮，祭祀财神，有的店铺要烧香奠祭，或者吃象征金元宝、银元宝的水饺。也有地区以农历七月二十二为财神生日。

不同行业的店铺还供奉各自的行业神。当铺要祭祀火神和号神（即老鼠），因当物的保管最怕盗、火、鼠三大威胁，故在库房内供奉火神和号神，虔诚祭祀，以求祈禳除火灾或老鼠啮咬当物。琉璃厂祭祀火神爷，卖茶叶和开茶馆的敬茶神陆羽，卖酒及开办酒馆者则祭祀酒神杜康，经营中草药的店铺及中医则拜药师孙思邈。

二、讨口彩

做生意特别讲求吉利，尤其注重讲吉利话，借此博得好兆头，逢年过节更是如此。过年吃水饺和馒头，馒头开裂，饺子煮破，都不许说“破”，必须说“挣了”“笑了”。若没有煮破，还会故意用勺子搅破几个，并故意问道：“好了没有？”要高声回答：“好了。”再问：“挣了没有？”答曰：“挣了！”以求来年生意兴隆、大吉大利。包饺子时常包入一枚硬币，寓意吃到者来年有福气。

大年初一吃饭的讲究特别多。在“祥”字号，第一道菜必先吃生拌凉菜，下筷时要说“生财有道”；接着吃年糕，称“年年高升”；然后吃鱼，必说“年年有余”；然后吃豆腐，就说“人人有福”；最后吃水饺，因饺子形似元宝，寓意阖家团圆、和气生财、财运亨通，是必不可少的年饭。

三、商业禁忌

经商会面临赔本的风险，旧时博山商人为趋吉避凶，在商业经营中久而久之形成了一些特殊的禁忌习俗。[1]

炉业大户怕坩埚（也叫“硝罐”）破了，小户怕断炉条，轮子匠怕断皮条。

[1] 政协博山区委员会编：《博山民俗》，淄博：淄博市文化广电新闻出版局，2013 年版，第 90 页。

窑业怕炉火烧灭，怕塌窑，学徒忌趿拉鞋（家里有人去世才趿拉鞋）。

银匠忌在材料中掺铅。拜祖师时，禁说脏话，禁打人，否则是大不敬。

门头、店堂忌扫地往外扫，须往里扫，意为扫进金银财宝。钱币忌往外数，“数”与“输”谐音，要向里点，不得向外点，向里点是聚财，向外点是破财。

坐商都愿开门就开张，说是“早晨开张，一天开张”。忌早上第一个客人不买东西而去，恐怕一天倒运。店铺初一、十五烧香，发钱粮。

在堂、店忌伸懒腰、打呵欠、坐门槛、敲击账桌、背脊朝外、玩弄算盘和反搁算盘，这些动作皆是对财神菩萨之大不恭和不敬的表现，对经商不利。

见地上铜板忌拾，拾起来就失去了财富。

不能在店铺里看书，掌柜图一本万利，岂肯输掉老本。

在商铺吃饭，不得将筷子插到碗里，这种现象博山叫“倒头饭”。

来客商，倒茶水时，不能反着手倒，应正着手倒茶，因古代给死囚倒水才反手倒，这对客商大不敬。

卖花瓶的，掉在地上打碎了，叫“岁岁平安”。

商人做买卖还有如下禁忌：忌自以为是，忌死读书，忌盲目乐观，忌逆天时地利人和，忌无志气，忌欠宣传，忌走歪门邪道，忌前功尽弃，忌放手不管，忌打内战窝里斗，忌自欺欺人，忌强出风头，忌分散精力，忌舍实求虚，忌不知进退，等等。

本篇附录1：淄博市老字号名录[1]

序号	企业名称	批次	级别	商标	行业
1	山东周村烧饼有限公司	第一批	中华老字号	周村	食品类
2	山东黄河龙集团有限公司	第一批	中华老字号	强恕堂	酒水酿造类
3	淄博石蛤蟆餐饮有限公司	第一批	中华老字号	石蛤蟆	餐饮酒店业
4	淄博清梅居食品有限责任公司	第一批	中华老字号	清梅居	食品类
5	淄博博山聚乐村食品有限责任公司	第一批	中华老字号	聚乐村	食品类
6	淄博仁德茶叶有限公司	第二批	中华老字号	仁德	食品类
7	山东玉兔食品有限责任公司	第二批	中华老字号	玉兔	食品类
8	山东华王酿造有限公司	第二批	中华老字号	王村	食品类
9	山东扳倒井股份有限公司	第二批	中华老字号	扳倒井	酒水酿造类
10	淄博万春堂骨科医院有限公司	第二批	中华老字号	万春堂	医药保健类
11	桓台县起凤整骨医院	第二批	中华老字号	起凤	医药保健类

[1] 淄博老字号内容参见山东省老字号企业协会：《老字号溯源计划》，2017 年 12 月 31 日，山东老字号公共服务平台，http://suyuan.hao1956.com/Company/companyList/id/22。

（续表）

序号	企业名称	批次	级别	商标	行业
12	淄博市博山景德东食品有限公司	第二批	山东老字号	景德东	食品类
13	淄博清馨斋商贸有限公司	第二批	山东老字号	清馨斋	商贸服务类
14	淄博市博山馨香食品厂	第三批	山东老字号	福源成	食品类
15	淄博大染坊丝绸集团有限公司	第三批	山东老字号	诺宝・丝邦	制造工业类
16	山东鲁源酒业有限公司	第三批	山东老字号	鲁源	酒水酿造类
17	淄博海润丝绸发展有限公司	第三批	山东老字号	SINOSHOW	制造工业类
18	山东巧媳妇食品集团有限公司	第三批	山东老字号	巧媳妇	食品类
19	山东国辣食品科技有限公司	第三批	山东老字号	馍馍酱	食品类
20	淄博天和堂景泰成医药连锁有限公司	第四批	山东老字号	景泰成	医药保健类
21	山东金晶科技股份有限公司	第四批	山东老字号	金晶	制造工业类
22	山东福泰陶瓷股份有限公司	第四批	山东老字号	福泰	工艺美术类
23	山东周村宾馆有限公司	第四批	山东老字号	嘉周	餐饮酒店业
24	山东鸿祥商厦有限公司	第四批	山东老字号	鸿祥	商贸服务类
25	山东知味斋餐饮娱乐有限公司	第四批	山东老字号	一村知味斋	餐饮酒店业
26	淄博陶济堂生物医药科技有限公司	第四批	山东老字号	陶济堂	医药保健类
27	博山泰云照相馆	第四批	山东老字号	泰云	商贸服务类
28	淄博商厦股份有限公司	第四批	山东老字号	远方	商贸服务类
29	淄博市博山山头陶瓷厂	第四批	山东老字号	春笋	制造工业类
30	山东特信集团有限公司	第四批	山东老字号	福堤特信	商贸服务类
31	张店赵培印保健品店	第四批	山东老字号	赵培印	医药保健类
32	淄博宝凤食品有限公司	第四批	山东老字号	宝凤	食品类
33	淄博七彩陶坊	第五批	山东老字号	路窑	制造工业类
34	山东百食佳食品科技有限公司	第五批	山东老字号	第一店	食品类
35	淄博正堂酿造有限公司	第五批	山东老字号	正堂	食品类
36	淄博精工美术琉璃制造有限公司	第五批	山东老字号	美琉	制造工业类
37	淄博鲁玉陶瓷有限公司	第五批	山东老字号	鲁玉	制造工业类
38	淄博爱美琉璃制造有限公司	第五批	山东老字号	和顺炉	制造工业类
39	淄博鼎辉清真食品有限公司	第五批	山东老字号	浩迪	食品类
40	淄博凯利丝绸有限公司	第五批	山东老字号	绮盛丝织	制造工业类

（续表）

序号	企业名称	批次	级别	商标	行业
41	高青迎宾馆有限公司	第五批	山东老字号	田横	餐饮酒店业
42	淄博川鹰酿造有限责任公司	第五批	山东老字号	川鹰	食品类
43	山东扳倒井股份有限公司	第五批	山东老字号	国井	酒水酿造类
44	淄博市张店宾馆	第六批	山东老字号	得胜居	餐饮酒店业
45	山东新星集团有限公司	第六批	山东老字号	星芬芳	商贸服务类
46	淄博中轩酒业有限公司	第六批	山东老字号	中轩	酒水饮料类

本篇附录 2：淄博市地理标志证明商标及产品名录[1]

序号	名称	注册（获批）时间内容	区县
1	高青大米	2008 年国家地理标志证明商标	高青
2	淄博陶瓷	2009 年国家地理标志证明商标	博山
3	博山琉璃	2009 年国家地理标志证明商标	博山
4	池上桔梗	2009 年国家地理标志证明商标	博山
5	张庄香椿	2009 年国家地理标志证明商标	淄川
6	沂源苹果	2010 年国家地理标志证明商标	沂源
7	高青西瓜	2010 年国家地理标志证明商标	高青
8	博山金银花	2010 年国家地理标志证明商标	博山
9	荆家四色韭黄	2010 年国家地理标志证明商标	桓台
10	悦庄韭菜	2011 年国家地理标志证明商标	沂源
11	临淄西红柿	2011 年国家地理标志证明商标	临淄
12	临淄西葫芦	2011 年国家地理标志证明商标	临淄
13	高青西红柿	2011 年国家地理标志证明商标	高青
14	新城细毛山药	2011 年国家地理标志证明商标	桓台

[1] 本表内容由淄博市市场监管局知识产权保护科、淄博市农业农村局生态农业科提供。地理标志一般包括地理标志商标、地理标志产品、农产品地理标志。地理标志商标是标示某商品来源于某地区，并且该商品的特定质量、信誉或其他特征主要由该地区的自然因素或人文因素所决定的标志。农产品地理标志，是指标示农产品来源于特定地域，产品品质特征主要取决于该特定地域的自然生态环境、历史人文因素及特定生产方式，并以地域名称冠名的特有农产品标志。地理标志产品，是指产自特定地域，所具有的质量、声誉或其他特性本质上取决于该产地的自然因素和人文因素，经审核批准以地理名称进行命名的产品。地理标志专门保护制度正在成为中国保护地理标志知识产权，提升特色产品质量、促进区域经济发展和对外贸易的有效手段。

（续表）

序号	名称	注册（获批）时间内容	区县
15	博山韭菜	2011 年国家地理标志证明商标	博山
16	博山草莓	2011 年国家地理标志证明商标	博山
17	博山猕猴桃	2011 年国家地理标志证明商标	博山
18	淄博池梨	2012 年国家地理标志证明商标	淄川
19	桓台金丝鸭蛋	2012 年国家地理标志证明商标	桓台
20	博山蓝莓	2012 年国家地理标志证明商标	博山
21	博山山楂	2012 年国家地理标志证明商标	博山
22	博山连翘	2012 年国家地理标志证明商标	博山
23	博山板栗	2012 年国家地理标志证明商标	博山
24	博山核桃	2012 年国家地理标志证明商标	博山
25	高青黑牛（活体）	2013 年国家地理标志证明商标	高青
26	高青黑牛（牛肉）	2013 年国家地理标志证明商标	高青
27	消水蒜黄	2013 年国家地理标志证明商标	沂源
28	荆家实杆芹菜	2013 年国家地理标志证明商标	桓台
29	柳店韭菜	2013 年国家地理标志证明商标	临淄
30	沂源大樱桃	2014 年国家地理标志证明商标	沂源
31	高青黄河鲤鱼（活体）	2014 年国家地理标志证明商标	高青
32	高青黄河鲤鱼（鱼肉）	2014 年国家地理标志证明商标	高青
33	高青桑葚	2014 年国家地理标志证明商标	高青
34	高青黄瓜	2015 年国家地理标志证明商标	高青
35	博山陶瓷	2016 年国家地理标志证明商标	博山
36	淄砚	2016 年国家地理标志证明商标	淄川
37	高青葡萄	2016 年国家地理标志证明商标	高青
38	高青雪桃	2016 年国家地理标志证明商标	高青
39	马踏湖白莲藕	2016 年国家地理标志证明商标	桓台
40	边河黑猪	2017 年国家地理标志证明商标	临淄
41	高青芹菜	2017 年国家地理标志证明商标	高青
42	蓼坞小米	2017 年国家地理标志证明商标	淄川
43	高青小米	2017 年国家地理标志证明商标	高青

（续表）

序号	名称	注册（获批）时间内容	区县
44	沂源金黄金桃	2018 年国家地理标志证明商标	沂源
45	边河小米	2018 年国家地理标志证明商标	临淄
46	高青甜瓜	2018 年国家地理标志证明商标	高青
47	高青龙虾	2018 年国家地理标志证明商标	高青
48	般阳小麦	2019 年国家地理标志证明商标	淄川
49	般阳葡萄	2019 年国家地理标志证明商标	淄川
50	淄川大樱桃	2019 年国家地理标志证明商标	淄川
51	淄川粉条	2020 年国家地理标志证明商标	经开区
52	黛青山软籽石榴	2021 年国家地理标志证明商标	淄川
53	扳倒井酒	2009 年国家地理标志产品保护	高青
54	新城细毛山药	2009 年国家地理标志产品保护	桓台
55	强恕堂酒	2013 年国家地理标志产品保护	桓台
56	沂源苹果	2009 年国家农产品地理标志	沂源
57	沂源全蝎	2009 年国家农产品地理标志	沂源
58	沂源黑山羊	2009 年国家农产品地理标志	沂源
59	西长旺白莲藕	2012 年国家农产品地理标志	沂源
60	鲁村芹菜	2012 年国家农产品地理标志	沂源
61	沂源花生	2012 年国家农产品地理标志	沂源
62	边河小米	2015 年国家农产品地理标志	临淄
63	祁家芹菜	2015 年国家农产品地理标志	桓台
64	马踏湖白莲藕	2016 年国家农产品地理标志	桓台
65	蓼坞小米	2020 年国家农产品地理标志	淄川
66	黛青山软籽石榴	2020 年国家农产品地理标志	淄川

本篇主要参考文献

古籍类

［1］（北朝）贾思勰著，缪启愉、缪桂龙译注：《齐民要术译注》，上海：上海古籍出版社，2009 年版。

［2］（清）蒲松龄：《聊斋志异》，上海：上海古籍出版社，1979 年版。

［3］凤凰出版社编撰：《中国地方志集成·山东府县志辑》，南京：凤凰出版社，2008 年版。

［4］黎翔凤撰，梁运华整理：《管子校注》，北京：中华书局，2004 年版。

［5］缪文远、罗永莲、缪伟译注：《战国策》，北京：中华书局，2016 年版。

［6］闻人军译注：《考工记译注》，上海：上海古籍出版社，2008 年版。

［7］杨伯峻译注：《孟子译注》，北京：中华书局，2010 年版。

［8］杨伯峻编著：《春秋左传注》，北京：中华书局，2018 年版。

［9］杨天宇撰：《礼记译注》、上海：上海古籍出版社，1997 年版。

［10］张树铮注：《蒲松龄〈日用俗字〉注》，济南：山东大学出版社，2015 年版。

著作类

［11］《淄博市文物志》编纂组编：《淄博市文物志（初稿）》，1984 年版。

［12］白云翔主编：《文化临淄》，济南：山东人民出版社，2021 年版。

［13］高青县地方史志编纂委员会编:《高青县志》,北京: 中国社会出版社,1991 年版。

［14］桓台县地方史志编纂委员会编：《桓台县志》，济南：齐鲁书社，1992 年版。

［15］季乃礼主编：《文化高青》，济南：山东人民出版社，2021 年版。

［16］李奎封主编：《淄博农业五十年》，济南：山东科学技术出版社，1999 年版。

［17］李障天、阎象吉主编，淄博市政协文史资料研究委员会、淄博市经济科技委员会编：《淄博经济史料》，北京：中国文史出版社，1990 年版。

［18］刘心明主编：《文化博山》，济南：山东人民出版社，2021 年版。

［19］刘曙升主编，沂源县政协文史资料委员会编：《沂源民俗》，北京：人民日报出版社，2002 年版。

［20］牛余星主编，山东省淄博市张店区志编纂委员会编：《张店区志》，北京：中国友谊出版公司，1991 年版。

［21］山东省出版总社淄博办事处编：《淄博风物志》，济南：山东人民出版社，1985 年版。

［22］山东省地方史志编纂委员会编：《山东省志·民俗志（1840—2005）》，济南：山东人民出版社，2016 年版。

［23］山东省桓台县史志编纂委员会编：《桓台县志》，济南：齐鲁书社，1992 年版。

［24］山东省政协文史资料委员会编：《山东工商经济史料集萃》，济南：山东人民

出版社，1989 年版。

［25］山东省淄博市博山区区志编纂委员会编：《博山区志》，济南：山东人民出版社，1990 年版。

［26］山东省淄博市临淄区志编纂委员会编：《临淄区志》，北京：国际文化出版公司，1989 年版。

［27］山东省淄博市农业局编：《淄博市农业志》，1987 年版。

［28］山东省淄博市政协文史资料研究委员会编：《淄博文史资料选辑》（第二辑），1984 年版。

［29］山东省淄博市政协文史资料研究委员会编：《淄博文史资料选辑》（第四辑），1986 年版。

［30］山东省淄博市周村区年鉴编纂委员会编：《周村年鉴（1986—1992）》，济南：齐鲁书社，1995 年版。

［31］山东省淄博市周村区志编纂委员会编：《周村区志》，北京：中国社会科学出版社，1992 年版。

［32］山东省淄博市淄川区区志编纂委员会编：《淄川区志》，济南：齐鲁书社，1990 年版。

［33］宋暖：《博山琉璃研究》，济南：齐鲁书社，2016 年版。

［34］王培源主编：《文化淄博》，济南：山东人民出版社，2021 年版。

［35］王学彦主编，山东省沂源县史志编纂委员会编：《沂源县志》，济南：齐鲁书社，1996 年版。

［36］王志民主编：《山东省历史文化遗址调查与保护研究报告》，济南：齐鲁书社，2008 年版。

［37］徐畅：《鲁商撷英》，济南：山东人民出版社，2010 年版。

［38］杨宽：《中国古代冶铁技术发展史》，上海：上海人民出版社，2014 年版。

［39］张富祥主编：《文化沂源》，济南：山东人民出版社，2021 年版。

［40］张光明、李国经主编：《周村商埠文化与鲁商文化研究》，济南：山东人民出版社，2010 年版。

［41］张士闪主编：《文化淄川》，济南：山东人民出版社，2021 年版。

［42］张艳丽：《管子治国思想的历史传承与发展研究》，长春：吉林文史出版社，2022 年版。

［43］张玉柱主编：《齐鲁民间艺术通览》，济南：山东友谊出版社，1998 年版。

［44］政协博山区委员会编：《博山民俗》，淄博：淄博市文化广电新闻出版局，2013 年版。

［45］中国科学院经济研究所、中央工商行政管理局资本主义经济改造研究室编写：《北京瑞蚨祥》，北京：生活·读书·新知三联书店，1959 年版。

［46］周村区地名办公室编：《周村区地名志》，1988 年印发。

[47] 周飞舟、巩曰国主编：《文化桓台》，济南：山东人民出版社，2021 年版。

[48] 朱丽霞主编：《文化周村》，济南：山东人民出版社，2021 年版。

[49] 淄博矿务局、山东大学编：《淄博煤矿史》，济南：山东人民出版社，1986 年版。

[50] 淄博市志编纂委员会办公室编：《淄博旧方志·经济资料汇辑》，1983 年版。

[51] 淄博市志编纂委员会编：《淄博市志》，北京：中华书局，1995 年版。

报刊类

[52] 陈新利：《淄博琉璃烧制技艺》，《中国城乡金融报》2018 年 8 月 31 日。

[53] 崔洋洋：《淄博历史上未发生过大地震》，《齐鲁晚报》2013 年 4 月 22 日。

[54] 郭济生：《关于康熙皇帝与周村的几段史料》，《周村史志之窗》2012 年 3 期

[55] 张光明、张晓：《中国冶铁发源地淄博铁山概论》，《管子学刊》2012 年第 2 期。

网络资源

[56] 刘炳友等：《夫妻携手酿造"甜蜜事业"》，2022 年 6 月 23 日，淄博新闻网，http://www.zbnews.net/content/2022-06/23/content_3065402.html。

[57] 农业农村部农产品质量安全中心：《农业农村部农产品质量安全中心公告（第 9 号）》，2021 年 9 月 14 日，中国农产品质量安全网，http://www.aqsc.agri.cn/mtyx/tzgg/202109/t20210918_387700.htm。

[58] 山东商报：《养蜂卖蜜做出新模式淄博 80 后青年回归大山深处返乡创业》，2017 年 7 月 5 日，齐鲁网，http://news.iqilu.com/shandong/shandonggedi/20170705/3610171.shtml。

[59] 山东省老字号企业协会：《老字号溯源计划》，2017 年 12 月 31 日，山东老字号公共服务平台，http://suyuan.hao1956.com/Company/companyList/id/22。

第二篇　日常生活民俗

淄博地理位置优越，生产生活富足，日常生活民俗底蕴深厚，既体现了悠久的文明及其历史传承，又体现了时代的特色及其发展变迁。日常生活民俗主要包括服饰民俗、饮食民俗、居住民俗、交通民俗、医药民俗、岁时节庆民俗等，表现出淄博地区民众在日常生活中的智慧以及对美好生活的向往和追求。

第一章　服饰民俗

淄博养蚕、种桑历史悠久，有“齐鲁多桑，以沂为最”“金条银条不如青城桑条”之说。古齐地是蚕桑丝织的起源地，桑丝质量最优，丝织品称“齐纨”，战国时期就享有盛誉。丝织、刺绣和缝纫技术也是妇女的技能和专长。[1]在长期的历史发展中，淄博服饰逐渐形成质朴、素雅的鲜明风格。

第一节　服装穿着

一、服装款式与面料

（一）款式

清末民初，居民上身衣服款式，男多为对襟式，女多为大襟式。大襟式又有长袍、大褂、短褂之分，皆右侧开口。下身男女均为大裆裤，穿裤后，自裤腰处竖打一折，以带扎裤腰，俗称“免腰”。喜扎裤腿，多用黑色扁而宽的带子作扎腿带。20世纪30年代，商贾官府男子着西装、中山装，女子穿旗袍、长裤；群众仍以粗布衣裤为主。40年代后，青年人中流行在上衣前胸加一小布袋，小布袋中插一支自来水笔，是当时时髦文明的装束。50年代，中山装、国防服、列宁服极盛，布料以平纹、斜纹、卡其、华达呢居多，妇女偏爱蓝色或棕色灯芯绒，夏天女子也有穿裙子的。“文化大革命”时期，红卫兵不论男女，一律着黄绿色军装，一时成为一种革命标志。80年代改革开放，服饰观念更新，花样繁多，西服、运动服、卡克服、面包服、防寒服、羽绒服、牛仔服、呢大衣、风雪衣、健美裤、各式裙装盛行，式

[1] 白云翔主编：《文化临淄》，济南：山东人民出版社，2021年版，第74页。

样翻新很快。衣服质料亦趋中高档，常见呢子、毛料、锦缎材质。旧式大襟上衣仍为一些老太太受用，有些老年人仍穿大裆裤。[1]

清朝至民国时期，服装颜色以大红、大绿、大黄、青色（红青）为正色，其他为杂色。地主官僚家女子，妻可穿大红、大绿，妾只能穿淡青、淡绿、粉红、藕荷等杂色。新中国成立前多为黑色、蓝色，新中国成立后多为细布蓝色、灰色及其他杂色。青年女子多穿红、紫、蓝、灰、咖啡（古铜）等各色，冬天又喜欢穿素色素花罩衣。[2]20世纪80年代后，被视为过时的蓝印花布引起了城市女青年的喜爱，用这种布自制衣裙又流行起来。[3]

（二）面料

传统服饰面料以棉、毛、皮、丝、绸为主。这些材料大都因地制宜、自制自用，成品为麻布、丝绸、棉布、毛呢、皮革等。自20世纪70年代开始，时尚衣料丰富多彩，令人应接不暇。丝绸有真丝、仿真丝，棉布有砂洗、水洗。化纤布料因耐穿、易洗、不起皱、价格便宜在民间盛行，主要有麻纱、乔其纱、的确良、羽绸、尼龙绸、防雨绸、真丝双绉、坚固呢、薄帆布、细帆布、花呢、雪花呢、贡呢、凡立丁、韩国丝、绵绸、涤棉、灯芯绒、人造革、高革等。

1. 棉麻

淄博早期流行麻衣布料，直到20世纪初被棉布替代。直到现在，夏天人们仍然喜欢选用麻纱等麻料衣服。棉布使用最为广泛，是民间主要传统布料。19世纪末到20世纪70年代，家织的土布与工厂大机器纺织的布匹共存，其后，土布趋于衰退。进入21世纪，又有发展。

传统机织布也叫“本地布”“土布”。产棉区棉布大多由农家纺织，省钱耐用，穿着舒服随意。棉布大多数是窄面，幅宽约1.3尺。20世纪20年代后，出现少数宽面土布，幅宽约2.6尺。有一种染线织成的花布，称“土花布”，常做青年妇女和儿童服装的布料，其花纹有枣花、水纹、狗牙、条花、镶边等数十种。工厂棉织布早年统称“洋布”，俗称“洋布子”“市布子”；后来以商标、纺织材料或工艺称呼，如细布、斜纹布、平纹布、平绒、条绒（也叫“地瓜沟”“灯芯绒”）、礼服呢等。

2. 毛皮

旧时较少使用毛皮御寒，有用狗皮缝制裤子、棉袄的风俗，认为狗皮发热祛寒，老年人，特别是有风湿病和腿疼腰酸的人，喜欢冬天穿着或铺盖。后来县城有专门的皮匠和作坊，依不同部位毛皮的质量性能，缝制成皮袄、皮帽、皮手套、坎肩、背心等，并将边角料制成棉鞋衬里、坐垫、抄袖（冬天暖手的小袖子）。

旧时进入冬季农闲时节，城市乡村年轻妇女利用工作闲暇时间和节假日，将

[1] 淄博市志编纂委员会编：《淄博市志》，北京：中华书局，1995年版，第2197页。
[2] 山东省淄博市淄川区志编纂委员会编：《淄川区志》，济南：齐鲁书社，1990年版，第973页。
[3] 淄博市志编纂委员会编：《淄博市志》，北京：中华书局，1995年版，第2197页。

各种颜色的羊毛线编织成毛衣、毛裤、背心、手套、脖套、围巾等。后来，又出现了各式各样的成品毛衣供人们挑选。近年来，城市流行档次较高的皮革制品和毛纺织品。

3. 丝绸

淄博自古以来就盛产优质丝绸。早在东夷时期，淄博人就凭借优越的自然条件和卓越的智慧植桑养蚕。战国时期齐国的丝织品“冠带衣履天下”，其中最精良的丝织品之一“齐纨”是临淄出产的细绢，不仅上供宫廷，还是君相新贵的馈赠佳品，而且在商市贸易中广为流通。汉朝中央政府在临淄专门设立了三服官，专做天子之服。那时的产品异常精美，有纨素、清绡、绮绣、冰纨、方空縠、吹絮纶，都是当时极佳的丝绸品种。西汉时常常把临淄生产的丝绸赠给匈奴和西域诸国。[1]古代的罗、纨、绮、縠、绫、缦、帛、织文、绵、文绣、绡、纺、纱、素、绢、绉、绣均属纯丽之物。

当代周村丝绸在继承传统产品的基础上，进一步发展了以真丝为主的高档产品，如淄博丝织一厂的和服绸、电力纺、缎背绉、人丝羽纱，淄博丝织二厂的双宫绸、新华绸、美丽绸，淄博丝织三厂的春华缎、柳叶绉、提花被面等等。[2]较常见的丝织品还有缎子、苏罗、香油纱等。

二、服装制作

（一）缝纫

旧时全家老少的衣服全部由家庭主妇手工完成，20 世纪 70 年代逐步发展到成衣铺、缝纫专业户专门加工，80 年代后机械缝纫机进入家庭，手工缝纫大量减少。

1. 手工缝纫

旧时家庭缝纫为手工缝纫，俗称“女红”“女线”“针线活”。缝纫工具有尺（俗称“裁尺”）、剪子（有大剪子、小剪子、绣花剪之分）、大杠子针、绗针、手针、绣花针、针锥、锥子、顶针、线板、线车、针插、粉线布袋、浆刀子、熨斗、烙铁、绣花撑子、袜子板（补袜子用）、鞋楦子等。其中，手针又分为刺绣针、毛线针、珠绣针、皮针等；顶针又有帽式顶针和箍式顶针。还有用于刺绣工艺的花绷子，有竹子、塑料制成的圆形花绷子和金属等材质的长方形架绷子。[3]民间用一只小筐盛针线、剪子、顶针、袜撑子、鞋袜底样子等缝纫工具及零星材料。小筐浅底、敞口、无盖，或是到市场购买柳条编的，或用高粱秸自制，名为“针线筐箩”“针线筐”。姑娘和年轻媳妇的针线筐多为席片拼缝而成，四方形，有盖，多盛各色碎花布、丝线、鞋垫和荷包式样。

手工缝纫有各种方法：引、捏、拱、鞘、纳、绣、锁边、撸、反正针、回针、

[1] 王新平：《中华之光淄博三宝》，北京：新华出版社，2012 年版，第 143 页。
[2] 庆洪编：《淄博特产风味指南》，济南：山东人民出版社，1986 年版，第 56 页。
[3] 潘凝主编：《服装手工工艺》，北京：高等教育出版社，2003 年版，第 3 ~ 5 页。

来去缝、钉扣、锁扣眼等，都叫“针脚”。引，是用长针以大针脚缝制棉被、棉衣。拱，也叫“扦”，一针带几个针脚，一般用来缝制棉衣被，也可缝裤腿脚，表面会留下很小的针脚。绷，是用大针脚缝补。刹，是将衣服改得略瘦一点。芽，也叫“沿”“缘”，用长布条缝成的细长条包衣服的边。鞘，是将衣服的各个部分用大针脚连起来。撩，也叫“绷针”“扎针”，是一种将活动布料暂时固定的方法，一般指将裤腿、衣边折叠起来粗略缝好。扒，是照样子描下来或剪下来。绗，是用多行线结结实实地缝好。纳，为“八”字针脚，将两层以上的布料缝合起来，一般指纳垫肩、纳鞋底、纳袜垫。绱，是将服装的部件进行组合装配起来，一般为绱领子、绱袖子、绱鞋底。其中做衣、做鞋、绣花的谱样分别称“鞋样”“花样”，或具体称“兜子花样”“枕头顶花样”“膝腿子花”“鞋花”“枕头花”“兜子花”“手巾花”“门帘子花”等。做鞋时，可向人讨样儿（俗称“拓样”），也可依照其鞋或者脚的大小用纸剪成鞋帮、鞋底的样子，再根据大小肥瘦修正。

2. 机器缝纫

民国以后，机器缝纫传入淄博，服饰生产开始大规模工厂化、产业化：布厂机织出各种布匹，袜厂生产各种线袜，革厂制造出各式鞋、靴。初期的家用缝纫机，基本上都为单针、脚踏式。20 世纪 90 年代之后，多功能缝纫机出现，可以做直线缝、倒针缝、双针缝、曲折缝，亦能做密针绣、贴花绣、自由绣等绣花工艺，并且有横针套结、加固缝、锁扣眼、钉纽扣等特殊功能。

缝纫机缝纫仍需手工量尺寸，量裁工具有尺子（包括直尺、皮尺、三角尺、弯尺、曲线尺）、剪子（包括大剪子、小剪子、锯齿剪）、裁剪台、画粉等。裁剪时一般都以硬纸壳做的部件模型作参照，还要考虑衣料的缩水程度。缝纫用的线一般有各色棉线、化纤线、金属丝等。缝纫时还要进行许多技术性的处理：复衬，是用衬布与衣身相贴合，使肩、胸等部位挺括；垫肩，是为了补正左右肩差和塌肩，在肩部缝上棉布片或者海绵片；垫胸，是为了使女性胸部丰满，在胸罩内加衬垫。

（二）编织

编织是用线类等编织工具，通过编结、组编、锁边等手工、机器工艺织成织物。编织有衣物编织、条编、秸秆编织等多个种类。手工服饰编织分棒针和钩针编结两种方式。棒针由竹、塑料、金属材料制成，两根棒针往复编织，基础针法有上针、下针、加针、减针。钩针一端带钩，用以钩制服饰，有锁针法、短针法、中长针法、枣形针法、通花钩法、实花钩法、贴钩针法等钩织方法。手工服饰编织一般用来制作毛衣、袜子、帽子、围巾等服饰。20 世纪 70 年代时兴钩衣领，即用细白线钩制成与便衣衣领长宽相同的网状物，缝在衣领的里层，防止衣领污染，也是为了美观。女子喜欢给未婚夫、丈夫、兄弟钩制。

淄博编织特色之一是临淄的棒槌花边。棒槌花边是临淄花边的俗称，为手工编织而成，成品主要有台布、床罩、窗帘、沙发靠垫等上千个品种与规格，有“抽纱之王”的美称。临淄花边从编织到成型，分为设计、放缩样、刺版、编织、镶边等几十道工序。其中，编织是最重要的工序，有密龙、介花、辫子、梅花果等花样。[1] 2009年，临淄花边被列入省级非物质文化遗产名录。

（三）印染

在化学合成染料普及之前，民间多用蓼蓝和槐根提取颜料，加工青蓝色布和蓝印花布。旧时的衣料布绝大部分是青色、蓝色和蓝印花布。蓝印花布是中国传统的民间手工印染品，纹样生动活泼，有扎染花布、蜡染花布、夹染花布和灰染花布几种。据统计，蓝印花布的花纹有七类共百余种：植物类有梅花、牡丹、荷花、菊花、枣花等；动物类有喜鹊、凤凰、孔雀、鸽子等；器物类有果篮、花瓶、琴、棋、书、画、绣球等；几何纹类有鱼、珠子、三瓣花等。后来，又发展了彩印花布。起初民间彩印花布多用于包袱、门帘、帐檐、枕顶、桌围、褥面、被面等，间或用作衣料，现在则常用于衣料。

（四）刺绣

淄博的服饰纹样主要以民间刺绣的形式来表现，纹样一般出现在服装的前襟、后背、袖片、襟边、领口、下摆、裙片、裤脚口等部位，多集中在襟边、袖口和裙片。除服饰主体外，眉勒、绣鞋、云肩、胸兜、帽、腰带、腰包、围巾、虎头鞋、虎头帽及荷包等配饰上也绣有纹样。

民间服饰刺绣纹样的题材非常广泛，有花草虫鸟、飞禽走兽、戏曲传说、神话故事、文字符号、传统几何形纹样、佛教与道教的吉祥纹样等，以动植物和吉祥纹样最多，取材丰富，形式多样。既有单独形式出现，也有组合形式出现。用色上，纹样常将各种对比色、互补色放在一起，为表示纯正而多用正色和本色，着重意义的和谐远胜于色彩的和谐。红色占比最高，其次是黑色、白色和各种深浅不同的灰色，再次是蓝色。刺绣纹样中常见的绣法和针法有割花、插花、补绣、包花、拉花、挑花、纳纱、平针、切针、钉线针、打籽等，大都用棉线绣制。

（五）熨烫

熨烫是服装缝制过程中的一道重要工序，熨烫质量的好坏直接影响到衣服成品的质量。通过喷雾、熨烫，可以使衣料缩水，去掉皱痕。经过热定型处理，服装外形平整，褶裥、线条笔挺。熨烫的关键是要掌握衣料的特点和熨斗的温度，低了熨不开，高了熨坏衣服，所以一般用湿毛巾垫在衣服上。

过去的熨斗，也叫“烙铁”，中间放木炭加热，多由铜制成，形似北斗星，熨斗把比较长。后来电熨斗在民间普及，20世纪90年代后，蒸汽熨斗也很普遍。

三、服装存放

（一）浆洗

新衣在未穿之前应先水洗一番。过去为手洗，农村洗衣地点多在小河边、池塘旁，城镇多在井旁。旧时洗衣用大铜盆，是陪嫁必需品。旧时大澡盆用木板箍，现

[1] 白云翔主编：《文化临淄》，济南：山东人民出版社，2021年版，第276页。

在用铁皮制作。搪瓷盆，用来盛放衣服。棒槌，用来敲打衣服。传统洗涤品有草木灰、皂荚、肥皂（俗称“胰子”）。农家妇女往往三五成群，带着搓板，挟着盛满脏衣服的盆，结伴来到村前小河边、池塘旁，一边洗衣服，一边说家长里短。现在有手洗、干洗、机洗等形式，多用洗衣膏、洗衣粉、洗衣液。不同质料要选择不同的洗涤形式和洗涤品，丝质用手洗，不用洗衣粉，怕伤到衣料；毛衣手洗，洗好后要平放晾干，有的放在网兜里挂起晾干防止变形；白色的毛衣或丝织品放在太阳下暴晒会变黄，一般放在阴凉的地方风干；毛料贵重，一般干洗。现在衣物上都有洗涤标志，应该按照说明正确处理。

（二）晾晒

衣服一般晾晒在院子里扯起的绳子、铁丝上，也有的晾晒在河滩上。农村妇女喜欢反晒，就是晾衣服时，把衣服翻过来，衣里朝阳，衣表背阴，避免衣服褪色。民间讲究洗过的衣物夜里不可晾晒在屋外，禁忌从晾晒着的女人衣服下穿过。有的地方内衣晾晒也有讲究，比如不能放在屋里显眼的地方，不能外晒。

（三）放置

过去，衣服要放置在箱笼里，所以富贵人家搬家、官员上任时，就会带着很多箱笼；民间则放置在柜子里。20世纪70年代，一般家庭也有了专门放置衣服的橱子，叫“大衣橱”“大立橱”，高近两米，两边分隔，当中可以挂长衣，前面有大镜子，叫“穿衣镜”，一直时兴到现在。

旧时，置放衣服要注意避免将女人衣服叠于男人衣服之上。现在已经没有这种讲究了。为了防止衣服发霉，民间定期晒衣服，三月三、六月六是旧时的晒衣节。还习惯将樟脑丸放置衣中，防止生虫。[1]

四、服装类型

衣有广、狭两义。广义包括帽巾、上衣、下衣和鞋袜，狭义仅指上衣和下衣。上衣，指的是上身穿的衣服，有褂、衫、袄、袍等；下衣，指的是下身穿的衣服，有裤、裙、袜、衩等。上衣与下衣，是服饰中最重要的类型。

（一）褂子

褂子指传统的单、短上衣。

1. 部件

襟，就是褂子的前片，有大襟、小襟、对襟、一字襟、琵琶襟等不同式样。大襟褂子中，上衣襟称“掩襟”，下衣襟称“底襟”，为省布而不裁下襟叫“缺襟”。新中国成立前，人们主要穿大襟衣服，式样分有领无扣、无领无扣、有领有扣、在右衽穿一带子打结代扣等多种。女式多为短大襟，长不过膝，短不露腹；男式有长和短两种。对襟，古代叫“裎衣”，两襟相对，纽扣在胸前正中。

衽，传统褂子式样。分右衽和左衽，衣领直接连着左右襟。右衽指前襟从左边

[1] 张廷兴：《中国民俗通志·服饰志》，济南：山东教育出版社，2007年版，第394页。

掩向右边，在胸前相交，左襟压右襟，在右腋下挽结或者扣衣扣，是传统的衫袍式样。左衽，与右衽相反，是少数民族的衫袍式样。

领子，是褂子的脖颈部位。清末出现高与鼻尖平行的硬领，叫“元宝领”；民国时期衣领减低，形状多样，主要有方形、圆形、鸡心形、金刚钻形。流传至今的有无领（袒露胸颈的一字领、圆领、V形领、方领等，有的用花边、牙子等装饰）、立领（常见于中式传统服装、中山装、旗袍、学生服、棉袄、高领毛衣等）、翻驳领（即西装领，有大翻领、小翻领两种）、趴领（也叫“娃娃领”，没有领座）、关领（领口关闭）、领带领（领子上连接各种飘带）等。

下摆，是上衣的下端，有束口和敞口的，束口的叫“夹克”。

袖子，是衣服套在胳膊上的筒状部分。清代女子常服衣长必须过膝，袖必及腕，袖管宽大。20世纪30年代末，袖长只及肘部，领则相对升高。40年代初，夏季衣服大多衣领矮、袖身短。现在的袖子，按长度有长袖、半袖、三分袖、七分袖；按式样，有连身袖（没有袖窿线，直接从衣身上剪裁下来）、插肩袖（从领子至腋下设计一条弧线缝上袖片）、平袖（也叫“衬衫袖”，袖子与袖窿大小完全一致）、蓬蓬袖（袖窿与袖口处用褶襞使内部膨胀起来）、喇叭袖、蝙蝠袖、圆袖、肩袖（没有袖子，只在袖窿处装饰）等。

袖口，指袖子的末端。有箭袖、敞袖、长袖、束袖、蕾丝笼袖、手袖等。

托肩，也叫“垫肩”，指褂里两肩的衬布。现在多用海绵充当。

茬子，即开缉、缉边儿，是上衣下摆两侧的接缝部分。

裕腰，两腰的收拢部分，多见于女式褂子，显示身形秀气、腰肢袅娜。

扣子，用以联结两襟或者衣兜的线状、粒状物，有的只起点缀作用。传统多为布纽扣、布扣鼻儿，现在多为塑料、金属。传统布纽扣用布条做成布绳，用布绳打成疙瘩结；女子可以用盘花、蝴蝶等大扣子。有的为了华美，缀纽扣较多，脖领上双扣双鼻，大襟肩头上双扣双鼻。现代的扣子是机制塑料，还有金属纽扣。有一种叫“揿纽”，也叫“摁扣”“姊妹扣”“子母扣”，分凸出的和凹陷的两部分。

扣襻，套结在纽扣上的线状物，也叫纽儿、扣儿、扣鼻儿，用布绳做成的。

扣眼，扣塑料、金属纽扣的布眼，要用线锁好周边，防止脱线。

拉链，在20世纪80年代后的部分衣服中代替了纽扣，有金属拉链和塑料拉链。

布袋，也叫“衣兜”“挎包”“口袋”，是在胸口或下襟部位缝缀的袋状物。有的一边一个对称，有的只有左上胸一个，有的只有右下襟一个。胸部处的小，两襟处的大。样式上，有贴袋（也叫“明袋”）、挖袋（也叫“暗袋”）、插袋（也叫“内袋”）、假袋（起装饰作用）等。

图案与镶边，多用于儿童和女性褂子。清代女子常服图案有梅、兰、竹、菊，年长的用万字花纹、团花、团寿等图案。镶边，也叫“贴边儿”“缉边儿”，衣服镶边有白缉边、牡丹带、盘金等名色。清代末期，衣裤渐渐缩小，阔滚条过时，改行狭条，叫“韭菜边”，圆的是“灯边”，又叫“绿香滚”。现在，图案又增添了卡通图案、动物图案、变形文字图案等。传统的吉祥图案、镶边艺术，则多见于民族服装。

套袖，套在袖子末端的筒状物，可以护住袖口到肘部，避免劳作时磨损、污染袖子。下端袖口一头用松紧带，肘部用曲别针、关针等连在袖子上。

抄袖，也叫“抄手”“手拢”，长半尺到二尺，圆筒形状，里表两层，中间套棉絮，或再附皮毛，两手交叉其中取暖。有的抄袖还用刺绣装饰。

2. 种类

坎肩，是只能盖住臂膀的一部分而没有袖子的上衣，有长短之分。长的是无袖长衫，腰身很长，下摆直到胯下，缀五颗扣子，其中脖子一颗、右肩头一颗、腋下一溜三颗，冬天罩在棉袍之上，既束住棉袍暖和，又能遮蔽棉袍以免污染。最常见的是短坎肩，有棉的、夹的、毛的、皮的、革的，棉的与棉袍配合穿，夹的与长衫配合穿。现在，有的坎肩套在西服、夹克、棉衣里边，有的则直接穿在毛衣、衬衣、裙子外边。坎肩有大襟的，有对襟的，有缺襟的。20 世纪 30 年代以后，主要是对襟的，上下一排三颗纽扣，都是机制硬扣，或者用拉链。

马褂，是一种礼服，形同传统小袄，圆领，较外褂短，长仅及于脐，穿在长衣袍衫外，有长袖、短袖、宽袖、窄袖、对襟、大襟、琵琶襟等式样。马褂的袖口是平的，从领子往下缀有布或铜的纽扣。马褂用料讲究，多用细布或绸缎，服色多为黑、蓝、紫，老百姓则用粗布。到 20 世纪 20、30 年代，马褂做工更为细腻、高档，袖口、领口、下沿都要镶饰花边。有身份的人每到冬天，长衫外面必须加一件马褂或者坎肩出门才成体统。民国后推行改装，马褂流行至 20 世纪 30 年代后期，50 年代以后绝迹。

褂子，即单上衣，又叫“单衫”“小布衫”。长度遮住裤腰，长者直到胯下。男为对襟式样，立领或圆领、小领，一般为五排布纽扣，左右两襟下方有一个长方形的明兜。夏天穿浅色，一般以本色土布、白色布为主，叫“月白色”；冬天穿深色。女为大襟式样，立领，右衽，颈部、右肩窝至右腋下共五对纽扣，右襟被左襟遮蔽处有一小兜。年轻女人多穿红、蓝、绿的阴丹士林布褂子，在领口、袖口、下摆镶裹花边或加缘条，下身配以花裙子。穷人和中老年妇女多穿印花、织花土布褂子。20 世纪 60 年代以前，乡村男女很少穿衬衣，内外都穿褂子，不过穿在里面的多是补满补丁、破烂不堪的旧褂子，穿在外面的是新的、干净的褂子。男人夏天喜欢将褂子搭在肩上、挂在地头的树枝上或者干脆放到田垄上，光着上身下地，一件褂子可以穿多年。20 世纪 60 年代始，西装衬衫渐渐流行。20 世纪 80 年代以后，半袖港衫、现代衬衣兴起，传统褂子消亡。

小褂，为夏天短上衣。男式短小瘦身，无领无袖，由三块布片缝缀而成，前边两块是对襟，无兜，缀三颗衣扣，后边一块用白色、土黄色棉布做成。还有一种用吸水性很强的绵纸搓成绳编结而成，两襟用小细绳连接起来。女式用本色土布，甚至是破旧上衣改造而成，很少用艳色的新布。女人小褂只能在家里当夏季衣服穿，用两片布做成，前一片小，后一片略大，用肩上的几根布带连接前后片，每条布带有一指宽，缝在前后两片的肩头位置上，腋下用几对细布梗连缀，透风透凉。

衬衣，俗称“里褂子”“小褂”，多是白色、月白色，20世纪50年代叫“洋服小褂”，一般当夏季外衣穿。还有一种短袖衬衣，夏季穿用，为半袖、小半袖，一般是小开领，三颗或四颗扣，以麻、葛、纱、丝、真丝为面料。20世纪80年代以前，男女衬衣在式样和颜色上有所区别。女式的在袖口、胸前有花饰，或者领子、袖口有蕾丝镶边。衬衣领口一般用圆领、尖领、敞领，袖口有平袖、敞袖、束袖，扣子也由传统的五颗变成了四颗、六颗。到20世纪80年代，各色各式衬衣流行。90年代以后，男女衬衣已经没有什么差别了。目前，衬衣种类丰富多样，从领子形状看，有标准领、异色领、暗扣领、纽扣领、长尖领；从图案分类看，有粗竖条纹、铅笔条纹、交替竖条纹、多色方格；从用料上看，有棉布、的确良、混纺等。20世纪80年代，衬衣下摆不扎在腰里，90年代一般扎在腰间，扎领带，外套西装或者其他，也可直接穿用。

中山装，民国时期流行，公务人员多穿用。20世纪20年代，中山装被确定为礼服。战争年代，中山装成为将士服装的基本样式和地方干部服装。新中国成立后，中山装成为国服，党和国家领导人在出国访问和接待外宾、节日喜庆等公开场合都穿中山装。国家干部也将它当成职业装，民间称“干部服”。面料既可用高级的，也可用一般的；既可以当作礼服，又适宜平时穿用，深受大众喜爱。

军便服，由军服演变而来，样式基本同中山装，衣身稍微宽松。男式上下各有两个衣兜，兜盖外露，扣鼻儿缀在兜盖里侧，扣上后不露扣子，兜袋内置，袖口也没有装饰性的扣子；女士为小开领，三颗扣子，两兜在下。军便服在20世纪60、70年代是革命群众和身份的象征，也是老师等公职人员的常服。80年代以后，迷彩服很受劳动青年的欢迎。颜色以军绿色为主，但也有红色、黑色、杏色等。

夹克，为束袖口、束下摆、长至腰部或臀部、肥腰斜兜的一种上衣，有拉链式、摁扣式、普通开门搭门式三种，20世纪80年代时兴并普及。夹克有单、夹、棉之分，单的面料薄，穿在初夏；夹的双层，穿在春秋；棉的内絮棉絮、毛毡、丝绵，穿在冬季。有连帽的，冷时戴上，不戴时当装饰。有的互为里表，可以正反两穿。衣襟、兜口有的用扣子，有的用拉链，有的二者皆有；拉链往往带有装饰性的拉头。夹克式样各异，颜色多样，利索干练，富有朝气。

西装，也叫“西服”“洋装”，通常指男西式套装，需要衬衣、马甲相配。20世纪80年代末普及，成为主要的礼服和常服。其后，女士西装开始风靡，大致分为裙套、裤套、三件套三种，各种套装没有固定款式。套装的上下装颜色不一定相同，浅色上衣可配深色裙子或裤子，马甲、裙子可根据季节变化配穿，可佩戴胸花等装饰。20世纪80年代以后，还流行V领衫、吊带衫、蝙蝠衫、T恤衫、文化衫、拉链衫等。

（二）棉袄

小袄，男女式样不同。新中国成立前，男人的小袄对襟、窄小、下摆短，加上旧时不习惯穿衬衣，稍一弯腰挺肚就能露出肚皮来，又称"紧身子袄""撅腚子袄""撅肚子袄"。穿时一般要在小袄的外面穿上棉袍、大棉袄，或者罩上褂子。穷人单穿时，很少系扣子，常将两个衣襟交叉一掩，使之紧紧包在身上，并腰间束一条布带子或布、麻绳头，或就地取材束几根半干不湿的红薯秧子。20世纪60年代有了对襟小袄，姑娘、媳妇开始穿花袄，多用盘花扣，把衣扣和扣鼻儿盘成蝴蝶、菊花、琵琶等形状。20世纪70年代以前，小袄布料多用自织自染的老黑布，也叫"深蓝布"，家境好的也有用斜纹、哔叽的；形制为圆领，对襟，用布扣子，钉五颗；一个兜，用一块同色土布缝在左襟下方，也有两个兜的；套以旧絮或新棉絮，春秋时拆除棉絮当夹衣穿。70年代以后，多用市布，用缝纫机缝制，不再用布扣而用塑料扣、摁扣，两边腋下暗兜。80年代以后，时兴活里活表，用纽扣连接表和里，颜色更丰富。女人的小袄，中青年大多用大红、油绿、湖蓝或各种花布；中老年则用老色黑、蓝。女子小袄一律大襟，右衽，被左大襟遮住的右小襟上缝有长方形直兜，皆用布纽扣，可以用五个或七个。民间有"女儿是娘的小棉袄"的说法，可见小棉袄的贴身和温暖，以及人们对它的喜爱。

大棉袄，指长到臀下、单穿或套在小袄外边的袄。大棉袄比较肥大，式样服色与小棉袄相同。有的不开叉，有的则左右均开叉，前襟后摆阔大。穿上后，用一长布带扎腰，称"扎腰布子""塔布带子"。

棉囤子，即极厚的棉背心，穿起来滚圆饱满，形如粮囤，因以得名。农村一般用作小儿棉装，将它与棉裤相连接成为一个整体，即不要棉裤的腰，直接将棉囤子下摆缝在棉裤上，然后在棉囤子的两肩或后背处开口作为穿着的进出口，穿上以后将两肩上的扣子扣住。

皮袄，是用动物皮制作的袄，常见的有狗皮袄、羊皮袄、羔子皮袄。里皮，外面缀有布或绸缎。皮袄以羔子皮袄为贵，是旧时富有人家的过冬服装。还有一种光板皮袄，也叫"白茬袄"，用山羊皮缝制，不缀里子或外表，可以穿，可以当被褥防寒、防潮、经久耐用。

夹袄，是有里有表而不絮棉絮等填充物的上衣。夹袄一般由旧棉袄改做，外表尽量不打补丁，里子多是补丁连补丁。男式夹袄为对襟，小圆领，五颗扣子，多为蓝、浅蓝、青、黑色。女式为大襟，立领，布扣，直兜。20世纪50年代前后，多用自织花布、印花布。60年代以后，多用饰花细布、饰花扣子扣鼻。到80年代，夹袄被绒衣、毛衣等取代。

制服袄，20世纪60年代以后开始流行，男的用斜纹、哔叽，中山装领口，五颗机制扣子，扣眼采用对门暗扣；有三个兜，左胸小兜两边下襟各有大暗兜。女用制服袄为大领子，腰身略收，两个下兜，没有上兜。20世纪80年代以后，流行羽绒服、丝绵袄。

羽绒服，是20世纪80年代后期以来人们过冬的首选服装。开始，羽绒服款式单一，颜色单调，为男士服装。20世纪90年代末羽绒服开始改良，款式更加多样，有束腰式、超短式、休闲式、夹克式、运动式等。颜色丰富，并出现了活里活面结构，洗涤很方便。

丝绵袄，用丝绵做内套制作的袄，式样多为唐装，兴起于20世纪80年代后期，因为轻便、合体，很受欢迎。

（三）毛衣

毛衣用毛线制成。原为手工打制，叫“打毛衣”，将毛线缠成球状，利用业余时间用棒针或钩针编制，自己穿、家人穿或送给心上人。所以，谁身上穿一件漂亮的毛衣，就说明他的老婆心灵手巧，得到一个姑娘编织的毛衣，小伙子是非常喜欢的。正因为毛衣包含如此甜蜜的人际关系，一般情况下，女子忌讳给别的男人打毛衣。毛衫多用羊毛线、棉线织成，后来又有马海毛、腈纶、驼毛、牦牛毛等。

20世纪80年代以后，毛衣已成为基本服装。特别是流行的羊毛衫，轻薄又束身，深得中青年女子的喜爱，可以当内套，也可以单穿。其款式有中袖、短袖、长袖及背心，甚至大衣。有高领、反高领、露颈圆领，色泽明亮艳丽。男士的毛衣多用鸡心领、小圆领、盘领，颜色多浅灰、淡紫，一般用作内套配西装、夹克服。

（四）长衣

大褂子，即袍衫，是20世纪50年代前男子的主要长衣。男子在里衣外面要罩长衣，故有“长袍马褂”之说。单层者为衫，称“长衫”；双层及其加棉者为袍，称“夹袍”“棉袍”“皮袍”。大多为月白、湖色、枣红、雪青、蓝、灰色。早时，长衫、长袍要外束腰带（又称“汗巾”“腰巾”）。20世纪初到50年代，春秋天穿的长衫，多为富有、有文化的男子日常所穿，也是民间婚丧嫁娶、喜庆问吊的礼服。

旗袍，是中国传统百年服装中袍装的经典，一般需要量身定做。从清代的旗女之袍发展为民国时期的新旗袍再到当代的改良时装旗袍，旗袍一直受到时髦女子的青睐。穿旗袍要有配饰，如珍珠项链、玉镯、胸花、别针、手表、提包、长筒袜、细高跟皮鞋、手套、烫发头，以及长丝巾、披肩、绒毛衫、马甲、大衣等，是其传统配套穿着修饰。现在，穿旗袍有一定场合。除了作为一些服务行业的职业服装外，主要在婚礼、春节、舞会、节目主持、表演等礼仪场合穿着。

大氅，原来是黑、灰、老蓝色洋布（以斜纹、哔叽、咔叽为好）做成的棉大衣，形式同军大衣，厚大圆领，有的缀毛领子，肋下腰间一边一个斜口暗兜。扣子一般为很大的黑色有机塑料扣子，分两排，每排三个或五个，钉在左衽上的为看扣，钉在右衽上的为实用扣子，扣在左衽上，扣好后，两排扣子就并列在前胸。大氅流行于20世纪80年代以前，后被军大衣取代。

军大衣，原为军队所用。前边两排扣，后边开大衩至臀部，后腰开衩上边钉横带，横带两边缀以看扣，麻绒大翻领，草绿色布料，很受中青年、基层干部喜爱。

呢子大衣，分男女两式。男式下摆长至膝下，领子大而挺括，尖状，左衽上右衽下交掩于胸前，下为两排大纽扣，每排3个，类似军大衣的式样，用料为黑呢、雪花呢或人字呢。女式有的用小领，两排各5个纽扣，有的用大翻领，一排纽扣。花色多样。纽扣的形式、颜色也多种多样。到20世纪80年代中期，较短的呢子和仿呢大衣深受欢迎，样式更加丰富。

皮毛大衣，本是新中国成立前城市女子的服装，从80年代初开始流行，价格昂贵。后来较便宜的仿皮大衣出现，色彩明丽，很快风靡城乡。

风衣，是风雨衣的简称，是20世纪80年代后流行的春秋外衣。男式多灰、黑、土、栗色，女式多灰蓝浅素色或红黄绿紫等丽色。长度以及膝或到小腿部位为主。肩部、后腰等处多有饰扣、饰布，有肩袢、领袢、袖带、肩搭布、后披肩。领子能立起来，圆弧过渡均匀，褶皱少或没有。腰际有布腰带、带纽，可用于松紧衣体，使之更加合身。女式腰带很长，可以在前腰或后腰打结，也可以随意垂于腰际。

雨衣，为防雨服装。旧时有蓑衣，现代流行的主要有胶质雨衣和塑料雨衣两种。胶质雨衣，原来是军队战士的雨具，随着战士退伍、转业，流行到城乡。胶质雨衣长至小腿，多为连帽，长袖，暗扣，正面是黄色帆布，里面则为胶质。20世纪70年代后，塑料纸、塑料布在农村普遍应用，人们也用来当作雨衣。有的只是一块正方形塑料布，披在身后或遮在头顶；有的做成长衣式样。到了80年代，价格便宜、折叠方便、前片长大、后片短小，适应骑自行车的塑料雨衣很受欢迎。

（五）裤子

裤子根据季节的不同，分为棉裤、皮裤、毛呢裤、夹裤、单裤、短裤等；根据用途不同，分为外衣和内衣两种，当作内衣的有线裤、毛裤、秋裤、腈纶裤、绒裤、内裤等；根据裤子的式样，分为开裆裤、连脚裤子、插裆裤、半截裤、短裤、裤衩儿（也叫“裤头”）、大裆裤、制服等。

1. 部件

裤子的部件有裤裆、裤腰、裤脚等。裤裆是连接两腿和裤腰的结合部，有大裆、小裆、开裆、合裆几种。裤腰是束在腰间的部分，传统的样式是大肥腰，颜色与裤体不同，裤体多为青、蓝、黑诸色土布，而裤腰多为白色本色土布。这种裤腰也叫“长腰”，俗称“三般宽”，即两个裤脚与裤腰同宽。现在常见的有连装裤、高腰裤、背带裤等腰形。现代青年女性喜欢小腰、短腰、低腰，不仅露出肚脐，而且露出后腰以及后腰上内裤的上线。裤脚是护住两腿、连接在裤腰与裤裆上的圆柱状物，也叫“裤腿脚子”“裤筒子”“裤腿子”。

此外，还有一些与裤子相关的服饰部件。扎腿带子也叫“带子”，是缠裤腿用的线带。过去妇女不论单、棉，只要穿裤装都要扎腿，以防受凉及虫子等爬进裤内。年轻的用红、绿，年老的用青、黑。男子除了赶脚的、车夫等，其他人只有冬天穿大裆棉裤时才扎腿。旧时线带分自织和机制两种，前者为黑、蓝粗布，一寸多宽，二三尺长，两头带有线穗，按住一头缠好以后用另一头扎掖；机制的多用斜纹提花，也有缨穗，嫁衣或富人家也有用绸子的。绑腿，古代叫“行缠”“缠腿”，俗称“裹腿”，即把绑腿布条缠裹在小腿上以便跳跃，方便行走和更好地防寒。古代男女都用，后来成了士兵、行旅、习武者的服饰。旧时男女皆用长布条将裤腿下部扎死，用以保暖。腰带，也叫“扎腰带”“裤腰带”“捆腰带”“束腰带子”，旧时为布条腰带。富家子弟用彩色棉线或生丝、彩丝线编结而成，束于腰际并故意露出鲜艳的长穗头来；一般人家用剪裁剩下的长布条，还有的用麻绳草绳，但忌讳与丧服相似，必须是父母双亡的人才能用；贫穷者用半干的红薯秧子，几根一束用来扎腰。已婚青年男女多用红色裤腰带，还有的在上面刺绣。现代腰带有线带、皮带（用皮革、橡胶等做成）、尼龙带、牛仔带等。襻带，是背带裤的部件，指缝在裤子上的背带。一般后面做交叉状，前面套在裤子的腰鼻上。

2. 种类

大裆裤，旧时的裤子为大褶裆式，因为裆肥大，故名，又叫“甩裆裤子”“宽裆裤子”。其特点：一是大裤腰。裤腰上另加宽约半尺的腰围，穿起来直达胸口，护腰保暖。因为腰肥大，所以男子一般不用束腰带，用掖或者褊的形式束腰，叫“打褊腰”。“掖”指用两手同时把裤腰分成两把，交叉一拧，掖进前面的裤腰里；“褊”指交替掩在一起，顺势从上往下一搓；“塞”指交掩在一起后，一下一下地往裤腰里塞。打褊腰的时候，必须收缩肚皮以防束得不结实。因此，女性大多先掖或褊好裤腰后再用束腰带。二是大裤裆。便于劳作时两腿走、跑、蹲、坐。大裆裤子穿脱方便，但是笨重不灵活。三是大裤腿。肥大裤腿很容易卷起来直到大腿根部，下雨、蹚河、劳作很方便。高卷裤腿成了典型的农民打扮，因此有人叫农民“泥腿子”。男人和老年妇女的大裆裤颜色一般是冬天黑、蓝，夏天白、土；年轻女性则用红、绿，或用印花布、提花布。20 世纪 50 年代以前，还流行在裤腿口镶压彩色辫子，或在膝下绣花，叫“女花裤”。20 世纪 70 年代以后，大裆裤是老年人和小孩的主要式样，开始向小裆裤过渡。

棉裤，旧时为大裆棉裤，形式同大裆裤，但有表有里，其间絮有棉絮。20 世纪末之前，棉裤是主要的御寒衣服，特别是老人，都把它当成御寒之宝。有薄棉裤和厚棉裤，薄的轻巧，多用新棉絮，厚的沉重，多用旧裤套，穿在身上两腿都打不过弯来。大裆棉裤一般是高腰，多絮棉花，可以用来护围胸前背后。里、表、棉絮全新的棉裤又叫“三新棉裤”，是 20 世纪 80 年代以前女子找婆家要彩礼的必要东西，叫“里表三新”。棉裤每年初夏或立秋拆洗，有的人家则几年一拆，叫“傻汉棉裤”“懒汉棉裤”。进入 80 年代，棉裤被毛裤、绒裤取代，年轻人很少穿了。

夹裤，是春、秋季穿的裤子，里外两层，因为较厚重，必须用裤腰带子。

套裤，也叫“叉裤”，男女皆用，是一种只有两腿而无裆无腰的棉裤，两腿各自独立，互不连接，轻且暖。穿时两个裤腿分别套在棉裤外面，上面用带系住，护住大小腿，大小便时只解开里面裤子，而不解外面的裤腿。现在，套裤逐步被淘汰，只有少数老年人有时还穿用。

皮裤，多以狗皮、羊皮为主，穿上特别暖和。民间认为，狗皮裤子既能防寒，又能治疗四肢麻木、腰腿酸疼、筋骨不活等病，因此旧时为老年人服装。近年来，年轻人崇尚炫酷机车风，经过改良的皮裤也逐渐成为年轻人服饰。

短裤，也叫“裤头”“裤衩子”“大裆裤衩”。旧时，短裤大多由长裤改造而成，颜色以白色或毛蓝、月白为多。传统短裤为大裆样式，裆、腿肥大宽松，一般是男人从事拉纤、打夯、搬运等重体力劳动时穿用。因为行动之间或坐着时，别人会从对面一侧看见裆内，所以这种短裤寻常不穿。20 世纪 60 年代以后，裤衩成为中老年男子夏季的主要服装。近年来，各式各样的短裤又在年轻人中流行。

西裤，按西式裁剪方式制作的线条型裤子，分前后裤片，是最常见的西裤式样。西裤瘦，刚开始农村人只是把大裆裤的裆改小一些，然后在两边各做一个暗兜，去掉肥裤腰，在腰间缀几个裤鼻儿，前面留两寸左右的开门，就成了男式新裤子；女式的只做小裆而无兜无门。布料还是粗布土布，以老蓝、黑色为主，少年则用浅蓝。腰带也由布带变为机制帆布带、棉线腰带和皮革带。20 世纪 70 年代，农村干部、学校教师、时髦青年也开始穿用。20 世纪 80 年代以后，西式裤子的版型基本与世界流行裤型接轨，分紧身版、宽松版、商务版等。

筒裤，一种长裤，中裆，裤口的尺寸大小适中，臀围、横裆尺寸合适，裤腿呈筒状，故名。一般与西服、西式大衣配套穿用，20 世纪 80 年代开始流行至今。

喇叭裤，一种长裤，中裆很瘦，裤脚很肥大，从裤脚到裆部自下而上呈喇叭状，故名。20 世纪 80 年代，由香港经广东一路传入淄博，是当时前卫青年喜欢的服装。起初民间以为穿喇叭裤不正派，后来逐渐接受此裤型，并发展出大喇叭、中喇叭、小喇叭等，简称“大喇”“中喇”“小喇”“微喇”。

牛仔裤，20 世纪 80 年代开始流行，起初为工作服装，鲜少在正式场合穿着。90 年代牛仔布的品种逐渐丰富，有蓝牛仔布、皱纹牛仔布、彩色牛仔布、条子和印花等花色牛仔布、弹性牛仔布等。近年来，破洞牛仔裤、嘻哈牛仔裤颇受青年人喜爱。

近年来，又有七分裤、新式短裤（包括西式裤头、运动裤头和女式半截裤）、休闲裤、工装裤、格纹裤、阔腿裤、运动裤、连腿裤、健美裤、美腿长裤等。

（六）裙子

20 世纪 50 年代以前，女性多在节日或走亲戚时穿裙子。进入 80 年代，裙装成为夏季主要服装。80 年代裙装布料以细软的纱、绸、丝、绒质为主；90 年代后，棉、纯棉、麻、亚麻、手织土布、真丝、粗织柞蚕丝、牛仔布、皮革等成为四季裙装的用料。至今，裙子已经有多种类型与百余个款式，常见的是直裙、斜裙、筒裙、连衣裙、吊带裙、多片裙、百褶裙、旗袍裙、西服裙、喇叭裙、迷你裙、高腰裙、套裙、背带裙、衬裙等。少数民族所穿的裙装更是丰富多样。

连衣裙，来源于苏联，又叫“布拉吉”“连身裙”“直身裙”，20 世纪 50 年代十分时兴。式样上分大小翻领、小开领、圆领、无领的；长袖、短袖、七分袖、无袖的；下摆长及地面、脚踝、小腿、仅及于臀下、内收、外放的；开口有在前边、后边、开到底、开到胸部腰部的；纽扣、拉链、皮筋的；有兜、无兜的。用料上，有皮革、薄呢、毛料、丝绸、麻纱、化纤、蓬纱、磨砂、纯棉等。90年代末，绣花连衣裙成为时尚。青年女子大多喜欢连衣裙加上一根腰带，一般使用与裙体同面料的或皮革腰带。近年来，各式各样的连衣裙成为女性一年四季常穿的衣服。

长裙，是一种宽长、下摆阔大的裙子，有包裹式、镶边式、茧式等。面料分纯棉、丝绸、牛仔布等，春、冬季流行羊绒、兔绒、毛呢以及各种毛线的编织裙；夏季流行丝绸、麻纱裙。20世纪90年代后期，又出现了背心式和袒胸式长裙。

半截裙，长短不一，有短至大腿上的超短迷你裙，也有过膝保守式的七分裙。腰形多种多样，有合腰、低腰及高腰，并且加入腰带、开衩等形式。短裙穿着必须配以长筒袜和高跟鞋，时兴配肉色长筒袜。肥胖、腿部有问题的，或者中年女性，一般不穿过短的裙子。20世纪30年代前后，女学生的校服多为裙长至膝盖下的黑色或淡蓝色半截裙。

百褶裙，为长裙，从明代开始流行至20世纪20、30年代，长及脚面，裙筒肥大，在腰部叠一周又密又细的褶，以其褶多故名。面料多用绸子，颜色有深有浅，风格有艳有素。百褶裙以褶多为贵，前后可刺绣，绣花卉、蝴蝶、蝙蝠等。

四片裙，由四片裙幅组成。又因四片均绣以花卉，故又名“绣裙”。绣的图案为牡丹、月季，边缘镶嵌各种花边，姹紫嫣红，富丽辉煌，民间多用作新娘婚服和归宁的礼服。这种裙子腰际没有松紧带子，两边裙腰处各缝一条指头宽的布带子，系的时候，两条交叉相绕后交结于腰前。有的裙幅片数更多，如八片裙幅的叫“八幅罗裙”。

吊带裙，上半部分为背心式样，用两条细带或绳、塑料条等将裙体挂在肩上，裙体为紧身样式。20世纪90年代末开始流行，迅速成为年轻女性喜爱的夏季服装。

近年出现了鱼尾裙、一步裙、荷叶裙、铅笔裙、蛋糕裙、花苞裙、A字裙等。

（七）连体衣

连体衣是上衣和下衣连在一起的衣服，经常用于小儿服装，主要有以上衣为主和以下衣为主两种。在池塘中劳作的劳动者经常穿一种上下衣连在一起的皮衣或橡胶衣，见水后质地变软，穿者在水中可以运动自如，是以下衣为主的连体衣的代表。

（八）内衣

内衣称“小衣裳”“兜兜”“汗衫”“短裤”“背心”“小褂”等。20世纪80年代以前，有胸衣和裤头，主要是为遮羞和卫生。旧时未成年人没有穿内衣的习惯。20世纪90年代以来，内衣才丰富起来，主要包括三种类型：贴身内衣汗衫、三角裤；内衣胸罩、裙衬、裙撑、垫胸；装饰内衣、衬裤、衬衣等。又可分传统内衣和现代内衣两种。也有人将睡衣、浴衣等室内衣归为内衣范畴。

肚兜，俗称“兜兜”，为胸间小衣，男女均可穿着。一般为菱形，颈部有带子，左右两带系结于背，下面一角不用带子，正好遮住小腹。秋、冬时节所用的肚兜，通常为双层，内絮棉絮，以利于保护腹部免受寒气，质地有丝、缎、棉、麻等。年轻妇女所穿的肚兜，常用鲜艳的布帛制成，还绣有彩蝶、鸳鸯等象征爱情的图纹。儿童肚兜一般绣制五毒、莲花等驱邪、吉祥图案。小儿可以裸穿肚兜，成人要遮掩起来，不能外露，特别是女子。女子可在肚兜上描龙画凤、挑花绣朵。

束胸，俗称“小褂儿”，20 世纪 30 年代先在城市出现，50 年代后在农村流行。把长及乳下的两片布缝死左边，在右边腋下缀扣，两肩用二指宽的布带连接前后。60 年代后形式发生变化，用摁扣或扣钩连接两边于背后。

裤衩儿，也叫“裤头”，即内裤。20 世纪 60 年代左右，成年男子穿的内裤大都用碎花市布或者白布手工缝制，宽松肥大。80 年代开始在市场上购买，款式也逐渐紧瘦起来。

背心，是露出臂膀的紧身上衣，既是女子内衣又是女子睡衣。也是青年男子盛暑时的外衣，特别是 20 世纪 60、70 年代，纺织成品背心成为男性的夏季常服，有些印上“青年突击队”“毛泽东思想宣传队”“共青团员”等字样。以前的背心布料以棉布、麻布为主，发展到现在有丝质、化纤、混纺等。式样也有了一片式、带肩带、反领、立领等，还有的加了花边、钉珠、刺绣等。

汗衫，也叫“汗褟”，古代叫作“汗襦”“汗衣”。款式为无领套头式，分有袖、无袖和半截袖。布料以柔软舒适的棉针织材料为主，质料较薄，夏天可作外衣，其他季节则作贴身内衣。

现在还有胸罩、紧身胸衣、保健内衣、保暖内衣、束裤、衬裙等。

（九）睡衣

20 世纪 50 年代以前，睡衣是老板、小姐、太太室内活动和睡觉时穿的衣服，80 年代以后逐步普及。男子睡衣多用平和的色布或略带条纹格子的布料，女性多用素花，也有大红大绿色调的。睡衣多用棉布或绸缎面料，式样宽大，没有扣子，腰以带子相结。女式睡衣有的为两件套，内里是吊带裙式，外边为披肩大衣式或和服式。近年来，睡衣的种类颜色更加丰富。

（十）鞋

旧时制鞋用草、皮、木、麻、丝、布等材料，大多采用编织工艺。进入 20 世纪，草鞋、蒲鞋逐渐淘汰，盛行春、秋、冬穿皮鞋，夏天穿凉鞋，雨天穿胶靴，鞋的种类越来越多。

花鞋，也叫“绣鞋”“绣花鞋”，是女式鞋。绣花鞋多在圆口鞋上设绣，有仅绣鞋头的，有鞋头鞋帮满绣的。彩色丝线从鞋头到鞋跟、鞋垫甚至鞋底都绣上繁缛华丽的纹样。传统图案有“莲生贵子”“榴开百子”“双蝶恋花”“龙飞凤舞”等。旧时流行缠足，有大脚绣花鞋和小脚绣花鞋之分。人们多在节日走亲戚，出门做客时穿用。现在，有些地区仍然流行绣花鞋。

单鞋，是单层皮或单层布的鞋。传统单鞋分劳动鞋和礼鞋两种，前者粗笨结实耐用，后者轻便美观讲究。根据样式和做工，传统布鞋又可分为多种类型，如牛鼻子鞋，用粗布纳帮的布鞋，布底用麻线纳过，极厚，布帮也用粗线纳过，鞋头用黑皮子做成长梯子形状，鞋脸子呈“丫”形如牛鼻子，流行于20世纪30、40年代的农村，在70年代的山区仍能见到；毛底鞋，为鞋底无檐条的鞋；方口鞋，前口呈方形并有鞋襟；圆口鞋，布或皮底，青布帮，圆头圆口，男女皆用。与传统单鞋相比，现代单鞋品种多样，颜色丰富，并用朵花、碎花、暗花、绣花、格花等装饰。面料多样化，平绒、毛呢、涤纶布、牛仔布、仿皮、帆布、牛皮、羊皮等应有尽有。鞋底多采用橡胶底。

棉鞋，是鞋帮和鞋底中间填有棉花等保温材料用以御寒的鞋，种类繁多。普通棉鞋式样为双脸单鼻儿式，鞋口较小，前后开衩。样式没有男女差别、只有大小之分。帮面多以华达呢、灯芯绒、平绒为主。这种棉鞋轻便、暖和，又便于制作，较为流行。近年来，又有面包棉鞋、雪地棉鞋等。

靴子，主要有雨靴、棉靴、皮靴。有胶制、皮制、毡制、布制，都是长筒。在湖泊、滩涂地区，人们用生牛皮做成高筒靴子，割苇子时穿用，既防止苇茬伤足，又可防水。近年来，又出现了雪地靴、工装靴、马丁靴、骑士靴等新式样。

凉鞋，夏季穿用，脚趾、脚后跟外露。鞋面多用帆布、皮革、人造革、尼龙，鞋底多用橡胶、皮革、树脂，主要指塑料凉鞋、皮革凉鞋。20世纪60年代以后，农村男子穿一种土制凉鞋，叫“草鞋垫子”，也叫“皮呱嗒子”，用废旧车胎钉制。20世纪90年代以后，年轻女性喜爱露趾凉鞋。

高跟鞋，跟部高于普通鞋、脚跟部位明显高于脚趾部位，是一种高鞋跟的鞋。辛亥革命后，西方的高跟鞋传入，深受年轻女子喜爱。如今，高跟鞋款式多样，鞋跟款式有细跟、粗跟、方跟、锥形跟、坡跟、马蹄跟、酒杯跟、猫跟、内增高等，鞋头款式有圆头、方头、尖头、鱼嘴、露趾等。

20世纪90年代后，出现许多时尚鞋子，有运动鞋、旅游鞋、长筒靴、板鞋、松糕鞋、豆豆鞋、洞洞鞋、老爹鞋、乐福鞋、保健鞋等。

（十一）袜子

传统袜子有三种：一种是布袜子，用白布手工缝制；一种是机制袜子，俗称“洋袜子”；一种是包脚布子，女子用长条裹脚布，男子用方形白布。

旧时妇女缠足，于裹脚布外套白布袜，叫“裹脚”“扎脚”，后随缠足陋习的消失，裹脚也已不见。男子也有用布包住脚再穿袜子的。布袜有长有短，长可及膝，短的仅至胫部，中有一缝，做的时候先纳底再上帮，帮用两层布，做成两片，类似靴子筒。青年女子的袜底子，用各色花线像纳鞋底一样绣成花、鸡、虫、鱼各样图案纹路。民国后盛行纱袜、丝袜，花色多而轻便。20世纪80年代后，五指袜、连裤袜、条纹丝袜、渔网丝袜、针织袜子、尼龙袜子盛行。近年来又有船袜、凉感袜、联名袜等。[1]

［1］本部分内容参见山东省地方史志编纂委员会编：《山东省志・民俗志（1840—2005）》，济南：山东人民出版社，2016年版，第28～43、52～57页。

第二节　服饰搭配

一、发式

淄博一带的发型发式随时代变化。民国初期中青年一般剃光头，少数有钱人留平头、圆头，剪了辫子的老年人剃下圈，上圈留一撮齐发盖在帽子里，十岁以下儿童一律留一“木梳背儿”。后来有些青年学生留长发、梳分头，一些中老年人也跟着学。1938年张店出现电烫机，主要对象是日本侨民、军官太太和一些妓女。新中国成立初期，男子发型变化不大，青年妇女多梳两根辫子，中老年妇女一般剪短发（齐脖子）。1956年博山理发店从济南请来技师，开展烫发业务。60年代初，张店、周村、淄川烫发业务陆续开展起来。“文化大革命”期间，烫发被视为资产阶级生活方式而被喝停。1978年后重新恢复烫发，男发样式有青年式、平头、平圆头、分头、大背头；女子的烫发样式有刘海、波浪、青年、双花、童花、齐眉穗、辫梢等。[1]

（一）女子发式

女子发式可分为传统女子发式和现代女子发式，其中传统女子发式又分为已婚和未婚两种。不管哪种发式，一般都额覆短发，叫“刘海”，就是在前额垂下整齐的短发，有的横抹成稀疏的一线，有的微做弧形。

传统女子发式讲究未婚女子留辫子，这种风俗从清末一直延续到20世纪70年代，有的农村至今保留。辫子有长短、单双之分，一般要在辫梢扎饰绸带、线绳、花饰。幼女梳小辫、挽发髻，有的在头的正中间朝天扎一个小髻，有的朝天扎一条小辫，有的朝后扎两个小发髻或两条小辫。少女则梳大辫子。到了民国后期，女子发型有了较大变化，城市女青年大都留短发。后来，农村女青年留短发的逐渐变多。20世纪50年代以后，年轻妇女大多崇尚留辫子，既有单辫又有双辫。青年妇女喜欢用红色的绒线或绸带子扎住辫尾，稍做点缀、装饰。20世纪50年代前后，农村青年妇女开始较大范围地剪短发，发型朴实，大多在头的一侧扎一个短把，后来又流行前额上方梳高髻式样。旧时已婚女性大多挽髻，新中国成立后，城市中许多已婚妇女剪发或烫发，农村老年妇女依然挽髻、盘髻。个别已婚青年女子仍然保留“两把刷子”，就是在头两侧分别梳一个短辫子，有的将头发拢在脑后。

现代女性发式多种多样，包括短发、长发、卷发、烫发等。发色由黑色调发展到灰色调、亚麻调、棕色调、紫色调、粉色调、绿色调等，又有挂耳染等多种挑染方式。此外又有各式各样的假发、假发片。

（二）男子发式

清末男子一律留长发，梳辫子。辛亥革命后，人们剪掉清朝时的长辫子，出现了光头、短发等发型。直到20世纪80年代以后，农村中老年主要发式还

[1] 淄博市志编纂委员会编：《淄博市志》，北京：中华书局，1995年版，第1556页。

是光头。

新中国成立后，青年逐渐蓄起了头发。发式仍限于平头、分头两种。分头中，又有正分、偏分（斜分）、一边倒、运动员头等。城市中，除了留平头、小平头、分头，留背头的人逐渐多起来。有的文艺工作者学习西方人蓄长发的习惯，头发留到与长发女子相差无几，甚至超过女性的长发。

二、帽子

帽子，指头部服饰，旧时包括冠、冕、巾、帽等几大类几十种形制，现在包括帽子、头帕、斗笠等几类几十种形制。

瓜皮帽，也叫“西瓜皮帽”“瓜皮子”“小帽”，因帽作瓜棱形、圆顶而得名，是男子戴的一种黑色便帽。帽下檐多为一寸多宽的小檐；有的无檐，只用织锦缎包上檐边。帽顶为圆形或略作平顶，帽顶正中系一缎带结成的圆形小球，叫“结子”（俗称“帽顶子”），颜色为青、红两种；有时上加一个丝绒疙瘩。到清末，不用帽结，而用珊瑚、水晶、料珠等代替。表黑，帽里用红布。帽缘正中缀一块四方形的“帽准”作装饰，质地多为玉或翡翠，也有缀以碧霞珠以炫耀富贵的。瓜皮帽形式有硬胎、软胎两种，最早为执役厮卒所戴。因脱戴方便，有身份的人也开始喜欢戴，一般市民百姓则多在喜庆节日戴。这种帽子一直流行到民国末年。

毡帽，也叫“毡帽头”“帽头”，是用毡布做成的形式简洁的帽子，无帽檐。做小买卖的商人喜欢黑毡帽，帽盔较深，天冷的时候可以往下拉。冬天老年人戴毛料毡帽，折叠三层戴在头上，严寒时可拉放至颈，仅露双眼。

皮帽子，又叫“耳朵帽”，也指用皮革制作的帽子。用毡或布为面，两旁有长耳朵，用皮毛做成，长耳朵可以系于帽顶，也可以放下掩耳，儿童、少年冬季常戴。

礼帽，即用毡、呢子制成的顶呈圆柱形的圆沿帽。帽檐在面额处向下瘪，两侧向上微翘，色多为黑、灰、蓝，富有人家、乡绅、商人外出多戴之。20世纪40年代，讲究有礼帽就有围脖。礼帽的样式很多，常见的有盔有檐，状似小草帽，不过帽顶上面凹进去，前边也有一个尖凹处。自20世纪80年代开始，各种仿照礼帽形式的帽子出现，男多黑色，女多红、黄、绿，没有帽顶和帽前的凹处。

单帽子，为机制帽，20世纪50年代以来男子普遍戴的春秋帽，圆形或大月牙帽盖，或布或纱或呢，黑、灰、老蓝、蓝皆有。“文化大革命”开始，黄军帽在全国流行，是革命红卫兵的身份标志，20世纪80年代初逐渐消失。20世纪90年代以来，一般中青年男性不用帽子，单帽较少见了。

鸭舌帽，又叫“特务帽”。在新中国成立以前为工装帽，帽盖正中有一个摁扣，帽盔前倾部分通过摁扣紧附于帽盖之上，状如鸭舌。20世纪70年代后期又流行，是部分中青年喜欢的帽子。

圆绒帽，也叫“绒帽”“老嬷嬷帽”，是老年妇女春、秋、冬戴的一种平绒圆顶帽子。有的在耳际位置有个用同色布做成的铜钱大的帽花，也有的在帽前饰以绿色扁琉璃珠，叫“帽珠”。圆绒帽轻软、舒服，20世纪50年代以后，为城市老年妇女所喜爱，一直流行至今。

连衣帽，尖顶，缝在领子上。20 世纪 70 年代，用扣子扣在活面的风雪大衣上，现在多用拉链，可以随便拉下或装上。20 世纪 80 年代后，一般面包服、羽绒服等带有连衣帽。一些春秋装、运动装也缀有连衣帽，既是帽子又是一种装饰。

此外，还有大盖帽、雷锋帽、针织帽、毛线帽、棒球帽、沙滩帽、防晒帽等。近年又流行渔夫帽、空顶帽、贝雷帽。

三、巾帕

围脖，也叫“长围巾”，从民国初期流行至今，最初为男子用。围脖长而厚重，多为毛线编织或棉线机制。中青年围的时候取正中自百会而下至颈部，再左右缠绕，一端搭在胸前，一端垂于背后；老年、儿童则将围脖反复缠绕，系于颈下。20 世纪 50 年代以前，多为知识分子服饰；70 年代时，农村常用于御寒，男女均用。近年来，又有运动围脖、骑行围脖、护脸围脖等适用于各种场合。

方头巾，也叫“围巾”“方巾”“头巾”，为女式方围巾。20 世纪 50 年代至 70 年代在农村广泛流行，老少皆用，棉线机制，色彩多样。或对角折叠后蒙在头上；或一角披拂脑后，将两角系在项间；或对角折叠披在后肩，两角系在前面脖颈上，既防寒防晒，又避免弄脏头发。农村地区也用白头巾（白毛巾）包头。

纱巾，20 世纪 70 年代开始流行，有纯色和染有图案的艳丽色。款式多样，分老、中、青年女性及儿童款。尺寸有大有小，形状有正方形、长方形，多采用细纱、细丝或极薄的化纤面料。既可以围在头上，又可以遮在脸部，也可以系在脖颈上。之后，又时兴丝巾、围巾、披巾等。

丝巾最早可追溯至唐初的肩披帔帛，是一种用薄纱与丝绢做成的肩披长巾，用来搭配服装，一时在宫中风行。丝巾面料主要有娄纹绮、双管绡、天香绢、素广绫、花绒春等。丝绸轻软飘逸的质地，加之流苏、镂空、烂花、金银交织、手绘等新技法的运用，令平凡的丝巾焕发异彩。现代丝巾传承了古代帔帛的装饰作用，摒弃了凤冠霞帔的烦琐，既保暖适用又不减魅力。[1]

披巾，20 世纪 90 年代中期十分流行。其材质从羊绒到化纤、棉、丝质不等。人们可以将小方巾折成长带绕在脖子上，把一端拉长，打个结，将长的一端绕过短的一端，再打个平结，最后将左右两端整理平整即可。也可将结眼转移到侧面，使颈线更为利落。或用带形折法先将小方巾折成斜角口长带，绕在脖子上先打一个平结，再打一次并固定，然后将尾端拉开，整理出漂亮的形状。

四、佩戴物

佩戴物主要是首饰。首饰指的是头、颈、手上的饰物，种类有额箍、项链、颈钳、玉坠、耳环、吊环、簪子、梳子、项圈、手镯、钏、戒指、银帽、银花、束发圈、红头绳、发卡、发网等。这些首饰，有的是用白银、黄金或黄铜铸造的，有的是珠

[1] 王新平：《中华之光淄博三宝》，北京：新华出版社，2012 年版，第 168 页。

子的，有的是仿金属材料的，有的是玉、石的，有的是塑料、玻璃的。反映了民间的审美观念与审美习俗。

过去，妇女头上、身上的装饰物很多，耳坠、耳环、戒指、手镯、胸花、头花等大都镂金镶银，非常昂贵，这些饰物大多是陪嫁物，亦是可传后代的资产。孩子们的装饰物最多，且因年龄变化和岁时节令有所增减。满月时有围嘴，过周时要系挂长命锁，过清明节、端午节又要戴各种香袋、荷包。一些地方还要给孩子佩戴手镯、项链等，寻求神灵保佑。也有的人家，在孩子的手脖和脚脖上戴些用核桃、杏核刻的舟、篮之类的饰物，既便宜美观，亦有消灾辟邪之说。

除此之外，还有一些日常佩戴物，如包袱、领带、领结、胸针、胸花、胸徽、手表、太阳镜、钱夹子、包、伞、钥匙链、手套、传呼机、手机等。现在，随着物质生活的提高和生活节奏的加快，饰物向着个性化发展。

第三节　服饰禁忌与特殊服饰

一、服饰风俗

（一）传统服饰风俗

民间传统习俗讲究分季节、年龄、男女、场合着衣，与现代服饰风俗在观念、审美习惯、服色讲究方面有很大差异。

一是缠足习俗。宋代前后到民国时期，除少数民族地区外，大多女子有缠足的陋习，穿的鞋也有所不同。鞋多以锦缎制成，上绣各种图案，按照材料、制法及装饰，分别叫“绣鞋”“锦鞋”“缎鞋”“凤鞋”“金缕鞋”，俗称“金莲”。这种绣鞋大都用红帮做鞋面。鞋头是尖尖的并做成凤头样子，又在鞋子上加以刺绣，所以又有“红绣鞋”之称。也有用青色为之者。新中国成立后，缠足现象早已不见，金莲消失在日常生活中，只作为历史考古资料使用。

二是打扮习俗。谚语有“人生在世，吃穿二字”“佛要金装，人要衣装”“钱是人的胆，衣是人的脸”“人是衣裳马是鞍，打扮起来赛神仙”“三分人才，七分打扮”。人们议论贫富“不看吃的看穿的”，以衣服多少和是否高档为标准。在打扮上，民间一方面讲究“男要俏，一身皂，女要俏，三分孝”“俏人不穿棉”“两只小脚遮半身，梳上个油头十分人”“时样的裙子，还得时样的衫”。另一方面，又讲究重朴素节俭，“好吃不过茶泡饭，好看不过素打扮”“长得俏才是俏，打扮俏惹人笑”“风流不在衣着”。此外，还强调不能以衣取人，“狗眼看人低，只认衣裳不认人”“身上穿得破，肚里有好货”，不能“先敬罗衫后敬人”。

三是惜衣习俗。长期以来，由于经济条件制约，百姓都非常珍惜衣服。在旧社会，一件衣服，老大穿了老二穿，或者一衣三穿，既当棉衣，又当单衣，还当夹衣。直到 20 世纪 70 年代，还讲究“新三年，旧三年，缝缝补补又三年”。在传统观念中，服装的实用价值是第一位的，款式、面料、颜色是否新潮性感，都是第二位的。因此，形成了爱惜新衣、讲究补衣的习俗。

四是换衣习俗，即按季节穿衣换衣。俗语言“春捂秋冻”“白露身不露”“麦子不倒，不去棉袄”“秋后风凉落叶黄，一早一晚添衣裳”“高粱倒，穿棉袄”“春季客人实难做，单衣夹衣兼皮衣”“二八月，乱穿衣”“一层布，一层风；十层布，过个冬”“宁穿一把棉，不穿十件单”“三层单不如一层棉”“腰上扎个绳，强似穿十层”等，都是人们长期积累的宝贵经验。

（二）现代服饰风尚

现代服饰风尚大多是由城里人引领产生。现代服饰追求形象、品味，人们不再用价格衡量服饰的价值，形成了服饰个性化的现象。近年来，男士服装越来越时尚、舒适，但因其质料、款型、颜色等较女装简单，所以在穿着时十分讲究细节，注重领带、皮带等饰物和服装搭配。男装的档次，表现在上等的皮鞋、领带、衬衫和手表方面，特别是衬衫，忌讳皱皱巴巴。皮带上面多挂东西，90年代有手机、呼机、钥匙链。女士服装则无论是面料、款式，还是颜色，都日新月异。

二、服饰禁忌

居民在服饰方面，有许多禁忌和避讳。[1]

一是讲究红到三十绿到四十。民间对服色有严格禁忌，以白色、黑色为凶色，举办丧事要戴黑纱和穿白色孝服，平时忌穿。红、绿等为艳色，民间以年龄而论。年轻女子、儿童以艳丽为美，而已婚女子则以暗色为美，叫“红到三十绿到老”。

二是着裙装有禁忌。下蹲时不能让裙脚拖地；坐时，尤其穿短裙时，双腿并拢，不能分开；裙脚不能撩起；穿长裙时不要骑车。若有拉链，出门前要仔细检查，以免内衣外露。与裙子相配的长筒袜也是内衣的一部分，不能露出袜边。

三是戴帽忌歪斜。“摸人别摸头，打人不打脸”，帽子是首服，而首为一个人的尊严和思想所在，最禁忌他人触动、污辱。帽子不能摘下来胡乱放在地上，应该挂起来放置；帽子不能反戴，反悬冠为死人服，是凶相；歪戴帽子，为心不正，不成大器之相。

四是忌穿他人衣。民间以为衣服被他人穿过，他人的运气、吉凶祸福甚至魂灵便会附着在上面。如果借来穿在自己身上，会使自己的魂灵无以附着、运气遭到冲克。当然，如果是比自己富裕、地位高、寿限长的人的衣服，完全可以借穿。[2]

五是服饰样式方面有禁忌。扣子忌讳用双数，谓“四六不成材”，需用单数。忌下摆毛边，因丧服下摆不缝。丧服忌袖短，若盖不过手，意为后世必沦为讨饭花子。一般衣服也忌袖短，以避伸手乞讨之嫌。

此外，特殊场合还有许多禁忌，如正月小孩不剃头，孕妇忌在娘家生孩子，子女在服孝期内忌穿红、绿、黄等鲜艳色彩的服装，忌穿在身上补衣等，诸如此类，

[1] 淄博市志编纂委员会编：《淄博市志》，北京：中华书局，1995年版，第2210页。
[2] 叶涛主编：《山东民俗》，兰州：甘肃人民出版社，2003年版，第329～330页。

不胜枚举。[1]

三、特殊服饰

所谓特殊服饰，是指在某些场合所穿服饰和某些特定人员的服饰。与这些特殊服饰有关的风俗习惯，展现出淄博的民俗特色。

（一）婚礼服饰

1. 女子婚服

传统女子婚服是指一直到新中国成立以前还在时兴的、民族风格鲜明的服装，主要有凤冠霞帔、红袄衫裙、绣鞋、盖头等。凤冠霞帔为明代宫廷女子盛装式样，即头戴凤冠、冠挂朝珠，身穿蟒袍或大红绣花蟒裙蟒袄，披云肩霞帔，腰扶玉带，头上盖一块大红绣花大方巾（俗称“盖头”），将整个头部遮住，足穿大红绣花鞋。而在民间，则要将新娘打扮成花媳妇，就是给新娘做几件花衣裳，披上披风，系上裙子，头上再插上花。民国以后，新娘不穿蟒袍，改穿大红色绣花衣裤或红棉袄。婚服必须用棉的，即使在盛夏酷暑三伏天，婚服中也应絮点棉花，民间认为“上轿不穿棉，一辈子都作难”。同时，头上改戴花、头带、发卡等。

20 世纪 80 年代，农村新娘婚服多改时装，也有传统的红袄绿裤、绿袄红裤或红袄蓝裤，红面或绿面布鞋、皮鞋，头上簪花，颈围丝巾。在城镇，既要穿婚纱，又要穿传统婚服（包括旗袍），质料有丝绒纱、锦绵和万寿缎，色以鲜红、粉红、粉橙或粉绿色为多；或传统裙褂，也以红色为主色。起初婚纱多为白色，后来又有红色、粉色、香槟色等，样式也逐渐丰富。近年来，一场婚礼中新娘的婚服又分秀禾服、出门纱、主婚纱、敬酒服等，款式也越来越丰富。

旧时一般人家只做一双婚鞋，笼统称“喜鞋”，整个婚礼过程中一穿到底。鞋面布用红色、粉红或大红，质料有布有缎，鞋头或绣花或不绣花。绣花者多为牡丹或凤凰图案，不绣花者多为“囍”字等吉祥纹络。新中国成立后，皮鞋日多，新娘时兴穿皮鞋、皮靴，色有红、黑、白，跟有高低，鞋脸有镂花和不镂花的。近年来，又出现了水晶鞋，颇受新娘喜爱。

盖头是旧时新娘出门上轿用以罩首的红帕。人们认为盖头既可以遮羞，又可以辟邪。起初，盖头仅能罩住头部，后来逐渐演变成从头披到肩的红布或红绸、面纱，现在民间还能看到这种风俗。手捧花源于西方，传统的手捧花为圆形设计，下垂式手花有钻石形和新月形。近年来又有半球形、瀑布形、三角形、S 形等。花色也由单一的白色演变为粉色、酒红色、紫色等。

女子婚服的制作还有一些禁忌，如婚服的缝制者忌用寡妇、没有生养的女性；新娘的礼服不要口袋，以免将娘家的财气、福气带走；婚服要用一块布料裁制，不能用两块，取从一而终之意；婚服禁忌使用孝服颜色、旧颜色。

[1] 淄博市志编纂委员会编：《淄博市志》，北京：中华书局，1995 年版，第 2211 页。

2. 男子婚服

清代，新郎多穿官服。清末穿长袍或青色、紫红色花缎长衫，外套马甲，斜挂红布，头戴青色红顶小帽，肩上挂一条长长的红彩绸，系一大红绣球于胸前，足穿青色绒缎缝制的鞋袜，如小登科、似状元郎。民国初期，新郎则穿青色长衫，戴洋毡帽或宽边黑色硬礼帽，礼帽饰以帽花。20 世纪 50 年代后，改穿制服，着灰色、黑色或深蓝色中山装、军便服、西服，穿黑色布鞋或皮鞋，戴深蓝色或藏青色军便帽。胸花是新郎的唯一装饰，上面写有“新郎”二字。近年来，则多穿西装。旧时新郎鞋一般为黑色布、呢鞋面，现在多穿皮鞋。与女子婚礼服饰相比，男子婚服简单得多，讲究也少。

（二）丧葬服饰

1. 殓服

殓服俗称“寿衣”“老衣”“送老衣裳”，是死者所用的装殓服饰。殓衣的种类很多，大致有单衣、棉衣，有内衣、外衣，有长衣、短衣，有手里拿的，有铺盖的。在老人生前就做好的称“寿衣”。寿衣包括衣裤、鞋袜、帽子。鞋、帽也称“寿鞋”“寿帽”。旧时，只有个别贫寒之家在人死后临时缝制寿衣，多数人家都是提前备办。全部衣着用新布制作，少数家贫者或用死者生前的旧衣。做好的寿衣，放在衣柜里，待老人去世时穿戴。

寿衣一般是由家里老人亲手缝制，四邻五舍的老人自会前来帮忙。做寿衣时，要由儿女双全的老人帮忙缝制。制作过程中，儿女不能啼哭流泪，如果泪水滴到寿衣上，则认为死者会经常想念儿女，无法安宁。布料备好后，选择一个吉日裁剪缝制。做寿衣时，老人们会哭唱，如果是给自己做的，会唱道：“今日缝着老衣裳，两眼泪汪汪，不知自己还能活几日，做下衣裳省得冻得慌。”如果是给老伴做的，即哭诵：“他是俺家当家人，都得指望他，孩子幼小未成人，做身衣裳冲灾气，盼着他无病无灾，给他保安康。”语调没有一定的旋律可循，大多套用平时看的戏曲中的腔调，然后配上自己的词语。[1]寿衣整套服装不能有扣子，要全部用带子系，扣子、带子有双关意，扣子是把儿扣住，带子是后继有人。寿衣的衣料、数量、样式，因人因地而异。普通人家用一般的布帛，富贵之家则为锦衣华服。无论老人何时亡故，寿衣都要以棉衣为主，表示“以棉（眠）为安”。一般多用绢帛或棉布做成，带有“眷恋”“缅怀”之义。寿衣绝不用皮毛或绸缎来做，主要是惧怕死者在阴间会被误认为是兽类，不能投胎为人。[2]衣料还忌用缎子，“缎子”谐音“断子”，会断子绝孙，于家族不利。男性寿衣的颜色，里面多是天蓝色，希望死者能着蓝色衣服升入天堂成仙；外面多是杏黄色，因此过去老人都特别忌讳家中有人穿杏黄色衣服。女性寿衣则以青蓝、古铜、豆绿等为主，忌用黑色，因为黑色代表地狱。寿衣的件数，汉族讲究单数，五、七、九件不等，或“五领三腰”，贫困人家用一衣

[1] 刘心明主编：《文化博山》，济南：山东人民出版社，2021 年版，第 244 页。
[2] 王培源主编：《文化淄博》，济南：山东人民出版社，2021 年版，第 186 页。

多领的方式凑够件数。寿衣忌讳双数，以避祸不单行。[1]

寿衣的样式，男女有别。男性寿衣，上身为棉袄外衣、夹袄内衣，经济条件允许的可做棉袍、外套马褂，下身为棉裤，另有裤头、衬裤。帽子为棉帽，多数是西瓜皮形的六叶瓦单帽，顶部用线缩口。脚穿白棉袜、浅口鞋，鞋底绣有云彩，叫“蹬彩云”，表示乘云上天，系蓝色鞋带。忌穿皮鞋，认为穿什么皮子的鞋，死后就托生为什么动物。女性寿衣除棉袄带大襟外，其余与男性的相同，还有手帕等佩饰。寿鞋为深口靴，不套棉花，蓝色绫子布面料。

乡村为老人缝制寿衣的习俗延续至今，城镇居民则基本到寿衣店临时购置。寿衣多为唐装款式，现在也有中山装和西装。

2. 丧服

丧服也叫“孝服”，指服孝者在丧葬活动中所穿戴的服装、饰物，包括丧服、白花、黑纱等。一般用质地粗糙的布料，制作粗拙、不缉衣边、不加修饰，讲究“灵前灵后一片白”，因此丧服多为白色。孝子所戴孝帽用白布缝一圆筒状，高约一尺；孝妇戴白布做成的尖顶盖头布，孝服为白大褂。回灵（丧葬仪式之一）之前，孝子、孝妇穿麻衣。回灵之后，全家脱下麻衣，孝子在右臂挂麻布手圈或乌布手圈，或穿带白色孝布镶边的褂子、白布鞋子；孝妇改在头上插白花，扎白绳，称为“戴孝”“服孝”。戴孝期间均穿素色衣服，不能穿红戴绿，不宜嫁娶。服孝结束时卸下身上一切戴孝标志，称“卸孝”。农村重孝，三年为期，过了三周年叫“满孝”；城市居民一般以上过百日坟为期，此后穿着正常。

（三）儿童服饰

民间通过给儿童戴饰物来祈求长命，旧时最常见的是挂长命锁。长命锁也叫“百家锁”，民间取锁的双关义“锁住孩子，不让跑掉（夭折）”，认为给小孩挂长命锁，可以压惊辟邪、驱鬼禳灾、祈福祷寿，故不论贫贱富贵，都要为孩子配上一副长命锁，分为金锁、银锁、铜锁、铁锁或镀铜、镀金、镀银几种。

头挡是用袼褙剪成两三尺长的小围屏，外裱以红色的绸缎面，绣以牡丹、凤凰等吉祥图案或长命百岁的吉祥语，立于婴儿枕前。民间认为婴儿出生后，头囟还开着缝，头部怕风，用头挡挡住头部避风。

百家衣又名“和尚服”，在婴儿百日时，由亲朋好友敛百家布片拼缝在一起做成，故名百家衣。这种风俗与和尚衣有关。因为大部分和尚从小灾病多，父母觉得不好养活，才交给佛门寄养。他们吃百家饭，穿百家衣，得以成人。所以民间以为如果像他们那样穿衣，就相当于出家入佛门，鬼神邪魔再来加害时，就有佛法保护。因此，百家衣成了婴儿的护身衣。

肚兜也是婴幼儿的小衣服，夏日儿童赤身穿，其他季节作内衣用。式样为正方形，对角设计，上角裁去成凹状浅半豁形状，叫“兜兜扣子”，半圆两边角上缀系带用来挂在颈上；下角或尖或圆，男孩子圆、女孩子尖；横的两角上各缀带子，用

［1］张廷兴：《中国民俗通志・服饰志》，济南：山东教育出版社，2007 年版，第 312 页。

来扎在腰间。肚兜主要护住肚子，避免腹部受凉气、风气。肚兜上绣有或印有求吉利、避灾邪的饰花。

小儿穿开裆裤既为拉屎撒尿方便，又是性别的展示。开裆裤不用腰带而用背带，儿童上学以前穿用。民间以为小儿的屁股最不耐冻，为防小儿随地乱坐受凉，还在后腰处缝一个双层布垫，叫“掇帘”或“掇裙”。旧时长到五六岁，现在长到三四岁，就要穿合裆裤。

虎头帽又叫“老虎头帽子”，多为黄、红颜色，有夹有棉，棉的留一片棉布遮掩后脖颈，帽脸很低，周围缘一溜茸茸的白兔毛。帽顶竖有两只大大的耳朵，周围也缘有白兔毛，并且耳朵和帽体结合处是中空的，一是要小儿耳聪，二是便于通风透气。戴上后，帽子覆盖大半个额头，既暖和，又可防止小儿跌倒磕破额头。

小绑鞋取义“绑住孩子好养活”，是旧时最常见的童鞋。鞋底和鞋帮用同块红布或蓝布做成，鞋背上缝有一块小绣花圆布，鞋底贴布绣猫蹄花，鞋后跟钉带子，穿时系在小孩脚脖子上。

现在的儿童衣裤，式样、颜色丰富多彩，以小背带裤和小连衣裙为基本式样。青少年则喜欢穿运动服，平时穿校服。

儿童服饰忌讳很多，如小儿忌讳出生百日内穿裤子，只能穿小褂子。民间认为，小儿不穿裤子腿脚灵便，如果夭亡，也可以迅速转生；如果穿了裤子，就会绊住腿脚，到了阴间一去不返。另外，为了祈求儿童身体健康、顺利长大，民间还习惯在一些节日给儿童戴配饰。

第二章　饮食民俗

古齐地注重饮食内容，讲究味道，逐渐形成了独具特色的烹调技艺和饮食习俗。淄博地区面食品种丰富，精工细作，周村烧饼是家喻户晓的美味食品。中国有“四大菜系”和“八大菜系”之说，鲁菜均居首位，淄博菜属鲁菜，独特的佳肴与名宴亦显齐地之风。

第一节　食材及制作

一、面食

淄博人的主食主要是小麦、大豆、玉米、高粱、荞麦、粟（谷子）、黍（糜子）等，补充主食的粮食有木薯、番薯（红薯、白薯）、马铃薯（土豆）等。[1]长久以来，人们视小麦（面粉）为细粮，玉米、高粱等为粗粮（或称“杂粮”）。旧时，居民生活主要以粗粮为主，且往往不能饱肚，过的是半年糠菜半年粮的日子。只有少数富户能吃上白面，贫困户只是逢年过节、待客或图个吉利，才吃一顿白面，如出门时吃顿水饺，返回后吃顿面条，叫“出门饺子还家面”。居民心灵手巧，能够用粗粮制作多种可口的饭菜，临淄居民在春天有以槐花、榆钱煎馅食的习惯，即将槐花、榆钱与面揉和，放于鏊上用油煎熟，能保持槐花的清香甘甜，吃起来适口。桓台也有煎馅食者，但主要以葱、姜、花椒为佐料，口味偏咸、辣。博山是玉米面掺上红豆、红枣制成饼，既香又甜，成了孩子们爱吃的点心。

新中国成立后，人民生活日趋改善，细粮有所增加。60年代由于严重自然灾害等原因，粮食大量减产，曾出现一段“瓜菜代”的时期。至70年代居民主食仍以粗粮为主，80年代后才以小麦为主食。现今各地面食花样增多，制作也有所不同。如水饺，博山是先把剂子擀成一个大圆皮，再叠压切成梯形状，包制的水饺状如元宝，以博山饭店石蛤蟆水饺声誉最大；其他地区则是先把剂子切成弹丸大小，再擀成小圆皮包制，水饺呈月牙形或疙瘩状。

粗粮成为人们调换胃口的食品，熟玉米棒子、烤地瓜、小米煎饼成了时令小吃。馒头、面条、油饼等还是礼尚往来的食品。如妇女生孩子后，孩子父亲要到岳母家报喜，返回时带回鸡蛋、油饼，娘家还要送面条、米等，以示关注。

旧时博山、淄川、周村南部及张店南部地区的居民常吃煎饼，桓台、临淄北部、周村北部及张店北部地区的居民习惯吃窝窝头或饼子。[2]新中国成立后，人民生活水平日益提高，面食逐渐增多。1956年前后，面粉约占口粮的三分之一，60至

[1] 王培源主编：《文化淄博》，济南：山东人民出版社，2021年版，第11～12页。
[2] 淄博市志编纂委员会编：《淄博市志》，北京：中华书局，1995年版，第2198页。

70年代，以玉米瓜干为主。进入80年代，面粉成为主食，面食花样有馒头、锅饼、火烧、花卷、水饺、蒸包、面条、单饼、菜饼、烤排、油条、油饼等。[1]

（一）馒头

馒头是用发酵的面粉蒸成的主食，用手揉制的圆形馒头叫“馍馍”，用刀切的长方形馒头叫“卷子”。《日用俗字·饮食章》：“大瓢掠来酵子发，下手先扠二百拳，不大不小㩟成剂，丸揣加粹手不粘。稍卖兜子真可口。馒头皫白又松壁。卷子擦穰留客饱，馍馍包馅解人馋。”[2]《庄农日用杂字》：“发面蒸馍馍，多多揣几拳。”[3]清楚地讲述了馒头的制作过程，都强调蒸馒头时要将面多“揣”几拳，以增加面的韧性，吃起来耐咀嚼、香甜可口。需要说明的是，馍馍有的加馅，但多不加馅。[4]

（二）面条

家常葱花面是居家常吃的一种面食。面条是人工擀切而成，约一韭菜叶宽。下面条前先用葱花炝锅，然后添水，水沸后下面条。日常待客时随锅打上几个荷包蛋，将荷包蛋和葱花面盛在碗里浇上汤，然后滴上香油，一碗香喷喷的葱花面就做成了。

（三）包子、饺子

包子分素包子和荤包子两类，又分烫面包、发面包和冷水面包三种。平时吃的素包子指不放肉的包子（拌馅多用豆腐丁代替），荤包子主要指肉丸包子、灌汤包等。饺子因拌馅的菜不同分为荠菜饺子、白菜饺子、芸豆饺子、萝卜饺子、三鲜饺子等。另外还有包好后放在笼屉里蒸熟的各种烫面饺子。

石蛤蟆水饺是20世纪30年代初博山人石玉璞所创。石玉璞原来只经营酒菜，靠薄利多销起家，后增添水饺。石家水饺馅多、肉多，肥而不腻，香美可口。吃水饺时，外带椒汤（煮水饺的汤加酱油、醋、胡椒面和青头配制而成）一碗，顺应了原汤化原食的民间食俗，很受食客欢迎。40年代初期，石家水饺已相当出名，生意越来越兴隆，引起其他饭铺的嫉妒，给石玉璞起了个外号叫“石蛤蟆”。意思是蛤蟆跳到热鏊子上，待不了多久就垮台。石听到后出钱请客，恳求不要再叫这个外号，但结果适得其反，石蛤蟆的名声反而更大了，生意更加兴旺。1983年，著名园林艺术家陈从周教授到博山品尝石家水饺后，赞不绝口，挥毫书就“博山风味推第一”七个大字。[5]

石蛤蟆水饺久负盛名，主要是因为：一是面粉精细、韧性强；二是馅子质量好，配料以肉为主，比例为瘦六肥四，香油、海米、绿豆粉皮和韭菜适量；三是边调馅边包边下锅，保证了味道的香鲜并举。加之博山水饺的制作方法类似馄饨，皮薄且

[1] 山东省淄博市张店区志编纂委员会:《张店区志》,北京: 中国友谊出版公司,1991年版,第611页。
[2]（清）蒲松龄著，路大荒整理：《蒲松龄集》，上海：上海古籍出版社，1986年版，第747页。
[3]（清）马益：《庄农日用杂字》，转引自张在湘、蔡万江主编：《潍坊文化通鉴》，济南：山东友谊书社，1992年版，第783页。
[4] 谭景玉：《清前期鲁中农村的日常饮食习俗》，《民俗研究》2005年第1期，第106页。
[5] 淄博市志编纂委员会编：《淄博市志》，北京：中华书局，1995年版，第1564页。

匀，看上去玲珑透馅，形似元宝，吃起来软嫩可口，味道鲜美。[1]

（四）煎饼

煎饼过去为淄博南部淄川、博山、沂源等地人民的主食。蒲松龄《煎饼赋》称“康熙中，齐亢旸甚，二麦辄数岁不登，则煎饼之裨于民生，非浅鲜也”，充分说明了煎饼在当时日常饮食中的重要地位。该赋还说煎饼乃“合米豆为之，齐人以代面食”[2]，叙述了其制作和食用方法。[3]

煎饼多以米、豆、高粱、小麦等五谷杂粮为原料，制作分为摊煎饼与滚煎饼两大类。摊煎饼是将粮食水浸后磨为糊，舀一勺米糊于烧热的鏊子上，立即用木耙子在鏊子上摊开，稍待即熟。滚煎饼是和一二斤重的面团，持面团在烧热的鏊子上做圆圈状滚动，烙熟揭起即成。煎饼从色泽上分白煎饼、红煎饼、黄煎饼、黑煎饼；从用粮主料上分麦子煎饼、高粱煎饼、玉米煎饼、地瓜干煎饼、芝麻煎饼、椒叶煎饼、沓菜煎饼等；从口味上又分咸煎饼、酸煎饼等。

白煎饼，即麦子煎饼，是煎饼中的上品。尤其是麦子磨面摊的煎饼，香气浓郁，酥软适口，耐嚼筋道，老幼皆爱吃。新麦子煎饼蘸酱就小葱或卷老咸菜就小葱的吃法备受人们喜爱。红煎饼，即高粱煎饼，一般每十斤高粱加三至四斤黄豆和少量地瓜干（起黏性作用），所以又称“足豆子煎饼”。红煎饼卷辣椒炒干巴鱼，又香又辣，口感特好。民谚“高粱煎饼卷辣椒，越吃越上膘”，体现了当地居民的饮食习惯和对生活的乐观态度。[4]黑煎饼，用地瓜面制作，因其色黑，故得此名。

椒叶煎饼，即在做新麦子煎饼时，取鲜嫩花椒叶加盐捣成糊，加在煎饼糊中摊成。色泽青绿透白，有一股诱人的辛香味。芝麻煎饼，是在新麦子煎饼上加盐撒芝麻做成，香酥可口，是馈赠亲戚尝新的食品。另外，还有用谷、高粱和黑豆做成的囫囵谷子煎饼；用粗小米、高粱和少量黄豆制成的“三碰头”煎饼；用生小米六成、熟小米二成和黄豆二成磨糊摊成的“米对米”煎饼；用麸皮为主料加少量粗粮（如地瓜面）和成麸皮面团在鏊子上滚成的麸皮煎饼以及相类似的糠秕煎饼等。后两种皆为荒年充饥所食的粗煎饼。

沓菜煎饼，一种别有风味的食品。将时令鲜嫩的青菜，加上鸡蛋或豆腐丁，再加油、盐、葱花、调料搅拌成馅，均匀地摊在烙熟未揭的新煎饼上，再覆盖一张煎饼，待馅熟后，再将两张煎饼折成十多厘米宽的长卷，然后在鏊子上切成菱形状。沓菜煎饼的特点是现吃现做、清香诱人，是上口的美食。

菜煎饼，传统吃法之一，堪为当地风味一绝，制作方法是：先将豆腐、韭菜、粉条切碎，加虾皮、调味品，用熟花生油拌匀成馅，然后将摊好的煎饼放上馅，再折叠成方形、长方形或三角形，在鏊子上煎烙至深黄色，即可食用。煎饼中也可加

[1] 山东省出版总社淄博办事处编：《淄博风物志》，济南：山东人民出版社，1985 年版，第 163 页。
[2]（清）蒲松龄著，路大荒整理：《蒲松龄集》，上海：上海古籍出版社，1986 年版，第 27 页。
[3] 谭景玉：《清前期鲁中农村的日常饮食习俗》，《民俗研究》2005 年第 1 期，第 105 页。
[4] 淄博市志编纂委员会编：《淄博市志》，北京：中华书局，1995 年版，第 2198 页。

肉，蒲松龄《煎饼赋》也描述说："若夫经宿冷毳，尚须烹调，或拭鹅脂，或假豘膏，三五重叠，炙煿成焦，味松酥而爽口，香四散而远飘。"[1]

（五）稀饭

淄博居民非常重视早晚的稀饭，这一习惯至少在清朝前期已经形成。《日用俗字·庄农章》称"旺炉熇饼粥稠黏"[2]，黏粥，即稀饭，多以小米、高粱米或面煮制，有时加入绿豆、豇豆等。小豆腐是将切碎的粗青菜或可食的野菜放入豆汁中煮成，名为佐餐，实则果腹，香美可口，营养丰富。另有面汤，可泡食较干的食物。[3]

淄博地区居民几乎顿顿离不了稀食，旧时农村多以南瓜汤和萝卜粥代主食，城镇多以玉米粥为主。现在不论城乡，小米绿豆饭、大米稀饭已极为普遍，也有喝小米面粥的。夏季多饮绿豆汤、炒米汤等，利于消暑。[4]

（六）窝窝头与野菜团子

窝窝头多为玉米面、地瓜面、高粱面或几种粮食混合的杂面蒸成。一般呈圆锥形，底部有向里凹进去的孔（更易蒸熟）。

民众多用干菜叶、树叶、野菜等加少许杂粮面团成菜团子（习惯称"菜蛋"）蒸熟，作主食吃，叫"野菜团子"。还有蒸扫帚菜、蒸榆叶、蒸榆钱、蒸洋槐树叶、蒸洋槐花、蒸山菜等多种吃法，其做法都是在这些野菜、树叶上撒少许玉米面或面粉，在蒸笼里蒸熟。

（七）饼与火烧

淄博自古以制饼知名，有酥香薄脆闻名全国的周村烧饼、大如锅盖的锅饼、美味可口的油葱饼、宜于出门携带充饥的硬面火烧，还有各具特色的烧饼、蒸饼、单饼、薄饼、三页饼、肉火烧、芝麻火烧、麻汁酥饼、吊炉烧饼、缸炉火烧、糖油酥火烧、酥肉饼等。

锅饼，直径一般在一尺左右，厚约一寸半，一个约需五斤面粉。因便于携带（可分切后携带）又充饥耐饿，颇受城乡劳动者喜爱。锅饼因其个大饼厚，烤制的工具也很有特点。烤锅饼要用两层鏊子，下层的鏊子上涂一层泥，上面再放上一个鏊子烧热后烤锅饼，一个锅饼要烤一个钟头左右。烤好的锅饼外硬里软，又香又不粘，别有风味。在乡镇的集市摊上和城里的锅饼铺里，掌刀的伙计把烤好的大锅饼切成三角形的锅饼块，按块零售，便宜实惠。

高粱面饼，又称"呱嗒板"，高粱面和好擀成饼，抹盐和油，撒上葱花，叠成几层后切为宽条状，蒸熟后食用。

玉米饼称"大饼子""苞米饼子""粑粑"等，具体做法是：玉米面掺豆面（大豆粉）加水和成面团，待铁锅加水烧热后，抓出一块面团，在掌中来回拍成扁平饼

[1]（清）蒲松龄著，路大荒整理：《蒲松龄集》，上海：上海古籍出版社，1986年版，第27页。
[2]（清）蒲松龄著，路大荒整理：《蒲松龄集》，上海：上海古籍出版社，1986年版，第745页。
[3] 谭景玉：《清前期鲁中农村的日常饮食习俗》，《民俗研究》2005年第1期，第108页。
[4] 淄博市志编纂委员会编：《淄博市志》，北京：中华书局，1995年版，第2199页。

形，糊在锅内壁上，开锅后十几分钟即熟，用铲子将锅内壁上的饼子铲下来，即可食用。

二、瓜果蔬菜

（一）果蔬食材

淄博地处古齐国旧地，沃野千里，气候温和，盛产各种水果、蔬菜。[1]常食用的果类有梨、苹果、桃、杏、核桃、李子、樱桃、草莓等。野生果类有酸梨、野杏、毛桃、山樱桃、沙棘等。[2]其中，沂源的苹果种类尤其丰富，早期有茶果、歪把子、秋风密等；1953年后又有国光、大国光、金帅、红玉、鸡冠、青香蕉、红香蕉、红富士、新红星、北斗、秀水国光、金矮生、红矮生、玫瑰红、乔纳金、红嘎啦、藤牧、松本锦、烟青、烟红等。[3]菜肴以日常蔬菜为主，主要有萝卜、白菜、芹菜、韭菜、蒜、葱、胡萝卜、菜瓜、刀豆、芫荽（香菜）、莴笋、黄花、辣椒、黄瓜、西红柿等。[4]《俗字》和《庄农日用杂字》所记蔬菜不下五六十种，主要有豆角、番瓜（南瓜）、卷心白、秦椒、茄子、黄瓜、生菜、莙荙、茼蒿、辣菜、菠菜、扁豆、金针菇、椿芽、蔓菁、苔菜、灰苔、地环、银丝菜、芽白菜、葫芦、蚕豆、冬瓜、丝瓜、葛首、蘑菇、竹笋、木耳等。当时人们对菜蔬的烹调已积累了不少经验，《俗字》中就有不少叙述，如：

“秦椒烂煮南瓜菜，腊油新熬萝白干。”

“茄子用油焖炀好，葫芦加料上笼蒸。”

“瓜畜略腌便可吃，豆豉久罨始能成。”

“禽的辣菜能下酒，窨里肥芹取作羹。”[5]

旧时张店区常食用的蔬菜有南瓜、豆角、白菜、菠菜和土豆等。新中国成立后，有了较大改善。20世纪80年代以后，家家午、晚两餐均有炒菜。常用的蔬菜有黄瓜、西红柿、蒜薹、菜花、茄子、白菜、青椒、芸豆、蒜苗等。[6]

博山区主要食用的蔬菜有：瓜类，如黄瓜、西葫芦、冬瓜、南瓜、丝瓜、瓠子等；茄果类，如西红柿（番茄）、茄子、甜椒、辣椒等；甘蓝类，如菜花、甘蓝；豆类，如芸豆、豆角、眉豆、扁豆；绿叶菜类，如芹菜、茼蒿、小白菜、小油菜、苔菜、菠菜、莴苣；根菜类，如大萝卜、小红萝卜、胡萝卜；葱蒜类，如韭菜、大葱、洋葱、大蒜；薯芋类，如马铃薯、生姜、山药（薯芋）；白菜类，如大白菜。[7]

[1] 叶涛主编：《山东民俗》，兰州：甘肃人民出版社，2003年版，第109页。
[2] 王培源主编：《文化淄博》，济南：山东人民出版社，2021年版，第12页。
[3] 张富祥主编：《文化沂源》，济南：山东人民出版社，2021年版，第87页。
[4] 王培源主编：《文化淄博》，济南：山东人民出版社，2021年版，第12页。
[5]（清）蒲松龄著，路大荒整理：《蒲松龄集》，上海：上海古籍出版社，1986年版，第745、748页。
[6] 山东省淄博市张店区志编纂委员会：《张店区志》，北京：中国友谊出版公司，1991年版，第611页。
[7] 山东省淄博市博山区区志编纂委员会编：《博山区志》，济南：山东人民出版社，1990年版，第223页。

桓台县以白菜、芹菜、黄瓜、西红柿、茄子、辣椒、莲藕、山药、韭黄等为主。[1]

（二）豆腐

豆腐是中国传统特色食品。在乡间，差不多每村都会有一两家做豆腐的农户，清早敲着木制的梆子走街串巷叫卖。做豆腐之前，先用水泡黄豆，然后把泡好的豆子上磨（要用水磨）推成糊状，用粗布包裹，挤出汁液，称“豆腐浆子”“浆子”“豆浆”，剩在包里的称“豆腐渣”。挤出的豆浆放在锅内加火烧开，待其表面冷结一层皮后，用一细木棍横置锅面，一粘一转，即可取出一张全皮，此动作称“揭豆腐皮”或“挑豆腐皮”。可连取四五个，晾干即为腐竹。揭过豆腐皮之后，在豆浆中加卤水或石膏，稍停一会儿，即凝结为豆腐脑。在卖豆腐的筐子里铺好笼布，将豆腐脑倒进筐子，收紧笼布，上压重石，挤去水，豆腐就做成了。根据加卤或石膏的不同，分为浆豆腐与膏豆腐两种。若每舀一勺豆腐脑加一层笼布，用更重的石头压上去水，做成的就是一层层的豆腐皮，也叫“千层豆腐”。

三、肉蛋鱼

早在新石器时代，今天所食家禽动物就基本俱全了，主要有马、牛、羊、猪、鹿、兔、狗、鸭、鸽、鹅、鱼等。汉代，狗的饲养更加普遍，狗肉成为人们普遍食用的一种肉类副食。然而，由于狗不宜大规模饲养，又是食粮动物，不像猪、羊、牛、马等食草为主，与人争食，所以狗肉主要在民间食用，很难再登大雅之堂。[2]近年来肉类食品种类日益繁多，主要有牛肉、羊肉、猪肉、鸡肉、鸭肉、鹅肉等，其中沂源的沂蒙黑山羊肉质细嫩，味道鲜美，香而不腻，沂源大锅全羊即以此为原料。

金丝鸭蛋民间又叫“缠丝鸭蛋”，产于临淄小路家庄一带。古代临淄泉水众多，河汉交错，近水人家多养鸭。小路家庄是安次水注入乌河之处，河内多产田螺以及鱼、虾等。鸭食之，所产之蛋“卵黄层层，紫赤相间”，剖之如金丝缠绕，其味异常鲜美。盐渍近月时间，煮熟刀切时，黄油顺刃流出，入口有奇香。金丝鸭蛋过去少为外人所知。1957 年中央卫生检查团到临淄检查工作，席间奉送每人一枚品尝，交口称赞。此后金丝鸭蛋之名逐渐远播于省内外。但 70 年代以后，因地下水位下降，河流干涸，水产物绝迹，金丝鸭蛋已鲜见。[3]

马踏湖产的鸭蛋，破壳来看，内生一层蛋黄油圈，生挑能倒挂成金丝，熟透能凝作橙光蟹黄，于是也称“金丝鸭蛋”。用大瓮盛下湖泥并加入食盐，搅匀成稠黏糊状，然后将洗净晾干的鲜鸭蛋逐个放入，均匀糊于蛋壳后取出，放袋装箱，半月后即腌成。或蒸或煮，食用时刀切两瓣，浅青的蛋壳，白嫩的蛋清，油汪橘红的蛋黄，蛋清与蛋黄交会部位有蛋黄油溢出，香而不腻，酥沙柔绵。[4]

[1] 山东省桓台县史志编纂委员会编：《桓台县志》，济南：齐鲁书社，1992 年版，第 157 页。
[2] 梁国楹、王瑞：《齐鲁饮食文化》，济南：山东文艺出版社，2004 年版，第 27、30 ~ 31 页。
[3] 淄博市志编纂委员会编：《淄博市志》，北京：中华书局，1995 年版，第 1563 页。
[4] 周飞舟、巩曰国主编：《文化桓台》，济南：山东人民出版社，2021 年版，第 296 页。

鱼类有鲫鱼、鲤鱼、梭鱼、鲶鱼、鲢鱼等，其中黄河鲤鱼久负盛名。[1]桓台居民多以本地马踏湖的产品为原料，制作的金丝鸭蛋、糖醋藕、蟹黄蒸包、糖醋鲤鱼、黄焖鲤鱼、清炖草鱼、草鱼丸子、奶汤鲫鱼、酥锅鲫鱼、鳞炸鲫鱼、溜黑鱼片、辣子黑鱼片、煸炒黑鱼片、蒲白黄鳝汤、鲶鱼炖豆腐、油煎嘎牙、醋沏小鱼、醋熘白条鱼、西红柿炖泥鳅等，很有地方特色。[2]

四、调味品与佐餐小菜

（一）调味品

淄博居民口味较重，调味品较丰富，盐、酱油、醋、酱、葱、蒜、芥末、姜、麻汁、茴香、花椒等一应俱全。吃豆腐习惯“烫来蘸酱不加盐”，吃煎饼时习惯夹上葱，吃荞麦角或饺子时喜欢用“芥末或蒜”。[3]人们喜爱炒菜时用豆豉调味。豆豉是由黄豆或黑豆泡透、蒸熟或煮熟后发酵而成的一种调味品。[4]

调味品中以周村的陈醋为调味佳品，获省优、部优产品称号。周村玉兔牌陈醋以优质薯干为原料，麸皮、稻糠为辅料，用独特工艺酿成。呈红褐色，酸中带甜，味道醇厚，醋汁浓清，经久存放而不变质。[5]

（二）佐餐小菜

在淄博饮食民俗中，一日三餐的佐餐小菜占有一定的位置。

醋沏小鱼是马踏湖一带居民的佐餐小菜。把马踏湖产的二三寸长的活鱼洗净后鸡蛋挂糊，下油锅炸酥，浇醋拌匀，再加葱花、姜丝、五香粉、酱油等佐料食用。[6]

辣菜是一味很受欢迎的民间风味小菜。冬天，芥菜疙瘩上市后，选个大新鲜的芥菜疙瘩洗净后擦细丝，加糖和醋，密封瓷罐中。隔数日后开启，盛盘上桌。

豆豉是冬季食用的佐餐小菜。先将黄豆煮熟后发酵，然后将萝卜、白菜叶、胡萝卜等切成丁，再加盐、姜片等一起腌制，数日后即可食用。因萝卜丁、白菜丁等腌制时自身会下水，故豆豉吃时鲜香多汤汁，也叫“水豆豉”。

小豆腐又称“菜豆腐”，以豆面和菜煮成。各地用菜因地而异，有用干萝卜叶、白菜叶、芋头叶、萝卜丝、苔菜叶和海蓬菜等多种野菜做成的小豆腐。

豆腐渣常用来做小菜。菜豆腐渣选用制作豆腐剩下的豆腐渣，加萝卜缨子碎末，加油（肥猪油渣更好）炒制，清香可口，既当饭又当菜，很受普通百姓欢迎。博山居民偏爱做渣豆腐或连浆，即将大豆磨浆或粉后，加碎菜叶用锅煮成渣豆腐或加酸浆点成连浆食用。有“煎饼豆腐，家常便饭”之说。[7]

[1] 王培源主编：《文化淄博》，济南：山东人民出版社，2021 年版，第 173 页。
[2] 周飞舟、巩曰国主编：《文化桓台》，济南：山东人民出版社，2021 年版，第 295 页。
[3]（清）蒲松龄著，路大荒整理：《蒲松龄集》，上海：上海古籍出版社，1986 年版，第 745 页。
[4] 谭景玉：《清前期鲁中农村的日常饮食习俗》，《民俗研究》2005 年第 1 期，第 110 页。
[5] 李奎封主编：《淄博农业五十年》，济南：山东科学技术出版社，1999 年版，第 381 页。
[6] 王培源主编：《文化淄博》，济南：山东人民出版社，2021 年版，第 174 页。
[7] 淄博市志编纂委员会编：《淄博市志》，北京：中华书局，1995 年版，第 2198 页。

五、烟与饮品

（一）烟

烟有不同的加工制作方法，吸入方法也不同。

纸卷烟，又称“卷烟”“香烟”“纸烟”“烟卷”。以烟叶切成的细丝为主要原料，再加上少量配料（如甘油、蜂蜜、甘草、糖料等）与香料（如天然香精枣子酊、香草油、合成香料乙酸、乙酯等），用机器卷制而成。按主要原料的不同，可分为烤烟型（基本上都是烤烟）、混合型（烤烟为主，掺用白肋烟、香料烟）、晒烟型（以晒晾烟和香料烟为主料）三种。近年来，又出现了加入中草药的药物型卷烟和加入特殊风味香料（如薄荷、玫瑰、可可之类）的香料型卷烟。

叶卷烟，即用烟叶为外皮卷制而成，包括雪茄烟。原料不是烤烟而是晒晾烟，主要是晒红烟，很少加入香料，其吸味与香气来自烟叶本身。雪茄的传统制法是全部用烟叶卷制而成。但近年来不少机制雪茄已采用新的制作方法，以特制的棕褐色盘纸代替包叶，内芯也不是螺旋状卷成的烟叶束，而是烟丝。由于原料与特色都与烟叶卷制的手工雪茄相似，所以仍然叫“雪茄”，且已逐渐占了雪茄的很大比例。

斗烟，即将烟放在短烟斗中燃吸。常用原料是晒烟，再加上其他配料、香料与糖料，加工出的原成品有丝状、片状、粒状三种，但绝大多数是丝状，所以斗烟又称“斗烟丝”。斗烟丝要求有芬芳的香气、适当的气味和良好的燃烧性。根据用料与气味的不同，斗烟可分为混合型与烤烟型两种。

旱烟，是将晒干或烤干的烟叶经过回潮，压片之后，切细成烟丝，或捻碎成碎末，装在烟袋（或称“烟筒”“烟杆”）上吸用。这种烟丝有充足的油分和良好的气味。旱烟在农村普遍流行，旱烟袋制作也很方便。直到今天，农村中仍有不少人吸旱烟。旱烟的主要原料是晒晾烟。

水烟，要用特制的水烟袋点燃吸用，烟气要通过烟袋中的水方能进入口腔。所用水烟丝主要原料是晒晾烟的烟叶加上配料，压成饼，再用烟刨刨成细丝。水烟曾广为流行，1949 年以后逐渐为卷烟所取代。

鼻烟，是将烟叶研成粉末，加上香料、药物等辅料，装在鼻烟壶中，一点点放置鼻中或牙上嗅用。鼻烟也可作为吸用烟，但不燃烧，只是通过吸气吸入腹中。清代和民初，吸鼻烟的达官贵人不少，现在很少有人吸用。

（二）饮品

传统饮品主要有汤、酒、茶。

在古代汤特指煮沸的开水，羹才是现代意义上的汤。早期的羹并不是饮品，而是汤菜，比今天食用的汤要浓些，一般情况下是把它浇在饭上，饭、羹一起吃。先秦时期，基本没有炒菜，人们吃粥或吃饭时，羹常用来佐餐。羹有肉羹和菜羹之分。秦汉以后，随着菜肴制作加工的发展，羹的地位渐渐下降，但作为一种原始的食品，它又顽强地延续了下来。《齐民要术》中记载了 28 种羹的做法，鸡、鱼、鸭、鹅、牛、羊、猪及各种蔬菜都可以做成羹。[1]浆指米汤，是古代平民经常饮用的一种饮品，“箪食壶浆”就是用篮子盛着干粮、用壶装着米汤。[2]

酒类主要有梅酒、果酒和“白干”（“白干烧”）之类的烈性白酒（蒸馏酒）。

六、酒俗与茶俗

（一）酒俗

在高青县，百姓自古擅酿酒，饮酒习俗也有诸多讲究。酒席中，主人敬酒，辈分由上而下。敬酒时，平辈举杯与客人同喝，晚辈则离席将客人的杯端起，说“给端个酒”。给年轻人或晚辈敬酒，则说：“待要好，大敬小。”年轻人则客气地反敬，说：“小敬大，也不差。”为烘托喝酒气氛，尽可能让对方多喝酒。亲朋好友相聚，还会进行一些竞争性娱乐项目，输者喝酒。喝酒一般先由居上座者带三次，说明此次酒宴目的及祝福，然后由上而下，依次对喝，称“展开”。正常情况下，一轮相互对喝结束，大家要在主客提示下共同再喝一杯，叫“齐备齐备”。主客提出这一要求，也是礼貌地提示大家，应该考虑结束了。但主家安排的陪客会尽力阻止以示热情，并提出一些理由再对饮，称“加深”。喜欢喝酒的人会乘酒性提出与全场每一个人都对饮一次，称“打周”。本地人热情好客，有反复劝酒的习俗。酒量小的人不了解这一情况，往往被灌醉。[3]

在沂源县，新中国成立前，只有逢年过节或婚丧大事才喝酒。经济条件稍好的老年人，在劳动之余有喝二两的习惯。一般喝白酒（高粱酒），亦喝自酿的柿子酒、软枣酒。50年代始，地瓜干酒为主，高粱酒、柿子酒、软枣酒已少见。随着生活水平的提高，喝酒者逐渐增多，果酒、啤酒的销量也逐年加大。80年代中后期，社会团体、民间饮酒之风渐盛，且有奢华之风。[4]在桓台县，旧时南部群众无饮酒习惯，年节待客喜饮高粱白酒，北部湖区家家饮酒。20世纪80年代，城乡居民饮酒者较为普遍，冬季白酒，夏季啤酒、汽酒，平日就餐饮酒者渐多。[5]

民国时期，主要饮料为茶水，饮者多为富户商贾，多用于年节待客。20世纪70年代，居民夏季始饮酸梅汤、汽水之类饮料，农村少见。80年代，生活水平提高，居民以茶水为常年饮料，夏季兼饮汽酒、啤酒、汽水、咖啡、橘子汁等。[6]

（二）茶俗

沂源县大张庄、黄庄一带历来喜喝“大把抓”（大叶红茶），现今这种习俗遍及全县。[7]

[1]（北魏）贾思勰著，缪启愉、缪桂龙译注：《齐民要术译注》，上海：上海古籍出版社，2009年版，第507～520页。

[2]梁国楹、王瑞：《齐鲁饮食文化》，济南：山东文艺出版社，2004年版，第31页。

[3]季乃礼主编：《文化高青》，济南：山东人民出版社，2021年版，第70～71页。

[4]山东省沂源县史志编纂委员会编：《沂源县志》，济南：齐鲁书社，1996年版，第502页。

[5]山东省桓台县史志编纂委员会编：《桓台县志》，济南：齐鲁书社，1992年版，第684页。

[6]山东省桓台县史志编纂委员会编：《桓台县志》，济南：齐鲁书社，1992年版，第684页。

[7]山东省沂源县史志编纂委员会编：《沂源县志》，济南：齐鲁书社，1996年版，第502页。

沂源农家人待客喝茶很有讲究。客人到来，主人泡茶，讲究“一高一矮三不满”。“三不满”：一是烧水的壶不能装满水。水多延长烧水时间，不能及早解除客人之渴，慢待客人；二是茶壶里不能倒满水。旧时人们大多生活比较拮据，茶叶是农家人紧缺的用品，茶壶倒满水会使茶水不酽，对客人不尊重；三是喝水的茶碗不能倒满茶水，民间有“满酒浅茶”之说，意思是酒要斟满不吝啬，茶则浅斟不烫手。“一高”是指向茶壶冲水时尽可能高悬于茶壶之上，开水冲入的力量大，茶叶在壶中不住“打滚”，这样泡出的第一道茶才上口，否则会淡而无味。“一矮”是指从茶壶往茶碗里倒水时，距离要尽可能缩短，使茶叶碎末尽快沉入茶碗底，不至于高位倒茶水而泡沫四浮，沉渣泛起，有碍于客人品茗，或水泡太多影响口感，或导致肠胃不适。泡茶前要用热水烫一下茶壶，再放入茶叶，冲开水。稍闷后，用壶中少量茶水将茶碗涮一涮倒掉，涮去生水后再倒一碗茶水，高位倒回茶壶，使茶叶在水中再次“打滚”，以避免因底部水温低，茶叶不动而浸泡不透。再稍闷，给客人斟茶七分满，少顷即可敬客喝茶。有的地方讲究如果客人喝一段时间茶水后，将剩余茶水连茶根（渣）倒掉，则表示喝好或喝足了，主人便不再敬茶。喝茶时不可将茶壶嘴对着客人，否则被认为客人贪嘴，对客人不尊重。[1]

主要进行十二项工序：燃灯焚香，参禅咏茶；煮水候汤，法海潮音；洗杯烫盏，荡涤尘垢；赏茶投茶，拈花一笑；观色闻香，色香密圆；冲水洗茶，放下桎梏；静心泡茶，函盖乾坤；随缘分茶，分享慈悲；香凝茗露，普皆供养；小酌慢饮，品味参禅；谢茶相约，善缘绵长；禅茶一味，法性一如。借助茶具、茶叶、香、灯、水等工具和材料，完成茶道仪轨。禅修茶道的文化丰富了人们的精神生活，给现代社会快节奏中的人们一个停下来、静下来的机会。[2]

第二节　日常食俗

一、餐制

早餐一般称“早饭”“早起饭”“早上饭”“头晌饭”“早晨饭”等；午餐称“午饭”“晌饭”“晌午饭”“吃晌”“喝晌”等；晚餐称“晚饭”“夜饭”“黑夜饭”“后晌饭”“下黑饭”等。各地的一日三餐，虽均以面食、杂粮为主，但在搭配上有不同，城乡之间也有差别。早餐习惯干稀结合，佐以青菜、咸菜、干腌鱼之类的小菜。所谓“干”，是早餐的主食，常见的品种有馒头、玉米饼子、窝头、蒸饼、花卷、烧饼、油条等。生活条件较差的年代，农村居民早饭主食则有煮地瓜、地瓜干等粗粮。现在，细粮成为农家的主食，粗粮已不多见。所谓“稀”，是指流质食品，如各种粥、汤羹、稀饭、汤面等，各地品种略有差别。

午餐是民间最重视的一顿饭，有主食，配以炒菜、汤肴。旧时，淄博大米产量

[1] 张富祥主编：《文化沂源》，济南：山东人民出版社，2021 年版，第 158 ~ 159 页。

[2] 李国琳主编：《山东省级非物质文化遗产普及读本·民俗卷》（下），济南：济南出版社，2018 年版，第 51 页。

极少，平时以面食为主。面食现在指小麦面粉，旧时却指玉米面之类的粗粮。一般来说，以饼子、窝窝头为主。20世纪80年代开始，随着人们生活水平的提高，午餐的主食花样增多，白面馒头、白米饭成为午餐的主角，包子、饺子、花卷、面条等也日益成为午餐的主食。与主食相配的菜肴也有变化。旧时多以青菜、干菜及豆腐、粉皮、粉条炖炒的家常大锅菜为主，近年来，鸡、鸭、鱼、肉、禽蛋、海鲜逐渐成为佐餐的菜肴，数量为两三个菜加一个汤，一般不超过四菜一汤。

晚餐一般来说较午餐简单。农村除主食外，炒上两个菜或把午餐的剩菜回一下锅，配上一盘咸鱼、咸菜、豆腐之类就可下饭了。城镇居民的晚餐相对比较丰盛。由于晚餐时间充足，成年男子，尤其是老年人，多有饮酒的习惯。

除了常见的一日三餐制外，有些地区在不同季节还往往实行两餐与三餐相间的饮食习惯。农村冬季农闲时，则多实行一日两餐制，既节省时间，也节省粮食。在城市中，遇到双休日，许多家庭也有一日进两餐的习惯。

在一日三餐或两餐之间，也有吃小食品的习惯。因地区不同，其叫法也有区别，多叫“垫补”“搬零食”“搬零嘴”“搬嘴”“吃零食”。小食品因地区和时代不同而有所区别。旧时多吃大枣、栗子、核桃等干果类，农村有炒面、稀饭、茶汤、煎炸鸡蛋、自制的干粮点心及熟地瓜干、熟芋头等。现在则不同，除了干果、土特产食品外，各种方便食品、休闲食品日益成为丰富饮食生活中不可或缺的一部分。

二、炊具与餐具

在淄博，炊具与餐具的制作和使用，形成方便实用、质朴纯正的民俗特点。

灶台上用以做饭炒菜的锅，一般为大铁锅。铁锅大小以印为计，大家庭多用七印、八印的大锅，小家庭则多用五印、六印的小锅。锅盖一般带有横梁和把手，有以轻质木材加工而成的，有用高粱秸秆穿制的，也有用小麦秸秆编制的。锅盖也称“盖子”“盖垫”“锅拍”等。旧时农村用大铁锅做饭时，中间需用隔层，由锅叉子（用木条加工成的井字形用具）和锅箅子（用高粱秸秆单层穿成）组成，较方便实用。还有煎饼加工用具叫“铁鏊子”。

以前农家院内多安有一盘石磨，用来磨煎饼糊和磨面粉（石磨有两种，一种是干磨，用于磨制各种干粉；另一种是水磨，用于磨制糊浆等）。现在石磨在大部分地区已被淘汰，取而代之的是电动的粉碎机、轧面机、面条机等。旧时村落街道的宽敞处还设有公用的石碾，用于少量谷物的脱皮及粉碎。每家院内（有的在堂屋内）设有盛储清水的陶瓷大缸，称“水缸”，配有比缸口稍大的木制缸盖，舀水用具旧时以葫芦瓢常见，现在多用铝制水舀子。屋檐下倒扣着水桶，水桶上方的墙上挂着挑水用的扁担。与水桶相邻的一般有腌咸菜的瓮缸、做酱的酱缸。

主要餐具有饭碗，有陶、瓷、木、塑料等质地，型号大小不一，大号的一般称“海碗”，多用来盛面条、米饭、粥等食品，供成年人使用，小碗则供儿童、老人使用。盘子主要用于盛装各种菜肴，有平盘、汤盘之分，也有大小之别。小碟盘，平时用的不多，用来盛放酱醋等调味料。筷子多为竹制或木制。调羹也叫“汤匙”“小勺”“羹匙”，多为瓷质、铝制或钢制品。盛主食用的饭盘多为木质、搪瓷及柳编制品。茶具一般为瓷质及紫砂制品，茶具多配套，有茶壶、茶盘、茶杯（也叫“茶碗”）等，适合三五人饮茶之用。酒壶有锡、银、瓷数种，用以盛酒、烫温酒。酒杯也叫“酒盅”，瓷制较多，现在则以玻璃酒杯常见，有高脚式、平底式等。部分家庭备有砂锅、火锅等餐具，多在冬季使用。

陶瓷食具最为常见。远在新石器时代，先人就开始使用陶器。大汶口文化时期，有红陶、灰陶和少量黑陶，还有美丽实用的彩陶。近十余年来，发展了高档日用细瓷，如滑石质瓷、高长石质瓷、骨灰瓷和高石英质瓷四种高档细瓷，以及焦宝石质精炻器。[1]此外还有乳白瓷、象牙黄瓷、鲁青瓷、滑石瓷、色瓷制作的食具。[2]

第三节　饮食仪礼

一、节日节气食俗

（一）立春

立春这天有“咬春”和“尝春”的习俗。“咬春”就是立春这天吃生萝卜，并且以脆嫩多水的青萝卜为上品。俗传立春时咬一口生萝卜可使人一年有精神。“尝春”是吃盛在盘子里的五种辛辣生菜，旧时称“五辛盘”。据史料载，此盘早在南北朝时期就在民间广为流行，又称“春盘”。现在多吃春卷、饺子、面条等。春卷据传由五辛盘演变而来，用薄饼将数种蔬菜卷而食之，故有“春到人间一卷之”的诗句。农村还有“迎春饺子打春面”的习俗。

（二）春节

年夜饭有饺子等，种类丰富。正月初一早饭，有些地区习惯吃素馅水饺。馅用豆腐、粉丝、炒鸡蛋、白菜调制，除夕夜包制，初一早晨煮食。素馅取素净之意，喻一年无麻烦事。饺子于除夕夜包好，要包进硬币、花生仁、栗子、大枣、糖块之类的吉祥物，数量为偶数。

从汉代开始，有的地方除夕要饮椒柏酒（以椒花、柏叶浸制的酒），还要饮用桃树枝叶熬成的桃汤，以压邪气。饮此类酒次序与敬老次序恰巧相反，要先少年而后老者。因年少者得岁、年老者失岁，这样做有重视子孙后代之意。清代淄川一带的做法即是“酌蓝尾酒，卑以及尊”，所谓“蓝尾酒”，即屠苏酒。[3]

（三）元宵节

农历正月十五是上元节，又称“元宵节”，俗称“灯节”。民间多于此日忙着“滚元宵”，方法是：将做好的元宵馅分成指顶大的小丸，蘸水，放于盛有糯米面的簸箕中反复摇滚沾成元宵。煮好的元宵，不仅自己吃，还赠送邻里，互相品尝手艺，

[1] 庆洪编：《淄博特产风味指南》，济南：山东人民出版社，1986 年版，第 7 页。
[2] 鞠茂勤主编：《锦绣山东》，北京：人民日报出版社，1988 年版，第 335 页。
[3] 王培源主编：《文化淄博》，济南：山东人民出版社，2021 年版，第 179 页。

充满了融洽祥和的食风乡情。

（四）二月二

农历二月二，俗谓“龙抬头日”，盛行吃炒蝎豆、煎饼、面萁等。蝎豆寓意报捷，用黄豆炒制，有的还在黄豆上粘糖面炒至香酥脆甜。煎饼虽是常食，但此日食有补天补地之意。煎饼需新摊制，一般用白面，又圆又大又薄。面萁是用糖水和面，擀成饼后用刀切成指头大的菱形块，放锅内炒熟，和蝎豆一起食用。

（五）寒食节与清明节

寒食节在冬至后的第一百零五日，清明节前一两日，旧俗寒食节吃冷食。

清明节是最重要的祭祀节日。博山有饭牛的风俗，即煮上一锅小米干饭，让牛饱餐一顿，以犒劳其一年的苦劳。有谚曰“打千骂万，清明一饭”“打一千骂一万，熬到清明喝稀饭”，也是希望它们健壮，以迎接春耕春种。

（六）端午节

农历五月初五是端午节，家家户户用糯米或黄米包粽子。

（七）夏至

夏至是二十四节气之一，在每年公历六月二十一日或二十二日。这天白昼时间达到全年最长，也是正午太阳高度最高的一天，有谚曰“夏至当日还”。此后，白昼一天比一天短。夏至这天普遍要吃凉面条，俗称“过水面”，以消夏避伏。俗话说“冬至饺子夏至面”，夏至面也叫“入伏面”。

（八）六月六

旧俗此日民间多食炒面。这种炒面一般是先入锅蒸熟，碾细过箩，用猪油炒至焦黄色，吃时用热水加糖拌匀，手抓成团食之，味道香甜醇美。

（九）七巧节

农历七月初七是七巧节，又叫“乞巧节”。民间于此日用木模（俗称“磕子”）加白面团压制成形状各异的小饼（又叫“小馃果子”），用锅炒烙而食，叫“巧果”“巧饽饽”。这种小饼精巧别致，有花卉、虫鸟、鱼兽等图案，常见图案有金鱼、金蝉、莲子、石榴、寿桃、如意、金鸡等。烙熟后，用细线和半寸长的麦秆穿成一串串，分给儿童，挂在胸前。孩子们高兴地满街串跑，以炫耀自己巧果的漂亮和串之长。也有孩子舍不得吃完，第二天挂于墙壁，用来玩赏。

（十）中秋节

农历八月十五为中秋节，盛行赠送月饼和吃月饼。月饼有从集市和店铺购买的，也有自己动手制作的。中秋夜举家团圆，赏月举宴。

（十一）重阳节

农历九月初九为重阳节，盛行吃花糕、饮菊酒。博山这天吃糗糕。糗糕用黍米或黏小米加豇豆、花生米、大枣等制成，撒糖蘸食，饶有风味。

（十二）冬至

冬至日盛行吃馄饨或水饺，有“冬至饺子夏至面”之说。据说不吃饺子会冻掉耳朵，故有“冬至吃饺子安耳朵”的说法。

（十三）腊八节

农历腊月初八俗称“腊八”，又叫“腊八节”，各地有吃腊八粥的习俗。以糯米、黍米、杂豆、麦、枣、栗等煮粥，叫“腊八粥”。现在熬制腊八粥越来越讲究，除精米之外，还要搭配黑糯、莲子、核桃仁、葡萄干之类的滋补佳品，味美醇香，益于身体健康。

（十四）祭灶日

腊月二十三为祭灶日，又称“过小年”。旧俗于此日吃糖瓜、年糕、水饺之类，先用食物祭灶，然后分食。

二、宴饮习俗

淄博人自古好客，待客多备酒席。走亲访友、饯行接风、红白事宜、盖房上梁、祝寿生子、节日聚会等皆备有规模不一、特色各具的宴席。人们借宴饮展示节仪、谐修合好、教化人伦，形成了丰富多彩的宴饮习俗。高青县的“二道饭”（宴席前后两次上饭）、高苑大席等都体现了当地群众热情好客、淳朴善良的民风。

（一）宴席种类

喜庆宴是指婚嫁姻娶、祝寿贺喜（指生育）、贺迁接风一类以喜庆热烈为主题的宴席，民间用之最繁。民间有“庄户人，三大喜，上梁（盖房）娶妻添新喜（生小孩）”的俗语。因为是办喜事，宴席讲究丰盛热烈，但规格有区别，菜品组成也有讲究。男方迎新娘进家第一天，要大办宴席，广宴亲朋好友，称“喜席”或“喜宴”，入宴者赴宴称“喝喜酒”。此宴一般中午举行，日落前结束，也是“迎亲宴”。生儿育女，举宴庆贺，在民间也非常受重视。迁居宴又叫“温锅”，是亲友祝贺主家喜迁新居的习俗，主家举办宴席以飨亲友及新邻居。此宴一般规格不高，桌数也不多，一两桌而已，是一种小范围的宴饮活动。

丧葬宴也非常讲究。由于丧葬活动肃穆庄严，宴饮不重在馔肴，而重在礼节。丧宴菜品不是特别讲究，多为豆腐、粉条、白菜、白肉之类，主食则是米饭、馒头。

节日家宴一般没有定规，随意性较大，多于春节、元宵节、中秋节等主要节日举行。特别是春节、中秋节，多数人家制作美馔佳肴，阖家欢宴。旧时有钱人家也有讲究节日家宴的，如春节宴、中秋宴各有定规，所用食品也各有定例。

此外，还有压惊宴、圆场宴、赔礼宴等。

（二）菜肴设置

淄博人历来好客，旧时招待客人多用水饺、面条，如今多设宴招待。一般一桌八人，肉、鱼、蛋、丸、酒尽有，菜品应有四大主菜：鱼，即年年有余；鸡，即吉祥如意；丸子，即圆圆满满；方肘子，即亲朋好友来自四面八方。高苑大席的代表菜品是糖醋黄河鲤鱼、四喜丸子、氽丸子、千张肉、熘肉片。周村“豆腐宴”则以豆腐为主，将各种宴席菜融入其中，每道菜均有豆腐。[1]

博山盛行三台席、四四席、六六席等。三台席即四平盘、三大件、四行件、二饭菜，或六碟、六小碗、三大件。四四席是四拼盘、四大件、四行件、四饭菜，在正式饮酒之前有四干果、四点心、四鲜果及相配饮料之类。四四席既有孔府宴席的影子，又有京师御膳的印痕，也有博山聚乐村饭庄独创的风格，还不缺鲁菜内涵，是博山地域文化在饮食方面的具体体现。四四席礼仪规制完备、菜品丰富，深受食客欢迎。六六席包括六鲜果、六点心、六荤、六素、六汤、六炸、六炒、六面点。六六席有小六六和大六六之分，小六六即六凉菜、六热菜，大六六为三十六个菜，可谓博山的“满汉全席”。[2]

随着生活水平的提高，也有许多变化。各地设宴，菜肴品数多取偶数，以四或六或八等为吉。常宴一般四盘四碗，盛者八盘八碗。盘为炒菜，用以佐酒，碗为饭菜，用来佐餐。更丰盛者，大多是在八盘八碗基础上增加变化而成。

（三）宴饮礼节

酒宴虽然以吃喝为主要内容，但更重要的是一种礼仪活动。古代宴席座次旧俗以东向为尊，且有以南向为尊的补充形式，虽经历代更迭，但基本上沿承古之遗风。待客筵席座次有上、中、下之分。民间多用八仙方桌，以对着门的座位为上，两个上座以左为上，右座次之，这两个上座多由年长或辈分大者坐。两旁四个中座次之，小辈坐下首，称“堵席口”。高苑大席则讲究重要客人要在北屋正房就座。

上菜有讲究，顺序、称谓、数量皆因宴有别。博山四四席上菜顺序十分严格，盘子的拼法与席间饮酒也有讲究：主人兴宴，希望客人痛饮而归，陪客者为客人斟酒叫“满上”，领酒者先喝叫“先喝为敬”；还讲究“酒要满茶要浅”；酒席结束，撤肴换茶、上干果等；客人辞行，须先向主人道谢，主人则谦让“招待不周，没吃好”，并送客人至大门外，寒暄而别。在新婚宴中，新郎和新娘要在上鱼菜之后给客人一一敬酒。高青宴席上，鱼头的方向讲究必须向着东方。当地说法是：东方有海，鱼头必须朝着东海。作为压桌碟子的菜也有讲究，必须上一盘藕和一盘芹菜，藕取“出泥不染”之意，芹菜寓意勤勤恳恳。[3]

三、生日食俗

（一）婚育食俗

生育礼仪与饮食风俗亦有密切关系，最普遍的是红蛋报喜。新生命呱呱坠地，家人将鸡蛋放锅内煮熟染色，染成红皮鸡蛋，分送亲友及小孩姥姥家报喜。所送鸡蛋数量要视亲疏远近确定，但须是偶数，一般二到八枚不等。邻里亲戚得到喜讯后，

[1] 淄博市志编纂委员会编：《淄博市志》，北京：中华书局，1995 年版，第 2199 页。
[2] 刘心明主编：《文化博山》，济南：山东人民出版社，2021 年版，第 153 页。
[3] 季乃礼主编：《文化高青》，济南：山东人民出版社，2021 年版，第 72 页。

便要准备礼物去祝贺，叫“看喜”，也叫“送米粥”。送给产妇的一般是鸡蛋、小米、红糖等。民间还有给新生儿做“汤饼会”的习俗，汤饼即面条。小孩出生的第三天，置办酒席，邀亲友共享，亲友也借此持礼相贺，饮酒毕，共吃面条，谓之“喜面”。

（二）寿诞食俗

民间有为家中老人庆寿的习俗。为六十岁以上的人庆祝生日称“做寿”，不足六十岁的人庆祝生日叫“过生日”。另外，还有给死去的先人做“阴寿”（也叫“冥寿”）的习俗。无论做寿、过生日、做阴寿，都与饮食有关。

旧时殷实之家每年都为家人过生日。通常于生日当天做些好吃的饭食，改善生活，以示纪念。现在过生日已普及，多于生日这天吃生日蛋糕。传统上生日当天中午吃面条，寓意福寿绵长，谓“寿面”。对六十岁以前的整寿，如三十、四十、五十岁等，人们比较重视，多于此日邀亲友相聚，设便宴以贺，叫“生日宴”，且于此日吃寿面，但亲友一般不送礼物。

“六十六，吃刀肉”。老人过生日时，亲朋好友携寿礼以贺。旧时讲究女儿送一刀肉作寿礼，现在寿礼多为寿面、寿酒，以及自制的面塑寿桃。也有将饽饽做成鲜桃形，使其开裂，谓“笑了”，再在上面贴上用面做的“寿”字。主家此日中午举办寿宴，招待来贺的亲友。

第四节　风味名吃

淄博位于鲁中食俗区，讲究食材丰富，口味咸鲜。其物产丰富，为菜系的形成创造了良好的条件，饮食文化十分发达，美食主要集中在博山、周村两地。[1]风味小吃、地方名吃尤以博山闻名，正所谓“待要吃好饭，围着博山转。吃了博山饭，围着天下转”。[2]淄川的肉火烧亦名声在外。[3]

一、博山名吃

（一）酥鱼锅

博山酥鱼锅简称“博山酥锅”，是传统名吃。每逢春节，家家美酒佳肴辞旧岁，都少不了一盘酥鱼锅。[4]

博山酥锅起源于何时，难以考证。民间流传着这样一个故事：早年间此地有一位姓苏名小妹的妇女，聪明能干，擅长烹调。有次夫家请客，买来许多肉鱼菜蔬，让她提前准备，招待亲朋。但苏小妹却不急于动手，到了晚上，她把多种原料冲洗干净，分格装入大砂锅，加上调料，用温火焖炖了一宵。客人一到，她便起锅分别

[1]《携程自由行》杂志社编：《山东自助游》，上海：上海书店出版社，2011 年版，第 160 页。
[2] 张帅：《个人叙事与地方记忆：鲁中地区的颜文姜传说》，济南：齐鲁书社，2019 年版，第 83 页。
[3] 淄博市志编纂委员会编：《淄博市志》，北京：中华书局，1995 年版，第 2199 页。
[4] 山东省出版总社淄博办事处编：《淄博风物志》，济南：山东人民出版社，1985 年版，第 162 页。

装盘上桌，来客食之香酥可口，别具风味，都惊赞不已。由于酥锅菜用料广泛，不拘一格，一次烹制可多次食用，随吃随取，十分方便，加之易学好做，很快流行起来，并代代相传。人们为了纪念苏小妹，便叫它“苏锅菜”。因为用醋较多，骨肉酥烂，以酥为主要特色，后用“酥”代“苏”，改称“酥锅菜”。

酥锅的用料可精可粗，可用一般的肉鱼菜蔬，也可以鸡、鸭、牛肉等为主料，最普遍的做法是：取大砂锅一只，将三公斤带皮猪肉切成五厘米方块，适量白菜、藕、海带、冻豆腐切成片，一公斤鲜鱼去五脏洗净截成方段。装锅时将猪肋骨摆放在砂锅底，分层装入肉鱼菜蔬；如锅满而未装完，可随取白菜帮，排插锅沿周围，用麻线周栏，再继续装完，放入醋（使原料酥烂）、糖（中和诸料之味）、黄酒（除腥臊）以及酱油、盐、葱、姜、八角、花椒等调味品，先用急火烧至开锅，后用微火慢炖，约十小时，取下冷透，随吃随取，改刀入盘。[1]

（二）豆腐箱

明清时期，来自不同地域的客商和迁徙户把不同风格的饮食带到了博山，最能体现精细化以及融合性特征的是博山豆腐箱。[2]相传，博山有一人名叫张登科，曾为京城名厨，有人与他合伙在山头开了一家饭馆，取名“庆和聚”。一天，张登科在京时的掌柜到博山看望他。客人到时已是晚上，馆子里准备的菜肴全部销售一空，没有像样的菜招待客人。张登科灵机一动，用博山优质豆腐为主料，做了一道“箱式”素菜，主要配料是用炒过的蝇头豆腐、海米、木耳、砂仁粉等装入箱内，整个外观呈箱形，用油炸成金黄色，勾芡后，更有金箱之感。席间，吃腻了山珍海味的客人，吃到这道别具风味的素菜时，赞不绝口。客人问及张登科，他只好说出实情，客人脱口而出：“真像个金箱，就叫它金箱吧。”因为此菜是道素菜，山头人就按当地的命名习惯叫“豆腐箱”。

制作豆腐箱，首先要有高质量的豆腐。博山地下水清冽而甘，采用酸浆点脑。上箱紧压制成的豆腐，皮黄内白，细嫩瓷实，宜于造型。先将豆腐切成两厘米宽、四厘米长的立体块，入油锅炸至金黄色捞出；贴豆腐块的长方边切至近底而不断开，如箱盖；掀盖挖出内瓤，即呈皮硬内空的小箱状。把切成细末的猪肉、海米、木耳、冬笋等炒熟，加调味品调制成馅，填入箱内，盖好箱盖，然后层叠排放在盘内成塔形，上笼蒸约二十分钟取出。用勺放芝麻油烧热，加入蒜片、醋烹出香味，再放入高汤、调料烧至冒滚，用湿淀粉勾芡，待烧开后浇在豆腐箱上即成。形美色艳，软嫩适口，味道清香，独具风格，被列为山东名菜之一。[3]

（三）焦庄烧饼

焦庄烧饼是一种肉烧饼。将事先和好的发面撮下馒头大小一块，包上腌制好的

[1] 淄博市志编纂委员会编：《淄博市志》，北京：中华书局，1995 年版，第 1563 页；庆洪编：《淄博特产风味指南》，济南：山东人民出版社，1986 年版，第 88 页。

[2] 张帅：《个人叙事与地方记忆：鲁中地区的颜文姜传说》，济南：齐鲁书社，2019 年版，第 83 页。

[3] 庆洪编：《淄博特产风味指南》，济南：山东人民出版社，1986 年版，第 87 页。

肉馅和葱花，放到光滑的台面上用手沾水压薄。往铺好密密一层芝麻的板子上一沾，一个直径二十多厘米的烧饼就等着进炉烤了。烤炉直径有一米多，用黄泥与砖砌成，炉内上方和左右有陶瓷瓦缸（俗称“吊炉”），火就在炉内下方，炉内燃烧的是锯末，大多用无烟木炭。制作时将不带芝麻的那一面用笤帚往锅上用力一贴（老师傅都用手贴），烧饼就借着热量贴在了板上。一会儿烧饼就在炉子里慢慢鼓起来，五分钟左右用焓子和铁篓取出。焦庄烧饼烤炉很特别，为保证其受热均匀，上下都封口，只在侧面开一个口。在如此半封闭的高温空间里，肉馅里的肥肉才会流出油。烧饼皮薄馅多，外酥里绵，鲜香味浓，轻咬一口，油水便滋溢而出。

（四）油粉

油粉是博山的一种稀粥，特点是酸滑、咸香俱全。做法有二：一是把做淀粉出的浆发酵、煮沸，加粉丝、葱丝、姜末、豆腐条、芫荽（香菜）末、盐等材料，勾以米糊或米面，煮熟至稀粥状，是一种可口的稀食。二是粉房里做粉皮、粉条剩下的浆汁（绿豆粉坊下脚料）和自然发酵的小米糊，经过适度发酵，在滚开的铁锅里下匀了，再搁进黑豆芽或白菜、豆腐条、粉条、生花生，放少许盐，等锅里起了滚头，香味便四溢开来，这时再把切细的葱花、姜末、芫荽末撒上，一锅酸溜溜、咸渍渍、香喷喷的油粉就做成了。

（五）博山烤肉

烤肉是淄博地区传统名吃。北魏贾思勰的《齐民要术》载“炙豚法”，“炙豚”就是“烤猪肉”。其做法是：将小猪揩洗，刮削，令极净，小开腹，去五脏，又净洗，然后缓火遥炙，一直烤到色同琥珀，又类真金，吃起来“入口则消，状若凌雪”，味道异常鲜美。[1]博山烤肉正是在古代“炙豚法”的基础上发展演变而形成了自己的独特风格。1982年，博山烤肉荣获商业部优质名特产品奖。博山烤肉以皮酥肉嫩、气味幽香、食而不腻的特点，赢得顾客的喜爱。它不仅可做冷热拼盘，还可烩菜。如果热烤加白糖，用荷叶包起来吃，或用烤肉加绿豆、小粉皮和鸡蛋做成汤菜，更是别有一番滋味。顾客赞之曰：

颜神风物四海扬，山城盛馔异寻常。
最是游人迷恋处，难得古镇烤肉香。[2]

二、周村名吃

（一）周村烧饼

据说周村原有一种加芝麻的马蹄形厚烧饼，人们发现厚烧饼面上鼓起的部分薄而酥脆，特别好吃，就试着做薄烧饼，做出来味道果然很好，深受人们欢迎，很快

[1]（北朝）贾思勰著，缪启愉、缪桂龙译注：《齐民要术译注》，上海：上海古籍出版社，2009年版，第535页。

[2] 山东省出版总社淄博办事处编：《淄博风物志》，济南：山东人民出版社，1985年版，第159～160页。

就在周村风行开来，成为特色面食。制作周村烧饼要有很精细的技术，和成的面剂只有手指肚大小，将这小小的面剂在案板上揉搓加工后，再放在盘内用手蘸着水展伸成薄饼，然后用两手轻夹薄饼在盘内沾上芝麻，再贴在鏊子上烘烤。周村烧饼也叫“周村大酥烧饼”，是面食中的名吃，历来以酥、香、薄、脆的特点而闻名，其薄在熟食类中居拔萃之优，尤似纸片，人们形象地称“呱啦叶子烧饼”。[1]又有俗语曰“周村烧饼落地拾不起”“周村烧饼碗口大，一斤能称六十个”，文人雅士形容它“形如满月，薄如秋叶；落地珠散玉碎，入口回味无穷”“偶坠于地如玛瑙片片，扳折而食则脆然有声”。

周村大酥烧饼用料简单，只需用面粉、芝麻仁、糖或食盐即可。但其加工有独特要求，配方、延展成型和烘烤是产品成败的关键，核心又在一个“烤”字。烤主要看火候，所谓“三分案子七分火”，指非名匠高手难保烧饼质量。烧饼有咸、甜两味，可久藏而不变质。1880年后，聚合斋烧饼老店，首先启用纸包装，沿袭至今。

清末皇室曾屡次调贡周村烧饼，当时山东著名商号“八大祥”也专门定购成箱发往埠外作为馈送佳品。1951年周村人民曾以周村烧饼慰问抗美援朝前线的中国人民志愿军将士。1983年周村食品厂生产的周村牌大酥烧饼被商业部评为名优产品，列为全省名吃之一。[2]自20世纪90年代后，先后被评为“中华名小吃”“山东省著名商标”“淄博市旅游定点产品”“国家无公害产品”“中华老字号”“中国驰名商标”等。2008年“周村烧饼制作技艺”入选第二批国家级非物质文化遗产名录后，周村烧饼风头更健，成为周村乃至淄博的城市名片。[3]

（二）煮锅

煮锅又名“朝天锅”，1910年左右由周村三星庙前徐方明、镇西桥李六所始创。当时煮锅比较简单，设一直径约一米二、中间有孔的圆木盘，砂锅放在中间孔内，锅底点火。顾客围坐四周，把自己选好的菜肴放入锅内烫热取出，放在自己碗里，锅内老汤随意喝。因味美可口、经济实惠而深受欢迎。

1938年，历城人陈四疤在周村丝市街东口开设顺合斋肴肉铺，兼营煮锅，经他改进为一人一碗一盘，较之前卫生。菜肴品种增加到二十多个，有丸子、烧肉、炸豆腐、鸡肉、酱鸡、南肠等，顾客任意挑选，生意十分兴隆。1954年，周村煮锅发展到二十五家，是周村煮锅的鼎盛时期。

三、沂源名吃

（一）大锅全羊

将羊肉及羊血全部放大铁锅内，加水和佐料，用文火炖四至六小时，肉及汤鲜美可口，因烹饪简单，家家户户均会制作，成为沂源的风味名吃。涮羊肉要选后臀、

[1] 山东省出版总社淄博办事处编:《淄博风物志》，济南：山东人民出版社，1985年版，第156～157页。
[2] 淄博市志编纂委员会编：《淄博市志》，北京：中华书局，1995年版，第1563～1564页。
[3] 朱丽霞主编：《文化周村》，济南：山东人民出版社，2021年版，第150页。

里脊或肋脊肉，切成薄片，以火锅盛原汤，配入鸡汤、料酒、香菜、胡椒粉、海米、银耳、香油、醋等调料，烧沸后，羊肉片随烫随食。[1]

（二）豆沫

豆沫，沂源人称“豆沫子”“小豆腐”“菜豆腐”“渣豆腐”。煎饼与豆沫的搭配几乎是天然的，沂源有句俗语：“煎饼就豆沫，小葱拌辣子，越吃越香。”奥妙大概就在于：煎饼是粗粮细吃，大豆含高钙、高蛋白，菜含高纤维、高维生素，这都是人体所需的主要营养成分，而豆沫正是这“四高”的混合体。辣子刺激食欲，增强消化，小葱含挥发油，有较强的杀菌作用。所以这四种食材搭配起来，可称得上是色香味俱全的人间大众美食。[2]

四、临淄、桓台名吃

（一）欢喜团子

欢喜团子是用炒胀了的挂色粉条和糖稀黏成的团状物，可玩可吃，也可悬挂作吉祥装饰。欢喜团子的制作技艺被列入桓台县第二批非物质文化遗产名录。

欢喜团子起源于何年何月已无从考究，早些年，庄户人家日子过得紧巴，桓台索镇李贾村大部分人家从事欢喜团子这本小利大的行当。制作欢喜团子需经过熬糖稀、炒粉条、揉团、穿串儿四个工序。早年的糖稀是以黍子米、黏谷米作原料，出的糖稀亮，质量高。后来用玉米面做原料，质量稍差。炒粉条时要将粉条放入盆内浸泡染色，捞出再剁为“岗子”（即截碎）晒干备用。然后在炉灶上放铁锅一口，用淄河沙子烧热，拌粉条炒至膨胀，便成“花子”。揉团要有专门工具——柳树根做成的木碗子。先抓一大把白花子置于木碗子上，再抓红、黄、绿各色花子少许，置于白花子团表面，然后，两手握木碗子将其揉成花色圆团。大团有橘子大，叫“大货”；中团有核桃大，叫“二不流子”；小团有山楂大，叫“小货”。把揉成的团放入筛子内晒干，便可用线穿串，穿至抹不动时，即抽去大针，每串随打结随摔，这叫“正穿倒抹”。随后，按照单串、双穗、小挂角、大挂角等形式串挂起来。

每年农历九月九后，李贾村各家各户就陆续开始制作，为了赶年会卖。一般，二月里香会少，三月里香会多，直到四月初八是销货的盛月。随着人民生活水平的提高，欢喜团子这种古老的吉祥物在人们心目中的位置已被更新颖、更科学的物质所代替。现如今李贾村只有几户人家在入冬和春节时节间歇地干着。[3]

（二）饼角

临淄饼角是清末问世的面食品种。胶济铁路通车后，邻近各县烟民多集辛店出售。饭馆也为适应冬季食用，创制了便于随身携带的煊饼角。这种饼角冷热可食，

[1] 李奎封主编：《淄博农业五十年》，济南：山东科学技术出版社，1999 年版，第 381 页。
[2] 张富祥主编：《文化沂源》，济南：山东人民出版社，2021 年版，第 160 页。
[3] 文化遗产：《欢喜团子的传统制作工艺》，2009 年 4 月 10 日，桓台县人民政府网站・走进桓台，http://www.huantai.gov.cn/art/2009/4/10/art_4847_823879.html。

热食最佳，一经问世，备受欢迎，自此临淄饼角的声誉传遍各县。

饼角制作精细。将面和好，擀成薄饼，加入油、花椒、盐卷起揉好，做成方形，中间用刀斜割成三角形，一边用木梳划上十字纹。在平炉上两面烤至八成熟，再放入炉下边烘烤。熟后外焦内暄，瓤有十几层，有香、咸、麻诸味，十分可口。30年代城乡出售饼角者颇多。日伪时期，辛店商业衰落，饼角逐渐减少。新中国成立后，饼角生产再度兴旺。其用料、制法，仍沿旧法。“文化大革命”中，此品种几乎断档，近年虽恢复，但用料已欠考究。[1]

（三）荆家猪蹄

荆家猪蹄是一种酱猪蹄，系由桓台县荆家镇前孙村孙树强继承六代的祖传工艺秘方，以新鲜猪蹄为原料加工而成，特点是肥而不腻、肉烂脱骨、味道独特，在鲁菜精品大展中获优等奖和“风味小吃”等称号。[2]

第五节　饮食信仰与禁忌

一、饮食信仰

人们认为饮食要有规律，应多吃应季食物，注重饮食调理，这样才利于身体康健，延年益寿。民间十分注重饮食习惯，流传着一些与饮食有关的俗语，如“冬吃萝卜夏吃姜，不劳医生开药方”“五谷杂粮壮身体，青菜萝卜保平安”“早上吃好，中午吃饱，晚上吃少”“气大伤神，食多伤身”“宁可食无肉，不可食无豆”“宁吃鲜桃一口，不吃烂杏一筐”。

淄博人口中，回民占有一定比重，他们信仰伊斯兰教，禁食猪、马、驴、骡、狗和一切自死动物、动物血，禁食一切形象丑恶的飞禽走兽。无论牛、羊、骆驼及鸡禽，均需经阿訇或做礼拜的人念安拉之名，然后屠宰，否则不能食用。

二、饮食禁忌

饮食方面有许多禁忌和避讳，有的掺杂着迷信思想和封建礼教，但也反映了人们对自身的护卫，防止因吃喝而发生疾病，损年折寿。

吃饭时忌敲饭碗，忌把筷子插在碗里，说这是供死人的方法。下水饺露了馅，忌说“下烂了”。倒茶忌壶嘴对着人，说这样令人不顺心。斟酒忌浅，倒茶忌满。忌主人先把饭吃完。[3]忌从窗口递进食物，据说吃了会得噎食病。忌吃饭时看镜子，忌边吃饭边干活、边吃饭边玩耍，以为对家神不敬。[4]博山人还忌筷子摆放超出桌沿、满盘乱翻、吃菜吧唧嘴、喝汤吸溜、反手拿碗、反手斟茶等。[5]

狗肉不能上大席。狗肉是美味佳肴，但却不能以之待客，传说是因刘邦喜食狗

[1] 淄博市志编纂委员会编：《淄博市志》，北京：中华书局，1995年版，第1564页。
[2] 王培源主编：《文化淄博》，济南：山东人民出版社，2021年版，第173页。
[3] 淄博市志编纂委员会编：《淄博市志》，北京：中华书局，1995年版，第2210页。
[4] 陈旭霞编著：《民间信仰》，石家庄：河北人民出版社，2009年版，第96～97页。
[5] 刘心明主编：《文化博山》，济南：山东人民出版社，2021年版，第154页。

肉而又自以为有失体统，遂下令狗肉不能入席。

宴席上吃鱼讲究严格。一是上鱼时，一般鱼腹朝向主宾，也有将鱼头朝向主宾的。二是喝鱼头、鱼尾酒，处在鱼头、鱼尾的客人要喝酒，叫“头三尾四”；而对着肚、脊的客人也要喝酒，叫“肚五脊六”。三是鱼要放在宴席最后一道菜上，求其“有余”；也有在第二道菜上的习俗，叫“头鸡二鱼”，取“吉利有余”之义。四是吃时忌客人翻鱼，应由主人将鱼“正过来”“划过来”。

忌用饺子待客。出门饺子回家面，民间以为水饺是送行的食品，叫“元宝”，祝愿出门发财的，也谑称“滚蛋包”，不可用之待客。招待客人，应先用面条，取常往常来之义；然后上茶、上酒菜；最后才上水饺。

年轻人忌喝瓶底酒。瓶底酒俗谓“巧酒”“福酒”“寿酒”，只能由桌上长者喝，没结婚或没生育的年轻人不能喝，如果喝了，则必定生不出儿子来，只能生闺女。

孕妇忌食兔肉、狗肉、驴肉以及生姜等热性食品，以为吃兔肉生子缺唇，吃狗肉化胎，吃姜生子六指。

儿童不能吃猪脑，否则脑子笨；不能吃鱼籽，否则痴呆不识数；不能吃鸡爪子，否则写不好字；不能吃鸡头，否则娶媳妇要下雨；不能剩饭，因为“吃饭剩一口，长大变成小白狗”。

忌食性反之物。葱蒜不能同时食用，“吃葱又吃蒜，爹娘死时不得见”；葱不能蘸蜜，以为是剧毒之物，吃后要死人；肉不能放在椿木砧上剁，否则也为毒药；“桃饱人，杏伤人，李子行里抬死人”，杏、李忌食过多。[1]

[1] 叶涛主编：《山东民俗》，兰州：甘肃人民出版社，2003 年版，第 330 ~ 331 页。

第三章 居住民俗

淄博市地势南高北低，南部及东西两翼山峦起伏，中部低陷向北倾伏，南北高差近千余米。[1]城乡居住建筑因地制宜，风格各异。村落、民居是最主要的居住形式，历史悠久，类型多样。新房建设、居室陈设与装饰呈现出丰富多彩的风俗文化，也反映着人们的生活规律、习俗、审美情趣以及道德价值观念。

第一节 民 居

清末至民国期间，城乡民间住宅不同，而且贫富悬殊，等级森严。士绅大家的房舍讲究配套，分主房、配房、客厅、书房、门房等，并带后院，名为“二进二出”。门楼高大宽阔，迎门为影壁，上多镶嵌砖刻或书写的“福”或“寿”字。有功名者，门前左右竖有旗杆、置石狮一对；无功名者，门前亦多放有上马石或石鼓。房舍建筑讲究美观坚固，石砌墙基，青砖垒墙，前出厦。房脊及四梢用雕有鹿、麟、龙、虎、翎毛、花卉、吉祥文字的特制砖瓦装饰，俗称“哈巴狗子张口兽”。门窗宽大，窗棂构成各式图案。城中一般的殷实富户崇尚四合院，每口三间，多为两头里间。北屋为正房（两头挂耳），东、西、南屋及耳房不得高于正房，主、配房区别极为明显。房舍多砖石结构，以瓦铺顶，墙皮一般用黄泥衬平，石灰泥抹光。普通居民住宅多砖基土坯墙，用麦秸、谷草披顶，瓦顶极少，亦有半草半瓦的。博山、淄川名曰“海青”，张店、桓台把石、砖、坯三结构的房子称“海青房”，且多是一院多户，几代同居。工人无房者很多，大都住在有房者搭盖的矮小窝棚里。农村居民住房多聚族而居，一户一院。地主富豪多为四合院，贫苦农民一般只建北屋，土墙草顶，篱笆围墙，三辈同居。新中国成立后，居住条件逐步得到改善。现在农村中改建、新建的住房多是四开间北屋，皆砖石结构，窗户用玻璃镶饰，室内宽敞明亮，房舍排列整齐有序。城镇楼房林立，房内水、电、暖气设施齐全，职工多住公房，一般是三口之家的小型家庭。同时，有些城区的民房仍是独门独院，迎门多有影壁，近年来时兴镶嵌瓷砖画或大“福”字，亦有喜欢在影壁下种花的，壁上画与壁下花相映成趣，十分雅致。

最有特色的民间住宅当属博山民宅。地炕是博山居民特有的冬季取暖设备。铺建时于房根挖穴盘灶，室内就地下挖砌火道烟洞，使之串通遍地而顺于室外，上铺黄板、窑碛为地面，生火后烟火串满炕洞，遍热地面，暖气腾腾而上，室内受热均

[1] 淄博市人民政府：《淄博概况·自然环境》，2021年11月1日，淄博市人民政府网，http://www.zibo.gov.cn/col/col1243/index.html。

匀且不烟不呛。现在城区老年人居住的房子，多铺有地炕，供冬季取暖用。[1]

一、民居结构

（一）院落布局

院落又称“院子”“宅院”“庭院”，布局形式繁多，以四合院为主。坐北朝南的二进四合院是主要的院落形式，由大门、过道、门房、影壁、厢房和正房等构成。

旧时博山的民间住宅，城里多是瓦房，乡村多为草屋。豪门大户住宅讲究有几进院落的四合套院。每个院落一般有三间主房，正中一间为客厅。主房的两头可再盖矮点的房子，叫“挂耳”，另有配房、书房、门房等。四面有房子的院落叫“四合院”，缺南屋的院子叫“三合院”。所谓“几进院落”，说的是一个大门内，由月门、角门、屏门相通的几个院落，两个院落的叫“二进院”，三个的叫“三进院”，最多可达“五进院”。有的院落还配有后花园和其他附属建筑。院子的大门楼讲究高大宽阔，有多级台阶。大门迎面一墙叫“影壁墙”，正中多书写或镶嵌“福”字。有的人家还在大门前两侧置一对大石狮子。有功名的人家门前配置旗杆，以显荣耀。[2]

（二）大门与影壁

大门又称“街门”“门楼”。旧时的门楼大体分屋宇式和独立式两种，城市四合院的大门大多是屋宇式，即门楼和房屋是一体的，大门是房子的一间。除大门外，前院和后院之间还有二门，一般称“二门子”。

影壁也称“照壁”，是建在大门内的一道起到阻挡人们视线作用的矮墙。影壁一般分靠山影壁和独立影壁两大类，形式上有八字影壁和一字影壁。靠山影壁最常见，一般是在二进四合院中对着的厢房墙壁上竖着，和山墙靠在一起，或依托山墙砌起来，多采用砖造。独立影壁一般建在没有厢房的大院子里，在靠近大门口的地方单独竖立。院子里只有一间正房，进大门后也要用土坯泥巴垒一道矮墙当作影壁，不加特别修饰。

（三）房屋和墙

民居以四合院为主，一般格局是：院落中主要是正房，两边陪以厢房，正房的对面是南屋。正房是整个院落的主体建筑，又称“北屋”“堂屋”。正房高大，设有客厅和长辈居住之所，建造装饰都比较讲究。正房一般有三间或五间，个别地方还有建四间的。传统正房采用抬梁式结构，建造规格比较高，装饰也比较精美。其装饰主要集中在屋脊和墀头上。

墙壁为住宅的围护、承重、间隔性建筑，是房屋和宅院的组成部分，在住宅建筑中占有重要地位。传统住宅建筑，房屋有外墙（前后立面、左右山墙）、内壁，宅院有院墙、影壁、栏圈墙等。

[1] 淄博市志编纂委员会编：《淄博市志》，北京：中华书局，1995 年版，第 2199 ~ 2200 页。
[2] 刘心明主编：《文化博山》，济南：山东人民出版社，2021 年版，第 232 ~ 233 页。

块砌墙是用砖、石、土坯、水泥预制块等垒砌而成的墙壁。其建筑过程，通常叫“砌墙”，也叫“垒墙”“立墙”。墙体一般按其所用的建筑材料，分砖墙、石墙、坯墙（或整墙）、预制块墙等。

版筑或称“板筑”，名称来源于建造泥墙的工具。“板”指夹墙板，俗称“箔”或“板箔”；“筑”指捣土的杵，后来也有用夯的。使用版筑方法立墙造屋历史悠久，至今农村仍可见。捣土工具已由木制改为石制、铁制，仍叫“杵头”。

挑墙是用铁叉挑草泥垛起来的土墙，也叫“叉挑墙”。它省去了脱坯的工序，由泥巴直接堆垒，使铁叉修整成形，有的地方又称“懒顿”，或写作“揽顿”。20世纪50年代前后，农村挑墙盖屋比较多见，随着住宅建筑的更新换代，现在挑墙几乎绝迹，只在部分地区修筑院墙时偶见。

（四）附属设施

传统院落除了正房、厢房、大门等主体建筑外，还有附属性建筑。

猪圈位于院落西厢房的位置，有的也在院落东南角或西南角。猪圈和厕所相连，便于农家积肥。位于西厢位置的圈栏一般用石料建造，其中半封闭、向阳的屋面为半截，便于采光和通风。

粮囤是贮存粮食的器具，种类多样，有的设在屋里，有的设在院内，还有的设在平房的屋顶或村头的场院上。设在院落内的囤，又可分为永久性和季节性两种，造型、用料和修建方式皆有所不同。永久性粮囤下面一般为石砌圆形囤底，直径近两米，上用土坯垒作筒状圈墙，高约两米，顶部稍粗于囤底。囤墙内外都抹有一层掺和麻刀的黄泥，外壁表面还加抹一层白灰，囤顶形同一个大草帽，高约一米，周边略大于圈墙。顶面为麦秸或稻草披苫，坡度较缓，攒尖扣着一个陶瓷小缸，既防漏，又美观。圈墙中上部有个方口，粮食由此倒入囤内，空闲时孩子们也可爬进爬出地捉迷藏。圈墙底部留口安一小门，便于取粮。

地窖又叫“地屋子”，一半在地下，一半在地上，具有恒温保暖的作用。黄河滩区垦荒的农民曾建造这样的地窖居住，当地称“洼屋子”。

排水设施也是民居的必备设施。院落排水分明沟和暗沟。大的院落一般用暗沟，一般院落排水都是明沟，如二进四合院正房屋檐下的水流到东厢房前，再和厢房的水汇集流到前院，在前院的照壁前面，通过大门洞流向院落门口的街上。有的人家故意把门口修得低洼一些，民间叫“水随人走，自家风水自己有”。

二、村落民居

早期村落的形成主要由自然地理条件决定，人们通常在土地肥沃、气候适宜、水源丰富、交通方便、生活安全的地方居住。随着人口不断增加，聚落逐渐扩大，便形成了各种类型的村落民居。[1]无论是山区就地取材、注重实用的石头院落，还是数个四合院组成的庄园式民居，都营造出轻松自在、安居从容的居住氛围。[2]

［1］曲洪祎编著：《记住乡愁：山东乡情展馆》，济南：山东人民出版社，2016年版，第16页。
［2］王培源主编：《文化淄博》，济南：山东人民出版社，2021年版，第165页。

淄博保留了不少具有代表性的民俗建筑群，如蒲家庄民俗建筑群、张家大院、李家疃明清建筑群、山头明清民居建筑群、周村石氏庄园、王家大院、耿家大院、齐都王氏庄园、万家明清建筑群等。

（一）淄川洼子村

有些村落中“神圣空间”的传统格局有其现实效用，洼子村的“老虎头”就是代表。洼子村地理边界明确，另有与“自我中心观”相关的空间边界划分，由此形成了传统意义上的地方感。[1]有民谣：“西有双塔寺，北有凤池井；东有仙姑洞，南有卧虎岭。”点出了村周围的四个村落级著名景点，也是村民们从事信仰活动的重要聚落，构成了村落中“神圣空间”的主体部分。明朝中期，洼子庄组织人力、物力，在村南修建较具规模的送子菩萨殿建筑群落，整座庙宇于明成化三年（1467）建成。村里人习惯称这座菩萨殿为“大殿”。大殿南边是一间坐南朝北的小殿，殿内塑一金甲韦陀站像，身背虎尾钢鞭，面向正北守护着菩萨。大殿西侧的三间土地庙中，土地爷端坐中间，两边是小鬼。整座庙院的大门朝南，因南边是沟，出院门可逐级而下，蜿蜒而东。在殿门外下行石阶的右侧，有一块记载着建庙历史的石碑，立于一处硬沙地上。这片硬沙地几经风化，最终成一尊卧虎的形象，村民习惯用“老虎头”或“沙虎头”来指代这个地方。石碑正坐落在“卧虎”的左肩上，村民说这块石碑也是一尊神，名叫“王灵官”。

明代初期，建造了三座规模不大的关帝庙，分别在村西头、村中间和村南的南沟。村东群山连绵，往西往北皆有深沟大壑，只有南沟属淄川县城通往青州的故道，村西南方向的一条斜路又是该村通向乡镇区县治所的唯一通道。由此可见，当时村里的神圣空间与政治空间、经济空间一样，都呈南倾态势。大街上平时叫“庙儿”的地方，原先正是村中间关公庙所在。庙宇不大，关公在中间，关平、周仓在两边，村民说那是个“顶旮旯点儿”（“极小”之意）的小庙，村西头、村西南角的关公庙算是当时的村民聚居区之外的建筑，规模也不大。关帝是北方民众中的道德信义之神，关帝信仰有着广泛深厚的民众基础，关帝庙在许多村落中也就成了不可或缺的设施。[2]

（二）淄川上端士村

上端士村位于淄川区太河镇，已被列入首批中国传统村落目录。村里用青石建造的房屋别具一格，使其拥有“石头村”的美誉，是典型的北方山区民居代表。上端士村处在淄水两畔，与青州、沂源、博山、临朐四区县交界，风光秀丽，环境优美。现在村里的明清民居保存有一百三十多套，近三百年的柏、槐、流苏等古树有几十棵。

[1] 张士闪：《地方感与地方社会的自我建构：以鲁中洼子村为个案》，《江苏行政学院学报》2021年第3期，第32页。

[2] 张士闪：《山东村落中“神圣空间”的传统格局与现实效用——以山东淄博市洼子村的“老虎头”为例》，《民俗研究》2003年第4期，第131～132页。

上端士村周边都是高山，村内的巷子曲曲折折、上下起伏，村中石阶铺墁，房舍茅茨石砌，山径围绕石房转，村民称这种错落有致的民居布局为“围山转”。上端士村的石头屋多数依地形而建。这种石头房构造简单，四周墙壁用石头垒起，石料之间不用任何黏合剂，只需在屋子里面四周墙壁抹上一层观音土，使之不透风即可。房舍屋顶则用小麦秸秆或黄牧草苫盖。墙面有半米多厚，冬天可保温，夏天则太阳晒不透，清凉舒爽。

上端士村石屋的门窗，用硬度较高的槐木、榆木做成，窗棂、大门结实耐用，不易变形。这样的石屋造价低廉，经风耐雨，冬暖夏凉，风格古朴。有的门上、墙上砌有石雕、砖雕，刻着“春”“福”等字和牡丹等装饰图案。每家石屋的大门左下角，有一个不易让人察觉的小洞，这是为排水之用，小猫等小动物也可进出其中，名曰“猫洞”。从这种细节上可以看出上端士村人们细致、善良的品性。

上端士村现保存有雄伟的关帝庙、古朴的孔庙和云峰观旧址。村子中的一棵古槐树旁边，有一座“武举楼”，高十余米，原是一座两层的石楼，现在楼顶已经坍塌，只保留着四周墙壁。据说这就是吕剧经典曲目《王定保借当》中李武举原型的居所。[1]

（三）淄川西股村

西股村位于淄川区太河镇，三面环山，是一个尽头村。据村碑记载，西股于明朝建村，面积 9.2 平方公里，距离淄川城区 45 公里。向东南翻越鹿角山与油篓寨，便是博山区池上镇。据史料记载，该村最初叫“孟家块”，清初改称“西股”。西股村依山而建，处于群山环绕之间。许多民房建于半山之上，路是石头路，房是石头房，只有少数红砖瓦房建于山脚下的平地上。2015 年，西股民居建筑群获批山东省第五批省级文物保护单位。

民居大部分是用当地产的石灰石为主体砌成，也有砖石混砌的，整体风貌得到了较好的保存，风俗人情得到了较好的传承，能够很好地反映淄川东山区农村的面貌。山区自然环境较好，植被繁茂，气候宜人，民居多建在两条山峪的交接处，分别向两条山峪内和两侧延伸，沿山势而建，高低错落有致。民居形态多为北方四合院，房屋地基以就地取材的青石台砌成，部分房屋用少量的青砖砌门窗的垛子，墙体大多以砖、石、土坯等混砌而成。石屋、石墙、石板路，是这一带古村落共有的特点。

（四）淄川蒲家庄

蒲家庄位于淄川区洪山镇。该村约建于宋代，初名“三槐村”，以村内有三株大槐树而名。明初又因村东沟底有一泉井，水满常溢，故改名“满井庄”。明中期更名为“蒲家庄”，沿袭至今。

蒲家庄现仍保持着典型的北方传统民居风格，原有土围墙环绕村庄，为乱石墙

[1] 王培源主编：《文化淄博》，济南：山东人民出版社，2021 年版，第 169 ~ 170 页。

基，现仍有残存，呈段状分布；村内街道以贯通“平康”“仙乡”两门的东西大街为主道，与南北主道交叉，形成十字街主干道；村内有小巷 15 条，形成了该村的街道脉络，其中东西主道为青石板铺设，南北主道由一米宽的石灰板铺成；东西街上有三株古槐，皆历史悠久。村内多为典型明清风格的北方农家四合院建筑，青砖灰瓦，白灰墙面，总占地面积约 270 亩。蒲松龄故居为其核心建筑群。2006 年获批省级重点文物保护单位。[1]

（五）博山蝴蝶峪村

蝴蝶峪村位于博山区域城镇，沟壑纵横，山势陡峭峻拔，植被茂盛。蝴蝶峪村巧妙借助地势，因地制宜将建筑融于环境，创造和谐自然之境。民居大多坐落在峡谷向阳一侧的坡地上，山谷的另一侧丛林密布，房屋数量较少。临河而建的民居屋顶高度与水面高差较大，既能让高处的房间争取到日照，又便于村民到低处取水。传统建筑集中于村落中部，新建建筑多位于村落东西两端。

从剖面可以看出，蝴蝶峪村具有典型的山地村落空间特征。公共空间是蝴蝶峪村的精华所在。山石小径峰回路转、变化多端，两侧界面时而开阔，时而狭窄，空间节点处常以古树或古碾为视觉中心。有的过道被几栋建筑围合，两侧围墙高，有幽塞之感；有的小径一侧高耸封闭，而另一侧则只看到屋顶的一角，人们能同时体验到街巷空间的封闭与外部环境的开阔。在较为空旷的地段，阶梯状台地成为村落风貌的明显特征，并且具有一定的通行功能。蝴蝶峪村的院落空间也颇具特色。受地形影响，院落布置因地制宜，每个院落的方位和建筑朝向各不相同，院落的形态有时也不规则，长宽比有较大差异。其形制既有四合院，也有三合院、二合院和单栋建筑院落，形式多样，富有自然美感。蝴蝶峪村传统民居大多就地取材，以山石为主要材料，乡土气息浓郁。传统建筑多采用双坡屋顶。沿街立面底层墙面多为浅黄色，上层建筑为灰色。不同年代修建的村落，建筑材质对比明显，主要通过立面风貌特征得以体现。百余栋老建筑在不断修葺中使用至今，保留着山石古寨的风貌特征。在空间格局形成过程中，村落逐步由面的扩张转变为沿东西轴线呈带状发展。[2]

三、城镇民居

城镇民居也是民居中的重要类型，民居的精华多集中在城镇民居中，特别是淄博近代城镇民居，在全国占有重要地位。

（一）桓台四和筒屋

四和筒屋是桓台县传统民居营造范式，系融入了桓台特色的四合院，其遮风避雨的功能和形象背后，渗透着厚重的建筑艺术与地域文化。院落四周都围建房屋（特别是官宦富绅家的庭院建筑），通常由宅门、倒座、正房、耳房、厢房、围墙等组合而成，讲究院落方正，北南东西四面四个门口相称、八个窗户见面，结构精巧坚

[1] 淄博市文物事业管理局编著：《淄博历史文化遗产》，济南：山东友谊出版社，2012 年版，第 91 页。

[2] 刘永康、张大玉：《探访鲁中深山古村落——淄博博山区蝴蝶峪村风貌特征浅析》，《遗产与保护研究》2019 年第 3 期，第 80 ~ 84 页。

固，形制恢宏，意蕴吉瑞。

在传统理念中，本人及子孙后代的吉凶祸福、富贵利禄，都跟宅院居室的风水格局相关。百姓常把坐北朝南的房屋叫“大北屋”。富户人家的房脊及四梢多用雕有鹿、麟、龙、虎、翎毛、花卉、吉祥文字的砖瓦装饰，俗称“哈巴狗子张口兽”。室内迎门正位俗称“上面子”，通常摆放八仙方桌圆头椅、搁几杌子挑山儿，墙壁中轴位置悬挂中堂联轴、家训格言等，过大年时专门高悬供奉绘有列祖列宗牌位的家堂轴子。大北屋的建筑布局为一堂两挂（配建左右耳房各一间），堂屋一般是三间，中间的厅房为正间，两侧为陪间。在间口尺寸上，正间最大，东陪间大于西陪间，以符合传统的以“左”（东）为上的理念。四和筒屋关上大门，自成一统，藏风纳福于一方小小天地，充溢着数世同堂的天伦之乐。堂屋为尊，厢房次之，倒座为宾（南屋），杂屋为附。长辈住正房，晚辈住东西厢房（称“偏房屋”兄居东，弟居西），倒座则用作客房或仆役的住室，另有耳房和小院作为厨房和杂屋等。从空间格局与建筑模式看，居中的堂屋高于厢房，耳房则更低一些，宅门高于倒座房。堂屋一般有三到五步台阶，其他一般只有一到两步台阶。如果室内地面高度低于室外地面高度，就被乡人讥为跳蛤蟆坑。由此构成了主次相配、尊大序、错落有致的对称和谐空间秩序。内里四季轮回的景致，数世同堂的真伦之乐，反映了“以礼为法”的秩序美与和谐美，体现的是传统的伦理观念和忠孝文化。

农户百姓多是聚族而居，合众成庄，以自然地势作基造屋，通常只建低矮的茅屋，坯墙草顶、土炕柴灶、篱笆围墙、简易门脸（俗称“支门楼”）。而或腰桩坚脚，或海青房檐，或“猫头”滴水，或二架桁壮门梁，或对开门窗棂扇，或进深门楼，即为宽裕之家。至于砖瓦到顶，拔台起基，方砖铺院，门楼雕砖，更多是美好的期盼。平民百姓的四和筒屋，虽无官宦豪门的气派，却透着敦厚坚实、质朴规整的气息，也追求“宽厚的墙，敞亮的明间，粗重的梁”，在平面布局上也合乎建筑规矩。[1]

（二）周村李家疃古建筑群

李家疃古建筑群位于周村区王村镇李家疃村，是淄博市保存较为完整的明清古建筑群落。19世纪初，李家疃村有很多人到南方做绸缎、布匹生意，财源亨通，赚来的银两大多用于买土地、建房屋。当时最豪华的建筑是九座不同形式的庭院，建在村庄的中轴线上，贯通南北。这些庭院建筑用料考究，房顶用精致的兽形瓦装饰，房屋宽敞高大，造型美观。

李家疃村巷口坐北朝南的大门叫“悦循门”。大门高十余米，宽四米，给人高

[1] 周飞舟、巩曰国主编：《文化桓台》，济南：山东人民出版社，2021年版，第227～228页。本节亦参见山东省桓台县史志编纂委员会编：《桓台县志》第六编《建筑业》，济南：齐鲁书社，1992年版；桓台县建筑志编纂委员会编：《桓台县建筑志》，北京：中国建筑工业出版社，1993年版；张光兴主编：《建筑之乡》，北京：解放军出版社，1989年版；张玉军主编：《蓬勃发展的桓台建筑业》（资料汇编），1994年印本。

大宏伟的感觉。门楼两侧的墙壁用六棱青砖磨光砌成，门楼的房脊由青砖透雕装饰，安放哈巴狗子张口兽。村南、村北各建造花园一处，南花园名叫“南寺”，北花园名叫“怀隐园”。园内有假山池沼、奇花异石，所用材料大多由江南购运。花园布局合理，别具匠心。

李家疃古建筑体现出安居实用、吉祥富贵的寓意。一些建筑的房檐为九层檐口，全部为水磨青砖经过雕刻砌筑而成，美观大气，可以更有效地保护墙体免受雨水冲刷。院墙的上部增加了青瓦的干砌，一是为了增加院墙的高度，以防被盗；二是青瓦组合图形为制钱的形状，预示家族财运兴旺。各个院落之间建有过道连通，过道两侧顶部的木雕上有蝙蝠的图案，谐音“福道”。一些大门两侧的砖雕图案，最上层是莲花，然后是狮子滚绣球，再下面是蝶恋花，再下面是万福，紧接着是帷幔，最下面是竹报平安，层次非常清晰，寓意祥瑞如意。

李家疃古建筑群以北方传统建筑为基础，吸收了江南的某些建筑风格。古建筑群除“九门一庄”、亚元府、解元府外，还包括传统街巷，如南北大街、酒店胡同、盐店胡同、牌坊街等，还有不少拴马桩、上马石、旗杆石、古井等。既有商业大家族聚族而居的庭院式建筑，也有日常生活和消费场所，是安居、宜居的典型代表。[1]

第二节 建 房

一、备工备料

（一）择地择向

择地即选择合适的宅基地，并规划宅院布局。建房用的房基地，博山地区称“宅基地”。在土地私有制的年代，多利用自己的祖业或购买他人的土地、旧宅等作为地皮。无力购买宅基地的人家，则找块荒废无主的地界建房。选宅基地，除了要考虑生产、生活方便之外，还要讲究风水，主要看地脉和风水走向。动工建房之前，要先请风水先生选定方位，然后选择吉日祭告土地爷、财神爷等，方可开建。

古代城镇多是当地政治经济文化中心，近代城市则看重丰富的资源和便利的交通。村落选址一般都希望依山傍水；家屋的建设也崇尚向阳门第，因为地处北方，北风和西北风寒冷，所以民居或坐北朝南，或坐西北朝东南。北墙厚，南墙薄，北墙不开窗或开小窗，南墙则开门开窗，方便阳光进入室内。无论是城市还是乡村，尤其是传统村落，大都聚族而居，一个姓氏聚居在一处。

（二）备料

农家建造房屋一般包括起石、脱坯、杀树、理草、买砖瓦木料等工作。建房材料往往因地制宜，多取材于本地。修建时间安排在农闲季节。

20 世纪 80 年代以前，农村各地盖房风格与当地传统建筑风格基本一致。木料、玻璃、五金等材料由县物资局掌管，农民收入较低，购买力有限，所以民居建筑基

[1] 王培源主编：《文化淄博》，济南：山东人民出版社，2021 年版，第 168 ~ 169 页。

本延续了传统的建造工艺和风格。80 年代后，建房材料丰富，农村建房质量大幅度提高。90 年代后，农村房屋的质量和造价不断提高，有的人家盖起更好的楼房，农村民居面貌呈现较大变化。

（三）备工

清末，一般农家修房盖屋，多采取邻里相助的形式。传统建筑业有木、瓦、苫、石四匠，技术多是家传或师授，自成体系，临时邀集，工兴则聚，工完则散。匠人中技术好、有组织能力的人被推举为掌尺师傅，其他匠人自愿受其指挥。

民国时期，各乡镇、村亦有泥瓦匠人，农忙务农，农闲时雇用壮工组成施工队，承包建筑工程。农民建房多邀请亲友、邻居帮工。

新中国成立后，农民自愿组织的修建帮工组增多。专业队由自愿参加的石匠、木工、泥瓦工和青壮劳力组成，采取农户备料、专业队包工的办法建房，提高了质量，方便了群众。20 世纪 80 年代前后，少数人建房由生产队派人，房主每个工向生产队交钱，生产队每天给建房人记工分，不管饭，管烟和茶水。

二、奠基、砌墙、安门窗

一般地区建房都要经过奠基、挖地槽、打间脚、打夯、砌墙、安门窗、上梁、顶盖、屋帽、苫草、挂瓦等几个步骤。

奠基讲究颇多，有些至今还流行。由瓦匠丈量开基，放鞭炮以求吉利。东家会给掌尺人赏钱（一般不超过日工资的 3 倍）。民国时期，桓台县建房时先置供奠祭，午餐宴待工匠，鸣鞭庆贺。20 世纪 50 年代后，上供改为发糖，工匠分享。[1]

动土又称“起土”。人们以为土地有土地神，因此在建造房子或整修房子时，以防触怒土地神而招致灾祸，动工前要参考皇历，选择适宜动土的吉日良时，并且在动土当日准备供品、纸钱祭拜土地神，以祈求顺利平安。除了祭拜土地神外，为了祈求技术工程在施工期间一切顺利，有些人还会祭拜工程建筑方面的祖师爷——鲁班先师。[2]

过去农村建房奠基大都需要打夯。有的地方打夯时，几个人拉一个近百斤重的石头柱子，并喊号子，领头喊号子的称“号工”。号子有紧慢之分，紧号子雄浑有力，慢号子则悠扬婉转，起到齐人心、聚人力、鼓人劲、消除疲劳的作用。随着科学的进步，电夯、打夯机逐渐代替了笨拙繁重的人力劳动。

在选定的地基上划定方位，标出地槽的界限之后，方可挖地槽。挖好地槽后，用碎石和三合土填充，叫“打跟脚”。跟脚之上到腰线用青石垒墙，这一部分叫“底座”。底座之上统一用两层砖，叫“腰线砖”。房子两边，下部是方形，上部是呈三角形的墙，叫“山墙”，按照方位，又称“西山”“东山”等。墙上留的方形敞口小壁橱，叫“磕坛”。开在墙内侧且带门的橱壁，叫“墙橱子”。

打完地基，接着请木匠做门窗框、安门框，砍房架（梁、椽子等）。为图吉利，

[1] 山东省桓台县史志编纂委员会编：《桓台县志》，济南：齐鲁书社，1992 年版，第 689 页。
[2] 王伟光主编：《民俗全书》（典藏精品版），哈尔滨：黑龙江科学技术出版社，2012 年版，第 329 页。

要事先在门框上贴好“安门大吉”等吉祥的红对联。砌好座子墙就安窗框，窗框上同样要贴“安窗大吉”等红对联。最后盖房屋的顶盖，俗称“屋帽”，包括上梁檩、椽以及抹泥、铺设草秆或瓦片。

三、上梁

房子盖到加梁时，叫“平口”，要在前墙和后墙之间安置大梁，三间房子一般用两架大梁，有的用四架，加上梁两头的木柱，合称“四梁八柱”。大梁下面刮出一段平面，用毛笔书写建房时间及主人姓名等。上梁时，按习俗要放鞭炮，梁上贴红纸。大梁与两根斜梁构成三脚架，斜梁也称“叉手”，檩条横放在叉手上，形成房顶的木架结构。一般人家的檩条少则三根，多则五根；富人家的檩条少则七根，多则达十一根。檩条之上一般覆盖秫秸或苇箔，在上面抹泥铺设麦秸。殷实人家大多盖瓦房，秫秸或苇箔要换成陶制黄板或木板。

民居过去有“四梁八柱”之说，它们是支撑房屋的主要构件。虽然后来各地的民居多借用墙体承重，但支撑屋顶的大梁仍然不可或缺。民间俗信，凡是住宅都有屋神，新屋刚开始建造时，屋神还没有固定的所在，属于游神一类，俗称“屋游神”。上梁时要举行一个隆重的仪式，多在脊檩中间绑一装有五谷杂粮的马勺头，挂上半尺大红布，表示给屋神在高高的脊檩上安了位，从此屋神稳坐脊印（即脊檩），高高在上，保佑家宅安康。

择吉日（多为单日），赶午时，确定上梁时间。上梁前要将大梁组装好，椽檩砍截好，按上梁顺序分立在各间前后房檐下，并准备下绞梁的大绳和杆子。梁上贴好红对联，和所有的椽子一起抬到房基前，然后将头檩、二檩、三檩立在房檐下。梁上贴对联有讲究，三间房子是两架梁，东梁为上西梁为下，贴对联自然上联在东梁上，两副对联必须对称。天不亮，东家要偷偷爬上房架，将四个小神虫放在房子四个马头上，以图吉利。在脊印（脊檩）中间贴上“安印大吉”红帖，再将提前缝好的红布用红线捆在红帖的下面（红布一般宽 1 尺，长 1.2 尺，一端缝有空隙，串上一双新红筷子。将八个大枣、八个制钱、八个栗子用红线串起来，隔一串一，然后拦在筷子的两端）。将鞭炮缠在脊印上，多少不一。准备好四条绞梁的大绳和两根绞梁杆子。开始在房架四周放鞭炮，以示东家要上梁了。

准备就绪后，由掌尺人统一号令，指挥开始上第一架梁（均是由东向西上梁）。梁上了房子扶起来后用绳子绞好（上下用杆子绞牢），再上第二架。梁上房后，连同第一架，同时调整到中心线上（掌尺的均提前量好标上记号）。这时，木匠开始钉椽子。不管房子大小宽窄，椽子多少，明间只钉到脊印的下一檩，余者都要钉到脊印。将一对大老虎（东雄西雌）摆在正间两旁的蜂窝里或门框上，称“镇宅神虎”。将八仙桌摆在正间中央，桌上摆一对大红蜡烛及各种鱼肉菜肴，桌中间放个香篓斗（香炉），插上三炷高香与蜡烛同时点燃。将十个大供养（饽饽）摆在香篓斗的两旁。东家及主要亲戚一同跪下磕三个头后，再将桌上之物搬走，把印安放在桌子上，东家再拜印，专等木瓦匠撤绳拔梁、拔斗。上梁仪式的高潮是浇梁，即向梁奠酒：

用酒和面食、铜钱之类祭祀屋神，并借以向来参加典礼的人们散福。上梁仪式结束后，主家要摆酒席招待亲友、帮工，同时犒赏工匠。俗话说“上梁酒，古来有”“喝了上梁酒，活到九十九”。这天只有上梁一件事，工匠们可以欢宴一个下午。据说木匠、瓦匠都是鲁班的徒弟。木匠为大徒弟，坐首席；瓦匠是小徒弟，坐次席。帮工的邻里亲友相陪。主家要去席上赏酒、赏钱。按老规矩，所赏红包由瓦匠接下，交给木匠统一分配。

第三节　室内布局与陈设

一、居室布局

农村的室内布局主要是正房的布局。以正房的堂屋为中心，主要陈设八仙桌、条几、圈椅。旧时，城中大户人家室内摆设讲究配套，八仙桌、太师椅、条山几、抽屉桌、箱、橱、柜等各安置得位，俗称“圆方配套”（亦叫“严房”），这些家具多为大漆配花，并放置古玩点缀。

堂屋的三间正房一般人家是相通的，屋顶梁架明露。讲究人家东西两间房子用花槅分开，大砖铺地，正间靠墙放条几，前面放八仙桌和太师椅或圈椅。八仙桌、太师椅方正稳重，用料、造型和雕刻都很讲究。普通人家多放圈椅，条几上多摆设座钟、镜子、花瓶、帽筒等，寓意生活平静。桌子上放茶壶、茶碗等日常待客用品。农村堂屋多摆放实用的家具，如半桌、杌子、木箱、橱柜之类，有的做工精细美观，半桌和橱柜镶有雕花的牙子，讲究的家具上一般都有描金画。堂屋的三抽橱用楸木、榆木、核桃木等硬杂木制作而成，边框和抽屉面上雕刻有花草或吉祥图案，造型敦实古朴。中堂的墙上一般挂一幅很大的画，两边是对联。还有的挂年画、四幅屏轴画以及大大小小的相框、奖状、烈军属慰问信等；也有的贴着各地乡镇信用社、农行发的年历等。墙上装饰是家庭生活状况和荣耀的展示，也反映出主人的生活品位。来人待客一般都在堂屋进行，一家人吃饭也都在这里。也有人家在八仙桌前面放一张小矮桌，用以吃饭或进行家庭劳作。在桓台，新中国成立前，富户正房迎壁置八仙桌、太师椅、条几、木围床，窗下有书桌、书橱。餐具多为细搪瓷，酒壶多系铜、锡制品。贫苦人家室内多有小箱小框。餐具为黑黄色的陶碗、盆。20世纪60年代，旧式家具逐渐淘汰，室内设三抽桌、单靠椅、铁围床。炊餐具多为铝质、塑料制品。80年代，大立橱、组合橱、沙发、茶几等配套家具普及城乡；电视机、缝纫机、电风扇等电器进入富裕家庭。[1]

东屋靠窗户放置大床，睡的多是罗汉棕床。农村大户亦有睡炕者，炕上置有炕桌，家中备有方桌、椅子、条几等，多为黑红色。群众睡木板面床或高粱秸床者多，室内摆设多为矮桌小凳。农村、山区的居民多睡土炕，有烟道通灶下，冬季用作取暖。床的北面靠墙放一个柜子，柜中一般放被褥衣物，柜子上面放箱子。床的西边

[1] 山东省桓台县史志编纂委员会编：《桓台县志》，济南：齐鲁书社，1992年版，第685页。

放饭桌，冬天在这里生炉子、烧水。饭桌上放着锅碗瓢盆及调料之类的生活用品，炉子上方的墙上一般贴一张灶王爷年画。

西屋一般放杂物和孩子睡的床。正房的两边一般也有耳房，多放置杂物，有时也兼作卧室或厨房。东厢房一般作厨房，厨房内有一个大锅、两个小灶。从前每家都有大锅，小灶是20世纪70年代小锅出现以后有的。

20世纪80年代以后，房屋的格局发生了变化，灶间从中间分开，里间一般是厨房，放锅碗瓢盆，东间的炕也转向靠北，南窗前面成为待客的地方。新的家具有五斗柜、大立柜等，沙发开始流行。从整体来看，以堂屋为中心的房间布局虽然正间显得庄重讲究，但房间没有合理分隔，布局凌乱，生活起居不方便，卫生、保暖、私密性差。现在新建的民居虽然大都保留了堂屋为中心的习惯，但东西两间基本都单独分隔，布局较以前更为合理。[1]

二、炕与床

传统火炕是用土坯砌成的，在民居中是卧室的重要寝具。现在睡床者渐多，但火炕仍随处可见。此外，还有博山、淄川等地的地炕。

满炕亦称“满屋炕”，是在屋内靠边隔出一间，全部盘作炕，壁子上只留较小的拉门，炕洞与山墙外厨房里的火灶烟道相通。有的锅灶在屋里的南边，紧挨满炕，上方开一小方孔，叫“灯窝”，可放一油灯供内外照明，也可由内看到外间的活动，所以又叫“婆婆眼”。冬天睡在这种封闭式的满炕上，又暖和又干净。

可山炕是可着屋内山墙盘的大炕，长度和山墙的宽度一样，有的略短一点，叫“半炕”，但必须紧贴山墙，北墙与炕间只能挤下一座锅灶。

小地炕或称“地炉”，是淄博产煤地区特有的一种以煤取暖的炕，其中以博山老城区及附近的八陡镇最为著名。地炕系用窑墼架空铺设而成。加煤洞口在室外，填上足够数量的煤炭，点燃后，即可封上洞口。烟火缓缓进入往复式通道，再从烟囱中排出，使整个房间长时间保持温暖。通常室内有床，人们睡在床上。有的人家床下留一小洞，坐以水罐，既可防止室内干燥，又可为日常生活提供温水。这种地炕床炕并用，别具一格。窑墼是当地产的一种特殊的耐火砖，比一般砖厚，铺地用的是六分窑墼，方形，耐高温，同时又是一种极好的地面铺装材料。年久的窑墼铺在地面上呈现一种特殊的光泽。

平时可利用做饭烧火的余热来烧热炕头，冬天则要专门烧炕加热。烧炕多在入夜时分，要往炕洞里填碎草，一次填足。点着后立刻堵上炕墙下的小门，不让柴火烧旺，以免火力集中很快烧完或高温烙煳炕席。睡过两三年的旧炕，炕洞里的大墼便会挂满烟灰，洞间也会堆满草木灰，需要拆换新的炕墼，俗谓“打炕”。拆换下来的旧墼捣碎，掺和上清除出来的草木灰，加水沤上，便是极好的有机肥料。

火炕的建造是一门技术，称“盘炕”。炕洞四周竖立大墼，中间竖立炕洞墼，以支撑炕面并通烟火。大墼是麦穰和稀泥在墼挂子里脱出来的，宽约尺许，长约二

[1] 姜波、田禾、李万鹏编著：《山东居住民俗》，济南：济南出版社，2006年版，第159～164页。

尺。炕面以大墼横铺，上抹一层草泥。炕盘好干透后，上面先铺上一层谷秸或麦秸，俗称“秆草”。

传统家居生活中，床的历史十分悠久。传统床铺几乎全是木板的，个别人家用棕床。富裕人家的床多为顶子床，四面立柱镶有雕花牙子，周围挂有幔帐，上绣各种人物花草，刚结婚者多绣百子图。床面以下为罗汉腿，或雕花挡板，图案有几何形，也有花卉果品，如桃子、石榴等。面上刷深红色油漆，或者再镶嵌一些贝壳之类组成的白花图案。不带顶子的称“平床”，有的挡板和床腿也都雕镂得很精美，上面再刷红色油漆。一般的平床则是床架上铺以木板，多为原木本色，或者用条凳担几片木板，更为简单一些。部分贫困人家，只打一个木床架，上面铺秫秸箔子作床板，有的甚至连木架也没有，将秫秸箔子担在土坯垒的矮垛上即为床。架子床的床屉多用棕绳编成，做法是：在大边的里沿起槽打眼，把棕绳头用竹楔镶入眼内，然后用木条盖住边槽。

而今群众多睡床，睡炕者很少，人们开始使用席梦思等弹簧床垫。有人仍喜欢睡大漆棕床，尤以博山为盛。棕面上铺毡子、毯子、褥子，柔软适宜，很适合老年人、孩子使用。[1]

三、居室装饰

在居室装饰中，最常见的是年画、剪纸、窗纸、门帘。

（一）年画

旧时，改变居室环境和气氛最简单的办法就是张贴年画。年画与年俗密切相关，是伴随着庆祝新年和驱凶辟邪活动产生的。年画起源于春节贴于门上的桃符，此俗在北宋日趋成熟，明清时达到繁盛。年画表现吉祥喜庆内容，有万事如意、连年有余、连生贵子、福寿双全、双童献寿、八仙庆寿、富贵平安、四季花屏、姑嫂闲话等。旧时农村，大人也通过一些年画内容给孩子讲故事。一张年画维持一年，年底再换一张新的，屋子里又是一片崭新、亮堂、欢天喜地的气象，烘托出过年的喜庆吉祥气氛和人们的美好愿望。

阴历腊月二十三（俗称“小年”）的头一天，要在灶间的墙上贴灶王爷画像。小年这天是灶王爷上天的日子，人们贴上新的画像以求灶王爷“上天言好事，回宫降吉祥”。在烟熏火燎的灶间，贴上新的色彩鲜艳、形象丰满的灶王爷像，满屋生辉，为灰暗的生活添了许多亮色。

除了年画，20世纪30年代以来，城乡还流行玻璃画、镜子画和其他工艺装饰画。镜子画就是在镜子里用油漆作画，往往围绕“囍”字的喜庆图案，多为结婚时娘家陪送或亲朋好友的贺礼。工艺镜框用羽毛、贝壳、木头等各种材料制作工艺画，镶嵌在镜框里。

[1] 淄博市志编纂委员会编：《淄博市志》，北京：中华书局，1995年版，第2200页。

（二）剪纸

居室装饰中最常用的是剪纸，蕴含了人们对生活的期盼和愿望。旧时，婚后几年不生育或没有生男孩的家庭，在居室内张贴求子的剪纸，如五子登科、百子图、猴子葡萄、榴开百子、多子葫芦等，以求早生贵子。在剪纸流行的地区，人们常常信手剪一些花，贴在窗上、柜门上、墙壁上、房门上等，给家里随时增添些趣味。这些剪纸，幅面大小不等，内容丰富多彩，多能反映主人的心情和修养。

（三）窗纸

旧时，传统的老式房屋窗户是木头做的窗格，需要在上面糊纸以挡风。因此，糊窗户十分重要。人们认为窗户纸不仅可以防寒御风、遮挡室内，还有一定的装饰作用。民间有腊月二十五糊窗户的习俗。

人们按照窗户的尺寸，提前裁剪好窗纸，一般一个窗格用一整张纸，尽量减少纸张重叠连接。窗纸裁剪好后开始打糨糊。锅中用适量的清水加白面调匀，再放在炉火上加热，边加热边搅和，小火烧至开锅，面汤逐渐形成糊状，就做成了糨糊。把剪好的窗纸刷上糨糊，贴在对应的位置上，用手或干净的软布拓匀，尽量使纸张一次到位不移动，这样才能保证窗纸干净。窗纸经历一段时间的风吹日晒后会泛黄、不结实，要定期更换。更换新窗纸前，需将窗户上的旧纸撕干净，这样才能将新窗纸贴得牢固美观。后来，玻璃替代了窗纸，又有了保温阳台，糊窗户这一习俗已不多见。现在人们喜在玻璃窗户上贴各式各样的窗花。

（四）门帘

门帘有大门帘、小门帘之分。形制有顶有面。旧时门帘多由家中女人自己做，有时用蓝印花布，有时用彩色花布，有时做成绣花门帘。绣花图案根据自己的心愿和喜好选择，有表示婚姻美满的“凤凰戏牡丹”，有表示吉祥如意的“龙凤呈祥”，有祈求多子多孙、多福多寿的“三多果”（佛手、桃子、石榴）等。旧时的门帘相当于现在的一道房门，既是装饰品，也是一块遮羞布、分界线。如果到别家串门，看到人家垂下门帘，不打招呼是不能掀帘而进的。即使是新婚闹洞房，新郎、新娘放下门帘，其他人也不得入内。平日，用时把门帘放下，不用时拢起来，为进出方便。[1]

（五）照明灯

最早使用的室内照明工具是煤油灯或煤气灯。燃烧煤油或煤气有浓烈的黑烟和刺鼻的臭味，还要经常添加燃料和擦洗灯罩，使用起来很不方便，蜡烛进入人们的生活。20世纪初城市开始出现电灯，现在电灯已普及。

近年来，随着技术的不断创新，出现了各种各样的室内照明工具，如吸顶灯、吊灯、吊扇灯、筒灯、射灯、台灯、壁灯、落地灯、节能灯、LED灯等。而照明灯也不再只是照明工具，也可作为一种室内装饰品。传统节日，人们也大多在家中

[1] 姜波、田禾、李万鹏编著：《山东居住民俗》，济南：济南出版社，2006年版，第174～175页。

悬挂灯笼或小彩灯以增加节日气氛。

四、供奉物与辟邪物

（一）神像

旧时人们大都信奉神灵，因此在家中常摆放一些神像，大多以观世音大士、如来佛祖和财神为供奉神，也有供奉祖先牌位等。

春节前夕家家户户都“请”“接”财神画像供奉在家中，有的还要举行隆重的祭财神仪式。此外，还有送子神（子孙娘娘、泰山娘娘、送子观音、麒麟送子等）、财神（文财神、武财神、五路财神、招财童子等）、佛（弥勒佛、欢喜佛、药王菩萨、释迦牟尼等）、菩萨（文殊、观音、地藏等）。

（二）桃符、桃木剑

人们常在家中设置一些符咒、器物以消灾避祸、驱魔逐邪、求吉祈福，常见的住宅辟邪物有桃符、桃木剑、泰山石敢当、门镜门符辟邪物等。

桃木木质细腻，木体清香，也叫“降龙木”或“鬼怖木”，是用途最为广泛的辟邪制鬼材料。桃木剑能镇宅辟邪的说法在民间广为流传，桃木剑在民间文化和信仰上有极其重要的位置。民间流传降鬼大仙神荼、郁垒和桃木驱邪、避灾的风习，人们用桃木刻成神荼、郁垒的模样，或在桃木板上刻上神荼、郁垒的名字，挂在自家门口用以辟邪防害，叫作“桃符”。最早的春联也是用桃木板做的。因桃木呈红色，为了书写方便，宋以后便用红纸代替桃板来写春联。普通的桃枝也受人欢迎。凡盖新房，人们就将桃枝钉在房屋四角，以保家宅安宁，大吉大利。迎亲嫁娶也用桃枝，意为婚姻美满，富贵平安。逢年过节取桃枝挂门边，用来镇宅接福，节日祥和。[1]此外，在生子民俗“报喜”中也用到桃枝。孩子降生后，前来道喜的人很多、很杂，为了使虚弱的产妇、弱小的新生命不受外界邪气伤害，于是将桃枝插于大门上。之所以用桃枝也源于桃木的辟邪禳灾保平安的俗信。[2]

（三）泰山石敢当

在城乡居民聚集的街头巷尾与居住的房屋墙脚，常常可以看见石刻或砖刻的小碑碣，上书“泰山石敢当”五个字，这是镇妖驱邪、保护住宅安宁的镇邪之物——“石敢当”。

传说泰山有个姓石名敢当的人，很勇敢，好打抱不平。一次，泰安有家闺女被妖气缠身，病得很重，闺女父母找石敢当想办法。石敢当准备十二个童男童女，男的一人一个鼓，女的一人一面锣。还准备了一盆油，点燃后用锅盖住。天黑后，妖怪来了，石敢当踢翻了锅，灯光一亮，十二个童男童女一齐敲锣打鼓，妖怪朝南方跑了，到了福建又害人。石敢当赶到福建，妖怪又逃到东北。石敢当想：全国这么

[1] 鹿军士编著：《寓意吉祥的传统物品》，北京：现代出版社，2018 年版，第 224、228 页。
[2] 陈西平、孙金荣、杨棣、李成武、李华：《生命历程中的山东树木民俗及其文化内涵》，《山东农业大学学报（社会科学版）》2009 年第 4 期。

大，一个人跑不过来，反正泰山石头很多，找石匠打上家乡和名字“泰山石敢当”，谁家闹妖就放在谁家墙上，那妖就跑了。此后妖怪怕石敢当便传开了。所以，在盖房子、垒墙时，将刻好的“泰山石敢当”垒在墙上，就可以辟邪。[1]

现在，城区已鲜有泰山石敢当，一些农村地区还有所保留。

第四节　居住信仰及禁忌

居住民俗是指一个国家、民族或地域的广大民众在居住活动中，所创造并传承的属于本群体的独特的习惯模式。包括住房选址、建房，居住的惯例或礼仪，以及居所内物品的陈列摆设，家庭成员住房的分配，住房间的相互协调等方方面面。淄博古属齐地，有独特的地理环境、气候条件、风土人文和建筑资源，又受到传统礼制、地域习俗、宗教信仰、社会关系等因素的影响，形成了具有浓厚地域和民族特色的民居民宅和民俗现象，有的已成为重要的民俗旅游资源。

一、日常起居

旧时农耕活动无需定时定卯，但受时令和农活的约束，人们日出而作，日落而息，生活起居、饮食习惯也是依四季更替、日出日落而自然形成。一日之计在于晨，最繁重的农活多集中在早晨进行。农忙时，人们起床后先下地干活，日上三竿，大约九点钟再回家吃早饭。与这种劳作方式相适应，农村学校孩子们作息时间也是依次安排，分早上、中午、下午三个时段上学，和城市学校的作息时间大不相同，中午饭约在下午两三点钟，晚饭也成了真正意义上的晚饭，约在天黑前才吃。后来随着农村学校作息时间的城镇化，许多地方的农民劳作时间也随之变更。旧时，家中女人起床后，往往是先洒扫庭除，整理卫生。有公婆的人家要先给公婆问安，端夜壶，侍候老人、孩子吃穿。空闲时，男人们聚在一起闲聊，女人们则做女工，缝缝补补，做衣服、纳鞋底。

在乡村，总有一些自发形成的公共聚会场所，常常是在家门口或村头的老树下。不论建村时间长短，似乎每个村庄都有一棵或几棵老树，尤其是槐树。人们认为槐树是吉祥的象征，总是喜欢在大门前和村头上种上几棵槐树。夏日晚霞中，人们闲散地围在树下，谈论着家务事，交流着各自的信息和经验。除了日常的生活习俗外，人们对一年中许多特定的日子和节日，要用不同的礼俗表示，以趋利避害。[2]

二、乔迁仪式

庆贺乔迁的仪式分入住前准备、乔迁、亲友祝贺三个活动阶段。新房落成，准备入住时，首先要对屋里屋外进行整理装修，要粉刷墙壁、糊仰棚、裱墙面、搬走屋里屋外的垃圾杂物等。同时，要预先择定搬家的良辰吉日，买新锅、新席，添置

[1] 徐杰舜主编：《汉族民间风俗》，北京：中央民族大学出版社，1998 年版，第 183 页。
[2] 姜波、田禾、李万鹏编著：《山东居住民俗》，济南：济南出版社，2006 年版，第 177 ~ 179 页。

新家具等。一切准备就绪，便按照事先选定的好日子搬家。这期间要举行支锅、祭灶、拉席上炕等一系列活动。乔迁结束后，亲戚朋友相约来庆；有的人家则发帖子邀亲朋来聚，俗称“温锅”。大家热热闹闹庆贺一番之后，搬迁的人家便开始了新的正常生活。

在搬迁新居之前，不管贫富人家，都要买新锅、揭新席。因为这两样东西代表吃饭、睡觉，是家庭生活的必需品，宁可其他家具不置办，这两样东西也必须买上，预示着生活有新起色。有时候买新锅只是为一个新家的组成做准备，并不一定马上就用。封建时代讲究大家庭制，有三世同堂、四世同堂甚至五世同堂，很少有父母在世而兄弟分家的情况。所以不少迁入新居的小夫妻，只是在父母处挤不下身，人搬出来住但不另立灶开伙。吃饭时，还是到父母的屋子里一起吃“大锅饭”。等到父母故去，没有了总当家人时，兄弟们分家析产，独立门户过日子，这口事先准备好的锅才能派上用场。新锅买来，开始支锅，方法是：用最简便耐火的材料把锅架起来，锅下添火，锅里煮饭。搬迁新居的“支锅”，意味着新家庭自立门户过日子的开端。支锅后要蒸“支锅糕”，烙“支锅饼”，煮“支锅饺子”。支锅糕是用玉米面和少量的麦子面做成的，寓意发财高升、蒸蒸日上；“支锅饼”是用麦子面发酵后，摊成圆形大饼，在大锅里烙成，寓意团圆和睦、发家致富；“支锅饺子”则借饺子形似元宝来寓意财富滚滚来。“支锅糕”“支锅饼”除自家人吃，还要分送给亲友和邻居，让大家分享支锅的喜悦。

“祭灶”是搬家支锅活动中必不可少的传统项目。“祭灶”就是祭拜灶神，目的是祈求灶神保佑。搬家祭灶神与小年祭灶神是两种不同的祭祀行为。搬迁新居的人家支锅生火，户主祭拜灶神，表示对灶神的欢迎。户主敬上香（有的地方主妇也可以敬），主妇盛出第一碗支锅饺子，摆在锅台上，磕三个头，念几句“请灶王爷保佑，一家人和和美美、平平安安，日子越过越富裕”，不需要什么烦琐的仪式。

新房入住时要贴大红对联，内容常有“吉星高照，幸福常来”“门庭新气象，诗礼旧人家”“日照新居添锦绣，花栽前圃吐芬芳”“家居光天化日下，人处喜风和雨中”等。对联横批为“安居乐业”“繁花似锦”“千秋伟业”等。旧时沂源县贺联上多写“人移吉地精神爽，莺迁乔木报佳音”[1]。

搬迁是关乎家运兴衰、户主和家庭成员吉凶福祸的大事情，所以搬家要选择吉日良辰，依据户主的生辰八字与周易八卦、天干地支推算，只能相和相生，不可相冲相克。同时，搬家最好选择水日，少用火日。有些地区还有忌讳农历闰六月搬家的习俗。因为“闰”与“运”谐音，“六”与“流”谐音，合在一起就是“运流”。不管是财运、官运还是其他运道，流走了都是不吉利的事情，所以闰六月不能搬迁。其实闰六月不搬家的真实原因应是天气太热，参与搬家的人们若穿戴整齐，受不了热；若赤身露体，又不雅观。再则，饭菜食品易腐烂变味。

[1] 山东省沂源县史志编纂委员会编：《沂源县志》，济南：齐鲁书社，1996年版，第506页。

迁居是一件大事，所以生出许多禁忌。一般人不喜迁居，俗话说“人搬穷，火搬熄”“人搬三道空，火搬三道熄”。但遇有特殊情况，如洪涝灾害、疫病死亡等情况，就不能不迁居了。在这种情况下，又认为“树挪死，人挪活”，所以捐弃旧宅更造新居。迁居时，俗忌太岁，面对太岁所在方位和背向太岁所在方位迁居皆凶，必须避开。

搬迁一般选在双日，以农历含“六”“八”的日子为多。六，取其六六大顺之意；八，取其发财之意。搬迁一般选在辰时到午时之间。不过这只是象征性的时刻，真正的搬迁活动通常是在良辰吉日的前夜。家中珍贵的东西、值钱的大宗物件等，必须在天亮之前搬进新居，待良辰一到，再搬椅子、锅碗瓢盆等居家过日子的物件。这种禁忌，源于怕露富和防盗贼的心理。俗谓“财宝不露白，露白要招贼”，“贼”指两种人：一种是盗贼，又称“小偷”。旧时代的小偷，眼睛盯着富裕人家的财物，来个顺手牵羊，人们防不胜防。另一种是山贼，又称“土匪”“强盗”。他们嚣聚山林，打家劫舍，且常常有目标地抢掠富裕人家的财产。所以人们把“贼”定在凶格上，成了需要避讳的一大凶方。

迁居讲究搬家先搬灶，灶王爷与家谱要先迁移到新居处，其后才能搬别的东西。搬入新居后要温锅，又称“温居”“暖房”“烧炕”“添囤”，指新房落成后，乔迁或兄弟分家，一方迁进新宅者，热情邀请亲戚朋友前来认识新家门，亲友邻居携带礼品前去庆贺，主人设宴款待。温锅包含着众人添柴火焰高的互助传统。旧时普通人家都不怎么富裕，盖完新房后，有的会出现经济拮据的状况，来温锅的亲朋好友、街坊邻居纷纷送来食物礼品，添置家庭用具，以帮助度过困境。同时，这种习俗还能增进亲朋感情、促进邻里之间和睦相处，使迁居者尽快适应新的环境。旧时温锅，讲究的人家要下帖子，以示郑重。温锅结束后，新房不再只是一栋建筑，而成了一个内容齐全的家。入住其间的人们，也真正成了这个家的主人。[1]近年，机关干部、职工搬迁新居，温锅之风尤盛。[2]

三、居住禁忌

建房是村民人生中的一件大事。旧时人们认为每个家庭都有宅神，保护全家平安兴旺。有的人家在堂屋的里间设神龛，称“宅神堂”，过年过节要烧香祭祀，年三十这天还要贴上“年年多吉庆，月月保平安”的对联，求福纳祥。住房的建造过程中有许多禁忌[3]，主要表现在选宅地点、方向和建宅时间等方面，大多表示避免破坏风水龙脉、保护家人平安吉祥的意思。建房前要延请风水先生看风水，开工须择日择时；上梁也同此理，并要“挂红”驱邪。建房中时有安放“镇物”的巫术活动相伴，盖房忌门口冲胡同，冲则设“影壁”“泰山石敢当”；盖房忌犯“太

[1] 姜波、田禾、李万鹏编著：《山东居住民俗》，济南：济南出版社，2006年版，第215～221页。
[2] 山东省沂源县史志编纂委员会编：《沂源县志》，济南：齐鲁书社，1996年版，第506页。
[3] 姜波、田禾、李万鹏编著：《山东居住民俗》，济南：济南出版社，2006年版，第191～192页。

岁”，认为在太岁头上动土大不吉利。[1]在宅址的方位上，民间也存在许多禁忌，诸如住庙前，不住庙后；住庙左，不住庙右；房门忌直面正南，忌直对烟囱和十字路口。[2]

住房的宅院门前忌讳大树正冲，认为易招瘟疫。宅院多建成四方形，忌讳三角形。宅院平面讳呈簸箕形，即东西厢房外展。建厢房时，外段要向里收三分，民间以为外展会失财，内收可以拢财聚宝。东西两边的一间长出中间三间，据说是为了锁住财富不外流。

建东西厢房时，西厢房不能比东厢房间数多，谓“宁叫青龙出头，不叫白虎张嘴”“宁叫青龙高一丈，不叫白虎压一头”。盖房的间数，习单忌双，通常以单间、三间、五间为一座，不能盖双房间的房屋。民间以为“四六不通脊，通脊死闺女”，又以为“四六不作主”，若盖成四间或六间的房屋，家人皆无主见。宅院内忌讳这屋和那屋门窗相对。俗谓“门对窗，人遭殃；窗对门，必伤人”。厕所不能建在上首，即不能建在房子的左边，否则不吉。鸡窝忌垒在正屋的屋檐下，谓“双落泪”，不吉利。

房屋的间架结构设计受民俗风习的影响，有一定的禁忌规矩。造屋的地基要平实，屋形忌中间高两头低，说这是“小鬼挑担”，不吉利。草房和瓦房房顶的坡度又有不同。草房怕积水，所以要陡；瓦房房顶分量重，所以应平缓。俗语云：“草房平，住不成；瓦房陡，住不久。”盖瓦房覆顶，瓦的行数喜单忌双。传说木工祖师鲁班乳名叫“双”，要避其讳。房子盖好后，要在房脊和房檐上设脊兽、插红旗等以辟邪压火。封建时代，民房上禁忌装饰龙形。龙是圣物，只用在宫殿、庙宇、牌坊等神圣的建筑物上，民间禁用，否则将有灭门之灾。民国以来，龙作为中华民族的象征被越来越多地应用在民间居住装饰中，现在许多地方民间房脊的鸱吻多用龙头。房上檩条的摆放，要注意根梢方向，各地要求不同，甚至恰恰相反。有的说“晒根不晒梢，晒梢把祸招”，也有的说“晒梢不晒根，晒根绝一门”“晒梢不晒根，晒根断儿孙”。因檩条之“根”与家门之“根”字同音同，因而生出恐绝户、断子嗣的禁忌。不过，一般说来，檩条并不暴露在外，所以这种禁忌的实际作用是要取得建构方面的一致性,其信仰方面的传说又用来作为一种行之有效的保障手段。

同一座房屋，忌讳一房多门。门的开向必须一致，又朝前开又朝后开，称“鬼推磨”，大不吉利。门扇忌一大一小，民间谓“左大换妻，右大孤寡”。左大即男大，男大而强，所以克妻，妻死则须更换；右大即女大，女大命强，其夫必被克伤，夫死岂不落得孤寡。房门又忌讳比窗户低。“门”旧称“眉”（门楣），“窗”为“眼”，一般应是“眉高眼低”，否则便不吉利。比喻人不懂行、不会办事，便说不知“眉（门楣）高眼低”。房间的窗户不能做得比门宽大，即“眼不能比嘴大”，否则日后不顺当。现在许多新房屋，为了采光好，很多窗宽比门宽大。过去农村建

[1] 淄博市志编纂委员会编：《淄博市志》，北京：中华书局，1995 年版，第 2211 页。
[2] 陈旭霞编著：《民间信仰》，石家庄：河北人民出版社，2009 年版，第 98 页。

房讲究对称一致，忌讳窗户一大一小，俗称“大眼瞪小眼”。

主人家庭盖房所用木料，也有宜忌。房梁一般喜用榆木，取“余粮（榆梁）”之意。忌用桑木，俗说“桑不上房”。因“桑”“丧”同音，恐不吉利。还有一些地区忌桃木、枣木、椴木、柿木、杏木上房，认为桃木上房主荒，要跑财；枣木上房人早亡；椴木上房绝后代；柿木上房出祸殃；杏木上房不安宁。这些禁忌中，有的是名称谐音不吉，有的则属材料质地差不宜上房。民间还以为以栗木为门插关，可以远盗。又忌讳用楝木做床，俗说用楝木做床灭子嗣，这在民间极为严重。

民间以为建房施工过程中会有兆示，因此应十分警觉，唯恐稍有不慎招致灾祸或埋下隐患，对日后不利。建房时，开工、上梁、完工等时刻都要燃放鞭炮，驱逐鬼祟，以求吉庆。动工后，忌讳说“倒”“塌”等不吉利的字眼。建宅院要先盖好房屋，再立围墙，忌讳先造围墙和外门，否则难成。钉椽子时，忌讳正冲着门中心，俗称“扎嗓椽”，不吉利。忌讳匠人在房内埋藏祟物。如果主家对匠人招待不周，或匠人对主家有仇怨，匠人便会暗中在砖瓦、梁檩中埋藏些诸如面人、面兽、草人、纸人、木头人、木船、头发、牛骨、字画、笔之类的物品。据说上面写上主家的姓名、生辰等，或者有意按照一定的方位与方式放置，就会使这家家运不幸、连遭横祸，甚至能倾家荡产、家破人亡，所以民间盖房没有不热情款待匠人的。

拆迁旧房时，动工前，领头人往往要先在房中烧纸、叩头、奠酒，以求屋神的谅解和保佑，否则可能招致灾祸或拆房时受到伤害。人们喜爱在住宅院内、房屋四周种植一些花草树木，民间也有一些庭院种植方面的禁忌。传统家庭都希望家大业大、子孙满堂、五世其昌，因而最重子嗣。屋门与家门忌讳常关，唯恐“关门绝户”。又以为门槛是家神凭依之处，故忌坐、踏、站在上边，尤忌用刀砍，或作为刀砧在上边砍东西，否则家中会招灾或破财。也有些地方只忌讳外人如此，家人不忌。[1]

此外，住房忌面对小胡同，因小胡同又名“箭道”，会射伤其家。老公公忌到儿媳妇屋里去。小孩忌捅屋里的燕子窝，说捅了要瞎眼。[2]沂源农家人尊老敬老，凡四世同堂者，老人必住北屋正房，否则视为对老人不敬不孝，为街坊邻居与世人所不齿，要被人戳脊梁骨。[3]

［1］姜波、田禾、李万鹏编著：《山东居住民俗》，济南：济南出版社，2006 年版，第 192 ~ 195 页。
［2］山曼等：《山东民俗》，济南：山东友谊书社，1988 年版，第 394 ~ 395 页。
［3］张富祥主编：《文化沂源》，济南：山东人民出版社，2021 年版，第 158 页。

第四章　交通民俗

淄博是一个山区、丘陵、平原、黄泛区地形地貌齐全的地区，整个地势南高北低，以齐河—广饶断裂为界，以南属鲁西台背斜鲁中隆起区，以北属济阳坳陷区。旧时交通依靠土路，交通工具多为畜力与人力。新中国成立后，特别是20世纪80年代后，淄博克服地形地势等不利因素，积极完善城区以及乡村的交通设施，交通状况有了突飞猛进的发展，村与村之间、村镇之间、乡镇与县城之间、县城与市之间形成了铁路、公路、高速公路纵横交错、水陆空三位一体的密集交通网络，交通工具实现了现代化与多样化，形成具有特色的交通民俗。

第一节　出　行

一、交通道路

（一）命名

过去村与村之间、村镇之间、乡镇与县城之间，主要靠原始的土路连接，现在村与田地之间、田地与田地之间，也仍然为土路，平坦一点的，叫“平路”，穿山越岭的，叫“山路”。新中国成立前，最宽大的道路是官道，乡间小路俗称“道”“小道”。斜穿田地的路叫“斜路”“斜道”，笔直的路叫“直路”。近的路叫“近路”“近道”，路途遥远的叫“远路”“远道”。主干道叫“主路”，从主干道上岔出的路，叫“岔路”“岔道”。两路或数路相交之处称“路口”，如“三岔路口”“十字路口”。路由两山之间通过处，叫“山口”，其地名为“口”“口子”，与村街道相接处，也以“口”相称，叫“村口”“巷子口”。对某条路的具体称谓，民间多以其到达的目的地相称，如“去公社的路”；或以村的东西南北相称，如“村东路”“南大路”“西山路”“村北公路”“东大道”“西官道”“进城大道”。20世纪50年代后渐用道路起始站点称呼，后来主要公路也有以国道、省道相称呼的。

山区的小路大多盘旋蜿蜒于崇山峻岭、山涧峡谷之间，俗谓“山路”“盘山路”“转山路”。旧时，往往在山峰与山峰之间的平坦处设立休息的地方，称“安担”，并建有山神庙，一般是一间简陋的石屋或石龛，逢重要节会，过路人燃香焚纸，故也称“庙庵”。进入21世纪，尽管已基本上实现村村通公路，但由于公路避开山转路，不如走山路近便，所以山路依旧穿行在山区的沟沟坡坡之间。

公路俗称“车道”“大车道”“汽车路”“汽车道”。随着公路级别的增加，又出现许多新的叫法，如“高速公路”“沥青路”“水泥路”“国道”，乡村也出现“机耕道”“拖拉机路”。

铁路也称“火车道”“铁道”。淄博境内铁路自1899年德国人修建胶济铁路至今，已有百余年历史。德国除了修建胶济铁路干线，还在淄博境内修建了支线。其中一条由张店至博山（张博线），长 38.87 公里；一条由淄川至洪山（淄洪线），长 6.5 公里。当时修建支线采取“迂路以就矿”的办法，专为掠夺淄川、博山地区的煤炭等资源，所以老胶济线和胶济铁路支线在淄博境内有张店站、南定站、博山站、洪山站、周村站、王村站等 18 个站点。[1]

通过城镇的路，称为“街道”，又有“马路”“大马路”“大街”等名称。城市街道的形成、命名也很有特点。

（二）设施

古代道路建有铺、埠、堡、屯、营、镇等设施，后世沿路村庄多以此命名。

铺，即明清两代的“邮驿”，十里设一铺。有的以距离县城远近命名，如十里铺、二十里铺、三十里铺、四十里铺。有的以山名、水名或“姓氏＋铺”命名，后多发展为乡镇驻地和农贸集市。堡，通“铺”，是“军事堡垒”或“有围墙的村子”（堡子）的意思。埠，指道路旁边的高地。集，指路边的集市。营，在道路旁设置的军事单位。阡陌即田界、田间小路，南北为阡，东西为陌。

（三）风俗

民间十分看重修桥建路，把它看成是积德行善的高尚行为，有俗语曰“修桥补路积阴德”。旧时乡间河沟架桥、铺延路面，多由当地豪绅捐助、百姓以工代捐建成。20 世纪下半叶，乡镇道路建设主要靠群众捐献和出义务工。21 世纪，除国家的公路、铁道靠养路工维修外，乡村道路仍主要靠走路的人平修垫补，这也是民风淳朴的表现。

二、交通工具

人们除了用两条腿（民间戏称“11 号”）行路以外，还逐渐发展出不少人力、畜力、动力交通工具。这些交通工具有的至今仍在使用，有的湮没多年而今又重新作为旅游文化资源被挖掘出来使用。

（一）自行车

新中国成立前，称自行车“洋车子”“洋驴子”。20 世纪 20、30 年代，先在城市流行，逐渐成为政府部门的交通工具。之后一些阔商及富家子弟也有骑行者，乡村很少有人骑行，此时的自行车多为舶来品。有人以置车带客为生，称“带客的”“带脚的”，多数在县内跑短途，也有作长途运客的。新中国成立后，乡镇干部和中老年知识分子有骑者，后国产自行车出现，骑者渐多。20 世纪 60 年代之前，骑自行车仍是“脱产人员”的标志，乡村百姓很少有人购置。其后，由于教师、乡镇干部大多异地工作，需要经常回家，自行车便被大量使用，但至 20 世纪 70 年代末，仍少有农民购置。直到 80 年代末，自行车可以任意购置，骑自行车才成为一种潮流，俗称“脚闸车”“脚踏车”。除了代步外，自行车可以载人载货，长期载货者在后

[1] 中国铁路网信息中心：《胶济铁路沿线探访——淄博段：百年支线话沧桑》，2019 年 7 月 31 日，中华铁道网，https://www.chnrailway.com/html/20190731/1878828.shtml。

座上焊接坚固支撑架以方便载货。

新中国成立后，渐有女性骑车。20 世纪 80 年代后，女式自行车大量生产，女性骑车者剧增。自行车车型，乡村以载重型为主，城市以轻便型为主，辅以山地自行车、变速自行车、仿山地车、折叠自行车等。

（二）三轮车

20 世纪 80 年代之前的三轮车多用脚踏，属于人力车，近年改用机器，名“机动三轮”，多用于城乡送站、接站。一般是驾驶人员在前，顾客在后。三轮车还经常应用于各企事业单位，如打扫卫生、回收废品、食堂购买肉菜等。很多农村和乡镇的人家也购买三轮车，主要用于购物和运输。

（三）摩托车

摩托车旧称“电驴子”，在农村很少见。20 世纪 80 年代初，城里人开始骑，最早为“幸福”牌，后其他品牌摩托车开始面市，购置者越来越多，“嘉陵”“轻骑”为抢手货。至 80 年代末 90 年代初，女式摩托车“木兰”大兴。县城的摩托车数量很多，多者一人一辆；乡村也有许多人购置大马力摩托车做买卖。骑摩托车一般要戴头盔和护膝，一是为了安全，一旦发生事故，能保护脑袋和关节；二是为了身体，避免受凉导致头疼、关节炎。摩托车与其他机动车辆一样，需要有驾驶执照，需要遵守交通规则，如果违反，就要被罚款。驾驶执照需要年审。

（四）汽车

汽车有客车、轿车、货车三种。民间称吉普车“帆布篷”，货车通称“卡车”，吊车称“大老吊”。轿车过去只有吉普，为领导的公务用车。改革开放后，单位用车多起来，多为小卧车，依其不同形制称“小鳖盖”“唐老鸭”“子弹头”“小轿车”“小轿子”“大轿子”。

客车有多种，长途汽车一般俗称“客篷”“客车”，以货车代客车则俗称“敞车”。20 世纪 70 年代后，渐多面包车（有大、中、小之分）。进入 21 世纪，由于高速公路的建设，各地都引进了高档次的豪华车辆，叫“大巴”，有大宇、奔驰、沃尔沃等，作为直通县（市、区）的直达车，舒适、安全、快速，大大缩短乘车时间。20 世纪 80 年代后，一些地级市和县城，逐渐出现“小公共”，或称“小巴”；进入 21 世纪，已形成颇具规模的公交车体系。

20 世纪 80 年代末，出现出租汽车，叫“面的”，乘坐叫“打的”。出租车由出租车公司管理，即使自己买的车，也要挂靠到出租车公司。后来，油价上涨，起步费与每公里价格也不断上涨。乡村路上，多以农用四轮加篷载客，近年来用小型面包车载客者逐渐增多。进入 21 世纪，年轻人多贷款首付买车，私家车规模迅速膨胀，给城乡交通管理增加了压力。

（五）火车

铁路沿线称货车车厢“车皮”，称封闭的车厢“闷罐子”。火车客运座席分硬席与软席。硬席座位俗称“硬座”“硬板”，软席座位俗称“软座”。21世纪初，火车多次提速，快车已经达到平均时速100公里以上。在一些著名的旅游景点，还开设了专号，如“齐鲁号”，途经并停靠淄博。由于火车票价相对较低，安全系数较高，坐火车成了民众首选。近年来，随着高铁、动车的发展，人们更加喜爱选择火车出行。

三、交通设施

（一）桥梁

淄博市境内主要有沂河水系的沂河，大汶河水系的新汶河、汶河、牛角河，弥河水系的三岔河，小清河水系的淄河、孝妇河、乌河、猪龙河、涝淄河；此外还有支脉河水系的支脉河、北支新河。黄河与小清河为过境河流。超过10千米的大小河流共78条。河谷众多，桥梁涵洞自然就多，类型丰富多样。

石杠即在河中按脚步的距离放置大石块，是民间最原始的桥。此类桥多见于乡间村路之上，现已多被水泥石拱桥所替代。过水桥，是低矮的石桥，有的就是用石头铺砌的路面，雨季洪水由桥面漫过，又称“漫水桥”“滚水桥”。石板桥，以石墩放置石板于河上，发券做成桥洞的，称“洞子桥”，发券的顶弧高出水面的，称“罗锅桥”。草桥，即以木石为架，先铺草或枝蔓，再垫上泥土做成的小桥，多见于山区和湖区。俗话说“双桥好走，独木难行”，但山区过沟、湖区过港汊多用独木桥，一粗长木或木板搭在其间即成。马踏湖中居民常架独木桥作为出入通道。板桥，通体木材架成的桥，古时即多见，抗战时期和解放战争时期多建板桥。板凳桥，是架在季节河上的临时桥梁，以板凳作桥墩，上搭木板为桥面，装拆极为方便，一般在深秋洪水过后架设，初夏洪水到来之前拆下储存待来年使用。浮桥，排船加铁索为桥。公路铁路大桥，如黄河公路大桥、黄河铁路大桥。公路大桥往往设置收费站。

桥梁的命名，有以河为名的，有以桥畔村镇为名的。重要河流上的桥梁，大多以河名加地名为桥名。许多古桥取雅名，又往往伴以碑文、传说、俗名等。

（二）驿站

驿站即古时供传递公文的人或来往官员暂驻换马的处所。汉制三十里置驿，此后历代皆置。唐制亦三十里有驿，元代的驿站叫“站赤”，又叫“递铺”。明朝弘治年间，淄川境内设十处递铺，有萌水铺、高塘铺、昆仑铺等。[1]清代为驿站、塘台。清代的驿站有房屋食宿设备，驿舍、铺舍大多设有厅堂、仪门、鼓楼、厢房、耳房、仓库、厨房、马厩、茅厕等。根据驿站大小，有几匹到七八十匹不同数量的马匹供过境换乘使用。[2]清代以后，驿站慢慢消失。1896年，大清政府正式开办邮政，驿站的作用日渐削弱。1912年5月，北洋政府宣布将驿站全部裁撤。[3]其后，取

[1]山东省淄博市淄川区区志编纂委员会编：《淄川区志》，济南：齐鲁书社，1990年版，第405～407页

[2]赵宇共：《中国民俗通志·交通志》，济南：山东教育出版社，2005年版，第32页。

[3]赵宇共：《中国民俗通志·交通志》，济南：山东教育出版社，2005年版，第35页。

而代之的是随处可见供行旅之人休息住宿的招待所、宾馆、酒店。

（三）旱码头

周村是明清以来著名的工商业城镇。明朝中叶，周村有几家羊毛、皮革、棉花店铺，经营当地所产的手工业产品。后来，手工业产品逐渐增多，质量也越来越好，吸引了许多外地商人。他们购货的同时，也带些外地商品到周村出售，促进了周村工商业的发展。清朝初年，新形成的山东南北交通线正好经过周村，当时周村的丝织、麻织、棉织、制铜、铁器等手工业也开始发展，使周村迅速成长为山东省的商业中心之一。那时，周村市场上不光经销附近诸县生产的蚕茧、棉花、陶瓷、琉璃、铁器、煤炭等产品，还销售上海、四川、河南、东北等地的各类产品。从烟台进口的南洋商品，也多数运到周村聚散。一时间，周村繁荣起来，商人云集，车马纷纷，号称“旱码头”。[1]

（四）旅店

住店，旧称“打站”。对行路人来说，尽管也知道“走遍天下路，吃尽店家亏”，但是“投亲不如住店”，住店仍是常事。除了吃饭，还能添些畜料并且能稍事休息，以便继续赶路。旧时旅店有两种：第一种为车马店，也称“马车店”“大车店”“骡马站”“客栈”，都是独资或合资的民营店铺，一般无车马等运输工具，个别经营范围大的，备有大车、院场、马棚、草料。其营业范围包括代理销售、代揽回货、代雇运输工具等。大型店兼营旅馆，接待过往贸易客商。第二种为家店，有沿路开设的，多为夫妻二人经营，故又称“夫妻店”。其中不备被褥等卧具，只代客热饭的，是一种简陋小店，叫“鸡毛店”。家店在城镇开设的，叫“旅馆”。有的以姓名称之，如刘家店、毛家铺、李二旅馆；有的以美名称之，如客来顺、平安旅馆，主营住宿业务。其中有些旅馆兼营饮食，往往住店与吃饭合并收费，叫“起伙店”。

现在，旅馆类型、档次多样，价格不等，可供人自由选择。其中设在公路沿线的饭店旅馆，称“路边店”，20世纪80年代后期逐渐兴起，至今未艾。有的只供酒饭，有的供停车住宿和免费午休，有的供停车、修车、住宿，其服务对象是货车司机，有的直接以“司机之家”相号召。

（五）货栈

贸易货栈在淄博是一种历史悠久的古老的商业类型，既代客买卖，说合成交，又兼营旅店、堆栈，供来往客商食宿并存放货物。民国时期，临淄有从事烟草业的德聚合货栈、义兴泰货栈，以及从事综合业务的长盛货栈、宏大货栈等。[2]新中国成立初期，为了沟通城乡物资交流，疏通商品流通渠道，拾遗补阙，丰富市场供应，促进农业生产的发展，曾积极利用这一传统商业类型。70年代末期，随着经济改革、开放、搞活方针的贯彻执行，贸易货栈又获得了新生，并大量涌现。

[1] 山东省出版总社淄博办事处编：《淄博风物志》，济南：山东人民出版社，1985年版，第26～27页。
[2] 冯梦令主编：《淄博文史资料》（第九辑），北京：中国文史出版社，2005年版，第279页。

贸易货栈的功能是：沟通行情，畅通渠道；牵线搭桥，组织交易；拾遗补阙，互通有无；吞吐商品，平抑物价；协调产销，活跃市场。其性质是居间性、代理性、服务性的，主要从事商业劳务活动，以联系面广、信息灵敏、反馈快、交易灵活、购销方便、服务周到等为特点。一方面，组织产销直接见面成交；另一方面，运用函电等现代通信手段为顾客代购、代销。为便利业务的开展，它还为顾客提供仓储条件，代办运输业务，有的还设置旅店、食堂，为顾客提供生活便利。同时，它还定期或不定期地组织不同规模的物资交流会和商品展销会，沟通城乡物资交流。重点经营商品有干鲜果品、干菜调味品、日用杂品、废旧物资、小农具和其他土特产品。本着有利于促进生产、活跃市场、兼顾买卖双方和消费者的利益之原则，价格随行就市，按质论价。[1]近年来，货栈这一交通设施慢慢退出人们的日常生活。

第二节 运 输

一、畜力运输

（一）驮畜

驮畜有马、骡，最常见的是毛驴，叫“走驴”“脚驴”。驴是古老、简捷、适应性强的畜力代步工具，有黑、褐、白、乌数色，俗以黑者有力。驴吃得少，不用许多精料，一般农家都养得起。它样子好看，性情温顺，跋山涉水都可以，因此，又称“顺毛驴”。有一种通体墨黑而鼻梁、眼圈、四蹄毛色雪白的“三粉”驴种，特别惹人喜欢。驴除做行具以外，还可以捂眼推磨，甚至拉犁耕地，老百姓把它划为“义畜”，叫“义驴”。

赶驴送客的人，名为“赶脚的”或“脚夫”。20世纪80年代前，在乡间、城镇、平原、山地常见成群结队赶毛驴的“驮户”，或驮客，或载货，络绎于途。载人的毛驴，称“走驴”“响驴”，也称“快驴子”。用以驮货时，常结帮成伙，驮运百货、布匹、粮食等。山区还将驮篓固定在一张弓形木架上，名叫“马架子”，放在驴的腰前部作运输工具。还有一些人家，虽然不是专业“驮户”，却自家赶毛驴贩卖粮食，走乡串集，小本大利，被称为“驴贩子”。

（二）大车

大车属于畜力运输工具，是农用、旅行兼用的铁木结构的双轮备拉车。用作旅行车时，往往于车上临时搭席棚或布棚。约在20世纪40年代中期，有人将橡胶轮胎用于畜拉大车，称“橡皮脚”“胶皮轱轮”。车结构为木架，车身前有一对长辕杆，用以驾畜。车厢两侧有跨厢，后有车尾。长圆木制作木轴，两轮各镶铁瓦。大车有重型、中型、轻型之分。重型大车的车轮与车轴固定，俗称“连轴转”。四根圆木大辐，十字形固定轮中央，笨重但载重量大；中型大车车轴固定，车轮绕轴转，

[1] 曹厚昌、李平生编著：《现代商业：交易方式 经营类型 组织形态》，北京：北京经济学院出版社，1995年版，第115～116页。

木车辐、木轮，着地面钉铁瓦，或钉大圆头钉；轻型大车轮面窄，铁瓦有凸起以减少着地面积和摩擦力，这样的车子多配以车棚，称“轿子车”，供人乘坐。重型、中型的多用以载货。

大车在运粪土、地瓜、玉米时，两头装条编帘子保护，名为“粪帘子”。在装麦、柴草时，两边装木栅，名“排叉”。装载很高，以粗绳绑缚，其绳名“大绳”，绞绳时则用绞锥与绞棒。拉车的牲口可以是马、骡，也可用牛、驴。骡马大车行走速度快，但颠簸厉害；牛驴大车行走缓慢而稳，颠簸较轻。平原地带以“坐牛车，走娘家”为畅快事。驾辕的牲口，中间叫“挑套”，左侧叫“左偏绠”，右侧叫“右偏绠”。轻载时可减去一两个拉偏绠的，轿车连挑套的都省去，只用一个驾辕牲口。大车载重量可达三四千斤，中型二三千斤，轻型一二千斤。轿车载人四五个，前面有一牵车的在左偏绠或挑套的左侧。大车只能在宽阔的路面上行走，但有轻度上下坡也能适应。现在，大车都换上了胶轮，大大提高了行进速度，减轻了畜力劳动。

（三）轿车

轿车是在大车原型的基础上改装的一种畜拉客车，古已有之。旧时富家常自备，制作十分讲究：上面有遮挡太阳、雨尘的伞盖，车涂黑漆或紫红漆，有的雕刻或绘制图案，装饰精美，乘坐舒适。后来又改进，车身上装木制车棚，棚外加各色罩衣，罩衣上镶花边，缀缨，刺绣。车棚两边或后边各设窗口，车前为门，门上垂帘。车内铺厚垫子、车褥子，或安放软面有后背的矮凳子。车辕车尾装有铜饰与缨穗，马头、马项间系有多个铜铃，行走起来，吭啷作响，清脆悦耳。车夫有的用鞭，有的用蝇拂驱车。这种轿车多为大户人家载妇女儿童使用，现在有些旅游点重新开发这种轿车，为游人提供游乐服务。

现在的轿车也叫“轿子”“小轿车”，专指小型汽车。由个人购买的叫“私家车”。近些年来，随着人们生活水平的提高，购买私家车的家庭越来越多。

（四）骡轿

正式的骡轿，形如箱，长四尺，宽一尺，高四尺，以两个长杠架于前后两骡之背，杠上置轿，可坐其中并略载行李。其行进较轿车静稳，仅次于人所抬之轿。简单的则两杠之间不设轿子，只支一张席棚。这种行具的优点在于载重大、坐卧方便，便于长途旅行，一般可日行百里。骡轿不受道路限制，可以走山路、泥泞路，也可以过河涉水。骡轿分两种：一种是两只骡子合力驮载一顶轿子，把轿子抬到骡鞍上，两只骡子一前一后驮着走，乘用这种骡轿多半在道路状况欠佳的小径或山路上；另一种是一只骡子拉着一顶带有车轮的轿子，多半用在平坦大路上。

民间还用骡轿娶亲。骡轿比花轿长，娶亲时，新娘与伴娘一同坐在轿内，轿的前后各套一匹骡子，由骡夫（赶骡子抬轿的人）驾驭。抬轿的骡子经过专门训练，能听懂骡夫的口令，因此两头骡子走起来步调一致，新娘坐在轿上也十分平稳。

（五）太平车

太平车为四轮畜拉车，历史悠久，宋代载货的车当时就已称“太平车”。太平车略呈长方体，长约两米，宽约一米半。两边的车帮是双的，双帮的纵底木之间，卡着车轮的铁质横轴，不影响车轮在双帮之间转动。整个车体的重量有六七百斤，且相对的四个车轮跨度较大，车身离地面又较低，故而行起来平稳得很。太平车多由耐沤腐、耐震颤、耐碰撞的楸木、槐木等硬质木料打制而成，车底、车内帮很厚。两边各有两个木轮子，每个轮子都由一段段的弓形厚铁瓦围镶着轮边，铁瓦又由若干大铆铁钉深深砸进车轮内圈，十分牢固。太平车因车体重，主要靠牛来拉动。走亲戚或运载较少的东西时，套两头牛来拉；如拉较多较沉重的东西，则要套三四头牛。太平车多为富裕人家拥有，闲时为免遭日晒雨淋，将车放在专门建造的车屋里。20 世纪 80 年代后，太平车、两轮马车等传统运输工具渐渐废弃。

二、人力运输

（一）挑背运输

扁担是山区的主要人力运输用具，有木制的，也有竹制的。木制的扁担，选用材料颇为讲究，多用檀木、柳木、槐木、楸木制成。扁担可挑可抬，挑物用绳捆扎，绳端用滑钩，名“夹具儿”。如果挑筐子、篓子，则用四边木框穿绳而过的“托子”，挑其底部，再用四边的绳子挽扣套在扁担上挑起。

还有一种扁担叫“勾担”，在两端各坠有一个由多个长方形铁环制成，最下面套有一个钩子的“勾担挂子”，多用于水井打水。

（二）抬类运输

轿子俗称“轿”，本是封建社会官府专用的交通工具。轿子周身木制，轿身形如小屋，上为轿顶，下为轿座、轿底，从上到下，罩以彩衣，或镶嵌有各种花绘图案的方块玻璃，轿顶有轿檐，缀以缨穗。轿身两侧，各有一根长五米左右的轿杆，用以抬起轿身。城乡多使用四人抬的轿子，即在两轿杆前后，各牵一轿带，各伸一轿棍，四人分两人一组，各抬一端，起轿行走时手扶轿杆。民间禁止使用“八抬大轿”，俗谚有“八抬大轿请也请不来”，说明礼节隆重。

旧时一般人家婚嫁，均用花轿。花轿以大红吉色为尚，大红轿衣满身刺绣，饰以黄、金、银、绿、紫、蓝等颜色的重珠、缨穗，光芒闪耀，五彩缤纷，故俗谓“大闺女上轿就一回”“大闺女上轿头一回”，是封建社会明媒正娶婚姻制度的象征。偏房小妾只能用青衣小轿；再婚妇女，绝不允许坐花轿进继夫家门；丧葬时抬女眷的轿子叫“素轿”“白轿”，轿衣为青色，白缨穗。

20 世纪 50 年代以后，婚丧之中轿子渐渐废止。“文革”时期，轿子作为“四旧”被破除。80 年代后，随着旅游业的发展，轿子又重新出现在一些旅游景点中。

旧时民间有专门从事轿子出赁业务的专业户，俗称“轿户”。城乡每十里便有一家，名为“养轿”。养轿之户，必于邻近选择、训练一批半专业轿夫，遇有主顾，招之即来，其抬轿的起落、步伐种种，多有要求。有的地方，轿为一村公有之物。

（三）拉类运输

拉类运输多是畜力和人力相结合。

1. 二把手

二把手车属木制，铁轴，因前后有把，二人一推一拉而得名。前面还可以挂一头毛驴拉车。这种车脊楼较高，推车人看不见路，需由车把前的人报路，后面的人只顾低头推车，按前面人的指点保持车子平衡。此车载重量大，可载千斤，可通行于羊肠小道，坚固耐用，维修方便，故曾在山区广泛使用。20 世纪 60 年代，随着滚珠轴承橡胶轮手推车的普及，渐渐被淘汰。

二把手车虽已废弃，但仍有一套固定的报路语言，其报路术语被抬运嫁妆等大型笨重器物者所借鉴，一直使用到今天。主要报路术语有：路面窄，路中间是高岗时，报“两脚收”，要后面人不要叉开两脚走路；路很窄，两边有绊脚石或其他障碍物时，报“陡收两脚”；路面有障碍时报“收里脚”，反之则报“收外脚”，或报“外脚趋”；路面遇有大障物时，报“脚绊”；路面遇有横沟时，报“蹲挫”，指示后边注意，要随着车子下降而蹲身，随着车子上升而直腰，以免车轮进沟时急速下降而使后面的人被拖带、受重压；路面有水或泥时，报“两脚打滑”；路面有较长一段水或泥时，报“一溜打滑”；路面里边有水或泥时，报“里脚打滑”，反之报“外脚打滑”；左转弯时报“按着里手压外手”；右转弯时报“按着外手压里手”；上一溜慢坡时，报“一溜慢上”，示意后者用卧式探身用力前推；下一溜慢坡时，报“一溜慢下”，使把后者用站式撤着身子前进；上陡坡时，报“直腰”，使把后者平端两把扬高一些；下陡坡时，必须事前暂停行车，把后的人拿出一副“粘脚子”，插入将军柱，将车辋卡着，用力使粘脚子后头向车把分开，使车轮慢慢转动，平稳地走下坡来；路面较窄而低，两面较高时，报“两边剐小”。所谓“小”，即车后边的腿，俗称“小脚子”。车腿与车身同宽，容易被两侧高崖摩擦，俗称“剐”。较深的大泥路，车轧下沉时，也报“剐小”，有俗语曰：“里脚外脚一齐收，树枝剐脸有石头。”

2. 地排车

地排车也叫“平板车”，20 世纪橡胶轮出现以后才开始被使用。地排车分车排和车脚两部分，车排形似早期的大车架，用槐木或榆木做成，车脚由两个车轮和车轴连接而成，放入车排中间两侧的车耳内。地排车用人力或畜力拉行，载重量大，轻便，便于长途运输，曾是民间主要运输工具。

在城市拉地排车，叫“拉大车的”。襻绳是拉车时的必备工具，是种很粗、很结实的麻绳。拉车要有好襻绳。拉大车时，把襻绳一头拴在大车把之间，另一头挎在肩上，这样胳膊、肩部乃至整个身体都可以同时用力。还有“拉崖儿的”，就是上坡时帮助拉大车的拉边绳者。每辆地排车把下端都会有个铁环，专供拉崖儿的挂绳子用。拉大车的要给拉崖儿的付酬金，酬金多少视坡的长度和坡度而定。农村也有拉大车的，专门从事长途贩运，拉车的畜力多为驴、马、骡子。他们长途跋涉，拉砖瓦、窑货、水果、干果，是生产队时期城乡主要的物资运输力量，多为供销社服务，挣回脚钱归生产队，然后换取工分分粮食。

3. 架子车

架子车是农村重要的生产与生活运输工具，一般用于拉土粪、运麦子、盖房子、走亲戚。出门车上铺被褥，用毛驴拉车。遇有轻风，扯上架帆，行走颇为轻快。若上架车棚，则称“小大车”。20 世纪 80 年代前，架子车基本上都属生产队所有，多用坚硬的榆木、柳木、槐木、桑木、松木做成简单的车厢，底盘是一根手腕粗的铁棍，两端各有一个橡胶轮子。橡胶轮子里面是一层黑色或红色的软质内胎，用气筒打满气后，就可以放上车厢拉动了，一次能拉上千斤的东西。

还有种车叫“拖拖”，又名“拖车”，是一种有方形木架结构的运载工具，故也称“架子车”。拖车方形木架下设两长木，置农具、杂物于其上，用牲畜拉着下田，常见于平原洼地。

4. 人力车

人力车又称“黄包车”“东洋车”“洋车”，旧时城市中很多，新中国成立后渐渐减少。最早的人力车是高大铁木轮，进入 20 世纪改为胶皮轮。人力车行业的经营方式主要是出租，车主或包头与拉车者之间为车辆租赁关系，包头是居间谋利者。车行有行规，拉车者除先交押金和找保人外，每天须交车租，按四六或三七拆账。20 世纪 80 年代后，城市的人力车多为三轮车，是城市公共交通、旅游的重要辅助工具。

（四）推类运输

手推车是一种带一个轮子、单人前推的运输工具，也叫“车子”“小车”“小车子”“小推车”。因形式和功用不同，有二把手、猪嘴车、响车子和木轮小车等类型。手推车由车身和车轮两部分组成。车身，俗称“车桩子”，多用坚实的木质做成。在木架底盘之上，高出轮子的高架，俗谓“车楼子”。两边木架上可坐人，可载货。推细碎物品时，可用粪筐等盛具捆在车架上。在装运物品时，往往配用条编长筐，名为“偏篓”，又称“粪篓”。车把和载重车盘连为一体，车盘下安装独轮，两把之间，挂车襻。推车时，车襻挂在两肩，两手持把。

木轮小车最轻便，木轮较小，车架为平盘。用花布在车上搭起车棚，叫“花车”。车盘上铺有被褥或蒲席，两边装横木拦挡，舒适又安全，很受行人欢迎。车轮（俗称“车脚子”）用坚硬的枣木、杏木或槐木制作而成。其中车轴、车耳多用耐磨的柿木（车轴也有用楠木的）制成，轴碗里涂松香，载重推转起来，轴耳相互摩擦，发出响亮的“吱吱”声，晨昏人静时，其声可闻数里。这种木轮小车，也叫“土车”“红车子”“木车子”“响车子”，多用于山区。车轮后部有两块木板，像两个向里弯曲的象牙，卡在车轮上，为下坡停车的制动机关，俗名“粘脚”。

猪嘴车又称“羊角车”，是中型独轮车。车前有两根长板，绑结两块圆形斜尖木块，形似羊角，故名。若行车不稳，向前一掀，车前的木板立即着地，使车子不至于翻倒，这时又似猪嘴拱地，因此得名“猪嘴车”。

在没有现代运输工具的情况下，手推车对农家生活、农业生产、大规模战争中的辎重运输，起过举足轻重的作用。20 世纪 50、60 年代，木轮被胶轮代替，成为现今的胶轮手推车。

（五）提类运输

提类运输工具很多，它们载重量小，一人便可提动。有用竹编制而成的、用以盛物的箩、筐、篮等，家家户户都备有，买卖小型物品、串门拜年、盛饭放衣都可以用到。此外，还有各种材质的小桶、装衣服和日用品的木箱，大小便用的马桶等，均是手提类工具。

三、水运漕运

水上交通工具多为船只，河里、湖区的船只各不相同。黄河中上下航行的船叫“顺河船”，河口一带则多“滑子”“燕翼”“扁子”。船上分工有“家长”“帮航”“缆头”“小伙计”等职。旧时行船皆有号子，通行的有“摇橹号”“打篷号”“抬锚号”“倒仓号”“拉船号”“挽号”“拉锚号”“出仓号”“拉篷号”“抬号”等。

运河中的船从前主要是对漕，后来大多是前做货舱后做家船，俗称“货船”“运货船”。旧时行船皆喊号，有“起错号”“摇橹号”“拉篷号”“撑高号”“行号”“呀哟号”“太平号”“打冲号”“拉纤号”“拔棹号”等二十余种。

20 世纪 30、40 年代，小清河中船只多为对漕船，后大多为“燕翼”。高青县主要的水路运输线是黄河运输和小清河运输。[1]

第三节　通信联络

一、传统联络

（一）信件

信，书名叫“尺牍”。在纸张发明之前，古人用竹木或帛，制成尺把长的版面，用以书写记事、叙情表意、传递消息，因此信有“尺素”“尺函”“尺牍”“尺书”等多种称谓。信件分家书和社交往来信件两种。书信要有一定的敬语，对上级、平辈、同窗、亲友有不同称谓，信件开头和结尾有不同措辞，请安问候都有相应的程式。信的开头要有称呼，一般给父母的信要称呼“父母大人”，给领导、老师的信要在称呼前面加上“尊敬的”“敬爱的”。信的结尾常用祝福问安语，写给长辈的书信的结尾问安语有“敬叩金安”“敬请福安”“谨祝康安”“谨祝荣寿”“敬请钧安”“恭请颐安”等；给女性长辈要用“恭叩慈安”“恭敬懿安”等；给平辈人

[1] 本节主要参见山东省地方史志编纂委员会编：《山东省志・民俗志（1840—2005）》，济南：山东人民出版社，2016 年版，第 148 ~ 162 页。

写信要用“敬颂台安”“此颂近祺”等。谈恋爱的信，叫“情书”。

信封叫“信皮”，信笺叫“信纸”“信瓤”，邮票叫“信花儿”，邮递员叫“送信的”。民间寄信有两种方式：一是到邮局寄，为“发信”“寄信”；一是找人顺路或专门捎寄，叫“捎信”。

旧时男子外出，往家中寄信，用竖式信封，中间部分为大红颜色，写“×××平安家信”几字，俗谓“书报平安”。前些年当兵、上大学或在外面打工的，也都经常给家里人写信报平安。旧时，由于文化落后，乡间市井多代念代写书信者，还有以此为业者。书信模式，大都以各种版本的尺牍为准，今已作为小学课本必学内容。

近年年轻人兴用名片、明信片、生日卡、贺年卡、电子贺卡。进入21世纪，随着手机、电话、小灵通、电脑、网络的普及，传统信件交际大大减少，电子信件大行其道。

（二）口信

旧时民间多以口传消息，名曰“捎信儿”“捎口信”“捎话”。捎口信的情形有两种：一种是挂念、嘱托信息或者报安、报喜，多发生在亲人之间；另一种是矛盾的双方，不好当面说明，叫第三者捎话，表示态度。有谚曰：“捎盐捎少了，捎话捎多了。”有时若被第三者利用，反而坏事。

（三）电报

电报是用户将书写好的电报稿文交邮局、电信公司发送、传递，并由收报方投送给收报人的一种通信业务。由于电报是按照每个字的数码输入，又在输出时经过翻译才能看到内容，所以快速且保密程度高。不过，由于通信事业的不断进步和发展，现在人们很少使用，电报多用于公务。

（四）广播

20世纪50、60年代，乡村多靠干部登高用铁皮喇叭筒（俗称“话筒子”“铁筒子”）对在嘴上讲话，称为“土广播”；70年代后，农村大多用扩音器（俗称“大喇叭”“高音喇叭”）广播有关事宜。

二、现代联络

（一）电话

20世纪80年代前，电话仅限于城镇与机关企事业单位使用，每个村只有一部，设有专门接线员，俗谓“看电话的”。多为手摇电话，俗称“摇把子电话”，打电话叫“摇电话”“挂电话”。20世纪80年代逐渐普及，有私人电话、内部电话、报话机、手提电话、传呼机等类型。为了与手提电话区别，便称传统电话为“座机”。安装电话要交初装费，每个月收取座机费。电话号码可以选用，多喜欢以“8”“6”为吉祥号码，但是需要交一定的“选号费”。电话费有不同的收费标准，分长途、国际长途和市内通话。为了方便群众，在城市和公共场所还设置许多公用电话和“IC”“IP”电话卡亭。

手提电话最早叫“大哥大”，20世纪70年代末，是“大款”或者港客身份的象征，价格很高。到80年代中后期迅速普及，90年代中后期，成为大众普遍的通信工具，一般叫“手机”。手机要入网选号。还有一种手提电话，叫“小灵通”，市内接电话免费。由于手机收费是双向的，话费较高，又推出“短信”业务，几元钱可以发送上百条短信，拜年等内容的短信可以群发。

（二）网络通信

进入21世纪以来，人们可以利用互联网、智能手机上的聊天室、QQ、电子信箱、论坛、博客等交流感情、传递信息、组织活动，还可以利用博客等参政议政，这使通信进入一个全新的信息化时代。

第四节　交通信仰与禁忌

一、祭神与择吉

旧时民间信仰路神，新年过后第一次出门要敬路神。有的地方是集体敬，全村老少男女集合在村口，上供，烧香磕头，燃放鞭炮；有的地方是谁家出门谁家敬，一般就是在路口烧纸或者燃放鞭炮。

出行是一件大事，古人对于能不能出行、何日出行、出行吉凶等诸多问题，必要问神以求心安，因此出远门要选择吉日。选择吉日的方法较多，有查皇历的，有请算命先生的，还有杀鸡问卜的。随着社会的发展，人们交往日益频繁，每次出门都要占卜打卦实在不方便，于是便出现了固定吉行日。较为通行的是以农历的三、六、九日为出远门的吉日，忌讳双头日出远门，即俗语所说“待要走，三六九”“三六九，往外走”。外出归家的日期也有选择，通行的归家吉日为农历的二、五、八日，俗语说：“二五八，好回家。”[1]

在具体日期的确定上，禁忌家中亲人去世的日子。通常情况下，则禁忌黑道日出门，农历的初五、十五和二十五日禁忌出远门。也有俗语说：“六腊月不出门，出门活神仙。”意思是说这期间天气恶劣，出门或者冻得要命，或者热得要命，只有神仙才能受得了。

二、辞行、送行、接风

辞行也有一定的仪式。旧时出远门，如谋事、逃荒、做官、赶考、经商、走远门亲戚，现在升学、参军、工作等，预定下行期之后，要到亲朋好友家里辞行。同时，还要向邻里乡亲辞行，问是否有信、物，顺路捎给外地的亲人。

不同时代有不同的送别习俗。唐宋时盛行折柳相别，一直延续到清代。折柳相赠，垂柳思归，见柳怀乡，柳树在中国文化中已成为与离乡别土相关联的文化符

[1] 叶涛主编：《山东民俗》，兰州：甘肃人民出版社，2003年版，第156～157页。

号。[1]自古至今，行人上路之时，亲属或友朋宾僚，往往要相伴送上一程，此谓“送别”“话别”。送别要送出行人到大门以外，或再送一段路程。俗话说：“十里长亭，终有一别”“千里送行，终有一别”。[2]长辈亲友多予以嘱托，如在外别难为自己，照顾好自己，多和家里联系，到了目的地就来信，别有违道德伦理丢了人，别犯法作恶、坑蒙拐骗走下道，别贪酒等，以此显示关爱。亲友也设宴送行，赠之钱物。饯别宴上，送行亲友要端酒相敬，酒杯端起后，用手指蘸少许酒洒向四方，以祝愿远行亲人外出顺利。亲人远行，临别时要赠送钱物，此谓“送别礼”。家中要送十个煮熟的鸡蛋，以讨远行“十全十美”的口彩。[3]旧时，在上路之前还要祭路神，焚香烧纸，以求旅途平安，化险为夷。现在，为家人送行前要吃水饺，因为水饺形似银锞、元宝，寄寓发财，有“上马饺子下马面”“起脚饺子落脚面”“出门饺子回家面”之说。饭后，家人送之到车站、停车点，看其坐车远去，挥手依依，俗谓“送站”。

家人、客人到家，设酒饭款待，名为“接风”或“洗尘”。[4]过去，有客到来，主人至少要到大门外迎接。即使不知道客人何时到来，见到客人后，主人也要抱歉地说一句“没有远迎”之类的话。至于贵客，则要迎出村外甚至十几里路远的地方。近年则兴起了到车站、码头和机场迎接客人的习惯，统称“接站”。客人到家，主人要设宴招待，名为“接风酒”或“洗尘宴”。接风酒必有面条，一说面条似绳索，客人来了缠住他的腿，希望他能多住几天。招待远道来客，也有一定的规矩。远客到来的第一顿饭忌讳吃水饺，因为水饺是送行的食品，俗称“滚咕札”“滚蛋包”，意味着客人不受欢迎。这些禁忌有些已被革除，有些已淡化，有的仍在民间较为流行。[5]

三、出行禁忌

民间出行有许多讲究。出行要有目的地或旅程安排，以便家人放心，或便于前去寻找。改革开放前，人们忌去大南大北，谚曰“老不上北，少不下南”“老不入川，少不游广”。旧时以为南方风气奢靡，年轻人容易腐化；东北苦力，四川凶蛮，非老人养身之地。

在出远门时机的确定上，如果父母年事已高，儿子不应该长时间出门在外，俗语说：“父母在，不远游。”在路途上，走水路忌讳最多。坐船忌讳说“翻”“碎”“倒”“挂”等与翻船有联系的字眼。在船上，不准背手走动，不准坐船边垂足水中，不能吹口哨，不能用“把你扔水里”的话吓唬又哭又闹的孩子。

走路民间讲究“行如风”，禁忌目光四散、瞎撞；担挑、推送的货物要注意不

[1] 赵宇共：《中国民俗通志·交通志》，济南：山东教育出版社，2005 年版，第 102 页。
[2] 赵宇共：《中国民俗通志·交通志》，济南：山东教育出版社，2005 年版，第 101 页。
[3] 山曼等：《山东民俗》，济南：山东友谊书社，1988 年版，第 150 页。
[4] 山曼等：《山东民俗》，济南：山东友谊书社，1988 年版，第 150 页。
[5] 叶涛主编：《山东民俗》，兰州：甘肃人民出版社，2003 年版，第 157 ~ 158 页。

能丢失，不能碰撞，不能横行霸道。“走大路有水，走小路有鬼。”旧时远行路上会遇到种种危险和不测，如狼虫虎豹（山区多见）、鬼怪妖物、拦路打劫者（俗称“断路的”“劫路的”）、扒手（俗称“贼”“小偷”）以及洪水、滑坡、大风雪天气等，说“行的夜路多，早晚遇着魔”“常在河边走，哪能不湿鞋”，因此多白天行路，并且多结伴而行，好相互照料。

问路，是身在异地的行路人遇到的首要问题。人们常说，“行路能开口，天下随便走”，以为“路在嘴下边”，称之“自带路”。问路讲究谦恭，嘴要甜。所谓“走路不施礼，多走十几里”“出门在外，谁也没有带着路的”。“大爷、大娘、大哥、大嫂”是最起码的尊称，以赢得所问人的好感，以便指对路。

“百里无轻担”“千里不捎针”“路远无轻重”“远了没轻担，百里不贩粗”，这是对带货的行路人的忠告。货运、贩物，忌贪多，超出装载运输能力造成“车陷”“断轴”“轧带”等困难。负重而行，“百里九十才过半”，要有韧性，不要急躁，不要急赶，容易疲劳。也不能三住两歇，“顿饭走十里”，“紧走赶不上不住”，“站一站，走一箭”，“人是地行仙，十天不见走一千”，“走路不怕慢，就怕打前站”，“不怕走得慢，就怕丢了襻”（谓推车赶路怕三住两歇）。如果开始走得太急，活动不开筋骨，容易疲劳，也容易使脚摩擦起泡。

“在家靠父母，出门靠朋友。”出行人都渴望结交朋友，以便相互帮忙，一起克服困难。民间因“合伙”做买卖、打工等“合”出来的至交为数不少。但另一方面，“买卖好做，伙计难合”，若不小心，轻信于人，也会上当受骗，吃大亏。

行路还有一些技巧。“急走水，慢走泥，快走滑路慢走桥”，“空手走撵不上挑担的，挑担的撵不上推车的”，“马快不如道路熟”，“会挑水的不怕水荡，会走路的不怕路窄”。特殊天气行路更要凭经验，“刮风走小巷，下雨走大街（意指安全）”。对于不同的路况，也有不同的经验。“宁走十步远，不走一步喘”，“宁走千里下坡，不走一里泥窝”，“能走千里干，不走一里淹”，“宁爬一架山，不走一里圈”（绕道），“隔山不远，隔水不近”，“宁隔千山，不隔一水”，“看山在眼前，走到得一天”，“上山容易下山难”。对于近路，说“走路不用问，大路没有小路近”，但是要“走顺不走近”。出行忌讳夸耀，尽量别多管闲事。忌讳走夜路，怕遇到不测：“未晚先投宿，鸡鸣早看天”。

对于司机，“车走车辙，马走马路”，“人多不碍路，车多不碍路，船多不碍江”，“车到无恶路”。但交通安全要尤其关注，“驶车玩船，祸在眼前”“人不避死，车不避翻”，“十次事故九次快，还有一次不例外”。特别强调安全第一，讲究“宁停三分，不抢一秒”，要“礼让三先”，稳中求快。此外，酒后、过度疲劳、手续不全等危险情况下，严禁驾车。

出门在外，夜间走路听到有人叫自己的名字，不能轻易应声。俗信认为，出远门的人一般不会遇到熟悉自己的人，如果有人叫，很可能是鬼在叫自己的魂。显然，这是封建迷信在作怪。民间忌讳夜间走山路，特别是酒后。传说山路上有一种鬼怪叫“当”，无影无形，无声无息，专引人至险峭处摔死，充当替死鬼；有的故意在月黑天高时化为一盏小红灯笼，引人东转西转、晕头掉向、拼命奔走、大汗淋漓，天明一看，就在原地，并未走出去毫厘；有时会化为女子的救命声，隐隐约约，阴抑乖幽，行人毛骨悚然，肝胆俱裂。破解的办法，最好是蹲坐在原处，不为形惑，不为声诱，至天明后再走路。以上怪事实际上是夜行人走迷了路，出现了幻觉。

20世纪80年代前，居民重居家，极少外出，一般不出远门，外出仅限于亲友交际、赶集上店，认为“在家千日好，出门一日难”“在外跑一秋，不如在家种条沟”“在外挣个木板，家中去个大门扇”。即使是商贾行顺，旅程也仅在省内或邻省间。这与封建小农经济时代交通、经济条件有直接关系。20世纪50、60年代，大搞水利、交通、厂矿建设，大量的民夫外出，到省内重点建设工地搞会战；“文革”期间，串联、开会的机会很多，又加上工人、干部多异地工作，出门行路之人渐多，但“无事不出门”，单纯旅游的极少。直到80年代后，随着劳务输出，大量的农村劳动力在省内外流动开来；乡镇企业的发展、农副产品的销售、个体户经营的壮大，也使乡村的人走出家园，进入市场；每年大批的大学生，也在家乡与学校之间奔波；在外工作的儿女与在家的父母亲友之间活动也很频繁。此外，到省内外旅游观光的人也络绎不绝。古代慎行、“父母在不远游”的风俗发生了根本的变化。

第五章　医药民俗

淄博居民历来有讲究卫生、喜爱清洁的良好习惯，无论是择宅建房、生活起居，还是盥洗洒扫、除虫灭害，都要考虑卫生要求，对身心健康、预防瘟疫、减少疾病都起到积极作用。由于自然环境、医疗条件和经济状况的限制，1949 年前，治病就医对于城乡大部分家庭而言难以实现，人们只能依靠传统的中医、中药和民间医疗方法预防疾病。1949 年以后，医疗条件大有改观，城乡医疗机构的设置和各级医疗网络的建立，为普通民众治病就医提供了便利条件。日常生活中，世代相传的民间医疗方法因其方便可行、花费少、有疗效，深受民众欢迎，至今仍在民间流行。

第一节　卫生民俗

一、清洁

（一）洒扫

居家过日子很注重洒扫。洒者，洒水；扫者，扫地。旧时院子和室内的地板，全是土地，干燥时经过踩踏，易起浮土，在扫地之前必须洒水。一般人家，每天天色一放明，就起来洒扫，所谓“黎明即起，洒扫庭除”。从室内到院落、到大门外，都要干净整洁。室内用笤帚，室外用扫帚，将浮土、草屑等垃圾集中到一起，送到猪圈、羊栏或污水坑内作积肥之用。旧时庭院洒扫无忌，唯仓库和室内顶棚等处忌讳清扫，唯恐冒犯了家神、小仙，于家室不利。只有祭灶之后，传说诸神已退位上天复命，可清除无碍。厨房清扫一般由女辈完成。除夕大扫除，要从院门开始扫起，叫“扫财”。扫出的杂草，不得外弃，只能在熰岁时就地焚烧。俗语说“扫帚响，粪堆长”，洒扫具有卫生和积肥双重作用。洒扫一天至少一遍，有的人家要扫两遍乃至三遍。

民间每年年终有大扫除的风俗。腊月二十三或二十四（有官三民四之说）为“辞灶日”，这天要扫屋，也称“扬尘”，要把厨房、住房，从屋顶到墙壁清扫一次，扫净一年烟熏火燎积下的灰尘。腊月二十九或三十要扫院子，把宅院各个角落的柴草、尘土清理整洁。[1]旧时民间讲究春节期间不得清扫庭院，不得随地泼洒秽物。老话说，年节里冥冥之中，万物皆有灵性，冒犯不得。一般只在正月初六天地神明撤去之后，才能清除院中的垃圾。二月初二日出之前，院里院外都要清扫干净，并用青灰在宅院和谷场上撒绘不同的图案，叫“围仓囤”。在风未吹乱青灰之前，忌外人踩踏，也忌家人打扫，否则为破仓，于年不利。

[1] 邱国珍：《中国民俗通志·医药志》，济南：山东教育出版社，2005 年版，第 186 页。

（二）汲水

汲水，一要饮用，二要洗涤。旧时生活用水一般从水井或泉、塘、江、河中汲取。汲水是一天中一项重要的家务活。一般家庭大都备有贮水的大缸，多为直径一米左右的粗陶瓷大缸，缸上加盖防尘，放在厨房门口。在山区缺水的地方，水缸更是必备之物，汲水也成了平日里的首要活计。庄稼人大多天一明就起身挑水，挑满一缸水再干别的活。一缸水差不多够一天的烧茶、洗菜、做饭之用。数千年来，人们聚居的乡村城镇，一般多挖井作为水源。所以长期以来，“乡井”代表村落，“市井”则代表城市。人们为了维护水井的清洁与用水安全，特在井旁建造井围或井栏。后来，人们在井口制备井盖，甚至加锁，以保护卫生安全。[1]

用于生活汲水的传统器械、器具有桔槔、辘轳、陶罐、瓷罐、木桶、勾担、井绳等；20 世纪 50、60 年代以后，又有人力铰链水车、畜力铰链水车、铁皮水桶、电动铰链水车；70 年代，又出现塑料桶、内燃机动力水泵或电动水泵；80 年代，平原农家庭院中普遍建有手动水泵（压水井），经济较好的村庄大都修建水塔，铺设自来水管。现今，在乡村，各时代汲水用具共存并用的现象十分普遍，吃井水、河水的日子已成为过去。

（三）盥洗

旧时乡村很少有人刷牙，大部分在饭后漱漱口了事。20 世纪 50 年代，乡村较普遍使用牙刷。洗脸洗手，春、夏、秋用冷水在洗脸盆或河边、塘边洗；冬天用一种叫“温罐子”的陶罐，用做饭时的余热温水洗。擦脸旧时用布巾，又叫“擦脸布子”，大都全家共用一条，近代开始用毛巾。旧时乡村少有肥皂、香皂及洗发液，民间用皂角代替肥皂，用淘米水、草木灰等洗衣洗发。

城镇家庭一般都备有洗脸盆、洗脚盆、澡盆、洗菜盆、面盆等，主要是搪瓷的和塑料的，另外还有铝合金的、黄铜的。澡盆有木制的、锌铁皮的、搪瓷的和塑料的。家庭成员的洗脸毛巾、浴巾、香皂和洗发乳之类是共用的，牙具是分开的。早上起床洗脸刷牙，晚上睡前仍要刷牙、洗脸、洗脚。天热的时候，大都要洗澡或冲澡，通常是用澡盆兑温水洗擦。冬、春季，气温较低的时候，人们大都去所在机关或厂矿设立的公用浴池洗澡。近年，多数家庭已安装电热水器、燃气热水器或太阳能热水器，洗浴一般在家中。

20 世纪 90 年代后，城镇出现高档的商业浴池。内设雅座，一人一厢，厢内一盆一座。洗浴热水可自行调兑。近年，有的浴池设立了桑拿浴、海浪浴等服务。还有的设立专门的棋牌室、按摩室，供客人消遣。在一些高级的宾馆、酒店，也大都设有专门的洗浴中心，为客人提供服务。价格虽高，冬季也往往客满。

（四）洗涜

锅碗瓢盆等饮食用具的洗刷，乡间比较认真，即使生活用水再紧缺，也要洗刷

[1] 邱国珍：《中国民俗通志·医药志》，济南：山东教育出版社，2005 年版，第 187 ~ 188 页。

得干干净净，有“若要不生病，锅碗瓢勺洗干净”之说。

衣物洗刷是城镇家庭的主要家务，20世纪60年代前，完全由主妇们承担。但在少数滴水贵如油的小山村，特别是尚未解决温饱的偏僻山村，尤其是缺少年轻人的人家，新衣穿破终不浸一水的事情仍然存在。旧时乡村大多数家庭就在河畔、溪边或泉边洗浣，用具有洗衣盆、搓板、棒槌。80年代中期以后，由于工业的发展，近城水源大多受到不同程度的污染，人们不再到溪边浣洗，城镇的人们大多用洗衣机洗衣。在乡村，基本上仍沿守着传统的家庭自然分工，洗衣由女人包揽。从十几岁起，女孩子就承担起家里的洗衣之责，出嫁后，也负责洗涤翁婆和其他家人的衣服。

传统的洗涤用品较少，常见的便是淋灰水和皂角水。淋灰水是将草木灰浸水过滤而成。皂角夹砸碎后浸水，可用以洗涤衣垢，用于洗浣丝绸的效果尤佳。20世纪50年代后，洗涤用品主要有肥皂、香皂、碱粉，现今用于衣物的洗涤用品主要有肥皂、洗衣粉、洗衣膏、洗衣液、柔顺剂、留香珠等。用于衣物、肌肤、器皿、瓜菜和器械的洗涤剂还有香皂、药皂、洗发膏、洗发乳、洗面奶、衣领净、去污粉、清洗剂、消毒液、除臭剂等。

二、除害虫

对于危害人体健康的各种虫害，有一套相应的防治办法。有些带有浓重的巫祝色彩，也有符合现代科学道理的，大部分简便实用，至今沿用。

巫术诅咒是古老的除害虫手段之一，至今在民间仍作为节俗保留了下来。例如立春之日，取塑造春牛之土涂搪灶膛或涂抹蚕室，传说可消除虫蚁。元夕，以灯笼遍照室内各个角落，称“照虚耗”，传说可灭杀虫鼠。二月初二，民间炒蝎子爪，以避蝎蛰；煎饼或熬肉熏虫以泄体内寄生诸虫；念唱咒语敲房梁或敲破瓢，打床帮，以灭虫鼠。端午插艾、戴符、佩香囊，用以驱瘟避邪；戴五毒兜，穿五毒鞋，以避毒虫侵害；饮雄黄酒、用雄黄饰面，可消灾驱邪；沐浴香汤，或以榴花水洗目、洁面，可以洁身防疫。天医节（农历八月初一），采花露洗目，传说可明目；以露研墨，点童额、腹，传说可消除百病。

熏杀也是驱除虫害的常用方法。一是使用草木自身特有的芳香驱虫。将新鲜的棉槐叶（或桃叶）铺于床席之下，用以驱逐床榻间的跳蚤、臭虫；将桃叶掖进衣兜，以熏驱身上的跳蚤；将新收的干花椒放入米缸，可免生虫蛾；使用樟木衣柜，可消除囊虫；使用烟油涂擦双腿，涉水时可免除蚂蟥叮吸之忧。二是使用烟雾熏驱。采集蒿草或香艾晒干，每日黄昏于门前、院内、禽舍、畜棚、栏圈等处点燃，用烟雾驱散聚起的蚊群；使用蚊香、驱蚊灵等雾剂驱蚊。三是使用芳香型的合成药品驱虫，像樟脑精、卫生球、花露水、风油精、万金油等。

暴晒、烫煮也是驱除害虫常用的手段。六月初六晒书、晒衣是各地普遍存在的古老节俗。通过暴晒，杀除虫囊，防止霉变。每至夏收（或秋收），人们常将收获的粮食摊铺于烈日之下反复数日，以除去潮气，晒杀虫卵。日常灭除衣物、被褥的害虫，也多通过暴晒。暴晒后的席、褥悬挂起敲打，下置水盆，跳蚤可尽落其中。

衣物藏有虱虮、臭虫，或床榻卧具藏有臭虫，多用滚水浇烫，一水即除。

毒杀，是现代除害的主要手段。城乡家庭普遍使用小喷雾器，喷洒滴滴涕等杀虫剂。摆放毒蝇纸、悬空浸药棉球等也是常用方法。农村常采集新鲜的猫眼草剁碎，抛洒于粪坑、茅厕和猪圈坑中，用以毒杀蚊蝇。

捕杀、诱杀是消灭鼠类的传统做法。下吊坯、布鼠夹、悬吊卡、放鼠笼、设淹桶、堵鼠洞是消灭家鼠的有效手段。掘鼠窝、灌鼠洞、熏鼠窟、养猫捕鼠、布撒毒饵等是对付田鼠的主要手段。田地布饵，往往误杀鼠类的天敌和其他鸟兽，影响到自然界的生态平衡，加重了田地的鼠灾和其他虫害，近年已引起有关部门的重视。

三、卫生保健歌诀

民间有许多起居健康与卫生保健的歌诀。[1]

（一）卫生琐言

卫生之道，无非内外兼养，故葛洪曰：善养生者，食不过饱，饮不过多，冬不极温，夏不极凉，早眠早起，日有定时，调和筋骨，有运动之方，劳逸结合，有作息之则。华佗谓吴普曰：人体常劳动则食物易消，血脉流通，户枢不蠹，流水不腐，常动故也。仆从此言，年至九十余。

病从口入，最忌过分，大饱伤肺，大饥伤气。久视伤血，久卧伤气，久立伤骨，久坐伤肉，久行伤筋。凡久思、久忧、大醉、大怒、大恐、大惊，剧力运动，皆足伤人。

春月少酸宜食甘，冬月宜苦不宜酸，夏要增辛聊减苦，秋辛可省但加酸，四季土神能克肾，须令咸味入常餐。

饮食有节，脾土不泄。调息寡言，肺金自全。动静以敬，心火自定。宠辱不惊，肝木以宁。恬然无欲，肾水自足。

（二）卫生歌诀

尚清洁，忌龌龊。多运动，勤洗浴。慎饮食，节性欲。少吃肉，常吃素。戒烟酒，谢赌博。立须正，卧须曲。毋蒙首，毋思索。入而息，出而作。平意气，勿口角。除烦恼，寻快乐。

无病即是福，此语耳曾熟。我有却病方，人人皆可服。保身戒烦恼，养心在寡欲。常常慎风寒，饮食先量服。早起须早眠，做事常有度。事事求清洁，身体勤沐浴。呼吸新空气，运动强筋骨。果能遵此行，身心自快愉。

（三）卫生谚语

健康比财产更宝贵。

有健康的身体，才有健康的精神。

[1] 本部分内容参见张奇文主编：《山东中医药志》，济南：山东科学技术出版社，1991 年版，第 420 ~ 423 页。

苗无害虫长得旺，人无疾病身体壮。
革命如爬山，身体是本钱。
墙靠基础坚，身体靠锻炼。
铁不炼不成钢，人不活动不健康。
体弱病欺人，体强人欺病。
强身之道，锻炼为要。
捂捂盖盖脸皮黄，冻冻晒晒身体壮。
饭后三百步，不用进药铺。
身体天天炼，小病不用看。
饭后百步走，活到九十九。
懒惰催人老，勤劳可延年。
早起早睡，精神百倍。
冬炼三九，夏炼三伏。
懒汉无长寿，生命在运动。
机器不擦要生锈，人不卫生要短寿。
要想身体好，吃饭莫太饱。
饥不暴食，渴不狂饮。
美酒不过饮，好菜不过食。
贪食嚼不烂，胃病容易患。
太阳是个宝，晒晒身体好。
预防肠胃病，吃喝要干净。
白露身不露，着凉易泻肚。
生水当中病菌多，必须烧开才能喝。
不染烟和酒，活到九十九。
戒烟戒酒，病魔见了绕道走。
大蒜是个宝，常吃身体好。
冬吃萝卜夏吃姜，不劳医生开药方。
干干净净，吃了没病；不干不净，吃了生病。
宁吃鲜桃一口，不吃烂杏一筐。
臭鱼烂虾，得病冤家。
饮食贵有节，锻炼贵有恒。
饭不熟不吃，水不开不喝。
好饭莫饱，饭后莫跑。
少吃有滋味，多吃伤脾胃。

睡前烫烫脚，胜服催眠药。
每日起得早，八十不觉老。
有病早治，无病早防。
饭前便后洗洗手，肮脏东西顺水走。
运动胜吃灵芝草，经常劳动身体好。
数九寒天喝辣汤，防病御寒保健康。
笑口常开，青春常在。
笑一笑十年少，愁一愁白了头。

第二节 民间行医

一、医疗机构

（一）医院与诊所

清代至民国时期，主要是个体诊所、药店。1904年，德国人建立洪山医院。1914年，日本人开办淄川炭矿医院。1915年，英国基督教会建立周村复育医院。30至40年代，临淄县、博山县、淄川县建立县卫生院，日本人及一些中国医生也先后开设医院、诊所。1948年淄博解放后，相继建立了洪山煤矿卫生所、山东兵工局卫生所、淄博特区医院、冶炼总厂卫生所、张店市立医院、周村市立医院、淄川县职工医药合作社、临淄县机关卫生所、桓台县大众医院、淄博特区博公医药合作社等。1949年后，淄博地区各级各类医疗机构逐渐增多。到1985年，全市共有医疗机构658个，其中，医院146个，卫生所、保健站、门诊部512个。医院中，市属医院有市第一医院、市第二医院、市中医院、市传染病医院、市妇幼保健院、市结核防治院、市精神病医院、市皮肤病防治院、市职业病防治院、市耳鼻咽喉医院，区县医院11处，厂矿医院38处，区县分院及乡镇卫生院87处。[1]

卫生室是乡村集体出资兴办的医疗机构，大多创办于20世纪70年代初期。通常建在村中心，业务受乡镇级卫生院的指导，由村委会管理，负责村中防疫和村民医疗。卫生员由村中选定，参加培训，具备一定的医学知识，并获得处方权。药品主要是西药，配有温度计、血压器、听诊器等简单的医疗器械。一般只能诊治头痛感冒、创伤包扎等寻常小病。村民就诊用药是收费的。一室一人一橱一桌一椅，便是它的真实写照。

卫生院大多创办于20世纪50年代中后期，属于乡镇管理的事业性医疗机构。人员二三十人至六七十人不等，是小型的综合性医院。一般只有内科、外科、儿科、妇科等几个基本的科室，设有中西药房和有限的几间病房，医疗设备也各不相同。距县城略远、规模较大、医疗水平略高的部分乡镇医院，已改作县级医院的分院。

[1] 淄博市志编纂委员会编：《淄博市志》，北京：中华书局，1995年版，第2040页。

现在由于经营、体制等方面因素所致，大部分陷入惨淡经营的困境。

在中小型企业、学校，也大都设有卫生室，小的一两个人，大的十几人。服务对象仅限于本单位员工和他们的亲属，主要职责在于常见病的诊治、劳动保护、防疫和简单的应急救护。药品储备和器械的配备，往往由企业的经营状况决定。

县级医院为县政府管理的事业性医疗机构，是规模较大的综合性医院。部分始创于民国年间，大多创于20世纪50年代。一般设科略细，并具有一定数量的高级专业人员，拥有较先进的医疗设备，是所在地的医疗中心，大都以中心医院命名。同级的专科医院还有中医院、卫生防疫站、妇幼卫生保健站等医疗机构。

诊所也是规模较小的医疗机构，一般三五人，或为医院的派出单位，或为集体所有，或为私营。通常是门诊、药房、治疗同在一室，处方、司药、护理一身兼顾。只对常见病诊治，中西药兼用。数人一所时，多是一人主医、其余为辅助。

各地城乡还分布着一些大型厂矿的医院和军队医院，由于医疗设备先进和医疗水平较高，对地方的卫生医疗也发挥了重要的作用，是中心医院之外的医疗中心。随着经济发展和政府投入的不断加大，县、乡、村卫生机构设施和医疗水平都有较大改善，特别是新型农村合作医疗制度实施以来，乡卫生院和村卫生室纳入新农合定点医院，严格执行新型农村合作医疗基本药品目录和基本诊疗项目等有关规定，对于农村医疗保障发挥了重要作用。例如，新中国成立前，张店区的医疗机构主要是中药店（铺）和西药房，多为个体经营，以售药为主，有坐堂医生看病开方。随着宗教的传入，张店区也曾出现过教会主办的医院，但是规模都很小，规模比较大的是张店铁路医院。新中国成立后，人民政府对医疗事业十分重视，采取一系列措施，引导个体之间联合行医，逐步兴建联合诊所和人民医院，使卫生事业有了新的发展。[1]

（二）药铺

药铺，亦称“中药铺”，是传统的医疗机构，多习惯以“××堂”命名。除坐诊外，还经营各地的中药材和自制的膏、丹、丸、散，一般以出售汤剂为主。近年，私营药铺遍布城乡，方便了居民看病就诊，已成为医疗网络中的重要组成部分。

富春堂药局，清乾隆三年（1738），马继祖（回族）由祖籍济宁竹竿巷迁来淄川西门里定居开业。后生意逐渐扩大，至民国初年，达到兴隆时期，与当时天德堂并驾齐驱，有“富春丸散天德药”之称。马继祖以祖传秘方自制中成药，主要有消积万灵丹、四消丸、木香顺气丸、烂积丸、七制香附丸等。当时前店后厂，每逢淄川西关大集，日销四消丸一百五十多公斤。经营的中药材品种四百多味，连同膏丹丸散，行销于莱芜、博山、益都、桓台、章丘等地。

天德堂药铺，清嘉庆十三年（1808）由章丘人张尔诚在淄川城里大街东首开业，以炮制中药著称。张尔诚，原章丘东埠村贫民，带着四十吊钱，挑着一担箩筐来淄川，在东街租赁两间民房，开设药铺。传至第二代张书谦、张书和为鼎盛时期，开

[1] 山东省淄博市张店区志编纂委员会:《张店区志》，北京：中国友谊出版公司，1991年版，第572页。

始修建房屋，扩大经营。天德堂设有营业厅、过厅、会客厅、书房以及宿舍、仓库等，其匾额系清朝尚书毕道元所书。

同仁堂药店，清咸丰五年（1855），由章丘县鲍家庄徐开吉、徐开利两兄弟在桓台县新城大街路东开办，有四间铺面。同仁堂是一家批发兼零售的药店，经营中药材五百余种，自制的中成药五十多种。1945年后，药店先后聘请三名较有名气的医生，于新城大集当天来店坐堂应诊。

广生堂药店，清同治十三年（1874），由博山烧制陶瓷起家的王氏创办，地址在博山福门里，店内聘有坐堂医。[1]

二、民间医术

（一）就医习俗

在乡间，每当身体不适，农村居民大多习惯先用土法偏方于自家诊治。若两三天后仍不愈，才去村中卫生室就诊。一般也只拿一两天的药，打一两天的针。假若仍不愈，卫生员则建议去乡镇卫生院或县城医院（或附近工矿医院）就诊检查。农村居民在这种情形下，一般选择乡镇卫生院，在那里看病打针，拿药回家治疗。只有查不出病因，卫生院建议去县城进一步检查时，村民方肯进城寻医问诊。

农村居民进城求医很不方便。病人通常要有家人作陪。找医院、挂号、候诊、排号划价、依号交款、排队取药，至少要耽误一天的工夫，若再透视、化验、观察，往往两三天不能确诊。所以每遇农忙，病人要到农活完结，方敢进城就诊。若有重病号，进城首件事是找亲友到医院托关系就诊、查病、住院，以便尽快回去。

农村居民在城里住院，特别是老人住院，亲友闻讯都会主动去探视，家人还得轮流陪床。这样会搅得亲友不宁，所以能在乡镇医治的，决不进城住院。一旦进城住院，久治不愈，往往不再坚持治疗，而是送回家，以便老人在家咽下最后一口气。因客死在外、死后回村有很多忌讳，葬礼会十分复杂棘手。在县城医院，对已确诊为绝症的农村居民，即使医生建议去省城或其他大城市专科医院进一步治疗，人们也很少考虑去外地就诊，除非家境特别好的，或有亲友资助的，或有家人可投奔的。求医于外地的乡里病人，绝大部分是少年或青壮年。

为解决新时期农村居民就医难的问题，提高农村居民抗疾病风险能力，国家推行了新型农村合作医疗制度。2003年，淄博市各级政府响应国家号召，积极推动，参加人数逐年增长，农村居民受益程度日益加深，“看病难、看病贵”的问题也在一定程度上得到缓解。

城镇居民就医，相对比较方便及时。企业员工有小病，可去卫生室拿药打针。若不愈，则由医院出具建议证明，去指定医院就诊。若需去外地医院诊治，则由医院提出转院建议证明，报请所在单位批准，即可成行。一般所在单位还要派人随行陪诊。所用医疗费，可向单位借支，也可自筹，日后报销。

[1] 淄博市志编纂委员会编：《淄博市志》，北京：中华书局，1995年版，第1509～1510页。

（二）传统医术

旧时民间医生诊断疾病的方法，一般都采用中医的望闻问切。望就是观察病人的发育、面色、舌苔、表情等。闻就是听病人的说话、咳嗽、喘息，并且嗅出病人的口臭、体臭等气味。问就是询问病人自己所感到的症状、病史等，婴幼儿患者则由成年人代答。切就是用手诊脉或按腹部有没有痞块。通常这四种方法结合在一起使用，叫“四诊”。旧时医生以男性为多，若遇到女性患者，四诊中的“望”与“切”就成为难题，于是就有了“牵线诊脉”的医疗习俗。[1]现在四诊仍然是民间医术的重要组成内容。

民间的常用医术，大多简便易行，通常既无系统、高深的医理，也无复杂、专门的器械，所用、所操皆为家庭常备之物。医术的传授大多来自家人、亲友、邻里或同事。常用医疗之术，有针灸、食疗、汤饮、导引、气功、熏蒸、涂敷、贴敷、种牛痘等。

针灸术，在民间常用于昏厥、头痛、腹痛、呕吐等突发病症。扎刺只限于少数几个易寻的穴位。所用之物，大多是随手可取的簪子、钗针、衣针、发卡、竹针等物，有时甚至是指甲。施术者一般是稍通医道之人。

食疗，是家庭最常用的疗病术之一。像患水痘食以狗肉；齁病食以豆浆；风寒咳嗽食以甜梨，或食以醋煎豆腐，或食以油炸柿饼；便秘食以熟地瓜或熟胡萝卜，或食以麻油；腹泻食以蒜泥拌鸡蛋，或食以蒜拌马蜂菜，或食以烧鸡蛋，或食以烧独头蒜；缺乳食以煮蹄髈，或食以母鸡汤；惊厥灌之以烈酒；眼中生翳食以荸荠十数日；雀盲食以动物肝脏、胡萝卜；瘿脖子食以海带；骨折食以鳝鱼汤；积食冲服鸡内金等等。只将日常食谱略做变化，即可收到满意的医疗效果。

汤饮，和民间的食疗一样，也具有很广泛的适用性。用作煎制、冲沏汤剂的，可以是草药，也可以是食物，甚至也可取用一些秽物。菊花、桑叶、莲心可用以清热败火；饮用绿豆汤、秫米汤以消暑；饮用五谷糊、粮食茶可以医治积食；饮用红糖姜茶可以治感冒、胃疼、咳嗽；以灯草煎汤饮用可以医失眠；伤风感冒，用半两生姜片、葱白带根须，加水煎开，放适量红糖趁热服下，出汗即愈。民间这类医方数不胜数，它和中医汤剂的显著区别在于好操作，但随意性也强。

导引，民间普遍应用，像理发、搓背、修脚等行业大都广泛应用。像落枕、腰痛、腿痛、肌肉萎缩和麻痹等病症，大多都施以导引之术辅助治疗。近年随社会老龄化程度的加深，导引之术广泛应用于自身保健。

气功，是民间热门的医术，在民间有着悠久的历史和深远的影响。20 世纪 90 年代初期，随“气功热”的兴起，用气功防病、治病成为全社会的热门话题。气功主要用于自身锻炼。

熏蒸洗烫也是家庭多用的防病治病手段。流感暴发期，人们常点燃卫生香，或蒸发食醋，以避疫气；感冒、肩周炎、落枕等，在浴池浸烫至出汗；痔肿，以无花

[1] 邱国珍：《中国民俗通志・医药志》，济南：山东教育出版社，2005 年版，第 158 页。

果叶煎汤熏洗；冻疮，以经霜麦苗煎汤熏洗，或以茄柴煎汤熏洗；扭伤，以楸叶煎汤熏洗；手疮，以黑豆煎汤熏洗等。验方不一而足，因其方便、速效，应用也较广泛。

涂敷是民间常用的医术之一，一般多用于外伤和皮肤病。涂敷物有膏、药水或粉末。汤烫火烧，可用獾油涂敷，可用酱或酱油涂敷，可用尿碱涂敷，可将槐子炒黄研末以猪胆调抹，可用炒熟蛋黄生出的油涂敷，也可用久贮的秋葵花油涂敷。创伤，可用端午备下的益母草粉滲之，可用灰泡菌粉滲之，可用葱白捣烂调蜜敷之，可将豆腐渣用砂锅焙热做饼敷之，可将棒香或线香研末和烧酒敷之，也可将独蒜捣烂敷于患处。黄水疮，可剪一撮羊胡子烧成灰，用麻油调敷。中风导致面部神经麻痹，可用鳝鱼血涂抹患处。创伤出血，可用梨形马勃（圆形野生菌）孢粉涂敷伤口用于止血。疥疮、恶疮、无名疮等，用白鸡毛一把烧成灰，加入芝麻油调成糊状，每日涂患部数次，连用数天，效果极佳。

贴敷，也是民间常用的医术。贴敷除用于外科的皮肤病之外，还用于一些内科的病症。蒜泥敷于脐孔以胶布贴住，可医寒泻；蜂蜜调葱泥贴敷于会阴，可医小便不通；用淡豆豉 3 颗、连根葱白 3 根捣烂贴于脐上，可医便结。

种痘，即用给人种牛痘的办法来预防天花。所谓人痘接种，早时有两种方法：一种是痘衣法，即把天花患者的内衣给健康者穿，以达到出痘的目的，此法效果不佳；一种是鼻苗法，即将天花患者出痘的痂屑，塞入健康人鼻腔中，使其出痘。人们就是用这种办法消灭了天花这种给人们带来死亡、失明和毁形的烈性传染病。[1]晚清和民国时期，淄博地方警察署、局承担部分防疫任务。1928 年，临淄县政府在“公共卫生”规定中提出“厉行防疫（种痘、时疫医院、报告疫情）”的要求。1939 年，淄川县警察局设卫生警、防疫班及防疫人员，县新民诊所派医生轮流到各区分所开展防疫，实施注射药针及种痘，注射者发注射证。春、秋季节，在洪山、大昆仑、南定等车站检查旅客，凡无注射证者，临时注射而后放行。[2]

为进一步继承老中医的学术经验，1958 年在淄博市卫生局的统一组织下，在城乡广泛开展采风访贤运动，大力搜集整理民间验方。1983 年对验方、秘方再次广征博采。淄川区先后共搜集到中医验方、秘方一千七百余个。[3]

三、民间医生

旧时民间医生按行医方式，可分为坐堂医、挂牌医和走方郎中等。坐堂医亦称“药铺先生”，是指在药店内坐堂的医生。后来自家开药店兼行医的人，也称“坐堂医”。有的中医大夫，自己挂出招牌，只诊病处方，不开店卖药，这样的医生叫“挂牌医”。挂牌医名望很高，就医者车马盈门，不以卖药谋生。也有少数人刚刚从医，没有资本，开不起药店，所以只看病不卖药。走方郎中是指那些没有固定的行医处所、走街串巷行医的中医大夫，又称“游方郎中”“江湖郎中”等。这些人

[1] 郑泽民、瑞秀英编著：《由来小辞典》，呼和浩特：内蒙古人民出版社，1988 年版，第 188 页。
[2] 淄博市志编纂委员会编：《淄博市志》，北京：中华书局，1995 年版，第 2063 页。
[3] 山东省淄博市淄川区志编纂委员会编：《淄川区志》，济南：齐鲁书社，1990 年版，第 870 页。

有的以处方看病为主，兼带卖药；有的以卖药为主，兼带看病。有些江湖医生常常一手提着药箱，一手摇着串铃，边走边发出一串串“当啷啷、当啷啷”的铃声，人们便称这些走方郎中为“铃医”。按行医专业分，内外妇儿诸科全部诊治者无特殊称呼，擅长某一专科的分别称“金疮医”“疾医”“带下医”“牙医”“稳婆”等。民间还有以巫术行医者，如祝由医、巫婆、神汉等。[1]

现在，除在编的专职人员以外，民间从事医疗活动的还有大量既无正式学历、也无医学专业职称的人员，像乡村卫生员、游医、气功师、拳师、乡村明白人等。

乡村卫生员，亦称“赤脚医生”，是经官方允许的行医者。卫生员大都经过一段时间的专业培训，虽然不脱离生产，但日常仍以行医为主，每年由村里支付一定的劳动报酬，一般由具有一定文化水平的青年人充任。卫生员这类医者出现于20世纪60年代，兴盛于70年代，在当时乡村合作医疗制度改革中大批涌现。

游医，亦称“乡郎中”“铃医”“野大夫”等。旧时，多由落魄的乡间文人充任。医术高明者，受聘为药铺坐堂，取人佣金；医术平平者，则游荡四乡，为人就诊，出方取酬，聊以糊口。这类人物鱼龙混杂，自然也有不轨之徒。游医多租赁旅社为店，以“祖传”或“世传”秘方为号，高价兜售所谓绝症、性病特效药，行骗城乡。

气功师，一般冠姓氏，称“老师”“师傅”。受传统文化的影响和气功热的熏染，在20世纪90年代，气功健身、诊病曾经风靡一时。组场治病、带功报告是气功师常用医术。尤其是知名的气功师到场，常令人们趋之若鹜。各地都有一些致力于气功推广的热心人，他们的宣传大多是从为人治病开始的。除专门门诊，气功治疗大多不收费，或象征性收费，故而在民间颇具吸引力。

拳师，尤其是年长者，大都通晓骨伤医治之术。邻里一旦遇有跌打损伤，常求助于拳师。轻度创伤或内伤，一般由其使用民间验方治疗。医治通常都是义务的。

明白人，也称“老先生”，是乡间对德高望重并热心于公共事务的中老年人的称谓。他们是传统文化的传承者，大多粗识文字，见多识广，其中也有略识中医之道者。每当村中有溺水、昏厥、自缢、服毒、火灾等突发事件，他们常被请到场，指导救护，或指教事后护理，或进一步商议日后医治之事等。更多情况下，他们是不请自到。在他们看来，这是义不容辞的责任。

第三节　药材药品

一、药材种植

1950年前，周村区西苑长白山一带农户种植少量荆芥、芥子、苏子等。1957年，开始有计划地发展药材生产。引种试种外地中药材，由生产大队提供土地、人力，药材部门提供种苗，产品由药材部门收购。1960年前，药材种植片段分散、零星。1960年后，药材种植面积增加。1963年种植药材100亩、25个品种，1970年增加

[1] 邱国珍：《中国民俗通志・医药志》，济南：山东教育出版社，2005年版，第148～150页。

到1300亩、46个品种，1978年达到4000亩、52个品种。80年代后种植面积开始下降。1980年，全市建药材生产基地103处，种植面积1500亩。到1985年，全市有药材生产基地17处，种植面积1631亩，药材部门收购量为178347公斤。

淄博原有家种药材品种不多，主要有荆芥、芥子、白扁豆、苏子、山药、瓜蒌、丝瓜、莱菔子等。1958年，周村、博山两区开始种植引进的红花、地黄、玄参、南星、牛夕、枸杞、大黄等品种。之后引进的药材品种不断增多，1968年，由四川灌县引进川芎，由山东嘉祥县引进菊花，由新疆引进川贝母，由辽宁宽甸引进五味子，由湖南引进枝子等五十余个品种，经试种大部分获得成功，仅五味子、枝子因不适应当地气候条件而全部死亡。1978年，全市种植品种达六十余个，主要有地黄、黄芪、沙参、党参、玄参、丹参、桔梗、南星、白芷、透骨草、薄荷、瓜蒌、防风、菊花、元胡等。1985年种植品种46个，自用有余。在淄博引种、试种成功，并成为主要家种品种的有：地黄、黄芪、板蓝根、怀牛夕、白芷、沙参、薏米、草决明、玄参、桔梗、丹参、南星、羊角透骨草、菊花等15个品种，其中产量高、质量好的有桔梗、黄芪、白芷、地黄4个品种。

淄博种植药材，大都采用菜药间作、粮药间作等形式，如土豆间作菊花、玉米间作川芎、果树间作党参、细辛等。[1]

二、药材加工

新中国成立前，淄博地区讲究“遵古炮炙”，私营药店备有切药刀、药碾子、捣筒、药筛、药箩、炒勺、研钵、簸箕、刷子、锅、盆等炮制工具。一般把药材切成片、丝、块、段，桃仁、杏仁之类要碾成碎末，文蛤、贝齿等用捣筒打成碎块。切片多根据药用要求，半夏、槟榔等切得薄如纸，青皮、苏木、犀角或镑片或劈丝、刨花，对全当归竖刀轻切，全佛手要巧切成片。淄川的天德堂、恒济堂、万育堂、福春堂，周村的宝山堂、天德生、万年春、老号德生堂，博山的广生堂、人和堂，临淄的好生堂、天合堂、广育堂，桓台的育化堂、同仁堂等，药材炮制质量都有盛名。

传统炮制中药，常用黄酒、醋、蜂蜜、盐、姜汁、甘草汁、黑豆汁、胆汁、米泔水、灶心土、麦麸、滑石粉、蛤粉、羊脂油、白矾、朱砂、豆腐、乳汁、童小便为辅料，按规程炮制加工。主要有五种炮制方法：炒制，加麸，有土清炒、炒黄、炒焦、炒炭；烫制，有砂烫、蛤粉烫、滑石粉烫；炙法，有醋炙、黄酒炙、蜜炙、盐炙、姜汁炙、羊脂油炙；煅法，有明煅、煅淬、泥封煅；蒸法，有清蒸、酒蒸、辅料蒸等。此外，还有发酵、发芽、煨制、提净、制霜、水飞、豆腐制、甘草水制、黑豆水制、鳖血制等炮制方法。新中国成立后，除沿用手工传统炮制外，逐步实行机械炮制。进入70年代，根据《中华人民共和国药典》《山东省中药炮制规范》和淄博的用药习惯，不断改进方法，严格炮制要求，保证药用疗效。炮制的中药材剂型，主要有片剂、丸剂、散剂、膏剂、冲剂、酊剂、针剂、水剂、汤剂、合剂、流浸膏剂、糖浆剂等

[1] 淄博市志编纂委员会编：《淄博市志》，北京：中华书局，1995年版，第1326页。

十多种。进入 80 年代，严格按有关炮制规范执行。[1]

三、药品

（一）常用药品

日常生活中，大多数城乡家庭都有收藏药品以备所需的习惯。往昔，家中收存的自用药品多为中草药。“文革”以后，一般家庭也开始收藏一些常用西药。

家庭常备的西药以片剂为主，其次是散剂、冲剂，还有药水。一般有复方阿司匹林、宝塔糖、扑尔敏、去痛片、感冒通、消炎痛、小儿感冒灵、麦迪霉素等，其他有高锰酸钾、碘酒、紫药水、酒精，还有眼药水、眼药膏、伤湿止痛膏、胶布、脱脂棉、绷带等。

家庭常备的中成药，一般有快胃片、山楂丸、小儿消食片、牛黄解毒片、银翘解毒丸、感冒冲剂、止咳糖浆、六神丸、喉症丸、冰硼散、食母生、人丹、万金油、风油精、红花油、藿香正气丸、元胡止痛片、曲麦枳术丸、牛黄益金片等。

城乡家庭大多也收藏应用于偏方、验方的药品，不过平日只以食品或副食品贮存，只有用于医术时，方以药视之。这类东西一般有葱、蒜、姜、胡椒、花椒、大茴、小茴、萝卜、陈皮、山楂、绿豆、黑豆、西瓜、黄梨、红梨、苹果、山药、荸荠、莲子、鸡头米、白果、石榴、核桃、芝麻、柿饼、荞麦、大红枣、黄酒、米醋、烧酒、酱、酱油、蜂蜜、麻油、茶叶、红糖、豆豉等。

民间常用的中药，大多也是土产，如枸杞、益母草、茵陈、竹叶、桑叶、银花、菊花、车前子、侧柏、柏子、绞股蓝、莱菔子、牵牛子、地丁、地黄根、靛花、松针、韭子、马齿苋、皂角、蒲公英、槐米、杏仁、桃仁、酸枣仁、薄荷、桑皮、柴胡、香耐子、半夏、土鼋、蟾蜍、僵蚕、全蝎、莲心、蝉蜕、梨形马勃等。

（二）土产中药材

淄博盛产的最著名的药材是桔梗。此外，还有沂源的酸枣仁、丹参。

旧志书载，临淄县内土产中草药 115 种。1949 年起，深入考察十余年，查清矿物类计有硝石、朴硝、滑石、石英、赭石、硫黄、磁石 7 种；动物类有鸡内金、蝉蜕、蛇蜕、僵蚕、夜明砂、蚕砂、斑蝥、蜂蜡、露蜂房、桑螵蛸、刺猬皮、蟾酥、全蝎、土元、水蛭、望月砂、九香虫、獾油、蜗牛等 20 种；植物类有大蓟、小蓟、马齿苋、王不留行、瞿麦等 144 种。1966 年以后，区药材部门先后引进了牡丹、黄芪、桔梗、冬花、红花、生地、白花等。1985 年除满足当地供应外，黄芪、桔梗还可外销。[2]

旧志书载，淄川土产中草药有 59 种。1981 年调查，淄川土产的中草药共计 197 种，有人参、玄参、党参、北沙参、南沙参、丹参、苦参、太子参、川芎、生地、白术、白芍、黄芪、山药、杜仲、桔梗、远志、白芷、紫苑、板蓝根、南星、土贝

[1] 淄博市志编纂委员会编：《淄博市志》，北京：中华书局，1995 年版，第 2058 页。

[2] 山东省淄博市临淄区志编纂委员会编：《临淄区志》，北京：国际文化出版公司，1989 年版，第 463 页。

母、黄芩、半夏、防风、柴胡、花粉、苍术、葛根等。[1]

博山土产中药，1936年统计有113种，新中国成立后经过开发，至1985年已发掘野生药材380余种。其中黄芩、丹参、远志、柴胡、全蝎、双花、马兜铃、枣仁、连翘、薄荷、益母草11种药材的年产总量为15.75万公斤，居淄博市各区县首位。[2]

沂源县药用植物，70%分布在山丘地带。在向阳坡，有地榆、石竹、丹参、翻白草、柴胡、桔梗、酸枣、苦参等。在背阴坡，有石苇、卷柏、元胡、天南星、马尾莲、草乌、太子参等。在塘边溪旁，有水蓼、芦苇、薄荷、车前子、旱莲草等。在田边路旁，有益母草、茵陈、仙鹤草、马兜铃等。中药材植物的分布还因地势高低呈垂直分布状态。以鲁山为例，海拔500米以上，有黄芪、黄芩、紫草、天葵子、独活等，山下则无分布。全蝎属特产药材，石灰岩山区多有分布。[3]

高青县土产中药有28种：半夏、马齿苋、益母草、泽兰叶、狼毒、蒲公英、车前子、紫苏、艾叶、地黄、枸杞、木贼、苍耳子、瓜蒌、天花粉、芒硝、火硝、小茴香、花椒、鸡冠花、地肤子、茵陈、薄荷、菟丝子、桃仁、杏仁、黑白丑、金银花。[4]

（三）地方名药

龙凤接骨膏为桓台名药，原名“乌鸡接骨膏”，为起风镇夏庄田氏家传秘方之制品，迄今有一百五十多年的历史。其药方组成以白花蛇、乌鸡（喻龙凤）居首，功用续筋接骨，而命名“龙凤接骨膏”。此药与田氏正骨术同出一源，皆为清代田殿举受青囊于临淄（另一说为河北）一老中医。田氏代代相传，从不外泄。经临床验证，此药对多种骨折、跌打损伤疗效较好，民间有“骨折若碎，敷膏而愈”之说。至1962年，田氏正骨四世传人田宜勉献出秘方，由县药材公司及几家医院大量制作，遍销省内外。[5]

新城益母丸，也是桓台名药。相传明代，新城王氏在东猪龙河的驴鞍子桥旁立一朝东的石碑。碑上刻有专治妇女产后病的丸药方，称“益母丸方”。那时远近来此索方者颇多。可惜“七七事变”后，桥、碑均毁于战乱。幸有新城北关刘恒吉，早年录存“益母丸方”。石碑遭毁后，他照方自制益母丸，舍药乡里。产妇服药后身壮，不落产后疾病。日久，群众见刘家只舍药不取酬，歉意日深，便不拘多少自愿捐款，自发形成“益母丸基金会”，每年捐款资助刘家。随基金会成员与基金额的逐年增加，年年用后有余。刘恒吉便用余款买了两亩地出租，以所收少量租金作制药资本。刘氏制药舍药代代相传。新中国成立后，刘氏后裔仍继承先辈优良传统，

[1] 山东省淄博市淄川区志编纂委员会编:《淄川区志》，济南：齐鲁书社，1990年版，第853～854页。
[2] 山东省淄博市博山区区志编纂委员会编：《博山区志》，济南：山东人民出版社，1990年版，第549页。
[3] 山东省沂源县史志编纂委员会编：《沂源县志》，济南：齐鲁书社，1996年版，第493页。
[4] 高青县地方史志编纂委员会编:《高青县志》，北京：中国社会出版社，1991年版，第484～485页。
[5] 山东省桓台县史志编纂委员会编：《桓台县志》，济南：齐鲁书社，1992年版，第662页。

被传为佳话。[1]

古城膏药，临淄名药，制作工艺及正骨医术起源于清朝道光年间，已有一百七十多年历史。创始人为清代临淄名医、齐都镇西古城村人崔宝和。目前，古城膏药有万宝堂、万春堂等主要分支。在膏药制作工艺上，古城膏药延续和传承了祖辈的古老秘方，并在多年的实践中进行了改进。针对不同的骨病、骨质和不同的部位，配置不同的中药，熬制不同的膏药，达到对症下药、对症治疗的效果。在正骨医术方面，分为诊断、固定、贴膏药（治疗）、康复四个阶段，各阶段采用不同的手法进行治疗。一人一个治疗方案，一病可用多方，适时、准确、科学、有效，是淄博地区著名的百年老字号，也是山东省较为著名的传统医术品牌。[2]

第四节　医药信仰与禁忌

一、药王

药王由中国古代历史上或传说中的名医演化而来，民间信奉的药王不止一个。神农尝百草，首创医药，世尊为药王。扁鹊洞晓医源，深明医理，后世祀为药王。孙思邈著有《千金要方》和世界上第一部国家药典《唐新本草》，解百姓一方危难，后人尊之为药王，奉祀不辍。药王信仰很普遍，人们习惯在家中供奉药王，以祈求家人身体康健。但近年来，随着科学技术、思想文化的发展与普及，信奉药王的现象渐渐退出人们的生活。

二、巫医巫药

（一）祝由术

祝由术就是不用汤药针石，专用祝祷、符咒等方式为人治病，属巫医术的一种。祝由术在民间应用广泛，大半是由家人实施，有些也求助于巫医。婴幼儿受惊，一般在事发时或事后寻至原地，由家人为之叫魂。婴儿夜啼不已，请人书写“夜啼帖”，广为张贴，据说可以止闹。祝由术作为一种医术，在先秦很普遍，民间此法治病一直未曾间断。祝由术有其积极作用，如其认为“心病当用心药医”，与中医的“以情胜情法”“劝说开导法”“移情易性法”“暗示解惑法”“顺情从欲法”等心理疗法暗合，具有一定的现代心理学意义，也具有一定的临床作用。[3]

（二）巫术

巫在民间称“嬷嬷”“神老嬷嬷”，觋一般称“神汉子”“神老头”。巫多为中老年家庭妇女，觋一般有还俗的僧道和少数中青年男子。旧社会，由于科学不发达，巫婆、神汉凭借神灵，利用巫术治病极盛。巫觋查病常用观烟、观水之术，利用点燃的线香清烟，或碗中清水的水面，静观片刻，便可获得一些信息。传说他们

［1］山东省桓台县史志编纂委员会编：《桓台县志》，济南：齐鲁书社，1992 年版，第 664 页。
［2］白云翔主编：《文化临淄》，济南：山东人民出版社，2021 年版，第 281 页。
［3］邱国珍：《中国民俗通志·医药志》，济南：山东教育出版社，2005 年版，第 155 ~ 156 页。

可以观察到求医之人的居家方位、院落环境、所求之事、所讳之事、所病起因，故令患者肃然起敬，惊叹不已。几乎所有知名的巫觋，都有这类神秘的传说。

淄博医药民俗中的巫术活动，主要有驱鬼、招魂和求子。驱鬼、招魂是为了远离疾病或治疗疾病，求子在多数情况下也是为治疗不孕症。[1]驱鬼活动包括祭鬼、驱鬼、避鬼，既有个体赶鬼又有集体赶鬼，以集体赶鬼为主。驱鬼时，巫师焚香拜祝，仗剑作法，书符念咒，或挂天师像，戴朱砂袋，插桃木条，洒黑狗血等。在一些地区人们把生病看作灵魂走失所致，认为灵魂走失一般有主动走失和被动走失两种，并由此出现了种种招魂之俗，认为以这种方式可以把游走的灵魂召回。在民间，招魂活动主要发生在儿童身上，有画符、拍墙、掩衣、叩门等形式，同时呼叫小孩的乳名。这一活动多行于晚间，现在仍在部分人中沿袭。[2]民间求子有两种情形：一是有女无子；一是婚后不育。这里的求子主要指后者，重点是与巫术有关的求子活动，即求子巫术。[3]

巫觋治病各不相同，例如小儿受惊，观象之后便说明惊吓起因，或摸顶或轻拍小儿，道一声“好啦”，受惊即毕。有的观后，只教人改变院内（或室内）设施布局；有的授人以符或灵物，嘱咐佩戴方法或放置处所；有的则只授人中草药汤剂处方；有的授人自配的药丸或散剂；有的则要设祭焚香跳神；有的直言说明所患病症无须求巫，求医即可。

求巫救治多出于以下情况：久病不愈，病因不明；心悸不已，查实无病；诸事不顺，小病不已。求巫之人，既有老者，也有年轻人；既有农民，也有公职人员。其中以农村中老年妇女为多。巫觋活动在1950年以后被视作愚昧迷信，明令禁止。但受传统文化影响，求巫医病的现象仍然存在。此俗信者较多，有的因此破财误命，毒害较大。[4]

三、医药卫生禁忌

民间洗浣、晾晒有许多禁忌。比如婴幼儿的小衣物禁止晾晒高处，禁止狗猫之类顶披或挠抓小儿衣物；禁止产妇的衣物搭晾甬道上方；禁止女人的内衣为雨水浇淋，禁止女人的衣物（内衣）夜间露天晾挂，尤其禁止她们浣洗于龙泉、龙潭、龙渊等传说的神圣之域。其中不免有歧视女性的习俗残留。

患病民间称“不舒适”“不得劲儿”“不舒坦”“身体不好”；创伤称“碰着了”“招着了”“剐着了”“划着了”；去医院就诊称“找先生瞅瞅”“叫大夫看看”“到医院去一趟”。总之，言语中避讳“病”字，一般言及“病”字，多指重病、急病、身体严重不适。养病称“在家休息”“歇着”“歇假”。即使病愈，大都也讳一个

[1] 邱国珍：《中国民俗通志·医药志》，济南：山东教育出版社，2005年版，第75页。
[2] 淄博市志编纂委员会编：《淄博市志》，北京：中华书局，1995年版，第2210页。
[3] 邱国珍：《中国民俗通志·医药志》，济南：山东教育出版社，2005年版，第88页。
[4] 淄博市志编纂委员会编：《淄博市志》，北京：中华书局，1995年版，第2210页。

“病”字，改称“好了”“没事儿了”“没点儿事了”“全好了”。

探病人忌下午，因下午属阴，不吉利。[1]抓中药时药方不能反叠，否则药与病反，没有功效。抓来的药不准放在锅台、窗台、炕台上。生麻疹和天花时忌生人入门，否则痘疹出不来。[2]

[1] 淄博市志编纂委员会编：《淄博市志》，北京：中华书局，1995年版，第2211页。
[2] 山曼等：《山东民俗》，济南：山东友谊书社，1988年版，第396页。

第六章　岁时节庆民俗

淄博岁时节日可分为传统节日和新兴节日两大类。传统节日包括传统节令和传统节会。传统节令主要有节气节令和农历节令两种，是当今流行最广、影响最大、历史最为悠久的节日形式。传统节会，融宗教信仰、娱乐和经贸活动于一体，在乡村生活、生产中占有重要地位。新兴节日包括公历节日和新兴节会。新兴节会是宣传地方优势、弘扬地方文化、促进地方旅游、提高当地知名度的一种重要手段。

第一节　传统节日

一、春节

古以作物生长的一个周期为一年而举行祭祀和庆贺活动，这是农事习俗的重要部分，主要内容是祭祀鬼神祖先、庆贺丰收、祈求来年风调雨顺。春节是淄博民间最隆重的传统节日，叫“过年”“过大年”，包括除夕、大年夜、正月初一至正月初十这段时间，习惯上前边加上“年”字以强调，叫“年除日”“年三十儿”“年五更”“年初一”“年初十”等。

（一）年前

过春节前，家家户户要做许多准备工作，俗谓“忙年”“备年”。

“扫屋”“除尘”，即择吉日打扫卫生，把屋里、院落收拾得干干净净，清洗各种器具，拆洗被褥窗帘，洒扫门间庭院，拂尘垢蛛网。因“尘”与“陈”谐音，新春扫尘有除陈布新的含义。其用意是要把一切穷运、晦气统统扫出门。要置办新衣、年货，俗谓“赶年集”。要备足过年食品，买鸡鱼肉、海带粉皮、木耳银耳。要炸丸子、烙煎饼、蒸饽饽（馒头）、做豆腐，祈求年年高、全家福。要添置新碗筷，取增添人口意。要劈好木柴、备炊用和守岁用。要购年画，请财神、门神和灶爷像，请人写对联，买爆竹、香、烧纸（也叫“火纸”），给孩子买气球、皮球、摔鞭、拨浪鼓等玩具和糖果、瓜子等“吃头”。已婚者给父母“送年”，旧叫“节仪”“馈节”，旧时多送木柴、肉鱼、米面，现代多送钱；也给亲友送年礼，一般以鱼肉烟酒为主。长者要准备好压岁钱，俗称“叩头钱”“磕头钱”，换成新钞，用红纸包好，准备给未结婚的或者还没有参加工作的孙子辈、外孙辈。

过去生活不富裕，民间过年是“富的过年，穷的拉馋”。本应是一年中大饱口福的日子，但由于生活艰难，喜悦心情受到“好过的年，难过的春”的抑制，甚至直到年前的最后一个集市上，才舍得花钱买点过年必需品，俗称“赶穷汉集”。即使是大户，一般备年也以节俭为主，点到为止。

（二）年三十

古人所言春节是立春，辛亥革命后开始采用公历（阳历）计年，从此把公历的一月一日定为“元旦”，农历的正月初一定为“春节”。而传统的正月初一是“岁之元”“月之元”“时之元”，又称“三元”。在传统风俗中，人们通常以正月初一、二、三为正年，而春节期间的节日活动则从除夕开始。

农历十二月三十为年除日，即除夕，又称“岁除”，有除旧布新之意。这天为一年的最末一天，大尽（腊月是大月）时叫“年三十”，小尽（腊月为小月）时是“年二十九”，但也叫“年三十”，是年节中最忙碌的一天。这一天人们往往通宵不眠，俗称“守岁”。即使常年奔波在外的人也尽可能在除夕之前赶回家，全家人一起吃“团圆饭”，欢聚一堂，共叙天伦之乐。[1]除夕最主要的活动是贴春联、祭祀祖先、吃年夜饭。

古时是用桃木书写郁垒、神荼或钟馗的名字挂在门上，现在除服孝者三年内免贴春联外，不论城乡，家家户户、各部门各单位，都要贴春联。旧时以为除夕日诸神都不在，百无禁忌，穷苦人家没有成婚嫁之礼者都在这天婚嫁。民间有送福、送财神的习俗。叫花子、乞讨者借春节人们求吉利的心理，到各家门户硬性卖“福”字和年画，叫“送福”“送财神”。尽管价格高，但是为了讨吉利，也是为了同情他们，人们一般会很痛快地买下，也有的以“已经请了”为由拒绝买。

祭祀祖先是除夕的一项重要内容。祭祀的形式有多种。有的全家男子衣冠齐整，集合好同一支族的人，带好鸡鱼肉菜、水饺、酒、纸香、鞭炮，到祖坟前祭奠，祭奠时鸣放鞭炮，煞是热闹。除夕下午，大姓人家有凑钱“请家堂”（有的叫“请家亲”）的活动，在街上搭好大棚，挂好写着已逝长者、族人名讳的“家堂轴子”，两边贴上“祖德宗功千载泽，子承孙继万年青”等对联，摆好各家端去的祭品，焚香烧纸，大鸣鞭炮达一两个小时，合族一起祭奠、叩拜，隆重壮观。还有的“请牌位”，即把写着祖宗的牌位摆放在正屋内祭桌上，焚香叩拜，并念叨“爷爷奶奶，回家过年了”。沂源农家人年前要在院子里扎制“天地棚”，用作敬奉天地的祭祀场所，天天“请神”。稍有条件的，天地棚很讲究，要用高粱秸大箔把供桌围起来，很高，前面留门，门两边插带枝叶的竹子，旁边、上边还用柏树枝等作为装饰。年三十晚上，在天地棚前焚烧芝麻秸，“噼噼啪啪”炸响不停，大约本来是用以代替鞭炮的，算是“送神”，但后来成为固定习惯，可能也赋予了“芝麻开花节节高”的意思。[2]

年夜饭之前，沂源农家会在锅内箅子上放年糕、馒头、发面饽饽、豆腐、鱼等食物“押锅”。也有人家蒸豆包、花饽饽等“押锅”。各类食物都有其美好的寓意：年糕寓意年年登高；豆腐寓意都有福，押到圆圆的锅里便是“全家都有福”；豆包寓意都饱；花饽饽象征红红火火；鱼则取年年有余之意。借由这些食物的谐音及寓

[1] 高瑜爽：《拜年方式的变迁及其引发的思考——以山东淄博为例》，《城市地理》2014 年第 18 期，第 252 页。

[2] 张富祥主编：《文化沂源》，济南：山东人民出版社，2021 年版，第 172 页。

意，期盼来年衣食无忧。还有人家“押缸”（水缸挑满水）、“押瓮”和“押囤”，在粮食瓮、囤、缸中装上具有象征意义的食物，祈盼来年不缺粮，度过春荒。又有“发纸马”的祭祀仪式。敬天地诸位神灵，祈求神灵保佑全家诸事如意、身体康健、人寿年丰。年夜饭又叫“隔年饭”，主食一般是水饺，要包三种：荤的，初一早晨吃；素的，子时用；“验岁”的，包上硬币、红枣等，初一早晨吃。菜肴尽量精致，但必须有鸡（取“年年大吉”）、鱼（取“连年有余”）。全家人围坐一桌，喝团圆酒，说吉利话。年饭故意多做，剩下许多，放到囤里，叫“仓仓囤囤，年年有余”，年节中做汤馏饭用。此外，还要朝大门口泼饺子汤，据说门神不让无家可归的亡魂进门，只好让他们在大门外喝口饺子汤。

年饭过后，子女拜长者，家长分给子女守岁钱，叫“分岁钱”；旧有邻居亲朋互请吃年茶、互馈食物、拜年的风俗。傍晚，一些地区在门口放一根长度超过门口宽度的棍棒，俗称“拦门棍”或“拦门棒”，以便拦住财富不外流，阻挡邪魔鬼祟、游魂野鬼入侵。拦门棍直到“破五日”方可去除。“年五更”即大年夜年饭后至子时前这段时间。旧时主要活动有布灯、照天庭、点天灯、放花鞭，现在多是挂电灯，子时放花鞭的习俗随着环境保护政策的推广也逐渐消失。20世纪80年代以来，人们在除夕夜多观看中央电视台春节联欢晚会。大部分地区还保留着守岁的风俗，除夕夜灯火通宵。年长者守岁为辞旧岁，有珍爱光阴的意思，年轻人守岁是为延长父母寿命。

除日、除夕夜还有一些禁忌。请神祭天，人、物必须齐全，取人团圆、财完整之意，请来神祇后，供桌两边的座位不得占用，不得与祖先争位；要讲吉利话，谚曰“大年五更死了个驴，不好也要说好”；禁止高谈阔论、喋喋不休，禁止呵斥孩子，更不得骂人打人，还不得高呼孩子的小名，否则就是对祖先不敬，破坏了祥和气氛，或为门外游魂听到，降祸招祟；不得打碎碗盆，如果不慎打碎，要悄无声息地扫除，扔到井里，即使遇到熟人问话，也不准张口说话；有的地方把打碎东西说成“卖了”，以讨“换了钱”的口彩。

（三）年初一

大年初一即新年第一天，古称“元旦”“元日”“上日”“朔日”“元正”“正日”，也称“三元”“三朝”。迎新仪式大多从子时开始。旧时大年初一清早，人们会用桃枝水洗脸，不仅对皮肤好且寓吉祥如意。也会把桃条和艾草卷在一起，插在门上，意在驱鬼辟邪。[1]

大年初一第一项活动是祭祀天地诸神与祖先。祭祀时要放鞭炮，有谚曰“谁家放得早，谁家过得好”。远近鞭炮声噼啪不停，及至子时更是遽然响作一团。大人们下水饺，祭奠，小孩们放鞭炮。放鞭炮旧时为惊山魈、驱凶秽，现今多为增添喜庆欢乐气氛。

[1]高瑜爽：《拜年方式的变迁及其引发的思考——以山东淄博为例》，《城市地理》2014年第18期，第252～253页。

放完鞭炮之后，便吃新年的第一顿水饺。人们常常包入花生、枣、栗子、钱币、糖块、麸皮，祈求早得子、多得子，人丁兴旺，生活幸福甜蜜，发大财，有福气。民间煮饺子时忌讳吹冷风，所以不拉风箱，全凭柴烧。俗语“人家发旺，全凭烧上”，指的就是这件事。烧柴讲究烧芝麻秸秆，芝麻秆燃烧时悦耳的响声，好像一连串发财的“发”声，寓意芝麻开花节节高。下水饺时，不说“碎”“烂”“破”，而说“挣了”“挣了不少”，还故意弄碎几个，以讨口彩。沂源农家也吃包子，“大年初一吃包子——没外人”，年初一的包子，带着满满的祝福与对幸福生活的企盼。[1]桓台地区还有一些禁忌，如：饺子忌肉馅，素馅取“一年肃（素）静”之意；忌大声说话，以免惊扰神灵；忌冲人磕头跪拜，磕头时正房面向北，东西厢房面向正位；忌泼水扫地倒垃圾，泼水即破财，不吉利；忌干家务活，否则会一年劳碌；忌摸窗台，否则会长疙瘩。[2]

拜年是春节期间最重要的活动。[3]大清早，大人小孩，男男女女，穿上最漂亮的新衣，出门拜年，尤其是姑娘媳妇们，三五成群，花枝招展，争奇斗妍，头插绢花、扎红布绳，以示红火。人们先拜长辈、领导，后拜四邻、同事，长辈便把备好的压岁钱分给晚辈。农村一般家拜，自家人中小辈给长辈磕头。民间有“大年下的头，马虎不得”的说法。一人一拜，既不能一次呼两位长者的尊称，不能同时给两位长者磕头，也不能两人同时给一位长者磕头。这叫“大年下的头，一个磕了一个磕”。然后给本村未出五服的长辈拜年。进院要先拜神祖或家谱，然后再给长辈磕头，这是近拜。还有远拜，即本村亲朋好友之间的互相拜年，只拜人、不拜祖。而单位则是团拜，同事三五成群，互至家中拜年。种种民间文艺也开始走街串巷，进行演出，如杂耍、高跷、旱船、龙灯等。随着生活水平的提高和社会的进步，拜年的方式也有新变化，由走门串户拜年到寄送贺年卡拜年、电话拜年，近些年又发展为手机短信拜年、网上拜年。以前农村一般请戏班在大年初一晚上排演节目，或放电影、演皮影、扭秧歌、跑驴，现今多以看电视替代。

（四）年初二及之后

大年初二各地的主要活动是走亲戚。旧时讲究“初二姥娘初三姑，初四初五看丈母”，并且“正月礼，薄起纸”，现在则大多初二初三“过丈人家”，礼须极厚。岳父岳母则需要准备好丰盛的饭菜，并且中午吃饭时还必须有“杂烩汤”，即把大年三十晚上特意多煮的水饺、冬瓜、炸肉丸等做好的食材一起下锅熬煮成汤，以取年年有余之意。[4]

年假制度实行之前，一般单位于大年初三开始上班，鸣放鞭炮，来一个“响”

［1］张富祥主编：《文化沂源》，济南：山东人民出版社，2021 年版，第 173 页。

［2］周飞舟、巩曰国主编：《文化桓台》，济南：山东人民出版社，2021 年版，第 322 页。

［3］高瑜爽：《拜年方式的变迁及其引发的思考——以山东淄博为例》，《城市地理》2014 年第 18 期，第 252 页。

［4］高瑜爽：《拜年方式的变迁及其引发的思考——以山东淄博为例》，《城市地理》2014 年第 18 期，第 253 页。

头，但公事很少，主要是上下级、同事之间互拜晚年，加深情谊，联络感情。农村仍以走亲戚为主，不再禁忌清扫庭院、汲水，但必须给水神、泉神、路神烧纸钱。正月初五俗称“五末日”“五马日”，此日一天不烧不烙，这天也叫“破五”，从这天起人们开始各项营生，商店多在这天开门营业，为开市大吉。正月初七为人日，叫“人七日”，俗称“人情日”。旧时居民此日吃各种野菜做的小豆腐。淄川这天吃小豆腐时，一边吃一边用筷子或细楮棒欻（捣）墙角旮旯，同时念道“楮棒欻，楮棒欻，十个老鼠九个瞎，脑子欻成豆腐渣”。据说吃小豆腐象征吃老鼠脑，这一习俗反映了人们清除鼠害的强烈愿望。现在多已不过此节。[1]正月初八为谷日，传说此日天晴，则五谷丰登。正月初十为石头生日，这天不能动石头及碾、磨、石臼、捶布石等石制器物。

二、元宵节

正月十五为元宵节，俗称“十五”。道教称之“上元”，与七月十五的“中元”、十月十五的“下元”分属天地水三官的诞辰，是春节之后的隆重节日。淄博人有做元宵、送元宵、吃元宵的风俗。民众习惯称元宵节为“灯节”，元宵节看花灯的习俗由来已久。[2]旧时多以灯卜丰歉，灯节为十四、十五、十六共三天，十四主麦，十五主谷，十六主豆，“正月十五雪打灯，当年有个好收成”。民国时期规定，十四试灯，十五正灯，十六残灯，这一习俗在淄博至今保留。

元宵节的主要活动是放灯。各地的灯种类繁多，各具特色。以制作材料而论，主要有面灯、萝卜灯和彩灯三类。面灯、萝卜灯以沂源县为典型代表。面灯也叫“面盏”。民间有十五蒸灯的风俗，灯用白面或豆、米面捏制。有生肖灯，兔、牛、猪、蛇等，栩栩如生，以寓人丁兴旺。有岁灯，按家中长者年龄捏制，以祈寿。有月灯，捏十二个，代表二十个月，以卜水旱，一月的面灯在周边捏一个鼻儿，二月的捏两个鼻儿，依次类推。将做好的月灯摆入蒸笼中，蒸熟后马上出锅，哪一个灯盏水汽大、水多，哪一个月的雨水就多，这叫“试灯”。此外，还蒸三个大面灯，用蒿草秆缠上棉绒插入中央为芯，注入香油或花生油，放在供桌上，然后看烬花，如果成颗粒状，就代表今年收粮食，旧叫“灯花卜”。在蒸灯时，也蒸面虫（盘龙形状的面点，谓之“神虫”“圣虫”“面虫”）或面蚕，以卜桑蚕事。萝卜灯用萝卜做成。彩灯用纸、绢、纱、帛等材料为表，以竹、木或钢线等材料为骨架扎制、裱糊而成。彩灯大都由集体、单位扎制，晚间在热闹场合扎灯棚挂之，取丰登之意，形成灯会。彩灯多有灯谜，旧时猜谜叫“打灯牌”。

围绕灯节，民间有不少讲究。如果这天夜里无风，叫“收灯”，象征当年丰收。女子禁观娘家灯，不准在娘家过元宵节，俗称“看了娘家灯，要死老公公”，但也有些地方相反，女儿在这夜专门到娘家躲灯。

还有正月十五捏生肖灯的风俗，民间称“捏属儿”（捏属相）。用黄豆细面作

[1] 淄博市志编纂委员会编：《淄博市志》，北京：中华书局，1995 年版，第 2206 页。
[2] 王培源主编：《文化淄博》，济南：山东人民出版社，2021 年版，第 181 页。

捏生肖的材料，生肖造型以小巧玲珑为主，姿态或立或卧或奔或飞，都靠即兴发挥。但是，无论怎样的造型，都要设计安排上一些蔬菜的种子和叶子，用以象征五谷丰登。每一个生肖的背上都背一个灯碗，碗中盛油，再插上一根缠着棉絮的小棍儿，俗称“灯捻”“灯芯”。灯碗的形状有区别：马和猪驮的是元宝碗，求“金驹银猪驮宝来”的吉利；其他生肖驮十二花瓣灯碗，象征一年四季十二个月。捏生肖的规矩是按家庭成员的属相，给每人捏一个，到正月十五夜里盛在盘子里一齐点燃放在堂屋里，大家围着观看，希望爆出灯花，灯花越大越吉利，预示着新年大丰收。习俗相传，谁的生肖灯燃的时间最长，谁就会有好运气，又能高寿。近年捏生肖改用白面，样子更加好看，已不加灯碗，也不再点燃，欣赏之后，分而食之。

元宵节的另一项重要活动是放烟花，烟花也叫“焰火”，放烟花俗谓“放花”“放百花”“燃火树”。元宵节还有一些娱乐活动，俗谓“玩要”“故事儿”，其中主要是锣鼓队、踩高跷、赶毛驴、舞龙狮、打花棍、跑竹马、撑旱船等。人们扮演八仙过海、西游记、丑媒婆、洞宾戏牡丹、姜老背篓、牛头马面、蛇神鬼脸等故事，大多插入一些乡间风情，自编自演，随机应变，惹人发笑。桓台县乌河村村民爱放烟花，西南部村民则多扮高跷、旱船、杂要。[1]

元宵节这天，许多地区还举办庙会。淄川地区有铜鼓表演，如有名的商家大鼓、磁村花鼓。周村正月十五民间扮玩活动兴盛，历时七天。各家字号门前张灯结彩，高跷、芯子、龙灯、旱船等一家比一家精彩。商业的发达也产生了一些独特的艺术形式，如“周姑子戏”。另外还有在露天集市演出，供普通百姓娱乐的“杂要”“玩藏掖”，在商号门前表演要吃要钱的“砸牛骨头”的数来宝等。[2]最有名的当数周村芯子，周村芯子表现形式往往与表演内容有关，表演内容会影响扮演角色的人数和表演造型。周村芯子的表现形式大致可以分为桌芯子、抬芯子、撅芯子、车芯子等几种类型，每种类型又可分为单人芯子、双人芯子以及多人芯子等。芯子表演的组成是一支庞大的队伍，十六个人轮流抬着一架装饰好的舞台，根据表演内容的不同有各自的名称；芯子表演也不仅仅只有一台芯子，其还有固定的组成部分。周村芯子表演队伍一般由四部分组成，一台芯子配一架旋络、一支锣鼓队以及一个招子。[3]民国年间，每年元宵节的正月十四至十六，周村附近村庄都扮演杂要、芯子等进城表演，抗日战争时期停演。新中国成立后，这种活动逐渐恢复。1979 年元宵节，芯子多达六十余台，旗、伞、扇和锣鼓摆设数十里长，声势浩大，阵容可观。[4]在周村芯子的影响下，临淄区也出现了阁子里芯子民俗活动。

“吹牛”闹元宵，是以一个村的一角为单位，组织成伙，以锣、鼓、唢呐、三弦、二胡等乐器组成乐班，由两人展示一块画着一头大牛的画布，吹吹打打向另一角挑

[1] 山东省桓台县史志编纂委员会编：《桓台县志》，济南：齐鲁书社，1992 年版，第 685 页。

[2] 邓永才：《浅谈鲁中商埠文化即周村古商城商贸习俗文化》，《大众文艺》2014 年第 2 期，第 18 ~ 19 页。

[3] 曲乐祯：《周村芯子的民俗志研究》，中央民族大学硕士学位论文，2018 年，第 32 ~ 40 页。

[4] 朱丽霞主编：《文化周村》，济南：山东人民出版社，2021 年版，第 194 页。

战，到预定地点后，乐队在大牛画布后大吹大擂，演员在画布前大摇大摆地表演。这时，对方派出代表谈判，说明自己演出的时间与地点，表示应战。若无力应战，就被“牵牛”，即大牛画布被卷走，这在民间被视为很不体面。[1]

在张店区傅家镇宋家村，有一种流传近百年的民俗表演——抡铁花。数不清的铁花从吊笼中飞溅出来，像无数燃烧的流星，又像火烧的海浪，层层叠叠，煞是好看。宋家村抡铁花始于明崇祯年间，与燃放烟花爆竹不同，抡铁花的原料是木炭和铁屑，经过高温充分燃烧，现场几乎看不到烟雾，减少了污染，但喜庆的味道却一点没少。[2]这也成为村民元宵节的重要娱乐方式。旧时高青县这天还有午夜（零时整）测杆影以定旱涝的习俗，其法为：竖一尺之杆，若影小于五寸则旱，若影大于五寸则涝，旱涝程度随影之长短而定。[3]

正月十六是元宵节的继续，农村叫“闲闲日子”，俗称“十六日”。主要活动是“走百病”，即郊游：爬山、过河、走桥、踏青田、入寺庙。旧时郊游都有一定的去处和讲究。不少地方这天把出嫁的女儿接回来，俗称“叫闺女”“叫客”。叫闺女必须是娘家的人亲自到婆家去接，一般是兄弟、姐妹、侄子。旧时平原富裕人家套马车，山区则赶毛驴，后多用独轮车、自行车。但闺女在娘家一般不能超过二月二。出嫁三年之内的闺女年年必叫。现在则不讲究住多长时间。

踩桥会是临淄西部的传统年俗，约有两百年的历史。每到正月十六，四邻八乡的百姓会到乌河七孔桥踩桥祈福，在桥上走三个来回，祈求一年无灾。据说“踩踩七孔桥，一冬不冻脚，一夏热不着”。踩过了桥，人们才认为把年过完了。出嫁的姑娘回娘家，会来乌河七孔桥踩桥，据说能给婆家和娘家都带来福气。[4]此外，人们还在七孔桥两边进行商贸和民间游艺活动。关于其起源，当地有三种说法：一是唐朝时某年正月十六，百姓成功惩治了桥东北元和寺欺男霸女的恶僧；二是明代万历年间，百姓成功战胜了一个阻挠建桥、祸害百姓的坏和尚，怕他阴魂不散，正月十六这天上桥踩他的魂魄；三是清朝康熙年间，王家桥武进士王友询的母亲是百岁寿星，正月十六看桥，百姓为一睹其风采，也为了沾点喜气、长命百岁，也于正月十六来看桥。[5]

此外，还有挑河水把五种颜色的粮食煮成稀粥（“五色饭”）的风俗，据说吃了“五色饭”不患头痛症。少女则有攒米做“乞巧饭”的风俗。少女挨家挨户讨米，凑足百家米，自带炊具到河边淘米野炊，巧饭做成后，先祭河神，再喂鱼虾，最后大家一起吃。

旧俗讲究正月里不剃头，说“剃头死他舅”。现在正月十六就可以理发，中小

[1] 张士闪主编：《春节·山东卷》，北京：光明日报出版社，2014 年版，第 125 页。

[2] 淄博市张店区融媒体中心：《今日张店》，2019 年 2 月 21 日，淄博市张店区融媒体中心官方微博，https://m.weibo.cn/3703679100/4342053687407281。

[3] 高青县地方史志编纂委员会编：《高青县志》，北京：中国社会出版社，1991 年版，第 506 页。

[4] 王培源主编：《文化淄博》，济南：山东人民出版社，2021 年版，第 183 页。

[5] 白云翔主编：《文化临淄》，济南：山东人民出版社，2021 年版，第 271 页。

学开学也多在正月十六前后。

三、端午节

农历五月初五为端午节，又称“端节”“端阳”“端五”“重午”，也叫“天中节”“女儿节”“诗人节”。端午节早上，几乎都吃粽子和鸡蛋。粽子中多包上枣，因此又称“枣粽子”，有白米和黄米两种，粽子叶多用宽苇叶。桓台地区亲友间互赠粽子，取其谐音“增子”。[1]端午节煮鸡蛋吃也有说法，有说此日吃鸡蛋不腰痛，有说煮熟鸡蛋趁热在小孩肚子上滚动可以预防肚子痛。沂源人又有端午节缝荷包的习俗，将艾叶加香料、雄黄等，用裁剪成各种形状的花布包起来，用绣花线缝制成形态各异的荷包，有桃形、心形、圆形、元宝形、公鸡形等形状，名“香荷包”。在香荷包的两侧缝上红绳，套在小孩子脖颈上，悬挂在胸前，据说有驱虫避邪的功能。[2]

这天淄博普遍有插艾的习俗。鸡未鸣时早起采艾，将其插在门口。旧时还有许多地方撒雄黄、龙黄（即硫黄）于屋内墙角、窗台、食物贮存处及厨房，以防害虫，熏蛇、蝎等毒虫。各地在端午这天都给儿童的手脖、脚脖或手指上缠上五色线，叫“长命缕”“拴命线”“五丝”，旧称“五索”。

农村在端午节举行大规模的祭祀活动，其中有祭祀蚕姑的仪式，即在蚕姑像前，供上鸡蛋水饺，焚香烧纸，祈求蚕茧丰收。

四、中秋节

农历八月十五为中秋节，称“八月半”；因在三秋之中，又称“仲秋节”；此日家家都盼人月同圆，归宁的妇女必须回婆家过节，故又称“团圆节”。古人以中秋八月十五为“月夕”，与仲春二月十五“花朝”对应，至时祭月、拜月、赏月。

月饼又叫“团圆饼”，是中秋节的象征物。旧时的月饼，主要是家庭自做，或自备饼馅请糕点铺代做。根据制作工艺，可以把月饼分为酥皮和提浆两种。现在人们不再自做而是购买月饼，月饼种类也越来越多，主要有：广式月饼、苏式月饼、徽式月饼、港式月饼、台式月饼、京式月饼、滇式月饼、冰激凌月饼等。除了自食之外，还要馈赠亲友。淄博中秋节前串亲习俗十分普遍，礼品主要是月饼，此外还有鸡、酒、水果等。送月饼一般给长辈、朋友、老师，并且有个说法，只要送开了头，每年八月十五都得送。节前亲友就相互赠送月饼、水果等礼品，是旧时“追节”（指定婚后男方按节馈送礼物于女方）习俗的演变。

旧时，仲秋之夜，人们有拜月、赏月的习俗，在庭院中对月设香案，摆供品，称“祭月”。拜后分食，合家欢宴赏月，谓之“圆月”，以示全家团圆。[3]月属阴，故拜月者多为妇女，有“男不拜月，女不祭灶”的说法。拜月之后，全家人便吃月饼赏月，叫“圆月”或“玩月”。有的地方召集乡邻共饮，或亲友相聚，常通宵达

[1] 周飞舟、巩曰国主编：《文化桓台》，济南：山东人民出版社，2021 年版，第 323 页。
[2] 张富祥主编：《文化沂源》，济南：山东人民出版社，2021 年版，第 167 页。
[3] 淄博市志编纂委员会编：《淄博市志》，北京：中华书局，1995 年版，第 2208 页。

旦。现今祭月、拜月、赏月风俗已渐淡化，多是各家备酒宴欢度。沂源地区有请未过门的儿媳妇共庆佳节的习俗。[1]

农历八月十五民间也叫“人节”，一般不上坟祭祖。民间还有以中秋节天气卜农事的风俗。是日晴，则主旱，谚语“八月十五下一阵，旱到来年五月尽”，即讲一直旱到来年五月底。是日明，则来年高田熟，低田水，无雨则冬晴；是日东北风，则来年丰；西北风，则来年歉。故有谚曰：“八月十五云遮月，正月十五雪打灯，来年一定好收成。”

五、其他

（一）二月二

农历二月初二，俗谓“龙抬头”，又“二月二，龙抬头，大家小户使耕牛”，俗谓“春耕节”，此日有“引龙”、打囤、开耕、“剃龙头”、煎饼熏虫、击梁辟鼠、炒豆报捷等民俗。[2] 20世纪80年代前，这一天传统习俗活动还有很多，但挑菜、迎富之俗已不多见，只剩下炒蝎子爪了。

引龙，也称“引钱龙”“引龙迦”“引龙填仓”，以前盛行一时。把灰从大门外蜿蜒撒入厨房，然后围水缸一周，谓“引龙”，也有用糠撒到井里，再用灰由井撒入室的。这一是表示增加财富，二是让惊蛰后各种害虫都不敢出来。

打囤，也叫“打灰囤”“围仓”“围仓囤”，即用过年（春节）到正月十五期间烧成的草木灰在场院、院落内撒成若干仓形的图案。清早用簸箕盛灰，以木棒轻敲簸箕舌头，使灰慢慢落地成1.5寸宽的灰线，边打边走，围一圆圈而成，名“囤”或“仓”。然后在囤仓里再放些许五谷杂粮，也有的先挖一小坑，再放入粮食，象征粮仓，上覆石砖瓦，第二天看什么种开嘴发芽，今年就多种这种粮食。

高青县这天有煎食正月糕寓意除虫、用杖击梁寓意避鼠之俗。[3]这天把正月留下的年糕煎成饼状吃，叫“煎糕熏虫”，也可煎一般面饼。这天敲敲房梁惊吓老鼠，就是“击梁辟鼠”。现在有些地方还敲房梁、床边或瓢头辟虫，说“二月二，敲房梁，蝎子蚰蜒无处藏”“二月二，敲瓢碴，蝎子蚰蜒双眼瞎”。

现在还流行二月二炒蝎虫，取炒死蝎子之意，全家分食或送人。炒蝎虫又叫“炒蝎子爪”“炒蝎豆”，也就是炒豆粒。用黄豆炒制，有甜的，有咸的。甜的沾上糖面，咸的在盐水中泡过，香脆可口。新中国成立前，家有属龙者，炒蝎豆须避开初二，以免降灾属龙者，此俗历久不衰。[4]

桓台县又称这日“春龙节”，俗称“填仓日”。民国时期，农家黎明前在院内撒灰圈，内放杂粮，谓“五谷囤”，象征五谷丰登。节前做芝麻面饼，切成菱形碎

[1] 张富祥主编：《文化沂源》，济南：山东人民出版社，2021年版，第168页。
[2]（淄博）城市生活家：《淄博齐国故都“龙抬头”民俗活动，很热闹！》，2019年3月9日，淄博记事本微博，https://m.weibo.cn/3363769054/4347862441971159。
[3] 高青县地方史志编纂委员会编：《高青县志》，北京：中国社会出版社，1991年版，第506页。
[4] 山东省淄博市张店区志编纂委员会：《张店区志》，北京：中国友谊出版公司，1991年版，第609页。

块，文火烘干名为“萁子”。20 世纪 80 年代，炒豆萁之俗盛行。[1]

二月二这天一早，沂源农家人在簸箕里扒上草木灰，用木棍敲打簸箕一侧，“嗒嗒嗒嗒”“嘭嘭嘭嘭”，声音时高时低、时急时缓、时断时续，围着住宅一周撒上草木灰，俗称“护宅灰”，驱恶祛邪。[2]

二月二还有不少忌讳。妇女不动刀剪针线，怕戳了龙眼。还有人把二月二当作土地神的生日。土地老爷在民间是小神，由于亲近民众，多不受尊重。

（二）三月三

在淄博三月三是“小媳妇节”。新媳妇节前回娘家，三月三回婆家要带回许多面塑的燕子，广送他人。面燕子各种各样，个个彩绘，因巧手所做，人得之不忍食，往往放置柜头为饰物。淄博民歌《三月三》，描述亲戚之间互相走动：“三月里，三月三……姨娘捎信叫外甥，妮呀你听分明。听见她姨娘叫，俺心里喜盈盈。有心去打扮，来到绣房中。拉下盘腿杌，坐在正当中。”

（三）过半年

农历六月初一，农村多用新麦磨面包饺子或擀面萁敬天祭祖，意在感谢苍天赐福取得夏季丰收。桓台居民此日祭祖，意在让祖先看到后人的劳动成果和“尝鲜”。[3]

（四）六月六

在沂源，六月六是山里人祭祀山神的日子。这天在庙前摆放供品，烧香烧纸磕头并虔诚祈求：“山神爷，请保佑林木旺盛、山果丰收，管好您的狗（据说狼是山神的狗），不要伤人和糟蹋牲口。”这天祭完山神，人们便在山上杀羊会餐。沂源还有地方习惯称六月六为“伏羊节”，农家人杀羊过节，冬病夏治。山村农家人则习惯这一天吃凉面，将玉米面、小米面、地瓜面上锅炒熟，凉开水放白糖，加炒面冲着喝，为山里人热季自制的凉饮料，有防暑、降温、健脾胃之功效。也有农家吃凉面条，防暑降温。六月六也是山里放牧人的节日。主人为放牧人做顿好饭，犒赏烟酒、雨具，表示节日慰问，鼓励或鞭策放牧人勤谨放养、看护牲畜，有“一年添一群，都是聚宝盆”之意。[4]

此日群众还有吃炒面之俗，即把新麦炒熟磨成面粉，用水和红糖调食，俗称“吃炒面”，传说吃了夏天不拉肚子，去暑气。[5]

（五）乞巧节

七月初七是乞巧节，又称“七夕”。民间传说七夕为牛郎织女双星鹊桥相会之日，故也称“双星节”“情人节”。乞巧，就是女子们用瓜果祭牛郎织女，向织女求巧工，希望能像她那样巧于女红，有一流的刺绣、缝纫技术，织出云朵般的锦绣。旧

[1] 山东省桓台县史志编纂委员会编：《桓台县志》，济南：齐鲁书社，1992 年版，第 686 页。
[2] 张富祥主编：《文化沂源》，济南：山东人民出版社，2021 年版，第 164 页。
[3] 淄博市志编纂委员会编：《淄博市志》，北京：中华书局，1995 年版，第 2207 页。
[4] 张富祥主编：《文化沂源》，济南：山东人民出版社，2021 年版，第 168 页。
[5] 淄博市志编纂委员会编：《淄博市志》，北京：中华书局，1995 年版，第 2207 页。

时各地有各种各样的乞巧仪式。高青的乞巧活动比较简单，为陈列瓜果乞巧，第二天早晨见有蜘蛛结网于瓜果之上，就算乞到巧了。乞巧节的饮食，一般是面条、水饺、馒头或烙果子。

“天上银河，地上沂河。”这是流传于沂源县的一种民间说法。[1]据记载，沂源县燕崖乡大贤山东麓的织女庙和隔沂河相望的牛郎庙，于隋唐时期开始修缮，官府与民间捐款献物保护牛郎织女庙，直至清末从未间断。年年七夕，这里搭台唱戏，布置庙会，锣鼓欢腾、市肆繁荣。村镇、族户、街巷各自派出“香社”（信众组织）来到大贤山挂单朝圣，虔诚之至。

（六）中元节

农历七月十五为中元节，是三冥节之一。是日，城隍出巡，主要祭祖先和孤魂，所以又叫“鬼节”；因供品中必须有瓜，也称“瓜节”。淄博地区以祭祖为主，淄川、博山等多地旧县志都记载了当地中元节荐新祀先的传统。[2]中元节祭祖的习俗至今在农村很普遍，一般是在午后或傍晚带着祭品上坟祭祖。祭品为水饺、瓜果。淄川地区把祖先请进家来祭祀，家家在大门顶上插五谷穗子，或以瓜果谷秫黍麻数茎置于祭桌一角，据说五谷为马，祭祀完毕后，祖先骑马回去。此外，淄川也祭五谷神。桓台农村户户设家祭，拔高粱、谷子、芝麻各两棵，用小儿带的五色线捆在一起，携供品到街头或巷口祭奠。回家后，将捆的五谷抛至大门上，可保佑五谷丰登。这种在家或到郊外祭祖的习俗一直流传。[3]

新中国成立前，淄博有在水池里放河灯、演戏的习俗，一般是大户人家集资请人演戏、放河灯，目的是祭祀无主孤魂和意外死亡者。[4]现在，博山孝妇河、桓台马踏湖等水源比较丰富的地方，还有放河灯的民俗。博山人每年七月十五会在孝妇河的南关桥和西关桥放河灯，以超度被洪水淹死的人。桓台马踏湖附近的人为纪念教群众种庄稼的神女，有在农历七月十五放荷灯的风习。所放荷灯，有的用莲花瓣做成，有的用纸扎成，灯盏里放上蘸了油的花芯子，点燃后放在水中，能够顺水漂走。颜色有白、粉、红、绿、紫诸色，绚丽斑斓，有荷花苞灯、含苞待放灯、怒放的莲灯、哪吒闹海灯、凌波仙子长袖舞灯等。放荷灯前，还要举行简短的仪式，放灯时锣鼓喧天，鞭炮齐鸣。此外桓台马踏湖附近的人还认为七月十五定旱涝、八月十五定丰歉。在没有旱涝灾害的年份里，湖区百姓选在七月十五这天放河灯，借以答谢老天赐下风调雨顺、物产丰盈、吉祥顺意的好年景。[5]

---

[1] 砍柴艺术观：《探访牛郎织女传说起源地——山东沂源》，2022年8月4日，搜狐网，https://www.sohu.com/a/574261113_121119379。

[2] 中元节内容部分参见刁统菊、赵容：《山东中元节节俗述略》，《云南民族大学学报（哲学社会科学版）》2015年第3期，第60、62页。

[3] 周飞舟、巩曰国主编：《文化桓台》，济南：山东人民出版社，2021年版，第323页。

[4] 刁统菊、赵容：《山东中元节节俗述略》，《云南民族大学学报（哲学社会科学版）》2015年第3期，第65页。

[5] 王培源主编：《文化淄博》，济南：山东人民出版社，2021年版，第183页。

在沂源，中元节又被人们认为是吃羊肉的日子，意在补秋膘、强身健体。有条件的人家杀羊或合伙杀羊过节，邻里间“随份子”。[1]

（七）重阳节

农历九月初九为重阳节，《易经》把“九”定为阳数，九月九日，日月并阳，两九相重，故称“重阳”，亦称“重九”“九日”。[2]因与“久久”同音，九在数字中又是最大数，有长久长寿含意，且秋季为收获季节，寓意愈发深远。

民间重阳节以糗黏糕、做花糕为主要活动内容。有俗语说“九月九，家家糗（炒熟的米或面等），谁家不糗过不有”。黏糕用黍米、黍谷子加红豆、花生米、大枣、地瓜等，糗得稠而不干，用筷子夹食，吃时还可以加点白糖。花糕双层者夹枣栗之类的果品，单层者把枣粟插在面上，插上五色小旗，谓“花糕旗”。有的面上塑两只羊形，取重阳之象，谓“重阳花糕”。重阳吃花糕，意在“吉祥如意，百事皆高”。

旧时，染坊在九月初九祭祀染布缸神。缸神为梅福和葛洪，人尊为仙翁，祀于二仙宫。民间则有刻印的神像，上绘制一文官打扮人物，旁题财神，下为作坊劳动情形，中印“梅葛”二字，但却不出现二人形象。酒坊也在这天祭酒缸神——杜康。博山一带用绛囊盛茱萸系于臂上以禳灾。此外，农家还以重阳的阴晴来占年成，有谚云：“重阳无雨看十三，十三无雨一冬干。”说这天“下雨则年丰，无雨则冬旱”，不利于小麦过冬保苗。

（八）腊八节

腊月初八为腊八节。传说释迦牟尼曾晕倒在菩提树下，被放牧女童发现后用牛奶煮粥喂活，醒来便得道成佛。后来，教徒为纪念他成道，遂定此俗，即“成道节”。淄博人过腊八节，家家户户煮腊八粥，腌腊八蒜。腊八粥，也叫“佛粥”，据说吃腊八粥增福。一般用八种粮食和果品制成，其中必不可少的是大枣和栗子。“枣”谐音“早”，“栗”谐音“力”，就是早有力气，早下力气，争取明年五谷丰收。做腊八粥时，要做得稠而且黏，“黏”谐音“连”，取连年丰收之意。在桓台县，清末民初，塾师放学，农家户户用黍米加大枣、小豆等做糕，称“腊八糕”。20世纪50年代起，盛行食糕饮酒。[3]腊八节正值隆冬，天气寒冷，俗语言“腊八腊八，冻死叫花”，旧时地主过了腊月初八才辞退长工，临别赠以腊八糕。旧时还有在这天酿酒、酿醋的习俗，也有在这天剃头的习俗。大多这天开始准备年货，蒸制食品，旧时私塾也在这天放假。

（九）过小年

农历腊月二十三，民间俗称“小年”，传为送灶君上天言事之日，故又称“辞灶”。农家多以谷草、大豆置于灶前，表示给灶君喂马，好让灶君骑马上天，一路顺风。灶君像前供杂面、糖瓜（意在粘住灶王的嘴，甜了他的心，他上天不说坏话），并

[1] 张富祥主编：《文化沂源》，济南：山东人民出版社，2021年版，第168页。
[2] 张富祥主编：《文化沂源》，济南：山东人民出版社，2021年版，第168页。
[3] 山东省桓台县史志编纂委员会编：《桓台县志》，济南：齐鲁书社，1992年版，第686页。

口念："上天言好事，回宫降吉祥，少说是非话，多带五谷粮。"供罢即将灶君像撕下，与纸钱、谷草一起烧掉，意味着送灶君上天。民谣云："二十三，糖瓜粘。"[1]至春节方重新贴灶君像。淄川在辞灶之后还有卜灶的习俗，即悄悄外出听人说话以为休咎，此为古代镜听占卜之遗。现在此风已止，唯吃杂面、糖瓜之俗尚存，同时家家户户开始置备年货。外出者多在此日回家。[2]

小年以后，家家户户开始忙年。辞灶后，据说诸神上天，百无禁忌，家贫不能成礼者多在这几日嫁娶，谓之"乱岁"，故有谚语云："管他有钱没钱，娶个媳妇过年。"现今农村仍多在年底结婚，或是这种风俗的一种反映。

第二节　节令节气

二十四节气准确反映了自然节律变化，在人们日常生活中发挥了极为重要的作用。它不仅是农耕生产的时节体系，更是包含丰富民俗事象的民俗系统。每个节气均有其独特的含义，蕴含着悠久的文化内涵和历史积淀。

一、立春

立春，俗称"打春"。传统算法，大寒以后 15 天，斗指东北，谓"立春"。立春有时在正月，有时在腊月。因为人们重视农耕和节气，就做个春牛，用鞭子抽打，打破春牛肚子，抢食点心，俗谓"打春牛"，后简称"打春"。

立春是古代的重要节日。据史书载，早在周朝时就有以土牛庆贺立春的活动，至明清两朝更为热闹，现在此民俗已经基本消失。旧时各地先从扎制土牛、芒神开始。土牛由胎骨和泥皮两部分组成。胎骨用桑柘木，身高 4 尺，长 3.6 尺，头至尾长 8 尺，尾长 1.2 尺，喻四时、八节、十二个月、三百六十日。然后是迎春。迎春之俗，至今还有影响。立春这天，一般要到野外走动。接下来便是"观春"。人们从芒神和土牛的排列前后次序上，看当年农事的早晚，谓"观春"。如果立春在腊月望，则神在牛后，鞭（用柳枝长 2.4 尺做成，喻二十四节气）及牛肩，以示农作早；在腊月晦或正月朔，则神与牛齐，鞭及牛腹，以示农作中；在正月望，则神在牛前，鞭及牛膝，以示农作晚。芒神也称作"句芒"，它戴帽则示春暖，光头则示春寒，穿鞋则示春雨多，赤脚则示春雨少。观春时，一些怀抱小孩的人，可以向土牛身上抛撒大豆，据说这样做可以使孩子少出痘疹。

最后就是立春仪式的高潮——"打春牛"，即鞭打泥塑的春牛。先由官吏象征性地鞭打土牛三下，以示劝农之意，向芒神揖退。接着衙役等人把土牛打碎，人们便争抢打碎的春牛土，叫"抢春"，以抢得牛头为吉。为了讨喜钱，乞丐们还有"送春"的风俗，制小春牛遍送缙绅家，击鼓鸣乐，乞求主人赏钱。打春牛习俗今不多见。立春之日，农家仍将闲歇一冬的耕牛，牵到地头上，象征性地犁一下地，俗称

[1] 周飞舟、巩曰国主编：《文化桓台》，济南：山东人民出版社，2021 年版，第 324 页。
[2] 淄博市志编纂委员会编：《淄博市志》，北京：中华书局，1995 年版，第 2208 页。

“打春试牛”。

立春这天，各地保留着古代“咬春”“尝春”的习俗。用带辣味的蔬菜作“春”的象征，“咬春”，就是吃生萝卜，以脆嫩的青萝卜为上，最好是绿皮红心的“心里美”，意为春天没劲，浑身困乏，咬一口“春”，便可以消除春困。但是，“打了春的萝卜立了秋的瓜，死了老婆过丈人家，是那个事儿，不是那个味”，这时候的萝卜由于水分散失，不再甜脆。“尝春”即吃春饼和春盘。春饼就是葱花饼、葱油饼，烙制薄饼时加油和葱花；春盘是用辛辣物如葱、蒜、椒、姜、芥等切碎，用薄饼卷而食之。现在一般吃水饺、面条，谓之“迎春饺子打春面”。

二、清明

冬至以后第 105 天是寒食节，因古代这天禁火，故又称“冷节”“禁烟节”。春分后第 15 天是清明节，有的地方称“大寒食”，是二十四节气之一，因这天要添坟祭祖，又称“鬼节”“冥节”。寒食节、清明节本为两个节日，大多地区合二为一，有禁火、冷食、扫墓、插柳、踏青、放风筝等多项活动。

上坟扫墓祭祠堂，是清明节重要活动，故清明节为重大春祭节日，属于慎终追远、礼敬祖先、弘扬孝道的文化传统节日。传说寒食节是春秋时介子推被焚后晋文公下令禁火的日子。由于寒食清明合二为一，清明节这天讲究吃冷食，不动火，可以提前煮好鸡蛋吃。旧时，寒食断火，此日宫中有钻木取火、皇帝送大臣带火柳棍的仪式，故民间也多以柳条互赠取新火，后把柳条插在门前，以示新火已赐。在节前一天傍晚，折回柳、柏，清明节一早，大者插在石磨眼里，小者插在门口、窗口的屋檐上，据说可堵住天眼、屋眼，防毒虫进入。

早饭后，青年男女三五成群，头戴或手拿柳枝，到村外山野中踏青或到名胜古迹处游玩。有的把柳条皮拧下来，做成短的柳笛，或在其上挖几个小孔，吹起来抑扬悠长。淄博清明放风筝很普遍。

人们以清明天气卜农事丰歉。如“三月寒食不见花，二月寒食罢了花”，说寒食越早，农事越应提前。清明天气好，则是好年景，谚曰“清明晒干柳，一棵秫打一斗”“清明有南风，夏秋好收成”“清明湿了乌鸦毛，今年麦子水里捞”“清明刮了坟上土（刮大风），哩哩啦啦四十五”。

博山地区清明节要煮上一锅小米干饭，让牛饱餐一顿，以犒劳它一年的苦劳，叫“饭牛”。沂源有的地方讲究寒食节女儿不能回娘家，还流传“寒食节新媳妇回娘家，婆婆会死在栏（厕所）里”的鄙陋说法。[1]

三、立夏

立夏为夏季开始的日子。此时，夏收作物进入生长后期，冬小麦扬花灌浆，油菜接近成熟，夏收作物年景基本定局，故农谚有“立夏看夏”之说。立夏日人们举办各种活动，如尝新、吃鸡蛋、喝酸梅汤、喝七家粥和七家茶等消夏活动，祈祷家

[1] 张富祥主编：《文化沂源》，济南：山东人民出版社，2021 年版，第 166 页。

人平安健康、邻里和谐。

民间有吃立夏蛋的习俗。是日中午，家家户户煮好囫囵蛋（鸡蛋带壳清煮，不能破损），用冷水浸上数分钟之后，再套上早已编织好的丝网袋，挂于孩子颈上。小孩子们喜欢玩斗蛋游戏。蛋分两端，尖者为头，圆者为尾。斗蛋时，蛋头斗蛋头，蛋尾击蛋尾。一个一个斗过去，破者认输。

四、夏至

夏至这天，太阳运行至黄经 90 度，日影长至终极，北半球白昼由此渐短。夏至后天气日渐炎热。为了降温，各地普遍吃凉面条，俗称“吃水面”“吃凉面”，有“冬至饺子夏至面”之说。

五、立秋

大暑后 15 天，斗指西南，谓“立秋”，太阳运行至黄经 135 度。立秋这天，各地都有一些农事活动。在节日饮食方面，一般吃面条，也有吃水饺的。立秋后尚在三伏之末，天气仍炎热，俗称“秋老虎”。但民间一般不再到河里洗澡，认为立秋后洗澡，身上会长“秋狗子”（痱子之类的疙瘩）。妇女们则说，立秋后的水硬，“不下灰”（洗不净灰尘），因此一般赶在立秋前拆洗被褥、棉衣。有些地方主张立秋后不再吃甜瓜，瓜过秋则不甜，也易拉肚子。故有“打了春的萝卜立了秋的瓜，死了老婆过丈人家，是那个事儿，不是那个味儿”的说法。

六、冬至

大雪后，斗指子，谓之“冬至”，太阳运行至黄经 270 度，北半球白天最短，夜最长，此后，白昼渐长。民间说门前中午的日影，“过了冬，一天长一葱”，故又称这天为“长至”。冬至开始，进入初九，人们往往在这天开始数九，画一枝素梅，上有 81 个瓣，名叫“九九消寒图”，每天用红色涂一瓣，涂尽则出九。流传至今的饮食习俗是“冬至饺子夏至面”和“蒸冬”。淄博大部分地区这天要吃饺子或馄饨，吃饺子是怕冻掉耳朵，取“胶耳”谐音意；有的还喝酒，叫“暖暖身子”。清末民初，桓台地区这天还有学生向老师致礼、家庭设宴饮的习俗。[1]

第三节　传统节会

一、庙会

庙会又称“古会”“山会”“庙市”“香会”“香火会”等，乡间有“赶庙会”“逛庙会”“赶山”“赶会”的习俗。庙会是传统信仰文化集中呈现的一种方式，原为祭祀寺庙神佛而举行的集会，地址一般设在寺庙所在地或附近地方，会间往往还要唱大戏。现代的庙会则是把信仰文化和人们日常生活、交际以及经济发展密切联系起来，具有祭神、游乐、贸易“三合一”的功能。

[1] 周飞舟、巩曰国主编：《文化桓台》，济南：山东人民出版社，2021 年版，第 323 页。

旧时各地都有庙会，每年都有几次、几十次。抗战胜利后，抗日政府和解放区政府在各地倡导改革庙会，取消迷信活动，增加经济贸易项目，叫“物资交流大会”。与会人数大增，动辄几万、十几万，会期定在秋后农闲时间，一般五天。“文革”期间，各地庙会被取消。20 世纪 80 年代后，庙会恢复，而且盛况空前。后来，各地庙会成为民俗旅游的重头戏。

（一）庙会组织

庙会过去一般由官府、贤达豪绅出面主持、组织，现在一般由当地政府或者庙会管委会主办。到庙会进香朝拜的人，称为“香客”。香客赶庙会主要是为了朝拜，或许愿，或还愿。香客有两类，一是散客，一是团客。团客多由香会组织。香会是因信仰统一和目标大致相同而组成的朝拜团体，也称“香社”，是祭祀神祇的自发组织。有社首，或叫“会首”，规模大、历史长的香会称“老会”，管理其他香会。一般情况下，香社由一村或数村的香客十几人，几十人或上百人组成，社员称“善男信女”或“弟子”，主要工作是为香客朝山进香作筹备。

（二）庙会贸易

庙会贸易旧时以山货为主。山货是指各种土产：木制农具、家具、日用器物，如农具的把柄、犁、木锨、竹筢、风箱、桌、椅、板凳等；铁器农具、日用器物，如镢头、锄头、铁铲、瓦刀、木匠工具、门环、门扣、担杖钩子等；各种条编、草编生产用具和生活用具；新制成的大车、小车等。所有这些货物的数量、品种都比平常集市多出数倍，甚至有数百里之外来卖山货的。还有饮食与玩具贸易。饭馆、酒馆、茶馆多临时搭布棚、席棚，或露天营业。还有许多小贩游串于会场人群中，哪儿有生意，随时停下营业。庙会设有骡马交易市场，交易的主要家畜为猪、牛、马、驴。

现在，庙会贸易多为衣食住行用等日用品交易。一般划分为服装鞋帽市、农资土产物品市、蔬菜肉水产食品市、洗涤日化等日用品市、自行车电动车摩托车市、家电家具市、粮棉油交易市场、家畜牲口市、地方小吃条街等多个销售区。

（三）庙会娱乐

庙会娱乐主要是看大戏，其次是各类民间艺人的表演，常见耍刀枪的、变戏法的、玩猴戏的、演傀儡戏的、说快书的、说大鼓书的、跑马戏的等。每演一个或几个节目，艺人即绕场募钱。旧时还有拉洋片的。“拉洋片”又称“看西洋景”，道具为大景箱，分上、下两层，皆有画片可轮转调换。上部画片开大景框对外，代为招幌，下部景箱封闭，仅留四只眼。顾客坐条凳上，俯首于眼上观看，艺人立于箱前，边操纵画片轮转，边以唱词进行解说，箱内悬一套锣鼓，以机线相连，拉动机线即可为艺人的演唱伴奏。拉洋片按座位收钱。

过去庙会几乎都设有赌局。庙会上设有“宝棚”，供赌徒押宝。还有很多露天的骰子摊、牌九摊、六门宝、黑白宝。许多赌徒一个庙会下来，会赌得倾家荡产、妻离子散。现在也还经常看到摆象棋残局来赌钱的。

现在还有很多草台班子活跃在庙会的舞台上，他们多在帐篷内设座表演，打出艳舞、劲舞的旗号吸引看客。也有很多类似杂技的特异功能表演和特殊技艺功夫表演，其中无臂人骑摩托车飞空表演尤为惊险刺激。一些企业或者商业单位，也组织文艺表演队伍参加一些街头的娱乐表演。

（四）知名庙会

旧时淄博各地的庙会就有几十处，每年一次或两次，多在麦收之前和秋收之后，上市物资应时而变。麦收前的庙会，多是农用器具和麦场用具；秋收后多供应秋冬用品，购销农副土特产品以及药材山货。较大的庙会还设有广货（百货）市、牲畜市场，因此有的庙会又称“拓骡马大会”。

淄博的庙会当以博山县的辰巳山庙会为最早，当地百姓说不清它的起源。据民国二十六年（1937）《续修博山县志》记载：辰巳山上有兴隆观一座，修建于元文宗二年（1329）。因此“庙会甚古，以夏历四月十五日为会期，为农用物品市场”。[1]这个庙会一直延续到新中国成立后。据一些老商业工作者回忆，50年代初期，每逢辰巳山会，驻博山的一些百货、文化用品等公司，都去搭棚摆摊，活跃农村市场。

最大的庙会属原淄川县的无影山庙会。无影山坐落在原仙洲村之西，南北长三里，因远望不见故名。山上曾有一座唐代建筑庙宇，每年三月十五和九月十五为会期。届时，远近客商云集。河南、河北、江苏、安徽等省商贾，济南、青岛临近的客户，都结伴前来交易，方圆百里的百姓赶来赴会，热闹非常。庙前东西两侧设有估衣市、绸缎市。戏棚附近的宽阔地带，东有赌博场、木材市、条货市、铁器市、木货市。山之西侧为牲口市，牛、马、驴、骡、猪、羊等都在此交易，戏台两侧是饭市，约有三十多家饭铺。山之东侧设有银号、钱庄收兑钱钞。戏曲有京剧、吕剧、五音戏等。德州、吴桥的杂技团、马戏班也常来献艺。赶会的人，每天不下万人。1931年，为建学堂，庙宇拆尽，大树伐光，庙会停办。1935年，为了给办学凑经费，无影山庙会移于张店，但规模远不如前，而且只办了三年，因时局动荡而告终。[2]

淄博的庙会主要有临淄牛山庙会、城隍庙会、周村红庙庙会、博山文姜庙会、桓台县炉神姑庙会、桓台锦秋湖三贤祠庙会、高青龙凤山庙会。

牛山庙会，临淄当地俗称“赶牛山”，从明朝开始，有近五百年的历史。每年农历三月三春耕和九月九秋收后举办，热闹非凡。民间称“三月三，赶牛山”。最初，是当地民众单纯的朝拜牛山神、齐相管仲（管仲墓位于牛山脚下）的活动，现已演变成集文化、旅游、商贸于一体的大型民间集会。庙会除传统的祈福、民间扮玩、小吃、传统工艺等活动外，还有文艺演出、书画展示、商贸洽谈、科技推广等文化与经济项目。每当庙会时节，赶山的人摩肩接踵，商贾云集，各种民间艺术荟萃于此，十分热闹。临淄民歌《赶牛山》描写的就是民众赶牛山庙会、踏青游玩的

[1] 王荫桂修：《续修博山县志》，淄博：博山三元堂书店，1937年版，第192页。

[2] 李障天、阎象吉主编，淄博市政协文史资料研究委员会、淄博市经济科技委员会编：《淄博经济史料》，北京：中国文史出版社，1990年版，第274～275页。

情景。2013 年，牛山庙会成为山东省非物质文化遗产项目。[1]

临淄城隍庙会是临淄最大的庙会，会期长达七天，日到会人数达 1.2 万人。庙门外有戏楼演戏，摊贩棋布，上市物资繁多，买卖兴隆，成交量相当可观。一次会上，仅牲畜交易就达五千多头。七七事变后，临淄的庙会大都自行消失。南关、西关、城里、王家庄庙会延续到 1952 年也停止。[2]

周村红庙庙会在城南凤山北麓的红庙举行。每年夏历八月十九开始，以唱三天大戏为主要形式。届时当地设立规模浩大的农贸市场，据说，济南、惠民、青州、博山、桓台、邹平等地的群众都纷纷赶来参加庙会。[3]

博山文姜庙会是博山人民一直传承的风俗活动。每年农历五月三十，是博山保护神颜奶奶回娘家的日子，博山人民将这天定为“接颜神”。届时博山区八陡镇增福村等地的村民，抬着轿辇敲锣打鼓，到颜文姜祠请颜奶奶回娘家。颜奶奶在娘家住一个月，于农历六月三十再由娘家人送回婆家，这一日定为“送颜神”。接送队伍浩大，有彩旗、锣鼓、轿辇、秧歌、腰鼓、元宝花篮队等队列，沿途商家纷纷摆供品，人山人海，人们争相摸轿子，热闹非凡，具有浓厚的民俗风情和乡土气息。

桓台县炉神姑庙会历史悠久。旧时棚摊济济，热闹非凡。但随着日本侵占桓台后，庙会亦随之逐渐消失。炉神姑庙重建后，庙会也得以恢复，但是出于当地治安、国家政策等多方面的考虑，其当今的恢复并不理想，主要为信仰祭祀。前来参加庙会的人员多为中老年女性，年轻人极少。现在炉神姑庙会时间为每年四次，分别为农历三月初三（初一至初三）、六月十九、九月初九（初七至初九）、炉神姑生日农历十一月十七。[4]

桓台锦秋湖三贤祠庙会，每年三月十八搭会。阳春三月，苇蒲萌生，柳丝初绽，风和日丽，碧波荡漾，正是春游时节。兼有三贤祠盛会，附近人们舟船衔尾而来，作买作卖，这种庙会别具特色。[5]

龙凤山庙会也誉为“龙华庙会”，对外叫“四月八”（也有说“四月十八”），实际开会日期多在农历四月二十左右。庙会之盛，洋洋大观。山前广场上，用席棚、土布扎成八条大街，分竹器、木器、铁器、估衣、牲口、面食等各行业，说书唱曲，热闹异常。会期，商贾云集，老少咸至。[6]

除此之外，还有临淄的金山庙会、王朱志公庙庙会、南仇白衣殿庙会[7]，沂

[1] 白云翔主编：《文化临淄》，济南：山东人民出版社，2021 年版，第 271 页。

[2] 山东省淄博市临淄区志编纂委员会编：《临淄区志》，北京：国际文化出版公司，1989 年版，第 245 页。

[3] 刘学良：《论自开商埠的文化培植——以周村商埠文化为例》，《管子学刊》2009 年第 3 期，第 106 ~ 109 页。

[4] 宗毅：《山东省淄博市炉神姑信仰研究》，广西师范学院硕士学位论文，2018 年，第 22 页。

[5] 李障天、阎象吉主编，淄博市政协文史资料研究委员会、淄博市经济科技委员会编：《淄博经济史料》，北京：中国文史出版社，1990 年版，第 274 ~ 275 页。

[6] 季乃礼主编：《文化高青》，济南：山东人民出版社，2021 年版，第 120 页。

[7] 白云翔主编：《文化临淄》，济南：山东人民出版社，2021 年版，第 271 页。

源的天齐庙庙会、神清宫庙会、香云寺庙会、汇泉寺庙会，淄川的莲花庵庙会，高青的娘娘庙会、千佛庙会等。

二、灯会

淄博灯会起源于三百多年前工商业已渐发达的周村区。彩灯一般挂至正月十六以后，元宵节这天达到高潮。久而久之，周村形成每年举行灯会的风俗。清朝中叶，灯会传至被称为“煤山瓷城琉璃街”的博山，得到进一步发扬，形成博山山城风格的灯会。

淄博市是中国传统花灯的故乡之一，传统花灯种类繁多，制作各异，形制多样。有变化多端的四棱、六棱、八棱、球形、扇形等几何造型灯；形态逼真的飞禽走兽、鸟语花虫、瓜果梨桃、五谷杂粮、鱼鳖虾蟹、牛驴骡马等动物仿生灯；千媚百态的神话传说、历史人物灯；山羊抵角、鹬蚌相争、龟兔赛跑、蝴蝶飞舞、蜻蜓戏水的动物活动灯；还有迷宫灯、树灯、水灯等。[1]但常见的主要有以下几种：一是裙子灯，即宫灯，有四角和六角两种，灯罩由优质绢纱制成，上面绘有精美的人物、山水、花鸟、字画等，内装金字红烛。二是大角灯，有一人多高，其形体呈橄榄状，过去灯罩用半透明的牛角等原料制成，今已被塑料和尼龙制品取代。三是悬络灯，用多层五彩绸子扎成，大的如一间屋子，中心挂有玻璃金鱼缸和各类花灯。四是盒子灯，号称“周村花灯一绝”，是一种连锁式花灯组合，形似中型的蒸笼，呈盒状，用纸壳分成若干层，点燃后会层层闪现出一个个用纸剪成的人物故事，如哪吒闹海、天女散花等。五是百鸟朝凤灯，系一种群舞灯，多为青年女子表演，表演者上百人，其中一人操大型灯笼，上面一只长达两米的大凤凰傲然挺立在牡丹丛中，其余分别手持鸟形灯笼和花瓶灯上下左右前后飞舞。六是车子灯，又叫“十二生肖灯”，由十二名男青年推着装饰有十二生肖造型的车灯，二十四名女青年两人一组，高擎云灯绕车穿插起舞，景象壮观。此外，还有走马灯、四蟹水族灯、动物灯、脸谱灯、风趣幽默灯、活动机关灯及各种草灯、益虫灯、戏灯、谜灯等传统花灯项目。在临淄区皇城乡，还有“九曲黄河灯”，是一种传统的大型围棚式花灯，其灯棚布置在村头、河滩等空旷地带，内有九曲灯廊，共360个方格，观者入门须循规观赏。博山的花灯则重在把花灯与民间舞蹈结合起来，并演变为白天展示的艺术。[2]

淄博灯会上有些灯既是花灯，又属杂耍节目，如狮子灯、芯子灯、龙灯等，其中龙灯又分为卧龙翻身灯、云灯和火龙灯三种，在省内很有名气。火龙灯为博山特有，表演时两条火龙在带环宝珠戏引下狂舞，名叫“二龙戏珠”，龙口不时喷出团团火球，疾行时风驰电掣，打场时龙身盘旋而上数米高大树木，令人叹为观止。还会上演芯子、舞狮、高跷、旱船、锣鼓等民间传统节目。

新中国成立后，特别是20世纪70年代末，灯会已由民间自发性的分散活动逐渐发展成为有组织的大型群众文化娱乐活动，范围由原来的博山、周村发展到张店、

[1] 朱丽霞主编：《文化周村》，济南：山东人民出版社，2021年版，第188页。
[2] 王培源主编：《文化淄博》，济南：山东人民出版社，2021年版，第181页。

淄川、临淄、桓台等区县，并形成各自的风格。1986年淄博市举行全市首届元宵灯会，为期三天，重点展区在博山、张店、周村等地，5000多名中外游客前来观赏，30多家新闻单位的100多名记者前来采访，灯会前后刊发150多篇有关盛况的报道，中央电视台也几次播出淄博元宵灯会的专题片。淄博灯会已远远超出民间文化娱乐活动本身的意义。1992年，淄博市又举办首届全国花灯邀请赛，共展出48组大型彩灯和近千种民间工艺灯，国内外宾客云集，热闹非凡。2014年，“淄博花灯会”经国务院批准列入第四批国家级非物质文化遗产项目名录。现在，淄博每年举办两次灯会，一次是元宵灯会，一次是金秋灯会。随着时代的进步和科技的发展，传统的淄博灯会也趋于机械化和电动化、电子化。

淄博花灯誉满神州、名扬四海，进而有“南有自贡恐龙灯，北有哈市冰雪灯，东有淄博闹花灯”的说法。淄博花灯具有悠久的历史、广泛的群众基础、雄厚的技术力量和鲜明的地域特色。[1]

第四节　其他节庆

一、民间节日

（一）填仓日

农历正月二十五为填仓日，也叫“添仓日”“天仓日”。“天仓”本是星名，音近“添仓”“填仓”，取其义而名之。填仓在清晨举行。人们在谷场和院子里把草木灰撒成圆圈，谓“粮仓”或“粮囤”，中放一撮粮食，谓“填仓”；在屋内则撒成方形，中放硬币，谓“钱柜”。

（二）浴佛节

农历四月初八为浴佛节，又称“龙华会”。传说这天是佛祖释迦牟尼的诞辰，僧徒和信徒有用水灌浴佛像的礼仪，谓“浴佛”“灌佛”。旧时，大部分地区都在这天举行浴佛节庙会，僧家讲佛，善民施财，谓“供佛辰”。

（三）祈雨节

农历五月十三是祈雨节，也叫“雨节”“竹醉日”，民间传说这天是关老爷磨刀的日子：“五月十三青龙刀，关爷拿刀杀曹操，曹贼吓得无处逃，泪流如雨落涟涟。”如果这天下了雨，村民便在热心此事的人的建议下“贺雨”。杀一头大猪祭天，礼毕，割肉分之，表达靠天而食、得天而食的祈报之意。如果这天不下雨且骄阳似火，说明这年一定大旱，人们便要举行祈雨仪式。

（四）晒衣节

“六月里来热难当，大家小户晒衣裳。”农历六月初六为晒衣节。民间在这天

［1］潘俊强：《淄博花灯璀璨点亮》，2018年2月19日，人民网，http://society.people.com.cn/n1/2018/0219/c1008-29826071.html。

有祭山神和给麦王过生日的习俗。旧时，人们在这天晒衣服，士晒书籍，女晒针凿。据说这天晒过的东西不生虫。如果这天下雨，就叫“湿龙衣”，以后可能会遇到连阴天气，故有“六月六，湿龙衣，湿了龙衣烂蓑衣”之说。寺庙也在这天晒经书，善男信女前去观看，形成庙会。夏季晒衣、书是一种传统风俗，汉代时在七月初七，以后逐渐演变为六月初六。

（五）天医节

农历八月初一祭祀黄帝、岐伯，民间有收露水做眼明囊和天灸的风俗。黎明前到田野里采取草尖上的露水，中午时分用上等好墨研磨成汁，然后用筷子沾墨，点儿童的心窝及四周，谓“点百病”，《续修博山县志》就有记载。[1]现在此俗已废。[2]

（六）寒衣节

农历十月初一为旧时三冥节之一，因这日要上坟烧冥衣，故称“寒衣节”。据说这天被禁鬼魂都被放出来，到来年清明才又被收回，故也称“鬼门开节”。这天普遍扫墓，上坟添土祭祖。上坟除了烧纸以外，还用彩纸剪做衣帽，焚于墓前，有“十月一，上坟烧寒衣”之说，意为给祖先捎去过冬衣服。淄川除了上坟祭祖以外，还于傍晚到野外路口，为没有后人的死者祭祀，添“御寒衣”。[3]

沂源农家俗称十月初一为“冬暇”，是人们上坟祭祖的传统日子，多供以秋季丰收之物，意在报告祖先全面收成完毕。

此外，十月初一又叫“散工日”。进入十月，农事基本结束，地主富人设酒肴犒劳佣工，佣工在这天结账回家，叫作“辞场”“打散场”“喝散场酒”。民国时期桓台地区的长工在这天议工价，定辞留，至祖庙或墓地祭先人，要带纸衣和棉花祭品焚化。后来这一习俗渐渐演变为煎馅食、包水饺祭祖。[4]

（七）回民节日

沂源县东里、柳枝峪等地的回民，除过汉族传统的节日外，还过伊斯兰教三大节日：圣纪节，教历三月十二日；开斋节（尔代节），教历十月一日；宰牲节（古尔邦节），教历十二月十日。[5]

二、阳历新节

淄博各地的公历节日，以公历纪年行事，既有国际性节日，也有中国特有的公历节日。这些节日，最初主要流行于城市机关和企事业单位，如今已影响到农村。

（一）新年

1月1日谓“新年”，又称“元旦”，民间称“阳历年”，按规定放假一天。新年前一天，打扫卫生，挂宫灯、彩旗，挂“庆贺元旦”或“欢度新年”的横幅，

[1] 王荫桂修：《续修博山县志》，淄博：博山三元堂书店，1937 年版，第 204 页。
[2] 淄博市志编纂委员会编：《淄博市志》，北京：中华书局，1995 年版，第 2208 页。
[3] 淄博市志编纂委员会编：《淄博市志》，北京：中华书局，1995 年版，第 2208 页。
[4] 周飞舟、巩曰国主编：《文化桓台》，济南：山东人民出版社，2021 年版，第 323 页。
[5] 山东省沂源县史志编纂委员会编：《沂源县志》，济南：齐鲁书社，1996 年版，第 504 页。

并为节日饮食、聚会、游乐做准备。当晚，单位举行新年晚会，领导致辞，然后唱歌、跳舞、游戏，尽欢而散。新年这天，主要是回家探亲、亲朋聚餐或外出游乐。旧时元旦前后，亲友间盛行寄明信片与发手机短信、电子邮件，赠送贺卡、台历或挂历，近年来流行微信祝福。青年男女则以此日为订婚或结婚的最佳日期。

（二）国际妇女节

3 月 8 日为国际妇女节。新中国成立初期，“三八”节多为各级党政部门和群众团体出面组织活动。后来，单位一般放假半天，组织一些轻松的小型集体活动，如看电影、办晚会，或妇女们自由活动。已婚妇女大多回家做较丰盛的晚餐，与家人共享节日的快乐，家人也会送上祝福与礼物。

（三）植树节

3 月 12 日为中国植树节。淄博农村多春季植树，城市机关企事业单位也分片包干绿化荒山，建立绿化基地，参加义务植树劳动。近年来，又流行网络植树，通过网络虚拟形式开展植树活动。

（四）国际劳动节

5 月 1 日为国际劳动节。时值初夏，正是游园好机会。也有出外旅游的，成群结队，跋山涉水，探幽寻胜，饱览山水景致。此日也是青年男女结婚的好日子，有些单位往往组织集体婚礼。自 1998 年开始，“五一”节成了旅游“黄金周”，调休后连续放假七天，方便人们旅游、探亲、结婚、休闲。

（五）青年节

5 月 4 日为中国青年节。此节日主要流行于大中专院校和单位青年中间，青年常在共青团、学生会组织下，举行报告会、艺术节、展览会、文体竞赛等，一般持续几天，都是利用业余时间。

（六）国际儿童节

6 月 1 日为国际儿童节，是孩子们的节日。孩子们打扮一新，一起到学校、幼儿园或郊外、广场举行“六一”联欢会，演节目、做游戏，举行运动会，看电影，接受学校、幼儿园赠送的节日礼物，特别高兴。

（七）七一建党节

7 月 1 日为中国共产党诞生纪念日。各地中共党组织均有纪念活动，如开展歌咏比赛、举行党史报告会、组织看电影等。很多部门、单位举行中共党的历史知识竞赛、参观党史馆等活动。

（八）建军节

8 月 1 日为中国人民解放军建军节，部队举行各种庆祝活动，或进行拥政爱民活动，地方则组织拥军优属活动。

（九）教师节

自 1985 年开始，9 月 10 日成为中国的教师节。学校组织教师座谈会，表彰先进；

学生给教师寄赠贺卡，慰问教师。

（十）国庆节

10月1日为中华人民共和国国庆节，是全国人民的重大节日，最初国务院规定放假两天。一般举行游行、阅兵、放礼花等大型庆贺活动，也有游园、晚会等活动。节日期间充满欢乐气氛，升国旗，挂彩灯，比新年、“五一”节更为隆重。此日也是青年男女结婚的好日子。自1999年开始，国庆节调休后连续放假七天，成为旅游“黄金周”。

（十一）洋节

20世纪90年代，青年人开始过圣诞节和情人节等洋节。圣诞节为12月25日，基督教会都举行特别的礼拜仪式。在淄博，圣诞节的很多欢庆活动和宗教没有关联。人们一般交换礼物、寄圣诞卡或者聚会，用这种新的交际方式过此节。2月14日是西方国家的情人节，起源于古代罗马。情人节不但是表达情意的最佳日期，也是向自己心爱的人求婚的最佳日期。

三、地方新兴节会

20世纪80年代以后，以淄博民俗文化资源为依托，富于现代生活气息的大型节庆活动应运而生。淄博元宵灯会将文化、经济结合，以招商引资、振兴地方经济为目的，具有全新的时代内涵。这些新的节、会，统称“新兴节会”。人们越来越重视节会的大众化、民俗化。大量的民俗事象、民间艺术被挖掘出来，以节会为依托，进行现代化的包装，成为地域文化的亮点。春节期间举办聊斋民间艺术灯会，利用花灯这一载体，以聊斋故事为主线，艺术地再现蒲松龄笔下的狐鬼仙妖世界和不同时期的各种民间节日灯、传统灯、机械灯、高科技灯。三月举办神清宫民俗旅游节，开展一系列具有沂源地方特色的民俗文化旅游活动，包括传统戏曲、狮子舞等地方特色文化演出，还有农家乐旅游及旅游开发宣传活动。四月在玉黛湖举办桃花节，有秧歌、锣鼓、杂技、曲艺、魔术等表演，有斗鸡、斗羊、猪赛跑、赛马等竞技活动，热闹、吉祥的气氛体现淳朴的民风民俗。

（一）淄博陶瓷琉璃艺术节

1990年淄博市举办首届中国淄博陶瓷琉璃艺术节，之后又连续举办数届。淄博陶琉节主要有经贸活动、文化活动和旅游活动。建成包括齐国文物陈列馆、东周殉马坑、桓公台、晏婴墓、孔子闻韶处等在内的齐故城遗址博物馆，扩展了以蒲松龄故居为中心的“蒲学”。丰富多彩的民风民俗活动也重放光彩，淄博花灯、齐国鼓乐、周村芯子堪称一绝。淄博文物古迹浩繁，有“地下博物馆”之称，自然风光也十分秀丽，吸引众多游人。

（二）聊斋文化旅游节

淄博市于2002年4月30日至5月7日在淄川区蒲家庄举办中国首届淄博国际聊斋文化旅游节，此后连续举办，树立了“聊斋文化旅游”品牌。聊斋文化旅游节以“乡俗民风伴古韵，聊斋故事醉游人”为主题，安排了蒲文化论坛、聊斋书市、聊斋邮市、聊斋佳丽表演、狐仙伴游、刻瓷制作等大量丰富多彩的节日活动，全面展示聊斋文化及风土人情。具有浓郁地方特色的闹狐舞、五狐戏，展示了蒲翁笔下活泼美丽的狐仙形象。民间蒲学专家、学者现场讲述蒲翁轶事和聊斋故事，再现蒲翁当年设茶采风的场景。沉寂多年的聊斋俚曲更让游客一睹三百多年前的风韵。“激情聊斋城”“畅想聊斋风”“唤起聊斋情”三台大型综艺晚会，则向中外游人展现了淄博作为现代城市的风采与魅力。节会还举办了中华民俗小吃美食节、聊斋旅游商品展销会、雕塑设计展、模特大赛等相关系列的活动，拉动了相关产业的发展。[1]

本篇附录：淄博市非物质文化遗产代表性项目名录[2]

表 1　国家级非物质文化遗产代表性项目名录

序号	批次	项目名称	类别	地区
1	第一批	五音戏	传统戏剧	市直
2	第四批	元宵节（淄博花灯会）	民俗	张店区
3	第四批	内画（鲁派内画）	传统美术	张店区
4	第一批	孟姜女传说	民间文学	淄川区
5	第一批	聊斋俚曲	民间音乐	淄川区
6	第三批	淄博陶瓷烧制技艺	传统技艺	淄川区
7	第四批	琉璃烧制技艺	传统技艺	博山区
8	第二批	周村芯子	民俗	周村区
9	第二批	周村烧饼制作技艺	传统技艺	周村区
10	第一批	蹴鞠	传统体育、游艺与杂技	临淄区
11	第二批	阁子里芯子	民俗	临淄区
12	第三批	鹧鸪戏	传统戏剧	临淄区
13	第二批	牛郎织女传说	民间文学	沂源县

表 2　省级非物质文化遗产代表性项目名录

序号	批次	项目名称	类别	地区
1	第一批	五音戏	传统戏剧	市直
2	第一批	炉姑传说	民间文学	张店区

[1] 秦永洲编著：《山东的节庆活动》，济南：山东人民出版社，2006 年版，第 174 ~ 175 页。
[2] 参见淄博市文化和旅游局：《2020 年度淄博市非遗代表性项目名录》，2021 年 5 月 27 日，淄博市文化和旅游局，http://wh.zibo.gov.cn/art/2021/5/27/art_273_2124337.html；淄博市人民政府办公室：《淄博市人民政府关于公布淄博市第七批市级非物质文化遗产代表性项目名录的通知》，2022 年 5 月 3 日，淄博市人民政府网站，http://www.zibo.gov.cn/gongkai/site_srmzfbgs/channel_shizhengfuwenjian/doc_628069e7b2d39450d5400d62.html。

（续表）

序号	批次	项目名称	类别	地区
3	第二批	淄博花灯会	民俗	张店区
4	第二批	赵培印面痈膏药制作工艺	传统医药	张店区
5	第三批	鲁派内画	传统美术	张店区
6	第四批	洪派太极拳	传统体育、游艺与杂技	张店区
7	第四批	中医正骨疗法（田氏整骨疗法）	传统医药	张店区
8	第一批	孟姜女传说	民间文学	淄川区
9	第一批	聊斋俚曲	民间音乐	淄川区
10	第一批	磁村花鼓	民间舞蹈	淄川区
11	第二批	鬼谷子传说	民间文学	淄川区
12	第二批	淄博陶瓷烧制技艺	传统技艺	淄川区
13	第三批	淄博刻瓷	传统美术	淄川区
14	第三批	淄砚制作技艺	传统技艺	淄川区
15	第四批	通背拳	传统体育、游艺与杂技	淄川区
16	第四批	孙膑拳	传统体育、游艺与杂技	淄川区
17	第四批	淄博琉璃烧制技艺	传统技艺	淄川区
18	第四批	淄川肉烧饼制作技艺	传统技艺	淄川区
19	第二批	颜文姜传说	民间文学	博山区
20	第二批	博山锣鼓	传统音乐	博山区
21	第二批	清梅居香酥牛肉干手工技艺	传统技艺	博山区
22	第三批	琉璃烧制技艺（博山琉璃烧制技艺）	传统技艺	博山区
23	第三批	民间食俗（四四席食俗）	民俗	博山区
24	第三批	鲁派内画	传统技艺	博山区
25	第四批	民间食俗（博山正觉寺禅修茶道）	民俗	博山区
26	第四批	琉璃烧制技艺(博山琉璃灯工制作技艺）	传统技艺	博山区
27	第四批	琉璃烧制技艺（博山鸡油黄与鸡肝石琉璃烧制技艺）	传统技艺	博山区
28	第四批	刻瓷（博山窑陶瓷刻绘）	传统美术	博山区
29	第四批	陶瓷烧制技艺（博山雨点釉制作技艺）	传统技艺	博山区
30	第一批	周村烧饼制作技艺	传统技艺	周村区
31	第一批	周村芯子	民俗	周村区
32	第一批	周村铜响乐器制作技艺	传统技艺	周村区
33	第二批	王村醋传统酿造技艺	传统技艺	周村区
34	第二批	周村古商城商贸习俗	民俗	周村区
35	第三批	锦灰堆	传统美术	周村区
36	第三批	周村丝绸织染技艺	传统技艺	周村区
37	第四批	知味斋肴鸡制作技艺	传统技艺	周村区
38	第一批	蹴鞠	杂技与竞技	临淄区

（续表）

序号	批次	项目名称	类别	地区
39	第一批	阁子里芯子	民俗	临淄区
40	第一批	鹧鸪戏	传统戏剧	临淄区
41	第一批	踩寸子	民间舞蹈	临淄区
42	第二批	临淄成语典故	民间文学	临淄区
43	第二批	齐《韶》	传统音乐	临淄区
44	第二批	临淄花边工艺	传统技艺	临淄区
45	第二批	扈氏鼻炎药膏制作工艺	传统医药	临淄区
46	第四批	八仙戏	传统戏剧	临淄区
47	第四批	古器物拓制技艺	传统技艺	临淄区
48	第四批	古城膏药制作工艺及正骨医术	传统医药	临淄区
49	第一批	炉姑传说	民间文学	桓台县
50	第二批	强恕堂白酒传统酿造技艺	传统技艺	桓台县
51	第二批	扳倒井白酒传统酿造技艺	传统技艺	高青县
52	第四批	仪狄造酒故事	民间文学	高青县
53	第一批	牛郎织女传说	民间文学	沂源县
54	第二批	商家大鼓（本是淄川）	传统音乐	文昌湖区

表 3　市级非物质文化遗产代表性项目名录

序号	批次	项目名称	类别	地址
1	第一批	五音戏	传统戏剧	市直
2	第二批	京剧	传统戏剧	市直
3	第五批	淄博菜煎饼制作技艺	传统技艺	市直
4	第五批	淄博酱肉制作技艺	传统技艺	市直
5	第四批	淄博刻瓷（淄博瓷器雕刻艺术）	传统美术	市直
6	第一批	炉姑传说	民间文学	张店区
7	第一批	高柴女传说	民间文学	张店区
8	第一批	淄博花灯	传统技艺	张店区
9	第二批	赵培印面瘫膏药制作工艺	传统医药	张店区
10	第三批	淄博砖雕	传统美术	张店区
11	第三批	剪纸（扩展）	传统美术	张店区
12	第三批	淄博内画（扩展）	传统美术	张店区
13	第三批	西寨梆子	传统戏剧	张店区
14	第四批	淄博面塑	传统美术	张店区
15	第四批	烙葫芦	传统美术	张店区
16	第四批	鲁青瓷烧制技艺	传统技艺	张店区

（续表）

序号	批次	项目名称	类别	地址
17	第四批	谢氏消渴疗法	传统医药	张店区
18	第四批	赵培印筋骨通痹膏制作工艺	传统医药	张店区
19	第四批	六味五灵丸制作工艺	传统医药	张店区
20	第四批	三合堂膏药制作工艺	传统医药	张店区
21	第四批	高振胶复正膏制作工艺	传统医药	张店区
22	第四批	田氏正骨疗法	传统医药	张店区
23	第五批	洪式太极拳	传统体育、游艺与杂技	张店区
24	第五批	微雕	传统美术	张店区
25	第五批	赵氏复位推拿	传统医药	张店区
26	第五批	痛消接骨膏制作技艺	传统医药	张店区
27	第六批	齐鲁琴歌	传统音乐	张店区
28	第六批	布艺堆画	传统美术	张店区
29	第六批	王氏木雕	传统美术	张店区
30	第六批	徐氏泥塑	传统美术	张店区
31	第六批	淄博大鱼盘制作技艺	传统技艺	张店区
32	第六批	淄博镶嵌	传统技艺	张店区
33	第六批	淄博传统修脚技艺	传统技艺	张店区
34	第六批	写意核雕（扩展）	传统美术	张店区
35	第六批	全形拓技艺（扩展）	传统技艺	张店区
36	第六批	带状疱疹膏药制作技艺（扩展）	传统医药	张店区
37	第六批	滋生堂膏药制作技艺（扩展）	传统医药	张店区
38	第六批	成氏正骨推拿（扩展）	传统医药	张店区
39	第六批	张氏骨伤治疗技艺（扩展）	传统医药	张店区
40	第六批	石氏奇方理疗法（扩展）	传统医药	张店区
41	第六批	赵氏中医外科疮疡疗法（扩展）	传统医药	张店区
42	第七批	古琴艺术	传统音乐	张店区
43	第七批	淄博民歌	传统音乐	张店区
44	第七批	山东快书	曲艺	张店区
45	第七批	太极禅源洗髓功	传统体育、游艺与杂技	张店区
46	第七批	淄博彩塑	传统美术	张店区
47	第七批	淄博蛋雕	传统美术	张店区
48	第七批	玻璃编织技艺	传统技艺	张店区
49	第七批	淄博陶瓷印制作技艺	传统技艺	张店区
50	第七批	砚台手工制作技艺 （淄砚、齐国砚制作技艺）（扩展）	传统技艺	张店区
51	市一批	淄川磁村花鼓	民间音乐	淄川区

（续表）

序号	批次	项目名称	类别	地址
52	第一批	孟姜女传说	民间文学	淄川区
53	第一批	聊斋俚曲	民间音乐	淄川区
54	第二批	笛梆子戏	传统戏剧	淄川区
55	第二批	吟腔戏	传统戏剧	淄川区
56	市二批	王定保借当传说	民间文学	淄川区
57	市二批	鬼谷子传说	民间文学	淄川区
58	市二批	聂村扛芯子	传统舞蹈	淄川区
59	市二批	苏王舞龙	传统舞蹈	淄川区
60	市二批	剪纸	传统技艺	淄川区
61	市二批	淄砚手工制作技艺	传统技艺	淄川区
62	市三批	李吉清传说	民间文学	淄川区
63	市三批	唐赛儿传说	民间文学	淄川区
64	市三批	淄博刻瓷	传统美术	淄川区
65	市三批	陶瓷雕塑	传统美术	淄川区
66	市三批	豆腐干制作技艺	传统技艺	淄川区
67	市三批	簧山庙会	民俗	淄川区
68	市三批	淄博内画	传统美术	淄川区
69	市四批	孙膑梦泉传说	民间文学	淄川区
70	市四批	增福财神李诡祖传说	民间文学	淄川区
71	市四批	孙膑拳	传统体育、游艺与杂技	淄川区
72	市四批	通背拳	传统体育、游艺与杂技	淄川区
73	市四批	淄博石雕	传统美术	淄川区
74	市四批	鲁作家具制作技艺	传统技艺	淄川区
75	市四批	淄博琉璃烧制技艺	传统技艺	淄川区
76	市五批	招夫寨传说	民间文学	淄川区
77	市五批	淄川肉烧饼制作技艺	传统技艺	淄川区
78	市五批	陶氏膏药	传统医药	淄川区
79	市六批	月庄锣鼓	传统音乐	淄川区
80	市六批	瓷板画	传统美术	淄川区
81	市六批	烙画	传统美术	淄川区
82	市六批	青瓦琉璃瓦制作技艺	传统技艺	淄川区
83	市六批	虎头帽制作技艺	传统技艺	淄川区
84	市六批	淄博锔瓷	传统技艺	淄川区
85	市六批	峨庄肉蛋制作技艺	传统技艺	淄川区
86	市六批	纪氏肴鸡制作技艺	传统技艺	淄川区
87	市六批	淄博传统修脚技艺	传统技艺	淄川区

（续表）

序号	批次	项目名称	类别	地址
88	市六批	淄博元宵节扮玩（淄川扮玩）	民俗	淄川区
89	第七批	铁壶制作技艺	传统技艺	淄川区
90	第七批	淄博砖雕制作技艺	传统技艺	淄川区
91	第七批	淄博花釉烧制技艺	传统技艺	淄川区
92	第一批	博山颜文姜传说	民间文学	博山区
93	第一批	博山八角鼓	传统音乐	博山区
94	第一批	博山琉璃	传统技艺	博山区
95	第二批	博山锣鼓	传统音乐	博山区
96	第二批	淄博陶瓷制作技艺	传统技艺	博山区
97	第二批	博山内画艺术手工技艺	传统技艺	博山区
98	第二批	清梅居香酥牛肉干制作技艺	传统技艺	博山区
99	第二批	聚乐村“四四席”	民俗	博山区
100	第三批	赵秋谷传奇	民间文学	博山区
101	第三批	夹谷台传说	民间文学	博山区
102	第三批	芯子（大庄抬芯子）	民俗	博山区
103	第三批	淄博刻瓷	传统美术	博山区
104	第三批	陶瓷雕塑	传统美术	博山区
105	第三批	崔家烧饼制作技艺	传统技艺	博山区
106	第三批	博山豆腐箱制作技艺	传统技艺	博山区
107	第三批	博山酥锅制作技艺	传统技艺	博山区
108	第三批	朱家馄饨制作技艺	传统技艺	博山区
109	第三批	石蛤蟆水饺制作技艺	传统技艺	博山区
110	第三批	九宫八卦斩穴拳	传统体育、游艺与竞技	博山区
111	第三批	李氏正骨疗法	传统医药	博山区
112	第三批	颜文姜省亲习俗	民俗	博山区
113	第四批	家具制作技艺（博山传统家具制作技艺）	传统技艺	博山区
114	第四批	琉璃烧制技艺（鸡油黄与鸡肝石）	传统技艺	博山区
115	第四批	琉璃烧制技艺（琉璃雕刻）	传统技艺	博山区
116	第四批	琉璃烧制技艺（博山琉璃花球）	传统技艺	博山区
117	第四批	淄博陶瓷烧制技艺（茶叶末釉烧制技艺）	传统技艺	博山区
118	第四批	中医传统制剂方法（许氏膏贴制作工艺）	传统医药	博山区
119	第四批	中医正骨疗法（玉祥正骨疗法）	传统医药	博山区
120	第四批	中医正骨疗法（朱氏武术骨伤疗法）	传统医药	博山区
121	第四批	琉璃烧制技艺（琉璃鼻烟壶）	传统技艺	博山区
122	第五批	博山正觉寺禅修茶道	民俗	博山区
123	第五批	博山文石	传统美术	博山区

（续表）

序号	批次	项目名称	类别	地址
124	第五批	博山民间布头画	传统美术	博山区
125	第五批	博山窑陶瓷刻绘	传统美术	博山区
126	第五批	琉璃珠帘	传统美术	博山区
127	第五批	博山琉璃刻绘	传统美术	博山区
128	第五批	博山雨点釉制作技艺	传统技艺	博山区
129	第五批	博山裰腔	传统戏剧	博山区
130	第五批	汤食制作技艺（博山油粉制作技艺）	传统技艺	博山区
131	第五批	面食制作技艺（博山蕉庄烧饼制作技艺）	传统技艺	博山区
132	第五批	博山琉璃铺丝制作技艺	传统技艺	博山区
133	第五批	博山琉璃灯工制作技艺	传统技艺	博山区
134	第六批	古窑村传说	民间文学	博山区
135	第六批	博山传统陶瓷彩绘	传统美术	博山区
136	第六批	淄博大鱼盘制作技艺	传统技艺	博山区
137	第六批	淄博养蚕缫丝技艺	传统技艺	博山区
138	第六批	淄博陶瓷釉烧制技艺 （博山鲁花釉制作技艺）	传统技艺	博山区
139	第六批	淄博陶瓷釉烧制技艺 （淄博美术陶瓷釉制作技艺）	传统技艺	博山区
140	第六批	淄博陶瓷釉烧制技艺 （淄博高温陶瓷窑变花釉烧制技艺）	传统技艺	博山区
141	第六批	博山多彩琉璃内画瓶制作技艺 （内画珠制作技艺）	传统技艺	博山区
142	第六批	博山传统琉璃内画首饰盒制作技艺	传统技艺	博山区
143	第六批	博山套料、搅料琉璃鼻烟壶烧制技艺	传统技艺	博山区
144	第六批	博山内画套料鼻烟壶制作技艺	传统技艺	博山区
145	第六批	淄博锔瓷	传统技艺	博山区
146	第六批	淄博传统肉食制作技艺 （博山传统炸肉制作技艺）	传统技艺	博山区
147	第六批	淄博传统肉食制作技艺 （顺祥斋烤肉制作技艺）	传统技艺	博山区
148	第六批	景德东糕点制作技艺	传统技艺	博山区
149	第六批	孝妇河源头文化习俗	民俗	博山区
150	第六批	琉璃烧制技艺（博山仿玉琉璃烧制技艺、博山胭脂红琉璃烧制技艺）	传统技艺	博山区
151	第七批	高温颜色鲁花釉综合装饰技艺	传统美术	博山区
152	第七批	博山窑红绿彩	传统美术	博山区
153	第七批	套料琉璃镂空雕刻技艺	传统技艺	博山区
154	第七批	博山琉璃万花烧制技艺	传统技艺	博山区
155	第七批	瓷器金缮技艺	传统技艺	博山区
156	第七批	博山瓷板彩绘制作技艺	传统技艺	博山区

（续表）

序号	批次	项目名称	类别	地址
157	第七批	古法琉璃铸造技艺	传统技艺	博山区
158	第七批	琉璃葡萄制作技艺	传统技艺	博山区
159	第七批	传统陶琉镌刻技艺	传统技艺	博山区
160	第七批	淄博莱肴传统烹饪技艺 （齐闻酒焖制作工艺）（扩展）	传统技艺	博山区
161	第一批	周村烧饼	传统技艺	周村区
162	第一批	周村芯子	民间舞蹈	周村区
163	第二批	周村铜响乐器制作工艺	传统技艺	周村区
164	第二批	王村醋酿造工艺	传统技艺	周村区
165	第二批	周村古商城商贸习俗	民俗	周村区
166	第二批	董永传说	民间文学	周村区
167	第三批	狮舞（西塘狮子）	传统舞蹈	周村区
168	第三批	信芳园传统酿造技艺	传统技艺	周村区
169	第三批	周村丝绸织染技艺	传统技艺	周村区
170	第三批	福顺号卤汁羊肉制作工艺	传统技艺	周村区
171	第三批	锦灰堆	传统美术	周村区
172	第四批	红木雕刻	传统美术	周村区
173	第四批	周家老染坊手工印染技艺	传统技艺	周村区
174	第五批	知味斋五香羊肉制作技艺	传统技艺	周村区
175	第五批	知味斋清香肉制作技艺	传统技艺	周村区
176	第五批	知味斋肴鸡制作技艺	传统技艺	周村区
177	第五批	核雕（周村核雕）	传统美术	周村区
178	第六批	太祖拳	传统武术	周村区
179	第六批	淄博泥塑（软陶制作）	传统美术	周村区
180	第六批	尚书府馍馍酱制作技艺	传统技艺	周村区
181	第六批	周村五香蚕蛹制作技艺	传统技艺	周村区
182	第六批	黄酒酿造技艺（义盛永黄酒酿造技艺）	传统技艺	周村区
183	第六批	黄酒酿造技艺（王村黄酒酿造技艺）	传统技艺	周村区
184	第六批	宫保尚书宴	民俗	周村区
185	第六批	查拳（查滑拳）	传统体育、游艺与杂技	周村区
186	第六批	淄博石雕（寿山石雕）	传统美术	周村区
187	第六批	传统烹饪技艺（段家煮锅制作技艺）	传统技艺	周村区
188	第六批	中医制剂方法（孙氏面瘫膏制作技艺）	传统医药	周村区
189	第六批	中医制剂方法（田氏乌鸡接骨膏制作技艺）	传统医药	周村区
190	第七批	玉峰阁玉雕	传统美术	周村区
191	第七批	于陵帛	传统技艺	周村区

（续表）

序号	批次	项目名称	类别	地址
192	第七批	孟氏皮匠	传统技艺	周村区
193	第七批	民居营造技艺（传统古建筑营造技艺）	传统技艺	周村区
194	第七批	花灯制作技艺（裕厚堂花灯制作技艺、周村花灯制作技艺）	传统技艺	周村区
195	第一批	蹴鞠	杂技与竞技	临淄县
196	第一批	鹧鸪戏	传统戏剧	临淄县
197	第一批	踩寸子	民间舞蹈	临淄县
198	第二批	阁子里芯子	民俗	临淄县
199	第二批	临淄成语典故	民间文学	临淄县
200	第二批	齐《韶》	传统音乐	临淄县
201	第二批	临淄花边工艺	传统手工技艺	临淄县
202	第二批	扈氏鼻炎药膏制作工艺	传统医药	临淄县
203	第二批	赶牛山庙会	民俗	临淄县
204	第二批	寒衣节	民俗	临淄县
205	第三批	正月十六踩桥习俗	民俗	临淄县
206	第三批	临淄民歌	民俗	临淄县
207	第三批	静欣斋烙画	传统美术	临淄县
208	第三批	南霸低攻拳	杂技与竞技	临淄县
209	第三批	齐陵查拳	杂技与竞技	临淄县
210	第三批	大夫抡花	传统工艺	临淄县
211	第三批	临淄剪纸	传统工艺	临淄县
212	第四批	崖头大鼓	传统工艺	临淄县
213	第四批	金岭马荣酱牛肉制作技艺	传统工艺	临淄县
214	第四批	徐氏正骨疗法	传统医药	临淄县
215	第四批	土桥王氏中医	传统医药	临淄县
216	第五批	八仙戏	传统戏剧	临淄县
217	第五批	古器物拓制技艺	传统技艺	临淄县
218	第五批	古城膏药制作工艺及正骨医术（万宝堂）	传统医药	临淄县
219	第五批	古城膏药制作工艺及正骨医术（万春堂）	传统医药	临淄县
220	第五批	仿青铜黑陶制作技艺	传统技艺	临淄县
221	第五批	金岭丁氏酱牛肉制作技艺	传统技艺	临淄县
222	第五批	跑竹马	传统舞蹈	临淄县
223	第六批	齐国传统马术	传统体育、游艺与杂技	临淄县
224	第六批	蒙古三艺拳	传统体育、游艺与杂技	临淄县
225	第六批	锲金画	传统美术	临淄县
226	第六批	临淄酒厂传统酿造工艺	传统技艺	临淄县

（续表）

序号	批次	项目名称	类别	地址
227	第六批	忠诚堂大鼓制作技艺	传统技艺	临淄县
228	第六批	高阳酒古法酿造技艺	传统技艺	临淄县
229	第六批	淄博锔瓷	传统技艺	临淄县
230	第六批	捶击丸子制作工艺	传统技艺	临淄县
231	第六批	拂尘编制技艺	传统技艺	临淄县
232	第六批	凤凰根雕	传统技艺	临淄县
233	第六批	多层刻纸技艺	传统技艺	临淄县
234	第六批	齐城膏药制作技艺及整脊术	传统医药	临淄县
235	第六批	徐氏祖传追风逐湿膏制作技艺	传统医药	临淄县
236	第六批	姜太公的传说	民间文学	临淄县
237	第七批	皇城武子功	传统体育、游艺与杂技	临淄县
238	第七批	翰齐斋文物修复技艺	传统技艺	临淄县
239	第七批	鞠王蹴鞠制作技艺	传统技艺	临淄县
240	第一批	炉姑传说	民间文学	桓台县
241	第二批	孝女史修真传说	民间文学	桓台县
242	第二批	强恕堂白酒酿造技艺	传统技艺	桓台县
243	第二批	马车桥传说	民间文学	桓台县
244	第二批	秸秆扎制牌坊	传统技艺	桓台县
245	第三批	四色韭黄种植技艺	传统技艺	桓台县
246	第三批	傻子扑蝶	传统舞蹈	桓台县
247	第三批	水上婚俗	民俗	桓台县
248	第四批	孙氏扒鸡酱蹄制作技艺	传统技艺	桓台县
249	第四批	起凤金丝鸭蛋腌制技艺	传统技艺	桓台县
250	第四批	橘源堂郑氏中医诊疗法	传统医药	桓台县
251	第四批	七月十五放荷灯	民俗	桓台县
252	第五批	芦苇宫灯制作技艺	传统技艺	桓台县
253	第六批	行调吟诵	传统音乐	桓台县
254	第六批	新城明清古宅建筑技艺	传统技艺	桓台县
255	第六批	王茂香油制作技艺	传统技艺	桓台县
256	第六批	淄博锔瓷	传统技艺	桓台县
257	第六批	踩藕技艺	传统技艺	桓台县
258	第六批	起凤整骨	传统医药	桓台县
259	第七批	知韵轩传统古法装裱技艺	传统技艺	桓台县
260	第七批	慧宁斋雕塑	传统技艺	桓台县
261	第七批	醋酿造技艺（西三益老陈醋酿造技艺）	传统技艺	桓台县
262	第七批	草编（巩氏草编）	传统技艺	桓台县

（续表）

序号	批次	项目名称	类别	地址
263	第七批	茶百戏	传统技艺	桓台县
264	第二批	国井扳倒井酒井窖酿造工艺	传统技艺	高青县
265	第三批	木板大鼓	曲艺	高青县
266	第四批	核雕（桃核雕）	传统美术	高青县
267	第五批	大芦湖传说	民间文学	高青县
268	第五批	董永传说	民间文学	高青县
269	第五批	泰安老姑传说	民间文学	高青县
270	第五批	仪狄造酒故事	民间文学	高青县
271	第五批	赵匡胤与国井扳倒井故事	民间文学	高青县
272	第五批	吊炉烧饼制作技艺	传统技艺	高青县
273	第五批	付氏祖传膏药治疗吊线风技艺	传统医药	高青县
274	第五批	田横家宴	民俗	高青县
275	第六批	王氏剪纸	传统美术	高青县
276	第六批	青城空心面制作技艺	传统技艺	高青县
277	第六批	酒祖仪狄祭典	民俗	高青县
278	第六批	青城大集	民俗	高青县
279	第七批	姜太公与花沟村名系列传说	民间文学	高青县
280	第七批	老齐东吕剧	传统戏剧	高青县
281	第七批	高青西河大鼓	曲艺	高青县
282	第七批	高青老粗布	传统技艺	高青县
283	第七批	高青糖画	传统技艺	高青县
284	第一批	沂源牛郎织女传说	民间文学	沂源县
285	第二批	沂源煎饼制作技艺	传统技艺	沂源县
286	第三批	李逵打虎传说	民间文学	沂源县
287	第四批	骨安宁膏制作技艺	传统医药	沂源县
288	第五批	李氏双鞭胶制作技艺	传统医药	沂源县
289	第六批	京东大鼓	曲艺	沂源县
290	第六批	传统渔鼓	曲艺	沂源县
291	第六批	蔡氏木雕	传统美术	沂源县
292	第六批	周成海核雕	传统美术	沂源县
293	第六批	齐氏剪纸	传统美术	沂源县
294	第六批	王氏蒙山葫芦画	传统美术	沂源县
295	第六批	大锅全羊制作技艺	传统技艺	沂源县
296	第六批	任氏古法榨油技艺	传统技艺	沂源县
297	第六批	朱家老酱油制作技艺	传统技艺	沂源县
298	第六批	鲁原香白酒传统酿造技艺	传统技艺	沂源县

（续表）

序号	批次	项目名称	类别	地址
299	第六批	宋家浆豆腐制作技艺	传统技艺	沂源县
300	第六批	邱氏烧烫伤膏制作工艺	传统医药	沂源县
301	第七批	花鸟字	传统美术	沂源县
302	第七批	来懿品果脯传统制作技艺	传统技艺	沂源县
303	第七批	磨剪子戗菜刀	传统技艺	沂源县
304	第七批	云仙景泰蓝掐丝技艺	传统技艺	沂源县
305	第七批	颈椎保健枕技艺	传统技艺	沂源县
306	第七批	面塑（唐家六面塑）（扩展）	传统美术	沂源县
307	第五批	榆林腔	传统戏剧	高新区
308	第六批	淄博锔瓷	传统技艺	高新区
309	第六批	白酒传统酿造技艺（百粮春酿造技艺）	传统技艺	高新区
310	第六批	淄砚手工制作技艺（淄砚雕刻技艺）	传统技艺	高新区
311	第六批	中医诊疗法（廉氏中医三联疗法）	传统医药	高新区
312	第六批	中医诊疗法（付氏古法疗术）	传统医药	高新区
313	第七批	宣纸线装书装订技艺	传统技艺	高新区
314	第七批	淄博核雕（愚工核雕）（扩展）	传统美术	高新区
315	第七批	烙葫芦（烙画葫芦）（扩展）	传统技艺	高新区
316	第七批	淄博陶瓷彩绘	传统美术	经济开发区
317	第七批	齐州窑薄胎瓷釉下雕塑艺术	传统美术	经济开发区
318	第一批	商家大鼓	传统音乐	文昌湖区
319	市三批	大鼓制作技艺	传统技艺	文昌湖区
320	第六批	腊条藤编技艺	传统技艺	文昌湖区
321	第七批	根书	传统美术	文昌湖区
322	第七批	草编（巩氏草编、高青草编）	传统技艺	桓台县、高青县
323	第七批	采蜜技艺（程氏土蜂养殖采蜜技艺、沈氏土蜂养殖采蜜技艺）	传统技艺	高青县、沂源县
324	第七批	茶具制作技艺（手工陶艺餐具茶具制作技艺、手捏茶器烧制技艺）	传统技艺	张店区、博山区
325	第七批	盆景技艺（桂花盆景技艺、盆景技艺）	传统技艺	博山区、沂源县
326	第七批	剪纸（云涛剪纸、高青剪纸）（扩展）	传统美术	桓台县、高青县
327	第七批	传统香油制作技艺（前李官庄周氏香油制作工艺、水代法小磨香油工艺）（扩展）	传统技艺	临淄区、高青县
328	第七批	淄博白酒传统酿造技艺（伊氏传统白酒酿造技艺、呢三呢白酒传统酿造技艺、董家老酒古法酿造技艺）（扩展）	传统技艺	桓台县、沂源县
329	第七批	酱油酿造技艺（巧媳妇酱油传统酿造技艺、碾砣人家老酱油酿制技艺）（扩展）	传统技艺	临淄区、沂源县

（续表）

序号	批次	项目名称	类别	地址
330	第七批	锔艺（淄博锔瓷、锔瓷）（扩展）	传统技艺	张店区、经济开发区
331	第七批	酱菜制作技艺（油腌菜制作技艺、黄花蒿豆豉及其酱菜制作技艺）（扩展）	传统技艺	淄川区、临淄区
332	第七批	家具制作技艺（棕床穿制技艺、慧成榫卯家具制作技艺）（扩展）	传统技艺	博山区、周村区
333	第七批	太极拳（混元太极拳、东岳太极拳、陈氏太极拳）（扩展）	传统体育、游艺与杂技	淄川区、桓台县、高新区
334	第七批	古器物拓制技艺（墨拓八破技艺、秦砖汉瓦拓片技艺、清水拓技艺、镕古淡墨拓技艺）（扩展）	传统技艺	张店区、博山区、高青县
335	第七批	中医正骨疗法（左氏推拿、王氏小儿推拿、陶氏伤科疗法、杜建手法正骨复位技艺、田氏骨科中医正骨疗法）（扩展）	传统医药	张店区、淄川区、桓台县
336	第七批	中医传统制剂方法（栾氏龙丹活骨膏制作技艺、快速修复抑菌膏、不孕汤剂制作技艺、中草药酵素洗发水制作技艺、济世堂膏药制作技艺）（扩展）	传统医药	张店区、淄川区、沂源县
337	第七批	淄博传统肉食制作技艺（董佳斋香肠制作技艺、坛子肉制作技艺、高氏香肠制作技艺、吴氏烧鸡制作技艺、老吴家熏鸡制作技艺）（扩展）	传统技艺	淄川区、博山区、周村区、临淄区、沂源县
338	第七批	传统面食制作技艺（炽康五谷杂粮煎饼馃子制作技艺、金益德孝心酥制作技艺、天下第一村香酥烧饼制作技艺、清真蜜食制作工艺、物华楼老月饼制作技艺、周园香酥烧饼制作技艺、马踏湖喜烧饼制作技艺、崔世佳一品黄金酥传统制作技艺）（扩展）	传统技艺	张店区、博山区、周村区、临淄区、桓台县、沂源县
339	第七批	中医诊疗法〔淄博司氏中医诊疗法、太极针灸疗法、软坚散结活血通络疗法、挑羊毛疗、志义堂筋骨排毒法、司氏泡浴疗法、齐医砭术疗法、广和堂王氏飞针针灸技艺、乐康中医针灸、蒋氏圆针（消瘤锥）治疗筋瘤病技艺、张氏单穴针灸疗法、德生堂不孕不育疗法〕（扩展）	传统医药	市卫生健康委，张店区、周村区、临淄区、桓台县、沂源县

本篇主要参考文献

古籍类

［1］（北朝）贾思勰著，缪启愉、缪桂龙译注：《齐民要术译注》，上海：上海古籍出版社，2009 年版。

［2］（汉）郑玄注：《礼记》，北京：中华书局，2015 年版。

［3］（汉）郑玄注：《周礼》，北京：中华书局，1992 年版。

［4］（南朝宋）范晔、（唐）李贤等注：《后汉书》，北京：中华书局，1973 年版。

［5］（清）蒲松龄：《聊斋志异》，上海：上海古籍出版社，1979 年版。

［6］（清）张鸣铎修：《淄川县志》，清乾隆四十一年（1776）版。

［7］（唐）房玄龄注：《管子》，上海：上海古籍出版社，1989 年版。

［8］弘化社：《易经》，郑州：中州古籍出版社，2016 年版。

［9］张树铮注：《蒲松龄〈日用俗字〉注》，济南 : 山东大学出版社，2015 年版。

著作类

［10］白云翔主编：《文化临淄》，济南：山东人民出版社，2021 年版。

［11］曹厚昌、李平生编著：《现代商业：交易方式　经营类型　组织形态》，北京：北京经济学院出版社，1995 年版。

［12］陈旭霞编著：《民间信仰》，石家庄：河北人民出版社，2009 年版。

［13］冯梦令主编 :《淄博文史资料》(第九辑)，北京：中国文史出版社，2005 年版。

［14］高青县地方史志编纂委员会编:《高青县志》，北京: 中国社会出版社，1991 年版。

［15］桓台县建筑志编纂委员会编：《桓台县建筑志》，北京：中国建筑工业出版社，1993 年版。

［16］季乃礼主编：《文化高青》，济南：山东人民出版社，2021 年版。

［17］姜波、田禾、李万鹏编著：《山东居住民俗》，济南：济南出版社，2006 年版。

［18］鞠茂勤主编：《锦绣山东》，北京：人民日报出版社，1988 年版。

［19］李国琳主编：《山东省级非物质文化遗产普及读本 · 民俗卷》，济南：济南出版社，2018 年版。

［20］李奎封主编：《淄博农业五十年》，济南：山东科学技术出版社，1999 年版。

［21］李障天、阎象吉主编，淄博市政协文史资料研究委员会、淄博市经济科技委员会编：《淄博经济史料》，北京：中国文史出版社，1990 年版。

［22］梁国楹、王瑞：《齐鲁饮食文化》，济南：山东文艺出版社，2004 年版。

［23］刘心明主编：《文化博山》，济南：山东人民出版社，2021 年版。

［24］鹿军士编著：《寓意吉祥的传统物品》，北京：现代出版社，2018 年版。

［25］邱国珍：《中国民俗通志 · 医药志》，济南：山东教育出版社，2005 年版。

［26］齐涛主编：《服饰志》，济南：山东教育出版社，2007 年版。

［27］秦永洲编著：《山东的节庆活动》，济南：山东人民出版社，2006 年版。

［28］庆洪编：《淄博特产风味指南》，济南：山东人民出版社，1986 年版。

［29］曲洪祎编著：《记住乡愁：山东乡情展馆》，济南：山东人民出版社，2016 年版。

［30］山东省出版总社淄博办事处编：《淄博风物志》，济南：山东人民出版社，1985 年版。

［31］山东省地方史志编纂委员会编：《山东省志・民俗志（1840—2005）》，济南：山东人民出版社，2016 年版。

［32］山东省桓台县史志编纂委员会编：《桓台县志》，济南：齐鲁书社，1992 年版。

［33］山东省沂水县地方史志编纂委员会编：《沂水县志》，济南：齐鲁书社，1997 年版。

［34］山东省沂源县史志编纂委员会编：《沂源县志》，济南：齐鲁书社，1996 年版。

［35］山东省淄博市博山区区志编纂委员会编：《博山区志》，济南：山东人民出版社，1990 年版。

［36］山东省淄博市临淄区志编纂委员会编：《临淄区志》，北京：国际文化出版公司，1989 年版。

［37］山东省淄博市张店区志编纂委员会：《张店区志》，北京：中国友谊出版公司，1991 年版。

［38］山东省淄博市淄川区志编纂委员会编：《淄川区志》，济南：齐鲁书社，1990 年版。

［39］山曼、李万鹏、姜文华、叶涛、王殿基：《山东民俗》，济南：山东友谊书社，1988 年版。

［40］（清）蒲松龄著，路大荒整理：《蒲松龄集》，上海：上海古籍出版社，1986 年版。

［41］舒孝先修：《临淄县志》，石印本，1920 年版。

［42］王景海、陈劳志、邢世杰、杨德宏主编：《中华礼仪全书》，长春：长春出版社，1992 年版。

［43］王立武主编：《文化张店》，济南：山东人民出版社，2021 年版。

［44］王培源主编：《文化淄博》，济南：山东人民出版社，2021 年版。

［45］王新平：《中华之光淄博三宝》，北京：新华出版社，2012 年版。

［46］王荫桂修：《续修博山县志》，淄博：博山三元堂书店，1937 年版。

［47］徐杰舜主编：《汉族民间风俗》，北京：中央民族大学出版社，1998 年版。

［48］叶涛主编：《山东民俗》，兰州：甘肃人民出版社，2003 年版。

［49］袁庭栋：《中国吸烟史话》，济南：山东画报出版社，2007 年版。

［50］张富祥主编：《文化沂源》，济南：山东人民出版社，2021 年版。

［51］张光兴主编：《建筑之乡》，北京：解放军出版社，1989 年版。

［52］张奇文主编：《山东中医药志》，济南：山东科学技术出版社，1991 年版。

［53］张士闪主编：《中国节日志・春节・山东卷》，北京：光明出版社，2014 年版。

[54] 张帅：《个人叙事与地方记忆：鲁中地区的颜文姜传说》，济南：齐鲁书社，2019 年版。

[55] 张廷兴：《中国民俗通志·服饰志》，济南：山东教育出版社，2007 年版。

[56] 张玉军主编：《蓬勃发展的桓台建筑业》（资料汇编），1994 年印本。

[57] 张在湘、蔡万江主编：《潍坊文化通鉴》，济南：山东友谊书社，1992 年版。

[58] 赵宇共：《中国民俗通志·交通志》，济南：山东教育出版社，2005 年版。

[59] 周飞舟、巩曰国主编：《文化桓台》，济南：山东人民出版社，2021 年版。

[60] 朱丽霞主编：《文化周村》，济南：山东人民出版社，2021 年版。

[61] 淄博市文物事业管理局编著：《淄博历史文化遗产》，济南：山东友谊出版社，2012 年版。

[62] 淄博市志编纂委员会编：《淄博市志》，北京：中华书局，1995 年版。

报刊类

[63] 陈西平、孙金荣、杨棣、李成武、李华：《生命历程中的山东树木民俗及其文化内涵》，《山东农业大学学报（社会科学版）》2009 年第 4 期。

[64] 邓永才：《浅谈鲁中商埠文化即周村古商城商贸习俗文化》，《大众文艺》2014 年第 2 期。

[65] 刁统菊、赵容：《山东中元节节俗述略》，《云南民族大学学报（哲学社会科学版）》2015 年第 3 期。

[66] 高瑜爽：《拜年方式的变迁及其引发的思考——以山东淄博为例》，《城市地理》2014 年第 18 期。

[67] 黄永健：《寻访山东传统村落上端士村》，《今晚报》2015 年 1 月 27 日。

[68] 刘大亮、孙源：《上端士村传统村落保护与利用研究》，《山东林业科技》2016 年第 5 期。

[69] 刘学良：《论自开商埠的文化培植——以周村商埠文化为例》，《管子学刊》，2009 年第 3 期。

[70] 刘永康、张大玉：《探访鲁中深山古村落——淄博博山区蝴蝶峪村风貌特征浅析》，《遗产与保护研究》2019 年第 3 期。

[71] 曲乐祯：《周村芯子的民俗志研究》，中央民族大学硕士学位论文，2018 年。

[72] 谭景玉：《清前期鲁中农村的日常饮食习俗》，《民俗研究》2005 年第 1 期。

[73] 张士闪：《地方感与地方社会的自我建构：以鲁中洼子村为个案》，《江苏行政学院学报》2021 年第 3 期。

[74] 宗毅：《山东省淄博市炉神姑信仰研究》，广西师范大学硕士学位论文，2018 年。

网络资源

[75]（淄博）城市生活家：《淄博齐国故都“龙抬头”民俗活动，很热闹！》，2019 年 3 月 9 日，淄博记事本微博，https://m.weibo.cn/3363769054/4347862441971159。

［76］砍柴艺术观：《探访牛郎织女传说起源地——山东沂源》，2022 年 8 月 4 日，搜狐网，https://www.sohu.com/a/574261113_121119379。

［77］潘俊强：《淄博花灯璀璨点亮》，2018 年 2 月 19 日，人民网，http://society.people.com.cn/n1/2018/0219/c1008-29826071.html。

［78］文化遗产：《欢喜团子的传统制作工艺》，2009 年 4 月 10 日，桓台县人民政府网站·走进桓台，http://www.huantai.gov.cn/art/2009/4/10/art_4847_823879.html。

［79］中国铁路网信息中心：《胶济铁路沿线探访——淄博段：百年支线话沧桑》，2019 年 7 月 31 日，百度，https://baijiahao.baidu.com/s?id=1640536530653127612。

［80］淄博市人民政府：《淄博概况·自然环境》，2021 年 11 月 1 日，淄博市人民政府网，http://www.zibo.gov.cn/col/col1243/index.html。

［81］淄博市文化和旅游局：《2020 年度淄博市非遗代表性项目名录》，2021 年 5 月 27 日，淄博市文化和旅游局，http://wh.zibo.gov.cn/art/2021/5/27/art_273_2124337.html。淄博市人民政府办公室：《淄博市人民政府关于公布淄博市第七批市级非物质文化遗产代表性项目名录的通知》，2022 年 5 月 3 日，淄博市人民政府网站，http://www.zibo.gov.cn/gongkai/site_srmzfbgs/channel_shizhengfuwenjian/doc_628069e7b2d39450d5400d62.html。

［82］淄博市张店区融媒体中心：《今日张店》，2019 年 2 月 21 日，淄博市张店区融媒体中心官方微博，https://m.weibo.cn/3703679100/4342053687407281。

第三篇　社会民俗

第一章　家族、宗族与村落民俗

淄博地区拥有悠久且丰厚的文化积累，在此基础上发展起来的齐文化，是容纳了多种文化元素的文化复合体。在以齐文化为主体的众多文化的影响下，淄博地区家庭、宗族传统气息浓郁，传统村落也显示出鲜明的地域特征。

第一节　家庭与家族

作为齐文化的发祥地，淄博地区家庭与家族的习俗带有明显的儒家教化色彩，家族制度主要体现在传统的家庭类型、家庭构成、家谱、家规、家风、家训中。淄博地区诞育了众多历史文化名人，王渔阳、蒲松龄、赵执信等家族的家风家训成为齐地民俗的重要组成部分。随着社会的发展，人口流动性逐渐加强，现今家族观念日渐淡化，家庭制度对个人的约束和影响逐渐弱化，但家族制度流传至今，仍在影响着家庭与家族的发展。

一、家庭结构类型

淄博地区的家庭类型，主要有夫妇一代家庭、双亲子女两代家庭、祖孙三代家庭、四世同堂家庭、五世同堂家庭等。传统观念崇尚“六代含饴”“五世其昌”“家大业大，人多财多”，因此旧时数代同堂的复合式家庭为多。新中国成立后，数代同堂的复合式大家庭逐渐消失，两代家庭愈来愈多。

家族论亲族远近以“服”和“门氏”来区别。没出五服的，称“本家”，又称“本家本当”。“九族宗亲”通过五服制订丧服制度，即亲属间血缘关系的亲疏不同，服丧的服制也不同，据此把亲属分为五等，由亲至疏依次为：斩衰、齐衰、大功、小功、缌麻，以此来确立由本人高祖至本人玄孙之间九代血亲系统。“门氏”亦以血缘关系论，也跟“服”有关，代数少门氏就近，代数多门氏就远，即所说的“近门”“远门”，其中还要分支、分系。出服门氏只能算“宗家”或“同宗”。所谓“老几门”，就是从同一个老祖宗说起的，比如一个老祖宗下面有三个儿子，一个儿子算一门子，就是三门人。这三门人下面子子孙孙是一个老祖宗，就称“老三门”。这三门之中的骨肉亲情是一样的，门氏没有远近之分，也叫“一支”。门氏越多越远，出了五服，亲情上就没多大关系了，但八服以内还有点瓜葛，八服以外就什么瓜葛也没有了。

一族，抑或一姓，为使族属代代不乱、长幼有序，往往在家谱中建立统一的代数行辈，标定字号，俗称“辈分”“排辈”“班辈”。男子成年起大名时，必须选其代数行辈预定的字为名字的一部分，此字或放姓名字的中间，或末尾。各辈并不尽同，也有俗传定规，如这辈辈分之字在中间，下辈辈分之字放末尾，依次类推。

随着时代的发展，家庭结构也在不断演变发展。最常见的是以家庭代际层次和亲属关系为标准，分为核心家庭、主干家庭、联合家庭和其他家庭类型。

核心家庭是由父母和未婚子女组成的家庭，仅有夫妻组成的家庭也叫核心家庭。核心家庭的主要特点是人数少、结构简单，家庭内只有一个权力和活动中心，家庭成员之间容易沟通、相处。目前，核心家庭已成为主要的家庭类型。

主干家庭又称“直系家庭”，是指由两代或两代以上夫妻组成、每代最多不超过一对夫妻且中间无断代的家庭。主干家庭曾为主要家庭类型，但随着社会的发展，此家庭类型已不再占主导地位。主干家庭特点是家庭内不仅有一个主要的权力和活动中心，还有一个权力和活动的次中心存在。

联合家庭是父母和多对已婚子女或和未婚子女、孙子女、曾孙子女等几代居住在一起组成的家庭。如果已婚子女在父母去世后仍不分家，也叫联合家庭。联合家庭特点是人数多、结构复杂，家庭内存在一个主要的权力和活动中心、几个权力和活动的次中心。

还有其他家庭类型，如单亲家庭、残缺家庭、重组家庭、丁克家庭等。

二、家谱、族谱与族规

淄博历史上产生了许多名人大家，大多保存有百年以上的故居，如博山赵执信故居、周村毕自严故居、桓台王渔洋故居、淄川蒲松龄故居等。有的还存有规模宏大的祠堂宗庙等，如桓台王氏忠勤祠，周村毕氏振衣阁等。大部分的名门大族都有完备的族规、家法，有完整的族谱，后世起名一般都要按族谱延续。[1]

（一）家谱与族谱

家谱又称“族谱”“家乘”，包括谱名、谱序、凡例、谱论、画像、恩荣录、先世考、族规家法等，追述本族根源、演变、迁徙、支派、祖茔、祖产、家训、家规和本族名人功绩。家谱有手抄本，收藏于家庙和家族当中。另一种为打印本，分发各家自行保存。家谱一般 30 年或 50 年续修一次，也有随时局变化而续修的。过去的家谱按照封建礼教的褒贬，规定有“六不书”，即弃亲、叛党、刑犯、败伦、背义、杂贱不准入谱，嫁来之妇未生子也不入谱。新中国成立后，废除封建礼教，家族观念淡薄，即使续编，“六不书”也已被打破。

春节家家都祭祖，敬祖牌轴子。祖牌轴子是族谱的具体体现，上追至老祖宗。

[1] 侯法生主编：《淄博民间风俗》，济南：山东美术出版社，2015 年版，第 166 页。

后来各辈亡故者姓名均按轴子上排好的位置添上，后辈分门分支，轴子可只记载本门亡故先人。长辈在，下辈亡故人暂不能上轴子。亡故人一般三周年纪念后才上轴子。

（二）宗谱传承

宗谱传承实际是家世的延续与继承。传统上习惯于“子承父业”“父债子还”，天经地义，毫无非义。儿子多者，平分家产，没儿子者找“近门”自己过继。过继除近族外，还有“外甥随舅”“侄儿随姑”，也有“一门两继”的，双方都为嗣子娶妻，生子各归各家，各自立门户。有女者可招上门女婿，女方要举行大喜仪式，并签订手续。新中国成立前，男到女家要随女姓，所生子女也随女方姓氏。

亲族间的权益，有人身方面的，有财产方面的，也有声誉方面的，具体言之则有名分、财产、赡养等种种事件。值得注意的是出嫁的女儿靠娘家兄弟（特别是长兄）维持自身利益的现象。在传统的父系家族之中，媳妇地位低微，遇到必须争取、必须申辩的事情，只有诉诸娘家人。娘家人中，父辈出面有失身份，由在家早已主事的兄弟出面为宜，久而成习，家家媳妇皆以娘家兄长为代言人，家族、社会诸方面也就渐渐承认了“娘舅”的这一地位。

娘舅在姐妹家中，始则处于说理、争气的地位，随着姐妹儿女的长成，老舅又变成了半个主事人。凡与其姐妹权益有关的事件，如分家、赡养，甚至死后的丧葬，没有老舅的参加，都难以完满解决。在这些事件中，老舅的干预起很大作用，地位也表现在请客吃饭之中。众亲一席，若无其他更长一辈的人，老舅当然是首席。兄弟分家的财产分配，旧俗也往往请老舅主持，老舅说了算。新中国成立后，此俗仍延续一段时间，70 年代后淡化。

三、家风、家规、家训

从子女开始懂事起，父母便要担负起对他们的教育任务。如果一家男孩温良恭俭，女孩贤淑聪慧，则被乡人认为有家教；反之，如果男孩古怪刁钻、作奸犯科，女孩泼辣无羁，则被认为缺少家教。乡间认为不同的门风会对后代产生不同影响，所谓“龙生龙，凤生凤，老鼠的儿子会打洞”“什么样的老子什么样的儿”。家中要是有人做出为乡人所不齿的事情，便会被认为坏了门风，不仅家长在人前抬不起头来，就是家庭成员的男婚女嫁都会受影响。

普通家庭对子女的教育多为日常生活中随时随地的言传身教，不外乎尊敬长辈、孝敬父母、勤劳节俭等中华民族传统美德。一些大家族则有文字记录的家规家训，一般附在家谱后面，也有单独成册的。淄博地区的博山赵氏、新城王氏都因其严谨敦肃的家风、家训而流传后世。

（一）家风

1. 博山赵氏家风

博山区地处鲁中腹地，以孝妇颜文姜传说命名的孝妇河穿城而过，蜿蜒北上，丰沃的水土滋养了一方人。博山赵氏，三百年间出九进士八举人，其文化成就成为齐鲁文化中难以逾越的高峰，其后人至今仍然遵行诗书兴家的传统不辍。

几百年间，赵氏家族人才辈出，共涌现进士 9 人，举人 8 人，监生 118 人，贡生 31 人，廪生 13 人，庠生 522 人，对推动博山地域文化发展做出了难以估量的贡献。其中佼佼者，首推赵振业、赵进美、赵执信等人。

事实上，赵执信只是博山赵氏盛极而衰的标志人物，在他之前的十一世中，九世赵振业、十世赵进美才是提升家族政治地位、推动家族文化发展的奠基者与铺路人。从三人的经历来看，因天资聪颖、勤奋好学而少年得志是他们共同的特点，为政清廉、为子孝顺、文采斐然则是他们被人称道的原因。受其影响，博山赵氏后人虽然没有再出现盛名之士，但都勤奋读书考取功名，诗书传家的传统从未中断。

除三人外，尚有赵作羹颇值一书。赵作羹字子和，号企山，赵元美之子，《博山县志文苑传》记载其“居家孝友，好读书，有名诸生间。然薄弃制举，肆力于诗歌、古文，而史学尤邃。晚年务为著述，矻矻抄录，作蝇头字不倦”。有《季汉纪》20 卷、《南北宋纪》20 卷、《尚友集》16 卷，另有《读史偶录》《石刻摭言》《印谱》《家戒》等著述若干。现除《季汉纪》及部分诗作流传，余皆不见。[1]

博山赵氏人才辈出，有统计，赵氏族人明清两朝有文艺作品流传者达 30 余家，另有多人专集刊行于世。时至今日，赵氏子弟遍布全国乃至世界各地，其为一方之翘楚者，不计其数。一代又一代赵氏族人或以政绩造福民众，或以德行标榜天下，或以诗文著称于世，成为博山乃至周边地区的骄傲。

2. 新城王氏家风

桓台新城王氏被誉为“山东第一进士家族”，不仅是明清时期山东地区最具有代表性的科举望族，也是影响深远的文化世家。在发展过程中，该家族不仅形成了体系完备的家规祖训、世代传承的优良家风，而且涌现出了一些名垂青史、可圈可点的名宦大臣，他们曾经创造的辉煌过往，不仅成就了一个家族的荣光，也为后世留下了宝贵的文化资源。该家族身后的文化底蕴，濡染着一方风气，也滋养着世代生活在这里的人们的精神家园。[2]

新城王氏家族始自平民之家，跨越明清两朝、兴盛数百年门第不坠，自第四世王重光开始，家族一度成为科宦阀阅、簪缨不绝的科举望族，在士林留下了“科甲之盛，海内新城王氏第一”的佳话。支撑维系这个家族长盛的根本原因便是家族数百年沿袭下来的家训族规、严格的家教以及因此而形成的良好家风。

新城王氏家风的形成，大致经历了三个阶段：

平民阶段，注重言传身教。新城王氏始祖王贵、二世王伍等虽然没有留下成文家训，但却以自身勤劳、善良、醇谨、孝顺等嘉言懿行，为后世做出了榜样。王伍孝顺父母、友善兄长、乐善好施、赈济乡邻，人称“王菩萨”。受其善行影响，乡

[1] 博山赵氏家风参见荆棘：《影响山东的文化家族博山赵氏的家族传奇》，《齐鲁周刊》2018 年第 10 期，第 C54 ~ C57 页。

[2] 桓台王氏家风参见何成：《明清新城王氏家族文化研究》，北京：中华书局，2013 年版，第 241 ~ 252 页。

人“竞相劝励为善，曰‘曷不自励，学王菩萨，以取敬于神’”。

过渡阶段，确立家风核心内容。在新城王氏家风形成过程中，三世王麟及其子王重光作用巨大。作为族中第一个读书人，三世王麟读书勤敏，品性高洁，孝悌忠恕。在为人处世方面，不仅廉洁自守，而且为人谦恭有礼，颇有长者风度，非常受人尊敬。自四世王重光起，新城王氏有了家族中的首条成文家训：“所存者必皆道义之心，非道义之心，勿汝存也，制之而已矣。所行者必皆道义之事，非道义之事，勿汝行也，慎之而已矣。所友者必皆读书之人，非读书之人，勿汝友也，远之而已矣。所言者必皆读书之言，非读书之言，勿汝言也，诺之而已矣。”“存道义之心”是道德规范，“言读书之言”是文化要求，二者合体，奠定了新城王氏家族日后发展壮大的基础，而以“道义”和“读书”为核心内容的家训，则为新城王氏家风的形成确定了方向。

望族阶段，制定各类制度促进家风形成。这一阶段始自王之垣，其子王象晋承其衣钵，延续至八世王士禛。王氏家族加强了文化建设，制定了严苛的科举培训方法，大大提高了家族子弟的科举能力，强化了家族凝聚力和影响力，将新城王氏家族推向了发展的鼎盛期，直接促成“王半朝”的形成。而由王之垣在新城主持重建的忠勤祠，已经不仅仅是一座家祠，也成了一座文化地标。

（二）家规、家训

家规、家训作为家风传承的重要载体，不仅是中华优秀传统文化的重要组成部分，也是一个家族兴旺的精神之基。每个家族都有不同的族规、家训，或单独刊印，或附于宗谱，内容多为推崇忠孝节义、教导礼义廉耻。常见的家训大致包括了注重家法国法、和睦宗族乡里、孝顺父母、尊敬长辈、合乎礼教、匡正名分、祖宗祭祀、墓祭程序、修身齐家等内容。

1. 周村毕氏家训

在周村万家村的毕氏家族中，虽然没有明确列出家规、家训，但在历次重修族谱谱序以及人物的自传、小传中，却时时出现祖先对子孙的期望之言，慢慢形成了毕氏家族的26字家训：

承前谟，不居间，不放债，不攻煤井，愿后世，学吃亏，学认错，学好读书。

这个家训包括两个方面：第一个是对于祖先所传之德的遵守和坚持；第二是对于后世子孙的影响。“谟”实际上是一个规划、谋划的意思，祖先通过他们的行为、立言，通过他们的族规家训，给后世树立了一个榜样。这种榜样，不仅包括了抽象的“德”，也包括了很多看上去很小的事情。比如不牟利，就是说不做中间人，不从两人之间牟利；不居间，不攻煤井，因为攻煤井在他们的观念里，是挖地脉，会破坏别人家的水源、风水，易引起纠纷，给家族或个人带来伤害。把这种做法告诉后人，能够让家族在这样一个“德”的传承中兴旺发达下去。

这26字的家训，紧紧围绕着做人的品德问题，高悬于毕氏宗祠墙上，时时警醒毕氏子孙，为人行事要立德，并且将这种品德传递给后人，积德行善，家族才能世代兴盛。毕氏家风虽然无形，但却深远地影响着后世子孙。

2. 淄川高氏家训

明清时期的淄川高氏家族为鲁中望族，有家训“十宜”“十戒”：

十宜：宜畏天命，宜奉王章，宜敦孝友，宜济人物，宜勉谦和，宜安懦拙，宜守耕读世业，宜遵淳朴家风，宜待人大度，宜持事小心。

十戒：戒杀生，戒邪淫，戒傲，戒贪，戒赌，戒斗，戒懒，戒奢，戒无信无礼，戒不孝不仁。

此家训由高氏十世祖高珩提出，以“畏天”家学为中心，以忠孝仁义为经络，形成了高氏一族的优良家风。“十宜”“十戒”成为后世高氏家族教育子孙做人、做官、做事的标尺，助其成就“一科两举人，一门五进士”的辉煌，被乡人称为“世德垂里，世为德门”。

3. 桓台王氏家训

自四世祖王重光起，桓台新城王氏首立“道义读书”家训，后世不断传承和发展，形成了系统完善、独具特色的家规体系，核心为“忠勤报国、门庭肃清、洁己爱民、清正严明”。[1]新城王氏家训的基本内容：

第一，重视对个人读书交游的规范。以明文家训的形式规定子孙读书交游的准则始自四世祖王重光。其家训非常简单，只有四则，但是其意旨极为明确，就是训子举业，并指出一切行事交游皆以“读书”“道义”为涉身立事的原则。王重光次子王之垣后来将此家训刻于石碑之上，立于家庙、家中厅堂等醒目之处，平日以此训诫子弟，足见家族对此家训之重视。

第二，重视对子弟处世、为官的训诫。宦海风云难测，因此处世哲学的告诫、为官之道的叮嘱，也是新城王氏家法族规的重要内容。新城王氏家训中一个非常重要的特点是为官经验心得方面的著作较多，流传后世成为子孙效法的家训著作。王之垣曾将数十年为官经历著为《历仕录》一书，包括为官心得经验、交游记录等。清康熙四十一年（1702），该书被其曾孙王渔洋重刻。王渔洋仿乃祖之法，著《手镜录》一书，内容达 50 条之多，涉及广泛。

第三，注意对子孙修身为善的训诫。凡事为善被新城王氏家族认为是提高修养的一个重要途径。如《年谱》中所记载的大量有关始祖王贵、二世祖王伍因积善兴家的传说，即可为此作最好的注脚。

第四，重视对子孙勤俭持家的训诫。王之垣治家最重勤俭，对家族子弟中有侈靡倾向者，态度极其严厉，决不姑息纵容，并连带所犯子弟之家长一并谴责。

第五，注重养生。将养生与修身、齐家联系在一起是新城王氏家训中的一个重要特色。王之垣、王象晋父子最重养生，王之垣先后著《基命录》《炳烛编》《摄生编》，王象晋著《清寤斋心赏编》，其中涉及了大量古代养生的内容。二人对养

[1] 桓台王氏家训参见何成：《明清新城王氏家族文化研究》，北京：中华书局，2013 年版，第 241 ~ 252 页。

生的心得和提倡使得新城王氏多寿考之人。此被潘光旦先生认为是家族兴盛不衰的一个重要条件。

第六，重视对闺门的训诫。一个家族中妇女素质往往反映了一个家族的文明程度。明清科举世家非常注重对妇女的文化与纲常礼仪的教育。此类内容的家训最早出于王重光之妻刘太夫人，其事迹由王之垣整理成《阃范图说》，传诸后人。

第七，家族与国家关系方面，提倡移孝作忠。王象晋指出："士大夫当实有忧国之心，莫徒有忧国之语。当为天下必不可少之人，莫做天下必不可常之事。以爱妻子之心事亲，则无往不孝；以保富贵之心事君，则无往不忠。忠孝不修，虽有他善，犹玉屑盈匣，不可琢为珪璋，金丝满筐，不可织为文绮。"王象晋注重完纳国课，言志诗中有"早毕公家赋，早完私家责"之句，可见置完纳国课为家族诸役首务。

王之垣非常赞同古人兴家保国戒讼息兵的看法："善保家者戒兴讼，善保国者戒用兵。讼不可长，讼长虽当家必弊；兵不可久，兵久虽大国必拙。"值得注意的是，王之垣对此观点的推崇极大影响了其长子王象乾的军事战略和军事思想。王象乾以文官出身，戍守边疆，曾官至明王朝的最高军事长官，他对北部威胁大明边境的蒙古诸部采取的军事战略，即以"安抚为主，征剿为辅"，这一战略思想的形成，很难说与他从小所受王之垣家训无关。

新城王氏重视孝友敦睦、提倡勤俭持家、注重养生之道、强调移孝作忠，凝聚着朴素的传统文化精髓，体现了独具特色的家族精神，其中所蕴含的精神内涵和价值取向，与当代核心价值观深度契合，成为当代社会家风建设中不可或缺的、很有借鉴意义的文化资源。[1]

四、宗祠祭祀

（一）庙祭

同一姓氏的族人为祭祀其祖先而自行出资建立的、本家族私人性质的家庙，一般称为"宗祠"，有着歌颂英烈先贤、弘扬正气、强化家族意识、延续家族血脉、维系家族团结等重要意义。每个祠堂都会有本宗族的祖先或先贤的牌位，族中人每逢清明、端午、重阳等节日都会去祠堂祭祀、供奉自己的祖先，但一般只在年节时才有阖族祭祀，也有在办理红白事或族中大事时来祭祀祖先。淄博比较知名的祠堂有桓台的忠勤祠和周村的王氏祠堂等。

忠勤祠又名"王家祠堂"，坐落在桓台县新城镇新立村街北，是为祭明代王重光（王渔洋的高祖）而建。该祠初建于明万历十六年（1588），当时规模宏大，但现存面积只有原来的三分之一。祠院南北长 88 米，东西宽 43 米，占地 3784 平方米。院内有正堂五楹，中间三间出厦。长 22 米，高 14 米，进深 9.65 米，全为砖木结构，瓴瓦起脊，木椽单檐。堂内有合抱圆木柱八根，顶部栋梁上饰有彩绘，内壁墙上镶

[1] 周飞舟、巩曰国主编：《文化桓台》，济南：山东人民出版社，2021 年版，第 127 ~ 130 页。

嵌石碣 85 块，保存完好。碑文集历代书法名家钟繇、王羲之、王献之、欧阳询、柳公权、虞世南的字刻成，真、草、隶、篆诸体俱备。堂内还有王重光及其属下王、张二人指挥的碑刻彩绘像。后堂三间称为“司马祠”，原是明末兵部尚书王象乾的祠堂，现拓为王士禛纪念馆。

王氏宗祠位于周村区王村镇苏李村中心街中段，是明吏部文选郎中王教为纪念已故父母而建。该祠始建于明万历十四年（1586），时称“时思堂”，宗祠正门修建于清光绪十三年（1887），占地 714.45 平方米，建筑面积 276 平方米。时思堂坐北朝南，属于砖木结构。门楣上方悬挂“王氏宗祠”楷书大字横匾，两侧饰有垂珠联珑，迎风看板上镂雕四时吉祥鸟兽。祠堂四梁八柱，顶部全用黄色釉瓦覆盖，巨大花砖并排脊梁，内里则是邀请苏州画匠精心雕琢而成，不管是“金线缠枝牡丹”还是“云头护顶”无不彰显了当时极高的艺术价值。该祠 2015 年获批山东省第五批省级文物保护单位。

（二）墓祭

民间祭祀祖先，除在家族祠堂，还多在墓地，也称“上坟”“烧纸”。墓祭在礼仪、祭品方面都比庙祭简单，只能算作庙祭的辅礼。其主要内容是化纸钱和添新土。年初一，阖族至祠堂祭祖后，族中男子集体往老茔拜祭。拜祭礼仪是：在坟上压一张黄表纸，名为“压纸”，于坟前设供，大家用抬盒（又名“食盒”），小家用挑盒，焚香、烧纸、奠酒（后多以水代之），全体叩头拜祭。正月十五或正月十六傍晚，到近支祖坟上灯（又名“送灯”），用面或萝卜做成各式灯盏，一一送至各祖墓前点燃，必待都燃明之后始拜祭，俗谓“给老祖宗送灯照着捉虱子”。清明节扫墓，先一日往坟头上添新土，名为“添坟”，当日设供祭拜，名为“上坟”或“上春坟”。农历十月初一上坟，俗称“上秋坟”。有的地方上秋坟时，要剪纸为衣在坟前焚化，名为“送寒衣”。还有的地方，族中青年娶妻后，家中女性长辈领新妇去祭祖坟，名为“上喜坟”，坟上压纸用红纸，坟前焚化锞子（用两张椭圆形小纸糊为中空一体，状如银锞，上面贴小块金银箔，以线穿为长串），也有易白纸为红纸的。另外，在农历除夕和七月十五午后，有到祖坟请祖宗回家过节的习俗，要在祖先坟地鸣锣放鞭炮，大声呼唤祖宗回家。

第二节　村　落

旧时淄博地区绝大多数人口居住在乡村，从事农业生产，俗话说的“庄户人家”“乡里乡亲”“同乡”“乡土风情”等，都是以乡土村落为基础而生发出来的各种关系，其中也蕴涵着诸多相关的民俗事象。

一、村落组织与管理

村落一般由一姓或两姓家族势力较强的大户发展起来，村内杂姓较少，但也有例外，如淄川双杨镇彭家村无一姓彭，而多姓崔。淄博有为数不少的古村落，至

2022 年有 29 个村落被收入中国传统村落名录。[1]

（一）村规

村规民约是中国传统文化的重要组成部分，是劳动人民在长期的社会实践中逐渐形成、代代相传、约定俗成的用以调整个人之间、部落之间社会关系的规范。村规又叫“村规民约”“乡规民约”，是村民进行自我教育和管理的风俗，其内容涉及社会公德、纠纷调解、安全保卫、祭祀、娱乐和乡社福利等方面。不同村落的村规虽不尽一致，但皆与当地所提倡的社会公德一致，如禁斗殴、禁赌博、禁吸毒等。在平原农业区，有禁止砍伐毁坏村里公有树木、禁止破坏公共设施、禁止挤占村有土地和水面等村规。在山区，村规常常规定何时禁牧、何时禁拾草、何时禁采药、何时禁采石等内容。

旧时村里一般由大户人家的长者主事，大家尊为“族长”或“村长”。村里有严格的村规民约，一般刻在村碑反面或专门的牌坊上，立于祠堂院内或正殿。随着时代的发展，村规民约也在不断调整以适应社会发展。周村李家疃村分别从组织观念、经济工作、社会治安、村民生产生活、户口管理、村风民俗、计划生育、尊老爱幼以及处罚等十个方面制定了三十二条村规民约，用以管理村落，规范村民们的言行举止。[2]

（二）乡村自治

乡村自治的重要内容，就是依据村规和社会公德来调解纠纷，化解矛盾，对不轨村民进行教育乃至惩罚。村中邻里之间的纠纷调解，一般由村领导或威望较高的人出面（俗称“说合事儿”“说事儿”）。这样的调解人，一般年岁较大，且处事公平持重，他的意见大都能为矛盾双方所接受。调解的程序通常是：首先，调解人受邀或自愿去找冲突双方弄清争吵的原委，从村民那里收集各种意见；然后，对争吵作出评判，提出解决方案使双方接受；最后，在村庄或集镇举办正式聚会，邀请调解人、村领导、家族首领和争端双方的家长参加。如果双方都认错，筵席费用就平摊；如果只有一方有错，费用将由过错方承担；如果一方自愿选择或被迫向另一方让步，那么该方将承担全部费用。

同一个村落的人们在生产、生活过程中，形成了许多良好的互助风尚，如婚丧事互助、修建房互助、收种庄稼互助等，娶亲、添子、做寿等一般要去道喜祝贺，不去的被认为失礼，此类习俗延续至今。新中国成立后，村组织形式历经变化，但村民委员会中始终留有“调解委员”一职。

[1] 传统村落是指村落形成较早，拥有较丰富的传统文化资源，保存比较完整，具有较高历史、文化、科学、艺术、社会、经济价值的村落。传统村落历史文化积淀较为深厚、村落格局肌理保存较完整、传统建筑具有一定保护价值、非物质文化遗产传承良好、村落活态保护基础好。淄博市国家级传统村落名录见本篇附录。

[2] 山东省淄博市周村区王村镇李家疃村志编纂委员会编：《李家疃村志》，北京：方志出版社，2017 年版，第 164 ~ 167 页。

随着城市的兴起和规模的不断壮大，社区作为城市居民基本的社会组织机构出现，每个社区成立居民委员会，订有文明公约，保留了一些传统的管理习俗。

村落安全保卫也是乡村自治的重要内容之一。淄博许多村早先都建有“更屋子”，村民每夜轮流值更，担任全村的安全警卫任务。值更俗称“打更”，打更者按一夜五更时刻巡街敲木梆子。20世纪40、50年代，打更活动逐渐废止，“更屋子”改成民兵队部，夜间值勤称“站岗”，也有的乡下仍称“打更”。农作物收获之际要选一人或数人巡视，名为“看青”“看坡”“看山”。

努力强化乡邻关系，促进村民团结，也是乡村自治的一项重要内容。淄博民间盛行“攀街坊”活动，即同村而异姓的人认“街坊辈”，称村中异姓人为爷爷、奶奶、大爷、大娘、叔叔、婶婶、兄弟姐妹等，相沿几辈，序列井然。此外，村中还盛行“拜干亲”活动。大凡邻里之间，若生女儿，则认为干闺女；若生儿子，则认为干儿子。这种拜干亲习俗往往出于某种目的和需要，如认为独子难养活、不长命，就多拜干娘。随着社会变迁和环境变化，干亲关系淡化。

祭祀活动也是乡村自治的重要内容之一。在过去，最常见的农村集体祭祀活动是祈雨。每逢大旱之际，一经公议决定祈雨，则由社头向各家募集资金。届时，谁主祭、谁祈神、谁带队祈号，皆有安排。各家各户编柳帽、备柳枝，做好一切准备。其他如庙会的请神送神活动与“城隍出巡”“玉皇出巡”仪式，都要依靠村落习俗的支撑，绵延数代。

节日娱乐活动同样属于乡村自治的重要内容。即使那些没有文娱传统的村落，也有节日期间民间文艺演出的习惯。每当农闲之际，若有流动演出团体到来，村组织便为之提供食宿、借用道具、布置场地、筹集酬金。逢年过节或请秧歌队或请戏班剧团，多已形成惯例。20世纪30、40年代，村办文娱活动习俗在淄博一些解放区发展为村办剧团，现在则演变为青年活动之家、民兵活动之家、游艺室、俱乐部等。实行联产承包责任制以后，各个家庭把主要时间和精力放在家庭经营上面，大型的、群众性的文艺和娱乐活动减少。近些年，有些乡镇政府或村落领导，借用文艺娱乐活动扩大地方的影响，以此招商引资、发展本乡本村的经济，称为“文化搭台，经济唱戏”。

新中国成立后，各地破除封建迷信，提倡社会主义精神文明、移风易俗，树立良好的民风、村风，村落的管理更加规范有序。红白事等集体性活动逐渐由红白事理事会接手管理，喜事新办，丧事从简，破除陈规旧俗，反对铺张浪费。卫生环境方面，更加注重村落卫生环境的建设以及精神文明的治理，积极开展生态乡村建设，加强生态保护，搞好公共卫生，自觉整治村容村貌。

二、公共场所与设施

（一）公共设施

1. 汲水设施

新中国成立前，乡村没有自来水供水设备，农民大多饮用泉水、河水和土井水。新中国成立后，在较长一段时间内，因受电力制约，仍饮用河水、泉水和土井水。

随乡村经济的迅速发展，乡村供水设施有了较大发展，村镇逐渐建起水塔，铺设供水管道，民众开始习惯饮用卫生的自来水。农村的土水井仍保留下来，成为传统村落的代表物之一，有些还因其故事传说成为景观名胜。

高青扳倒井位于高青县高城镇西关村，狄城遗址东南部，井壁呈倾斜状，系古“高苑八景”之一。相传宋太祖赵匡胤从衮龙桥上下来后，牵马东行，时值天热，人马俱渴，见不远处有一眼砖井，水质清澈，但无法汲水。赵匡胤信口说道：“若能将井扳倒就好了。”金口玉言刚落，只见井缓缓向西南方向倾斜，清泉涌出，解人马之渴，助赵匡胤逃过一劫。人、马喝足了，井又慢慢立起，但却再也恢复不到原来垂直的程度。后人遂称“扳倒井”，也叫“龙探井”。

凤池井原名“姑子井”，因其地是尼姑的善庙地，其地租给庄农耕种，所得粮食按四六分成，姑子井因此得名。传说有一年清明节，学子村民、男女老幼纷纷到郊外踏青，庄东仙姑洞里三位仙姑，一时动了凡心，出洞化装成三位中年妇人模样，也到郊外游走，与游人有说有笑，享受人间的欢乐。一仙姑提出化作金凤凰到天上飞舞一番，瞬间三人变作金凤凰飞上了天，观者莫不惊叹。三仙姑在天上飞舞多时，看到了姑子井，感到口渴，遂降落喝水，自此姑子井便改名凤池井。[1]

2. 农副产品加工设施

淄博是全国最早的农业开发地区之一。考古发现证明，约在一万年前，域内就出现了原始农业。春秋战国时期，齐人就掌握了牛耕除草技术，牛耕和铁制农具的使用也比较普遍。淄博地区具有悠久的农业生产历史，各个村落也具备丰富的农业生产工具。在耕地整地方面，有犁、耠子、耙、耢、锨、镢、箢子、钩等；在作物播种方面，有耧、耩子、葫芦头等；在田间管理方面，有锄、铲、耙子、叉子等工具；在作物收获方面，有镰、钐、麦杈、连枷、木锨、筛子等；田间运输工具有大车、小车、地排车、木轮手推车、扁担等；粮食加工工具有碾、扇车、擦床、碓臼、磨、箩等；提水灌溉工具有斗子水车、辘轳、鸳鸯罐等。[2]

3. 道路交通

淄博村与田地之间，田地与田地之间，多为土路。山区村落间有青石板或石子铺路，现在多是水泥或沥青铺路，称“水泥路”“沥青路”。乡村也有道路分工，称“机耕道”“拖拉机路”等。淄博山区的盘山公路大多依傍古村路而建，奇险艳丽，极具特色。

盘山公路主要有：大峪口去西厢镇门峪段，即十八盘；淄川洪山土峪去犁峪口、张庄段；淄川太河到孙家庄段，即太河水库西岸；淄川峨庄到沂源三岔、双石屋段；博山青龙湾去夹山、龙堂；博山石匣去蝴蝶峪；博山李家经前紫峪去峨庄紫峪；峨庄山桥去青州上龙宫、下龙宫；淄川东坪山西村经下义户、上义户去博山箇山；淄

[1] 张士闪：《乡民艺术的文化解读：鲁中四村考察》，济南：山东人民出版社，2006年版，第159～160页。

[2] 侯法生主编：《淄博民间风俗》，济南：山东美术出版社，2015年版，第22页。

川口头幸福村经池板村到西股；从淄川口头到博山源泉；从临淄辛店经青州庙子到淄川太河；从沂源县城去中庄、燕崖镇；从沂源县城去西里镇梭背岭。这些路段依村而建，盘山而行，沿途路段景色秀丽，或山高、谷深、林茂、滩浅，或石怪、泉清、洞幽、水美，现如今已发展成为著名的自驾游路线。

禹王路更因其特有的沿途美景而爆红网络，被誉为“淄博最美公路”。它位于博山区域城镇，是连接和尚房与岭西的一条盘山公路。起于姚家峪禹王山居大牌坊，依次经过隧道、和尚房、上恶石峪、虎头、岭西路口，再由岭西路口折返，依次经过虎头、上恶石峪、和尚房、隧道、桃源小镇，最终回到姚家峪禹王山居大牌坊，行程约 23.3 公里。每年秋季，博山区和尚房村进入了一年之中最美的时节，沿着禹王路蜿蜒前行，可见红叶满山，美入人心。

4. 通讯宣传设施

通讯宣传设施是组建村落必不可少的公共设施，包括村落的黑板、墙画、喇叭等直接用于通讯宣传的公共工具，还包括村子里的礼堂、空地、操场、土坛或戏台等用于通讯宣传和文化传播的公共场所。农村的大礼堂，是村民聚集聊天的地方，更是农村民俗文化的传承教化场所。

（二）宗教场所

淄博各地都有特定建筑作为宗教、祭祀或集会的固定场所，如，宗教集会有寺庙、道观，祭祀有祠堂、家庙等。有的乡间集会没有固定的场所，村中有要事需要公告或商议，一般由有名望者聚集民众，将村口、田间地头、河边等空旷处或空置院落作为临时的祭祀或集会之处。[1]

1. 庙观

僧会寺位于张店区马尚镇九级村，大约建于唐朝。寺里有座九级塔，原名“金鸡塔”，后改名“九级塔”。塔旁有村，村以塔名，称“九级塔村”。僧会寺佛殿高大，寺院恢宏，寺院右侧耸立着金鸡塔。据明朝嘉靖五年（1526）《金鸡塔重修碑记》记载：“旷观僧会寺，右有金鸡塔，重修叠叠，亦不知始于何代、创于何朝，由来久矣。”至明朝崇祯二年（1629）予以重修。又据清朝道光十三年（1833）《重修僧会寺碑》记载：“村居靠河，河之西有僧会寺，佛殿巍峨，堂宇齐整。自大宋暨本朝重修，历代有碑碣，风古俗厚八百余年。”一般佛塔为七级，唯九级塔为九级，堪称塔中一绝。塔之第七层，立有高约 5 米的八棱石柱，每一个棱面，各雕七尊佛像，计五十六尊。石柱上端，托有石雕莲花盆，花瓣逼真，鬼斧神工。盆中有一高约 2 米的锥形石墩，锥尖凿有杯口大小的圆孔，孔内可插旗杆。[2] 如今寺塔皆已毁。

九圣阁又叫“九神团圆阁”，位于张店区傅家镇孙家村，为孙氏六世孙孙文灿于康熙年间为报江神陈光蕊救命之恩修建。现建筑为 2012 年修复，同时恢复重

[1] 宗祠祭祀场所见本章“家庭与家族”节。

[2] 王立武主编：《文化张店》，济南：山东人民出版社，2021 年版，第 265 页。

建了三官庙、财神殿、文昌殿、城隍殿。楼阁坐北朝南，东西长 13 米，南北宽 6.4 米，面积为 83.2 平方米，上下两层。阁下层为砖石结构，面阔三间，兰砖发碹砌成。门前是月台，正门上方一米左右有一青石匾额，原有立体雕书“九圣阁”三字，“破四旧”时被损毁，现重修后新置篆体“九圣阁”三字。一层东西间窗户半圆形，周边花纹兰砖砌成。西间南窗下有阶梯上阁，阁上层为砖木结构，抬梁式，四梁十二柱，每梁下立三柱，前四柱顶梁，南端上檐由四柱支撑，下为花墙，约高 1.2 米左右，后柱与两山柱皆在墙内。阁上四梁为三重上下榫卯结构。阁上梁、斗拱、脊桁有彩绘，后墙与山墙原有多幅壁画，现已不存。阁内原有塑像九尊，正中塑陈光蕊神像，左右两侧分别是他的四个儿子和儿媳，新中国成立后被毁，如今已重新修葺，现为淄博道教协会办公地点。[1]

双塔寺位于淄川洼子村，建于宋大观年间之前，明嘉靖年间重修，清朝顺治二年至八年（1645 ~ 1651）重修。在村民的记忆中，双塔寺最后一次重修在光绪三十四年（1908），当年十月八日完工并举行开光仪式，还为此唱演三天大戏。双塔寺当年在悬崖之上建有北阁二层，阁的东西两头建禅房供和尚居住，中间是罗汉殿，内塑十八尊罗汉。南边是天王殿，内塑四大天王。此外，还有佛爷殿、三教阁等建筑。在主阁楼的前面有一座塔，在天王殿的南面也有一座塔，此寺庙因有两座塔，故叫“双塔寺”。寺庙建有楼阁、大殿，门向南边开，好几十级台阶，气势宏大，非常壮观。晚间，钟鼓齐鸣，和尚拜佛诵经。双塔寺没有正式香火庙会时间，但在每年六月初六及春节，各村会召集民众备办供品去上两次大供。因双塔寺处于洼子村、河东村、罗村三村交界之处，是村民走亲访友，赶集下地等常经之处，故人们随时前往瞻仰供奉。双塔寺四周树木参天，花木繁茂。高大的松柏，参天的古槐，茂盛的芙蓉，一般都树高过丈，两人难以合抱。

兴隆观坐落在博山后峪村秀水河畔的梓盛园，北宋初年已初具规模，具体创建年代已无从考察。观内正北大殿五间，丹柱飞檐，殿宇高耸，雕龙画栋，气势雄伟，殿内供奉的是真武大帝的金身像，大殿东西两侧配殿各两间，观内东西两侧设有香客与道长休息的东西厢房各三间，整个观内屋宇布局有序，古朴壮观。兴隆观前临清澈见底、穿村而过的秀水河，门对面是座石桥，过石桥是照壁，照壁中间是一丰满秀丽的砖雕“福”字。此字有 1.75 米见方，间隔边长是 85 厘米和 60 厘米的八边形，是博山最大的砖雕“福”字。照壁两边的石碑上记载该影壁建于 1934 年。兴隆观后有两棵参天而立，树冠庞大，堪称博山一景的古银杏树，是淄博市最大的银杏树株，树高 41 米，树干直径分别为 1.64 米和 1.68 米，据考证，系宋代初年观内道长所栽，距今已有近千年历史。[2]

[1] 闲云行影：《藏在张店居民区里的百年建筑——九圣阁》，2022 年 3 月 1 日，个人图书馆，http://www.360doc.com/content/22/0301/14/78769801_1019509407.shtml。

[2] 孝乡书院：《博山传统村落之后峪村》，2017 年 8 月 22 日，搜狐，https://www.sohu.com/a/166546837 _99917748。

华严寺位于桓台县田庄镇高楼村西北角。史载该寺原来规模宏大，为三进寺院，寺前立有数十丈高的古塔，名“隋文塔”，明万历初年（1573）被毁。现存寺的基址高出地面 2 米，南北长 120 米，东西宽 50 米，前殿为四天王殿，已毁，只存有正殿和百子殿。正殿为大雄宝殿，五间，系砖木结构，飞檐斗拱，瓴瓦单檐，顶覆绿色琉璃瓦（现大部分换为红瓦）。殿长 26 米，进深 10 米，高 17 米，内有合抱圆木柱 8 根。殿内横梁立柱上彩绘祥云蛟龙、瑶草琼花，至今仍可见。殿前东西两厢房尚好。后为百子殿，亦为砖木结构，木椽单檐。[1]

观音寺坐落在博山区池上镇韩庄村东面，北依摩诃山，南面为刘德培起义旧址福山。传说很久以前，此地多妖魔鬼怪，是观世音菩萨去雷音寺请来如来佛捉妖降魔，故名。观音寺始建于唐代，后经宋、清两代多次修复，原有大雄宝殿、观音阁等十几座殿宇，是山东省有名的寺院。

莲花寺位于博山区山头镇河北东村西北山顶，该寺古称“七神堂”。据说唐王李世民率兵东征路过该处时又渴又饥，发现山上有大片桑林，果实累累，遂摘食桑葚，体力因此得以恢复，取得东征胜利。李世民做了皇帝后，下旨封该处桑树为“树王”，并在此修建了“吃葚堂”，后讹传为“七神堂”。2002 年，释仁清法师在四方信众支持下，在七神堂废墟上建起了莲花寺。

2. 清真寺

随着回族逐渐迁入，淄博各地相继出现了许多回族村落，并建立起许多伊斯兰教的专属宗教、祭祀、集会活动场所——清真寺。如临淄区金岭回族镇金南村的金岭清真寺、临淄区金岭回族镇金东村的金东村清真寺、淄川区太河村的太河清真寺、博山孙家庙的孙家庙清真寺、博山城区三元村后地的博山清真寺、淄川区洪山镇三圣巷的洪山清真寺、张店区马尚镇回民新村的清真寺等。

3. 教堂

自清朝末期基督教逐渐传入淄博，为向民众宣扬教义，包括天主教、新教在内的基督教各教派先后建设起集会活动场所，如淄川城东南土峪村天主教堂、桓台县邢家坡子村天主教堂、张店区中埠镇边辛村天主教堂、张店区沣水镇北沣村天主教堂、周村丝市街基督教堂等。

（三）教育场所

淄博乡村教育场地以私塾为主，包括蒙馆、经馆以及混合馆。

蒙馆主要传授识字等基本知识，教学对象是年龄较小和初入学的儿童。教材主要是《三字经》《百家姓》《千字文》《孝经》《神童诗》等启蒙读物以及《古文观止》《唐诗三百首》《弟子规》《声律启蒙》等。还有专门面向女学生的教材《女儿经》等。蒙学的教学内容基本围绕道德行为和基础文化知识两方面进行，以识字、背书和写字为主。教学方法多为个别传授。

经馆教学主要是针对年龄较大、文化程度较高的学生，一般接受过蒙馆教育，

[1] 淄博市志编纂委员会编：《淄博市志》，北京：中华书局，1995 年版，第 2154 页。

年龄在十五六岁左右。教学内容有读书、写字和作文三科。读书有“四书”（《大学》《中庸》《论语》《孟子》）、“五经”（《诗经》《尚书》《礼记》《周易》《春秋》）等；写字主要练习大、中、小楷，其中尤以小楷为重；作文包括写文和写诗。写文是从“四书”中摘取某句为命题引发议论，文体特别讲究使用起承转合的八股文；写诗则主要是试帖诗（也叫“赋得体”），为参加科举考试做准备。教学方法主要以讲学为主、个别辅导为辅。近代以来，则多用解惑答疑问答式和讨论、辩论的方式组织教学，注重师生之间的互动，培养学生的学习兴趣。在教学内容上，老师要讲解析义，学生则需要回讲，回讲要求学生举一反三，并且能够有所创新；而日常的咏诗作对则要求学生除掌握扎实的基本功之外，还需要敏捷的应变能力。开设经馆的教师大都是学问和品行方面都很有威望的人士，不乏当时社会著名的儒士。

混合馆即上述两种形式的混合，是现实生活中最常见的教学形式。学生年龄从六七岁到十六七岁不等，教师针对不同年龄段的学生授以不同的教学内容，既需要教授蒙馆的耐性，又需要教授经馆的能力。

第三节　民间社团

民间社会团体组织通常指传统社会中官僚体系之外具有稳定互动关系的群体，围绕特定目标而建立的民间社会单元。旧时除了官办机构管理民众外，还有许多政府管控不到的情况，由民众自发组建各类社会团体组织，进行民众的自我帮助、管理和自治。传统的民间社会团体组织如行会、帮会、商会、同学会、同乡会、农民协会、劳工联合会、妇女会社、宗教信仰组织和庙会组织，以及一些依照本地特色建立的社团，如保路会、同志社、梨园、班社、票友会、剧团等团体。新中国成立后，民间帮会组织逐渐被取缔，各级政府组织领导的社团逐渐增多。

一、政治宗教会社

（一）农民协会

新中国成立前，淄博地区农民团体有县农会、农民协会、农民救国会、农民联合会。民国初年（1912），淄川县成立农会，县农会及下属组织均掌握在乡绅手中。抗日战争前，各县农民协会的主要活动是反对封建剥削、开展短工罢市、提高雇工待遇。抗日战争期间，各县所成立的农民抗日救国会等团体主要活动有三项：一是发动农民参加人民军队或组织自卫队伍；二是发动农民发展生产；三是发动农民送粮出伕，支援前线。抗日战争胜利后，各县农民联合会等农民团体主要是领导农民开展减租减息、反奸诉苦、进行土地改革、动员青年参军参战、拥军支前。

1926年，中埠村（现属张店区）李清桂、王景陈发动农民成立短工团和小车子工会，是农民协会的前身。不久即成立农民协会，活动范围南至金岭镇（现属临淄区）、北至金召村（现属临淄区）、东至孙娄村（现属临淄区）、西至尹家坞（现属张店区），入会人员达3000余人。是年春，孟俊生参加中共山东党组织召开的山东农民运动会后，在洪沟村（现属张店区）建立农民协会，发展会员 40 余人。下半年，孟俊生又到洪山镇解庄（现属淄川区）建立农民协会。1928 年夏，长山县官庄（现属周村区）成立农民协会，发展会员 30 余人。1928 年后，因斗争形势恶化，农民协会活动处于低潮，1932 年又一度兴起。1933 年，国民党政府以农民协会受共产党鼓动为由，下令解散，各地农民协会逐渐解体。

1938 年后，为适应抗日斗争的需要，卫固、四宝山一带的共产党组织，先后在各村建立农民抗日救国会，简称“农救会”。淄川、桓台、博山以及各区、乡、村先后成立农救会。1945 年日本投降后，农救会改称“农会”，在各县各级相继建立。1948 年，农村经过土地改革、划阶级、定成分以后，农民组织相继解散。[1]

（二）妇女会社

新中国成立前，妇女组织主要是各县妇女抗日救国会。淄川、桓台、临淄、博山等地纷纷相继成立妇女抗日救国会。各村妇救会发动妇女参政参军，争取解放，积极参加减租减息、反奸诉苦等工作，为抗日战争和人民解放战争做出了贡献，受到人民政府的表扬。1947 年 3 月，张店成立市妇救会，在市妇救会的领导下，各村妇救会带领广大妇女积极投入土地改革和拥军支前工作。

1949 年淄博工矿特区成立后，山东省民主妇女联合会向淄博工矿特区派出妇女工作领导机构——淄博工矿特区民主妇女联合分会筹备委员会。1957 年改为淄博市妇女联合会。“文化大革命”开始后，市妇联机构名存实亡。1973 年，中共淄博市委成立市妇女联合会筹备小组，淄博市妇女联合会正式成立，简称“市妇联”。

（三）会道门

晚清以来，列强入侵，军阀割据混战，盗匪蜂起，各种名目的会道门迅速发展起来。会道门实际是明清民间秘密宗教的延续。抗战爆发后，会道门虽曾与日伪军进行过英勇战斗，但两极分化非常明显，凡不为共产党、八路军所争取、改编者，往往为日伪所操纵，成为日本侵略者的帮凶。抗战胜利后，会道门又被国民党反动政府利用，从事各种形式的反共活动。淄博地区反动会道门组织主要有天明会、安清道义会、圣贤道、一贯道、古天圣道、后天道、一心天道龙华圣教会、一炷香道、无畏金丹道，另外还有先天道、同善社、皇极道等。新中国成立后，会道门趋于衰亡。[2]

天明会是淄博东南山区一个反动会道门，会徒是这一带山里人，神灵称“玄武大帝”或“玄武老爷”，人称“李半仙”。天明会用迷信邪说蛊惑视听。抗日战争时期，打着“抗日”旗号，到处发展会徒扩大组织，设有总会、分会、坛屋等机构进行会务活动。日寇投降后，天明会又依附蒋政权进行活动。人民政府对天明会多次明令取缔，但少数反动分子仍秘密串联。1958 年春，头目李广文、郑桂举等错估形势，在博山、淄川东南一带山区，配合逃台国民党反动派反攻大陆的叫嚣，恶毒进行反革命宣传，梦想推翻人民政权。11 月从博山的皮峪村翻山越岭窜到淄川口头乡的

[1] 淄博市志编纂委员会编：《淄博市志》，北京：中华书局，1995 年版，第 513 ~ 514 页。
[2] 秦永洲：《山东社会风俗史》，济南：山东人民出版社，2011 年版，第 568 ~ 570 页。

池板、陈家井村，聚众暴乱。广大人民在各级党委和市公安局的领导下，对其予以彻底的毁灭性打击。[1]

安清道义会是日伪时期的一个特务外围组织，基础是旧社会的“清帮”。最初目的是为使漕运顺利通航，沿途不受骚扰和损失，至民国以后，成分逐渐复杂，扩大到官僚政客和军阀匪首，带上了浓厚的政治色彩。1937 年日寇侵占博山，建立伪政权后，在日寇的怂恿和指使下，地方上的一些地主豪绅和帮派头目，为迎合日寇的需要，网罗徒子徒孙，于 1940 年成立了汉奸组织“博山县安清道义会”，会址设在博山西围子桑园街炉神庙内，明目张胆进行反共反人民的罪恶活动，搜集解放区的政治、经济、军事等情报供敌利用。各地的大小帮头，汉奸、伪顽分子，竞相入会，大摆香堂，拜师收徒，扩大势力，依靠日寇的淫威，对统治区的人民进行残酷的迫害，杀人越货，无恶不作。新中国成立后，该帮会被取缔。[2]

圣贤道又称“好好道”“还乡道”，其组织体系错综复杂。桓台一带圣贤道传入早，发展快，活动频繁，为非作歹，造谣惑众。1945 年，桓台县圣贤道道首鲍荣臣、高代臣，勾结伪二十四旅特务，煽动十二个村庄道徒，围攻渤海军区第三军分区驻地，夺去桓台县政府秘书科长张精忠短枪一支，打伤联防人员两名。新中国成立后，圣贤道破坏土改工作和抗美援朝，搜刮道徒钱财，要求道徒每年腊月三十和立春、立夏、立秋、立冬日加上三月三、七月二十五都要上供。1951 年被取缔。

一贯道又名“中华道德慈善会”，是流传最广、势力最大、破坏活动最突出、危害最严重的反动会道门组织。起源于清朝光绪年间的东震堂，取《论语》中“吾道一以贯之”改名“一贯道”。1938 年，济南“天天坛”发展桓台崔凤藻入道，石桥设立“蕴宫坦”，张店设“新立佛堂”，分布全县 60% 以上的村庄。1945 年桓台解放后，以开药铺等职业为掩护，抗拒登记具结，公开散布反动谣言，迷惑群众，胡说“世界是苦海，一贯道是宝筏，只有入道才能得救”；破坏参军运动，散布反动言论，在社会上造成很坏影响。1950 年政府明令取缔。[3]

二、经济会社

（一）桓台苗家商业资本集团

20 世纪初，淄博地区较具代表性的当数桓台苗家商业资本集团，能与济南章丘孟家集团并立。苗氏集团来自桓台县索镇，是以苗世厚（得卿）、苗世远（杏村）、苗世德（星恒）、苗世循（海南）四堂兄弟为首形成的，数十年间先后创办过十几家企业。前期以经营粮油食品为主，创办恭聚和粮栈、恒聚和粮栈、同聚长粮栈，1915 年前后基本控制了济南的米面、花生市场，后转向实业，开办成丰面粉厂、

[1] 淄博市淄川区政协文史委员会编:《淄川文史资料选辑》(第二辑)，淄博市淄川区政协文史委员会，1988 年版，第 186 ~ 195 页。

[2] 中国人民政治协商会议山东省淄博市博山区委员会编:《博山文史资料选辑》(第一辑)，博山印刷厂印刷，1983 年版，第 116 ~ 118 页。

[3] 桓台县公安志编纂委员会编:《桓台县公安志》，北京: 方志出版社，2017 年版，第 236 ~ 238 页。

成记面粉厂、成通纱厂、成大纱厂、文德铁工厂、南记普丰面粉厂等。

（二）棉业公会

随着商业的兴起，20世纪30年代初，张店陆续建立棉业、炭业、粮食业、商业等多种行业公会，行业公会曾一度改称“同行业公会”。1937年，以棉业公会为基础，在张店斜马路创建商会。会长胡化成，有庶务、会计、工役数人，受桓台县商会领导。商会经费，按每商户的基数摊派，除开支行政经费外，还要支付对日伪机关的应酬费、招待费。1945年9月，抗战胜利后，商会会长胡化成潜逃，商会工作停止。

（三）商业会馆

会馆是同乡或同行业商业团体建立的公共聚会场所。随着经济的发展，外地客商的增多，势力较大的商贾联合同乡、同行建立会馆，作为本省、本县或本行业在淄博的长久立足之地。会馆大都是外地富商行帮所建。为显示自身的商业实力，都将会馆修得十分阔气考究。会馆建筑中必要有聚会议事的厅堂，同乡或同行业商人聚集于此，商议交易事宜，互通信息，防范或抵制异乡人或行外人的欺凌，解决内部纠纷，举行节日团拜、联欢、婚丧嫁娶、敬神拜佛等活动，救助困难者。此外，会馆也是外地同乡商人听戏、聊天、联络乡情的地方，故戏台也是不可缺的建筑，两边还配有看戏的戏楼和供演员化妆的后台，每逢春节、端午节、中秋节或庆典无不演戏以娱神娱人。会馆也都设有神座，供奉财神，定期祭祀。

（四）工商联合会

1950年成立张店工商联合会。共有一名主任、两名副主任，委员十五人。工商联下属三十八个同业公会，每个同业公会设文书一人。1951年，原张店工商联改称张周市工商业联合会张店分会，下设十一个同业公会。1953年，十一个同业公会调整为食品杂货业、手工业、服务业、日用百货业、金属建筑业五个同业公会和南定、金岭两个中心小组。1954年，各同业公会文书集中使用，工商联设秘书、宣传、辅导、会计四个小组。1956年选举产生了张店区第一届工商业联合会。“文化大革命”期间，区工商联合会停止工作。

十一届三中全会后，区工商联的工作开始恢复。1982年，组成工商联合会和民建会，积极开展工作，组织各种专业培训，为经济技术开发提供咨询服务。1985年选举产生了张店区工商业联合委员会，积极协助工商、税务部门，搞好登记管理和各项税收工作；介绍外地经验，促进当地工商业发展；及时提供经济技术咨询等。同时，代表工商界利益及时向政府反映情况，密切了政府与工商界的联系。[1]

（五）异地商会

异地商会是市场经济发展到一定阶段的产物，其成立为社会组织的繁荣发展

[1] 山东省淄博市张店区志编纂委员会编：《张店区志》，北京：中国友谊出版公司，1991年版，第129页。

增添了新的活力。淄博市异地商会无论在规模上还是数量上都远超同等城市，2000至2013年间，成立了三家异地商会：淄博市温州商会、淄博市泉州商会及淄博市西北商会。2013年至今，异地商会的力量开始崛起，相继成立了十四家异地商会，各商会会员单位数量均超过一百，其中淄博市温州商会以及淄博市泉州商会会员企业数量达到三百家以上，各个商会在自身条件允许下设立了办公地点，配备了专业办公人员和兼职工作人员，方便处理商会日常事务，开始规范化发展。[1]

三、文化会社

淄、博、张、周四地及临淄，历来交通发达，物产丰富，商业兴旺、闻名南北，人们对看戏听书有着浓厚的兴趣，民间戏班与外来流散团社时常云集此地。

（一）梨园子弟班

博山是宋元以来中国北方手工业重镇，戏曲文化也是其城镇文化的重要组成部分。一百年前的博山，有一个民间自发性质的戏曲学校——子弟班，班主是一位叫李三全（音）的老先生，他坐地为师，教习家乡子弟学习京戏，每四五年向社会输送一批，连续输送了好多年。李三全教出的这些弟子，散落在四乡各处，逢庙会节令唱戏，不逢庙会就唱野台子戏，成为一种生活方式。子弟班各个地方都有，区别于京城的科班如荣春社、鸣春社等，手法不乏野蛮。体罚是家常便饭，因而教戏也叫“打教”“打戏”。除了打，还有个办法，晚上睡觉，地上铺一席子，泼上水，湿漉漉的，学徒们睡在席子上，手指缝和脚趾缝就长疥疮，夜里痒起来睡不着觉，正好起来背戏文。

（二）国剧研究社

敌伪时期，博山城区有一支业余京剧剧团，名为“国剧研究社”，负责人为青衣朱济川，天津人，日伪县长曲化儒的连襟，主要人员有马派老生黄金印，谭派老生孙和斋，青衣李玉藻、崔龙章，彩旦石玉恩，花脸姓刘，琴师贾子孚、刘宗文、李保华、张季陶，据说贾子孚的一杆胡琴值五十袋洋面钱。国剧研究社排演地点是城里文庙，县前街西首，净排大戏，在咏仙楼卖票唱戏。主要剧目《法门寺》《借东风》《三堂会审》《宇宙锋》《六月雪》等，填补了当时文艺生活的贫乏。[2]

（三）五音剧社

五音剧社由五音戏班发展而来。新中国成立前，五音戏班由几个人组成，在城镇和乡下分散演出。戏班人员不固定，农闲聚合，农忙班散，时聚时合。1949年初，邓洪山等老艺人集30余人，在周村成立五音剧社，随后又与博山的刘方玉（艺名“万盏灯”）等五音戏班合并，形成了一个较大的五音戏演出团体，并于1950年在博山向政府登记落户。

[1] 苏晋萍：《淄博市异地商会发展研究》，山东理工大学硕士学位论文，2019年，第9页。

[2] 刘培国：《博山梨园百年记忆》，2020年12月18日，颜山孝水公众号，https://mp.weixin.qq.com/s/5e_mmHaY-EQXgOq7WJW9sw。

五音剧社成立后，除了演出一些传统剧目外，还配合形势排演了些现代戏。具体演出剧目有《五凤岭》《金镯玉环记》《呼延庆打擂》《金鞭记》《白毛女》《小二黑结婚》等。由于旧社会给五音艺人之间造成了一些隔阂，五音剧社成立初期也曾出现较短时间的分裂，但不久又合了起来，先后改编创作了一些新的剧目，影响较大的有《墙头记》《胭脂》《姊妹易嫁》《侠女》等。五音剧社后定名为“五音剧团”。五音剧团自建团以来几经曲折，至今已发展成一个含有五音队与吕剧队两个演出队的剧团，分别演出五音戏和吕剧。[1]

（四）临淄县干部业余剧团

抗日战争初期，常住临淄五区小根据地（苇子河、麻王、蔡店、辛路一带）的中共县委、县政府、县各救会等机关，于1939年冬成立了一个干部业余剧团，即临淄县干部业余剧团。剧团主任是县各救会主任王宗东，负责编话剧剧本，也参加演出，所辖单位农救会、职工会、青救会、妇教会儿童团、姊妹团等主要干部，都算演员。到1940年，剧团人员逐渐增加，登记在册的剧团人员达30余人，其中常参加演出的有10余人。1940年10月以后，因人员调动，又面临着临淄县独立营王六（王砚田）叛变的紧张局势，临淄县干部业余剧团的组织随即结束。

自1939年12月到1940年10月，不足一年的活动中，临淄县干部业余剧团编演了许多节目，县里每次开群众大会，必有干部业余剧团演出的节目。剧团的演出，既有自编自演的独幕话剧，也有说双簧、唱小调等小节目。这些演出活动给临淄抗日军民留下了很深的印象。时至今日，人们回忆起当时演员们的战斗作风、剧目的生活气息和故事情节，还是清清楚楚，如在目前。

（五）周村魔术曲艺团

1958年，周村区文教科为开展大炼钢铁和农业大丰收的宣传活动，组织了本区部分曲艺艺人和南京来的几名艺人，成立了周村曲艺魔术组。同年冬季，市文化局将其改名为“淄博市曲艺魔术组”，于民间集体演出。收入按人分成，多劳多得。主要任务是到工厂、矿山、炼焦厂、炼铁厂及农村，以包场演出为主。主要演出内容包括戏剧、魔术、曲艺等，主要有西河大鼓“呼家将”“杨家将”“包公案”“五女兴唐传”“许仙游湖”“白兔记”、山东快书“武松传”“鲁达除霸”“李逵夺鱼”“雷锋送钱”“打洋行”“打票车”、评书“铁道游击队”“烈火金刚”“林海雪原”“红岩”“桥隆飙”“隋唐”“东汉”“岳飞传”“聊斋”“海瑞与严嵩”“包公案”、魔术“七箱遁表”“五星飞牌”“汗伞肥衣”“男女幻影”“六连环”“纸鼓献彩”“巧变扑克”“礼帽炒蛋”“空手抓烟”、相声“影迷”“新编歇后语”等。

作为当时极具代表性的魔术社团，周村魔术曲艺团具有较为齐全的演出设备，有全套幕布、服装、灯光，还有解放牌货车和面包车各一辆，以供团内人员外地演出和学习使用。1958年至1959年，社团主要在市内各矿区和农村演出，先后到过

［1］淄博市文化志编纂组编：《山东省淄博市文化志资料汇编》，1983年版，第69～75页。

28 个厂矿、36 个公社。1962 年开始出市演出，先后到过昌潍、烟台、惠民、聊城、菏泽、济宁、枣庄及河北省的大名等地。1960 年参加市第一届戏曲会演，获全体演出奖。1979 年至 1981 年，除在市内经常演出外，还曾到青岛、济南、北京、天津、上海等地学习。1987 年，周村魔术曲艺团在市文化局的安排下解散。[1]

四、其他民间会社

（一）同学会

同学会是由志同道合的同学组织的学生团体，团体成员由兴趣爱好相近、关系密切的学生组成，目的在于活跃学习氛围，提高学生自治能力，丰富课余生活，交流思想，切磋技艺，互相启迪，增进友谊。同学会主要负责组织团体成员的课余活动，一般利用课余时间，以散步、游泳、登山等方式，讨论时局政令、社会风气、修身立志、治学储能等问题。也负责组织学生毕业后的联系与重聚，如同学聚会、师生聚会、恩师寿宴等活动。

（二）同乡会

宗亲观念深植的中华民族，同乡亲情往往是异乡客的精神慰藉。同乡会又称“老乡会”，是指同乡之间为联络、交流、互助而自由组建的、非营利的、不结盟的独立性民间团体。清初至新中国成立前，一般同乡会都称“××（原籍地）旅 ××（现居地）同乡会”。同乡会所在的办公地一般叫“同乡会馆”。在其三百余年的历史中，同乡会和同乡会馆于同乡济困扶危，解孤悬异地之苦，助学兴商，服务当地，曾起过有益的作用。新中国成立后，国内的同乡会和同乡会馆不久便自息自灭。

随着改革开放和人口的流动迁移，国内同乡会组织开始复苏，一般称“××人在 ×× 联谊会”或“×× 人在 ×× 同乡会”。人们通过同乡会，了解本地的基本情况及安家找工的资讯，遇到问题也先是求助于同乡会，借助同乡力量及人脉关系网，解决一时之急。这种乡亲乡情文化是一种无形的财富，发挥的作用往往超越主流社会的服务资源，尤其是情感交流，更有不可替代的地位。

旅居海外的华侨人士在政府和个人的引导下也成立相应的同学会与同乡会。2001 年，淄博市侨务部门就树立了“为侨服务，为经济建设服务，为祖国统一大业服务”的思想，努力开展对外宣传联络工作。仅 2001 年联络接待海外侨胞和友人近三百人次，促成“淄博市新移民眷属联谊会”。加快筹备成立旅美、旅加淄博同学会的步伐。[2]

第四节　少数民族

淄博属少数民族散、杂居地区，按照 2010 年第六次全国人口普查数据统计，

[1] 淄博市文化志编纂组编：《山东省淄博市文化志资料汇编》，1983 年版，第 176 ~ 178 页。
[2] 淄博市地方史志办公室编：《淄博年鉴》，济南：齐鲁书社，2002 年版，第 239 页。

有回族、满族、蒙古族等48个少数民族居住，常住少数民族人口约2.5万人。其中万人以上少数民族有1个（回族）；千人以上的少数民族有2个（满族、蒙古族）；百人以上的少数民族有9个（苗族、朝鲜族、彝族、维吾尔族、土家族、佤族、壮族、傣族、拉祜族）；其余的36个少数民族人数均在百人以下。

全市有1个民族镇，即临淄区金岭回族镇，是山东省4个民族乡镇之一，少数民族人口5000余人；有2个少数民族人口千人以上的重点镇（街道），即临淄区闻韶街道、沂源县西里镇；有7个民族村居（社区），其中6个回族村（社区）、1个蒙古族村，分别是：张店区马尚街道回民新村，临淄区金岭回族镇金岭一村、金岭四村、金岭南居委会、齐陵街道刘营村（全省唯一的蒙古族村），沂源县西里镇柳枝峪村、辛庄村。[1]

一、回族

（一）迁徙与聚居

徙居淄博的回民共计38个姓氏，分别是赵、王、马、丁、沙、张、刘、杨、法、金、胡、于、安、孟、郭、哈、陈、夏、曲、左、李、从、党、崔、高、满、朱、雷、查、吴、韩、曹、冯、萧、唐、白、黑、洪等。他们多从益都（青州）徙来，章丘、济南次之，泰安、惠民等地再次之。前8姓徙入最早，后30姓多为新中国成立后调入的干部职工。

临淄区金岭回族镇是山东省四个民族乡镇之一，是淄博市唯一的民族镇，位于临淄区和张店区交界处，全建制位于齐鲁化工区内。1984年5月更名为金岭回族镇。在金岭镇，回汉群众和平居住，文化水乳交融。古风典雅的清真寺、古桥横亘的官道巷、气势磅礴的关帝庙、崎岖不平的石板路、纤细深邃的小路以及令人垂涎的清真美食，到处都洋溢着特色古镇的魅力、民族风情。金岭清真寺建于明成化年间，清咸丰年间被兵燹摧毁，光绪年间在原基重建。由于历史原因，大门被破坏，建筑物被占用。1978年以后寺院恢复，进行三次建设。新建望月楼、女寺，重建寺大门、二门楼。传统宫殿的建筑风格与阿拉伯建筑艺术特色融为一体。

马尚镇回民新村是张店区唯一一个少数民族村，建于明朝万历年间，旧时隶属青州府博山怀德乡。先有汉族邢、王两大家族，后有回族马、赵、丁姓移居而来，回汉两族杂居，故称“太河村”。1948年，太河自然村回汉两族共同搞土改，走上了农商并举发展之路。50年代末70年代初，太河回族同胞响应号召，兴建太河水库，两次移民，整体搬迁于张店区马尚镇，建起了张店区唯一的少数民族村——回民新村。2003年春，回民新村列入淄博新区世纪花园建设中，今已是名副其实的城中新社区。村里建起了回民小学。回民新村自古就有年底唱大戏，逢节办玩艺的习俗，自编自演小吕剧、五音戏，还创新发展了村里百余年的传统

[1] 佚名：《人口民族》，2023年2月21日，淄博市人民政府网站，http://www.zibo.gov.cn/col/col1240/index.html。

戏——麒麟送子。

（二）宗教信仰

淄博地区的伊斯兰教是1933年随着回族人由外地移居张店而传入的，信仰真主安拉。教长称“阿訇”，主持宗教事务，讲授《古兰经》。教民称“穆斯林”，意为“和平者”“顺从者”。穆斯林严守教规教律，基本信条是：信安拉、信天仙、信经典、信使者、信前定、信后世。回族穆斯林以清真寺为宗教活动场所，履行“五功”。回民不拜偶像，无算命、测字、看相、择日、烧纸等迷信活动。

回族除与当地汉族共度春节、中秋等民间节日外，传统上遵循伊斯兰教的规定，每年过伊斯兰教的节日。伊斯兰教两大节日，即伊历10月1日的开斋节和12月10日的古尔邦节。每逢这两大节日，伊斯兰教的穆斯林们，都到清真寺参加“会礼”仪式，隆重庆祝。节日期间，回民家庭都备置清真食品，请宾宴朋，互赠油香，并相互祝愿“色兰”（意为“平安”）。[1]

（三）民俗习惯

回族服饰穿着与汉族基本相同。常到清真寺礼拜或大节日会礼的回民穆斯林，男的多戴黑、白礼拜帽，妇女戴黑、白纱盖头，青年女子戴深绿色盖头，老年男子留须上唇一律剪短，露出嘴唇以示卫生。

回民一般使用汉语、汉字，个别回民掺杂波斯语或阿文语，如见面问好，互道“赛俩目”，别人做了好事说“赛瓦布”，遇不幸说“遭摆俩”等。文字方面，平时使用汉字，但门楣上的祈福语、婚证或去世后坟中挂的幔棚等都用阿文。这些书面文字除阿訇及少数回民穆斯林外，一般不会写，也不会念，甚至不知其所以然。现今，回族在日常生活中仍保留着许多阿拉伯、波斯语汇，如“多斯蒂”（朋友）、“赛瓦布”（施舍）、“阿訇”（教长）、“都瓦”（祈福语）等。宗教教职人员诵经通用阿拉伯语。回族家庭门楣上一般贴有用阿拉伯文书写的横联，称“都瓦”（又称“杜哇”，祈祷吉祥的意思）。“都瓦”的内容，有的写清真言，有的为《古兰经》摘句。书写体式各异，笔法多变，但都是阿拉伯文句连成的花纹图案，如同汉字的美术字一样。“都瓦”不仅是回族家庭的标志，也是清真饮食和回民食品商店的一种特有标志。

回族饮食传统上遵守并奉行《古兰经》的规定：“他只禁戒你们吃自死物、血液和猪肉。”除猪肉外，还禁食一些不反刍的、形态丑陋、性情凶暴的兽、禽类，如驴、骡、虎、豹、狼、蛇、鹰等。习惯吃反刍的、吃草的兽类和吃谷物的禽类，如牛、羊、驼、鹿、兔、鸡、鸭、鹅、鸠等以及水产鱼、虾。牛、羊、鸡、鸭、鹅等畜禽，须请阿訇宰后食用。没有“清真刀口”的肉食，被视为不洁之物。回民餐馆和回民食堂禁止带入回民禁食物。回民穆斯林禁烟酒，有烟酒嗜好的在清真寺内或宗教仪式场合，也自觉避用，以示对阿訇、乡老的尊重。回族喜欢吃面食，善于

[1] 山东省淄博市张店区志编纂委员会编：《张店区志》，北京：中国友谊出版公司，1991年版，第617～618页。

经营面食业，喜饮绿茶。出售清真食品的商店或摊贩，常在广告和招牌上画一把汤瓶壶，作为清真的标志。汤瓶壶系由阿拉伯国家传入。

回族一般不与外族人通婚，实行一夫一妻制。新中国成立后，和兄弟民族通婚者已不少，婚姻程序基本汉化。一般群众结婚，沿用伊斯兰教的规定仪式，由男女双方各两名家长代表和阿訇主持。新郎新娘到场，阿訇诵经，撒喜果。男女双方表示同意结婚，证婚人作证，并由阿訇用阿拉伯文写一份宗教内容的婚约（称“依扎布”）。男方赠给新娘聘金（称“卡宾钱”），多少不等。婚后第二天清晨，亲友来贺，吃喜糕、长面，给新婚者赏钱，午前娘家人来接新娘。第一次回婆家要选双日，黎明赶早，俗话说：“待要富，要赶得婆婆穿不上裤。”新婚头一年经常住娘家，故有“一年媳妇半年家，不管闲忙住娘家”的谚语。

回族实行土葬深埋，不用棺木，丧礼一律从简，殡期不超过三天，不看风水。墓地一般选在地势较高、土层坚实的地方。各地有回民公墓。病人临危时，请阿訇为其做忏悔（称“讨白”），提念作证言。弥留者头北脚南，面西仰卧或头东脚西，抬高头部面西仰卧（多为前一种方式）。人死后，将其脱去衣服，平放在专用的“水溜子”上，再用一块洁净的白布覆盖，由子女守灵。殡前，要将死者遗体洗净，一般由阿訇和子女动手，用汤瓶壶浇洗。先用药皂擦洗，再用清水冲，从头到脚用新毛巾、脚布洗涤，要求干净。洗后揩干，把死者遗体按照规定的方法用白布包裹，不论贫富贵贱，都用白布，不用绫罗绸缎。包裹死者遗体的白布（称“克番”），男性三件，女性五件，一般撒有香料以防虫蛀。包裹完毕，放入“塔布”，“塔布”是盛亡人的木匣，是公用品，由底、盖、梆三部分组成，能分解结合，停放于清真寺内，供办丧事的回民使用。殡礼一般在第二或第三天中午举行，请阿訇诵《古兰经》有关章节，站“则那哉”（殡礼），然后由亲友街坊将死者送往墓地。

新中国成立前，回族有“社”的组织，社中某成员有丧葬事，全体社员沐浴（大净）、焚香、戴孝帽、扎孝带，前往送殡抬灵。新中国成立后，社多已废除，街坊、同志、各族兄弟均可参与帮助。根据丧主经济条件，分给近亲以适当孝布做参加殡礼之用。如亡者是已婚妇女，必须由子女或配偶去其娘家报丧，请示有关殡葬的要求条件等事宜，娘家人不到，不能起灵埋葬。

回民墓穴一般是在选定地点，先打一个长 2 米、宽半米、深 2 米左右的南北向的长方形深坑，然后从坑北端底面向北挖进一个高 1 米、深 2 米的洞，墓洞周围钉上白布围幔，白布上写有阿拉伯经文，称“幔棚”。入葬时，先将其用“塔布”的底托放进深坑里，然后将死者遗体移放到洞里仰卧，把包裹头部的白布揭开，使其面向西方。洞口用土坯或石板封好，加土堆成坟墓，墓前竖碑，一般面向西方。

回民死后的纪念活动有七日、四十日、百日等，纪念方式也与伊斯兰教同。一般要请阿訇走坟诵经、做油香。周年须做悼念活动。[1]

二、蒙古族

（一）聚居村

现淄博市临淄区齐陵镇刘家营村，是山东省唯一的蒙古族聚居村。

刘家营村的蒙古族自元朝定居。据刘家营村元至正六年（1346）墓碑载，高祖五公系斡罗那歹（蒙古族部落）人，因充蒙古军役，至元八年（1271）来到营丘（今临淄），娶汉族白氏为妻，生有六子，因忠于职守又有战功，至元三十年（1293）擢升镇抚，后老死任上。五公所生六子，经逐年繁育，演变“六大股”，其中三股向外迁往鲁南、益都和广饶、东北等地定居。现六股族谱保存完好。

五公后裔前五世（或曰前三世）处元朝中后期，沿袭蒙古族族俗，无姓氏，至明朝初年，改姓刘。之所以姓刘，一说该村在元朝为蒙古军役驻留地，故曰“留下营”，后称“刘营”“刘下营”“刘家营”；一说先祖五公尝经“李侯兵革”被虏，敌将欣赏其忠勇和气节，存留不杀，后裔因“留”曰姓，故姓刘。

明朝后期刘家营蒙古族人已延续八代，1949 年有 514 人。至 21 世纪初，刘家营村有居民 278 户，人口千余人，其中蒙古族人占全村人口 80%。[2]新中国成立前，由于民族压迫和歧视，刘家营蒙古族不敢承认蒙古族族籍，对外称汉族。新中国成立后，经省、市民族工作部门调查，山东省民委于 1979 年 4 月认定其蒙古族族籍，1980 年 5 月 16 日，山东省人民政府批复淄博市人民政府暨临淄区人民政府报告，“认定临淄区刘营大队部分社员为蒙古族籍”。[3]

（二）宗教信仰

1920 年以来，天主教、基督教相继传入刘家营村。20 年代村内曾设天主教堂一处，新中国成立后因无人管理而坍废。1985 年全村尚有天主教徒 20 人，基督教徒 12 人，基督教聚会点一处，信教群众多为 50 岁以上的老人。

（三）民俗习惯

刘家营历史上同族不通婚。蒙古族男性娶妻均系汉族人，此习惯一直保留。1980 年新婚姻法公布后，村内个别蒙古族男女青年已开始通婚。他们世代与汉族人生活在一起，生活习俗已基本汉化，村语言文字通用汉语、汉文。但仍保留许多鲜明蒙古特色的民族活动。每年五一前后，都举办摔跤比赛，多为青壮年参加。蒙汉两族青年同场竞技，既是传统健身活动，也增进了蒙汉两族人民团结和亲情。每五年一次的斗羊节规模越来越大，吸引了青州等地几十个村的群众前来参加。在刘家营村，蒙古族家庭都供有成吉思汗半身铜像，以示不忘祖宗。

[1] 回族婚丧参见山东省地方史志编纂委员会：《山东省志・少数民族志・宗教志》，济南：山东人民出版社，1998 年版，第 45 ~ 46 页。
[2] 临淄区民政局、临淄区齐文化研究社编：《临淄地名史话》，济南：齐鲁书社，2013 年版，第 526 ~ 527 页。
[3] 临淄区政协文史委编：《临淄文史集粹》，1999 年版，第 454 页。

1937年前，刘家营村蒙古族尚穿大褂，沿袭草原骑射放牧的习惯，一律为左大襟，现代日常服装已汉化。徙居初（1346年左右），其墓穴建造模式如蒙古包，呈球形，内径约2.5 ~ 4米，旁开小碹门，门高2米，宽1.5米；墓底平坦，左右各设一炕，放棺材；周围及顶部用砖砌成。墓内无陈设，四壁亦无画刻。徙居长久后，丧葬习俗亦已汉化。[1]

[1] 山东省地方史志编纂委员会：《山东省志·少数民族志·宗教志》，济南：山东人民出版社，1998年版，第50 ~ 52页。

第二章 教育民俗

淄博自古重视教育。古代学校教育以儒家经典为主要学习内容，分官办与私学。战国时期的稷下学宫与东汉末年淄川的郑公书院，都对淄博地区教育事业产生了深远的影响，为教育事业的发展打下了坚实的基础。

第一节 办学机构与形式

一、教育机构与组织

（一）科举时代

科举时期，淄博地区的教育机构有学宫、书院、私塾、义学、文社、儒学等。学生入学均无严格的年龄限制，学习年限也无统一要求。除入书院者、儒学者需经考试外，其余不需考试。

学宫原本是西周时期天子教授国子和贵族子弟的场所，后成为地方官学的重要形式之一。淄博的稷下学宫是世界上第一所由官方举办、私家主持的特殊形式的高等学府，随着秦国灭齐国而消亡，历时大约一百五十年。稷下学宫具有教育功能，它培养人才，传播文化知识，是世界上最早、规模最大的官办大学。稷下学官还具有学术研究功能，是战国时期一个有组织、有聘任、有俸禄制度的学术研究中心，也是我国最早的社会科学院。[1]

书院是中国封建社会特有的一种教育组织和学术研究机构，是民间教育的重要形式。作为一种独立的教育机构，是私人或官府所设的聚徒讲授、研究学问的场所。[2]书院设院监（以公正绅耆轮流充任）数人，山长（由院监聘请经明行修之士充任）一人，主持院内讲学。每年正月招生，由知县亲点考试，山长阅定文卷。录取生童分为超等、特等、一等。被录为超等者 10 名左右，均在书院就读，特等、一等 20 名左右，此类有愿回家就读者听其自便，书院对其按月校课，一般以农历初二、十六为期。超等与特等生童按月从书院领少许费用。淄博地区的书院有淄川般阳书院、翼经书院、博山县范泉书院、临淄县闻韶书院、周村淦水书院、槐荫书院、桓台许公书院、龙眠书院、绳公书院、正蒙书院、崔公书院、崇新书院等。

学塾即私塾，又称“家塾”，是区别于官办书院的私立学校。分为数户联办的团馆、富户独办的独馆与塾师自行开设的门馆。一般设塾师一人，教学生 10 余名，学生年龄自 6 ～ 20 多岁不等。所学书目及进度因人而异，形成多层次的教学结构。

[1] 白云翔主编：《文化临淄》，济南：山东人民出版社，2021 年版，第 15 页。

[2] 马钊主编，山东省地方史志编纂委员会编：《山东省志 .68. 教育志》，济南：山东人民出版社，2003 年版，第 37 ～ 41 页。

义学又称“乡学”“义塾”，是与私塾相对的一种免费学校。与其他学校不同的是，它带有对贫寒儿童的救济性质，一般不收学费，有的还发学习用品。通常义学设塾师一人，监学、绅董二人协同塾师督责学务。各校绅董年终举聘塾师，由县核定。开学后，塾师由知县接见一次，上报到馆学徒人数，领取当年“十二月课程格本”。塾师按月填报学徒功课情况，监学、绅董据此按时考核。经考核学有进步者，由县酌送食品或文具，以资鼓励。[1]义学一般分蒙、经二馆。蒙馆授受启蒙教育以识字为主，达到蒙以养正的目的；经馆开设读经，写八股文章、作答对诗，准备参加秀才考试。博山、周村、桓台等地有多处义学，其中桓台有义学星罗棋布之说。

社学起源于元代，当时每五十家为一社，设一所学校，故称“社学”。明清时期，各县的大乡巨堡设社学，请文义通晓、行谊谨厚者为师，近乡子弟凡 12 ~ 20 岁者可入学就读，学习内容与私塾基本相同，另外要加历算，还要学冠丧婚祭等礼节。所需经费由地方凑集或私人捐助。社学教师除享受免除徭役的待遇外，还得到微薄粮米。桓台县在县城北门里、毛家庄等地曾设社学多处。

文社由地方上热心教育的士绅集资倡办，延请当地儒生为社师，免其差役。凡近乡平民子弟，年龄在 12 ~ 20 岁者，即可入学。同时，热衷于科考的儒生们，也常会集于文社，复习功课，以应科举考试。每逢开科时间临近，有名气的文社往往吸引周围数县的生员前来做文会（类似后来的学科竞赛），并邀各地名儒前来参加阅课，一时众儒聚会，热闹非凡。[2]临淄县较为著名的有真观文社（东古城村）、三元阁文社（西关）、灵松寺文社（城东张家庄），其他县则不多见。此类学舍虽不以参加科举考试为目的，却仍以研悉程、朱理学为旨趣。

儒学又称“县学”，是县城孔庙与学校合一的机构。由教谕主持，训导辅助，外设司吏一名，管理日常事务。入学者须经童试选取，童试每年举行一次，由知县命题并主持，初被录取者为附学生员，后以学习考试的成绩再分廪膳生（由官府发给粮米）、增广生。儒学录取学生数额由上一级规定，县不能随便更改。临淄县儒学定额为科岁试各取文童 15 名，岁试取武童 15 名，廪膳生、增广生各 20 名。桓台县科岁试各取文童 15 名，清咸丰十年（1860）加额 2 名，岁试加文童 12 名。清同治元年（1862）加额 2 名，廪膳生、增广生各 20 名。淄川、博山的儒学生额与此二县相差无几。

（二）学堂、学校时期

清末开始，清政府废除科举制以推广教育，并建立京师大学堂，随后中国近代新式学堂教育兴起。淄博各地出现了学堂，包括官立和私立，语言学堂、军事技术学堂、各类实业学堂，学生年龄并无太大限制，凡条件允许都可入学就读，教学内

[1] 马钊主编，山东省地方史志编纂委员会编：《山东省志 .68. 教育志》，济南：山东人民出版社，2003 年版，第 32 页。

[2] 山东省淄博市临淄区志编纂委员会编：《临淄区志》，北京：国际文化出版公司，1989 年版，第 418 页。

容尚未完全脱离私塾教育，但已经有了现代学校教育的雏形。

新式学堂引进新的教育理念，增设许多富国强民的学识内容。新学堂的知识分子接受启蒙思想，崇尚科学民主，学习各种现代科学与技术，开辟了民间教育新征程。新式学堂还开展妇女识字班，使妇女的思想大大解放。[1]

中国近代社会的特点导致了民间教育的本末倒置现象，即在实业学堂的基础上再回过头来发展初等教育、高等教育。民国时期开始，政府开始有计划、有组织地进行学校的系统建设。学校主要分为五种：幼儿园、小学、初中、高中和大学，包括初等教育、中等教育和高等教育。

清末开始，淄博地区出现专门的教育行政机构，淄川、博山、临淄、桓台等县的教育行政机构统称“教谕署”，署址多设在县城文庙。署设教谕、训导各一人，担当教谕、训导的职责，其职衔为从八品，由举人充任。后教育行政机构多次改称，包括教谕署、劝学所、第四科、第五科、教育科、文教局、文教科等。新中国成立后，淄博市设立正式的教育局作为教育行政机构。

二、官方办学

古代政府办学即所谓的官学，一般由古代地方官府统一领导组织，依靠地方官款拨款，由政府划定空置院落作为教学场所，或利用官府闲置空地修建，目的在于发展教育、教化民众。

最早的政府办学可追溯到战国时期的稷下学宫，是世界上最早的官办高等学府和我国最早的社会科学院、政府智库。稷下学宫始建于齐桓公田午时期[2]，因其位于齐国都城临淄的稷门附近而得名。稷下学宫遗址的具体位置，大致在今临淄区齐都镇临淄齐故城小城西和西南、系水（或渑水）西岸。北起长胡同村南，南至西关西、刘家庄一带，西至遄台左右，东至齐故城小城西门或南西门。应时而起的稷下学宫作为当时百家学术汇聚的重要基地，有力地促成了天下学术争鸣的局面。[3]

官办书院主要集中在县治所在地，只有不到一半的书院建在乡村，且存在时间较短，规模和影响较小。建在乡村的有新城许公书院、龙眠书院、绳公书院、正蒙书院，淄川郑康成书院、张先生书院、郑公祠书院、翼经书院，沂水闵子书院、沂蓝书院，益都白龙洞书院，高苑高节书院等。这些书院虽然在乡村创办，但所在地大多为风景名胜之地，又兼有先贤遗迹。[4]

儒学作为县城孔庙与学校合一的机构，一般与孔庙比邻而居，有的直接设在孔庙里。另外，部分义学也是由政府组织，由政府负责相关费用，划定场所，聘请教师。

近现代学堂、学校大部分属于政府办学，新中国成立后，学校几乎全部由政府

[1] 张富祥主编：《文化沂源》，济南：山东人民出版社，2021 年版，第 128 ~ 129 页。

[2] 唐磊：《人类文明史的坐标：稷下学宫》，2019 年 7 月 30 日，央广网，http://www.cnr.cn/sd/gd/20190730/t20190730_524711704.shtml。

[3] 王培源主编：《文化淄博》，济南：山东人民出版社，2021 年版，第 80 页。

[4] 武振伟：《明清淄博地区的书院教育》，《齐鲁师范学院学报》2018 年第 3 期，第 133 ~ 140 页。

负责建设管理。除中小学教育、高等教育外，还有性质特殊的扫盲学校、工人夜学等，时间地点不固定，一般在民众劳作后，田间地头，随时开展教学。

（一）淄川般阳书院

清康熙三十年（1692）由知县周统治倡建，院址在当时县衙两侧，东边称“东学”，内有名伦堂；西边称“西学”，内有名宦祠、节孝祠、乡贤祠、忠孝祠。自创建后几经修建扩展，至清光绪三十年（1904），因废科举、兴学堂而停办。最后一任院监王佩濂（廪生），最后一任山长李宗忠（举人）。另有郑公书院（系汉代大儒郑康成讲学处），在黉山之阳半山腰；翼经书院，在黉山之阴。

（二）沂源闵子书院

闵子书院位于沂源县张家坡镇与东里镇交界处的保安崮山脚下，在东里镇院峪村东北，原是因祭祀闵子骞（闵损）的闵公祠而建置的，又称“闵公书院”“闵公院”。清初《沂水县志》载：“县西北……八十里为闵公山，环山皆石，环石皆松，青被崖谷，相传闵子避地。其中有子路依栖岩，故又谓‘二贤庄’，春秋奉祀。”[1]清人重视书院的设置和维护。康熙六年（1667），沂水县学训导陈经纶组织调用书院附近四个社的民力，共购地 4 亩 5 分，修瓦房三间，草房十四间，书院规模有所扩大。乾隆三年（1738），知县沈应震又筹集资金，拆毁了一些佛寺建筑，再次修建学舍，“延师诵读”。嘉庆年间，州府有关部门予以重视，对书院情况常加检查讯问，嘉庆二十年（1815）知县侯夔堂所立碑刻中多有记述。此书院持续甚久，直到民国时期才停办。

（三）沂源沂蓝书院

沂蓝书院位于沂源县燕崖镇大贤山上，“沂蓝”之名当取义于“沂水拖蓝”。清道光年间《沂水县志》载：“沂蓝书院，西北乡白马社，织女洞南，迎仙观东偏。嘉庆二、三年（1797、1798）间，呈请前任府洪、前任府张俱准，分庙产之半作义学膏火。”[2]从记载看，沂蓝书院是利用迎仙观的东侧厢房作为校舍办起来的。其办学性质为义学，是免费的，大概只是一种蒙学教育，招生对象多为周边村庄的贫寒子弟，教学内容则为《三字经》《百家姓》《千字文》之类。以庙产作办学费用。[3]

（四）博山县范泉书院

范泉书院是乾隆五十七年（1792）由知县武亿首倡创建，院址在城东关怡园旧址。内有讲堂 4 楹，斋室、学舍 8 间。书院建成后，几经修建，也曾遭兵燹。清光绪三十一年（1905）停办，末任山长柳文洙，历城人，系清末翰林。

（五）临淄县闻韶书院

闻韶书院原名“稷门书院”，在西关大街路北，清嘉庆年间改名为“闻韶书院”

[1] 沂水县史志办公室编：《沂水县清志汇编》，济南：山东省地图出版社，2003 年版，第 12 页。
[2] 沂水县史志办公室编：《沂水县清志汇编》，济南：山东省地图出版社，2003 年版，第 181 页。
[3] 张富祥主编：《文化沂源》，济南：山东人民出版社，2021 年版，第 120 ~ 124 页。

（取境内有孔子闻韶处之义）。后因其地狭窄且处闹市，于清同治十三年（1874）由知县卫桂森主持，在龙华观西侧新建书院，仍名“闻韶”。清光绪二十九年（1903）停办。

（六）桓台崔公书院和崇新书院

桓台县内书院颇多，较有名的为崔公书院、崇新书院。崔公书院建于清康熙二十八年（1689），由知县崔懋所倡，在城东门里北侧。清光绪二十九年（1903）停办。崇新书院于清道光十三年（1833）由监生王宸海等捐银献地修建，院址在县衙西侧，地域宽展，宇舍俨然，与崔公书院同年停办。

三、民间办学

（一）集体办学

古代教育费用过高，普通人家往往负担不起，因此出现了集体办学的形式。一般形式是由附近居民联合筹款，请先生授课，凡集资家庭都可参学，教学多在参与居民提供的空置房屋院落中进行。这种数户联办的私塾称“团馆”。

以村庄为单位的村塾，选择地址大都为庙宇祠堂，聘请教师，招收本村或周边村落的学龄儿童。单姓村或者以某一姓氏占主导的村落，村塾则演变为某一宗族为选址延师建馆的实施单位，这种形式称“族塾”。元代开始兴起的社学，每五十家为一社，设一所学校，故称“社学”。乡间儒生研究经文的文社组织，也兼有学校的性质，多为文化兴盛地区热心教育的绅士依寺庙而集资倡办。

（二）家族办学

大家族联合族内办学，即家族组织办学。世家宗族尤其重视子弟的文化教育和素养能力，淄博地区有不少取得功名的家族自办教育，收徒讲学。一般由宗族长老或有威望之人筹划或担任教学，只允许本宗族后代参学，场所多为宗族祠堂或闲置院落。学习内容包括家规、家训、家史，有助于教育家族成员相互扶持，增强家族成员之间的凝聚力，保证家族兴旺不衰。

许多家族凭借自己在地方上的家族声望，采取不同的方式引领当地的风气，积极推动地方教育事业的发展，影响着地域文化的发展。许多大家氏族涌现出了众多教官，他们尽心尽责，为地方培养人才，促进了地方的文化教育事业。

除此之外，还有一类较为特殊的家族技艺教育，一般只在家族内部进行，不允许外人在场。过去人们靠独门绝技养家糊口，技术的传授具有很强的封锁性，突出表现在技艺的传授“传男不传女”“传内不传外”。许多民间工艺都只是在家族内部传授，世代相传，形成了技艺世家。如清代博山的黑色玻璃技术相当精巧，这种玻璃能使黑色不透光，盛沸水而不裂，其制作工艺仅在家族内部流传。

（三）私人办学

古代私人办学一般是私馆或家馆类的私塾，由私人出资兴办。

私馆是由塾师自己在家或者在家附近租赁祠堂、庙宇或其他房屋，设帐收徒，招收周边地区学生。塾师多是科举落第的秀才和未中秀才的童生（儒童），私馆较普遍，规模大小不一，学生人数一般在七八人至二三十人不等。

家馆即东家把塾师请到自家，专门教育其子弟或其亲友子弟。通常是家境殷实人家才有能力办家馆请老师，所请塾师基本为饱读圣贤之书且在当地有威望的先生，学生规模一般不超过六人。有的家馆办学也允许附近人家缴纳学费参学。

1. 开馆

民间十分重视孩子的第一次入学和学馆开馆第一天。舅舅一般会送文房四宝、书包、书籍等学习用品作为贺礼，亲自领小孩到学馆。父母还会准备糕点、粽子、鸡蛋、鲤鱼等食物，寓意“高中”“学得快”“鲤鱼跳龙门”等。

私塾开学时间一般在农历正月十六。私塾先生在书房、教室设立孔子的牌位、塑像，上写“至圣先师孔子之神位”。先生在孔子牌位、塑像前焚香跪拜，学生及家长向孔子牌位、塑像和先生行礼，先生在右侧躬受。礼毕，先生为学生安排座位，在学生的书上贴写有“某年新正某日入学大吉”的红签。

2. 聘先生

私塾教师多半是家境清贫而又不愿从事其他职业的知识分子，这些人水平相差悬殊，有在某一方面造诣较高的“饱学先生”，这种塾师是很少的；另有一些借教学糊口，水平较低的塾师。能称得上“一方之秀”的就是很不错的塾师了。

私塾对塾师一般实行聘请的办法。聘请人要向受聘人提供以下信息：私塾类型，即蒙馆还是经馆，换言之，开讲还是不开讲；学生数量；私塾伙食，这主要是针对家馆而言，规定一日三餐的基本饮食；薪金即报酬，也叫“束脩”。双方谈好条件后，有的还举行正规的聘请仪式。聘请人亲自上门送聘书。聘书的格式比较固定。一般第一折为封面，书写“聘书”二字；第二折为正文，书写“谨具聘礼八色，束脩 ××，敬请（廪生）×× 翁 ×× 先生设帐一载”；第三折具名“世愚弟 ×× 率男受业门生 ×× 顿首拜”；第四折落款“×× 年岁次 ×× 腊月谷旦”。每年旧历年前把聘书送到被聘请的塾师家中（称“下关书”），塾师若同意应聘，就把关书留下，只等来年开学（称“就馆”）。就馆时间，一般是在正月十六，当年腊月十五结束教学（称“解馆”）。聘期为一年。如果来年继续聘请，当年要另下聘书。[1]

3. 束脩、西席

束脩指学生家长支付给教师的费用，费用的多少并没有明确的规定，双方依据事先达成的数目支付薪金。通常情况下束脩与学生规模相关，学生人数多则给付的多，学生人数少则给付的少。脩金一般在开馆、端午节、中秋节和解馆时间分多次交付。若是家馆，学东还通常在岁时节日给塾师送礼，数目依据家境不一。有的家馆除交付束脩外，还在夏冬季节为先生添置衣服，若有客来访，也邀请塾师参与。

[1] 马钊主编，山东省地方史志编纂委员会编：《山东省志 .68. 教育志》，济南：山东人民出版社，2003 年版，第 31 页。

在家馆类型中，塾师平日的衣食住行都由学东负责。出于对先生的尊重，塾师一日三餐一般都有家主陪着，老师的席位在上首，坐东面西。在散馆类型中，饮食起居则是学生轮流，也都是由各家家主作陪，坐东面西，民间称“西席”。

4. 休沐、请假

城镇塾馆一般规定每月休息几天，如每逢十休息一天或半天，方便学生解决个人问题，譬如理发、洗澡，民间俗称“休沐”；乡村塾馆一般只在重大岁时节日才准许学生休息，通常的节日有清明、端午、中秋、忙收、忙种等。除了规定的假日外，学馆平时很少放假。对请假制度，也有着严格的规定：学生有事，必须由家长向老师请假，甚至连平时上厕所，学生都得拿着“出恭签”，签上书写“出恭入敬”，而每次只准一人出去。这样，在塾馆的绝大部分时间，是师生在同一小屋面对面、全身心地投入到教学和学习中。

5. 解馆

解馆即结束教学放假。放假时间一般在腊月十五左右。放假之前，私塾通常设宴款待老师，对其一年的工作表示感谢。如果学东来年还想聘请该老师，则要在解馆之前，把聘书交给他，或向他口头表述延聘之意。

第二节　教学内容及经费

一、教学内容

（一）学宫课程

稷下学宫有独特的教育特点，游学、期会是其教学方式之一。学生可以自由来稷下寻师求学，老师可以在稷下招生讲学，学与教两个方面均充分自由。稷下学宫还是一个有组织、有聘任、有俸禄制度的学术研究中心，具有各派并立、平等共存、百家争鸣、学术自由、求实务治、经世致用等多方面的特点。

稷下学宫是战国时期百家争鸣的中心，汇集儒、道、阴阳、法、名、墨、纵横、杂、农、小说、兵、医等百家之学。这些争鸣在形式上不拘一格：有在学派之间和学派内部的；有在先生之间进行的；有在学生之间进行的；也有在先生与学生之间进行的。学生们可以各处听课，回来后听取老师的评论。

稷下学宫定期举行常规性的学术聚会，称“期会”，主要内容是演讲和辩论。期会由德高望重的学术领袖主持，称“祭酒”。稷下先生们大都能言善辩、口才卓绝，在辩论中各持己见，互不相让，从而形成了百家争鸣的热闹场面。稷下学宫有严密的规章制度，如我国最早的学生守则《管子·弟子职》就诞生于稷下学宫。[1]

（二）书院课程

书院课程主要是“四书”（《论语》《大学》《中庸》《孟子》）、“五经”（《诗经》《尚书》《易经》《礼记》《春秋》），还有八股文体，称“童生常课”。

[1] 白云翔：《文化临淄》，济南：山东人民出版社，2021 年版，第 157 ~ 169 页。

此外还组织秀才来院听讲，批改文章，每月对其考试一次，称“文生月课”，成绩优秀者，发给微薄银两，作为膏火费。此种月课，主要是为三年一度的乡试做准备。新城崇新书院生徒的膏火，超等十名为内课，每月给膏火一千六百文，均在书院肄业；特等二十名为外课，每月给膏火钱八百文，其愿回家教读者，听其自便。根据课试的高低，高者奖励，低者降级，膏火费也要降低。淄川般阳书院、博山范泉书院之所以对生徒膏火做出众多限制，原因即书院经费并不宽裕。

在教学方面，书院一般较注重学生的自学。书院通常都有较多的藏书供生徒阅读，这也是书院的特色之一。在生徒自学的基础上，由大师进行个别辅导点拨，如遇带有普遍性的问题，大师也集中生徒进行讲授，但这种讲授一般不是逐字逐句的，而是提纲挈领的，生徒根据自己的学识深浅自行体会。一般来说，宋明书院较注重名师讲学，教学上与普通官学相比，灵活得多。但是，随着统治者逐步加强对书院的控制，特别是受到明代三毁书院的影响，至清代，除少数书院仍有名儒讲学外，多数书院均为考课型的，已很少进行讲学活动，只负责对生徒进行课考，书院成了科举考试的预备场所。具体情况是：

肄业生员分正课、附课和外课，名额一定，正、附课按月给膏火钱，外课没有。一般每月课试两次，分别在初三和十八，由县官亲到书院点名出题，考卷当日做完收齐，交由山长批阅评定，然后根据课试成绩分别给以奖赏。不到应课者不给膏火，三次不到者正课降附课，附课降外课，四次不到者除名。课试中有抄蓝本雷同者，一次停给一课膏火，两次除名，扣存的膏火用来奖赏其他生童。一般是每年二月初三开馆开课，十月十八完课闭馆。[1]

（三）私塾课程

私塾分蒙馆、经馆和混合馆三种教学形式。私塾的课程大体上可分为两部分：一是启蒙课程，主要是教小孩子识字，课本主要有《三字经》《百家姓》《千字文》等；二是为科举考试做准备的课程，如“四书”“五经”，主要针对程度高的学生，学习的顺序通常是先读“四书”，次读“五经”。另外设习毛笔字。

私塾的教学方式以读写为主。塾师根据学生的读书进度逐一面授，先生领读，学生随读，称“正书”，学生熟读成诵，即完成课业。读完一本书能从头至尾背诵出即为及格。到了后期阶段，塾师才给学生讲解，叫“开讲”；同时以“四书”中的片言只语为题，让学生练习写八股文章，或作答对诗。

私塾在教学上无学制、年限规定，学生年龄参差不齐，程度不一，有七八岁的儿童，也有十几岁的青少年；有刚启蒙读《三字经》的，也有读完“四书”“五经”的，所以教学上只能采用个别教学的方法，因人而异。

诵读是老师向学生传授知识最重要的方法之一，也是塾馆经常采用的教学组织手段。在私塾教学过程中，读书也有很多种。一种是盘熟。对刚入学的孩子，老师

[1] 马钊主编，山东省地方史志编纂委员会编：《山东省志 .68. 教育志》，济南：山东人民出版社，2003 年版，第 40 ~ 41 页。

会先考察他的接受能力，依据其特点，从逐字到连字成句再到连句成段，教授读、背、写，学完一本再学另一本。一种是单个教读，即单个施教。学生站在案桌前，课本置于其上，老师坐着教其念读。首先逐字教发音，然后连字成句教朗读，一段课文称“一号书”。老师教会后，学生回到座位继续念读，会背诵后再到案桌前向老师背诵。之后，老师再教另外的内容。还有一种是背书。塾馆教育非常重视温故知新，学生要把一年学过的所有书籍，从头至尾背出来。有时老师会突然提及学过的某本书中的某句话，要求学生必须很快回答它的下一句，如果回答不出来、错误或者回答不够及时，学生必须把书拿回重新背诵。

写字是塾馆教育中与读书并重的学习内容。写字的过程首先从描红开始，所谓描红即在印好的红字上沿着笔画用毛笔描成黑字。描红是练习写字必经的起步阶段，被用来描红的字通常为笔画简单的汉字。在描红的基础上要进行仿影。所谓仿影，是指老师按照大小格式写好一张字样，置于写字纸的下方，学生隔着纸张按字影描写。仿影之后是写虚影，最后则是摹帖。学生已经掌握了写字的基本技能，老师便让学生选择碑帖进行临摹。一般是先欧体（《皇甫碑》《九成宫》）、柳体（《玄秘塔碑》）打基础，再写“颜”“赵”等名家碑帖。学生临摹完毕要请老师批阅。写得好的，老师用红笔画圈，最好的画三个圈，不够加圈的字则加三个密点，写得差的则在旁边打杠，错字则划叉，这类批改俗称“盘仿”。在写好大字的基础上，学生还要练习工笔小楷，以临摹《灵飞经》《圣教序》为主。

作文一般是在学生读书达到一定水平之后才开始进行的。通常是在“四书”中摘出一句作为命题，用论说文的体裁写，而且必须按八股文的格式去做。八股文是明朝以来科场考试的一种固定文体，它规定文章的写作必须包括破题、承题、起讲、入手、初股、中股、后股、束股八个部分。私塾中让学生练习写八股文，主要是为科举考试做准备。另外，有的私塾里塾师也教学生作五言和七言诗及律诗、也教对对子及声韵的知识，使学生懂得平仄。

灌输封建伦理道德也是私塾教学的一项主要内容。私塾的书房（课堂）里都供有“至圣先师孔子之神位”的牌位，开学、放假及平时，学生都要行三叩九拜礼。私塾里还有种种教条，主要是忠君、尊孔、三纲五常等封建礼教的内容，要求学生严格遵守。对一些不守规矩和成绩不佳的学童，轻则训斥，重则体罚。[1]为了学生早日成才，先生对学生的管教较严格，惩罚形式较多，常见的有罚站、罚跪、关堂等。惩罚措施主要针对散馆和低年龄的学生。其中，学生最怕的、最普遍的惩罚手段当属戒尺。戒尺材料不一，以枣木、檀木为多，长七八厘米，宽约一厘米多，厚约半厘米，上书写“戒之以方”“朴作教刑”，又称“戒方”“戒耻”。民间传统观念认为小孩不打不成才，因此支持先生体罚学生。老师用戒尺体罚学生，学生不能哭叫，而且还必须向先生报数。通常情况下，戒尺只打学生的手心和屁股，所

[1] 马钊主编，山东省地方史志编纂委员会编：《山东省志 .68. 教育志》，济南：山东人民出版社，2003 年版，第 30 页。

谓“赖学精，打手心”。

（四）学堂课程

戊戌变法后，学堂教学逐渐兴起。教师以当时新式学堂的毕业生为主，教学内容逐步突破“四书”“五经”的范畴，增加了英文、珠算、天文、气象等应用性科目，教学方法也有很大改进。同时，为学习西方先进技术，语言学堂、军事技术学堂、各类实业学堂先后出现，是现代学校教育和职业教育的雏形。

二、教育经费

旧时各地的教育经费来源有三：一是学田地租，二是绅民捐款，三是县衙拨款。

（一）学田租金

学田是中国古代学校置立的田产，学校将这些土地租给附近的农民耕种，以地租的收入作为办学经费，支付教官薪俸、诸生伙食补助和祭祀等费用。学校及书院经营学田所获得的收入成为当时学校办学经费的主要来源。

学田来源主要有三种途径：一为官府拨赐；二是官绅捐赠的私田；三是学校以学粮店铺等库存租息自行购置学田。学田管理也有三种形式：官府管理、乡绅地主管理、学官和生员管理。一般是由学校或乡绅或学校的生员来管理，官府则设一吏员任学田出纳。

古代学田经营管理具有一定的严格性和独立性，取之于民，用之于学，使其基本不受国家财政盈亏的影响，各学田收入专项专用，避免挪用公款，不仅保证了学校的日常费用支出，也有效地解决了国家教育经费短缺的问题。[1]

（二）民间资本

为帮助贫困学子，古代民间设立科举公益基金组织，主要由基金组织成员筹集资金。为使这批资金发挥可持续作用，一般将本息平均分配给信誉好的商号转生利息，所得利益用于民间教育。有些科举公益基金职能较为单一，是专为新生入学阶段的考费、规费而设；有些则职能较为齐备，除资助学童相关费用外，还全面资助生员乡试、举人会试或优贡、拔贡朝考等一切与科举考试有关的费用。在一定程度上缓解了新生入学和考生赴考的压力，提升了教育与考试起点的公平性。

教育经费除了依靠中央拨款之外，还接受民间乡绅富民的慈善捐款。乡绅捐赠是古代教育经费的重要来源之一。许多私人创立的书院，背后往往都有当地乡绅富民投资的影子。这些乡绅富民通常是具有一定社会地位的地方上层人物，他们没有功名，社会地位不高，但是积极参与地方事务在乡民之间有一定的影响力，希望通过教育投资，在官府获得一定的人脉，借此提高自己的社会威望。各地士绅捐资捐产，建立公益基金组织，纾解了学师收入微薄的困窘，减少了学生的入学压力。除了投资私人书院、积极响应官府捐助学田、义庄之外，这些乡绅富民还会提前资助自己看好的青年学子，不仅给予钱财，还会缔结婚盟。

[1] 郝路军:《“学田”与“赠地学院”的比较研究》，《中国农业教育》2006年第2期，第13～15页。

近代以来，教育经费逐渐有大公司、大企业出资资助，也有财力较为雄厚的民间资本家直接设立学校，一方面为了发展教育，另一方面是为了盈利。收取的学生费用，支撑学校建设，保证学校的正常运转，富余部分作为资本家盈利。

（三）政府拨款

官府鼓励支持教育，官学的主要经费是靠政府的财政拨款或赐钱及官府主持各种形式的筹资，政府拨放的物资包括资金、房廊屋产、书籍、笔墨纸砚、学粮等物品[1]，有的地方官员也会以个人的名字捐资捐物，扶持教育。

新中国成立后，教育经费的主要来源即政府拨款，由中央和地方各级财政向各级教育部门及学校教育机构拨款，是政府无偿划拨的资金，其来源一般为本级政府财政收入。

第三节　社会教化

在古代，掌权者往往颁布一些文字材料，用以教化。针对身怀功勋、科第、德政以及忠孝节义之人，也会建造碑、塔、牌坊等，以示表彰纪念，同时用以警示后人、教化百姓。民间还会将皇帝颁布的圣谕，制成书册或刻成碑文，用于教化民众。另外地方宗族的家规家训等，也兼具教化的功能。

一、碑、塔、摩崖

古人常在碑塔上镌刻文字，用以歌功、立传、纪事。用于教化的碑石有功德碑、墓碑、记事碑，有的文字直接刻凿于山崖石壁上，用于叙功或记事，称“摩崖”。

（一）碑塔

咸平石碣嵌于博山颜文姜祠西庑西墙上，长 70 厘米，宽 58 厘米，楷书阴文。北宋咸平六年（1003）立，内容主要记述重修颜文姜祠之事。

宋四帝御押石碣在博山区李家窑村凤凰山玉皇宫庙内，嵌于正殿前卷棚东山墙上。正书阴文，碣面北宋太祖、太宗、真宗、仁宗御押，一押泐阙。清乾隆二年（1737）正月初九，宫被火焚，但碣尚存。唯年代久远，石崩字洼。押后有字 7 行，据《续修博山县志》载，可认文者仅有 24 字；《颜山杂记》载，可认文 40 字。

敕女石碣嵌于博山区颜文姜祠正殿内东墙上，长 95 厘米，宽 37 厘米，正楷阴文，为宋神宗的敕封文告。

山高水长石影壁位于博山区赵执信纪念馆的范公祠院内，张中发题，上覆石雕冠，下刻须弥石座，四面镶石框，中为石碣，上刻“山高水长”四个大字，草书阴文，上书天启五年（1625）小春吉旦，下署张中发。石碣后有张中发弟张至发的题跋，正楷阴文。石碣高 95 厘米，长 215 厘米。[2]

孤石大夫碑碣在淄川区岭子镇下店村金鸡峪山谷内，碑高 140 厘米，宽 70 厘

[1] 刘畅：《宋代官学经费制度研究》，河南大学硕士学位论文，2007 年，第 7 ~ 8 页。

[2] 淄博市文物事业管理局编：《淄博历史文化遗产》，济南：山东友谊出版社，2012 年版，第 146 页。

米，厚18厘米。碑青石阴刻，楷书，邑庠生赵诚撰文，明崇祯三年（1630）孟春立，述建孤石君庙事。石碑保存完好。

三尚书石碣藏于市博物馆，上有清初李化熙、王铎、刘余佑三人题名，因三者皆官至清廷尚书，故称为“三尚书石碣”。

重修三圣祠碑，1963年发现于淄川区商家乡三教堂庄土地祠庙墙上，碑高40厘米，宽70厘米，青石阴刻，蒲松龄撰文，李元揆书丹，清康熙十四年（1675）立。

龙泉寺御赐诗碑是临淄龙泉寺的遗存之一，刻于清康熙四十五年（1706），上刻清圣祖玄烨赐龙泉寺的李白诗《望天门山》。碑高2.2米，宽0.87米，厚0.23米，今存于临淄石刻艺术陈列馆。[1]

毕自严传碑位于周村区王村镇西铺小学（原毕氏家祠）之前墙上，碑高57厘米，宽121厘米。青石阴刻，楷书，首题曰“明史太子太保户部尚书毕公本传”。碑文乃清康熙时刑部尚书王鸿绪奉敕撰。毕自严之孙毕盛钜镌石，清康熙五十八年（1719）八月立。

孔子闻韶处碑在齐故城大城东南部韶院村，相传是孔子在齐闻韶乐的地方。据《临淄县志》载：“相传清嘉庆时，于城东枣园村掘地得古碑，上书：孔子闻韶处。后又于地中得石磬数枚，遂易村名为韶院。至宣统时，古碑已无下落，本村父老恐古迹湮没无传，故另立石碑，仍刻‘孔子闻韶处’。”系1911年立。现该碑嵌于韶院村大街一侧墙壁上，并加刻韶乐简介与古代乐舞图。[2]

（二）*石刻摩崖*

大奎山摩崖石刻位于淄川区昆仑镇奎四村大奎山顶峰东侧石壁上。阴文、楷书，书写不工。《淄川县志》载：“县南二十五里，山顶峭壁间有大铁环，相传为洪水时系船处。今遗迹犹存。其石壁上，又刻四十三字。为四行，云：‘天圣十年九月一日记（阙三字）住高（阙二字）公起建大寺九座，塔两座。内石峰高四万二千尺大尺，开河一道（阙二字）’右楷书，大二寸许，依稀可辨”。山顶铁环已无，壁间石刻犹存。只是文字与县志记载迥然不同。现存石刻48字，曰：“记天圣十年九月一日僧道鉴合性高旅愿有心起建大寺九座，塔两座，内石高四万二千尺大尺，松林九座，开河一道建池。”天圣十年为北宋明道元年（1032），距今950余年。此石刻若果真为北宋遗迹，对研究大奎山一带的地理风貌、自然形胜具有参考价值。

北岭庄石刻于清光绪年间出土，原在桓台县北岭庄罗氏宗祠内，现存忠勤祠内。石呈长方形，高40厘米，宽80厘米，厚26厘米。刻有隶书108字，尾有隋唐名将“李靖书”字样，为唐代石刻。

二、牌坊

牌坊是中华特色建筑文化之一。是封建社会为表彰功勋、科第、德政以及忠孝节义所立的建筑物，用于宣扬封建礼教，标榜功德。有的牌坊是祠堂的附属建筑物，

[1] 淄博市文物事业管理局编：《淄博历史文化遗产》，济南：山东友谊出版社，2012年版，第147页。
[2]《淄博市文物志》编纂组编：《淄博市文物志（初稿）》，1984年版，第29页。

用于昭示家族先人的高尚美德和丰功伟绩，兼有祭祖的功能。[1]用于教化的牌坊，主要有功德牌坊、贞节道德牌坊、科举金榜题名牌坊等。

（一）功德牌坊

功德牌坊主要作用在于记功记德。

1. 四世宫保牌坊

桓台县新城镇四世宫保牌坊，是明朝万历皇帝为当时新城人兵部尚书王象乾所建。王象乾是王渔洋的伯祖父，保卫明王朝有功，万历皇帝特许建坊并追封三代，包括他的曾祖王麟（前颍川王府教授）、祖父王重光（前贵州布政史左参议）、父亲王之垣（前户部左侍郎）为“光禄大夫柱国太子太保兵部尚书”，因此该坊称“四世宫保牌坊”。

四世宫保牌坊是国内仅存为数不多的以砖结构为主的牌坊之一，面向南北，高15米，宽9.2米，进深3.3米。建筑形式为中间高、两边低的宫殿式样，融建筑、雕塑、书法、绘画等艺术于一体，既有很高的观赏价值，又有重大的研究价值。在三层基座（石头）上，四周均有精致浮雕，有莲瓣、云朵、龙驹、麒麟、松鹿、奔狮和景物等，姿态各异，栩栩如生。拱门两侧雕刻的八尊石狮，雌雄各四。雄狮足按绣球，回首张望；雌狮抚抱幼狮，俯首凝视，极尽母爱之情。该坊前后横幅石匾的两侧均有浮雕楹联，为隶体书法。两幅楹联上端都注有“玉音”二字，下端皆有精雕莲花承托。楹联的四周和石匾上下则雕刻精致的飞禽走兽、山水花卉。中间大拱门之上，嵌有上、下两块横幅石匾，下为叙功匾，镌刻着王氏祖孙四代的名讳、职衔和诰赠。叙功匾以上之匾额，镌有“四世宫保”四个大字，字体工整，笔力遒劲，相传是明代大书法家董其昌书写。[2]新城镇相同的牌坊曾经有30多座，分别位于大街村头，“文革”后只留下该牌坊。

2. 四锡恩荣牌坊

为表彰辅佐大明王朝的三朝名臣翟凤翀而建。翟凤翀，淄川区西河镇河南村人，历任直隶吴桥、邱县知事、河南道御史、辽东巡抚、山西按察使、南京光禄寺少卿、大理寺少卿、都察院右佥都御史、兵部右侍郎等职，崇祯七年（1634）病逝，死后追赠兵部尚书，立“四锡恩荣”牌坊，赐谕葬。其墓在博山区郭庄村南，其牌坊原在老家淄川区西河镇河南村南首，据说毁于“文化大革命”期间的1967年。[3]

牌坊总高13米，面阔10米，全用取自济宁嘉祥石炭石构建。仿木制卯榫结构，勾连四柱，底座两块巨石，狮子蹲前后，中间由四根霸王柱承荷，分为三门，直承上檐三楼，中间门楣铁梁托底，用整块镂空的云头二龙戏珠青石板勾连，栏额共三层，两边雕刻旗锣伞扇、车马仪仗等。挑檐均为圆椽、方飞、勾头、滴水组成，顶

［1］李仲信：《雕梁画栋：中国传统建筑文化》，济南：山东大学出版社，2017年版，第97～99页。
［2］桓台县委党史研究中心：《四世宫保坊》，2020年10月19日，桓台县人民政府，http://www.huantai.gov.cn/art/2020/10/19/art_8191_2032548.html。
［3］郑峰主编：《淄博历史人物》（下），北京：新世界出版社，2006年版，第89～92页。

部青瓦铺顶，正脊安吻鸱，顶脊置瑞兽头。雕刻人物、场景惟妙惟肖，刀法圆润古朴。

3. 两世承恩坊

张店区吾南张氏家族还建有两世承恩坊，是为南张五世祖张芝和儿子张笃敬而修建的恩荣坊。张芝，太学生，任河南彰德府吏目，因子贵，死后敕封文林郎，如子之位。子张笃敬，明万历壬辰（1592）进士，河南清吏司主事。父子两代，居官清廉，勤政为民，受到万历皇帝圣旨嘉奖，张笃敬其妻其母亦受封诰。[1]济南府新城县为他们父子修承恩牌坊予以表彰。“两世承恩”四个大字，由明朝重臣、大学问家孙鑛书写。

4. 四牌坊

淄川地区历史久远，人文厚重，文脉昌盛，民族栋梁之材频出，因此明清两朝朝廷特许，在淄川修建以彰德贤哲英功绩的四牌坊。四牌坊又称“四牌楼”，始建于明弘治十一年（1498），嘉靖二十八年（1549）与崇祯十三年（1640）及清乾隆十九年（1755）、乾隆三十七年（1772）皆重修补。牌坊整体为木结构，能供四面观瞻，东列历科进士，南列名宦乡贤，西列历科乡举，北列历代人物及忠臣、孝子。明代熹宗皇帝亲笔写下“恩荣”二字赏赐淄川，从此“恩荣”二字铭刻于上端东西牌匾中。上端北向匾中名为“宰相”，南为“桂林”，中间大匾中铭记着淄川历代功臣等名录。改革开放之后经济发展，淄川地区大兴土木，四牌楼被拆毁。

5. 迎恩坊

在淄川古城北门里有一座迎恩坊，传说是明代天启四年（1624）淄川在京为官者张至发倡建。张至发系淄川人，明代天启年间进士，历任玉田县知县、云南道御史、大理寺寺丞、刑部右侍郎、大学士、太子太保、礼部尚书，后任丞相数年。其是在京忠良大臣，为国为民立下汗马功劳。每逢来山东巡视，必亲临淄川探望乡亲，并召集地方官员在迎恩坊下传圣旨。从此迎恩坊处成了淄川文武官员迎接圣旨龙恩的地方，故名曰“迎恩坊”，此光荣典故代代流传。[2]

（二）贞节道德牌坊

多为表彰节妇烈女所建，也有的用于表彰孝子贤孙。

张店区吾南张氏家族有三座节孝坊。由十字街顺西二路南行约60米，是十世祖永驹公妻高氏的节孝坊，竖匾是“圣旨”，坊上匾额为“彤管流芳”。有文字记载：此坊高三米，长约一米有余，最为壮观，颇有气势。此坊约为雍正年间修建。向南五六米处还有一个牌坊，俗称“张家志门”，为十三世祖曰圆公妻王氏的贞节坊。王氏与曰圆公结婚未足一年，曰圆公即病逝，王氏年仅十八岁，苦节终身，为夫求嗣，得子孙满堂，寿七十有五，无疾而终。道光十三年（1833）邑侯李公将此

［1］郑峰主编：《淄博历史人物》（下），北京：新世界出版社，2006年版，第48页。

［2］两世承恩坊、四牌坊、迎恩坊、节孝坊参见郑来田：《淄川县古城的牌坊》，《淄川沿革及般阳古城的牌坊（特辑）》，2018年2月28日，原创力文档，https://max.book118.com/html/2018/0228/155105228.shtm。

坊采入县志总坊。上述两坊于20世纪50年代末拆除。

还有一座牌坊坐落在杏园天主教堂东侧，今东郊汽车站附近，规模与两世承恩坊相仿，匾额为“万古流芳”。相传，杏园这支张姓来自街子村，十世祖永聚公在杏园为其长子化麟、长孙亦坦修建了一宅三院六厢房，后来化麟公病逝，妻何氏守节，育子抚孙，子亦坦公，子七，可谓子孙满堂。何氏寿终，奉旨建坊旌表。清乾隆年间建立，大致与十一世祖自道公赴乾隆皇帝千叟宴同时。1957年拆除。

淄川古城节孝坊是为明末清初淄川孝子王敏禄所建。在明末清初战乱时期，般阳县丰泉乡（今淄川罗村吊桥）王氏家族，乃是淄川的名门望族。族中曾出一孝子，名为王敏禄，在战乱中两次以身救父，后双亲去世，守坟二十余年。其在坟地建一石屋，亲画双老真容奉仰，并为双亲立石碑，镌诗文于上，故淄川世人赞其孝心与宋代孝子王樵比美。除孝子名誉外，其还精通绘画、篆刻艺术等，绘制的《般阳二十四景图》等一大批淄川画卷，均选入民国版《淄川县志》。当年为表彰其孝、画誉名，而建造节孝坊永念，为后世学之。

另外还有耿家的冰清玉洁牌坊，为清朝中期修造，无修建年号，坐落在今淄博市体育场南门处。

第三章　民间信仰民俗

旧时人们遇到种种不平等甚至天灾人祸，迫切需要寻找心灵安抚和精神寄托，民间信仰具有满足人们发泄情绪和获得精神抚慰的作用。淄博地区的民间信仰由来已久，最初源自原始自然信仰和图腾崇拜。进入封建时代，受到儒家思想的影响，又融合佛道教义，淄博本地的民间崇奉不断流变。随着回族人口迁移，伊斯兰教进入淄博地区，清末基督教和天主教传入，都为淄博地区的民间信仰增添了许多新的内容。

随着经济的发展和社会的进步，许多居民脱离了传统农业生产，成为流动性人口。人口流动性加大，使得传统的血缘、地缘纽带对民众的约束力越来越小，民间信仰的生存方式随之发生变化。淄博本地的民间信仰，既有民间崇奉和本土宗教，又受到外来宗教的影响，呈现出多元化色彩。各类民间宗教信仰仍然存在，但又出现淡泊化和世俗化倾向。经过历史的传承与发展，民间宗教信仰不断地变革以适应社会，并展现出了诸多新的特点。[1]

第一节　原始信仰

人类最先产生的原始信仰为自然神信仰，即将自然现象视为神灵加以崇拜。因为人类先民本身力量的弱小与求存的艰难，对身体强壮的动物、生命力顽强的植物、永恒不变的天体、伟力无限的自然现象产生了崇拜与恐惧，由此形成了最原始的自然信仰。受万物有灵观念的影响，民间自然信仰的发展又推动了一系列自然神的诞生，人们对自然的崇拜和供奉，逐渐转移到掌管自然现象的自然神身上。

一、天地崇拜

（一）天帝崇拜

中国人历来信奉天，传统观念中，天是有意志的最高主宰神，它和人一样有着丰富的意志和情感，主宰宇宙万物，决定着人世的喜怒哀乐和世运轮回，故不论是朝代更替，还是个人的休咎祸福，都要祈拜上天，祈求庇佑。

淄博地区的百姓信仰天帝，称其为“老天爷”“天爷爷”，“老天爷”高兴则天气晴和，“老天爷”变脸必有寒暑骤变，“老天爷”发怒必生雷电风雨。因而每逢过年过节都要供奉一番。

“老天爷”是淄博人过年时首先要拜的第一个大神，其后才依次拜其他神仙。一般会在院落天井里搭天地神棚，以鸡鱼等菜肴及蔬果供奉天地神，还要燃香、叩

[1]李霄飞：《试论淄博民间宗教信仰的特点、问题及意义》，《大众文艺》2011年第24期，第210页。

拜，祈求来年一家大小平安。若是恰逢家庭的非常时期，如结婚、生子等，可以一切从简；若是家里遭遇灾异，又想禳解，那就要隆重拜天地神，不仅摆精美的供品，还要默默祈祷，甚至书写祭文。

（二）天体崇拜

给人类带来光明和温暖的日月星辰光辉耀于蓝天，对生产和生活都依赖于大自然的原始人而言至关重要，对日月星辰之神的崇拜正是由原始初民对日月星体的自然崇拜演化而来。

1. 日与日神崇拜

太阳给人类带来光明和温暖，关乎万物生长，给人们带来了丰收的喜悦。人们崇拜太阳，容不得他物对太阳的侵蚀。太阳神即日神，是我国神话中最早出现的神祇之一。民间信仰中，太阳神为金乌所化，乃母神羲和与父神帝俊之子，形似黑色三足乌鸦，常年蹲踞于红日中央，四周是金光闪烁的红光，故称“金乌”。三足金乌住在东方大海扶桑树上，由它们的母亲羲和驾车从扶桑升起，途径曲阿山、曾泉、桑野、隅中、昆吾山、鸟次、山悲谷、女纪、渊虞、连石山、悲泉，最终落入虞渊。后来金乌作乱，十日同时升起，大地被烤焦，被后羿用神箭射下九只，只剩一只，自此人间便只有一个太阳。

太阳对人的生产生活至关重要，因而日食发生时，便产生了救日习俗。“日有食之。礼有救日之法，于瞽人乐官进鼓而击之，啬夫驰骋而取币以礼天神，庶人奔走供救日食之百役。”[1]直到20世纪上半叶，仍有救日的做法。日食，俗称天狗吃太阳，一旦发生，老老少少都敲铜盆、锣鼓等器具，冀以赶走天狗。另外，部分地区还保留有“接太阳”的习俗。农历二月初一早晨，全村男女老幼聚集野外，迎接太阳到人间，这天家家户户还要吃太阳糕，以求太阳日日照耀人间。

2. 月与月神崇拜

月神的产生源于古人对月亮的崇拜。月是一个和太阳相似的可以通过感官直接感受到的天体。在民间信仰中，常常日月并提，同受崇拜。月神称“太阴星君”“太阴娘娘”，有的地方称“月祃祃”“月婆婆”。月神常被认为是嫦娥，民间月神的画像也类似嫦娥，有“月婆婆，朝南坐，把着小兔捣碓臼”的歌谣。民间传说月中的黑斑是桂花树，八月十五月明之夜还能看到吴刚伐桂的影像。月食现象发生时，人们一般将其看作是灾难或者疾疫的征兆。为赶走天狗，人们自发敲锣打鼓，大声喊叫，逼迫天狗把月亮“吐”出来。

民间的月亮与月神崇拜，除了庙祀以外，最普遍的是中秋节拜月仪式。拜月是中秋节的重要内容。古来就有“男不拜月，女不祭灶”的说法，各地都是由家庭主妇来主持拜月仪式。祭月必有月形的月饼，象征团圆美满，圆月升起时，在庭院中摆设香案，挂上绘有月神的月光祃（一般是嫦娥奔月的图样），摆上月饼、苹果、

[1]《十三经注疏》整理委员会整理:《十三经注疏·尚书正义》，北京：北京大学出版社，1999年版，第183页。

梨枣等供品。布置停当后，主妇点三炷清香，对月祭拜，有的还要率领闺女小子一同祭拜。然后全家围坐，边赏月边分吃供品，老人给孩子讲关于月亮的故事。

3. 星与星神崇拜

原始人类常将星的崇拜与日月崇拜联系在一起。日月星辰都在周而复始的运行，都能发光，因此古人认为星辰是太阳、月亮派生出来的，将星辰与自身密切联系起来，并形成星辰具有神秘力量的星神观念。人们普遍信奉“天上一颗星，地上一个丁”的说法，认为星辰是人的本命，个人的性情、生死、富贵、贫贱都与某些星辰的变化相关联。[1]夜空若有流星划过，世上必将有一人死去。若是大而亮的流星，必将有皇帝或重要大臣要去世。

另外，人们对某些星辰的特别关注，形成了一些特殊的星辰崇拜。如木星俗称“太岁”，过去兴建土木工程或迁徙，要避开太岁方位，有“不可在太岁头上动土”之说；彗星俗称“扫帚星”，俗信彗星出现必有大难，被视为不吉利的星兆；寿星俗称“南无极星”，民间视为主长寿之神；金星又称“太白金星”，主司战争杀伐；文昌星又名“文曲星”，主司人间仕禄文魁，旧时读书人多有供奉。

（三）天象崇拜

风云变幻、电闪雷鸣、雨雪交加等气候现象，古人认为都是由神灵主宰的，因而要使风调雨顺，必须祈求神灵保佑。古人认为天象气候均通天意，所以通过观察它的形状变化，来预卜人世间的吉凶休咎，形成了望气和风角之术。望气是根据云气变化以卜吉凶，风角即通过观察自然界中的风来占卜吉凶。[2]

俗信风是由风神（亦称“风婆”）掌管，什么季节刮什么风，刮多大风，风神都是按律行事。狂风是老天发怒、惩办犯罪的象征。旋风是鬼风，不属风神管辖，遇之则不吉。龙王司雨，任雨神之职。大旱之时，百姓往往向龙王求雨，若不按时下雨，人们就将龙王神像抬出庙门暴晒，一是让龙王尝尝烈日当头的苦，二是让其出丑，以此惩戒不负责任的神仙。雷公掌管雷电气象，正常的雷闪是警告人们风雨将至，应有所躲避。劈电立闪表示天神要惩罚凶顽，以正天威。现在，有些人在发生纠纷或口角时，仍常以“若背约定遭雷劈”来起誓，可见百姓相信雷闪是对恶行的一种惩罚或警示。

至于一些恶劣天象，百姓认为亦有神灵控制，如冰雹即由雹神掌管，俗以为雹神是灾神，农民对其又敬又怕。麦收前后是冰雹多发期，每年农历四月，很多地方都祭祀雹神，有的地方在四月初一，有的地方在四月初八。淄川一带，每当下冰雹时，人们就往外扔菜刀、擀面杖等物，认为这样可以把雹神赶走。

（四）土地崇拜

古人对土地的崇拜与祭祀，由来已久。人不能离开土地而生存，而土地如此之广博，不可能一一对其祭拜，故封土立社，以社为祭。殷墟卜辞中有“社曰祭土”

[1] 张勃主编：《齐鲁特色文化丛书·礼仪》，济南：山东友谊出版社，2004 年版，第 253 ~ 256 页。
[2] 张承宗：《六朝民俗》，南京：南京出版社，2002 年版，第 373 ~ 374 页。

的说法。从前在社进行的祭祀活动主要有两种：一是瘗埋法，即将祭品埋于地下，所谓“瘗埋于泰折，祭地也”；二是浸滴法，即直接将酒、牲血等液体洒地，使其浸透到地下。初始的土地崇拜是崇拜土地的自然性质与作用，至今仍体现在百姓的日常仪礼民俗中：农村婚礼中，新娘下轿，两脚不许沾土，行过拜地礼，求得大地证明婚姻合法性之后，才可正常走动；婴儿降生时，必在大人扶持下在地上立一立，寓立地生根，方可入襁褓；人死后，子孙们在送葬归来时，要从墓中带回一抔黄土，放入家中粮仓之内，俗信祖宗可保佑后代仓廪充足，永不受饥荒。

神化后的土地形象有男有女，盖因民间认为土地乃万物之根源，生灵之居所。有了土地才有花草树木，才有万物之生。地有养育万物的能力，女人也拥有生育机能，所以常将土地崇拜与女性崇拜紧密联系在一起。男性土地称“土地公公”“土地公”，女性土地则称“土地奶奶”“土地婆”。

随着时代的发展，土地神的社会属性越来越强，而功能越来越小，地位越来越低，最后演变成管理一片地域的神灵。过去淄博几乎村村都有土地庙，庙址一般在村头，通常为一间，建筑低矮简易，里面供有土地爷爷和土地奶奶的塑像或神位。后来修的土地庙比以前简陋，有的甚至只以所植的松树为标记，有的以放置的石板为标志，还有很多村庄在没有任何遗迹的原址上进行祭祀。

民间传说农历二月初二是土地爷的生日，人们在这天祭土地神，向他供炒的豆子，焚香烧纸，祈求农业生产丰收。每逢长者逝世，其长子或长孙也要捧香携纸去祭拜土地神，称为“报庙”。死者长子要带领孝子孝眷去土地庙为死者亡魂送浆水，此时还要烧纸祭土地爷，请求土地爷对死者多多关照。

二、山石崇拜

（一）山与山神崇拜

远古时代的先民对自然界的认识相当匮乏，面对山川的各种奇异的自然属性和自然景象，产生了敬畏之情。山一方面作为蔬果、狩猎来源，另一方面也有难以预测的凶险。人们对山神又敬又畏，这种心态孕育了古人对山神和神山的崇拜。

淄博多山地，旧时，连绵不断的山林就是百姓生活物资的主要来源，人们认为大山有灵性、有生命，山神就是大山的化身，不一定有具体的姓名和形貌。进山伐木采药、放牧狩猎、开山采石，都要祭祀参拜山神。山神在百姓眼中，几乎囊括了各种需求，河川多发源山中，山神也具有了降雨职能；人们认为龙住在山中，所以请龙也会先祭山神，否则求雨不灵；山神掌管百草生长，每逢农忙时节，人们害怕降下凉雨会损失庄稼，也会祭祀山神，祈求他降雨要适时，不要下雹子。

在山区，山神信仰十分普遍，祭拜山神通常在六月初六。最初是在山上用石块垒成大小不一的石屋，以此代表山神行祭，后来开始建庙祭祀[1]，山神庙一般规模较小，神像和庙堂都比较简陋，通常为一间小石屋，屋前种植松树等树木。

[1] 张士闪主编：《春节·山东卷》，北京：光明日报出版社，2014 年版，第 357 页。

沂源一带山村过去经常遭狼祸害，人们祭祀山神除了祈求山神保佑林果丰收，还祈求山神保佑人口、六畜平安。放牧的人在六月初六这天带上供品去山神庙，祈求山神爷管好猛兽，不让它们出来吃自己的牛羊。看管山林及果园的人也带上供品，烧香焚纸，向山神祷告。山民祭祀山神完毕后，通常要在山上杀羊会餐，后来六月初六这天便逐渐演变为当地的吃羊节了。

（二）黑山爷爷

传说，古时颜神（博山古称）八陡的黑山一带原是一片平地，黑松老翁是这片土地上的树仙。黑松老翁每天逢荒开垦、遇沙堆积，不是担水植树，就是培土育苗，时时两脚不停，双手不住。除此之外，他还要跑遍崇山峻峰，采撷红松、白桦、柞树、落叶杉等树种。东海龙王要建豪华的宫殿，急需木材，打听到黑松老翁掌管着一片大森林，便派雷公和虾兵蟹将前去砍伐树木。黑松老翁奋力阻止。后来，龙王趁黑松老翁拜见泰山老奶奶之际，带海兵海将一夜间把树木全部砍倒，把木材堆积成山，单等涨潮时将木材弄走。黑松老翁闻讯赶回，使用法术保护木材。海潮高出一尺，木材便高出海水二尺。龙王见弄不走木材，暴怒之下，从东海搬来大块礁石，劈头压住了黑松老翁和所有的木材。海浪退去，这里成了座高山。后来，山巅长出密密麻麻的小黑松树，山石也因点点黑斑而显黑色，人们便给山取名“黑山”。后来，人们在山下挖出了黑黝黝的煤炭，那就是黑松老翁和他的木材。

黑山地下蕴藏着丰富的煤炭，附近百姓得益于此，为了纪念黑松老翁，在黑山上建庙塑像，并尊称“黑山爷爷”，博山煤炭业以黑山爷爷为掌管煤炭的大神。从事煤炭业具有很大的危险性，如井下渗水、着火、瓦斯泄露、塌方等，所以人们供奉黑山爷爷极为虔诚，视其为生死主宰。淄博每年都有专为祭拜黑山爷爷举办的庙会和演出活动。[1]

（三）石头崇拜

远古人类曾用石斧、石刀、石镰来猎兽、采掘、种植、取火、自卫，从艰难的洪荒时代顽强地生活下来，自然对石头有着原始的崇拜之情。石头崇拜几乎各地都存在，只是表现形式略有不同。民间认为泰山作为五岳之首，泰山之石具有独特的灵性和神力。传说汉朝时汉武帝登泰山，带回四块泰山石，置未央宫的四角以辟邪，此举传到民间，百姓认为泰山的石头具有保佑国家的神功，因而也具备庇佑家庭的神力。后来泰山石逐渐被人格化，称“石敢当”，成为镇宅庇户的神灵。

泰山石敢当是灵石崇拜的特殊形式。在淄博，石敢当又称“石将军”“石大夫”“孤石大夫”。传说，石敢当出生于石匠之家，疾恶如仇，敢作敢当，后经泰山主神碧霞元君的点化，功力大增，驱妖降魔，所向披靡。他不贪财，不恋色，机智勇敢，胆大心细，神剑在手，威震北方。各地求救者络绎不绝，因分身无术，便把画像和“泰山石敢当”几个大字刻于石上，镇宅驱邪，撒遍神州。

淄博人认为石敢当除了驱邪压鬼，还有驱逐疾疫的能力，可以镇压不祥，祛除

[1] 刘心明主编：《文化博山》，济南：山东人民出版社，2021 年版，第 67 ~ 69 页。

灾异，保佑人们免受邪恶势力的侵害与骚扰。因而建房时要购置一块泰山石作为镇宅石，一般安置在街巷胡同的路口或对着路口的民居墙体上。有的一半埋在地下，一半露在地上，有的则把小石碑高高地镶嵌在墙上。石碑可大可小，上面镌刻着“石敢当”“泰山石敢当”或者“山海镇”等字样。一些因地处偏远、家庭条件差而买不起石碑的家庭，则用泥坯代替石碑，上刻“石敢当”等字样。

淄川区岭子镇槲林村的鸡爪峪西建有孤石大夫祠，以石大夫摩崖石刻像闻名。从孤石大夫庙往北，西边石壁上，刻有一组摩崖孤石大夫像，为明朝崇祯年间所制，是淄博市唯一的野外古代摩崖人物造像。石像共三个，中间一个高30多厘米，是孤石大夫，两边各有一个侍者，身材稍矮。造像线条流畅，人物面庞丰满肥腴，端庄秀丽，栩栩如生。庙边不远有一碣，即孤石大夫碑。碑通高140厘米，宽70厘米，厚18厘米。石碑青石阴刻，楷书。石碑完好，只是字迹已有些模糊。[1]

另外，在淄博还有很多的石大夫庙，规模一般不大，淄川西股村的石大夫庙，是一个内凹进去的方形洞，长宽高大约30厘米，内有石大夫小像一个。洞的下方是一眼常年清澈无底的泉水，相传喝了或用了此水，对人身体有利。每天有很多人前来灌装泉水，用于做饭、泡茶，以求强健身体。博山白塔村的石大夫庙供奉着三位神灵，石大夫居中，两侧各有一女性神灵，据庙里善人介绍说这是石大夫的两位妻子。村里人称石大夫为“石大夫爷爷”，显得非常亲切，让人易生被护佑之感。[2]

三、水火崇拜

（一）水、水神崇拜

民间对于水的崇拜由来已久。人们认为，雨水、露水、泉水等不同于自然界其他的水，有独特的灵性。雨水又称“无根水”，中医很多药方必须用无根水做药引子方能见效。用无根水泡出来的茶，不是寻常井水、泉水能比拟的。尤其是雨水节气那天的雨水，能延年益寿，洗涤百病，喝后通体舒泰。

水神最初的形象多为怪兽，在信仰的发展过程中，逐渐被人格化。水神常与特定的江河湖海紧密相连，不同区域的水神会有不同的职责，或诞生于水中，如龙王、雨师、河神；或是当地英雄人物死后所化；人们还相信意外溺水而亡的人，其灵魂也会成为水神。百姓对水神的祭祀因其神职的不同有所区分。[3]

淄博地区特有的水神信仰当属天齐渊的有济氏。夏代中叶，东夷齐人东迁到淄博东部的临淄，他们发现该地逢山下有一片泉池，就命名为天齐渊和天齐水。天是博大的意思，天齐指可以与天相比。居住在天齐渊之滨的齐人有济氏部落曾是东夷族的部落联盟首领，被人们当作当地的水神敬祀。相传古代临淄有济庙，祭祀的就是济水，即天齐渊的水神有济氏。秦始皇至东海滨时，曾祭祀名山大川以及八位大

[1] 李永敏主编：《淄川风光名胜》，济南：齐鲁书社，2009年版，第126页。

[2] 孙其香、李学良：《淄博地区民间医神信仰考察》，《山东理工大学学报（社会科学版）》2020年第2期，第90～96页。

[3] 张勃主编：《齐鲁特色文化丛书·礼仪》，济南：山东友谊出版社，2004年版，第267～268页。

神，其中就有天齐渊的水神有济氏。[1]

（二）火、火神崇拜

火具有烹饪食物、祛寒驱兽、烧制陶器、冶炼金属等重要作用，但在惠及人类的同时，也能引发灾难。人们对火的态度复杂，产生了既依赖又恐惧的心理，认为需小心供奉，逐渐形成对火神的崇拜。火神与水神、山神等同列为自然神，但火神信仰在神灵信仰中的地位相当重要。对打铁的、烧窑的、开茶馆的来说，火是生意之本，进财之源，因此最敬重火神。每月十五早上生火之前，先要点香烧纸，求火神保佑火头兴旺；中午再供奉水饺和果供，求火神保佑财源滚滚。

淄博地区还有正月送火神的风俗。火神是谁各地说法不一，民间多供奉祝融，称“火德真君”“火帝君”“火神”。农历正月初七，是祝融的生日，所以人们常在这一天欢送火神。送火神的仪式一般在较为宽敞的地方进行，人们搭起火神棚，桌上放着“南方火德真君之神位”的牌位，摆上供菜，点上香火，各家在棚前跪拜，祈求火神保佑，免除火灾。晚上燃鞭炮，放挂鞭，点花筒，进行送“火神”的仪式，礼花四溅，火神牌位焚化，即认为送走了火神。

四、动物崇拜

（一）鸟崇拜

喜鹊属于雀形目鸦科，是常见的一种鸟类，自古以来被人们认为是吉祥的象征。喜鹊是“喜庆”的谐音，在中国文化中是喜庆的象征。[2]儿童从小就被告诫不许去捅喜鹊窝，因为喜鹊是吉利的鸟。若是看到喜鹊飞过，是件吉庆的事情，叫“抬头见喜”。新嫁娘的衣裙或者新被褥上绣有梅树上的喜鹊，叫“喜（喜鹊）上眉（梅）梢”；绣有两只喜鹊对飞，叫“双喜临门”或者“喜上加喜”；多个喜鹊与蝙蝠翩翩飞舞，叫作“多喜多福”。

燕子一直被认为是具有吉祥意义的鸟儿，燕子在自家做窝，和喜鹊枝头喳喳叫一样，都是具有鸿运当头喜事来临的吉兆。民间流传燕子不入愁苦之门，燕子能够住入的家庭，大都符合这样的条件：家庭和睦、一团和谐。整天因为繁杂琐事争吵环境嘈杂的家庭，燕子是决计不会去住的。[3]燕子在谁家垒窝，就预兆这家兴旺发达。家里人要对燕子窝小心爱护，即使房子重新装修，也要给燕子留下孔道，方便它们出入。若是燕子第二年开春不回，这家人还会怅然若失。

鸡与“吉”谐音，被认为是吉祥的象征。民间认为鬼怕鸡叫，所以很多人家都做布公鸡摆在案头，或挂在门口，祈福禳灾。若是鬼怪作祟，泼鸡血狗血就能辟邪。人死后用鸡鸣枕也可辟邪。鸡吃蝎子、蜈蚣等毒虫，所以也被赋予了祛毒的能力，民间有立春、谷雨剪春鸡、戴春鸡的风俗。把红布做成的小公鸡缝在小孩的衣袖上，鸡嘴上叼一串黄白的豆粒或辣椒种子，象征着痘疾，叫“鸡啄痘”，认为这样小孩

［1］吴兴勇：《炎黄源流图说》，南昌：江西教育出版社，1996 年版，第 152 页。
［2］赵序茅：《象征喜庆的喜鹊》，《生命世界》2017 年第 9 期，第 18 ~ 25 页。
［3］棒奔霸：《燕子》，2019 年 1 月 9 日，百家号，https://baijiahao.baidu.com/s?id=1622144367042528081。

就可以免受痘疾之苦。

乌鸦通体乌黑，民间称“老鸹”“黑寡妇”。在中国人心目中，乌鸦是不吉祥的动物，是报凶信的使者。如果某户人家将有灾祸，乌鸦便会栖息在门前的树上。它叫声嘶哑难听，有“听得老鸹叫，祸事要来到”的说法。听到老鸹叫后，本来计划中的远行、营建等事情要停止，否则会难以顺利完成。禳解办法是念叨：“老鸹叫，事不由，煮了一锅老鸹头；你一碗，我一碗，吃了老鸹祸事免。”

猫头鹰的形象古怪，昼伏夜出，以鼠为食，又叫“夜猫子”，经常被视为不祥之鸟，称“灵鸟”“哀悼鸟”等。夜猫子叫声凄厉，人们认为预示着祸事要来到，要想禳解，就要把夜猫子打死或者赶走。另外，夜猫子总是与厄运和死亡联系在一起，俗话说“夜猫子进宅没好事”。据说听到夜猫子叫，周围要死人。大人吓唬小孩晚上不要乱跑，就说夜猫子躲在暗处，偷偷数人的眉毛，若是数清了，这个人就要死了，小孩若是出门，也用手捂住眉毛，谨防夜猫子盯梢。风水上有一说，猫头鹰是可以辟邪的，有“不苦劳”的意思，放在财位上或者佩戴在身上可以让自己或家人赚钱不辛苦。[1]

（二）兽崇拜与“四大门”崇拜

与生产相关的大牲畜也有自己的保护神——牛神、马神（马王爷）。很多地方老百姓认为，蝙蝠是“福”的象征，年画上有五只蝙蝠齐飞的形象，称“五福临门”。老人的衣服饰品上常有蝙蝠图案或者蝙蝠形象的变体花纹，被认为可以带来福气。“四大门”是狐狸、黄鼠狼、刺猬和蛇的俗称，又称“四仙”。旧时人们迷信它们有非凡的法力，能沟通鬼神，能禳灾造福，也能魅惑为祸。

民间常称狐狸为“胡仙”“大仙”“老胡家”，有的还根据其性别和年岁称“胡大姑”“胡三太爷”等。淄博人认为狐狸极富灵性，能给人带来祸福，年深日久还会得道成仙，甚至能够变幻人形。人们一般不敢伤害狐狸，反而到野外狐狸经常出没的地方进香许愿，求其降福消灾。古建筑遗址、古老的地洞、树洞，往往被视为向狐仙祈祷最灵验的地方，因此这些地方经常是香烟缭绕、供品满地。若愿望得以实现，人们要到祈愿处祭祀还愿，送上小衣服、小鞋子，或供奉油条、馒头、糕点等食物，并在洞口、树上挂旗或红布。[2]

民间接骨先生或有大病的人家，在家中设狐仙牌位，称“安客”；也有些神婆神汉，在家里设立供桌，供奉狐仙；有的以狐仙作为家神，称狐仙可以让神婆神汉获得超自然的灵力，保佑病人沉疴拔除，一家平安。供奉者每逢初一、十五必摆供上香，并且按三、五奇数设供果，每当家中来客，席上佳肴也要一一取少许放入供桌盘中，以与“胡爷爷”同享。不能有忤逆狐仙的言行，否则会遭受狐仙的报复，轻则神婆的法力失灵，重则让人神经错乱，哭笑无常。狐仙附体，要烧香烧纸，劝

[1] 哑巴姜：《猫头鹰的寓意及象征》，2020 年 9 月 8 日，酷知，http://www.coozhi.com/shenghuojiaju/shenghuochangshi/138853.html。

[2] 张从军主编：《图说山东·民俗》，济南：山东美术出版社，2014 年版，第 95 页。

狐仙放过这个可怜人；同时动员周围的人一起回忆，有无得罪狐仙的事情，若有，赶紧想办法补救。乡村流传着很多狐仙的故事，人们不但不敢招惹狐仙，还要给它盖庙，有了难事请它来排解，若是灵验，还要好酒好菜还愿答谢。

黄鼠狼俗称“黄鼬”。老百姓认为黄鼬有灵性，老黄鼬也能成仙，对它不直呼其名，而称“黄仙姑”“黄大仙”。黄鼠狼与狐狸的生活习性相似，民间统称“胡黄”二仙。很多人在家里或者堤坝山崖下为其建小庙，叫“财神楼”。若是家里住有黄鼬或者狐狸，当地人认为并不是坏事，这些“仙家”能帮着人们发家致富；神婆神汉家里若是有狐狸、黄鼬，神力也会大大增强。

刺猬多居住在柴垛之中，又有“柴仙”的叫法，“柴”“财”音近，刺猬又称“财仙”。农户家里的柴火垛，叫“柴仙楼”，若是有刺猬在里边安居，还要每逢初一、十五烧香祭拜，据说这样可以年年有粮吃，有柴烧。

在中国古代的动植物崇拜中，蛇具有特殊的地位。人们既惧怕蛇，又认为蛇是祥瑞的象征，能为人带来幸福和财富，俗称“小龙”，属蛇的淄博人常常自称属“小龙”，可见在民间，蛇不仅是一种有灵性的动物，更是龙的近亲或变种。蛇褪的皮，叫“龙衣”，践踏不得，要用棍子挑到高处。

人们认为，见到蛇在蜕皮或者交配是凶兆，要拔掉一根头发，吐一口唾沫来禳解。若是打蛇，一定要打死，不然蛇会回来报仇；而且一定要将蛇头砸烂，若只是铲断蛇身，蛇头会再生出半截身子或自动连接起来，追着打它的人纠缠不休。

桓台县有供奉小蛇的习俗，这条小蛇又称“刘二怪”。传说以前有个大神发怒，要发大洪水来淹没一万个村子。有个县官负责治水，可是洪水太大，治不住，他就自己跳到水里，变成长虫与洪水搏斗，治住了水。这条长虫是四方头，官帽形状，头上有个“王”字，盘起来是剪子骨形状，浑身通红。它想找谁供奉就到谁家门口，盘在那里。它能用尾巴写字，哪里有涝淹，都能写出来。

（三）鱼崇拜

鲤鱼被认为是吉祥的鱼。传说鲤鱼逆流而上，越过龙门就能化身为龙，即“鲤鱼跳龙门”。民间百姓认为子女金榜题名，高考得中，就是“跳龙门”。“鱼”与“余”“裕”谐音，鲤鱼也是富裕丰足、有余粮余财的象征。至今民间的春节年画上仍常见到“年年有余”“富足有余”等吉祥语和祝福语，鱼作为礼品馈赠亲友的习俗直到今天仍在各地流行。过年饭菜中一条鱼，象征着年成好、物产丰足还有剩余。宴席上的鱼称“财神爷”。

鲤鱼被运用到了各种艺术创造中。门柱、砖雕、屋顶、石雕、年画、窗花剪纸、雕塑、织品与器皿中，都可以看到鲤鱼的形象。“连年有余”“娃娃抱鱼”“富贵有余”“莲里（鲤）生子”“五鱼戏莲”等图案，都表达了人们对美好生活的向往。[1]

[1] 佚名：《中国人的“锦鲤”崇拜》，2019 年 7 月 24 日，炎黄风俗，http://www.fengsuwang.com/minjian/jinlichongbai.asp。

双鱼还有圆满、爱情、生殖的含义。人们认为，衣服、年画上的双鱼图案可以给主人带来圆满的爱情。想怀孕的妇女佩戴双鱼，则表达了祈求得子的愿望。

（四）虫崇拜

蜘蛛又称“喜蛛”，倘若看到它在家里角落结网，就认为是“报喜”。有些地方认为，蜘蛛吃掉滋扰人的蚊蝇，维护了家宅的清净，有蜘蛛出现的宅院“有人气”，对居住的人有益无害。因为会结网，蜘蛛又称“巧蛛娘”，很多地方的姑娘在七夕乞巧时，把蜘蛛放在盘子里或者瓜果堆里，以其结网占卜得巧。

黄河下游是蝗灾的易发区。蚂蚱（蝗虫）大群云集叫“蚂蚱起了云”，几分钟内会把一片庄稼吃光。人们将蚂蚱敬奉为“蚂蚱爷”，祈求它远离庄稼。

民间的蚕神，在不同的地区被认为是不同的神，有嫘祖、金花娘娘等。祭祀蚕神的仪式都很庄重，禁忌较多。有的在春节期间开始祭祀；有的大年初一五更朝着蚕室方向设蚕神位，焚香烧纸，祈求蚕茧丰收；有的则正月初八蒸面茧，以祭祀蚕神；有的从卧蚕开始祭祀，到收茧时还要举行隆重而热闹的游蚕神赛会活动。

五、植物崇拜

（一）树崇拜

民间有“物老成精”的说法。树神也称“树精”，民间认为多年的老树有了灵魂，能成精，甚至变幻人形，既能造福于人，也能作祟害人，有老树伐不得的说法，砍伐成了精的老树往往会有报应。不得不动工砍伐时，可以摆供烧香，祈求老树精灵原谅。若老树被雷劈，人们会认为树精遭到了天谴。枯木逢春是吉利兆头，若老树突然枯萎死亡，则是凶兆。

桃树承载了多重民间信仰，寓意丰富，桃枝、桃花、桃实都有各自不同的象征意味。桃木质密细腻，木体清香，一直作为辟邪镇灾之神物。民间为求吉祥平安，或把桃枝置于户中，或刻桃核带于手腕，或家中添丁时以桃物置于宅中，或盖新房时用桃枝订于房屋四角。还有的地方迎亲嫁娶也用桃枝，意为婚姻美满、富贵平安。另外，桃木也深得道家方士之青睐，常雕之成剑，佩于身或悬于室。[1]现代对联的始祖就是古代的桃符，可以用来驱除疾疫，赶走妖孽，还人间清净平安。大年初一家家户户都在大门上换上新的桃符以祝新年。民间认为多食桃子，可延年益寿。老人过寿时，寿桃、仙桃是祝寿最佳礼品。

柳树又称“杨柳”。柳树崇拜的原始内涵，其实是辟邪祈福与祈求生殖繁衍。清明正值季节的转换期，此时阳气生发，阴气衰退，由于气候的关系，人们易受季节性的疫病侵袭，为了顺利度过这一危险时段，于是利用清明节俗预先进行禳解，这正是清明戴柳、插柳的原始民俗意义。清明戴柳，则是源自柳树极强的生长能力，祈求生殖的力量和生长的庇佑。另外，宗教文化中，观音菩萨有一种形象，一手执

[1] 陈西平：《桃文化与山东桃民俗》，《安徽农业大学学报（社会科学版）》2009 年第 4 期，第 136 ~ 142 页。

玉净瓶，一手执柳枝，向人间洒播雨露，柳枝也因此成为雨露的象征。在各种求雨的场合都借助柳枝，或者执在手中，或者编成柳帽圈戴在头上。

民间认为，转椿树能使幼儿长高。因此春节这天凌晨，男女幼儿起床后，会一声不响地一个人悄悄地来到预先选好的大椿树前，紧紧抱住大椿树唱道："椿树王，椿树王，你长粗来我长长。你长粗了做木料，我长长了穿衣裳。"如此连唱三遍，而后悄悄回家，据说这样孩子就能长高了。

松树、柏树是长寿的象征，常用的祝寿语有"寿比南山不老松""松鹤延年"等。民间自古以来就对松树和柏树怀有一种特殊的感情，常用松柏象征坚贞不屈的品格，松枝傲骨峥嵘，柏树庄重肃穆，且四季常青，历严冬而不衰，因而把松、竹、梅誉为"岁寒三友"。

石榴因为多子而被看成有生育方面的灵力，俗语说"榴生百子"，很多祈子习俗中，石榴被当作多子的吉祥物送给育龄妇女。石榴与"留"谐音，有留住子孙的意思，经常被作为吉祥物印在年画上，或者绣在衣饰上。

（二）花精草怪崇拜

在民间，葫芦是吉祥的象征，是驱邪的法器。很多人家把葫芦挂在门口，或者门上贴葫芦画，以辟邪祛疫。人参、何首乌、茯苓等药物有格外的灵力，既能作怪，也能治愈沉疴，因此在与药物打交道时，一般格外小心，有很多禁忌。若是人参、何首乌等状如人形，则认为已成精怪，服用可以延年益寿。挖人参时，先要在人参上系上红绳，这样人参就不会遁地而走，不翼而飞了。

第二节　祖先崇拜

中国自古以来就有对原始祖先的崇拜。氏族社会的演进确立父权制后，人们逐渐有了父亲家长或氏族中前辈长者的灵魂可以庇佑本族成员、赐福儿孙后代的观念，开始出现了祭拜、祈求祖宗亡灵的活动，从此形成严格意义上的祖先崇拜。原始的自然崇拜与各种宗教融合，不断神化，由此形成了神祇崇拜。

一、始祖神崇拜

在淄博多地，伏羲、女娲被认为是"始祖"，受到人们的崇拜。很多地方都建有供奉和祭祀伏羲、女娲的庙宇，或称"人祖庙"，或称"爷娘庙"。附近的村民到庙里来拴娃娃或者往家里抱泥娃娃，认为这些"人祖"可以保佑他们拥有健康聪明的后代。即使不求子的夫妇，有了孩子以后，也常常来上供上香，祈求孩子能够健康成长。

二、祖宗崇拜

旧时人们崇拜鬼神，认为过世的祖先灵魂尚存，可以给家族宗族以庇佑，族人对这些本家族内的长者与功德昭著的先人顶礼膜拜，最终演化出一整套祭祀祖先的仪式，用以告慰祖先的灵魂。

祭祀祖先在民间有很广泛的基础。普通百姓祭祖最高到高祖、曾祖，最能得到经常性祭祀的是故去的父母和祖父母。从祭祀人来说，父母、祖父母长期与祭祀者生活在一起，死者对于生人的种种关怀爱护尚历历在目，养育的辛劳恩德难以忘却，一旦生死异途，无法再见，更无法享受生人的回报，使得祭祀人觉得欠情未还，心里难以平静。尤其是亲人死后家庭生活有好转，或者死者未享高寿辛劳而亡，更使生者悲哀难抑，祭祀也就成为对故去亲人的报答和怀念的形式。逢年过节，合家团圆，隆重祭祀祖先，请他们回家来与儿孙团聚，享受酒肉，表示活着的人没有忘记他们。清明和七月十五鬼节等日子到坟上去拜望，修整一下坟墓，在墓前进行祭祀，觉得为死去的亲人尽了义务，相信死去的亲人也由此享受到自己的服务。这实质上是亲人之间企图超越生死界限进行交流的愿望以祭祀的形式来体现。

与例行祭拜相伴的，是为祛病免灾进行的临时祭拜。中国古代有一种流行的观念：人生病，家受灾，是死去的亲人鬼魂作祟。他们或因某一愿望未达到，或因祭祀不周全而发脾气，让儿孙辈生病。巫也经常这样解释病因。遇到此类情况，病人亲属往往无条件地答应死者通过巫表达的要求，额外举行各种祭祀，烧化衣物冥纸，安慰鬼魂、也许下心愿，待病好之后再去祭坟，年节请灵魂回来吃喝等等。祛病消灾之外而举行的临时祭祀，最多的原因是梦。共同生活过的亲人入梦，或有饥寒表现，或说屋漏等普通百姓之家常发生的困难，做梦的人相信这是死去亲人所为，无论穷富贵贱，都要尽力满足死去亲人的愿望，举行各种形式的祭祀活动，即所谓“尽孝心”。[1]

对祖先的追念多以家庭、家族、宗族三种形式来进行祭拜。时间主要有清明节、农历七月十五、十月初一以及近祖的忌日、生辰等；地点上分墓祭、祠祭和家祭。清明节以墓祭、给坟墓添新土为主，七月十五包括墓祭和家祭，十月初一则以家祭为主，以“送寒衣”为主要内容。除此之外，春节前后的祭祀，也是一年之中最隆重的祭祖仪式。

第三节 神祇崇拜

神祇崇拜是自然崇拜发展到一定阶段的产物，深受万物有灵论思想的影响，但与其他崇拜的对象不同，不论神祇以何种面貌出现，都会表现出与人类相近的思想行为。当人力无法克服自然力或社会矛盾时，必然要用想象和借助想象以征服自然力，支配自然力，于是人们造就了神这种超人间的力量的形式。[2]淄博民间自古信仰的神灵众多，包括天神、人神和鬼神。老百姓根据自己的生产生活需要，选取一定的神祇信仰。一般没有正统宗教教派的局限，功利性较强。

[1] 刘晔原、郑惠坚:《中国古代的祭祀》，北京: 商务印书馆国际有限公司，1996年版，第138 ~ 140页。
[2] 张勃主编：《齐鲁特色文化丛书·礼仪》，济南：山东友谊出版社，2004年版，第247页。

一、天神崇拜

（一）玉皇大帝

玉皇大帝信仰源于上古的天帝崇拜，民众将人间的统治秩序移植到对天的想象中，认为天上也有一位主宰。道教里玉皇大帝的地位次于三清尊神，在民间他却是众神之首。据说玉皇大帝姓张，又称“张玉皇”。

旧时，许多村落民居的正屋门东外侧墙上常挂有一个香龛，用于摆放玉皇大帝的神位，下面还有一个砖石砌成的香台子用来插香和摆放供品。天帝崇拜在淄博地区广为流传，各区县还多建有玉皇庙、玉皇殿、玉皇阁等。因过去各区县的玉皇庙常建在山顶上，又称“玉皇顶”。

对玉皇大帝的供奉主要是在大年三十烧香、焚纸、上供，意在年三十半夜送走玉皇大帝，不让他在家里过年。民间传言玉皇大帝公务繁忙，不宜久留；也有传说玉皇大帝是神界最大的官，不好伺候，不如早早送走。另外，正月初九玉皇大帝生辰，这一日人们常带上信物贡品到玉皇庙参拜，以求玉帝保佑未来一年的幸福生活。

众多玉皇庙中，当属周村玉皇阁较为典型。该阁建于康熙四十二年（1703），现位于周村区委机关所在地，东面与住户毗连，三面临街，自成独立院落。北大殿五间两层，下有基座，筑有十八级台阶，以青石砌成，墙壁磨砖对缝十分严整。两层之间四面出厦，房顶四角挑出四个风铃，沿脊、梢、檐都盖绿釉琉璃瓦，顶和厦中心部分则盖黄釉琉璃瓦。下层大殿正面塑玉皇大帝像，法身高大，头戴冕旒珠冠，手捧玉圭。两边排列着二郎神、哪吒等天兵天将，木头雕刻，外贴金身，栩栩如生。上层称“玉皇宫”，供着玉皇大帝和玉皇娘娘，两边站着十二个仙女，端杯执巾，排班侍立。台上东、西两座小厅里是十二生肖。下塑十二个人像，各人头上分别顶着鼠、牛、虎、兔等属象。台下有石砌甬道直通山门，东、西两座配殿里塑着二十八宿。山门也是五间两层，两头还有钟鼓楼四间，下边是角门。山门前面有四根方形石柱，上刻蟠龙舞凤和歌颂玉帝功德的对联。东、西两间里塑着哼哈二将，顶盔贯甲，黑面虬髯，高大威猛，每人举着一柄开山大斧。

整个玉皇阁殿宇十分高大，再加上十八级台阶的基底，是当时周村最高的建筑物。站在楼上可以俯瞰周村全景，十里外都能望见它的轮廓。至于上边木石雕刻之精妙，檐壁彩绘之华丽，更为观者所赞叹。[1]

（二）王母娘娘

王母娘娘在天宫中的地位仅次于玉皇大帝，相当于人间母仪天下的皇后，是仙宫中众多女仙的领袖。王母娘娘的大名叫“西王母”，掌管着不死药和使人长生不老的仙桃。民间对王母娘娘的信仰十分普遍，尤其是在妇女中有很多虔诚的信徒。

淄博花山建有王母台，专用于祭祀王母娘娘。据有关资料记载，王母台建于唐代，明初倾废。相传明初齐王妃到王母台降香，嫌道路遥远，又在牛山建一王母

[1]淄博市政协文史资料研究委员会编:《淄博名胜古迹》，济南: 齐鲁书社，1988年版，第90～91页。

台，花山王母台遂失修。明代中叶，乔庄人张进将王母台旧址辟为书院，四方学子多来此听讲，改王母台为忠孝台。明末清初，王母台、玉皇宫等建筑被毁。1992年，尚庄村又重建了王母台。台分两级，依山势而建，面积135平方米，四周建有大理石栏杆。主台西边有王母洞，洞室12平方米，下有王母池，洞室门上石匾刻有“王母台”三字。洞门为木结构，朱红色，两侧有石刻楹联。

王母台前面有一泉眼叫“眼光泉”，据说可治疗眼疾，饮用此泉中水者可眼睛明亮。迎着台阶拾级而上，就是王母殿，里面主供王母娘娘，两侧还有十位仙姑。王母后面还供着年太岁、月老先师、观音菩萨、泰山奶奶、文昌帝君、魁星、财神。[1]

民间对王母娘娘的供奉主要是在庙宇中进行。传说农历三月初三是王母娘娘的生日，天庭这天要为她举行盛大的寿宴，天上地下接到邀请的神仙都要赶到天庭为王母娘娘祝寿，王母娘娘会请众神仙吃蟠桃。花山王母台也在这一天举行隆重的庙会庆典为王母祝寿，方圆百里的善男信女心怀一腔虔敬来到花山，焚香燃纸，祭祀心中的王母娘娘。听闻王母娘娘异常灵验，曾有信众身患重病，郁郁寡欢，某天偶遇王母殿许愿，最终得以治愈。每年三月初三王母娘娘生日及九月初九重阳节，到王母池上香的香客络绎不绝。[2]

（三）文昌帝君

文昌帝君又称“文昌星”“文星”，是中国古代神话中主宰功名禄位的神灵，也是古代学问文章、科举士子的守护神。[3]旧时多为知识分子所崇祀，以为可以保功名。民间信奉的文昌帝君，与千百年前闻名于世的梓潼神有关。

相传西晋时期第七十三代梓潼神托生为孝子张亚子降世，张亚子带兵打仗，不幸为国捐躯，百姓们佩服其为父母尽孝、为国尽忠，便立祠纪念他。张亚子死后回归仙班，受玉皇大帝之命，负责掌管文昌府和人间禄籍。另有传说，张亚子乃血蛇所化，张氏夫妇年逾六十未有子嗣，便求于神灵，神使其滴血成蛇，夫妇二人为其取名张亚子，将其抚育长大，之后张亚子化龙离去，并暗中守护父母及一方百姓。此事惊动了上天，玉皇大帝封他为文昌神，上管天间仙类，下管人间寿夭祸福。[4]

相传安史之乱发生后，唐玄宗避乱，梓潼神显灵在路上迎接，玄宗封其为左丞相。一百多年后，唐僖宗因乱避难，梓潼神再次显灵救驾，僖宗封其为济顺王。宋真宗又加封其为英显武烈王，光宗追封其为忠文仁武孝德圣烈王，理宗追封其为神文圣武孝德忠仁王，元仁宗又敕封其为辅元开化文昌司禄宏仁帝君，并钦定为忠国、孝家、益民、正直之神。帝王的追捧，加上科举制的推行，促进了文昌帝君信仰的传播和发展。

---

［1］之子无裳：《游花山王母台》，2022年8月27日，新浪微博，https://weibo.com/ttarticle/x/m/show/id/2309404807186714067456?_wb_client_=1。

［2］张从军主编：《图说山东·民俗》，济南：山东美术出版社，2014年版，第82～83页。

［3］徐彻、陈泰云：《民间百神》，上海：上海三联书店，2019年版，第81页。

［4］刘海燕：《翰墨英风——文昌帝君与关圣帝君》，北京：宗教文化出版社，2006年版，第121～124页。

清乾隆元年（1736），六十四名文武生员集资在高青县青城镇的十字街修筑文台，用于祭拜文昌帝君，以求一举登科，蟾宫折桂；乾隆二十年（1756）文台扩建成为文昌阁；道光二十一年（1841），青城知县张维垣捐资，并联合当地乡绅集资重修了文昌阁。对于做梦也想金榜题名的学子们来说，阁中的文昌君是他们的命运之神。相传有位学子蟾宫折桂后衣锦还乡，在祭祖的路上经过文昌阁，遂将文昌阁更名为“魁星楼”。

文昌帝君与关圣帝君合称“文武二圣”，祭祀文昌帝君的礼仪犹如祭祀关圣帝君，每年春秋两季进行隆重的祭礼。届时县官们率领僚属、乡宦、生员，穿朝服，设仪仗，行九拜之礼，供奉五案祭品，有“帛一、牛一、羊一、猪一、果品五、笾豆各十”。[1]

（四）碧霞元君

碧霞元君全称“天仙圣母碧霞元君”，是中国北方影响最大的女神，俗称“泰山老母”“泰山老奶奶”“泰山娘娘”。民间认为碧霞元君能保佑农耕、经商、旅行、婚姻，能疗病救人，尤其能使妇女生子、儿童无病无灾，因此信仰碧霞元君的民众多为妇女。

对碧霞元君的供奉主要在庙观中进行，博山城区西南的凤凰山（花山）修建有碧霞元君行宫，行宫建筑结构严谨，布局对称，石坊、山门和三座正殿布置在一条纵轴线上，雄雅壮观。山门前露台上有四柱一层式石牌坊一座，坊额南为“接望岩岩”，北书“灵钟东长”，巍然屹立，古朴大方。南院面积最大，东西两厢各建官厅三楹，北大殿是行宫的主体建筑，面阔三间，进深一间，单檐前出厦，上覆琉璃瓦，明廊下有四根云龙浮雕石柱，殿内祀碧霞元君。大殿左右钟鼓楼对峙，东西配殿各三间。中院为观音殿，面阔三间，进深一间，单檐，东西各有配殿三间。

传说农历四月十八是碧霞元君的圣诞，届时，花山碧霞元君行宫举行隆重的庆典活动。有的信徒用彩纸给泰山老母制成服装，到行宫里烧掉；有的将大红或蓝色的布披在泰山老母塑像身上，称“挂袍”；有的缝制精美的绣花鞋送到泰山老母神像前。在贡上祭物时，信徒们诚心祈祷。除了祈求家人平安和儿孙发达外，祈子和求孙更是妇女们许愿的重要内容。一旦愿望实现，人们也会按照求愿时所许还愿。

（五）福禄寿三星

“人间福禄寿，天上三吉星”，民间星辰信仰中，对福禄寿三星的崇拜相当突出。福禄寿三星的职责分别是赐予人们福气好运、给人们加官晋爵、保佑人们健康长寿，福禄寿体现出民间对幸福吉祥和晋升腾达的人生追求。

对福禄寿三星的敬畏还体现在民间传说中。相传范蠡在周村古商城借助当时人们对天地神的敬畏，制作出天下第一杆秤，秤杆上十六颗准星，分别是象征“天”

[1] 王志民主编：《山东省历史文化遗址调查与保护研究报告》，济南：齐鲁书社，2008年版，第311～312页。

的南斗六星、象征“地”的北斗七星和象征“福禄寿”的三星。百姓以为，秤杆上有三星“福禄寿”，如果你缺了一两，就缺了福；缺了二两，就少了禄；缺了三两，就短了寿。有人想要克扣斤两时，心里不免会嘀咕，为了几两就冒着短了“福禄寿”的风险，太不划算。这不仅约束了周村大街商人们的道德，也造就了几百年来周村商人以德立商，讲究诚信，以义致利的品格。[1]

福星本指木星，木星从东方升起，耀眼明亮，非常引人注目。古人注意到它大约每十二年运行一周，因此称“岁星”。方术之士认为岁星临照能为民降福，遂称“福星”。由于岁星和纪年与农业有重大关系，秦汉以后在官方祭祀制度中一直享有级别很高的供奉仪式。福星形象通常是朝官装束的天宫形象，足蹬朝靴，手持一支大如意或一幅“天官赐福”的条幅，慈眉善目，一脸喜庆之色，让人觉得既有雍容华贵的气派又有平易近人的态度。有时天官身旁伴有一小童，手执花瓶，花瓶中插着玉兰和牡丹花，寓意“玉堂富贵”“富贵满堂”。有的天官被五个善童簇拥着，善童手中分别持仙桃、石榴、佛手、鲤鱼灯等吉祥物。很多地方每逢过年张贴这种年画，以增添喜庆气氛。

禄星本是文昌宫六星中的第六星，是司禄之星，掌管功名利禄。后来人们由星辰崇拜转化为人格化的神祇信仰，并将其附会到张仙身上。禄星形象通常出现在福禄寿三星集体图画中。禄星站在福星的右边，官帽上插着牡丹花，怀中抱一小儿。戏班子在正戏开始前常加一个彩头戏，叫“跳加官”。表演由一人完成，而演员扮演的角色就是禄星。演员身穿大红袍，戴假面具，即“加官脸”，手执朝笏，满脸笑容，绕场三圈，退场；然后怀抱小儿再进场，还是绕场三周，退场；第三次也即最后出场时，边跳边向台下观众展示手中的红色条幅，上面写着“加官进禄”之类的颂词，绕场三周，祝观众禄星高照，升官发财。禄星因为有使人加官进禄的功能，在民间颇受欢迎。在民间传统年画中，为了迎合这种民俗心理，有不少年画以“加官晋爵”“官上加官”“连升三级”“马上封侯”为题材。

寿星有两种说法：一说寿星为二十八星宿中东方苍龙七宿的头二宿，即角、亢两宿；另一说寿星是天狼星东南的南极老人星。民间流行的是后一说。人们通常用老人星来占卜国运昌盛与否，认为老人星出现，则国命绵长，谓之寿昌，天下长久安定；若老人星不见，则国君就会有忧患。寿星在民间是最受欢迎的主长寿的神灵，寿星图是民间极受欢迎的吉祥图案。

福禄寿三星信仰通常是一个吉祥的集体，作为中堂画挂在堂屋墙壁上。福禄寿三星往往没有专门的庙宇。

（六）送子娘娘

民间充当送子娘娘的女神主要有泰山娘娘、观音菩萨和王母娘娘。民间多将泰山娘娘当作送子娘娘。很多香客去娘娘庙进香是为了向泰山娘娘求子，或因得子来

[1] 懒游的故事：《范蠡发明“秤”的故事》，2020 年 3 月 22 日，百家号，https://baijiahao.baidu.com/s?id=1661731276555365404&wfr=spider&for=pc。

还愿。泰山娘娘神像前有很多泥塑娃娃，求子者在祭拜完毕后，用一根红线或红布条将娃娃拴住带走。有的娘娘庙除了主祀泰山娘娘外，还配祀送子娘娘，让其作为助手，专门负责送子事宜。泰山还有"押子"的习俗，将一些石块压在树木的枝丫间，即"压枝"，谐音"押子"。还有一些老年妇女在进香完毕后，摘一两枝碧绿的松枝插在怀中，即"抱松枝"，谐音"抱孙子"。

源自佛教的观音信仰传入中国后，经过民间的改造逐渐汉化，最终世俗化为民众心目中大慈大悲、救苦救难、有求必应的观音娘娘。观音菩萨在民间也被赋予了送生功能，人称"送子观音"。送生及帮助妇女渡过生产难关成为观音菩萨的一项职能。在农村妇女的心目中，观音娘娘和蔼可亲，她们到娘娘庙里求子、求平安、求福气，只要心诚，无论求什么，观音娘娘都会满足她们的心愿。

观音娘娘信仰在农村广为流传，过去几乎每个村子都建有供奉观音娘娘的庙宇，通常称"观音堂"或"娘娘庙"，大多规模较小，只是一间低矮的小屋，但香火却十分旺盛。[1]观音菩萨的形象被道教吸收后，成为道教中的慈航道人。很多道观中都供有慈航道人的神像，其职能也是普度众生，赐子送福。

王母娘娘也被认为具有送子的功能。民间向王母娘娘烧香祈愿时，生育事宜是祈求的重要内容。

（七）灶王

灶王，也称"灶王爷""灶神""灶君"，文雅一点的称"东厨司命"。灶王的姓名众说纷纭，一般认为灶王爷俗姓张，呼之为"张灶王"。

祭祀灶神是古代"五祀"之一，由原始的火崇拜发展而成。灶神本是管理一家炊事的家火神，后演变成了管理一家事务的总管神和天帝派往各家的监察员，被称为"耳报神"，担负起监督一家老小的善恶功过及过日子奢俭的职责，定时向天帝汇报。天帝依据灶王爷汇报的情况施行奖惩，常用的惩罚是"大者夺纪，小者夺算"，弄不好还会被罚去一些阳寿。所以人们对待灶王爷，总是小心翼翼，许多百姓将灶王爷看成是一家之主，在灶台前的墙上张贴灶王爷的神像，将其神位供在锅台旁边，意在家里有饭请灶王爷先吃。神像两旁常挂有"上天言好事，回宫降吉祥"的对联，横批是"一家之主"。另外，家里发生的重大事情都向他报告，出远门，新媳妇进门，生孩子，逢年过节，都要向他祷告，以祈求灶王爷庇佑。

民间祭灶通常在每年的腊月二十三，俗传这是灶王爷上天言事的日子。是日晚间，一家人聚集在厨房里祭祀灶君，除纸糊的灶君靴、帽、袍、裤、灶马等衣用类祭品外，糖瓜也是百姓祭灶王时必不可少的供品。相传，起初灶王被派到下界管事，各地百姓都十分敬重，但灶王又馋又懒，从不问世事，还在上天复命时说错话，惹怒了玉皇大帝，导致民间降灾，田地颗粒无收，百姓因此叫苦不迭，往后再到灶王上天回复的日子，人们便在灶上放一些糖瓜，灶王爷一吃，上下嘴唇就粘在了一起，

[1] 张从军主编：《图说山东·民俗》，济南：山东美术出版社，2014 年版，第 83 ~ 84 页。

回到天上也说不出话来。[1]民间便有了祭灶供糖瓜的习俗，希望吃了糖瓜的灶王，嘴巴可以甜一些，只说好话，或者希望干脆用糖将灶王的嘴粘住，什么坏话也说不出口。另外，酒与酒糟也是不可缺少的供品，百姓认为灶王喝了酒或吃了酒糟以后便晕头转向，说话含糊不清，即使说了些坏话天帝也听不清楚，所以民间也称灶王为“醉司命”。祭祀时，要不断嘱咐灶王爷：“上天一定多说好话，不好的不说。”此习俗也称“送灶”“祀灶”“辞灶”或“焚灶马”。[2]

（八）财神

财神又被尊称为“财神爷”，是民间最受欢迎的神灵之一，普通人家和商家往往都有供奉。财神的名称和身份有多种说法，如范蠡、比干、财帛星君李诡祖和福禄寿三星中的禄星等。其中，李诡祖在民间最受欢迎。

史书记载，李诡祖原是淄川五松山人，北魏孝文帝时曾任县令一职。他清正廉洁、生活简朴，处处为百姓着想，因此深受当地百姓爱戴，为他建祠祭祀，淄川区洪山镇五松山嬷嬷幢现今仍存有李相公墓和增福财神庙。[3]相传唐武德年间，唐高祖李渊的夫人、李世民的母亲窦皇后得了一种怪病。李渊遍求神医和偏方，但都不见好转。李世民十分忧心母亲的病症，于是发榜在全国寻求神医。此时，一位来自齐地的云游道人来见李世民，他说：“尽管我大唐王朝的建立是顺天应时，但期间杀戮过多，游魂冤鬼找不到归宿，所以迁怒于皇后。今有齐地淄川神仙姓李名诡祖，又是圣上的本家，曾在北魏孝文帝朝治相府事，后在五松山得道成仙。诡祖谐音‘鬼祖’，主裁阴阳两间冤狱，最能驱神役鬼，祛病消灾。可在皇后处设立李神仙牌位，求其显灵，保证能医好皇后的疾病。”李世民听后颇感诧异，但也还是依计而行。果然不久后窦皇后就痊愈了。唐高祖李渊感激李神仙的神功，于是赐封李诡祖为“财帛星君”。后来，到了唐明宗的时候，李诡祖又被赐封为“神君增福相公”。经过皇帝赐封，李诡祖于是具备了财神爷的神性。[4]

旧时几乎每个县乡都有财神庙，庙里塑有财神的泥胎塑像。住户以供奉财神轴子和财神牌位为主，店铺常在店内开辟一角设置神龛或供桌以奉祀财神像。财神的形象大多脸色白净，锦衣玉带，冠冕朝靴，面带笑容，适合在新春喜庆之日挂于堂室之上。

淄博有在除夕夜接财神，正月初二送财神的习俗。每年除夕，每家每户都会接财神，住户中一家之长出大门后要依照财神当年所在的方向走向街口，摆上祭品燃放鞭炮，烧香磕头，将财神接回家。商铺中店家掌柜要为财神摆上丰盛的供席，率领伙计们对财神行三拜九叩之礼。除了祭拜自家的财神外，初一外出到各家拜年时，也要先拜各家的财神。正月初二送财神时，为了让财神离开的时候满意，人们会制

[1]《中国民间故事集成·山东卷》编辑委员会：《中国民间故事集成·山东卷》，北京：中国ISBN中心，2007年版，第484页。
[2]张勃主编：《齐鲁特色文化丛书·礼仪》，济南：山东友谊出版社，2004年版，第270～272页。
[3]于欣力主编：《东陆留记》（第四辑），昆明：云南大学出版社，2014年版，第350页。
[4]傅奕群编著：《商从商朝来：中国人经商的历史》，北京：北京日报出版社，2019年版，第204～207页。

作供品送给财神，一般是用面做的元宝、神虫，或制钱穿成的钱龙，用盆子盛上米，上面插些制钱、栗子、红枣等，象征聚宝盆放在供桌上。

二、人神崇拜

“生前有功于人，死后为神”，是中国造神的准则之一。颜文姜、炉神姑、高柴女、李三姑等是淄博地区特有的人神崇拜。社会上百工技艺都有自己的祖师爷，即行业神。行业神是社会分工在神祀上的反映，大部分是历史人物或传说人物。另外，民间信仰行列也不时增加一些新的面孔，诸如民族英雄、古圣先贤等历史人物，只要于己有用，无不奉为神明。

（一）门神护爷

门一方面可以保护家庭财产，另一方面也可以阻止各种敌害。淄博地区很早就有祭门习俗，后来逐渐发展成了门神崇拜。门神的原型众多，最受崇拜的门神形象多以秦琼（秦叔宝）和尉迟恭（或称“尉迟敬德”）的样貌塑造而成。相传，唐太宗身体不好，常听到寝宫门外魔鬼的哭声，三宫六院整天不得安宁。太宗将这种情况告诉诸臣，秦叔宝便向太宗上奏说：“臣平生杀人如摧枯，积尸如聚蚁，何惧小鬼乎！愿同敬德戎装以伺。”太宗准奏，夜晚派二人守护在宫门两侧，整夜果然平安无事。太宗十分高兴，便赏赐了他们，但又觉得让这两人整夜守护在宫门，实在辛苦，于是命令画师画这两人的图像——全身愤怒，手执斧头，腰带鞭练和弓箭——贴于两扇宫门上，从此宫中平安无事。[1]后来传到民间，人们慢慢习惯了这种做法，敬奉他们为门神，称“门神户尉”，也叫“门神护爷”。

一般正月十五祭门神，也有正月十六祭门神的，所谓“大门外的门神，晚来了一天”，意思是在正月十五没有与众神共享祭礼。除了春节期间对门神的祭祀，一些特殊的日子，如结婚时新娘初次进门，初生婴儿出行等，都要祭奠门神，请他以后行方便。

百姓对于门神的敬奉通常是在大门上张贴门神画像，或在两扇门上张贴对联来象征门神，过年时，给众神上水饺叫“浇奠”，即端着盛有半碗水饺汤和三个水饺的一个碗，来到神位前，往地下浇一些水饺汤，就算祭过了。给门神上供时，要用一个碗在家中所有的门旁边都浇奠一遍，还要焚香烧纸，然后再供上两碗面条。

（二）匠神

在各行业中，鲁班是影响最大的匠神。木匠、泥瓦匠、石匠等都把鲁班当作本行业的祖师。“石桥通陡壑，矼碹鲁班修”，沂源的石桥村至今还流传着关于鲁班的传说。传言该村石桥修建时，工匠们安装弧形最上一块料石（碹头）遇到难题，当地石工都无法解决。有一位老者路过建桥工地，对工程略端详后，拿起工具对碹头石进行了修正，并亲自安上。当工匠们感谢时，长者已远去。至今在石桥一带还

[1] 于欣力主编：《东陆留记》（第四辑），昆明：云南大学出版社，2014 年版，第 359 页。

流传着“神仙桥，鲁班修，跨过陡壑滚龙沟”的民谣。[1]此外，沂源一带还流传着一首上梁歌谣：“龙盘虎踞好地方，能工巧匠来上梁。鲁班问梁何时起，太公选日今日吉。窗户门口安正当，青杨叉手榆木梁。金梁玉柱安得好，大屋新房落地起。一厅二卧三厨房，里外装饰得明堂堂。金银财宝里头藏，五谷杂粮满了仓。房主老人房中坐，子子孙孙贵满堂。新娘新郎房中住，当年生个状元郎。”[2]意在建房上梁都经过祖师爷的同意，这样的房子得到匠神庇佑，可保家庭幸福，家族兴盛。

民间传说农历五月初七是鲁班的生日，木匠们要聚会纪念。行业当中领头的要带领徒弟们在祖师牌位前焚香烧纸，每人拿一件工具放在神祖牌位前，纸灰落在谁的工具上，祖师就是向谁赐巧。[3]正月初二木匠则在自己家里祭祀祖师。届时，拿出自己的工具，摆上供品，然后放鞭炮，焚香磕头，祈求祖师爷保佑。

沂源一般在二月初二祭祀鲁班。届时，在黄表纸上写好“鲁班师祖之位”，然后用秫秸秆夹住插在馒头或泥座上，摆好供品，焚香烧纸。同门师徒向祖师跪拜磕头，随后启用各种木作工具，以祈求祖师爷在工艺上能给予暗示指导，保佑一年生产安全顺利。当地的木匠还有每年一次的聚会，一般在农历三月初三，地点在鲁班庙。这天，方圆几十里的木工都聚集在一起，总头领负责安排凑钱杀猪宰羊，焚香烧纸供奉祖师鲁班，然后讨论确定本年度的木工价钱。

木匠、石匠收徒拜师时，也要祭拜祖师。沂源一带的木匠、石匠的拜师仪式相当隆重，要摆酒宴，所请的人除了自己的师傅外，还有师爷、师叔伯、师兄弟，以及本行辈分较高的人和当地较有威望的人。拜师的第一个程序就是祭拜祖师爷鲁班。在鲁班画像或神位前摆上供桌，本行师长带头焚香烧纸，祭拜祖师。

（三）窑神

淄博是烧窑重地，窑业盛行。明崇祯年间，淄川的陶镇窑业已相当发达，仅窑炉就有一百多座，可谓星罗棋布。据说当时流经陶镇的河水还是清澈的山泉水，窑炉冒出的炉火在空气中飘动着，倒映在水面上，宛如一片盛开的荷花，因此陶镇又有“荷花畔”之称。

窑神的原型众说纷纭，有伏羲、神农、黄帝、尧、舜、昆吾、老子等，传说和史书中记载他们都曾制陶和用火，深受窑工崇敬。淄博名义上的窑神是虞舜，实际上，黄帝、尧、舜等兼圣王、祖先、神灵三种信仰形式，都没有成为真正意义上的窑神。[4]从广为流行的窑神传说可见，窑工们拜祭的行业之神实质是窑工自己。

传说，博山陶镇曾有位技艺高超的窑工应邀外出烧窑，时值妻子身怀六甲。窑

[1] 周仕来：《石趣吟》，济南：山东文艺出版社，2019 年版，第 33 页。

[2] 曲洪祎编著：《记住乡愁：山东乡情展馆》，济南：山东人民出版社，2016 年版，第 55 页。

[3] 甘肃省古籍文献整理编译中心编，曲金良等编著：《中国民俗知识·山东民俗》，兰州：甘肃人民出版社，2008 年版，第 134 页。

[4] 张晨霞：《帝尧创世神话图像谱系》，上海：上海人民出版社，2022 年版，第 15 页。

工千叮咛万嘱咐，告诉妻子如果前去送饭，把饭放在窑场即可，千万不要进场，因窑场禁忌孕妇进入，认为孕妇身带血光，会亵渎窑神。几天过后，妻子见丈夫还不回家，也未取食送去的饭，心中纳闷，忘了禁忌，闯进窑场。丈夫见妻子贸然进场，断定妻子必受窑神惩罚，于是纵身跳入窑内，以一己之命换取妻子平安。突然一声巨响，窑体炸裂，窑工浴火而升，遂幻化为“活窑神”。

也有传说，当地窑业的兴起引起了宫廷的重视，皇帝颁下一道圣旨，要陶镇的窑匠们烧一张贡品瓷床，命亲信官员亲临监造。监造官召集了一干能工巧匠，但瓷床难以烧制，有很多窑匠因此被杀。其中有个窑匠，世代以窑业为生，面对朝廷的苛刻工艺要求，眼看自己就要成为刀下之鬼，与自己相依为命的两个女儿行将成为孤儿，匠人寝食难安，长吁短叹不已。两个孩子看透了父亲的心事，暗自琢磨如何为父亲分忧。这天，轮到匠人烧制瓷床。就在瓷床入窑、窑火刚刚点燃的时候，匠人的两个女儿突然来到父亲面前，一起跪在地上，说：“古人造干将、莫邪剑，须用人精血，如今父亲烧制瓷床，亦当用人精血方可成就。我姊妹二人为报答父亲养育之恩，愿意入窑抬着瓷床烧炼，献出精血以助父亲成功。”说罢，毅然纵身跳入窑内，助力瓷床烧成。当地人说，她们变成了窑神。为了纪念她们，人们在窑炉最密集的地方修建了窑神庙。

淄博有文字可考的窑神庙包括北岭窑神庙、山头窑神庙、五龙村窑神庙、万山窑神庙、陶镇窑神庙等。现今，许多窑神庙早已被毁，仅一小部分保留下来。

陶镇窑神庙，建筑宏伟壮观。庙的两侧横摆石鼓，鼓面相对。门外有左右两道石阶。门前有陶制影壁，方砖石底座，琉璃瓦盖顶，影壁前后两面都由浮雕陶砖砌成，黄褐色釉面，雕刻技艺精湛。窑神庙有东西三套院，建筑二十八间，东头前院有窑神大殿。大殿坐北朝南，是整个工程的主体建筑。院内有砖石甬道、东西廊房，东南墙下有一水池。院内西北角有一便间，出便门往左拐，进一月亮门，便是后院。后院三间大厅房，北接两间配房，与中院大厅平行，后院大厅也叫观厅。观厅后壁上的高扇木窗正对石戏台，是当地绅士名流观戏娱乐之地。从后院出月亮门往左拐，便是石戏台。石戏台是高台尖顶亭式建筑，底座由方石砌成，约有一人高。台顶为木结构，黑瓦盖顶，瓦檐外伸，内有斗形顶棚，中间绘二龙戏珠，四边绘花卉翎毛。台前广场十分宽阔，可容千余人看戏。

窑神庙会多在端午、中秋举办，四方百姓皆来赶庙会，陶镇的老人都会做些菜放在食盒里，上香窑神后再把供菜挑回来分给孩子享用，图个无病无灾。

此外，春节开工之后，首炉窑快熟窑时，烧窑的人家都要祭一次窑神，窑主总要挑上午的一个吉时，给窑内添上最后一锨煤，而后开始祭窑神。祭拜过程大致如下：先在窑前支上桌案，案子上铺以红布，而后摆上三样水果、三样点心、四个大件、四碗陈酿的老白干。四大件指的是家里过年祈愿，祭过才能吃上的好东西，像鸡、鱼、肘子、豆腐箱等。陈设完毕，窑主举起三炷高香，默念心中的祈望，率先叩上三个响头，随后窑上所有的人也要跟着磕头叩拜。叩拜毕，再焚上几刀黄表纸，放上一串响炮，拜神仪式方才结束。紧接着，窑主趁着拜神带来的喜气，请窑上的匠人们聚餐。先把方才祭神的供品撤下，随后再添几道小菜，把黑瓷的大海碗内斟满老白干，大伙儿一面吃着神食（供品称“神食”，意思是神的饭食，供过神之后再自家享用可以免灾），说些吉利话，一面开怀畅饮，不醉不休。[1]

（四）药神

医药行业多选取历史上为医药保健作出重要贡献及德高望重的人为本行业的圣人和保护神。伏羲、神农、黄帝、岐伯、长桑君、扁鹊、张仲景、华佗、皇甫谧、王叔和、葛洪、雷公、陶弘景、孙思邈、韦慈藏和李时珍等历代名医，理所当然地被民众尊奉为医神并加以祭祀。

在张店铁冶村炉姑庙的炉神姑神像旁边，供奉着擅长治阴病的李三姑医神。传说李三姑是一位孝女，后来由人及神，擅长治疗阴病。阴病又称“神病”，指那些通过自然医术解决不了的疾病，民众认为这是得罪了鬼神使然。无法通过打针、吃药、输液治愈，民众就会参拜李三姑以求治愈。

除李三姑外，淄博本土的医神还有雪姑医神和李三姐。雪姑医神的信仰，主要在淄川东部山区流传。据说雪姑在成仙之前，曾饱受病痛折磨（传说雪姑的身体最后烂在了席子上），而成仙后的雪姑，是当地治疗各类疙瘩、疖子的灵验之神。淄川七里村玉皇宫供奉着女神仙李三姐。这是一位会武功的医神，其塑像手执宝剑。如果感冒发烧，吃药打针不起作用，当地民众就去找这位神灵求助。[2]

（五）孔圣

孔子作为中国古代伟大的思想家、政治家、教育家、儒家学派创始人，开创了私人讲学之风，倡导仁义礼智信，是当时社会上最博学者之一，在世时就被尊奉为“天纵之圣”“天之木铎”，更被后世尊为孔圣人、至圣、至圣先师、大成至圣文宣王先师、万世师表。相传孔子周游列国，足迹遍布齐鲁各地，游历至淄，齐都镇韶院村中还立有孔子闻韶处石碑作为纪念。

淄博各地也多供奉孔子，以石碑、石像、挂像为主，各地的校舍、书店、教育基地、文化场馆等场所内多设有孔子像，从材质上说，有纸绘、布绣、铜雕、石雕、木雕、泥塑、陶制、金属制等等；从形象上说，有帝王形象的、先师形象的、平民形象的，也有正面形象的、反面形象的等等；从活动内容上说，有读书的、讲学的、从政的、周游列国的等等。

校园内所设孔子像以石雕为主，多为讲学或先师形象。石雕孔子像不仅是作为一种装饰品的存在，更是积淀了历史文化底蕴的传承，集中反映了一种道德价值观以及审美观念，是道德教育和审美教育的重要素材，具有很深的文化教育意义。对民众来说，作为文化与智慧的代表，孔子具有重要的象征意义，深受学子崇奉，每

[1] 远宏主编：《淄博窑》，哈尔滨：黑龙江美术出版社，2017 年版，第 120 ~ 125 页。

[2] 孙其香、李学良：《淄博地区民间医神信仰考察》，《山东理工大学学报（社会科学版）》2020 年第 2 期，第 90 ~ 96 页。

年的高考、中考、期末等大小考试季，都有很多学生自行朝拜孔子雕像，希望能得到孔子的保佑，以求得好的成绩。

（六）武圣

武圣关公是中国历史上一位著名英雄人物，《三国演义》中他过五关斩六将、单刀赴会的故事被后人传为佳话，又称“关夫子”“武圣人”“关圣帝君”。他生前是一位侯爵，死后逐步被晋封为公、王、帝君、大帝，直到作为武庙的主神，地位可与孔子的文庙相提并论。

关帝庙中塑造有关公像，有的高达丈余，身边还有周仓、关平或是马岱、廖化侍立。常见的门联是：“夜看春秋文夫子，单刀赴会武圣人”，横批“肝胆相照”或“日月同辉”。庙门一般是向南开，呈坐北朝南之势，可见关公的正神地位。

祭祀关帝有固定祭祀与临时祭祀两种。固定祭祀关帝的时间，一般在年终酬神、谢神之时，人们要请关帝受献。其他一些固定祭祀日，主要有朔望、春秋二季、神诞日等。旧时，每月初一、十五，一般是飨神、祭神的日子，这两天庙堂里香火鼎盛，有些地方的关帝庙还要挂上方形大旗，黄布黑字，上写“协天大帝”。至于神诞日，也就是关公的生日，据传是五月十三，也有将这一天传为关公单刀赴会的日子，如果这天下雨就会说成是“磨刀雨”。

至于一些临时的祭祀活动，多半是因为人们把关公当成伏魔大帝、保护神，所以当遇到一些久病不愈、久旱不雨、战事连年之类的天灾人祸时，人们就会去关帝庙祭拜，希望关帝显灵，帮助消除灾害。关公的神性经过历朝历代的演化，不断地被赋予新的元素。商家称关羽“武财神”，每年正月初二，有条件的商家均行祭礼，用整猪、整鸭和活鲤鱼为祭品，也有用头爪尾象征全猪羊上供的。[1]

旧时各村镇多建有关帝庙，如博山南沙井村关帝庙、博山西厢村关帝庙、淄川矾场村关帝庙、博山八陡东顶村关帝庙、临淄南仇村公泉峪古建筑群关帝庙、博山东坡村关圣庙、临淄金岭镇关帝庙、博山冯八峪关帝庙等。随着时间的推移，各地村落中的关帝庙大多年久失修而逐渐破落，仅存遗迹，近年来，在政府和旅游行业的扶持下，很多关帝庙重新进行了修缮整理。

南沙井村关帝庙门前有长8米、高7米的青瓦垂脊的山墙，中间方砖砌面，飞檐探出，庙内供奉关羽，关平、周仓分列两旁。门楼与山墙之间有一古槐，约植于宋元时期，1989年枝杈腐朽，只剩4米高半圆体树桩，1992年树桩外皮发出绿芽，后长成碗口粗树枝。关帝庭院分上下两院，下院系当年的村学堂，上院地面全为鹅卵石薄片竖砌而成图案，东面有厢房三间。旁有一碑，高3米，宽1米，系金牛山文化系列之珍品，系秋潭大师所撰并书写，记载了清乾隆十六年（1751）重修关帝庙过程。[2]

[1] 张勃主编：《齐鲁特色文化丛书·礼仪》，济南：山东友谊出版社，2004年版，第262～264页。
[2] 宝华寺：《博山南沙村关帝庙》，2013年10月31日，佛教导航，http://www.fjdh.cn/ffzt/fjhy/ahsy2013/10/100353302513.html。

淄川矾场村关帝庙始建于清雍正十三年（1735）。坐北朝南，一进院，石狮把门，红墙青瓦。南北长20米，东西宽14米，占地面积280平方米，由正殿、东西耳房、西殿和山门组成。正殿面阔6.5米，进深4.85米，为砖石结构，单檐，硬山顶。屋面施青筒瓦，置脊饰吻兽。山门为过道式。庙内设前廊，有四根檐柱，圆鼓形柱础，前廊枋施油漆彩绘装饰简单素雅，殿内供奉关羽、周仓和关平塑像。庙内种有大片绿竹，是北方乡村明清时期寺庙建筑风格。东院墙有镶嵌石碑，为清雍正十三年（1735）所立。山门东侧立一石碑，为民国十二年（1923）所立。[1]

关圣阁位于张店区南定镇马庄山脚下的马庄村，据传建于清代。主体为一石砌阁楼。依山而建，坐北朝南，一层为石头砌券拱门，拱门上刻有莲花图案。二层为砖石木混搭成山顶房，房顶原为黑色布袋瓦，后更换为红泥缸瓦。旧时房内有关羽、周仓、关平等人物的彩绘壁画，房前有出厦及石栏杆，现已不存。其建筑构思十分独特：阁的上层为上房，作为关帝神庙；下层为圆形拱门，作为出入村庄的通道。关圣阁所用石材全部是取自马庄山的水磨石，仅以石灰粉作为辅料垒砌，至今坚固如初。阁楼雕栏玉砌，描龙绘凤，建筑之巧妙，技艺之精湛，令人叹为观止。[2]

（七）管子

管仲，又称敬仲，世人尊称“管子”，是春秋时期齐国杰出的思想家、政治家，又被视作行业神中的盐业神与娼妓神受祭祀与崇拜。[3]

为促进货殖的发展，管仲大量开设“女闾”，招来各国商贾，从此有了妓院和妓女。据史料记载：“齐桓公宫中七市，女闾七百，国人非之，管仲故为三归之家，以掩桓公。”“女闾制”开创了国家经营娼妓业的先河，管仲本人也被奉为娼妓行业的祖师爷来进行祭拜。民间又称管仲为“白眉神”。相传他执政40年，娼妓行业到他年老时蓬勃发展，妓女队伍壮大了许多。作为始作俑者，自然少不了近水楼台先得月，但他年事已高，行事不力，眉毛既白，少不得喝些酒服点药，以致两眼发红，因此娼妓业所祭祀的管仲多作“眉白而眼赤”“长髯伟貌，骑马持刀”之状。作为行业神，管仲保佑娼妓活着的生计，收附死后的灵魂。

明清至近代，各地妓院大多供奉管仲的牌位神像，或是集资设立庙宇。娼妓供祀管仲的方式或仪式，有时特别隆重，甚至带有一定的巫术神秘色彩，时间一般为六月十一。管仲诞辰日也是娼妓隆重纪念的节日，清代学者玉魫生笔记《海陬冶游录》记载：“勾栏院中，率皆礼神佞佛，以祈默佑。朔望必于户外焚纸箔，而撒以盐，谓之现银。月必享财神，俗呼为接路头。每值空王生日，多热檀旃，香篆缭绕。清晨诣寺庙，乘纱舆以过者，络绎不绝。覆袖底之文鸳，拜鞋尖之彩凤。含情微诉，

[1] 王伟报道：《龙泉矾场北廓和关帝庙》，2019年9月1日，百家号，https://baijiahao.baidu.com/s?id=1643452055322135919&wfr=spider&for=pc。

[2] 王立武主编：《文化张店》，济南：山东人民出版社，2021年版，第271页。

[3] 张艳丽：《管子思想研究概要》，济南：齐鲁书社，2019年版，第135页。

无非为所欢私祝，是亦谄而近渎矣。”[1]“空王”当指管仲，管者，空也。

日常生活中，窑主和老鸨子也“晨昏三叩首，早晚一炉香”祭祀管子保佑其发财。“扛刀姑娘”拜佛时，焚香叩头完毕，用小木棍或掸子杆敲打尿盆，口里叨念：“管仲，管仲！”保佑她多接客。妓女若接客不多，就给管仲的神位烧香叩头，手端尿盆，用小棍敲着，跪在管仲牌位前面，边敲边祷告：“祖师爷，您保证我客人多！”把附近的小男孩抱到自己屋里，给他买冰糕、糖果，哄他说：“姨姨喜欢你。”将他放到床上，叫他在床上蹦蹦跳跳，迷信认为这样做能驱除邪祟，迎来更多的客人。这是妓院的规矩，叫“踩屋子”。[2]新中国成立后，人民政府明令废除娼妓制度。

另外，管仲也被奉为盐神而受到祭祀与崇拜。这与管仲的一些治国策略有密切的关系。海盐业是齐国核心产业，管仲为此制定了第一部盐政大法，实现了盐铁专卖，将山海资源收归国有，管仲还对煮盐时间做了规定，即从十月到正月，共四个月，国人煮盐后，官府征集国人之盐出卖，这构成了历代统治者管理盐业的法理依据。许多产盐县曾建有盐神庙，专门祭祀盐神管仲。

（八）炉神姑

淄博地区广泛流传着孝女李娥舍身救父的传说：很早以前，在黑铁山北麓一里多的地方，有一怪物，每到夜晚便出来四处骚扰，蚕食庄稼，群众深受其苦，有人秘密跟踪，方知是一头铁牛作祟，却奈何不得，于是百姓联名上报官府要求除害。时值齐桓公在位，闻众诉后，立即传旨，广招冶工，将铁牛熔化，限期四十九天，逾期不化者，则问罪斩首。所招冶工被安置在冶里村，日出而作，日落而息，工匠们艰辛劳苦，无不心焦如焚。限期过去了，铁牛没有熔化，工匠们全部斩首。第二期眼看又到四十九天了，铁牛仍没熔化。这天早晨，一工匠的女儿李娥，来工地为父亲送饭，见父愁眉不展，便问何故，父曰：“炼期已到，铁牛难化，今日午时，死期将至。”李娥听后潸然泪下。她走近冶炉旁，企盼铁牛能立即化开，谁料眼泪落到炉内，那牛的眼睛竟被化了。李娥见此情景，又惊又喜，忙把一耳坠掷于炉中，一只牛耳又化了，她复将另一只耳坠扔进炉内，另一只牛耳随之熔化。她暗想：“看来只有我投身炉中，铁牛方能熔化，众工匠才能得救。”想到这里，李娥趁人不备，纵身跳入烈火熊熊的冶炉之中，那尊铁牛立刻化尽。众工匠及百姓无不钦佩、称奇。后世为了纪念李娥，尊其为炉神姑，并修祠立碑，膜拜祭祀。

炉神姑又称“炉姑”“大姑”“炉姑娘娘”。炉神姑信仰最早源于中埠镇地区冶铁行业的行业神崇拜，后来随着当地冶铁业的没落，炉神姑信仰也曾一度衰落。明清时期，山东干旱、水涝等自然灾害频发，在这样的历史条件下，炉神姑信仰为适应当时社会发展需求，逐渐由行业神崇拜转化为地方性求雨神明的崇拜，其主要

[1] 玉魫生撰：《海陬冶游录》，（清）虫天子编，董乃斌等点校：《中国香艳全书》（第四册），北京：团结出版社，2005 年版，第 2443 页。

[2] 大学生性与生殖健康教育咨询服务中心：《管仲为娼妓行业神考述》，2019 年 12 月 27 日，宁夏大学大学生性健康教育网，https://fengyl.nxu.edu.cn/info/1033/8158.htm。

神职也由行业内保护转变为地方性降雨。发展到当代，炉神姑已经成为可以求子、求吉、求财的全能神明，并在演化中发展成为以炉神姑信仰为基础，炉神姑传说为核心，包含定期庙会活动及相应仪式的信仰体系。

桓台县炉神姑庙位于西镇村炉姑北苑小区内，紧邻索镇大街，属于淄博市古建筑保护单位。炉神庙于2002年重建并改名为炉姑园。广场立汉白玉炉姑雕像。炉姑庙内，正殿正中为炉神姑像，两旁各站一位小仙姑，人称“韩姐姐”“白小姐”。庙内供奉的神像多达二十多位：财神、福神、路神、李左车、华佗、魁星、林辉老爷、胡三太爷、药王老爷、石大夫、吕祖老爷、刘大人、送生娘娘、泰山奶奶等。[1]

（九）颜文姜

孝女颜文姜又称“颜神”“颜奶奶”，其事迹在博山地区广为流传，并在死后被奉为神灵。相传东周时期，齐国女子颜文姜，被以冲喜之名嫁与凤凰山下郭家为媳，然而“寅时娶进颜家女，卯时病死郭家郎”。颜文姜新服未解，人已成单，为伺候年长的公婆，照顾年幼的小姑，善良的颜文姜留了下来，但是婆婆和小姑怨其“妨死”郭郎，纵使颜文姜日夜劳作，仍恶语相向。传说过去凤凰山缺水，婆婆故意刁难颜文姜，让她每天披星戴月地到遥远的大山深处挑水，并给她做了一对尖底木筲，只要担水上肩，无论严寒酷暑、风霜雪雨都不能停脚歇息。太白金星见颜文姜日日挑水，历尽艰辛，不由心生怜悯，就用神鞭在路旁戳了许多小坑，正好能放下两只尖底木筲，好让颜文姜歇脚。后来太白金星又化作一个老汉试探颜文姜，求她赐水饮马，颜文姜爽快地递上自己喝的水，并特意将好水留给婆婆。太白金星深为其所感动，将神鞭送与颜文姜，叫她回家后搭在瓮中，瓮中的清水就会取之不尽。颜文姜接受了老汉的帮助，回家按他说的做。婆婆见颜文姜不再去挑水，起了疑心。一天，她让颜文姜回娘家看望老人。颜文姜刚走出家门，婆婆就去水缸前看有什么蹊跷，只见缸里有条鞭子，婆婆顺手提出扔在地上，顷刻间，大水从瓮中涌出，如千军万马呼啸奔腾。幸好颜文姜还未走远，闻声回家相救，舍身堵住瓮口，既救了婆婆全家，又使十里八村的百姓免遭水患。从此大水变成一股清泉，终年流淌不息，形成了著名的孝妇河，颜文姜也就此坐化成神，世人尊称“颜奶奶”。

历代博山先民为纪念颜文姜，尊她为“颜神”，把她堵的泉源称为“灵泉”，把流淌的泉水命名为“孝妇河”，把灵泉后边的山称作“颜山”，把附近兴起的村落也称为“颜神”，这也是博山古称“颜神”的缘由。[2]

当地百姓在其居住过的地方修建祠堂，即颜文姜祠。该祠始建于北周，唐、宋、元、明、清诸代又不断修葺、扩建，千百年来一直香火不断。相传唐王李世民东征之时，路经颜神（博山古称），因天气炎热，人乏马困，唐王传旨停止前行，寻找水源。在这四面环山、人烟稀少之地，当全军士兵个个焦躁不安、一筹莫展之时，

[1] 宗毅：《山东省淄博市炉神姑信仰研究》，广西师范学院硕士学位论文，2018年，第1～2页。
[2] 李宗伟主编：《山东省省级非物质文化遗产名录图典：汉英对照》（第二卷），济南：山东友谊出版社，2012年版，第22～23页。

一位老婆婆提着水罐从南而来。得到应允后，唐王提起罐子一气喝饱，喝完后罐子里的水居然还是满满的，于是将士们挨个喝，三军将士全部喝完后罐子里的水依旧是满的。唐王感到惊讶，想问问老婆婆怎么回事，抬头间老婆婆已无踪影。唐王派人打听后得知这个地方有个孝妇叫颜文姜，秉性贤淑良德，勤劳孝顺，因治服洪水之患救了一方百姓。老百姓感恩戴德，修建了颜奶奶庙，香火不断，常常显灵。唐王听后立刻到庙前焚香跪拜，虔诚祷告。东征归来后更建了九间斗拱成攒的无梁大殿，后经多次重修扩建，成为今天的颜文姜祠，民间也称“颜神庙”。[1]

（十）高柴女

张店沣水镇东高村流传着高柴女的传说。相传若干年前，村内有高氏三兄弟，家境不富裕。老大高柴前妻过世，后续娶继室，生育一子一女。他常年在外教书，直至年底才把钱带回家来。有一年，高柴在回家的船上被杀，后被抛尸大海。高柴继室在女儿（人称“高柴女”）18岁时，因为饥饿和疾病死去，二叔高朋想趁机吞并高柴女家财产，故意刁难说：“高氏茔地不容孤鬼（指高柴的继室）葬埋，咱家也不例外，免得破了高家的风水！”又说，如果要进墓田，必须先得将其父尸体寻回。高柴女带上年幼的弟弟，踏上了寻找父亲遗体的路程。

她沿路乞讨，后来弟弟被狼吃了。她历尽千难万险来到东海边，不停地舀了三天三夜，但海水未见丝毫减少。高柴女感到绝望，准备跳入大海去见死去的双亲。一位老大娘让她平静下来，说：“孩子，你的一片孝心真是感人哪！今天，我借给你一个小瓦罐和一只小水勺，一定要用木勺把舀出的海水倒进瓦罐里，千万别洒在外面。”高柴女按照她的办法舀了一勺，海水顿时减少了一半，又舀了一勺，海水已经所剩无几。东海龙王知道了这件事，亲自前来讨问事情的经过，随即返回龙宫找出高柴的尸体，用灵芝草覆盖，交还给了高柴女。高柴女把瓦罐的水倒回了大海，海水恢复如初。她也把木勺和瓦罐还给了老大娘。老大娘又帮助高柴女雇上车辆，送上路途花费和为父母办丧的银两。高柴女泪流满面，正想着如何感谢时，一眨眼工夫，老人不见了。高柴女只得面朝苍天连连叩头，原来老人家是地藏老母所化。

高柴女回家后把父母安葬，由于伤心劳神、操劳过度，不久绝世而去。高柴女的一片孝心传遍了周边地区，人们为她的孝行感动，皇帝赐高柴女御葬，并敕封“仙姑”。[2]墓前设置有石人、石马、石猴、石羊等。为了纪念高柴女，沣水镇东高村、高炳村的高姓人家，直到现在仍把清明节作为祭墓日，并曾在高炳村修复高姑庙。当地还流传着一句俗话：“张王李赵大寒食（祭祖），高家上坟清明日”。

三、鬼神崇拜

阎王和地狱信仰源于外来的佛教，但迅速为中国民众所接受并产生深远影响，

[1] 李国琳主编：《山东省级非物质文化遗产普及读本·民间文学卷》（中），济南：济南出版社，2018年版，第21～22页。

[2] 王立武主编：《文化张店》，济南：山东人民出版社，2021年版，第284～285页。

这与中国本土传统鬼魂迷信和阴曹地府观念有直接关系。上至人间统治者，他们将人们熟悉的阎罗王、城隍、判官以及地狱形象化，以教化及警戒百姓；下至民间百姓，也赞同冥官、地狱的存在，将其作为一种惩罚坏人（特别是奸恶权贵）的心理补偿，祈盼冥官为自己做主，将人间的坏人统统打入地狱。[1]

（一）总司大帝

民间冥神信仰中有一个特别的神灵——总司大帝，他凌驾于十殿阎君与蒿里山七十五司之上，是掌管幽冥世界的最高神灵。淄博地区较为盛行的观点是总司大帝的前身即北宋宰相寇准，其主生死，惩恶扬善，是权力与正义的化身。

总司大帝是阴间最高职位，统辖范围极广，因而庙宇极少，泰安总司庙是山东省境内唯一一座供奉总司大帝的庙宇。虽然淄博地区没有总司庙，但总司大帝在淄博部分地区，尤其是博山一带，有很大的影响力。传说十月初四是总司大帝的诞辰，百姓常常赶往总司庙参加庙会。庙会于十月初一开始举行，会期少则十天，多则半月，这天方圆数百里的善男信女纷沓而至，扶老携幼，云集于此，祭拜总司大帝，尤其在初四这天，人数达到顶峰。

（二）阎王

阎王又称“阎罗王”，是中国传统神话中负责掌管阴曹地府的鬼神。

佛教传入中国后，阎罗王也被汉化，最初民间信仰中阎罗王由兄妹二人组成，兄治男事，妹理女事，并称“双王”，又称“平等王”。随着佛教汉化的不断深入，阎罗王信仰出现了十大阎王，即十殿阎君，最终取代了前代的多种说法。民间十殿阎王的具体名称有多个版本，最常见的版本是秦广王、楚江王、宋帝王、五官王、阎罗天子（也称“阎罗王”）、卞城王、泰山王、都市王、平等王和转轮王。[2]十位阎王各负责一殿，分别管治在世间犯罪的鬼魂：有专门负责人间夭寿生死、专门管理幽灵吉凶；也有负责各殿押送鬼魂，分别善恶，核定等级，发往转生。可见汉化的“十殿阎王”即是古代人间官府衙门的反映，只是完全“鬼仕”而已。

旧时，阎王塑像、画像及专殿多附设于城隍庙、土地庙中。一般是阎罗王端坐正中，两旁站立着狰狞的牛头马面、黑白无常等鬼卒，周围往往还有地狱及众鬼受酷刑的惨状，显得阴森恐怖。民间有亲人亡故超度灵魂时，才悬挂十殿阎罗画像，以示祭奠。

（三）城隍爷

民间对城隍的崇拜最早来源于对社神的崇拜。随着城市的出现，社神被一分为二，人们把城墙和护城河保护城市的作用人格化，形成了守护城池的社神，即城隍神。城隍原本只是城池神，后来逐渐发展为主管城市一切的神灵，能秉权生死、立

[1] 马书田：《为何要崇拜阎罗王及判官》，2018 年 10 月 23 日，中国文化研究院，https://chiculture.org.hk/sc/china-five-thousand-years/746。

[2] 张从军主编：《图说山东·民俗》，济南：山东美术出版社，2014 年版，第 86 ~ 87 页。

降祸福，后又兼任了管理孤魂野鬼的职务。以后城隍演变为阴司长官，开始由人鬼充当，即把去世的英雄或名臣立为当地城隍。城隍庙正殿正中为城隍爷，两旁分列文武判官、牛头马面、黑白无常等鬼卒，十分阴森可怕。[1]

旧时民间百姓认为，城隍爷与所在府、州县的长官分司辖区内阴间事务和阳间事务，因而对城隍爷十分敬畏，新官上任一定要去城隍庙参拜。百姓们也常常到城隍庙祈祷。冥冥之中，城隍爷成了人们心目中的一位父母官。过去各地城镇都建有相应的城隍庙，且几乎都具有官署衙门的规模，被称为“阴衙门”。

城隍庙一般与衙署呈东西对称布局。临淄城隍庙坐落在临淄县衙以东，出临淄县衙顺东西大街东去约三百米，便是城隍庙街，顺街北去便是城隍庙遗址。城隍庙于明万历四十六年（1618）迁建于此，占地约20亩。1938年秋，在抗日战争中烧毁。[2]此外，淄博地区有史料可考的村镇城隍庙还有三处，分别是益都县金岭镇城隍庙、益都县颜神镇城隍庙、齐东县长福镇城隍庙。现均已拆除，遗迹被其他建筑物覆盖，仅高青述青藏古博物馆收藏有一方近年出土的清道光二十六年（1846）青州府益都县金岭镇（现临淄区金岭镇）修缮城隍庙的碑刻。[3]

祭祀城隍爷的活动，最主要的当数每年农历五月初一举行的“城隍老爷出巡”，阴历二月十三、三月初一、六月初一也有大小不一的各种祭典仪式。[4]

（四）判官

判官是民间崇拜中的冥官，是阎罗王的主要助手。阴曹地府的判官数量很大，单是阎王殿就多达十殿，判官更是数不胜数。民间默认的最有名而且权力最大的判官有四位，分别是：掌刑判官、掌善簿判官、掌恶簿判官、掌生死簿判官，其中掌生死簿判官为首席判官。判官的形象多为戴顶软翅纱帽，束犀角大带，踏歪头黑靴，长络腮胡须，瞪着圆眼，左手拿着善恶簿，右手拿着生死笔。

判官作为阎王手下的职官，主管文书事物，一般较少和民间祭奉关联，因而并无专庙，多陪祀城隍庙、阎王殿或其他庙宇中。百姓认为判官管理生死簿，手掌判罚之权，为求死后前程，平日在祭祀阎王时一般也会顺便祭拜判官，希望判官执法严明，莫要错冤好人。

第四节　占卜与供奉

旧时淄博民间占卜涉及农事生产、日常生活等各方面，一般用来祈雨禳灾、征兆杂占、预测凶吉、风水择日以及算命测字等。

[1] 马书田：《为何要崇拜阎罗王及判官》，2018年10月23日，中国文化研究院，https://chiculture.org.hk/sc/china-five-thousand-years/746。

[2] 齐文化：《老县城》，2013年11月22日，临淄区人民政府，http://www.linzi.gov.con/ari/2013/11/22/art_645/_1089883.html。

[3] 武振伟：《益都县金岭镇城隍庙考》，《潍坊工程职业学院学报》2017年第5期，第10～14页。

[4] 张勃主编：《齐鲁特色文化丛书·礼仪》，济南：山东友谊出版社，2004年版，第256～258页。

一、农事占卜

（一）占岁

占卜岁时气象和农事谓“占岁”。占岁在农村群众中广泛存在，有的带有迷信成分，有的来自生活经验，对农业有一定的辅助作用。占岁与前兆信仰关系密切，但有一定的占卜形式，甚至仪式相当复杂，颇具巫术性质，多在节日期间举行，诸如占春牛、占岁灯、占棉花姑娘等，均较为常见。

古代立春时举行的迎春、鞭春仪式是大型的占岁活动。立春前一日迎春，把春牛和芒神从东郊的春亭迎入县衙，路上春牛和芒神的排列次序、芒神相貌的老少、赤脚与戴帽与否，都是占岁的依据。芒神的位置占农事的早晚，芒神鞋帽占寒暖旱涝。鞭春时，农家争抢春牛头，以为得者可获丰收。又取春牛土涂于蚕室，谓可宜蚕。

春节期间的占验，多在正月初一、十五。初一晴天则喜，说主全年收成好；初一下雪也喜，叫“雪兆丰年”。民间占岁原无一定之规，多为图个吉利，给某些现象以合乎人们愿望的解释。初一前一天晚上取五谷杂粮各一粒，夹到秫秸中间，放到水里浸泡，初一取出来看，据说哪种粮食涨大，哪种粮食当年就丰收。也有把秫秸内放上十二粒大豆，以泡涨的大豆来占当月的雨水。

正月十五是灯节，占岁灯为普遍流行的占岁形式。民间常用豆面、萝卜、白菜根等做成各式各样的灯敬神占岁。这三天夜间，月明风恬即为丰年，否则为歉年。或把这三天分属某几种作物，以天为单位来卜丰歉。最有占岁特点的是十二盏豆面灯，它们分别捏有一到十二个“鼻”，代表一到十二月，叫“岁灯”。灯要放到锅内蒸熟，待揭开锅后，看灯碗里汽水的多少来卜每月的旱涝。面灯从锅里取出来之后，插上灯芯，浇上食油，晚间供在灶前再进行灯花卜。灯花卜是以岁灯灯芯上所结的灯花形状来卜收成的占岁形式。灯点燃时，芯上往往结有豆粒大的灯花，形状各异，团的像棉花，散的像高粱，长的像谷穗，圆的像豆粒，结成什么花样，就卜得当年什么作物丰收。

其他还有正月间的请棉花姑娘，二月二的撒灰围、围仓，立秋的地瓜开沟，重阳的来丰糕，冬至的蒸冬等。从时间上看，重要的占岁都在春季，其他时间的占岁比较简单，多带有征兆占验性质，如“重阳无雨看十三，十三无雨一冬干”[1]。

（二）祈雨禳灾

祈雨中所敬的神较多，如玉皇大帝、龙王、关公等。玉皇大帝是最高统治者，执掌人间一切事务，天旱时，有的乡民便向玉皇大帝祈雨。龙王是祈雨的主要对象，而且祈求方式多种多样。旧时每遇大旱，民众就在龙神庙祈祷。求雨时，人们头戴柳条圈，抬着龙王雕像走街串巷，高呼“求大雨！求大雨！”如果屡求不应，就把龙王的木雕像放在烈日下暴晒，俗以为晒得受不了时，他就会兴云布雨。远离龙宫的内陆居民，创造了一种“造龙求雨”的方法，即用泥土、沙石、纸等材料做一条

[1] 山曼等：《山东民俗》，济南：山东友谊出版社，1988 年版，第 388 ~ 390 页。

龙放在田里或水中，借以求雨。

二、生活占卜

民间流传着关涉各个领域的征兆信仰，其中影响最为深广的是占梦，即对梦境的信仰解释；其次是占人，或说对人体生命现象的信仰解释；此外还有对动物昆虫等日常所见事物的征兆解释。

（一）占梦

民间通常认为梦是相反的。如梦见亲人去世，则说明亲人疾病将愈或长寿，叫“梦死得生”；梦见已死的亲人出现，则是自己要生病；现实里白色凶而红色吉，梦境里红色凶而白色吉，叫“红色兆灾”“白色兆财”；梦见出殡见棺材，则第二天要发财；梦见红色的结婚花轿，则要遭火灾。也有一些并不按照相反的原理推测的，如梦见肥猪拱门，则是喜事来临；梦见自己掉牙，则预示不祥；梦见星星入怀，当天进财；梦见大雨，要交好运。还有的说，傍天亮做的梦，是做给别人的，吉凶与己无关，因此不必费心疑猜。

（二）占人

占卜人事的吉凶祸福谓“占人”，有问卜和看相两大类，或二者兼而有之。

1. 算命

算命是最为常见的占卜形式，操此业者谓“算命先生”，旧时多为瞽目人。他们一手拿着竹杖探路，一手敲着“报君知”（一种圆形铜片，俗称“瞎子哨”），肩背一布袋，里面装着三弦。这种人通常口头算命，根据生辰八字、流年干支来定吉凶。瞎先生算命一般都是“掐算”，问卜者报出生辰八字和所问事由后，他便口中念念有词，以拇指掐食指、中指的关节，然后分析一通。俗话说：“瞎子口，无量斗。”他们往往信口开河，让人听了满意，有时还弹起三弦唱上一段。请瞎先生算命的多是妇女，她们经常在家看门守户，叫个瞎子来家算命，既方便又可以避嫌。

2. 算卦

算卦也是一种常见的占卜形式。操此业者是明眼人，他们常常在街头、集市和庙会等处摆地摊，以“文王神课”为标榜。算卦多用制钱放在卦筒里摇动，然后倒出，根据字和幂的数目和次序来确定卦象。文王课是用三枚铜圆或制钱为工具，放在竹筒里，祝祷一番后，摇动数次，倒出来记下字幂，连摇六次，即成六爻卦，再因卦起课，以课附会人事，推断吉凶。还有金钱卜，即用六枚制钱装在卦盒里摇动，然后倒出来排列成行，以钱的字幂和顺序来卜祸福。

3. 抽签、抽帖

抽签、抽帖是另一种问卜形式，以签和帖上的固定内容和词句来解释吉凶。签是竹制的，上面有与之相关的文字；帖是纸制的，上面有图画。

抽签一般在寺庙里，抽签的人叩头拜神后，跪捧签筒，默祷神灵保佑赐给上签，接着用力摇晃签筒，使其中一支签跳出来，然后根据签上号码，查对有关记录。签有上上、上、中、下、下下五种。每种又有若干支和若干解释，释词多为诗句，含义比较模糊，可从多方面去理解，求官、求财、求事业、求婚姻等，都可以用。上上签大吉，下下签最凶。

抽帖一般不用去寺庙，常见业此者手敲卦板，沿街高喊："抽灵帖，占灵卦！"其所携带的帖，是一些长方形的小硬纸片，对折为两面，翻开来看，一边是图画，一边是诗句，问卜者随意从中抽一张，由卜者根据所问事项讲解内容。

4. 扶乩

扶乩又称"扶鸾"。民间扶乩，乩架常用簸箕、箩筛，中间插一竹筷作为乩笔，桌上撒一些面粉、小米、麸皮之类，即可在上面写字、划画。扶乩者多是由施法者请来的两个小孩，据说这样更能显出扶乩的灵验。简单的扶乩，视乩笔抖动情况即可定吉凶，或画出几个字来解决疑难，复杂者可写出成首的诗词，或前人成句，或新创作品，种种不一，有的还能应人所求，与之唱和。这种活动，有认真问卜的，也有的把它看作一种游戏。

5. 测字

测字出自早期的占卜，又称"拆字""相字"，是一种利用个人切身资讯，如脸与手的纹路、出生八字、姓名笔画等配合五行和包罗万象的八种符号（八卦）来预测或判断命运吉凶福祸的行为。测字方法有多种：五行测字法、离合法、增笔法、减笔法、对关法、象形法、会意法、谐音法、假借法、干支法、六神法、八卦法、九宫法、字体法、观梅法、旋转法、用神法、易数法等。测字的时候，一般讲究先看五行是旺盛还是衰弱，占问官司应当以官鬼星煞为然。确定六神这一点必须懂得，占问家宅应当以本命为主。命相里只要五行兼备，便诸事能如愿以偿。只要六神不动，便诸事平安。

6. 看相

看相是占人的另一种常见形式，主要有相面、看手相等。以人的面貌、五官、骨骼、手纹、气色、体态等来推测吉凶祸福、贵贱寿夭的占卜方式，叫"相面"。顾名思义，相面的重点是看面部的生理器官。一般认为天庭饱满、地阁方圆、耳大臂长是福相。脸上或者身上长痣和瘢也有讲究，"穷忌脸，富忌腰"，"红瘢搬福，黑痣搬土"。以手掌上的纹理来推测前程即看手相。男看左手，女看右手，一般有事业线、婚姻线、寿命线之类。民间还通行看指纹，即根据指纹的开合分为"斗"和"簸箕"两类，以斗的多少来看人的穷富，"一斗穷，二斗富，三斗四斗卖豆腐"。此外，还有摸骨相、量手臂长短等类似相面的形式。[1]

7. 风水择日

风水择日也叫"择吉术""选择术"，是从易学中发展出的术数信仰，至今已逾两千年。风水术也称"风水堪舆"，是一种占相阳宅（生人住宅）和阴宅（死者墓葬）的地形、环境、结构、坐向以测断吉凶休咎的方术，多指对空间的选择。择日术是指寻找良辰吉日，选择做事情的合适时间，趋吉避凶，借以达到最好的行动

[1] 山曼等：《山东民俗》，济南：山东友谊书社，1988 年版，第 381 ~ 386 页。

效果，多指对时间的选择。实质上，择吉比风水择日涉及的生活范围要宽广得多，举凡生活中比较重要的事情，如婚嫁、建造、出门、开张、祭祀等，都要选择合适的时间来进行，以便趋吉避凶、祈福禳祸。旧时无论婚丧嫁娶，还是安床架灶或出行祭祀，都非常重视选择良辰吉日。以前的老式挂历、老皇历上也往往会写满了各种择日信息。

（三）吉凶预兆

俗以为人自身的生理活动，也有一些征兆。如“左眼跳灾，右眼跳财”“眼皮跳，客来到”，有的则说眼皮跳是背后有人说坏话。耳朵发热也被认为是有人背后说坏话，打喷嚏则是因为有人想念，心慌则是家里或亲人出事了。

那些原本由人自己支配的行为出现异常，也是一种征兆。比如，早上一出门就摔跤，则预示着这一天不吉利或事有不遂；吃饭时掉了筷子，则是有客要来，掉一根是近客，两根是远客，等等。正常范围内的生理表现则不会归为征兆，比如感冒时的喷嚏、眼跳就没有征兆意义。

俗以为一些动物也有征兆含义。常见的有：喜鹊叫是一种吉兆，或进财，或来亲戚；麻雀则相反，早晨若有麻雀在屋前乱叫，则家宅不宁；猫头鹰叫声预示着要死人；母鸡打鸣，或谓不祥，需要杀鸡除邪，或谓吉兆，会家庭兴旺；见喜蛛则有喜事；生意人不喜欢早起看见兔子，因为兔子预示生意无成。

三、供奉

民间供奉一般在佛堂、庙宇或家宅中进行。为祈求神灵及祖先庇佑，人们会对所供奉之物定期参拜、祭祀，为供奉的祖宗、神灵献上供品，叫“上供”。

（一）寺庙供奉

寺庙多供奉佛像、神像，多为石料制成，也有神佛挂画、壁画等。

（二）家宅供奉

家宅的供奉之物多安置在神台之上，以牌位、神龛、神像（神图或小神像）等为主。民间不少家庭通过供奉神灵，以图祈福求祥。

神位的摆放对家宅风水的影响很大，神位适宜安在吉方。神台下方不要养金鱼，因为神台在香火之盛的方位，下方养鱼则属水，此为水火不相容之局，是家居风水的大忌。神台所靠的墙壁后方不能是厕所，也不宜后靠窗门，此为后靠无力，亦不可在厕所或厨房附近，卧室内或横梁下也不宜安置，宜对着门口。

供奉天神、祖先、地主，最好依“三才相配”的摆法，将神楼或神柜分为上，中，下三格。其中佛、菩萨、天神属于天才，安奉于神楼最高的一格；祖先为人之亡灵，属人才，应放置于中间的一格；地主属于地神，为地才，应安置于最低的一格。供奉佛、菩萨、天神宜用铜香炉，供奉地主、土地则用瓷制香炉。[1]

［1］悟是缘明亦道：《家中请佛》，2017 年 10 月 23 日，搜狐，https://www.sohu.com/a/199654001_99993433。

1. 牌位

牌位是供人们祭奠的木牌，上面书写逝者姓名、称谓或书写神仙、佛道、祖师、帝王的名号、封号、庙号等内容。按照民间传统习俗，人逝世后其家人都要为其制作牌位，作为逝者灵魂离开肉体之后的安魂之所。牌位大小形制无定例，一般用木板制作，呈长方形，下设底座，便于立于桌案之上。牌位书写，古代一般多用老宋体、自上而下竖写，现代则多采用正楷、隶书、魏碑等字体，以示庄重、肃穆。民间普遍在家宅中供奉牌位，用于祭奠已故亲人和神祇、佛道、祖师等。

随着历史的变迁和社会的进步，城市居民使用牌位祭奠的越来越少，一般都摆放或悬挂逝者的照片、画像作为祭奠对象。近年来，一些殡葬服务单位设计研制了大理石、玉石、塑料等材质的小型牌位，与骨灰盒配套，以供人们祭奠。

2. 神龛

神龛是民间放置神仙的塑像和祖宗灵牌的小阁。神龛大小规格不一，依祠庙厅堂的宽狭和神的多少而定。大的神龛均有底座，上置龛，敞开式。小龛又称“神椟”，是设置在神龛里的祖宗灵牌，有的神仙没有塑像也设有神椟。

神龛一般包括神像龛与祖宗龛，二者型制有别。神像龛为开放式，有垂帘，无龛门；祖宗龛无垂帘，有龛门。神佛龛座位不分台阶，依神佛主次做前中后或左中右设位；祖宗龛分台阶，依辈序自上而下设位。少数多姓合祠者，也分龛或座，依各姓辈序设位。因此，祖宗龛多为竖长方形，神佛龛多为横长方形。龛均木造，雕刻吉祥如意图案和帝王将相、英雄人物、神仙故事图像。

3. 神像

家宅中供奉的神像多为神仙或佛祖的图像和小塑像。民间家中供奉神佛，一般要先到寺庙道观去请。

（三）上供

1. 供期

每一年当中有几次大供时间，例如大年三十、正月十五元宵节、三月三王母娘娘圣诞、八月十五中秋团圆节、九月九斗姆飞升等。

2. 供品

供品即供奉的物品，供奉神佛祖宗一般用食物、瓜果、鲜花、酒等。

食物类供品分荤供和素供，荤供有四荤：鸡、鱼、肉、蛋。鸡是烧鸡，鱼是鲤鱼，肉是猪肉，蛋是鸡蛋，供品皆坐北朝南放置。鸡头对着西面，不能低着头，意为通往西方极乐。鱼头对着东面，鲤鱼跳龙门吉利多，乃起势之意。肉就是切成豆腐块形状的猪肉，一般为五块。素供以水果为主，苹果保佑平安，香蕉就是元宝盆，桂圆就是富贵又团圆，葡萄代表香火永传、子孙后代多，橘子代表聚财。

上供的物品要新鲜艳丽，不能无光无色，也不能破损。民间供奉讲究心诚，不可以自欺欺人。供奉祖宗还应烧锡箔黄纸和各类纸扎。随着时代的发展，出于文明祭祀的需要，现今供奉祖先几乎不再使用纸扎，而是以鲜花为主。

第四章　人生仪礼民俗

淄博的人生仪礼民俗丰富多彩，极具地方特色。内容丰富、形式多样的人生仪礼包含了民众对幸福生活的追求向往和对亲朋好友的美好祝愿。随着经济的发展，生活越来越富裕，许多复杂烦琐的人生仪礼逐渐简化，也有许多人生仪礼作为重要的传统习俗保存下来，成为维系人与人之间情感的纽带，并增添了许多新的内容。

第一节　诞　生

生育习俗反映了人们渴望生儿育女、期盼儿女健康成长的美好愿望，带有浓厚的信仰色彩和不同程度的男尊女卑观念。随着时代的发展，不少传统生育礼俗逐渐变异或消失，与此同时，新的生育风俗也逐渐诞生。

一、孕育

（一）祈孕

中国人普遍重视传宗接代。“不孝有三，无后为大”，在传统观念里，没有比不能生育更让人抬不起头的事情了。生育对于社会、家族、家庭和个人极其重要，生儿育女成为人们普遍的渴望。结婚后三两年里还不怀孕生子的人家，往往会采取一些约定俗成的方法来祈求怀孕。其中，祈子习俗远多于祈女习俗。

1. 婚前祈孕求子

传统社会中，择偶即体现祈子心理。男方会找算命先生算出女方是什么命，若两人命相不合，不利于后代繁衍，这门婚事就以失败而告终。

准备结婚用品体现祈孕求子心理。娘家父母给女儿准备嫁妆时，不论嫁妆丰俭如何，都要准备些象征祈子的吉祥物品。桓台地区，男家缝制被子多在四角放少许棉籽，取“辈辈有子”之意；女家则请儿女双全的妇女帮助缝棉被子，多在四角放些红枣、花生、榆钱、栗子等物，取意“早生贵子”。

婚前铺房习俗体现祈孕求子心理。淄川一带由新郎哥哥铺床，所谓“大伯哥铺床，儿女一大帮”。床上铺高粱茬子、芝麻秸、豆秸等，“放上高粱茬子，生个带把子”“放上芝麻秸儿，辈辈出大官儿”“放上豆秸，辈辈出秀才”。届时，新郎、新娘还要共同填枕头两个，长辈们会教他们说“一填金，二填银，三填儿女一大群”等诸如此类的吉祥话。洞房布置上，也多透露着生儿育女的愿望，婚娶之家多贴“红梅多结子，绿竹又生孙”之类的喜联；窗户糊红纸，并贴上“榴开百子”等窗花；屋内墙上还贴有“百子图”“吉庆有余”等字画。

2. 婚礼仪式中的祈孕求子

婚礼仪式有相当一部分是为了祈孕祈子。临淄迎亲者要偷偷把女方家的一双筷子带回来，新娘进门前，也要在门上红砖下压一双筷子，寓意“快子”。新娘向院内走的过程中，一路有人向其身上撒栗子、红枣，花生等，寓意“早立子”。

3. 婚后祈孕求子

婚嫁中的祈子习俗多带有庆贺、祝愿成分，而婚后久婚不育或只育女孩未生男孩的祈子，便带有强烈的求嗣欲望，常求助于神灵巫术。祈子方式多种多样，常见的有“拴娃娃”“押子”“食柏子”“食槐子”“鸡蛋祈子”等。

拴娃娃又称“拴喜”“拴孩”“抱孩子”等，旧时十分流行。拴娃娃一般去当地的白衣庵、子孙堂、张仙庙、奶奶庙、土地庙等地，拜求送子观音、送子奶奶、张仙和送生娘娘等神祇。仪式通常由庙中的道士主持。祈子者先在神案上取一个泥娃娃交给道士，道士祈祷一番后，用红线系着铜钱拴在娃娃的脖子上。再拿着娃娃用铜钱去敲神前的铜磬，为孩子起名。将娃娃带回家后，要藏在卧室的某个地方，据说这样不久就能怀孕。拴娃娃如今已经少见。

押子又称“压子”，谐音“压枝”，也是一种较为普遍的祈子仪式。求子者到有庙会的山林中，在柏树或松树的树枝上放一块石头以祈求生子。类似押子的还有吃柏子和槐子，这也是在寺庙里的古树下进行的。每逢庙会或年节时，祈子者到古柏或古槐下进行祷告，摘采柏子或槐子食之，认为这样即能怀孕有子。[1]

鸡蛋是生育的象征，淄博亦有鸡蛋祈孕的习俗。逢大年初一的早上，不孕的妇女藏到屋门后偷偷吃一个煮鸡蛋，以求有孕。且不能让人看见，以防被“冲”。没有生育的人家抱养别人家的孩子，以求怀孕生子，称“借子”“带孩”。有的家庭还请风水先生看宅基，看风水，不惜改宅、迁坟、挪门（改变自家大门的方向）以求得一男半女。

沂源一带有摸佛牙得子的习俗。当地寺里供有佛牙，祈孕妇女交上钱并虔诚跪拜后，会被寺内主持引入密室，去摸一摸或者看一看佛牙，据说这样可以受孕生育。渴望有男孩的人家，通常为女孩起名“望弟”“来弟”“带弟”“换弟”“招弟”“领弟”（希望带来男孩），或者“婷婷”（停住生女孩），以祈求生男。

（二）孕期

1. 得喜

传统观念认为，生儿育女与盖房、结婚并称“人生三大喜事”。怀孕就是“得喜”，称“怀上孩子了”“开怀”“有啦”“有喜”“不利亮”“重身”“双身”“有身子”“小孩上身了”“有事了”“有了”等；称妊娠反应为“嫌乎饭”“害喜”“害喜病”“害孩子”“害口”。桓台妇女有喜之后，婆家要向娘家道喜，一般由丈夫带着鸡、肉、鸡蛋等去娘家，并在其家门口燃放爆竹。

2. 孕期禁忌

人们普遍认为将来生育的孩子与母亲的饮食和行为有着密切联系，为了保证生个健康聪明的孩子，一方面，家人总是尽量满足孕妇的要求，提供足够的营养；另

[1] 赵玉侠主编：《中华美好山川 • 泰山》，长春：吉林出版集团有限责任公司，2013 年版，第 94 页。

一方面，人们对孕妇的食物和言行又规定了许多禁忌。[1]

（1）饮食禁忌

妇女怀孕以后在饮食方面禁食一些动物肉。俗信吃兔子肉会生豁唇孩子，吃公鸡会使生下的小孩夜里啼哭，吃螃蟹会致胎横难产。有的地方忌吃姜，怕孩子长六个指头；有些地方不许孕妇吃葡萄，不准在葡萄架下睡觉，怕生葡萄胎；还有的地方忌吃鸡肉、狗肉，认为这两种肉会把胎儿化掉。[2]

（2）生活禁忌

日常生活中，孕妇不能生气，情绪也不能有大的波动，否则动了胎气，会早产。民间俗信妇女胎孕由胎神掌管，胎神常在孕妇左右，如果冲犯胎神，就会造成不幸。家有孕妇时，修造动工，穿凿钉补，都需要查明胎神所处方位再动工。如遇雷雨天气，孕妇不能外出，要躲在屋里，手持红布避邪。

在言行方面，孕妇不应剧烈劳作，避免攀高、干重活，外出时忌参加红白喜事，不然会使孩子不吉祥；孕妇不能参加婚礼，否则会冲了新娘的喜事；新娘若在婚礼上见到双身子，被四眼人冲了，四年内就不会怀孕；孕妇不能参加葬礼，也不能进入新殡的坟墓，否则会造成难产；孕妇不能参加祭祀，更不能靠近神龛；乡间打井忌讳孕妇到场，认为会冲了龙脉；孕妇不能看戏，因为看戏会被换了胎，将来生出的孩子就会像戏中的某个角色，而不再是自己的亲骨肉；破土建房或商店开张要避开孕妇，否则就会冲了福气。[3]孕妇不能去生子人家，也不得去探望坐月子的妇女。忌接触淫秽、异常的事物，不能听淫乱、不洁之声。在衣饰方面，孕妇不能在肩头搭线（头），以免脐带乱缠而导致难产；不能在心口处别针，怕连心衣（母亲的心与胎衣相连）。

桓台一带，孕妇禁出门户，怕碰着邪煞；禁观剧，怕看了花脸人物，将来产下花脸孩童；待到腹部高胀之时，禁提动物名；禁与人打骂，怕人说出咒言咒语。

随着计划生育政策的实行，20 世纪 80、90 年代起，人们多重视优生优育，普遍有了胎教的观念，孕妇给胎儿听音乐、讲故事等蔚然成风。

3. 对胎儿性别的猜测

民间一般根据孕妇的饮食、行为以及孕期变化甚至梦境判断孩子的性别。

在饮食上，孕妇喜食酸物，则预兆生男孩，喜食辣物，则预兆生女孩，谓“酸儿辣女”。在行为上，孕妇过门槛时，经常先迈左腿，主生男孩，先迈右腿，主生女孩，谓“男左女右”。[4]又如看孕妇的肚子，所谓“女孩一扑拉，男孩一疙瘩”，即认为若是孕妇的肚子比较扁平，就生女孩；若是比较尖，就生男孩。有一些老人认为孕妇肚子如果比较靠下，那么怀男孩的概率会大一些；如果靠上，那么怀女孩

[1] 叶涛主编：《山东民俗》，兰州：甘肃人民出版社，2003 年版，第 225 页。

[2] 甘肃省古籍文献整理编译中心编，曲金良等编著：《中国民俗知识·山东民俗》，兰州：甘肃人民出版社，2008 年版，第 65 页。

[3] 张勃主编：《齐鲁特色文化丛书·礼仪》，济南：山东友谊出版社，2004 年版，第 27 页。

[4] 山曼等：《山东民俗》，济南：山东友谊书社，1988 年版，第 157 页。

的概率会大一些。又如看孕妇的面孔，俗谓“男孩丑娘，女孩美娘”，若是面容好看光滑，就生女孩；若是变丑，就生男孩。还有看胎动的情况，若胎动剧烈而又频繁就会生男孩，不剧烈就生女孩。再比如看生产的早晚，所谓“抢月男，懒月女”，即早于预产期出生的孩子往往是男孩，迟于预产期出生的往往是女孩。淄博至今仍流传着这样的歌谣：“七七四十九，问女何月有，降去母庚年，再加一十九，逢单便是男，逢双便是女。”还有根据梦境判断，据说梦玩石头、梦星入怀、梦里吃枣都是生男的先兆。

许多渴望男孩的家庭还有请教巫婆、算命先生推测胎儿性别的做法。若测出是女孩，往往寻求破解的办法，以求换胎，甚至用所谓换胎药。随着社会的进步和人们科学文化水平的提高，类似带有封建迷信色彩的民俗已不常见。

4. 催生

“十月怀胎，一朝分娩”。民间的算法以为九个月就算足月了。提前的就叫“抢月”，拖后的就叫“懒月”。对于抢月的孩子，有“七活八不活”的俗信，也是一种经验，即七个月出生的孩子可以养活，八个月出生的孩子就很难养活。

临产前几天，孕妇的母亲往往携带一些礼物登门看望女儿，以期女儿早日平安生产，俗谓“催生”。催生礼有衣服、食品两类。衣服是婴儿出生时所用衣物、鞋帽、包被、肚兜、尿布。食品有鸡蛋、红糖、桂圆、核桃、小米、挂面、鸡等。还有的地方，产妇婆婆要去庙里烧香，求送生娘娘保佑早降麟儿，母子平安。

送催生礼还有着更现实的用意。因孕妇忌讳在娘家生产，在临产前的日子里，孕妇母亲前来探望，一来可以探视女儿的身体状况，解除自己心中的担忧，二来可以给孕妇做些心理上的安慰和鼓励。三来可以根据自己的经验，交代些产前产后应该注意的事项，一定程度上有助于婴儿的顺产、母子的平安。[1]

（三）分娩

1. 添喜

婴儿降生俗称“添喜”，又称“落草”“临盆”“添孩子”“拾孩子”，简称“添了”“拾了”。根据婴儿性别，添喜又有大喜和小喜之分，生男谓“大喜”，生女谓“小喜”。这种重男轻女的思想早在《诗经》中就有反映：“乃生男子，载寝之床，载衣之裳，载弄之璋。……乃生女子，载寝之地，载衣之裼，载弄之瓦。”[2]此后遂以“弄璋之喜”和“弄瓦之喜”来代称生男和生女。清初时淄博一带有人还谑称连续生几个女孩的妇人为“瓦窑”。

民间历来视分娩为“小命换大命”的生死关头。由于旧时医疗条件落后，民间会采取巫术或祭祀等方法祈求巫力神力的佑护，保证分娩的安全。旧时负责接生的是产婆，俗称“接生婆”“收生婆”“老娘婆”，可临时请邻里和家中有经验的老妇充当，但必须是有丈夫、儿女双全的“全人”。

[1] 张勃主编：《齐鲁特色文化丛书·礼仪》，济南：山东友谊出版社，2004 年版，第 30 ~ 31 页。
[2] 靳勇等注释：《诗经》，合肥：安徽人民出版社，2001 年版，第 200 页。

产妇忌在娘家分娩，认为这会“扑”了娘家人，让娘家一辈子穷苦。产房一般设在产妇的卧室，卫生条件不太讲究，但应该要暖和、安静，最重要的是关紧门窗，不能透风。否则，产妇可能会落下月子病，婴儿可能会得月子疯。产妇分娩时，产房内不能有闲杂人，男性（含产妇的丈夫）、儿童、寡妇和没出嫁的姑娘，绝对不许留在产房里。生人进入产房谓“踩生”，不吉利。[1]

婴儿降生通常不能生在床上，据说是怕污血冲了床神，对产妇和婴儿不利。婴儿出生后用剪子将脐带剪断，剪子和扎脐带的棉线用白酒消毒。胎衣通常要找僻静的地方埋掉，不能被人践踏，也要防止被狗吃掉，这样孩子才能顺利长大。

有些地方接生婆还要“检生”，即手举新生儿，将其两腿分开，让产妇能看清性别。若是男孩，就大声报喜：“恭喜恭喜，添了个官人。”若为女孩，声调便稍微降低：“恭喜恭喜，添了个小姐。”

现在，随着人们思想的不断进步和农村医疗条件的逐步改善，不少妇女可以住进医院生产，在家生产的，卫生条件也比较讲究，产婆已多被乡村医生代替。新接生法使大部分生育旧俗淘汰将尽，文明、科学的产育新风已在广大农村形成。[2]

2. 坐月子

产妇分娩后，身体虚弱，应重滋补，防风寒，一般三日之内不下床，一个月之内不出屋门，或者不出街门，叫“坐月子”。坐月子的产妇在衣食、行为等方面都有一些宜忌。

在饮食方面，产妇主要食用白鸡蛋和小米或糯米加红糖煮成的粥，还要喝猪蹄汤、老母鸡汤和鲫鱼汤等，既可滋补身体，又可保证奶水充足、祛除风寒。忌吃豆制品，以防岔奶（不下乳）；忌喝大米饭，大米性凉，忌吃水果、蔬菜、辛辣调料等；少吃盐，以保证奶汁充足。现在妇女坐月子，饮食往往根据产妇的口味调剂，注重营养价值，仍忌食生冷干硬的食物。

在衣着方面，讲究暖和、避风。习惯戴帽子或裹头巾，以防寒、防风，被冷风吹着会落下头痛的病症。同时也注意防暑，若身上痦出了痱子，以后年年都会再起。

在行为方面，要多注意休息，少干活。俗信月子里干活劳累会落下腰酸腿疼的毛病。还忌洗澡，忌刷牙，忌穿针引线、缝纫刺绣，忌看书看电视。俗信“月子里的病月子里养”，在月子里得的病，只能到下一次坐月子时才可能去掉病根。产妇一般在第三天下床，出屋门、进灶间、上井台都要烧纸，以谢床神、门神、灶神、井神。许多地方三日这天要谢送生神。三日后产妇和婴儿择日出行。出行前婴儿不准见天日，如果抱出屋门，头上必须用伞或者布遮住。[3]产妇不出满月不能串门，污血会冲了神灵，扑坏了人家的宅神，于人于己都不利。月子里还忌响声，防止婴

[1] 甘肃省古籍文献整理编译中心编，曲金良等编著：《中国民俗知识·山东民俗》，兰州：甘肃人民出版社，2008 年版，第 66 页。

[2] 山曼等：《山东民俗》，济南：山东友谊书社，1988 年版，第 157 ~ 159 页。

[3] 山曼等：《山东民俗》，济南：山东友谊书社，1988 年版，第 163 页。

儿受到惊吓。除了产妇本人有许多禁忌外，其他人也有些禁忌。桓台一带，不允许带钥匙之类的物品进入产房或是坐月子的房间。

（四）保育

1. 哺乳

新生儿第一次喂奶，又称“递奶”“乞奶”“开奶”“开口”等。产妇通常在产后第三天才下奶，所以婴儿第一次进食的往往不是自己母亲的奶水。在婴儿第一次吃母奶之前，要请一个正在哺乳的妇女先喂一次，叫“开口”。[1]男孩要找哺乳女婴的妇女，女孩要找哺乳男婴的妇女，认为这样产妇能早下奶，孩子长大易结好姻缘、早日完婚，还可以避免不育。

有些地方在婴儿开口前，一般要先喂孩子酸、辣、苦、咸味的汤汁，意思是让孩子先尝尝人间的各种酸苦，以祈孩子在未来的人生旅途中能有更好的生活。

2. 穿沙土裤子

沙土裤子也叫“灰布袋”“沙土布袋”“土垃裤子”“土裤”。过去农家多选用自家织成的土布制作袋子，内装筛过的灶中秸草灰或经晒、炒后晾透的沙土。这种袋子，包于婴儿腋下到脚脖子；上口毛边，以防伤害婴儿细嫩的皮肤；用长带子束腰，下口两腿脚处钉上布条，穿时扎住裤脚，以防沙土漏出。沙土吸水、吸污性良好，婴儿排泄物尽被沙土吸附；又比较重，使婴儿难以翻身和爬动，避免从床上掉下来。有的母亲因家务劳动繁重，以致孩子一二周岁还穿着沙土裤子。

穿沙土裤子可能导致婴、幼儿尿道感染或烫伤，随着科学的普及和人们生活水平的不断提高，这一习俗现已绝迹。

3. 铰头

婴儿第一次理发，俗称“铰头”。淄博各地铰头的时间不同，仪式也不同。

周村地区，孩子满月时剃头要留“聪明发”，脑后蓄“撑根长”。剃下的胎发用红纸包好放在大门顶上，谓“步步登高”；或搓成团用彩线缠好，挂在床头避邪。

桓台地区，由姥姥家的人剪胎发，边剪边念叨“一铰金，二铰银，三铰骡马一大群”，并象征性地铰耳、目、口、鼻及手脚，意在孩子长大后，耳聪目明嘴不馋，手脚干净做“完人”。最后要给孩子铰头钱。

临淄地区，婴儿剪胎毛一般在太阳升起的时候进行，婴儿怀中要抱着瓢葫芦，谐音“福禄”。瓢葫芦中要事先放上几种动物的毛发，有狗毛、猫毛、驴毛等。找几个“全活人”（爹娘俱全，家庭幸福的人），每一个全活人手拿剪刀，远远地、象征性地在婴儿的各个器官跟前动动剪刀，口中还要念叨着：“铰铰眼儿，眼明看得真儿；铰铰鼻子儿，好闻味儿；铰铰耳朵儿，耳聪好听声音儿；铰铰嘴儿，吃一辈子好东西儿；铰铰手儿，好干事儿；铰铰腿儿，走路不费劲儿。”然后从婴儿的头上剪下几根胎毛，放到瓢葫芦里。所有在场的全活人轮过一遍后，婴儿的母亲再

[1] 甘肃省古籍文献整理编译中心编，曲金良等编著：《中国民俗知识·山东民俗》，兰州：甘肃人民出版社，2008年版，第68页。

铰。铰完以后，把瓢葫芦里的东西全部存起来，留作纪念。[1]

现在城市家庭一般请专人到家里为孩子理发，流行制胎毛笔以作纪念。

4. 取名

名字包含着长辈的寄托和期望，有着深刻的内涵。幼儿时期以乳名称呼，俗谓“小名”，入学后以学名称呼，俗谓“大名”。旧时成年后以字号相称。

孩子的乳名多由祖父母和父母等长辈来取，亲友也可参谋，也有请有身份、有地位的人赐名的。乳名要与长辈、亲属的名字避讳，且普遍具备鲜明的性别特征。

男孩的乳名，一是以属相或其他动物起名，如小虎子、小豹子、小狗子之类；二是起一些听起来很不雅、不好听的名，如狗蛋、狗剩、恶心、烦人、铁蛋、石头、二憨之类，民间说这样的孩子连鬼怪也不理会，因而可以长命；三是以时令起名，如春来、小秋、冬来之类；四是以孩子在兄弟排行中的次序或者一定意义的数字起名，如根据弟兄排行叫小三、小四、小五、小六等，根据祖父的年龄叫六十、七十等；五是以对孩子的重视和希望起名，吉祥如意的如富贵、大宝、小宝、宝玉、来喜、来福、来顺等，以免孩子夭折的如拴住、留住之类；六是给男孩起女孩名，如丫头、妮子、小嫚等，原因是父母怕命中无子，起女孩名会把这个男孩子留住，保孩子长命；还有的家庭因生子大多夭折，再生男孩之后，便“偷”某一男丁兴旺人家的孩子的名字，用作自己孩子的名字，或者按照一同姓人家中孩子的兄弟排行，偷偷地接着往下排序，比如人家已经有了两个男孩，就给自己的孩子叫王三、李三等，不一而足。

女孩的乳名一般用花、草、珍宝之类，如小花、小兰、小菊、小秀、小玉、小珍等；有的对女孩很疼爱，就叫小巧、小爱之类；如果女孩生在七夕（农历七月初七），有的地方认为不吉利，要取名为“巧”，谓“以巧克巧”；如果一家连生女孩，希望下胎是男孩，就给女儿起名“转”“换生”“招弟”“带弟”“唤弟”“领弟”“盼弟”“增弟”“见弟”等。

学名通常是在儿童入学时由私塾先生或老师取，也可由家中识字的长辈取。一般由三个字组成，第一个字是姓，第二个字标示辈分，第三个字是名。

20 世纪 80 年代以后，随着社会的发展和人们观念的变化，起名的习俗有了很大变化。大名不再是入学时由老师取，亦不再按照过去“姓—辈—名”的规则。有的在孩子未出生时就将名字起好了。乳名多是重复大名的最后一个字。

5. 认干亲

认干亲就是认义父母，俗称“认干爹干娘”，这是至今流传着的保育习俗。一般而言，认干亲通常有两个原因：一是孩子娇贵，不好养，或者以前生过的孩子夭亡了，要借认干亲来保住孩子；二是经算命先生的推测，婴儿命相不好，长大克父母，认了干亲才能破解。认干亲的主要目的，是让孩子好养活，因此要选择好的姓

[1] 白云翔主编：《文化临淄》，济南：山东人民出版社，2021 年版，第 269 页。

氏，一般认为姓“刘”和“常”的好，取其谐音“留”“长”，且以孩子多的人家为好。除认人为干亲外，淄博还有认物尤其是认石为干亲的习俗。

6. 夜啼帖止哭

许多地方有写夜啼帖的风俗。遇有夜哭不止的婴儿，人们会写一张夜啼帖，贴在村头大路旁的石碑或古树上，让人念读。俗信贴了夜啼帖，婴儿就不夜哭了。夜啼帖一般用红色或黄色，纸条宽约一寸半，长约三四寸，所写内容为：“天皇皇，地皇皇，我家有个夜啼郎，行路君子念三遍，一觉睡到大天光。”还有一种夜啼帖字数较少，即“天黄地绿，小儿（女）夜哭，君子念过，睡到日出”。

7. 叫魂

叫魂是流行于各地的小儿祈禳保育习俗。一般认为小孩的魂魄非常活泼，常常魂不守舍，容易受到惊吓。吓掉魂的孩子睡眠、食欲不好，或昏睡、腹泻（绿色稀便）等，所以民间多采用一些方法把吓掉的魂找回来，即“叫魂”。

8. 剁绊脚绳

婴儿会站之后，就要开始学走路。学步时要给婴儿穿虎头鞋、猫头鞋以吸引其看脚下、向前走。婴儿开始学走路时，两腿总是迈不开，好像有绳子绊着一样。俗信轮回说，人死后会有绳索把双脚捆住，若再投胎托生，孩子两脚仍然带着无形的绊索，学步必然受阻。所以要“剁绊脚绳”。通常是一人扶着小孩让其迈步，另一人用菜刀在其两腿间剁几下，剁了绊脚绳，学走路就快了。

9. 开锁

开锁的目的是打开那些不太聪明的孩子头脑中的“灵锁”，使他们变得聪明起来。仪式开始前先在院子里设一张八仙桌，摆四个香炉，燃上香，再摆上各种供品。桌前设四个蒲团，蒲团后是一个装满干柴的红泥瓦盆。参加开锁仪式的是孩子的姥娘、姨等女性长辈。仪式开始后，先给孩子穿上“龙袍”，戴上“皇冠”，脖子上挂一把由红头绳穿着的古铜锁，由四位长辈领到桌前。长辈先跪下拈香祷告磕头，再让孩子模仿一遍，表示向神灵乞求聪明。磕罢头，点燃火盆中的干柴，由两人架着孩子的胳膊跳过火盆，然后用钥匙打开孩子脖子上的铜锁，而后再锁上。重复四次。到第五次，由孩子自己跳火盆，自己开锁，然后拿着锁跳回来，放在桌上，磕头感谢神灵赐予了聪明。最后脱去“龙袍”，摘下“皇冠”，长辈高呼：“某某的锁子打开了，往后灵泛了，再也不呆了。”随后发出一阵赞叹和欢笑。事后，孩子的家长设宴招待参加仪式的长辈们。[1]

10. 祈高

旧时流行大年五更祈高的习俗。农历正月初一的凌晨（俗谓“大年五更”），个矮的小儿起床后，先紧紧地抱住一棵椿树（桓台地区有抱槐树的），口中唱道：“椿树王，椿树王，你长粗来我长长；你长粗了做木料，我长长了穿衣裳。”这样连唱三遍，然后再悄悄地回家。

[1] 张勃主编：《齐鲁特色文化丛书·礼仪》，济南：山东友谊出版社，2004 年版，第 55 页。

11. 其他保育习俗

过去农村的独子或娇生子还有扎替身、扎耳朵眼、戴偏坠等保育习俗。扎替身，就是扎个假人，写上本人的名字，由巫婆探明“该死”的日期，在那天将替身烧化，再多烧些纸钱，由巫婆领着到阎王那里报到，认为这样孩子就能保命。

二、生育

诞生是人生的开始，意味着家庭血脉的繁衍与继承。家庭、家族乃至整个社会对孩子的诞生都非常重视，每当主家有孩子出生，都会向亲族友人及街坊邻居们报喜，还会举办满月酒、百日宴等仪式，亲朋好友知道婴儿出生后，一般都会携带衣服、食品、水果、玩具等礼品看望产妇和婴儿。

（一）报喜

报喜这一习俗通常分为两项内容：一是在自家门上做某种标记，以示家里喜添人丁；二是向产妇的娘家报喜，告诉他们产妇母子平安。给产妇娘家报喜是生育礼俗的重要组成部分，时间通常是孩子出生的第三天，也有当天就去的。随着通信手段的发展，现代很多人选择用电话来报喜，一般会说生下女（或男）孩，母子平安，但传统的报喜方式在一定程度上仍然存在。

在自家门上做某种标记的报喜习俗称“挑红”“挂红子”。挑红是古代“悬弧”“设帨”的遗风。生了男孩就在大门左边悬挂一张弓，生了女孩就在大门右边悬挂一条佩巾。挑红比较注意男、女的区别，但各地挑红的时间不一致，有的是在婴儿降生当天，有的是在第三天。

也有的用红鸡蛋（染红的熟鸡蛋）报喜，还有的送喜面报喜。周村一带，由孩子的父亲提一篮红鸡蛋，并带上鞭炮前往孩子姥姥家报喜。若生的是男孩，未进家门就燃放鞭炮；若生的是女孩，进了家门再燃放鞭炮。

（二）洗三

洗三也叫“洗三朝”“洗儿”。即在出生三日后给婴儿沐浴，一为去秽污，取洁白入世之意；二为婴儿壮胆，长大临事不恐；三为健康防病。旧时，尤其富家，对头生胎孩子非常重视，要在三日宴请家族、亲友、产婆。亲朋备礼来祝贺，谓之“添盆”。外祖父须向产婆磕三个头致谢。

有的地方还有洗三后抱小儿出行的习俗。出行须择双日好天气，孩子须怀揣用红线系着大枣、栗子、铜钱、大葱、红布等吉祥物的桃枝，回家后将桃枝插在门楣上。桃枝要在门楣上倒挂一百天。满一百天后将桃枝拿下，然后把上面的大葱取下，等到孩子过百岁时吃掉。婴儿出行时，不准见天日。若被抱出屋门，头上必须用伞或者红布遮盖。

（三）送祝米

亲朋好友，尤其是产妇的娘家人，带礼品前去祝贺，俗称“送祝米”，或叫“送米”“送月米”“送汤米”“送粥米”“送糖米”“送乳汁米”，也有的地方叫“送米糖”“下汤”“看欢喜”“吃面”“吃大面”“做日子”“十二日”等。“祝”就是祝贺、祝愿的意思，祝贺娃出生，祝愿娃健康；“米”不仅仅是半篮子或一布袋的米，而是米上放有染红的鸡蛋，鸡蛋上再放衣袜鞋帽、毛巾围兜等。送祝米意思就是祝愿新生儿会一辈子有饭吃、有衣穿，吃穿不愁，能大福大贵一辈子。

高青地区，小孩出生后十二天为庆贺日，称“十二日”，亲朋邻里一般送鸡蛋、红糖、挂面等为产妇滋补身体，也有送布、钱之类，以表贺意。主人则设宴招待。

桓台一带，孩子出生六七天时送祝米。亲戚朋友多带麦子、小米或鸡蛋，新布料（一般用来做裤子）或一身小孩衣服。并将准备好的钱塞到小孩的枕头底下。主家则置办酒席热情款待，并送鸡蛋、糖、烧饼作为回礼。

淄川风俗，媳妇的娘家将送祝米当作大喜事来办。娃出生后，娃的妈要坐月子、哺乳喂奶、保养身子，无法回娘家报喜，娃的爸就得去媳妇娘家报喜。娃出生的第三天，媳妇娘家派人拿些滋补品、尿布、火钵、烘篮前来看望，同时在这一天与婆家商量送祝米的日子，定下吉日，两边分别通知亲朋好友。

送祝米时，还要将请满月的日子定下。送祝米后，娘家要酿甜酒，给娃准备摇床、摇篮，缝制衣服被套，打手镯、项圈、长命锁，在吃满月酒那天送上。[1]

（四）过满月

婴儿降生一个月称“满月”。产妇坐月子结束，可以正常行动，对于婴儿的诸多禁忌也被解除，可以抱出来玩耍。满月这天主家要宴请宾客，亲友们要前往送贺礼，称“过满月”，或“做满月”，祝贺母子平安，谓“弥月之喜”。

桓台一带小孩过满月时，主家要宴请孩子姥姥，俗谓“请外妇”。还要邀请乡邻中很有威望的老婆婆来给小孩理发，剪下的头发一般要保存下来。

过满月后，产妇娘家一般都要接婴儿母子去住几天，叫“请满月”，也叫“搬满月”“接满月”“叫满月”。产妇及婴儿第一次去娘家一定要接，忌讳不请自去。

临淄一带，喝过满月酒后，媳妇带着小孩到娘家住几天时，要给小孩打钩。打钩分男孩和女孩。男孩从奶奶家临走时，奶奶要在孩子鼻头上抹点白粉，从姥姥家回来时，姥姥要在孩子鼻头上抹点锅底灰或墨汁，说：“白钩去，黑钩来，带他姥姥家的墨水来。”意思是：孩子人生第一次去姥姥家，要把姥姥家的学问带回来，以后成为一个学富五车的栋梁之材。女孩从奶奶家临走时，奶奶要在孩子的鼻头上抹一点锅底灰或者墨汁，从姥姥家回来的时候，姥姥要在孩子的鼻头上抹一点白粉，说：“黑钩去，白钩来，带他姥姥家的官粉来。”意思是：女孩人生第一次去姥姥家，要把姥姥家白净、漂亮的基因带回来，以后成为一个白皙美丽的姑娘。[2]

（五）过百岁

婴儿降生百日古称“百晬”，民间俗以长命百岁为吉，故称“百岁”。这一日

［1］王伟：《淄博地区民间风俗习惯》，2018 年 10 月 13 日，橘色资讯，http://www.jsgyjs.com/history/153957.html。

［2］白云翔主编：《文化临淄》，济南：山东人民出版社，2021 年版，第 269 页。

的庆贺活动叫“过百岁”“做百日”，是祝愿孩子长寿的仪式。过百岁多在婴儿出生的第九十九天，一般由小孩的姥姥、姨或舅妈主事，关系亲密的亲戚朋友也可前来庆贺。百家锁和百家衣是过百岁时最有特色的物品。百家衣用从许多人家敛来的各种颜色的碎布头缝制，穿百家衣是为了长寿，有的孩子会穿到周岁才脱去。百家锁通常是银质的锁形饰物，上有“长命百岁”“长命富贵”等字样，挂在小孩脖子上，可以避邪，锁住小孩，令其长寿。

淄川一带，孩子过百岁时，父母要给客人一点大葱、挂面、黄豆芽，意在感谢客人给孩子贺喜，孩子已扎根，将来会聪明、长命。桓台一带，百日宴摆在姥姥家，小孩的姑、姨、祖父母都要参加，家中长者要抱婴儿行走百步，寓意长命百岁。

现今，婴儿百日多拍百岁照留作纪念，也有祝福孩子长命百岁的意思。

（六）过生日

婴儿出生满一岁，古称“周晬”，现称“周岁”，俗称“一生”“一生日”等。周岁时，亲友也要给孩子送贺礼。还要举行“抓周”仪式，又叫“试儿”“试周”“抓生”等，就是摆上各种东西让周岁的孩子抓取，从首先抓取的东西推断孩子将来的性情、志趣和作为。如抓到文房四宝，则预示孩子将来一定会读书；抓到算盘，一定会经商；抓到农具（纸做），一定会耕田种地；抓到玩具，预示着贪玩；抓到糕点，预示着好吃。无论抓到什么，客人们都会借题发挥，夸赞孩子聪明伶俐，前程无量，好让主人高兴。抓周以物品来预测孩子未来的志趣、前途和职业，是一种带有占卜性质的礼俗，现在已经成为一种家庭游戏，为生日平添几分乐趣，很少有人相信它能预测或决定孩子的前途命运。

孩子过了周岁生日，其他的生日一般就不太重视了。许多地方甚至不过生日，认为小孩忘生好，有的地方则只吃鸡蛋或面条。

（七）成长禁忌

小儿健康成长，有许多禁忌用以约束不良行为。

在礼仪文明方面，有小儿大年初一不能骂人，骂人者嘴便歪的禁忌，以培养孩子不骂人的好习惯。不能捡拾别人丢弃的毛巾（俗称“手巾”，谐音“手紧”），否则将会受穷。不能随便剔牙缝，挖耳屎，说是“剔牙稀，挖耳聋”。

在饮食方面，禁食太饱，所谓“若要小儿安，常带三分饥和寒”。男孩禁吃饭慢，否则被认为没有出息；女孩禁吃饭快，否则被认为不守闺训。幼儿禁碗内剩饭粒，吃饭时忌筷子掉落地，若筷子落地，要迅速拾起筷子，并唱道：“筷子落地，买田买地，伸手去捡，一本万利。”幼儿忌食猪脑、鱼子。俗信猪只知道吃且笨拙，幼儿吃了猪脑，会像猪那样笨；鱼子多而乱，吃了上学不识数。

第二节　成　年

在中国传统社会里，成年需要依靠特定的仪式确认。这些特定的、为承认或确认年轻人具有进入社会的能力和资格而举行的仪式，就是成年礼，又称“成人礼”“成丁礼”。古代成人礼分冠礼和笄礼，在先秦时期深受重视，被视为“礼之始”“嘉事之重者”，一直延续到明清时期。古时一般男子满二十岁行冠礼，女子满十五岁行笄礼，表示其已成人，被族群承认，加冠、及笄之后方可嫁娶。

一、冠礼

古代汉族男子年至二十便要到宗庙中行加冠礼。冠礼由父亲主持，并由指定的贵宾为行加冠礼的青年加冠。冠礼过程周密而庄重，前后共十多个仪节。

（一）行礼

行礼之前，要通过卜筮选定加冠日期以及为成礼者加冠的人——宾。冠礼在家庙中举行。行礼当日早晨，成礼者的父亲请宾进门，入庙就位。成礼者就位，然后行礼。宾要为他加三次冠，称“始加”“再加”“三加”。始加黑麻布制作的缁布冠，表示从此有治人的权利；再加白鹿皮制作的皮弁，表示从此有服兵役的权利和义务；三加赤而微黑的细麻布做成的爵弁，表示今后有权参加祭祀。除了受冠，成礼者还要依据冠的变化改换三次服装。

（二）拜见

加冠完毕，接下来的礼节是拜见母亲。成礼者从筵席上下来，到房子北面取些肉脯，然后自西边台阶走下，到东边晋见母亲，母拜受，子拜送，母又拜。

（三）取字

拜见母亲后，由宾为成礼者取字。古人有名有字，名和字有意义上的关联，多是同义词。名通常是婴儿出生后不久即取，而取字则是在成年礼上。一个人取字之后，名多用于自称。除了君王父祖，别人不能直呼其名，只能以字称呼。

（四）设宴

取字之后，成礼者去拜见兄弟及亲属，受父亲束帛、俪皮，还要带着礼物去拜见乡里有名望的人物，好酒款待所请宾客，至此，冠礼才告结束。

先秦时期的冠礼十分繁缛复杂。后来仪式逐渐简化。[1]

二、笄礼

笄礼是汉族女子的成人礼，俗称“上头”“上头礼”。笄，即簪子。笄礼由女性家长主持，并由约请的女宾为少女加笄。一般在十五岁举行，如果一直待嫁未许人，则年至二十也行笄礼。笄礼程序上大体和冠礼相同，主要内容是改变幼年、童年时的发式，将头发梳成发髻，盘在头顶，用缅（束发的帛）把发髻包起来，再用笄插定。笄礼上还要给成礼者取个表字。

女子行过笄礼，便已成年，如果又已许嫁，就不仅要学着成年妇女的样子挽髻插笄，还要在发髻上缠一根缨线，表明已身有所系。此后深居闺中，成亲之日由丈夫将缨线解下。笄礼之后，除了长辈外，人们不再喊她的名，只以字称呼。女子若

[1] 张勃主编：《齐鲁特色文化丛书・礼仪》，济南：山东友谊出版社，2004 年版，第 65 ~ 66 页。

没有许婚，但已经二十岁了，这时也要为她举行笄礼。此时仪式不如许嫁时举行的笄礼隆重，且只有行礼时才梳髻插笄，过后仍要取下，恢复原来的发式，以此与已经许嫁的女子区别开来。

直到今天，一些农村女子婚嫁时，仍将头发挽束成髻，并用发夹固定。“散了辫子变成纂，想当闺女万万难”。上头既是成年的标志，也是婚礼的一个仪节。

三、成人宣誓

随着传统社会向现代社会转型，以加冠、及笄作为成年标志的仪礼已经变得不再重要，有的地方甚至完全舍弃了。现代的成人礼多由地方共青团或者学校组织，年满十八周岁的学生在五四青年节举行成人宣誓仪式，已成为一种新形式的成年礼。十八岁成人礼教育活动得到了有关部门的充分肯定，被纳入《爱国主义教育实施纲要》《公民道德建设实施纲要》等文件。共青团中央下发了一系列关于深入开展十八岁成人礼教育活动的文件，对活动给予指导，并制定了相应规范。淄博市各区县也先后出台措施，推动十八岁成人礼教育活动的普及和开展。

第三节　婚　姻

一、婚制

中国古代婚姻制度原则是：一夫一妻、同姓不婚、父母之命。一般是女嫁男娶，缔结婚约，永修秦晋之好，另外也有一些特殊的婚恋情况，如招婿入赘。古代离婚率极低，为了稳定社会关系，一般不提倡离婚，一旦缔结婚姻，往往不会轻易违背。因此，人们对婚姻尤为看重，婚姻礼俗十分繁杂。

（一）传统婚制

1. 婚龄

旧时婚嫁年龄一般在二十岁左右。有的地方男十五六岁即娶，有的地方男十一二岁即娶，还有的地方甚至十岁即娶二十岁之妇。民间认为“早娶媳妇早得济”“早嫁闺女走亲戚”。封建社会，嫁娶双方多为女大男小，俗有“女大两，黄金长”“女大三，抱金砖”“女大四，没意思”之说。清末民初，男比女大两岁或同岁，被视为最佳结婚年龄。议婚通常在婚前一年议定，但也有指腹为婚、娃娃亲和童养媳等过早议婚现象。现在一般在二十二岁或二十三岁开始提亲，结婚年龄则多在二十五岁左右。

2. 媒人

两家要结为姻亲，媒人自然少不得。民间谚语说：“天上无云不下雨，地上无媒不成婚。”尽管人们对媒人有褒有贬，但现实中联姻还是离不开媒人。现在青年大多讲究自由恋爱，但在结婚时仍要请一位中间人代行媒人之职。

媒人大多是腿勤嘴巧的妇女，俗称“媒婆”“牵襟的”“搭线的”，现在也称“介绍人”“红娘”。乡间有两类媒人：一种是那种能说会道、交友广泛的热心人，他们平日里走村串户，一边做着小买卖，一边帮人保媒拉纤，事成之后男女双方都要答谢一番，免不了几顿“公鸡腿”“鲤鱼腰”，媒人得了实惠，又赚了好人缘；另一种一般是德高望重的人，男女双方早已情投意合，要操办婚事了，为了尊重习俗，不惹人笑话，必须找个媒人，因为这种媒人不用三番五次来回说和，也不用“磨破嘴、跑断腿”地讨鞋钱，只是“搭上”点吃喝，故名“搭媒人”。[1]现在媒人已不仅限于女性，热心的男性也不在少数，不少地方还成立了婚姻介绍所。

民间对媒人褒贬不一。褒之者称“说成三个媒，死后阎王不问罪”，贬之者骂“说媒婆，两头瞒”“说媒婆，嘴头馋，两头瞎话扒得严”，但总起来看，褒多于贬，因而媒人大多受人尊敬。

3. 条件

结亲往往受经济、血缘、年龄、职业、品貌等条件的限制，不同时代有不同的表现，大多讲究“门当户对”，有“穷对穷，富对富，草门对草门”的说法。

淄博大多数地区男娶女嫁都讲究“骨血不能倒流”。在回族、满族聚居区，清代以前受“内婚制”传统的约束，女子不可外嫁。清末，满族女外嫁，逐渐与外族通婚。新中国成立后，回族女外嫁受法律保护，实现了婚姻自主。

婚前男女双方需交换庚帖，以卜八字是否相配，叫“合婚”，又叫“合年命”。夫妻双方的八字五行和谐，才能使婚姻美满幸福。二命相克的有“金克木”“木克土”“土克水”“水克火”“火克金”，不相克就可以成亲。男女双方出生年份的天干地支又有六冲六合之说。六冲指：寅申相冲、卯酉相冲、子午相冲、丑未相冲、辰戌相冲、巳亥相冲，六合指：寅亥相合、卯戌相合、辰酉相合、午未相合、巳申相合、子丑相合。不合一般不宜成亲。男女生肖相合最好的是“鸡和兔”“虎与猴”“蛇和猪”“龙和狗”“牛和羊”“鼠和马”，但是只要不是四大忌，即“鸡和猴泪交流，白马怕青牛，虎蛇如刀剁，鼠羊不到头”，就可以成亲。此外，生肖同为龙亦不妥，“一铺如卧两条龙，不主贵，只主穷”。

（二）特殊婚制

1. 招赘

招赘婚俗称“倒插门”，或称“招养老女婿”，是一种男到女家从妻居的婚姻形式。这种婚姻多是女家无兄无弟，为了传宗接代，招女婿上门，以继承家产、传延子嗣、养老送终。男到女家成亲落户要随女家的姓氏。入赘仪式通常比较简单，不事铺张。也有殷富之家，先让入赘的男子来家居住，而令女儿到外祖母家居住，到了婚娶吉期，照样有花轿到外祖母家去迎亲，照样担嫁妆和鼓乐伴行，家中照样安排等新人的队列，用热烈的炮声迎接新娘入门，照古例踢轿门、请出轿、牵新人上厅堂行交拜礼，同样鼓乐喧天、炮声震地，大宴亲友和宾客，用热闹的场面把入

[1] 苏健：《家乡婚俗那些事儿》，2021 年 1 月 15 日，搜狐，https://www.sohu.com/a/444741567_120984741。

赘的形式加以掩盖。

2. 改嫁

在封建伦理道德观念束缚之下，旧时寡妇改嫁和妇女离婚再嫁相当困难，不仅当事妇女本人顾虑重重，而且还要受到来自婆家、娘家和社会舆论的阻挠。寡妇改嫁，不能坐轿，一般没有婚礼，多由丈夫于夜间用车载去，夫妻悄悄吃顿喜面即成。离婚妇女再嫁，初次结婚的嫁妆不能再拉回娘家，从婆家拉走时不能从门里走，要从墙上托出去。现在妇女改嫁已受到法律的保护。

3. 姘居

姘居也叫“搿伙”，是一种非正式的婚姻关系。旧时，姘居者多住女家，互相不以夫妻称呼，女方的子女称男方为伯或叔，男方子女称女方为婶或姨。女方一般是有夫之妇或者丈夫死去，或者丈夫在外久居不归，遂招姘夫以养其家。姘居没有婚约约束，易致分开，有时一人可有几个姘头。现在姘居者几乎绝迹。

4. 拉帮套

在过去，丈夫患重病，不能抚养妻室、赡养老人，妻子在征得丈夫同意后，另外寻找一名心地善良的男人担负全家生活，丈夫去世后与此男人结为正式夫妻继续生活，这种非正式的婚姻关系叫“拉帮套”，又叫“拉边套”。

拉帮套的原因，一般是女事主丈夫有病或无能，加上子女多，生活负担重，难以独力支撑，男事主往往身强力壮，单身，有的还是外地来的帮工，在当地无亲无故，帮助女家照料家庭各项事情。双方往往有一定感情，男方和女家共同进餐，共同劳动，但夜晚宿于厢房。女主人不开工钱给男方，而以性服务作为报偿，男主人认可，社会也承认。有时甚至连后代是男主人还是拉帮套之人所生也难以分辨。新中国成立后，此俗被视为陋俗，公开拉帮套者已绝迹。

5. 兼挑

兼挑又称“兼祧”“一挑两支”“一承两挑”“一子顶两门”“借子传孙”“借子婚”，是一种以生养后代为目的的婚姻形式。两个亲兄弟，一个有一独子，另一个无子，为了防止无子的兄弟绝户，在两家协商自愿的情况下，让独子同时继承两家的宗祧，两家各为其娶一房妻子，两房妻子所生之子各为两家祖父母的嫡孙，分别继承两家的财产，分别延续两家的香火。[1] 此俗新中国成立后被禁止。

6. 典妻

典妻又称“租妻”“借肚皮”“租肚子”，男人将自己妻子典租给别人为妻，暂时中断原来的夫妻关系，是旧社会买卖婚姻派生出来的临时婚姻形式。

被典者往往家庭贫困，丈夫因无业或患病，无力维持生计；而受典者往往已婚无子，家财富足，需要子嗣。于是两个男人一拍即合，满足各自需求而租典妻子。是否租典一般由丈夫决定，有时候甚至不需要征得妻子的同意。但也有少数已婚女

[1] 张廷兴等编著：《中华民俗一本全》，南宁：广西人民出版社，2013 年版，第 150 页。

子或寡妇，在无以为生的情况下而自典的。[1]寡妇出典通常是丈夫亡故后子女幼小，无力养家，乃立约将自己出典他人为妻，但住在自己家里，受典人每年供出典人钱粮，维持寡妇全部生活开支，至期解除典约。

出典时有媒证，有契约，一式两份，各执其一。契约写明出典价格、年限、受典期内不得与原夫同居、所生子女归受典人等条款。典妻进门，不举行仪式。典后仍然保持原配夫妻的婚姻关系，典期满后恢复正常夫妻关系。

7. 纳妾

纳妾俗称“讨小老婆”“娶小婆子”“讨小”，指男子在正妻之外另娶女子为偶。旧时男子享有多妻特权，可以妻妾成群。妾即正妻之外的妻子，地位很低。纳妾者一般为官宦或富豪，有的因正妻无子，纳妾生子传嗣，有的则纯粹是为性的满足，或为炫耀财势。纳妾一般只举行简单的婚礼，有的直接用金钱购买。

8. 私奔

私奔，俗称女被“拐跑了”，或称男“领大闺女跑了”，是一种逃婚形式。通常是男女接触机会较多，产生感情，自由恋爱，遭家长或其他力量干预，斡旋乏术，又不忍分手，故相偕逃婚。有的逃婚者过一段时间即返乡认亲，家长若通情理，往往和好，结局美满；若家长愚顽，往往不认，终生尴尬。有的则终生不返乡。

9. 荒娶

荒娶俗称“冲喜”。有的荒娶是趁父母病危之际赶快娶亲，以为可借喜事挽救父母垂危的生命。也有的是父母病危，希望看到子女完成终身大事，可了却心愿，含笑瞑目。还有的儿子有病，父母以为可用结婚大喜冲走病魔，因此酿成悲剧，使嫁女守寡终生。比如妇孺皆知的孝女颜文姜，就是在未婚夫病危时为冲喜而荒娶过门的。有“寅时娶进颜氏女，卯时死了郭家郎”之说。[2]

10. 冥婚

冥婚又称“结鬼亲”“㧟鬼亲”“结冥亲”“㧟死亲”，是一种为死人缔结婚事的婚姻形式。民间称撮合冥婚者为“鬼媒人”。

冥婚的特定条件是独生子未婚而亡，需过继立嗣，以继承家业、侍奉双亲，这就需要寻找一位未出嫁而亡的女子之体和男方之体合葬。冥婚也和结婚一样，需要媒人说合，合命㧟婚，下婚约婚书，正式缔结姻亲。到选定的吉日，抬着死者加红罩衣的灵柩直至女坟。此时，女坟前摆下香案祭馔。待男方棺木落地后，灯烛齐明，焚香烧纸，男家主婚人单腿跪地，面朝女坟宣读婚书祭文，读毕焚化。然后由男方过继的奉祀人身着孝服，双膝跪地，酹酒三樽，一拜四叩，礼毕，起出女灵加红罩衣。孝子在前，两抬大罩，男前女后直到男方墓地，并骨埋葬，并为亡女立下神主，以备祭祀。此后，两家按正常亲戚走动。

[1] 许嘉璐主编：《中国古代礼俗辞典》，北京：中国友谊出版公司，1991 年版，第 282 页。
[2] 冯梦令主编：《淄博文史资料》（第九辑），北京：中国文史出版社，2005 年版，第 445 页。

11. 服内婚

旧礼俗规定身有孝服者不能举行婚礼，有的人家婚期临近，忽然遭逢丧事，若改变婚期，则要推迟一年以上，甚至要守孝三年之后才能举行婚礼，所以只好在服孝期内成亲。这种情况下婚礼一切从简，通常是用轿把新娘娶来后，新娘即脱下吉服，换上丧服守孝。有的女方父母有丧，男方将轿抬至坟地，等下葬后，新娘脱去孝服，换上吉服，谓“乘凶纳妇”。现在虽然也有子女在父母丧期内成婚的情况，但却没有从前那些讲究了。

12. 离异

离异即男女双方解除法定的婚姻关系，又称“离婚”，民间俗称“散伙”“拉倒”。照理男女双方都有提出离异的权利，但在传统社会，离异的主动权基本在夫家手中，丈夫若对妻子不满，一纸休书就可以将其送回娘家，谓“出妻”“休妻”。也偶有女子主动提出离婚并达到目的的。封建社会妇女地位明显低于男人，主动提出离异的妇女，不仅需要极大的勇气，甚至要付出比不离异更大的代价。

夫妻关系是在契约基础上建立起来的，离异乃是十分自然的事情。但离异毕竟是社会和家庭稳定中的破坏力量，所以社会舆论并不主张离异。

13. 再婚

再婚包括男子续弦和女子再嫁两种情况。

丈夫在妻子死后，再续娶一个妻子称“续弦”“续娶”“续室”“续继”等。自古以来，妻子死后，男子续弦是天经地义之事。续亲是续弦的一种，指丈夫在妻子死后，娶妻子的妹妹为妻，妹妹接续姐姐做妻子，所以称“续亲”。

妇女再嫁分寡妇再嫁和离异再嫁。旧时，寡妇改嫁几乎不被认可，新中国成立后，再嫁受到法律保护，逐渐得到社会和民众的认可与支持。[1]

（三）婚制发展

在传统民俗中，婚姻不仅仅是当事人，更是两个家庭，甚至是两个家族的事务。所以，家庭夫妻关系的形成以“父母之命、媒妁之言”为准则，男女当事人对自己的婚姻基本上没有选择的自由。而“父母之命、媒妁之言”又大多以“门当户对”或家庭经济情况为标准，对于年、貌、品、才，甚至身体状况，都不甚在意，更别提感情。男女双方婚前可能都没有见过面，婚后感情状况普遍不理想，没有建立在两情相悦的基础上的传统婚姻酿成了许多悲剧。

新中国成立后，《婚姻法》颁布实施，千百年来婚嫁听从“父母之命、媒妁之言”的习俗得到彻底改观，虽然仍有父母对儿女的婚事横加干涉，但青年人有法律做保护，也敢于和封建婚姻制度抗争，因而传统的订婚仪式逐渐减少。青年人逐渐成为掌握自己婚姻命运的主人，父母逐渐退居次要的“顾问”位置。

20 世纪 50 年代，当事人对自己的婚姻大事基本上能够做主，但必须经过父母

[1] 离异、再婚参见张勃主编：《齐鲁特色文化丛书 · 礼仪》，济南：山东友谊出版社，2004 年版，第 139 ~ 142 页。

认可，然后再由介绍人（媒人）说合，男方通常给女方买一些衣料、鞋袜、围巾之类作为订婚礼物。稍后一段时期，男女相约进县城照相馆照二寸半身合影，照片男女各执一份为信物。照相的同时，往往在县城商店为女方购置衣物。男女在订婚后结婚前不见面、不来往的老规矩被打破，逢年过节，男方亲往女家送节礼，女方也可以正大光明地去婆家，帮助婆家干家务。少数城镇男女青年开始自由恋爱，但都是在不公开的状态下进行，若在公开场合或工作时间谈恋爱，或者有亲密的表现，往往招致非议，甚至被有些领导认为生活不严肃、不正派，有的甚至被记入档案。一般情况下，男女“自谈”一段时间之后，如果觉得可以，二人便约定时间，男方去女家做客，实际上是让女方父母相看男方，女方父母如果相中男方，女方再去男家请男方父母相看，女方父母如果相不中男方，便作罢。如果二人感情特别好，则往往要经过一番努力后才能结成夫妻。如果双方父母都表示满意，此后两人便可在公开场合形影相随，并可随意出入双方家庭。

20 世纪 60 年代，“自谈”已被农村认可和接受，但还不是主流。在结婚日期的约定方面，农村仍然看重按生辰八字选日子，而城镇多选择元旦、五一、国庆等节日，或选双月逢六的日子，取六六大顺之意。婚礼形式方面，20 世纪 50 年代初期，农村基本因循旧制，只是摆天地桌拜天地的明显减少，要年命、八字的也减少了。花轿基本绝迹，而代之以马车、独轮推车，城镇有用自行车的。

“文革”期间，婚服不再是红袄红裤，而代之以时装（军装）。进门不拜堂，先向挂在堂屋墙上的毛泽东像三鞠躬，致礼祝寿，背语录，合唱《东方红》，有的还奏国歌。之后，散喜糖，入洞房。有的行完礼不入洞房，而是下地干农活，叫“干革命”。挑红、撒帐等很少见，听房、闹房则禁之不止。也有旅游结婚的，但必备“红宝书”（《毛主席语录》时称“红宝书”）。

20 世纪 70 年代初，乡村多以地排车、独轮车送嫁，拜堂改为先拜毛泽东像，再拜公婆，然后坐帐。70 年代末，新娘乘敞篷三轮车或拖拉机出嫁。城镇多采取旅游结婚，归家后散烟散糖，设宴待客，闹房、听房反比以前更甚。80 年代，农村大兴拖拉机迎娶，不少地方用收录机放乐曲代替乐队，城镇开始兴起轿车迎娶，讲排场，大操大办，迎娶时必请人照相。这一时期，人们较为注重实际，因而城乡青年订婚时都有大要彩礼的风气。90 年代，农村订婚开始看重人本身的素质、才华与潜力，姑娘争嫁专业户、文明户、小能人，而县城青年仍然看重物质、经济方面的因素，男女都争相在收入高的行业中择偶。但无论城乡，自由恋爱均已蔚然成风。在农村，婚礼呈现两极分化趋势，一方面有人举行婚礼极其简单，贴副喜联，放挂鞭炮，家人吃顿团圆饭即可；另一方面有人大操大办，追随城市风尚，雇轿车，摆筵席。城市婚礼亦趋向多样化，有的采用传统形式，有的借鉴西方模式，有的新旧参半；有的简朴，有的铺张；高档豪华车接送，饭店酒店摆席、照相（有条件的用录像机录像）等已成风尚，闹房、听房等则有淡化趋势。

21 世纪，随着社会和观念的不断开放，订婚、结婚仪式日益趋向多元化。在乡村举行婚礼的当天，男家租车到女家迎娶，时兴一辆白色轿车打头，一辆老爷车殿后，谓“白头到老”。举行婚礼时，新郎身着西装，胸配写有“新郎”字样的红花，新娘着白色婚服，胸配写有“新娘”字样的红花，上头、开脸已被美容店或者婚庆公司化妆替代，婚礼议程也演变为一拜天地、二拜高堂、夫妻互拜、主婚人讲话、证婚人讲话、来宾致辞、入洞房。在县城举行婚礼，有的委托婚庆公司，而自家操办的，大多也借鉴婚庆公司的程序，或者略加增删。不论城乡，均请婚庆公司代为录像，并刻录光盘纪念。其余方面依然遵从旧俗。

二、婚礼

现代婚姻礼仪多由传统“六礼”传承变异而来。即使有所变通，总不脱议婚、订婚、迎娶等程序。所谓“六礼”，是纳采、问名、纳吉、纳征、请期、亲迎六项。当代婚礼新旧互见，订婚、迎娶仪式趋向简单化，婚礼形式逐渐多样化。

（一）议亲

1. 一般议婚

议婚阶段的主要程序是：首先，男方请媒人提亲。多是男方主动向女方提亲，但也有女方主动向男方提亲的，称“倒提媒”，常被认为是不体面的事情。提亲相当于“六礼”中的纳采。其次，提亲后，男女双方要相亲。这是男女双方的进一步考察，双方父母往往暗地里托亲友打听对方家庭、财产（土地、牲畜等）情况及祖辈人的德行、人品，以核实媒人的话是否可靠。若双方都满意，就可以进入合婚阶段。[1]

旧时议婚父母之命至上，男女双方甚至不见面，直到入洞房后才相见。20 世纪 50 年代中期开始兴起见面，男女双方约定某一地点相看。70 年代后流行男方给女方见面礼，最初是吃食，后来多是 1001 元，表示“千里挑一”，极个别的给 10001 元，表示“万里挑一”。如今则大兴自由恋爱。

2. 特殊议婚

旧时特殊议婚主要有指腹婚、娃娃亲、童养媳、表亲婚、转房婚、换亲数种。

指腹婚也称“胎婚”。两家妇女同时怀孕，孩子还没出生，双方即指腹相约，预订婚事，并割衣襟作为信物。如果双方都生男孩便结为干兄弟，都生女孩则结为干姊妹。此礼俗自元代开始明令禁止，新中国成立前仍时有所见。

娃娃亲是指孩子在襁褓时期，双方家长便给定下亲事，待长大后再举行婚娶仪式，期间无论出现什么意外情况，都不能悔婚。

童养媳又称“团圆媳妇”“送童养媳妇”，实际是一种买卖婚姻。童养媳大都出自贫寒之家，父母因无力抚养，以一定数量的钱、粮为代价，将女儿送往婆家寄养。因此，童养媳往往地位低下，备受欺凌，不仅担负繁重的家务劳动，还会受到家庭成员的虐待。待长到结婚年龄后，再与丈夫成亲。

[1] 张勃主编：《齐鲁特色文化丛书·礼仪》，济南：山东友谊出版社，2004 年版，第 75 页。

表亲婚也称“姑舅亲”“姨娘亲”，是为亲上加亲，由兄弟的子女与姊妹的子女之间或姊妹的子女之间结成婚姻的一种形式，现已明令禁止。

转房婚又称“收继婚”，指收继他人妻子为自己妻子的婚配方式，是古代群婚、共夫共妻习俗的残余形式，具体表现形式为兄亡嫂转嫁给弟，弟亡弟媳转嫁给兄，姐亡妹嫁给姐夫。旧时也有父亡父妾转嫁嫡子、伯叔亡伯叔母转嫁侄儿的。现在因为纳妾制度已废，收继父妾、伯叔母者已不存在。收继婚避免了因为未亡人转与他人成婚而造成的财产和劳动力的外流，而且对亡夫亡妇的子女做了最理想的安排，解决了死者家庭许多实际困难。这种婚姻一般不举行什么特别的仪式，也无须再行聘礼，可以省去大量的聘娶费用。这也是此种婚姻形式曾经广泛存在的原因。

换亲即双方家长通过媒人协商，两家未婚男子互换其姊妹为妻。若由两家扩大到三家甚至四家，则叫“转亲”。这种婚姻给男女青年身心造成极大影响，婚后很多人不和，离婚。换亲、转亲或不收聘礼，或相互交换聘礼，现今偶有所见。

（二）订亲

订亲即订婚，又称“传启”“定亲”，这是缔结婚姻的第二个阶段，相当于“六礼”中的纳吉礼，标志着男女双方正式确定婚姻关系。此后，男方择定举办婚礼的吉日良辰，通知女方，女家为女儿置办嫁妆。[1] 民间传启分为传大启和传小启。

1. 传小启

订婚有小定与大定，小定名目不一，多称“传小启”，又称“通小启”“传小帖”。传小启是双方初步落实婚姻意图的一种书面形式。

各区县对传小启的重视程度不一。有的地方比较重视，男方要在红漆礼盒或者拜匣内放上耳坠、戒指、手镯等押帖物。有些地方还要给女方衣物。有的地方传小启与看家产、相亲合而为一，当天男家准备酒菜招待，同时派人随女方购买衣服及日用品，由男方付款作为彩礼。在时兴见面礼的地方，还将现金、衣物一起包在一个红包袱内，由媒人送到女家。女家回启时，一般放麸子、盐、糖、艾蒿（也有的地方男家传启时即包两包麸子、两包盐、两包糖、两包艾蒿，女家留一包，回一包），以表示有福、有缘、甜美、相爱。男方是读书人的，女方则回送文房四宝、四书五经等。有的女家只取见面钱的一部分或分文不取，放在原包袱内退回，只留下衣物。媒人往来传递红包袱，叫“过红儿”“递红儿”。

此后，男方一般不能悔婚，女方如果不中意，允许悔婚，这叫“羞男不羞女”。有些地方，提出退婚的一方还要付给另一方一定数目的“青春损失费”。

2. 传大启

大定则叫传大启，俗称“下通书”“传柬”“过大帖”“换大帖”“吃大面”“下媒启”等，表示正式交换婚帖，签订婚约，确立两家婚姻关系。

柬帖分男女两执，中间骑缝相连，封套用玫红纸做成，上书一句“百年好合”“五

[1] 张从军主编：《图说山东·民俗》，济南：山东美术出版社，2014 年版，第 60 ~ 61 页。

世其昌”“天成佳偶”“永结同心”之类的四言吉祥语。也有的（如张店）男家柬帖上写有“敬求金诺”，女家回帖写有“仰答玉音”等字样，作为定亲的书面依据。

传柬要挑黄道吉日，选在农历双月双日，用二月初二、六月初六的颇多。传柬这天清早，男方把媒人请到家中，把聘礼（衣料、首饰、化妆品之类，有的还有聘金）用一对大红包袱包起，连同庚帖，一起送到女家。女家以烟、茶、糖果招待媒人，留下庚帖及聘礼、聘金，将女方庚帖交给媒人，附回香、艾、盐、麦（每样用红纸包成两包）或文房四宝等带给男家。男家设宴招待媒人，以示酬谢。传柬仪式完成，标志着婚姻关系的正式确认。男女双方进入结婚大礼的准备阶段。[1]

旧时大启具有法律效力，相当于现在的结婚证书。如果男方因故死亡，女方须终身守寡，再嫁则被视为不贞；如果女方因故死亡，则可以将尸体抬至男家，在男家举行简单的婚礼（拜堂时由一人抱鸡代替亡女），葬入男家祖坟地，此后男方可以再娶，但亡女正房的名分不变。有些地方无传大启与传小启之分，通启和允启只有一次，有的甚至不用婚启，只凭口头一诺，即订下终身大事。

（三）请期

请期即送日子，又称“看日子”“通日”“送好”“会话”“下婆帖”“问口”“下礼”“查日子”“送娶牌”等，先由男方托媒人至女家“要日子”，此即“六礼”中的请期礼。女家将嫁女的生辰八字用红纸写好，交媒人带回男方。男方据此请算命先生“查日子”，选出对男女两家均无相冲相克的黄道吉日（一般是上半月或下半月各一日），征得女家同意后，将婚帖（年命帖）用红纸书写两份。帖上写明迎亲日期和男女双方的年龄、属相、生日、时辰禁忌、迎送女客、上下轿的时辰、上下轿时轿门方向等。一份留在男家，一份托媒人送往女家，叫“送日子”。

在送日子时，有的男方还应女方要求送钱一宗，叫“盒子钱”。这部分钱的用途是：一部分添置嫁妆，其余部分给嫁女“压柜子”，叫“子孙钱”。[2]

有的男方送日子这一天还要向女方送聘礼。聘礼多是红衫、蓝袄面、戒指、坠子、带子（取“带来儿子”之意）、袜子（取“挖来儿子”之意）等。送时用红包袱包好，上插柏枝（取“长命百岁”之意）。

送日子后，结婚的日期确定，除特殊情况，一般不会变更。

新中国成立后，多选纪念日或节假日举行婚礼。

（四）备喜

1. 布置新房

男方要在婚前一个月左右把新房和喜床布置好，新房是男家备喜的重点项目。旧时儿子结婚时父母并不一定为他盖新房，在偏房结婚者为数颇多。只要把房子装潢粉饰一新即可。现在多在新房、正房结婚，在偏房结婚者极为罕见。总体看来，新房愈来愈大、愈来愈洋气。

[1] 冯梦令主编：《淄博文史资料》（第九辑），北京：中国文史出版社，2005 年版，第 440 页。
[2] 冯梦令主编：《淄博文史资料》（第九辑），北京：中国文史出版社，2005 年版，第 441 页。

大多数人家在订婚之前便已盖好新房，送日子后就铺设新床、贴喜联、张灯结彩，还要洒扫庭除、整理院子、做新衣服（新郎尤其要穿贵重、体面的衣服）、整修锅灶，添置各种用具（财力达不到者向街坊邻居借用），以备结婚之用。

2. 铺喜床

铺床又叫“铺房”，是布置洞房的最后一道工序。铺床前先安床。安床一般在婚礼当日早上，安放婚床并铺上秫秸草席。讲究床的安置方位和走向，一般是将床安在洞房下首（左边）山墙与另一面墙相交的位置。靠山墙意为有靠山，父母在上，不可称大，故而要在下首（有的地方称“下位”）。安床位置及方向依据女方属相、命相推算，安床人多请大伯哥和叔公担任。

铺床通常包含两项内容，即铺婆家准备的床上用品与铺娘家准备的床上用品。一般先由婆家请的、丈夫健在、儿女双全且属相与新娘相合的婶子或嫂子二人，将婆家准备及亲友赠送的毯子、床单悉数铺上，然后铺上婆家套的褥子（俗称“铺”）、被子（俗称“盖”），一般人家是两铺两盖。新娘娘家陪送的被褥（通常也是两铺两盖），则由女方陪嫁妆而来的铺床人与婆家请的铺床人共同铺于床上。

铺床的一般过程如下：先把床腿各用一包着红纸的砖垫好（据说红砖能镇邪），床前放上踏凳，两头各放一块包红纸的年糕（象征步步高登）。然后把谷秸、黄草（预示吉祥）铺在床上，床两头各放一棵芝麻秸（预示多子）、一棵菠菜（谐音“博才”），再依次铺上红席（用红高粱秸的皮编就）、红毡、被褥，最上边撒上栗子、枣、花生、铜钱，边撒边念祝福语，预祝新婚夫妇子孙满堂、生活幸福。

床铺好后，一般不能空着，铺床当日即行婚礼的，往往让小男孩或金童玉女（幼男、幼女各一人）在床上打个滚或坐一坐，叫“压床”，也叫“不空床”，以求早生贵子、儿女双全。临淄地区，结婚前一天晚上，新郎的哥哥要在新房内睡觉，新郎若没有亲哥哥，堂哥也可以，但必须是同族、同姓的本家。[1]

3. 贴喜联

男家为迎亲要张贴对联。常用喜联有：

共结丝罗山河固，永偕琴瑟天地长。

玉镜人间传合璧，银河天上渡双星。

良辰巧逢三合日，典礼正遇吉庆时。

洞房花烛三星照，金榜题名万世昌。

同心同德成连理，互敬互爱结丝罗。

五色云临门似锦，七香车拥辔如琴。

鸾凤和鸣花烛夜，金屋藏娇著乾坤。

三星高照衍百世，郎才女貌好千年。

携手同行结婚礼，并蒂常理开莲花。

[1] 白云翔主编：《文化临淄》，济南：山东人民出版社，2021 年版，第 269 页。

红叶题诗蓝田种玉，黄花酿酒黛笔画眉。

常用横批有：

天作之合、锦堂燕喜、龙凤呈祥、五世其昌、鸾凤和鸣、万福之源

洞房门上常用对联有：

洞房花烛夜，金榜题名时。

红梅多结子，绿竹又生孙。

女家常用对联有：

香车临门嫁淑女，鼙鼓紧奏催红妆。

宝马迎来天上客，香车送出月中人。

常用横批有：

之子于归、宜其室家。

贴对联时，门上贴喜或双喜（囍）字，洞房内贴《百子图》《吉庆有余》《麒麟送子》等年画，顶棚、床帷子上贴剪纸，窗户上糊红纸，并贴《喜鹊登梅》《梅开百子》等窗花。现在往往在显眼位置挂婚纱照。总之，一切要布置得热烈、喜庆。

4. 请总管、定大客

娶亲是人生大事，礼仪繁多，耗资巨大，民间称“公事”。主家往往提前数日请好总管，即一位夫妻双全、子孙满堂、见多识广、懂得相关礼仪、深谙人情世故及待人接物之道且有较高威信的长者，或称“大总管”“红总”“执喜人”。总管按照主家意图安排写对联，下请柬，启用轿车，请乐队、厨师、账房先生（有内、外柜之分）、勤杂人员，安排搭棚（有的地方要搭厨房棚、候客大棚、吹乐小棚三个棚，婚礼前三天就得上人动手）、迎亲、送亲、搬客、宴客等事宜。

临嫁前，女家要定大客，请送亲婆和“忙下”。一般在有地位、有文才的伯父、叔父、舅父、姑父、姨父或堂兄、表兄中挑选两位担任大客。送亲婆一般由新娘本家的伯母、婶母或嫂子充当。“忙下”即帮忙的勤杂人员，其职责主要是抬、送嫁妆，帮助请、送客人，帮厨，上菜等，有的地方叫“帮忙的”“跑腿的”。

5. 办嫁妆

女方的备喜工作主要是准备嫁妆，嫁妆也叫“陪送”。旧时在闺女十几岁时就开始准备嫁妆，一是父母主动操持备办，二是女孩自己有意识积攒。准备嫁妆的原则是陪嫁不能少于彩礼。嫁妆的多少决定姑娘出嫁后在婆家的地位，所以父母要尽量多给女儿陪嫁。[1]陪送越多，娘家人脸上越有光，闺女到婆家才能抬起头来做人。嫁妆在不同时期的数量、档次、样式甚至加工方式都不一样，大多按“件”计算嫁妆，有四件、六件、八件、十二件……三十二件不等。一般而言，办嫁妆有三大项：置办家具、缝棉被、准备新娘结婚和婚后用的衣物。

[1] 张勃主编：《齐鲁特色文化丛书·礼仪》，济南：山东友谊出版社，2004 年版，第 90 页。

嫁妆之中最为重要的是枕头，它的制作要求相当规范：两头正方，直径半尺左右，枕面用蓝色细布或缎子做成，长二尺或三尺。在完成过程中，还有个名堂叫“填枕头”。即枕头做完之后，中间留个封口，用麦穰填个差不多后，放在大笸箩里，一边插上一双红筷子。再请两位富贵命好、儿女双全的全福老太太分站两边，左手撑开枕头缝口，右手用筷子夹着麦穰填好，每填一筷子，都要念叨一句吉祥语，如“一填金，二填银，三元及第聚宝盆，四季发财，五子登科”。[1]

近些年的嫁妆则多是现代化家用电器或美观大方的家具。闺女出嫁，娘要在陪送的箱子里押上枣、栗子、花生、一对芝麻秸、一对豆秸。枣、栗、花生寓意“早立子”“男孩、女孩花着生”，芝麻秸、豆秸意为“押上一对芝麻秸，生个孩子好做官儿”。随着社会的发展，此俗发生了很多变化，但催生袄仍不可少。

男女双方都要为新人套被子。被子供新人专用，又叫“喜被”。套喜被有许多讲究，一定要是双数，用新布新棉花，棉絮中还要放些红枣、栗子、花生，取意“早立子”“插花着生”，有的地方被子角上要缝上钱币，寓意富贵。

在临淄，结婚前几天，新郎家和新娘家都要做花饼子，叫“烙火烧”。这种小花饼，大的十几厘米，小的只有五厘米左右，用专门的木制刻花模具——火烧模子定型，有团花、喜字、鲤鱼、鸳鸯、麒麟、蝙蝠、并蒂莲等各种各样的图案。烙好以后，在中间点上红点。男方烙的火烧，掺上花生、红枣、喜糖、栗子，分别放到新人的箱子里、抽屉里、床角、枕头底下，意味着年年有粮、早生贵子。新娘家烙的火烧，则与花生、红枣、栗子等一起穿成串，钉到新被褥的四角，或散放在陪嫁的空隙里，寓意一辈子不缺吃的。[2]

6. 定妆容

新娘出嫁前须定妆容，有的地方待嫁女子在送日子后行加笄礼，即“上头”。开脸又称“绞面”“绞脸”，在婚前三天左右进行。开脸时，全福人或女方的姑、嫂等女眷，用香粉涂扑新娘面部，然后用红线或彩花丝线将面部绒毛、汗毛绞去，具有美容的性质。现在上头、开脸等事情，大多变为到美容院（店）去化新娘妆。

嫁衣是女子一生中最重要的服装，旧时大多是由女孩自己从小就开始做，一直做到出嫁前才完成。现在改为购置婚纱、旗袍或其他礼服。

（五）过礼

1. 送喜礼、填箱

送喜礼大都在喜日前十天左右。向男家送喜礼叫“送饭”，向女家送喜礼叫“填箱”，也称“添箱”“添花粉”。

逢女子出嫁，衣服、被褥、布料为最佳礼品，姑、姨、舅、姐还要送现金，俗称“压柜钱”。必定要有的一样就是果盒，过去是一方形木匣子，内盛糕点，现在通常是饼干若干，只要是双数即可。亲友送来礼物后，主家要把嫁妆的箱子、柜子装上实

[1] 冯梦令主编：《淄博文史资料》（第九辑），北京：中国文史出版社，2005 年版，第 440 ~ 441 页。
[2] 白云翔主编：《文化临淄》，济南：山东人民出版社，2021 年版，第 270 页。

物，俗称“装箱”。装箱、摆盒工作由临嫁女和自己的嫂子共同进行，嫂子向临嫁的小姑传授婚仪、房事知识及新妇之道。喜礼都要讲究吉利、喜庆，禁送谐音不雅的物品，如钟（终）、梨（离）、缎子（断子）等，此外还讲究送礼送双数，寓意成双成对。喜礼要记入账簿，俗称“喜簿”，以备将来还礼。

2. 下催妆

婚期临近，男家向女家送催妆礼，称“下催妆”“下催妆衣”，以此婉转地告知女方该把嫁妆送到男家了。男家于前一两日写好催妆帖，置备鸡、鱼、肉、点心等礼品，以及新娘嫁衣、头花、盖头与用于缝在被褥角的花生、栗子、红枣，还有两根穿着红线的针及筷子，一并装入多层的大食盒，贴好红喜字与喜封，抬至女家。借此探询女家送嫁妆、送亲时的人数以及性别，以便提前安排招待。女方收到催妆帖后，要发喜钱，宴请媒人和送礼人，表示知道该送嫁妆了。[1]

3. 送嫁妆

女方收取男方彩礼后便开始置办嫁妆，又叫“打造颜房”。“颜房”也叫“盐房”“缘房”“圆房”，“房”也写作“坊”，由“奁房”“奁妆”“妆奁”音变而来。嫁妆的内容和数量，根据经济条件而定，但也有些基本讲究。比如缝新被褥，要选好吉日，请儿女双全的妇女帮助缝，叫“棉被子”。这个“棉”是动词，包含絮棉花、纤缝等工序。被褥数量讲究几铺几盖，皆为双数。又如置办新衣，也有讲究，博山就有“冬五套、夏六套、不冷不热七八套”的说法。最重要的嫁妆是家具。旧时一般为一张桌子、两把椅子、两顶箱柜，称“五色颜房”。这里的“色”是样式和种类的意思，而不单指颜色。有些地方置办家具，还要加上床或其他东西，比如桌面上摆放的大小镜子、梳头匣子、茶具、一对双灯芯的长命灯，有的还加了座钟，有的还有布门帘。后来家具增加了立柜、衣橱等，并改由男方直接打造。颜房要在出嫁前由专人送到男方家，叫“下颜房”“送颜房”。博山是男家来搬取，叫“搬缘房”。抬颜房用的抬盒要用红纸铺垫，绳子染红一端，桌椅等大件上挂角形红布或贴双喜字。改为男方打造家具后，女家也要用车把衣被等拉到男家，装入箱柜内，称“装（这里读去声）箱”。[2]

民国年间，大户人家的送嫁队伍还有武装护送，最前面是黄旗队两个班，皆穿军装，肩扛汉阳造快枪，队长戴金箍军帽，腰束武装带，左挎指挥刀，右背盒子枪，骑大红马压队。送嫁队伍最后是本村黄旗队一个班，身穿便衣，背土洋炮，吹拐子号护送。一路上号声、鼓乐声、炮声不断。行至男方村外落轿，由跟班一人、嬷嬷一人骑马前去请安报喜，交换陪、送客人的名片，返回时再放炮奏乐。将被子放在柜或箱上，压床的团圆饼放在八仙桌上，灯和油由一老者提着，穿衣镜让小孩子抱着，没有花轿，用独轮车垫上被子，一边坐新媳妇，一边坐送亲女客，车子一人推

[1] 张从军主编：《图说山东·民俗》，济南：山东美术出版社，2014年版，第61～62页。
[2] 张晓明：《送颜房——淄博嫁女婚俗》，2018年1月25日，齐鲁纵横，https://mp.weixin.qq.com/s/kcgPQFM7O358Z84c2zpf0A。

一人拉。女家送嫁妆时，派两个子弟跟车，一个叫“压车”，一个叫“挂帘子的”，请媒人坐在车上，俗称“压车头”。也有送嫁妆与迎娶合在一起的，即婚娶当日嫁妆随新娘一起过门，浩浩荡荡，十分壮观。[1]

随着经济条件的改善，嫁妆也随之变化。由旧三大件（70年代为手表、自行车、缝纫机；80年代彩电、电冰箱、洗衣机）改为新三大件（90年代为空调、电脑、家庭影院），家具也改为陪送席梦思床、组合柜、成套音响等。[2]

4. 搬客、暖嫁、离娘饭

女子出嫁之前，女家一般要把至亲请到家中吃喜酒，叫“搬客”。至亲一般不请不来，多由女方备车去接，被请到的人则备好喜礼前往。其他不是至亲，但送了喜礼的朋友，也要下请帖请来吃喜酒。吃罢喜酒，晚上要为临嫁女子暖嫁，也称“暖轿”。大户人家出嫁前三天进行，一般人家在出嫁前一天晚上进行，请一班吹鼓手或戏班吹打唱戏。新娘还要向父母行“辞娘礼”，感谢父母养育之恩。

离娘饭是待嫁的姑娘作为闺女在娘家的最后一顿饭，一般在结婚的前一天晚上进行，父母、叔婶、哥嫂等娘家至亲参加，新娘的母亲亲自掌勺，其他人不得代劳或帮忙。头道主菜是新郎上午派人送来的一只公鸡和一只母鸡，谓“离娘鸡（吉）”，意味着女儿离开亲娘亲理家政时大吉大利。另外桌上必有水饺、面条、白米干饭各一碗。饺子谐音“交子”，有早生贵子的意思；面条狭长，以喻婚姻天长地久；白米干饭则有白头偕老之意。饭菜备齐，母亲落座，新娘首先站起来，端起米饭递给父亲，父亲接过，绕桌一周，再递给哥哥，哥哥接过，端给新娘，新娘马上衔上三口，吐在手帕里，而后婶子或嫂子将手帕包拢，放在新娘的衣袋里，让她第二天带到婆家去。随后大家开始吃喝谈笑，新娘要感谢父母养育之恩及叔婶、兄嫂教育之情，长辈们也对新娘交代一番。此时，新娘往往悲喜交集，情不自禁落下眼泪，弟侄辈见状高兴地大叫，称这是给他们留下的“金豆子”，引得新娘破涕为笑，大家也开心而笑，一派欢乐气氛。随即席散人去，分头为次日的出嫁仪式做准备。

结婚前几日或当日，男家也要搬客，情形与女家相似，但吃喜酒的时间是在婚礼后。通常在结婚前若干天至结婚前一天就要用请帖通知亲友。请帖为一红纸柬帖，上书：“×××先生：×月×日小儿完婚，喜酌候光（或洁酌恭候）。×××鞠躬，×年×月×时，席设××。”被请之人届时赴筵即可。

5. 搬圆房

即结婚前一天男方派人（称“行人”）到女方家将陪嫁的物品运到男方家中。男方这天厨师到位，喜楹联张贴上门，张灯结彩，门口悬挂大红灯笼、彩旗。嫁妆

[1] 王伟：《淄博地区民间风俗习惯》，2018年10月13日，橘色资讯，http://www.jsgyjs.com/history/153957.html。

[2] 全国婚庆百科：《山东旧时婚嫁礼俗之三》，2022年8月26日，喜匠网，https://www.xijiang520.com/gonglue/189115.html。

多少由双方的经济条件而定，一般是大床、方桌、锁地桌、箱柜、两铺两盖等。

（六）迎娶

各地迎娶新娘过门的方式和时间存在较大差异，迎娶方式大体分为迎亲、等亲、送亲三种。迎亲即古时“六礼”中的亲迎礼，是新郎亲自去女家迎接新娘的迎娶方式，也称“大娶”，礼仪复杂、隆重，多为官宦、乡绅等有钱人家所用。等亲是新郎不亲自前往，而派其兄弟或叔侄到女家迎新娘。送亲是男家不派人去女家，而由女家把新娘送往男家。等亲和送亲也称“小娶”，因其礼仪比较简便，更适用于经济条件一般的家庭。

1. 迎亲

旧时结婚称“小登科”，无功名也可官服冠戴。新郎大多身穿长袍马褂，头戴瓜皮帽或者大礼帽，脚穿缎靴，胸前别一朵大红花。婚娶之日，吹鼓手最先来到喜主家门前，用大杆号对着主家大门鼓吹一通，主家听到号声，即开门将吹鼓手迎至家中，吹鼓手进喜主家后再去对着洞房鼓吹一通，叫“鼓洞房”。迎亲时一般有两乘轿子或者一马一轿，新郎骑马或乘官轿，预备给新娘乘坐的轿子叫“花轿”。花轿不能空着，一般要找一个父母双全的小男孩压轿，俗称“压轿童子”，或称“压轿孩儿”“压轿生”，轿内还要放上一只大公鸡，轿门上贴写有“吉星高照”字样的红符，执事的大扇上也要写“小登科”字样。

早饭吃过喜面后，迎亲花轿起程。新郎坐进官轿，炮响三声，锣鸣几棒，粗细乐齐奏，旗锣伞扇开道，人马花轿随行其后。

博山地区还有夜里娶亲的习俗。男家发花轿一乘，新郎在家等候迎接新娘。吉时一到，由全福老太太持点燃的红纸捻子查看花轿，然后由新郎的弟侄辈一人坐于轿内，称“压轿”，迎亲人手执灯笼火把径往女家迎亲。据说，明朝万历年间，西河翟凤翀官至兵部尚书。他的儿子倚仗老子权势，横行乡里，无恶不作，人送外号“翟三虎”。若有人家娶亲叫翟三虎知道了，他便派人去把新娘抢回来糟蹋。为使新娘免遭不测，当地百姓遂将白天娶亲改为夜间进行，久而久之，便形成了风俗。

2. 接亲

迎亲队伍行至女家门前，女家往往故意关上大门，将新郎拒之门外，提出让男方唱歌或送红包的要求，名曰“憋性”。男方帮客则要极力周旋叫门。

婚礼当天，新娘也要早起，盛装打扮。新娘出嫁前，要请儿女双全的妇女帮忙开脸。开脸时，全福人手拿红鸡蛋在新人脸上来回滚几下，并唱道：“红鸡蛋，满脸串，今天吃你的喜馍馍，明年吃你的红鸡蛋”。还要将新娘散着的发辫盘成髻，用簪子绾起。此后，女家的亲朋好友陆续到齐，女眷与新娘同屋共席，俗称“暖嫁”。[1]

临淄地区，结婚当日新娘家还要事先做好一桌子菜，包好水饺，招待前来娶亲的男方亲友。席间，男方亲友要偷偷地将新娘家的筷子藏起来若干，和新娘一起带走。到男方家后，用红布或者红纸包起来，放到新房内，意味着新人带着娘家的好

[1] 张从军主编：《图说山东·民俗》，济南：山东美术出版社，2014 年版，第 63 页。

运来，快快生子。新娘家会事先把很多筷子放到酒桌上，假装不知道男方亲友把自家的筷子“偷”走。希望自家的姑娘嫁过去以后，尽早生子，给夫家传承香火。[1]

出嫁时，嫁女需卧床哭泣，谓“哭嫁”。迎娶仪仗、花轿行至女家时，女家紧闭大门，事先在门外为迎亲者备好干草、秫秸，让其烤火等候。迎亲者不时敲门，催促嫁女尽快上轿。嫁女则踯躅再三，几经催促，直至媒人进来小心“赔不是”，乃至娘亲姐妹等人入室，好言劝慰，新娘方才含泪修饰。再经迎亲者一番催促，大门方启，嫁女以红巾蒙头（俗称“蒙头红”），盛装上轿，但仍哭个不停。[2]

嫁女上轿（俗称“出阁”），双脚不能踏地，须由父兄抱上轿去。一说，新娘难离家人，不愿出阁。又说，新娘双脚不能沾娘家之土，否则财气将被带往夫家。起轿后，一路不能着地，一直抬到夫家。有的女家还在轿内放块土坯，增加花轿重量，意在防止轿夫途中有意颠簸戏耍嫁女。送亲者必须有伯、叔和至亲娘舅，叫“官客”“大客”。另有担挂面食品者，随轿前往男家，叫“送随身饭”。

博山一带，新娘是被“抢”上车或轿的。结婚之日，新郎带车或轿，带着一帮人到女家去“抢亲”。新娘的兄弟背着她跑，伴娘在后面卫护，新郎则带人追赶，经过一番象征性的争夺后，才把新娘请上轿子。

3. 下轿

迎亲回归路上，迎亲人众只能说吉祥话，即使碰上难看的东西，也要以吉祥语蔽之。途经路口、井、桥、庙，要贴喜字或写有“青龙”字样的红条以辟邪。

花轿来到男家村头，先是鸣锣吹号，男方接客的出村迎接。抬轿者稳稳地颤动轿子，叫“压街”“晃街”“踏街”。粗细乐翻着花样地吹奏，送亲的、迎嫁妆的、迎轿的（即迎新娘的，有的地方称“迎新媳妇的”“架新媳妇的”，类似于伴娘）、接车子的男女老少簇拥着朝男家新房而去。花轿来到男家门口，迎亲的人首先对着花轿放一挂鞭炮，或三声响炮，花轿面对喜神所在方位落定。有时轿或车面对的方向与喜神所在方位不一致，男家便给轿夫及吹鼓手每人一个红包，内有四角、六角、八角或两元钱，谓“调轿礼”，让轿夫们把轿调过来。

男家预先在大门中间放一对红砖、两双筷子及香、艾等。有的还必须是属龙属虎的人去安放。砖，古代叫“甓”，意在避邪避煞；筷子，取快生贵子之意。时辰到，大门打开，燃放爆竹，新郎持香迎接新娘。为了不让新娘双脚沾地，惊动鬼神，其所经之处都要铺上红毡。一般只有三块红毡来回倒替，谓“倒毡”。

轿到男家门前，男家故意闭门不开，拖延时间，等候时辰，让新娘心烦意乱，叫“顿性子”“勒性”“憋性”“磨性子”“顿生性”，目的是把新娘性格磨绵软，好在进门后服婆家管教。一般由两个姑娘或者两个“全活妇女”（全福之人）掀开轿帘或车蒙布。新娘下轿后，头顶蒙头红，怀抱瓶、花等，由一对伴娘搀扶，沿毡路款款而行。有的左右两人打着火把，前面一人挑着火盆，来到大门口。门口放一

[1] 白云翔主编：《文化临淄》，济南：山东人民出版社，2021 年版，第 270 页。

[2] 冯梦令主编：《淄博文史资料》（第九辑），北京：中国文史出版社，2005 年版，第 443 页。

块捶布石，石上放一马鞍，鞍上放一串纸钱，新娘从上面迈过去，谓“前进平安”。二门口放一火盆，新娘迈过去，象征今后生活红火、旺盛。在新娘向院内走时，一路有人向其身上撒五谷杂粮、彩色纸屑、草节、麸子、栗子、枣、花生等，叫“撒谷豆”，目的在于驱邪。有些地方还同时撒火烧和饽饽，人们争抢为乐。

4. 拜堂

新娘被搀扶进院内，随即开始举行拜天地的仪式，这是婚礼告成的主要标志。拜堂所设的天地桌，放置于堂屋前，桌上放升、斗各一，里面装满红高粱，上蒙红纸，斗中插一杆秤，升内插一束香，并在升前竖一面铜镜。左右各摆一盏烛台，燃点喜烛。新娘和新郎并排站在天地桌前的红毡上，男左女右，按照“一拜天地，二拜爹娘（高堂），三夫妻对拜”的程式，跪拜（现在多数改为鞠躬）行礼。然后新郎从天地桌后边拐过去，并不进洞房，新娘由伴娘搀入洞房。有的地方在拜天地时，人们抓起斗内的高粱往新娘头上撒，叫“撒穗”，也叫“撒祟”。

（七）喜宴

新媳妇在洞房时，新郎及其家人要招待宾朋。待客的好坏往往直接影响男家的声誉及子女婚姻的质量，因此大多竭尽全力，甚至不惜债台高筑，也要高标准招待。

众多来宾中，新娘的娘家人（主要是男女送客）被视为贵宾，主家要把他们让在正屋上席就座，并请有身份的人作陪，以示尊重。宴席规格也高于普通宾客席，要另加“大件”，即增加二或四道高档菜。男家的陪客要热情布菜，频频敬酒，还要开喜钱、喜烟。让娘家人酒足饭饱，才尽欢而散。

除女方的送亲客外，男家的亲友也要请来赴宴，俗称“喝喜酒”“坐席”。古代人们宴饮时席地而坐，铺在底下的叫“筵”，筵长一丈六尺，上铺以缁布（黑色的麻布），覆在上面的叫“席”，席长八尺，上铺以绿色丝绸，所以宴饮又称“赴筵席”。古时宴饮每人一席，席前置一几案，后来出现了坐床（类似于沙发）、椅、凳等工具，并且有了饭桌，才出现了多人围聚一桌宴饮或用饭的情形。

各地多以小八仙桌为宴饮用桌，八仙桌的特点是桌的四条边长度相等，每条边前可坐二人，共八人。宴饮时座位有很多讲究，一般以饭桌靠后墙（所坐之人面对屋门）的一侧为尊，靠后墙及靠门的一侧又以右为尊，其余两侧中，右面的一侧为尊，同一侧内上面的为尊。女家来的大客要被请到上首，即靠后墙的一侧落座，且讲究“娘舅为大”，要让新娘的舅舅坐最尊贵位置。宴饮时饭菜也很有讲究，上多少个碟子、碗或盘，上多少个汤，敬多少次酒，往往是评判礼节是否隆重的主要依据，甚至第几道菜是什么菜，上几道菜后开始敬酒，都有严格规定。饭菜上到一半时，还要上点心，谓“中饭”。陪客之人席间要为大客斟酒夹菜、敬烟续茶，每上一道新菜，都要换到大客面前，总之要礼貌周到，不失礼节。

办喜事的人家，常有赶喜者来贺喜，民间称“赶喜”“赶喜郎”。赶喜者多是乞讨为生的穷人，听说谁家有喜事，便赶来凑热闹，主家除了用酒饭招待之外，还要给喜钱和喜烟。主家一般安排有专人打发赶喜郎，吩咐厨房上炒菜，温一壶酒，拿两包烟，用传盘端到门外（有的人家还安有桌子），另有赏钱用红纸包着。有时主家招待不好，赶喜郎还要讨价还价，酒足饭饱之后，还要一些干菜、馒头之类，近年发展到要两瓶酒、十元或二十元钱才肯离开。

（八）洞房

1. 入洞房

入洞房后，新郎用供桌上的秤将新娘的蒙头红挑下。揭盖头大多用秤，因为旧秤一斤为十六两，有十六个星，对应南斗六星、北斗七星以及福、禄、寿三星，有“吉星合到，大吉大利”之意。也有的地方用手或擀面杖揭盖头。[1]

2. 坐帐

有些地方，新娘要开脸、冠戴、重新梳妆，然后上床，面朝喜神所在的方位坐下，谓“坐帐”。此时，就有人端来栗子、红枣、花生等物撒在床上，谓“撒帐”。

旧时坐帐要坐三天，为此新娘在婚前数日即节食，临上轿前亦不敢饮水，以免坐帐时难堪，后来改为一天，或者象征性地坐一下午。新娘坐帐一般由未结婚的小姑子陪伴，也有的地方是新郎陪伴。坐帐时亲戚朋友、街坊邻居往往前来观看新娘，让新娘点烟，向新娘要糖果、点心吃，也有的是来看嫁妆，以此评判新媳妇娘家的贫富及其人缘。在临淄，结婚当天，新娘子入了洞房以后，就要老老实实地坐在婚床上，没有特殊情况不能乱走乱动。目的是牢牢守住自己的阵地，为将来稳稳当当地成为家里的女主人打好基础。坐床这天，可以跟人说笑，但不能抱别人家的小孩子，以免将来自己不生养，靠抱养别人家的孩子传宗接代。

3. 合卺礼

白天娶亲的婚礼，一般都在晚上喝合卺酒。合卺酒俗称“交杯酒”“交心酒”“合婚酒”“合欢酒”等，新婚夫妇合饮同心酒，象征夫妇合体相亲。此礼仪始于周代。古代合卺用瓢，将一瓠瓜剖为二瓢，新郎新娘各执一瓢，盛酒对饮，唐宋以来以杯代瓢。新婚夫妇须交杯共饮这两杯酒，故又名“交杯酒”，表示两人已结永好。这是夫妻第一次对面喝酒，通常有闹房者围观，气氛相当活跃。有换杯饮、牵线饮等方式。换杯饮，是一人左手执杯给右首的新娘，右手执杯给左首的新郎，夫妻同时各饮半杯，然后交换酒杯再饮。牵线饮，是用一根红线，两头各系一制钱，分别放在两个酒杯内，夫妻同时举杯一饮而尽，或者各饮半杯后交换酒杯再饮，但制钱不能扯出酒杯，为了凑趣，往往用很短的红线。

4. 闹房

行合卺礼时，闹房者集于洞房，将糕点、糖果“洗劫”一空。好事者往往巧设名目，戏谑摆布新人。饮交心酒时即可闹房，旁观者往往让新郎新娘互相夹菜，甚至互相喂菜。文雅一点的有“咬苹果”、“报户口”、“谈恋爱经过”、唱歌等，闹得过分的有“走板凳”“烩火烧”“啃糖”等。闹房俗称“吵喜”“闹喜”，一般吵吵嚷嚷半夜不休，远亲长辈往往在幕后指挥，得不到喜烟喜糖不肯罢休，最后是公婆

[1] 张从军主编：《图说山东·民俗》，济南：山东美术出版社，2014 年版，第 66 页。

出面解围、许愿，甚至赠以烟、糖，闹房者方才离去。更有甚者，新婚之夜在洞房窗外窃听新婚夫妇言谈举止，以此笑乐，俗称“听房”。婚期内闹喜房三日，称“三天之内无大小（老少）”，过了三日，就得规规矩矩了。

（九）婚后

1. 送小饭

新婚三天中，嫁女父母为了表示亲情，增强女儿生活在新环境中的安全感，要不断给嫁女送食物，叫“送小饭”。新娘每闻“娘家送饭来了”的传呼声，当即倍感安慰。在临淄，新娘过门后前两天吃的饭，一般由早先嫁过来的同村妇女来送。有面条、水饺、炒菜等。做好后放到饭筐中，用红布盖好，趁热送来给新娘吃。同乡多、送小饭多的话，新娘要每个人的都吃点。若没有同乡，夫家或娘家也要商议着安排一个与新娘有关的妇女给新娘子做饭、送饭，一是体现新娘老乡的情谊，以便过门后好联系，互相帮助；二是证明除了婆家人，新娘子也有很多人关爱照顾。[1]

2. 请安、叫媳妇

新娘过门之后，要“坐庐账”两天。第三日早晨新娘下床之前，婆母要先至洞房，往地下撒“子孙钱”，并将两把笤帚置于门后，新娘下床后，两手各执笤帚扫地下钱币，共扫三下。新娘一边扫，婆母一边唱：“一扫金，二扫银，三扫子女一大群。”随后，新娘由妯娌姑娘陪同参拜二老。拜毕，则由姑姨将新娘请至家中，叫“搬媳妇”。新娘参拜后，长辈要给新媳妇“磕头钱”。

下午，新郎、新娘前往家庙或者祖茔拜谒，俗称“上三日坟”。归后，叩拜族中长辈。新婚后，新娘要与其他家庭成员、族中亲戚一一相见，并给至亲长辈行磕头或鞠躬礼，称“认亲”。至此，新妇才算是正式被接纳为家庭成员。

同日，新娘还要给婆母做条新裤，谚云“待要富，三日给婆婆做条裤”，实际是婆母要考察儿媳针线活的水平。为了打响这“第一炮”，新娘无不加心用意。[2]

3. 婚后回门

婚后新郎陪同新娘回娘家，或者由娘家选人至男家“搬闺女”。这是新嫁女婚后首次归省父母，叫“回门”。娘家人非常重视三天回门，因此新郎事先无论是从思想上还是在行动上都要有所准备，争取给岳父岳母留下好印象。出门前事先备齐礼品，一般是四件。回门一般在上午九、十点钟动身。新郎新娘应认真修饰、打扮，回到娘家，首先要问候老人。这时，新郎就应改口，跟新娘一样称岳父母为爸爸、妈妈，要叫得自然、亲切，对待亲友和邻居也应表现得亲切热忱、彬彬有礼，见人先打招呼，以礼相待。就餐时，新娘要陪着新郎，一一向父母、亲友和邻里敬酒，感谢大家对自己新婚的祝福。饭后再陪父母聊一会儿，然后再告辞回家，并主动邀

[1] 白云翔主编：《文化临淄》，济南：山东人民出版社，2021 年版，第 270 页。
[2] 冯梦令主编：《淄博文史资料》（第九辑），北京：中国文史出版社，2005 年版，第 445 页。

请二位老人和兄弟姐妹到自己家里做客。

过去一般三天回门，现在则一般婚后第二天回门。女方娘家去请新娘回门的人选十分讲究，应是三代人，即新娘的长辈伯父或叔父、平辈长兄或弟弟，晚辈侄儿。长辈中最理想的人选是父母健在、儿孙满堂者。因为是头一次去男家，道路不熟悉，男家往往一早收拾利落，备好上等烟茶，派人到村头迎接。见面后由新娘逐一介绍，按长幼辈分落座寒暄。同时新娘收拾好一些红布包袱，小别婆家。路上，新娘要将两盒特意留好的喜烟分赠给娘家来接的人，到家后还要将饼干、糖果等分送给父母及前来问候的婶子、大娘。据说吃了新人给的东西，年老时腰不酸腿不疼。

婚后第三天，新娘由娘家返回婆家。娘家要备好饭食、点心等礼品，用两只篼子分盛，有“成双团圆”“甜蜜幸福”之意。饭食一定要用新蒸的热馒头，要大、圆、热、软，象征着婚后的日子“热乎软腾”。另有一把篦子、一把梳子，谐音为“一辈子有福”。一应礼品装入篼子，带到婆家。婆家要设宴隆重款待客人，饭菜质量上乘，陪客者反复劝酒，唯恐失职不能尽主人之意。待到酒足饭饱，还要陪客人寒暄叙谈，直到夕阳西下，主送客归。

回家后，新娘随新郎一起拜见公婆及各位长辈，即古代三日庙见之礼。中午女家邀亲眷去男家送礼申谢，谓“餪敬”。也有的地方是结婚后三日女家来男家为新娘“开箱”，四日新人夫妇同至女家，当日同归，或新郎先归，留新娘住几天。也有的地方是在回门之后行庙见之礼，会亲族，分大小。这时新娘要把回门时带来的鞋、枕等物分给全家老少，谓“散针线”，或称“送生活”，长辈要有回赠。

第四节 寿 庆

寿诞是成年进入老年时期的一种生日庆贺习俗，以祝寿、祝吉为目的，以酒宴乐舞为形式。按照传统，只有老者才有资格称“寿”，生日始称“寿辰”“寿诞”，庆祝活动称“庆寿”“做寿”“祝寿”。

一、寿庆习俗

祝寿中的所有活动都围绕寿星老人进行。

（一）寿诞与庆寿

六十岁为分界线，一般过此年龄的人才能做寿，俗有“六十大寿”之说。六十岁以下的人庆祝生辰只能说“过生日”。正所谓“生日年年有，寿诞六十首”。如果不到六十岁做寿，不仅会遭到人们的指责，还会折寿。旧时讲究“尊亲在不敢言老”，只要父母健在，即使到了六十岁，也不能做寿，只能是过生日。

民间对于不同年龄的寿诞，有特定的称谓。在古代，六十岁称“下寿”，七十岁称“中寿”，八十岁称“上寿”，九十岁称“耆寿”“眉寿”，百岁称“期颐”。其中七十七岁称“喜寿”，八十八岁称“米寿”，九十九岁为“白寿”，一百零八岁为“茶寿”。“喜寿”“米寿”“白寿”“茶寿”其实是几则字谜。“喜寿”为七十七岁，是因为“喜”字的草体字，似“七”“十”“七”三字组成；“米寿”为八十八是因为“米”字由“八”“十”“八”组成；“白寿”为九十九，因为“白”字是“百”字缺“一”；“茶寿”为一百零八是因为“茶”字是双“十”构成草字头，即“二十”，中部是“八”，再下部是“木”，即由“十”和“八”构成“十八”，草字头的“二十”再加下部的“八十八”一共是“一百零八”，因此，祝寿送茶即表示祝愿长寿。

越到老年，祝寿仪式越隆重。尤其是六十、七十、八十等整十岁生日，几乎每个家庭都要举办喜庆的祝寿活动。

民间有“过九不过十”“做虚（岁）不做实（岁）”的习俗。也就是遇到六十、七十、八十等整十岁寿辰时，要将其提前到虚岁五十九、六十九、七十九岁时来举行。到了整十生日时，反而无所表示。因为民间认为“十”有到头、到顶的意思。“十全为满，满则招损”，不吉利。而将整十的寿辰提前到虚岁逢九的寿辰来做，“九”与“久”谐音，以表示长长久久，用来祝愿长命百岁。

还有的地方讲究“男不庆九，女不庆十”，给男子做寿，要用整数“十”，称“整寿”，每十岁为“一秩”，也称“一旬”，如六十整寿就称“六秩”或“六旬”。给女子做寿，则提前一年举行，如五十九岁时庆祝“六十大寿”，称“五秩晋六”。凡是男子不足十，女子不足九的庆寿，一般称“散寿”“散生日”。

（二）做寿

给老人祝寿，儿女们要提前做好筹划和准备工作，以求把老人寿诞做得顺利、圆满，既热烈喜庆，又体面风光。若有特殊情况不能前来，要提前说明原因，儿女缺席会被责为不孝，亲友缺席被视为失交。儿孙不能准时参加老人寿诞，可提前单独祝贺，称“预祝”；出门在外无法如期赶回，可延后几日单独拜贺，称“补祝”。出嫁的女儿特别重视给父母做寿，必携贺礼赶回娘家庆贺。寿礼多为老人喜爱的食品或鸡鸭鱼等营养品，或是衣料、新衣。

1. 发寿帖

寿期临近，富裕之家的庆寿活动要提前准备，儿孙等晚辈首要的准备活动就是给亲友发大红寿帖（也称“请柬”），寿帖一般提前半月发出，通知亲友做寿日期。

填写寿帖时需要注意三点：一是寿帖一般由晚辈具名，即使是寿星自己拟定的被邀请的名单，也不由寿星本人具名发出邀请，这是寿礼的基本礼仪规定；二是当代寿帖多沿用旧时用语，以求庄严厚重，例如给父亲做寿称“家严”“家父”，给母亲做寿称“家母”“家慈”等，具名落款时，若家中兄弟较多，一般由长子或对外有影响的子女代表具名，儿子自称“承庆子”，若祖父母尚在，则自称“重庆子”，数代同堂则用“率子孙鞠躬”，无须一一具名；三是亲友具名的寿帖，落款列载亲友代表的姓名时，以在社会上或政治上比较有名望的人名为主。

直系亲属一般不发寿帖，可发一封信函或口头邀请。在农村一般也不发寿帖，做寿主家口头邀请，届时亲朋好友前来贺寿。

2. 预备物资

筹办寿礼需要做大量的物资准备。一是招待亲朋的物资，小到瓜子糖果，大到饭菜酒水。特别是寿宴的准备更是马虎不得。殷实家庭通常提前去餐馆预订寿宴，也有的人家自请厨师备宴，节俭实惠，也不失面子。二是送给寿星的礼物，可以是食品、衣物或其他个性化礼品。儿孙们要提前为寿星做一身新装，俗称“长寿衣”，供寿辰当日穿戴。

3. 寿堂布置

寿堂一般设在堂屋，是寿星或寿星婆敬神祈福求寿并接受众亲友拜贺的场所，布置力求庄重、大方、喜庆、热烈，装饰皆以红色为主。大门口一对大红灯笼高挂，红灯上书金色“寿”字。院内搭棚挂红，堂内张灯结彩。

寿堂正面墙上挂画像，男寿多为南极仙翁，传说供奉这位神仙，可使人健康长寿。画像多为白须老翁，持杖，额部隆起，常衬以鹿、鹤、仙桃等，象征长寿；女寿多为瑶池王母，是掌管不死药、长生的上古女神，保护妇女婚育、长寿。中堂挂画也可以是“百寿图”“八仙庆寿”或大红纸书写一大金色“寿”字。两边为“福如东海长流水，寿比南山不老松”之类具有祝福寓意的对联。

中堂下设礼桌，上燃一对大红寿烛。寿烛长一尺左右，重约一斤，烛面印有金色“寿”字或“福如东海”“寿比南山”等吉语。设香案，香炉里插寿香，旁边摆放一把红筷子（数目宜双忌单）、几杯酒。案左置镜子，案右设花瓶，寓意平静、平安。香案前放置供桌，桌上供放寿桃、寿面、寿糕、寿字馒头等，并贴红色“寿”字剪纸。糕点要尽量摆高，如同寿山。准备一把披有红布的太师椅，男寿放在桌之左，女寿放在桌之右，届时寿星坐此受拜。[1]供桌前的空地上放置两个红色拜毯，供家人和来宾跪拜祝寿之用。有的还在寿堂的一边或一角放一张较大的桌子，专门陈列客人送来的寿礼。有的地方还在窗户上贴寿窗花，堂内摆寿屏。

居住在城市的，庆寿时一般在寿堂挂一横幅，上书“某某几十大寿”字样，并在寿堂正面墙壁上挂一个硕大的“寿”字或百寿图。居住在农村的，则在大门、二门上贴较小的“寿”字，在其他有关器物和食物上贴更小的“寿”字，在窗户上也遍贴“寿”字图案。有的还挂《八仙庆寿》《五福捧寿》《蟠桃献寿》《鹿鹤同春》等寿图。更讲究的则男女有别，男性过寿挂《南极仙翁图》《双龙献寿图》；女性过寿则挂《瑶池王母图》《麻姑献寿图》等。这类挂在墙上的大型寿图，装裱后称“寿幛”。

（三）寿庆禁忌

民间祝寿的禁忌颇多。

1. 庆祝禁忌

民间普遍忌讳七十三岁和八十四岁的寿辰，俗话说“七十三，八十四，阎王

[1] 刘吉泉：《山东淄博淄川人的寿诞习俗》，2019 年 12 月 23 日，炎黄风俗，http://www.fengsuwang.com/minjian/zichuanshoudan.asp。

不叫自己去”。据说圣人孔子只活到七十三岁，亚圣孟子八十四岁时去世，迷信说法这两年是“损头年”，老人很难平安度过这两道坎，所以年龄忌说七十三和八十四，如有人问及寿龄，必少说一岁或多说一岁，避开这两个年岁，相应的也就没有七十三岁和八十四岁的寿辰。民间有俗谚“五年，六月，七日，八时”，是说人到了五十岁后，一年不如一年；到了六十岁后，一月不如一月；到了七十岁后，一天不如天；到了八十岁后，一个时辰不如一个时辰。此外，民间也有“三十三大拐转”“人活五十五，阎王数一数”的说法，意为三十三岁、五十五岁也是一道坎。

另外，民间忌讳说百岁，认为百岁是人寿命的极限。逢百岁时，多数仍说九十九岁（“九”音同“久”，九十九意味着久久无限长），或重新从九十一岁数起。民间做寿忌间隔，一旦开始做寿，必须年年连做，不能间断，否则再次庆寿时就成为“断头生”。[1]民间认为六十六岁也是一关，逢老人六十六岁生日，女儿或侄女要送上六十六块肉由寿者食用，若寿者吃素，则用豆腐干代替。

民间还流行一种特殊的避寿习俗。寿日当天，寿星离家出门躲避，由子孙设宴招待来祝寿的亲朋好友，有的干脆谢绝亲友、晚辈祝寿。采取避寿之法，希望借此逃过地府中神灵的监察，不给自己减去寿数，以求长寿。

2. 饮食禁忌

寿诞饮食有特殊规定，要用木盒瓷器盛饭，禁止使用条编器物。有些地区讲究无论如何祝寿都不能吃包子和饺子，害怕老人成为“气包”。有的地方这天早晨一定要吃鸡蛋，鸡蛋煮熟后用凉水一过，寿星拿在手里，双手对揉，称“骨碌运气”。吃了“骨碌运气”的鸡蛋，去晦气，交好运。

（四）特殊寿庆

除寿庆当日外，民间也会举行一些特殊的寿庆活动或仪式，如借寿、冥寿。[2]

1. 备寿材

古人平均寿命较短，俗话说“人生七十古来稀”，能活到七十岁的已经很少。一般认为到了四五十就已进入老年，俗谚“四十四五，半截入土”“年过五十，黄土脖齐”。所以旧时条件稍好的人家，待老人一过寿辰，就要为其备办后事，准备死后所穿的衣服、棺材、墓穴等。无儿送终的人，更是自己早早着手准备。凡是生前备好的，前面都要冠以“寿”字，如寿衣、寿棺、寿坟等，意为祈盼健康长寿。民间俗信棺材是吉祥物，寿棺又叫“长寿棺”，给老人预做寿材可使之健康长寿、长命百岁。也有的认为“一咒十年旺”，当老人重病久治不愈时，做喜棺冲一冲病就会好。近年来，早备寿衣者尚有，早备寿棺、寿坟者渐绝。

2. 占卜祭祀

寿诞当日，还有一些占卜活动。一般以寿日晴天为吉兆，晴天预示着老人长寿、

[1] 高善东主编：《邹鲁民俗》，济南：齐鲁书社，2016 年版，第 53 页。

[2] 特殊寿庆参见张勃主编：《齐鲁特色文化丛书 · 礼仪》，济南：山东友谊出版社，2004 年版，第 146 ~ 163 页。

家事顺心，阴天则被认为是“掉辞眼泪”，日子不顺心，老人的心情也因此变差。

3. 借寿

借寿是一种希望通过出借寿命给病危之人以延长其寿命的习俗。借寿之俗古已有之，民间基于寿数有定、生死在天的观念，老人重病不愈、行将不治之时，要请巫师或算命先生测算其阳寿是否将尽，如果测定老人的寿数已尽，子孙或近亲可出借阳寿以延长老人的寿命。借寿一定要出借人自觉自愿，如是经家属请托或由他人说合，则不灵验。

沂源一带，借寿仪式多请巫婆神汉主持，出借人向“保寿娘娘”许愿、立文书，写明自愿借给老人阳寿若干年，然后在神像前焚烧。如果借寿不成功，老人病故，还要举行还寿仪式，写下文书祈求神灵将借去的阳寿归还。仪式也由巫婆神汉主持，宣布借寿无效，把出借的阳寿如数奉还，然后烧掉文书。[1]民间认为凡是老人年高而逝、寿终正寝的为喜丧，办丧事时常有人偷拿丧主家的瓷碗，也是为借福、借寿。

4. 冥寿

旧时民间还流行为亡者做寿的习俗，称“过冥寿”“做阴寿”“烧生日”。人有阳寿，鬼有阴寿，出于事死如事生的传统观念，子孙为了纪念亡故的父母、祖父母，在其寿辰纪念日举行祝寿仪式，以表孝心。有的在长辈死后十周年举行一次祝寿仪式，有的每逢整十寿辰均操办冥寿（照例是按虚龄计算），一直做到百岁寿诞，俗信百岁之后就要投胎，所以百岁寿仪式特别隆重。有的地方，凡先人在六十一岁之前逝世的，逢先人整十生日，子孙必须为其做冥寿。

一般人家做冥寿的仪式较简单，家人准备纸钱、纸锭等祭品，寿日上坟焚香化纸祭祀即可。富贵之家做冥寿的仪式类似做阳寿，下帖广邀亲朋好友，亲朋携礼来贺，除一般寿礼外，多加纸钱、锡箔元宝、扎物等，寿轴上书写“仙乡不老，佛国长春”之类字样，简单的只写一个“庆”字。寿堂陈设均为素色，香案上摆设死者的牌位。先祭祀神灵祖先，然后众人依次向死者牌位行拜寿礼，礼毕，家属焚烧纸钱以及男女奴仆、楼房、家具、电视、电冰箱、洗衣机、轿车、金元宝等纸扎物，还要请和尚或道士诵经超度，还有的请戏班奏乐、演戏。最后主家设寿宴待客，也称“吃寿酒”。新中国成立后，此俗渐趋绝迹。

二、寿庆礼仪

旧时庆寿，一般人家不举行隆重的仪式，庆贺活动多限于直系亲属之间，不邀请亲友邻里，一家团聚，寿星在家中接受子女等直系小辈的拜贺。但富裕人家庆寿，要举行隆重的仪式，主家要设寿宴，晚辈要献寿桃，亲朋则备寿幛、寿联及寿礼前去祝贺。场面大的还要请艺人到堂前演戏、说书，进行祝贺，谓“唱堂会”。[2]

[1] 刘曙升主编、沂源县政协文史资料委员会编：《沂源民俗》，北京：人民日报出版社，2002 年版，第 130 页。

[2] 甘肃省古籍文献整理编译中心编，曲金良等编著：《中国民俗知识・山东民俗》，兰州：甘肃人民出版社，2008 年版，第 81 页。

（一）祝寿礼仪

给老人庆寿并无严格的仪式程序。一般是先把祖宗的神主牌位请于神案之上，点燃香烛，鸣放鞭炮，寿星老人穿戴一新，率全家拜祭。之后，老寿星端坐寿堂椅上，晚辈们衣冠整齐，恭恭敬敬依次磕头祝寿，并献上贺寿礼品。[1]祝寿的主题是祝福多福多寿、儿孙满堂，寿礼也都蕴含着健康长寿与幸福吉祥的寓意。

1. 贺寿

祝寿仪式开始，身着吉服的寿星率领众人拜祭天地祖先之后，端坐于太师椅正位，在傧相的主持下，接受阖家大小及亲友的叩拜。若夫妻均健在，不论哪方生日，须双双坐于中堂正座接受拜贺。众人依次上前行拜寿礼。辈分不同，拜法有别，平辈一揖，晚辈三叩首，起身后要祝颂“寿比南山，福如东海”。礼毕，寿星赏赐拜寿者每人一个红包，称“寿钱”。然后吃长寿面，每人先从自己碗里挑出数根面条夹到寿星碗里，谓“添寿”。有的长子亲奉一碗寿面，给老人喂上几口。

有的地方还有献寿仪式，儿孙们将自己的寿命献出几岁给寿星，并用红笔写在黄表纸上，签名画押，送到土地庙或城隍庙焚烧，请神明做主。还要给寿星献寿果和寿蛋，寿星再把这些食物分给众人同吃，据说能给寿星减少灾难。

2. 喝寿酒

祝寿之日，主家大摆寿宴招待宾客，称“喝寿酒”。寿酒一般由儿媳、女儿下厨，母亲帮厨，有的地方则必须由母亲掌勺。寿宴的座次非常讲究，当日来的客人不论辈分多大，地位多高，都不能坐上席。开席之前，寿星先于上首正位坐好，其他人方才按辈分大小依次落座。傧相说些“福寿长存”等吉祥祝寿词后，寿宴正式开始。每上一道菜，必须寿星先下筷品尝，其他人方可食用。[2]

完整的寿宴在菜色、菜种、菜名等方面特别讲究。菜数重“九”，即菜的总数要取九的倍数，因为“九”是阳之极数，且“九”谐音“久”，寓意天长地久，借此祝愿老人高寿。寿宴上的很多菜名都暗切“三”“六”“九”，如三鲜（仙）得头、挂炉（六）烤鸭、韭（九）黄鸡丝、罗汉（十八）大会、重阳（九九）寿糕等。有的菜名还用民间故事或神话传说来命名，如双龙抱柱、瑶池赴会、麻姑献寿、八仙过海、鹿鹤同春、福如东海、寿比南山等。酒过三巡，由代表向老人敬酒，也有的轮流敬酒。在宴席上必须猜拳，说“八仙寿”“六顺当”等吉利话。主人家在让客人喝酒时，即使不会喝，也要端起酒盅表示一下，然后再让四个酒（四喜），六个酒（六顺当），以示八仙来庆寿。客人走时，要对老人说些祝寿的吉利话，如在冬季，万里无云，没有大风，天气暖和，便说“天好，是你老人家福大，准能长寿”；若在夏季，天半阴半晴，无风无雨，就说“你老人家是福寿双全！今天天气多么凉爽呀！真有福气，长生不老，能活万岁”，让老寿星高兴。

[1] 刘吉泉：《山东淄博淄川人的寿诞习俗》，2019 年 12 月 23 日，炎黄风俗，http://www.fengsuwang.com/minjian/zichuanshoudan.asp。

[2] 张勃主编：《齐鲁特色文化丛书·礼仪》，济南：山东友谊出版社，2004 年版，第 153 页。

3. 其他寿庆活动

旧时有的官绅富户做寿，不仅大摆酒席，还唱堂会，请锣鼓班或戏班，在堂前吹奏寿曲或表演寿戏，增添喜庆气氛。所演戏曲也称“寿戏”，不唱整出大戏，而是片段，戏尾要以大团圆结局，以示吉利。

新中国成立后，有的人家自费放电影或放焰火招待来宾乡亲，以示庆贺。近年来，城镇流行在饭店、酒楼设宴做寿，席间子侄辈演唱卡拉OK，献歌祝寿。宴后拍“合家欢”“全家福”照片，留作纪念，还流行在电视台为老人点歌，献上祝福。

（二）祝寿礼物

寿礼是庆贺寿辰时馈赠的礼物。给父母、师长或亲朋故交贺寿，除了馈赠寿金外，还常赠送寿礼。寿礼以寿面、寿桃、寿糕等食品为主。此外，寿联、寿画、寿帐、寿屏、寿杖等也是常见的寿礼，蕴含着健康长寿的美好祝愿。[1]

寿桃是必不可少的贺礼，形似王母娘娘的仙桃，寓意长生不老，民间将桃视为可增寿的仙品。如无鲜桃，可用面粉做成桃形馒头代替。把面捏成桃子形状，包入豆沙、枣泥等馅，顶部点染红色，蒸熟即成。面制寿桃形象逼真、色彩鲜艳，用作贺礼增添喜庆气氛。有些地方庆寿，必须陈寿桃于寿堂几案上，九个寿桃相叠为一盘，三盘并列，取“久寿”之意。更为隆重的要由小辈给寿星献“寿桃山”。

生日必吃面条是各地通行的风俗。生日当天吃的面条俗称“寿面”“长寿面”，因面条拉得长、扯不断，且形状瘦长，谐音“寿长”，象征着福寿绵长、健康长命。寿面是做寿时不可或缺的食物，每束必百根以上，以其绵长象征长寿。

送寿酒含有祝人长寿之意。“酒”音同“久”，“祝酒”也就是“祝久”，意味着寿命长久。各地寿酒没有品种的限制，一般是当地有特色的酒。只是在许多祝寿的吉语中，常见有桂花酒、千年酒、花甲酒、古稀酒、百年酒等。因为传说月亮中桂树是不死的仙物，用桂花酒祝寿有祝福老人长生不老的美意，故而桂花酒多被用作寿酒。庆寿时必将寿酒先敬寿翁，然后宾客共饮。有的地方喝寿酒同时还要唱敬酒歌。祝贺老人长寿，增添欢乐气氛。

寿糕也叫“长寿糕”，是一种点心，取谐音“寿高”，寓意长寿、高升，是传统生日贺礼之一。寿糕味道松软香甜，最宜老人食用，是深受喜爱的寿诞食品。

近年来，吃生日蛋糕庆贺生日的习俗普遍流行。最初为奶油蛋糕，现在多为鲜奶蛋糕，用精细面粉烤制成圆形底座，上面覆盖一层固体鲜奶，并用彩色鲜奶、巧克力、果酱等点缀出各种图案和花纹，最后根据顾客的要求用果酱写上祝贺吉语。多是生日当天到蛋糕店订，二三十分钟即可做成。给老人的常是仙鹤、松柏等样式。伴随吃生日蛋糕，相应产生了唱生日歌、许愿、吹蜡烛等一系列习俗。

剪纸有的单独作为贺礼，有的作为其他贺礼的配件。为老人祝寿用的窗花，称“庆寿窗花”，多由出嫁的女儿自己剪，自己不会剪的，要请艺人和亲朋中的巧手来代做。题材一般是八仙，有的剪《百蝶贺寿》，“蝶”“耋”谐音，“耋”字有

[1] 张从军主编：《图说山东·民俗》，济南：山东美术出版社，2014 年版，第 70 页。

高寿之意。民间更是创造性地将猫和蝶凑在一起，谐音“耄耋”，寓意长命百岁。有的剪《老寿星》，即南极仙翁手捧寿桃的形象。

祝寿画形式多样，最常见的是悬挂在正房迎门的中堂大幅。从前流行的寿画有：《八仙过海》画八位神仙过海的盛况；《八仙仰寿》画八仙仰望云端寿星，寓意寿主长寿如仙人；《群仙祝寿》将水仙花、竹、寿山石组织为画，谐音“群仙祝寿”；《蟠桃大会》画群仙为王母贺寿，民间多用于为老年妇女贺寿；《群仙拱寿》画长松一株，象征长青不老，松下画丛生水仙花，以喻群仙拱围寿星；《八仙庆寿》大画则多用作祝寿仪式的桌围。字画也有装裱成卷轴的，常见的寿轴有：《松鹤图》，松为常青之木，鹤为长寿仙禽，松与鹤画在一起，意为“松鹤长春”“鹤寿松龄”；《寿星图》，寿星即南极仙翁，长须含笑的寿星一手拄龙头拐杖，一手托寿桃，似乎在向老人献寿；《福禄寿三星图》《百寿图》以及八仙、牡丹、猫和蝴蝶等图案，皆寓意富贵长寿。

寿烛由普通蜡烛发展而来，长约一尺，重约一斤，通体红色，印有金色“寿”字或“福如东海，寿比南山”“天增日月人增寿，春满乾坤福满门”等金字对联。

在寿典上向寿星所献之辞，称“寿文”或“寿辞”，是祝寿艺文之一。散文体的祝寿辞，由旧时文人所写的寿序发展而来。寿序盛行于明、清两代，含有赠言的意思，多夹叙夹议，字数多在千字左右。旧时将寿序写在金纸的屏条上送给寿星，有八条、四条不等，视文章长短而定，谓“寿屏”。近现代流行用白话文写祝寿散文，内容一般是对寿者的经历、业绩、品德进行叙述和赞颂，表达良好的祝愿。

寿幛也叫“礼幛”，一般用绸布题字做成。有的用红纸做主轴，称“寿轴”；也有的外装玻璃框，称“寿屏”。寿幛有直式与横式之分，不论直式与横式，皆采用长方形。寿幛的贺文分称贺、匾语、落款三部分，内容主要是祝愿寿星健康、长寿、幸福等。寿幛用字简短，有一个字的，如“寿”字；有四个字的，如“寿比南山”。通常以四个字为多。题词为四字的，遵循平仄规律。

寿联分为贺寿联和自寿联，他人为寿星撰写的寿联称“贺寿联”，为自己撰写的寿联称“自寿联”。自寿联往往多诙谐自嘲、妙趣横生，或衡鉴人生得失，或畅谈趣情怀。贺寿联多为五字或七字，也有达数十字或数百字的。寿联的内容以切事、脱俗、工整而有韵味为上佳之作，多为热烈、积极、具有活力的字句，主要歌功颂德、评价业绩、祈祝康健。有的寿联还切入时令、年岁或身份等。寿联力求以少的文字表达丰富的含义，故多用文言文，并且多用成语、典故、专名。

其他寓意长寿平安的工艺品，如一些玉制小配件，刻有寿星、仙鹤、神龟、蝙蝠、龙、虎等吉祥图案，或福、禄、寿等字，老人佩戴可保吉祥平安。

近年流行一些新兴的贺礼。有人给寿星送花篮或鲜花，以增加寿礼的气氛。鲜花多为长寿花或万年青，长寿花象征健康长寿，万年青象征永葆青春。花枝数以九为宜，象征天长地久。有人利用大众媒体为寿星点播歌曲、戏剧、小品、相声等；有人寄送祝寿卡或购买书画或艺术品作为贺礼；还有的送滋补药品、食品等，或送体检卡去医院进行豪华体检，对爱好钓鱼的老人，有送鱼竿、鱼钩、鱼标等工具的。亲朋好友还可给老人送丝绸衣服，丝绸寓意有如抽不断的蚕丝一般长寿绵绵。

（三）特殊寿礼

老人过六十六、七十三、八十四岁生日时，祝寿礼比较特殊。

六十六岁占两个“六”字，象征六六大顺，老人和子女都很重视，寿礼较为隆重。“六十六，娘吃闺女一块肉”。父母六十六岁生日这天，已出嫁的女儿除一般礼品外，还必须买六斤六两一块肉，切成六十六块，为父母祝寿，以报答父母养育之恩。父母必须吃完，其他人不得分食，否则，就是“夺福”。

七十三和八十四岁，俗谓“人生一道生死坎儿”。谚云：“七十三、八十四，阎王不叫自己去”。到了这个年龄，老人和子女都比较紧张，格外注意一言一行。寿诞时也有个特别的破法，即子女买条活鲤鱼做寿礼。鲤鱼擅跳跃，吃了鲤鱼就会跃过这道坎儿，获得平安健康。[1]

第五节　丧　葬

旧时办理丧事多采用木棺土葬，礼俗烦琐。寿衣、寿棺、寿坟等多为提前预备，但丧事如事发突然，就需要主持人沉着冷静。一般在逝者咽气之后，先通知未到的亲朋好友和五服内的自己家人，用白布裱鞋，穿白大褂，贴白纸封门，在尸体前点上四炷香，四样供食，点长明灯或蜡烛。[2]现一般只带黑色袖章。

一、丧葬用品

（一）寿衣

人亡后，儿女为其穿寿衣。死者为男性，通常由儿子和女儿来料理，死者为女性，则由女儿和儿媳来料理。

人死后需换穿的衣裳，俗称“老衣”或“送老衣裳”，在老人生前就做好的美其名曰“寿衣”，寓意健康长寿。寿衣包括衣裤、鞋袜、帽子，鞋、帽也称“寿鞋”“寿帽”。旧时，一般过了五十或六十寿辰，就开始准备布料为老人裁制寿衣。有的地方过了五十寿辰可预备寿衣的布料，但须待年过七十才可缝制，凡是七十岁以前亡故的，寿衣均为临时赶制。做好的寿衣放在衣柜里，留待死时穿用。

寿衣的衣料、数量、样式，因人因地而异。普通人家用一般的布帛，富贵之家则为锦衣华服。无论老人何时亡故，寿衣衣料都要以棉衣为主，表示“以棉（眠）为安”，也有的用棉和绢，取“绵绵”和“眷眷”之意，绝对不用皮制品、毛织品，否则死者在阴间会被误认为兽类，不能投胎为人。衣料还忌用缎子，谐音“断子”，会断子绝孙，于家族不利。

[1] 高善东主编：《邹鲁民俗》，济南：齐鲁书社，2016年版，第53页。
[2] 冯梦令主编：《淄博文史资料》（第九辑），北京：中国文史出版社，2005年版，第447页。

男性寿衣的颜色，里面多是天蓝色，因为天空是蓝色，希望死者能穿蓝色衣服升入天堂成仙；外面多是杏黄色，因此过去老人都特别忌讳家中有人穿杏黄色衣服。女性寿衣则以青蓝、古铜、豆绿等颜色为主，忌用黑色，因为黑色代表地狱。

寿衣的套数忌单喜双，衣裤至少三套，即内衣、中衣、外服，多者可达五套、七套。多为“五领三腰”，上衣五件、下衣裤（女或有裙）三件，富裕之家多求华美，全用新布制作，家贫者以假领、假腰代之，配足其数，或用死者生前的旧衣。

寿衣多采用同时代礼服的样式，并加以宗教色彩的装饰。寿衣的样式男女有别。男性寿衣，上身为棉袄外衣、夹袄内衣，经济条件允许的可做棉袍、外套马褂，下身为棉裤，另有裤头、衬裤。帽子为棉帽，多数是西瓜皮形的六页瓦单帽，顶部用线缩口。脚穿白棉袜、浅口鞋，鞋底绣有云彩，叫“蹬彩云”，表示乘云上天，系蓝色鞋带，忌穿皮鞋，认为穿什么皮子的鞋，死后就托生为什么动物。

缝制寿衣的时间多选取黄道吉日，民间认为寿衣的制作和使用相互对应，所以多选在闰年或闰月缝制，这样寿衣就不会很快被使用，暗示寿衣的使用者会健康长寿。儿女做寿衣时，不能啼哭流泪，如果泪水滴到寿衣上，死者穿后会经常想念儿女，无法安宁。缝寿衣时的针线，末端不能系疙瘩，以免死者在阴间结疙瘩。无论内衣外衣，一律不使用纽扣，只用带子绑系，因纽扣又称“纽子”“扣子”，音同“扭子”“克子”，怕对儿女不利；带子谐音“带来儿子”，大吉大利。寿衣的口袋都要缝死，以防钱财和福气被死者带走。有的请年轻的姑娘裁缝寿衣，希望她们的青春活力能够感染穿寿衣的人，以此求得生命的延长。[1]

（二）寿材

寿材是使用者逝世之前就打制好的棺材，也称“寿棺”“寿器”“寿盒楼”“喜棺”。广义上也可泛指一般的棺材，简称“货”“材”。民间认为棺材是死者的住房，所以也有“屋”“房子”之称，为丧事必需品。

寿材的木料依家庭贫富情况而定。上等的寿材是柏木、桐木，结实耐沤、经久不烂，可长久保护尸体；中等的是楸、樟、椿、红松、黄花松，干直高大、耐腐蚀性较强；杨木、柳木最次，不到十年就会沤烂；忌用槐木、榆木。旧时条件好的家庭用上等木料；一般人家多用杂木；贫困之家只能是柳木薄材；极少数做不起棺材的，用大沙缸代替；最贫者用高粱秸编织的席箔裹卷，草绳扎捆，被讥为“千页板”。

寿材是由木料解成板合并而成，根据木材组合块数各有定名，“一块玉”，由一块大木头挖制而成；“四页板”，由四块木板组合而成；“八仙板”，由八块木板组成，其中棺木的底板不能用独板、二块板或四块板，一般用三块板或五块板拼凑而成。

寿材的样式，一般是长方形，两头大小不等，前宽后窄，前高后低，大头宽五十三厘米左右，小头宽四十厘米左右，两米多长，高约一米。按外形分为圆头和方头两种，薄者不能成棺，只好做成平头的大匣子，俗称“大头匣子”。棺木的规

[1] 张勃主编：《齐鲁特色文化丛书·礼仪》，济南：山东友谊出版社，2004 年版，第 155 ~ 157 页。

格按木板的厚薄又有不同。

富家的寿棺不仅使用上等木料，还雕刻有精美图案。棺前（棺的大头）横板外，正中刻有浮雕“福”字或“寿”字，两边刻上：“寿比南山，福如东海”或“金童来指引，玉女送西方”，横批“千古不朽”“洞天福地”“别有洞天”“驾返瑞池”“寿同山岳”“福共海天”等。普遍雕刻蝙蝠，谐音“遍福”，寓意亡人及其子孙普遍有福。两帮绘有图案，男棺金龙，女棺金凤，顶上七星分布、彩带盘绕，绘画十分精致。全棺四周以日、月、星、云、山、水等图案填充，并镶嵌明镜做点缀。龙凤图案及所有大小文字均用真金满贴，其他或用真金，或用五彩，整底涂以大红色，日后再上漆数遍。个别棺木前面还刻有精巧的立体小楼，楼角悬有铜钟风铃，动则作响；楼身涂以五彩真金，光彩夺目。

做寿材也多选取黄道吉日。最后一道工序叫“上底”，即棺材插起四帮后，需将棺材底口朝上，把棺底用钉钉牢，然后再翻过来，叫“翻棺”。翻棺时，主家必犒赏工匠。有些地方做喜棺时要由出嫁的闺女给木匠烟酒和工钱，称“翻棺礼”，只有收到闺女的礼物，木匠才将上完底的棺材翻转过来。棺木的油漆也相当讲究，多是漆黑色或枣红色，有的在漆里调入粗细瓷粉，连漆数遍，乌黑锃亮。

打制好的寿材存放于厢房，并在前头挂一红布条，叫“喜棺”，此后每年用桐油刷一遍。有的老人每年亲自为自己的棺木上漆，还让来访的至亲好友、街坊邻居欣赏，借此炫耀一番。忌敲打棺盖，据说会惊动判官小鬼，摄走老人的魂魄，所以不想活下去的老人就自己去敲打棺材盖，儿孙要竭力阻止。

（三）寿坟

寿坟也称“喜墓”，指在人亡故之前修建的墓穴，高等的称“寿陵”“寿堂”“寿宫”。修建寿坟花费较多，旧时普通人家营造寿坟者很少，多是家底殷实者在父母六十岁左右营建，某些没有子嗣的老人则在自己四五十岁就开始准备。坟墓也称“阴宅”，挑选墓地是修建寿坟最重要的一环，俗信墓地风水的好坏与家族及子孙后代的命运直接相关，一般请阴阳先生助选一块风水宝地。

墓穴分帮砌和窑碴两种。帮砌墓穴最为普通，俗称“金井子”，呈长方形，全部用砖砌成，入葬后用砖土掩埋；窑碴有大小两头，较为少见。墓穴长宽都要大于棺材两三尺，留出放棺的空间。寿坟用砖、石垒砌成拱形，底部平铺一层石灰，一头留门以备日后进棺，里面放入石头，坟丘的土埋成平顶，表明这是寿坟。有的还在墓穴底部放置一盆清水、两条活鲤鱼，用花砖砌好，以此来看后世的鱼龙变化。

坟墓的建筑形式大体有四种：第一种是神仙蛋坟，先砌好泥坯，边壁用泥、沙、石灰三合土夯成，待定型后，拆除泥坯，四壁绘上彩画；第二种是发旋式砖坟，即用砖砌槽，坟顶用砖砌发旋；第三种为牛笼坟，因形似牛笼而得名；第四种为坡石坟，又叫“石匣坟”，全部用石头砌成，下棺后用石板盖住，多用于山区。[1]

[1] 山曼等：《山东民俗》，济南：山东友谊书社，1988 年版，第 215 页。

（四）丧葬纸扎

丧葬纸扎是丧葬礼仪文化中必不可少的一部分。所谓纸扎，就是用纸张做成各种各样的物品的形状，人们可以通过燃烧的方式，将这些纸扎当作是祭品送到另一个世界的亡灵手中。纸扎一般包括金童玉女，牛、马、羊、象、虎、鸡、鹿、鹤等吉祥动物，还有金银财宝、灵堂、牌坊、楼台亭阁、起居床饰、车轿舟船、家具、饮食、器具，摇钱树、钱柜、金银山、聚宝盆，花圈等。

二、丧葬礼仪

（一）寿终小殓

人死后要将死者移入正房迎门的灵床上。灵床有的用现成的木床，有的用门板或苇箔在长凳上搭成，还有的临时用土坯垒起，上铺床单或褥子。死者脸盖黄表纸，口含铜钱（亦有含珍珠之类的）。灵床前置供桌，放照尸灯，预防狗猫进来，焚香设牌位，并供小米饭一碗，上插竹筷一双，叫“倒头饭”。子女轮流守护，叫“守灵”。家族邻居帮助办理丧事，发讣闻、告亲戚，帮丧者为首的叫“大总”。[1]

（二）送浆水

传说土地爷是阎王手下的地方官。鬼魂去阴曹地府之前，先要在土地庙羁押三天。在此停留期间，家属亲友需为鬼魂送浆水，也称“擢汤”“报庙”。浆水通常是由清水、米、面混合而成，如同生者食用一日三餐，要每日早午晚各送一次，连送三天，并且要多烧纸钱，贿赂土地爷对死者多加照应。

（三）入殓

死者入棺谓“入殓”，也称“大殓”。大殓时间在死后的当天、第二天和第三天不等，以三日入殓成服者较为普遍。入棺前先在棺内铺香表垫褥，死者的儿子和女儿，按长幼次序排列成行，为其净面。于亡者身旁放香表、草木灰及死者生前所爱之物。净面之后，亲属要瞻仰遗容，向遗体告别。接着要钉棺盖，亲属一齐喊让死者“躲钉”，然后向棺盖上撒五色粮，大殓告成。[2]此后，每天三次烧纸哭祭。起灵前，死者长子站在板凳上，手举扁担，面西而呼死者的称谓，后说“上西方大路朝佛”，连喊四次，烧纸扎祭品，送亡者归西。

另外，还要用黑面烙制“打狗饼”“打狗棒”，取意西天路途遥远，又有恶狗拦路，一旦遇到恶狗便可用棍子打它们，同时把打狗饼扔出去喂狗，以便趁机脱身。

（四）吊丧

亲友按讣告上的日期，在开墓安葬之日前来吊丧。院内设灵棚，立牌位，孝子麻衣素服，向前来吊丧的亲朋、乡邻磕头拜谢。一般乡邻只付丧仪（现金），叫“付

[1] 淄博市志编纂委员会编：《淄博市志》，北京：中华书局，1995 年版，第 2203 ~ 2205 页。
[2] 甘肃省古籍文献整理编译中心编，曲金良等编著：《中国民俗知识·山东民俗》，兰州：甘肃人民出版社，2008 年版，第 82 页。

人情”。至爱亲朋则先付奠仪，后将祭品置于灵前，向灵位跪拜，奠酒三盅（张店为四盅），放声痛哭，叫“拜祭”。

（五）出殡

一般于人亡后第三日或第五日出殡，大家富户亦有第七日、九日甚至四十九日出殡者。期间，有的请僧道设坛场做佛事，诵经超度。亡者配偶如有先逝者，丧主须于发丧前一日的晚上迎其灵共祭。

殡葬大体有烧炕（亦叫“暖墓”）、起灵、送殡、路祭、下葬成坟等程序。起灵前（临淄为起灵的前一日），一般先有亡者亲属（多为女眷）去坟内点火燃烧，叫“烧炕”，博山、临淄多是于坟内设火煎糕。起灵前在灵棚内吃一顿水饺，谓“吃团圆饭”，并边吃边填满“献食罐”。长子、长女在桌前拖着长钱，边走边说：“×××不要害怕，吃得饱饱地上西天朝佛，一路走好！”有的边翻水饺边说此话。完毕后正转三圈，倒转三圈。烧黄表纸，同时点着纸马，上面要有死者穿的一件衣服，衣兜里装上黄表纸。桌子上的小碗水饺被小孩吃掉，据说小孩吃了长命百岁。

起棺前全体参与者在长辈的带领下集体拜祭，三鞠躬，围灵柩转三圈向遗体告别，之后在灵堂里的妇女用白酒为死者净面，但不能哭，眼泪不能滴到死者脸上，然后把遗体装裹好准备起棺。主持人说“请轿夫”，孝子要给抬棺的磕头。此时轿夫围棺材，主持人手持菜刀和黑碗问：“严了吗？”轿夫说：“严了！”于是手起刀落，打碎黑碗，抬棺起灵，长子顶棺打瓦，家人亲友随灵哭送。

行至路口，女婿要拜迎门祭。安好桌子，孝子分两边跪哀，女婿先用四炷香把魂请下来，在车前拜，仪式安排同在灵堂前拜祭一样，拜完后再把魂送到灵车上。当主持人说走时，长子把瓦摔碎，全体齐哀。男孝送护随灵柩直至墓地，女孝哭送至街口，不随行至墓地，在出丧时把灵堂屋扫干净。

棺至墓地后，先烧挽联纸扎（临淄居民还要把“献食罐”放入坟内），待孝家查看墓穴后，方下葬填土，插幡幢（亦有插秫秸者）于坟顶，至此新坟筑成。返回时，每个孝家分享一份切碎的馒头、豆腐等物。

（六）谢客

殡后，死者的儿孙要宴请帮忙人。人到齐后，孝子下跪拜请，并安席，备酒表示谢意。菜毕席散，席前账房把账交与主人，将丧事中赆钱祭金当面点清，若兄弟多或还有老人的就另择吉日叫上家族长者或领导再行分配，剩余的或欠缺的现金如何处理，老人如何赡养，均须安排妥当。账房用白纸抄好，张榜公布，此榜在第二天上坟前贴在大街上醒目处。第二天上坟回来后要去亲戚家谢客，主要是舅舅家、姑父家、姨父家、姐夫家、妹夫家，若家有老人的就更应该去，磕头说几句表示谢意的话，对活着的老人以示安慰，一般不住下吃饭。此后，孝子孝女百日之内不再访亲会友，怕晦气沾人。[1]

[1] 冯梦令主编：《淄博文史资料》（第九辑），北京：中国文史出版社，2005年版，第448～449页。

（七）祭祀

殡后第三天（亦有第二天者）亡者亲属着孝服至墓地供祭，绕坟转三圈，抛撒五谷粮，添加新土，谓“圆坟”。人亡后第三十五天叫“五七”，一百天叫“百日”，届时孝家都要到坟上祭祀，通常前者提前，后者延后，谓之“长百日短五七”。周村多是半夜三更上坟祭祀。上五七坟时，死者亲属要带着金银山、摇钱树、聚宝盆等纸扎和供品祭祀。

（八）持服

安葬后，亡者家属要穿孝服守孝，谓“持服”。持服期儿女为三年，侄孙辈为一年，期间儿女一般不理发、不问世事。30、40年代，一些村社普遍建有老人会（亦叫“孝帽会”“架子会”等）。凡家有老人者均可参加，遇有丧事，会友集资互助，有钱出钱，无钱出人，至入会者各家都经过一次丧事，此组织即告解散。新中国成立后，老人会组织消失。旧时的丧葬礼俗逐步改革，设坛超度、送浆水、指路等比较少见。如遇丧事，只为死者穿寿衣，入棺成殓，亲友送丧仪，叩头祭拜，送往坟地埋葬，持服守孝。60年代，除回民外，城乡开始实行火葬制度，建立骨灰盒存放室，亲属戴黑纱或孝章，邻里送花圈、挽幛致哀，但仍有不少人家仍将骨灰土葬。三日、五七、百日祭仍保留，以表哀思。[1]

三、特殊丧葬[2]

（一）夭亡

未成年而死称“夭亡”“夭折”“童丧”，古代将男未冠、女未笄而死称“殇”。短命少亡为非正常死亡中的一种，有着特殊的处理方式，即死即葬，不停尸在家，多在早晨或夜间掩埋，忌立坟、入祖茔，日后也不立牌位，不专门祭祀。同为夭亡，根据死亡的年龄不同，其丧葬仪式也不尽相同。

出生未满三岁的婴幼儿死亡叫“殇了”“不成人”“喂不住”，不准埋葬，只用草席或谷草裹卷尸体，扔到野外或乱葬岗上喂狗，叫“扔死孩”。有的在死婴脸上抹上黑灰，作为将来托生的标记。

三至十五岁的幼童死亡，就不能暴尸荒野了，必要挖坑埋葬。一般要换一身穿戴，用木匣盛殓或席箔裹尸，尸体上放置一根桑枝和一块生铁，用以镇住亡灵，使其不能回到家中。葬时要严格遵守“少亡不能入老林”的规定，不能埋于祖坟林地，只能埋于地边或乱葬岗。多数不留坟头和记号，少数作椭圆形的小坟头。一般而言，上半月夭折的，要葬于村宅的西南方向；下半月夭折的，要葬在村宅的东南方向。

未婚而亡的二十岁左右的青少年，也按童丧处理，称“小丧”。以薄棺盛殓，

[1] 淄博市志编纂委员会编：《淄博市志》，北京：中华书局，1995年版，第2203～2205页。
[2] 特殊丧葬参见张勃主编：《齐鲁特色文化丛书·礼仪》，济南：山东友谊出版社，2004年版，第240～245页。

埋葬于地头或是祖坟后面的指定地点，堆起一个小坟头。

如果连生几个孩子都养不成人，便认为是一些“偷生鬼”或“讨债鬼”来惹人生气，死后不仅不能埋葬，还要用“破法”惩治他们。

（二）客死

死于异地他乡称“客死”。传统观念重视血缘家族，故土难离，讲究落叶归根，入土为安，所以特别看重归葬。民间认为若不将客死者的尸骨运回故乡，其灵魂便会成为孤魂野鬼，不得超生，所以总是千方百计将尸骨运回家乡埋葬。

亲属得知亲人客死的消息后，要马上供奉起牌位，穿戴孝服，痛哭祭祀。亲友邻里前去吊孝，丧仪与正常死亡的相同。对客死者要招魂，孝子手持一只公鸡，面向死者去世的地方喊道：“爹（娘），家来了！回来了！”如果公鸡恰在此时鸣叫，则意味着死者魂魄已被召回；公鸡未叫则表示魂魄未被召回，要继续招喊，直至鸡叫为止。招魂后，要赴亡地将尸骨取回，归葬家族墓地，一般是孝子亲自去取。

客死者的尸体或灵柩运回后忌入家门，俗称“冷尸不进热宅”。不经特许，也不准把客死者的灵柩运进城里或村内，只能在外搭建灵棚，设坛超度亡灵，举行治丧仪式后埋进祖坟。不能扶尸回乡的则就地火化后保留骨灰，待有同乡返乡时顺路捎回埋葬。一些身份不明、无亲无故的客死者，则就地埋于乱葬岗。

（三）凶死

俗话说“一样生，百样死”。民间将老病而死、寿终正寝视为正常死亡，称“善终”，将因人为或意外事故造成的死亡视为死于非命，称“凶死”“暴亡”。凶死多为自尽、被害、误伤、暴病、淹死、摔死、烧死、孕妇难产。

凶死者情况不一，有的死于是非之地，有的死于血泊之中，有的暴尸荒野，有的死不见尸，处理后事的方式也因人因事而异。凡凶死者，入棺前须至出事地点招魂，请僧道诵经超度。在外凶死者的尸体，一概不准入村入家，不得入家族墓地，害怕引来恶鬼作祟，带来疾病或死亡。丧家在村外搭建灵棚，守灵、设坛超度，前去吊唁的亲友也不多，停灵三日即可出殡。因难产而死的妇女须当日掩埋。

四、祭祀

祭祀祖先一般分为常祭、大祭、家祭、庙祭、墓祭几种。

（一）常祭

常祭为日常祭祀。每月朔、望各一次，规模较小，由家长代表全家去祠堂祭祀。专祭是对特定祖宗的祭祀，如冬至祭始祖，高、曾、祖、父生辰和忌日祭祀。家中出现喜事，如婚娶、生子、中举、升官等，要举行特祭，感谢祖宗保佑。

（二）大祭

大祭是祭祀中最隆重的一种，常在元旦、清明、春分、秋分、冬至等重要节日进行。每逢大祭，宗族全体成员都要参加，事先斋戒、沐浴。祭日清晨，齐集祠堂大厅，有官爵的要身着官服，无官爵的也要穿戴整齐。祭祀活动由宗子主持，负责正献，族长及副族长辅助宗子分献。大祭时的礼节包括“作乐”“迎神”“上香”“酹酒”“读祝文”“进献”等。最后一项是“祖宗赐食”，分两种方式：一种是聚饮，由宗族摆设酒席，全体与祭人员入席饮宴；一种是分胙，按户按人分发胙肉，回去各自享用。一般家庭除参加本宗族的祖先祭祀外，家中也设置先人灵位。

（三）家祭

在家中，将载有远祖的族谱和近祖的神主碑取出，称“请主”。族谱悬壁上，神主碑则以辈分为序列于供桌之上，长辈居中，后辈在侧。

族谱又名“影子”，填有祖先的名字，有的还在上下空白处彩绘起居饮宴图，为供奉远祖之物。近祖的神主碑又称“牌位”，简称“主”，以木刻成圆头或方头碑状，高尺许，镶木座中。碑身简易的就是一层木板，讲究的用两层木板，内外皆粉为洁白，正面写“显考 ×（姓）公讳 ××（名）之神主”“显妣 ×（姓）太君之神主”等字样，下款写神主的儿孙之名，背面写神主的生卒年月日。“神主”两字用黑墨写定，只最后一个“主”字，空出上面的“丶”，需择吉日请先生“点主”，即用朱笔在空出“丶”的“主”字上加上那一点，且在“神主”二字两侧用朱笔画耳。盛神主碑的木匣，叫“神主匣”或“神住房”，以木雕为房屋状，漆为紫红，描金装饰。族谱与神主碑平日收藏于壁龛中。

家祭地点，富户在堂屋里，一般人家在居室的明间。富户有专用供桌，绣花桌围；一般人家往往以饭柜为供桌，过年时买一张白纸彩印的桌围贴在柜门上，以示隆重。家祭的时间、次数与礼仪，各地有所不同，有的地区还要诵读祝文。

后来家祭程序简化，大多数人家只在七月十五、八月十五、冬至和祖先忌日举行家祭。设家庙的人家则将家祭改为庙祭。

（四）墓祭

墓祭又称“上坟”“烧纸”。场所在先祖茔葬之地，称“坟地”或“茔地”。近支祖坟称“祖坟”，始祖、远祖坟称“老茔”。墓祭在礼仪、祭品方面都比庙祭简单，只算庙祭的辅礼，主要内容是化纸钱和添新土。

（五）公祭

公祭的对象主要是灾难遇害者、器官捐献者、牺牲的志愿者、烈士、人民英雄等，一般在清明节、国家公祭日或者烈士英雄的忌日举行，地点多设在烈士陵园或纪念广场。淄博市政府每年会举办隆重的追思公祭活动，各学校也会开展公祭日主题教育。公祭目的和意义在于纪念逝者，缅怀过去，抚慰人心。

第六节　应酬交际

一、日常交往

（一）初次相见

人们重视与他人初次见面的言行举止，有一定的规矩和礼数，不按这些规矩和礼数行事，则被认为是“失礼”“没礼貌”“不识相”等。偶然相识、初次见面一般是互相询问对方职业、爱好、年龄和家庭状况等。询问对方年龄，对中年以下男性可直接询问；询问老者，一般问：“您老高寿？”不直接询问女性年龄。在知道对方年龄后，对成年女性，一般要夸长得年轻；对小孩子，则夸长得高大。[1]

（二）打招呼

熟人之间的问候俗称“打招呼”，也称“寒暄”。寒暄有抛砖引玉的功效，是愉快交谈的“马前卒”，是人际交往不可缺少的一环。

人们在吃饭时间或稍后遇见时，多互相问候：“吃了吗？”其他时间见面则问：“做啥去？”“上哪儿？”即使明知对方干啥，仍要问一下：“上集噢？”“浇园噢？”若仅回答“是”或“啊”一声，则显得不礼貌，所以一般要重复一遍所问的问题，再回答对方。如果骑自行车遇到熟人，先下车再打招呼更合乎礼貌，着急赶路的也要招手打招呼。若不能停下来打招呼，也要用言语或手势向对方表示一下。戴着口罩跟人说话，被视为不礼貌。

身边带着小孩时，要让孩子称呼对方的辈分，如叫“叔叔”“伯伯”“阿姨”“爷爷”“奶奶”等，并向对方问好。如熟识对方的长辈和其他相关熟人，请对方代致问候更显得礼节周全，俗称“捎好”。

（三）相见礼

问候他人的同时，常以动作或姿势行礼。

过去多以作揖、抱拳和“万福”行礼。抱拳为男性常用礼节，其姿势为合掌前举弯腰下拜。亲友相见时往往先作一揖，然后叙话；分别时，亦作揖为礼。“万福”为女性常用礼节，一般在问候长辈时使用，称“拜”“万福”或“福”。行万福礼也叫“道了个万福”。

跪拜礼是我国使用年代最长的、向对方表示崇高敬意的基本礼节，俗称“磕头”“叩头”“磕头作揖”。行礼时先作一揖，然后双膝跪地，叩头，屈一次为一叩。一般分一叩、三叩、四叩。大礼为三拜九叩，行礼方式是：一揖，跪下，三叩，起立；再一揖，跪下，再三叩，起立；复一揖，跪下，复又三叩。跪拜礼常用于百姓见官、祭神、祭祖、庆吊等场合。辛亥革命后跪拜礼被官方废止，但民间年节庆吊祭祀仍有沿用。

---

[1] 淄博市志编纂委员会编：《淄博市志》，北京：中华书局，1995 年版，第 2205 页。

现在，经常见面的熟人打招呼多用点头或鞠躬握手礼。见面握手的礼节来源于西方，见面、分别时都适用。握手时先脱去手套（不脱应说明原因），然后伸出右手，注视对方。与人握手时，手要干净，否则被认为不礼貌。若为了表示敬意，还可微微点头鞠躬。亦有加握左手的，主要适用于老朋友之间。骑自行车时遇到或远距离与人打招呼，不方便鞠躬握手，一般是举右手打招呼并点头致意。在与人打招呼、迎送时，招手致意也较为多见，通常还同时说“您好”“再见”等。

（四）尊称

尊称是指带着尊重的态度对人尊敬的称呼。人们在交往时，一般不能直呼其名。直呼其名被视为不礼貌和不文雅的行为，尤其是晚辈对长辈、下级对上级，更忌讳直呼姓名，因而要根据具体场合使用适当的尊称。

有时为了表示交往双方关系密切，同时也为了表示对对方的尊敬，常用一些亲属称谓来称呼非亲属成员。这种尊称方式常用于朋友、熟人或村民之间，一般不用于正式场合，如尊称长者为“大爷”“大娘”“爷爷”“奶奶”“大妈”“大叔”“大婶”“大姨”“大伯”“伯母”“叔叔”“阿姨”等。若双方年龄相差不远，就可以尊称对方为“大哥”“大姐”“大嫂”，或“弟弟”“妹妹”“兄弟”“姊妹”等。如向陌生人询问，也必须选一适当的称谓，才可以问话。

（五）避讳

避讳是中国历史上特有的一种现象，指对自己的祖宗、长者、长官、圣人以及皇帝的名字不能乱说乱讲，作文时也不能乱写，平时遇到相同的字，也要绞尽脑汁设法避开。“讳”就是不得直称名字。民俗文化中，避讳有着深入人心的影响，时至今日，“为尊者讳”“为贤者讳”的现象仍时有发生。

（六）求烦

寻求他人帮助，如问路、找水喝、借物等，要视其性别、年龄，客客气气地打招呼，称人家“大爷”“大娘”“二哥”“姑娘”等，还要说“借光”“劳驾”“麻烦您”等客气话，然后提出要求。一般求人帮忙道“劳驾”，使人让路称“借光”，托人办事道“谢谢”，妨碍别人当称“对不起”，借人东西送还时要致谢。农村中借人水桶者，送还时还要带上一桶水。

（七）串门

一般要叩门而入，不得无声闯入。农村串门须先在院中打招呼后方可入室。闲串门的来客很少预先约定时间，往往不速而至。许多人不知珍惜时间，海阔天空地闲谈，民间讥为“坐折了板凳腿”，这是农业社会时间观念不强形成的习惯。城镇中人们很少串门，串门时间也短。

（八）接客

宾客登门，要迎出门外，握手问好。入室要先宾后主，客坐于上首，主人陪坐下位。招待造访的宾客要递烟敬茶。香烟能吸则吸，不能吸则罢，但必须敬茶，半盏为宜，双手捧着端上为敬。待客喝酒时，筛酒要满，即“茶要浅，酒要满”。

客人告辞要表示挽留，一般都要留下吃个便饭，关系亲厚的还会留宿，但又不可强留。民间有“七十不留宿、八十不留饭”的说法。客人住亲戚家生了疾病，主人要在急救或初步诊疗之后，妥善把客人送到他的家中。在亲戚家居住的老人临死前也要送到自己家中咽气。作为客人，住亲戚家不可多住，以免生厌，有“三天不当客待”的说法。[1]

二、礼尚往来

传统礼俗文化崇尚投桃报李、礼尚往来。在人们的社交活动中，馈赠是维系人际关系的重要手段。身处不同社会地位、具有不同身份的人，通过礼尚往来的活动，进行情感交流和物质交往，进而维持人际关系的和谐与社会秩序的稳定。[2]每逢婚庆、升迁、高中、祝寿，亲朋好友都要前去恭贺，如有白事，也要尽量前往吊唁，安抚家属，予以帮助。

（一）生子赠礼

婴儿呱呱坠地，标志着添人增丁，是人生一大喜事。亲朋邻里都要登门贺喜，诞贺多在婴儿出生后三日、满月、百日、周岁举行，既是为新生儿祝吉，也是为产妇驱邪。几乎每个仪式都伴随有礼物的赠送，所送礼品可能不同，但其含义相似，都是期盼产妇早日康复，祝愿新生儿活泼可爱，长命百岁。

礼物主要有小麦、玉米、小米（或谷子）、豆子等五谷杂粮，挂面、鸡蛋、点心、红糖、猪蹄等食品，也有花布、衣物、鞋袜、小毛毯、道士袍、斗篷、毛巾、手镯、脖锁、玩具等装饰物及生活用品。旧时这不仅是人情，也有资助的性质。同时，主家也会大宴宾客，以示感谢。

（二）结婚赠礼

男婚女嫁是人生大事，每逢嫁娶，亲友邻里要给主家赠送结婚礼物，表示祝贺。通常办喜事的人家要事先通过合适的途径告知亲友，向他们发出邀请，亲友得知消息后就要给喜家送礼，以示祝贺。

结婚赠礼可以是各种各样的，或赠送喜资，即现金。婚嫁时直接送钱，谓“贺仪”或“喜仪”，送礼者取其方便，受礼者得其实惠，但无论礼金多少，必须是双数，以示吉利，或赠送实用物品，这类赠礼自古有之，适宜于知己亲友间。在送礼之前，最好能知道受礼者需要什么，先期告知，以免受礼者重复购置，这不算失礼。无论送什么，忌送单数。若是小件物品，应用红纸包裹好，以示吉祥，或送喜联喜幛喜匾，现在多赠送花束花篮者。若异地亲友结婚，不能亲往道贺，可致函致电代贺，随函可附上礼金，或邮寄礼品。

无论男家女家，喜礼要全部记入账簿，俗称“喜簿”“喜资表”“喜资记录”

[1] 高善东主编：《邹鲁民俗》，济南：齐鲁书社，2016 年版，第 173 ~ 174 页。
[2] 张勃主编：《齐鲁特色文化丛书・礼仪》，济南：山东友谊出版社，2004 年版，第 284 页。

等，以备将来还礼之用。喜礼多少与关系亲疏成正比。至亲的礼重，其他人的礼轻，远亲和泛泛之交，应以不失礼为标准。若为了表示歉意或希望缓和矛盾，礼品则会加重。现在，随人情凑份子的风气日盛，成为许多人的经济负担。

（三）赙赠

赙赠就是赠送财物给办丧事的人家。亲友赠车马、馈钱财、送衣衾、遗珠玉等帮助丧家办理丧事，其所赠金钱财物称“赙”。

淄博地区也盛行赙赠助丧，俗称“人情”。人情轻重取决于本人与死者关系的亲疏。邻里多赠以一刀（丧家孝子父母双亡）或半刀（孝子父或母一方健在）烧纸、香烛。亲友多送香箔纸锞、纸扎或挽幛、挽联等物。或送礼金，用白纸包裹。

死者的至亲，特别是女婿和娘家亲属等姻亲以及生前好友，除了礼金、烧纸、香箔外，还必须赠送挽幛、挽联，备办祭礼。挽幛多长两米，宽一米。布料的颜色有讲究，闺女、族内至亲的为白色，表示重孝，其他的可为黑、灰、深蓝等深色调，以示心情沉痛。挽幛正中贴有黄纸或白纸，上书挽词，内容因人而异。

赠送的祭奠供品常为一桌，形式多样，有素祭（也称“果祭”），供品多为点心、水果等；食祭，有鱼、肉、菜等，多为吊客用两层木制食盒提来，每样摆一盘，数目忌双从单；来不及准备祭品的，则出钱包祭，由丧家代为料理。

（四）岁时赠礼

岁时馈赠是岁时节日里人们之间相互赠礼的活动，体现了中国人对家庭伦理、人际关系、礼尚往来的珍视。人们很看重老亲旧眷之间的来往，年节探望必不可少。老人常说：“亲戚亲戚，越走越亲。三年不登门，亲戚变生人儿。”年节走亲戚是一项极其重要的外事活动。传统的亲戚就是娘舅家、姑家、姨家等表亲戚，现在也有人把同学、同事、战友、老乡、朋友之间的相互走动也算在年节走亲戚的行列。

走亲戚时要带礼物，且因节令不同各有特色。对于礼物，主客双方往往要谦逊一番，有时留一部分，请客人走的时候带回去一部分，叫“回礼”。[1]春节走亲戚从大年初二开始，一般先去舅家、舅爷家，这些亲戚去的时候礼物相对要重一些，必须拿礼条（一条四斤左右的猪肋肉），再配粉条或点心。走一般亲戚可适当带点礼物，既不宜太昂贵豪华，又应拿得出手。如果亲朋家里有小孩子，还要准备好压岁钱，装在大红封套里，写上祝愿语。

春节期间，走亲戚在时间上也有讲究，一般大年初二闺女回娘家、外甥（女）走舅家，初三以后可以按亲戚的远近走其他的亲戚，亲戚多的，正月十五还在走。有的老亲戚，路又远，又怕赶在春节要封钱，就在春上（农历二三月份）或是麦罢（收完小麦）再去看望。走亲戚还有一定的规矩和形式，规矩是有“走”也有“回”，“回”就是回节，一般亲戚收了礼不回节不礼貌，是要遭断亲的。

除春节外，馈赠活动几乎遍及正月到腊月的每一个传统节日。如立春之日，亲

[1] 高善东主编：《邹鲁民俗》，济南：齐鲁书社，2016年版，第174页。

戚和邻里之间相互馈赠幡、春胜、春花等饰物；二月二互赠青囊盛百谷果实、宜春酒；寒食、清明做祭食馈赠乡邻；端午互赠粽子及其他节令食品；六月六送炒面；七月七互赠巧果；中秋节送月饼瓜果；重阳节赠糕；腊八节送腊八粥等等。

（五）往来赠礼

1. 朋友往来

朋友互相拜访称“走动”“造访”“见家人”“认门”。初次拜访会送见面礼。受访人家必对来客热情款待，不仅要敬茶敬烟，而且要挽留吃饭，以酒肉招待，并在适当时机以同样的方式回访。

值得终生信赖的亲密朋友往往结成知己，后代之间也交往密切，就是俗语说的“世交”或“故交”。凡结为世交者，不仅过年过节期间像亲戚一样走动，平时也有较为频繁的往来。那些世交关系较好的，还有可能成为儿女亲家，从而使世交关系发展为亲戚关系，称“世交亲家”。

若一方家庭成员道德败坏，社会舆论认为这样的人家“不可交”“该断交”；另一方会耻于继续来往，从而断绝关系。一方绝户导致世交中断的，民间往往寄予同情，俗谓“人情再浓，命里没缘”。

2. 同学往来

中小学同学为表示亲近，一般互赠学习用具，在同学生日或新年、春节互赠贺卡。有的过生日时会把要好的同学请到家中聚餐庆贺。毕业时绝大多数班级要合影留念，同学之间互赠相册、日记本、钢笔之类的小礼物，好友还互至家中拜访。

大学同学一般会在毕业之际互赠照片以慰思念，或赠送礼物留念，或举行宴会话别，更多的是在毕业纪念册上赠写留言互相勉励，并建立通讯录以便日后联系。

毕业后，散居各地的同学多以书信互相联系，有出差机会可顺便拜访。随着通信联络方式的变化，电话、电子邮件、传真、手机等成为与远方学友联系的常用方式。外出旅游也可以探望就近工作的同学，届时邀集同在一地工作的同学作陪，欢聚一堂，共话别后甘苦，重叙同学情谊。同在一个地方工作的同学，大多在节假日或周末聚会。毕业五周年、十周年、十五周年、二十周年等日子，往往举办全班同学聚会，同学时期的学生干部、活跃分子往往被公推为召集人、主持人或毕业周年庆筹委会负责人。届时，老师、辅导员、院系领导也受邀前来，共同举杯庆贺。有急难之事，同学间也会尽心尽力地提供帮助，民间俗称“够同学味”。

3. 同事往来

同事之间在工作上互相配合和关照，在生活中互相关心和爱护。同事生病，应当前去问候、探望。同事遇到急事难事，要尽力帮助。

同事之间注重礼尚往来。每逢年节，要带上礼物与家人一道到要好的同事家里拜访；要好的同事经过多年深交，还可以成为世交。有些看重上层领导的人，更会借拜年的机会到上级领导家中拜望，春节期间同事互相拜年已经成为一种重要的礼俗。遇到同事结婚，其他同事也按民间风俗送钱、物贺喜。办喜事的同事散发喜糖，并设宴招待前来祝贺的同事。

（六）探望病人

当熟人或挚友生病时，亲戚、朋友、同事、邻里总要到家里或医院探视。这样不仅可以增进感情，而且能使病人和家属得到精神上的安慰。一般探病也需携带礼品，多为水果、鲜花或营养品，祝福病人早日康复。

探病时所带的礼物，要根据自己与病人的远近亲疏、感情厚薄、自己的经济能力以及病人的病情确定。礼物不在轻重，而要以尽快使病人恢复健康为原则。给病人的食品要根据病情而定，先弄清病人得的是什么病，哪些食品有利于病人康复且病人又喜欢吃，哪些不适宜吃。鲜花要选择香味淡雅的，使病人感到心情愉悦。还可以根据病人的兴趣和爱好送书籍，使病人在无聊时浏览翻阅以打发时间。

有的家庭因为不希望亲友为此破费，还会对家中有病人的事保密，不向亲友透露，以免众亲友知道后带礼物去探望。[1]

本篇附录：淄博市国家级传统村落名录[2]

序号	批次	村落名称
1	第一批	周村区王村镇李家疃村
2		淄川区太河镇梦泉村
3		淄川区太河镇上端士村
4	第四批	淄川区昆仑镇张李村
5		淄川区洪山镇蒲家庄村
6		淄川区寨里镇南峪村

[1] 张勃主编：《齐鲁特色文化丛书・礼仪》，济南：山东友谊出版社，2004 年版，第 308 ~ 311 页。

[2] 参见中华人民共和国住房和城乡建设部等：《第一批列入中国传统村落名录的村落名单》，2012 年 12 月 17 日，中华人民共和国住房和城乡建设部，https://www.mohurd.gov.cn/gongkai/zhengce/zhengcefilelib/201212/20121219_212340.html；中华人民共和国住房和城乡建设部等：《第四批列入中国传统村落名录的村落名单》，2016 年 12 月 9 日；中华人民共和国住房和城乡建设部，https://www.mohurd.gov.cn/gongkai/zhengce/zhengcefilelib/201612/20161222_230060.html；中华人民共和国住房和城乡建设部等：《第五批列入中国传统村落名录的村落名单》，2019 年 6 月 6 日，中华人民共和国住房和城乡建设部，https://www.mohurd.gov.cn/gongkai/zhengce/zhengcefilelib/201906/20190620_240922.html；中华人民共和国住房和城乡建设部村镇建设司：《拟列入第六批中国传统村落名录村落名单》，2022 年 10 月 26 日，中华人民共和国住房和城乡建设部，https://www.mohurd.gov.cn/gongkai/zhengce/zhengcefilelib/202210/20221025_768248.html。第二批和第三批名单未列入淄博市传统村落。

（续表）

序号	批次	村落名称
7	第四批	淄川区太河镇柏树村
8		淄川区太河镇永泉村
9		淄川区太河镇罗圈村
10		博山区域城镇黄连峪村
11		博山区域城镇蝴蝶峪村
12		博山区域城镇龙堂村
13		周村区北郊镇大七村
14		周村区王村镇万家村
15	第五批	淄川区昆仑镇磁村村
16		淄川区昆仑镇刘瓦村
17		淄川区罗村镇大窎桥村
18		淄川区太河镇纱帽村
19		淄川区太河镇土泉村
20		淄川区太河镇鲁子峪村
21		淄川区太河镇池板村
22		博山区域城镇东流泉村
23		博山区域城镇上恶石坞村
24		博山区源泉镇南崮山北村
25		沂源县燕崖镇姚南峪村
26	第六批	博山区域城镇镇门峪村
27		博山区域城镇西流泉村
28		淄川区西河镇田庄村
29		博山区域城镇青龙湾村

本篇主要参考文献

古籍类

［1］方作霖：《宣统三续淄川县志》，《中国地方志集成·山东府县志辑》，南京：凤凰出版社，2004年版。

［2］《十三经注疏》整理委员会整理：《十三经注疏·尚书正义》，北京：北京大学出版社，1999年版。

著作类

［3］白云翔主编：《文化临淄》，济南：山东人民出版社，2021年版。

［4］冯梦令主编：《淄博文史资料》(第九辑)，北京：中国文史出版社，2005年版。

［5］甘肃省古籍文献整理编译中心编，曲金良等编著：《中国民俗知识·山东民俗》，兰州：甘肃人民出版社，2008年版。

［6］高善东主编：《邹鲁民俗》，济南：齐鲁书社，2016年版。

［7］何成：《明清新城王氏家族文化研究》，北京：中华书局，2013年版。

［8］侯法生主编：《淄博民间风俗》，济南：山东美术出版社，2015年版。

［9］桓台县公安志编纂委员会编：《桓台县公安志》，北京：方志出版社，2017年版。

［10］季乃礼主编：《文化高青》，济南：山东人民出版社，2021年版。

［11］李永敏主编：《淄川风光名胜》，济南：齐鲁书社，2009年版。

［12］李国琳主编：《山东省级非物质文化遗产普及读本·民间文学卷》，济南：济南出版社，2018年版。

［13］李仲信：《雕梁画栋：中国传统建筑文化》，济南：山东大学出版社，2017年版。

［14］李宗伟主编：《山东省省级非物质文化遗产名录图典：汉英对照》，济南：山东友谊出版社，2012年版。

［15］刘心明主编：《文化博山》，济南：山东人民出版社，2021年版。

［16］马钊主编，山东省地方史志编纂委员会编：《山东省志.68.教育志》，济南：山东人民出版社，2003年版。

［17］秦永洲：《山东社会风俗史》，济南：山东人民出版社，2011年版。

［18］曲洪祎编著：《记住乡愁：山东乡情展馆》，济南：山东人民出版社，2016年版。

［19］山东省地方史志编纂委员会编：《山东省志·民俗志（1840—2005）》，济南：山东人民出版社，2016年版。

［20］山东省淄博市临淄区志编纂委员会编：《临淄区志》，北京：国际文化出版公司，1989年版。

［21］山东省淄博市张店区志编纂委员会编：《张店区志》，北京：中国友谊出版公司，1991年版。

［22］山东省淄博市淄川区区志编纂委员会编：《淄川区志》，济南：齐鲁书社，1990年版。

［23］山东省政协文史资料委员会：《山东文史集粹·民族宗教卷》，济南：山东人民出版社，1993 年版。

［24］山曼、李万鹏、姜文华、叶涛、王殿基：《山东民俗》，济南：山东友谊书社，1988 年版。

［25］山东省政协文史资料委员会编：《山东文史集粹》（修订本），北京：中国文史出版社，1998 年版。

［26］王鹤鸣、王澄、梁红：《中国寺庙通论》，上海：上海古籍出版社，2016 年版。

［27］王立武主编：《文化张店》，济南：山东人民出版社，2021 年版。

［28］王培源主编：《文化淄博》，济南：山东人民出版社，2021 年版。

［29］王荫桂：《民国续修博山县志》，《中国地方志集成·山东府县志辑》，南京：凤凰出版社，2004 年版。

［30］徐彻、陈泰云：《民间百神》，上海：上海三联书店，2019 年版。

［31］叶涛主编：《山东民俗》，兰州：甘肃人民出版社，2003 年版。

［32］远宏主编：《淄博窑》，哈尔滨：黑龙江美术出版社，2017 年版。

［33］袁励杰：《民国重修新城县志》，《中国地方志集成·山东府县志辑》，南京：凤凰出版社，2004 年版。

［34］沂水县史志办公室编：《沂水县清志汇编》，济南：山东省地图出版社，2003 年版。

［35］张从军主编：《图说山东·民俗》，济南：山东美术出版社，2014 年版。

［36］张晨霞：《帝尧创世神活图像谱系》，上海：上海人民出版社，2022 年版。

［37］张富祥主编：《文化沂源》，济南：山东人民出版社，2021 年版。

［38］张士闪：《乡民艺术的文化解读：鲁中四村考察》，济南：山东人民出版社，2006 年版。

［39］张士闪主编：《文化淄川》，济南：山东人民出版社，2021 年版。

［40］张艳丽：《管子思想研究概要》，济南：济鲁书社，2019 年版。

［41］周飞舟、巩曰国主编：《文化桓台》，济南：山东人民出版社，2021 年版。

［42］淄博市地方史志办公室编：《淄博年鉴》，济南：齐鲁书社，2002 年版。

［43］淄博市文化志编纂组编：《山东省淄博市文化志资料汇编》，1983 年版。

［44］淄博市文物事业管理局编：《淄博历史文化遗产》，济南：山东友谊出版社，2012 年版。

［45］淄博市政协文史资料研究委员会编：《淄博名胜古迹》，济南：齐鲁书社，1988 年版。

［46］淄博市淄川区政协文史委员会编：《淄川文史资料选辑》（第二辑），淄博市淄川区政协文史委员会，1988 年版。

［47］淄博市志编纂委员会编：《淄博市志》，北京：中华书局，1995 年版。

［48］朱昌总主编，张勃卷主编：《齐鲁特色文化丛书·礼仪》，济南：山东友谊出版社，2004 年版。

报刊类

［49］陈西平：《桃文化与山东桃民俗》，《安徽农业大学学报（社会科学版）》

2009 年第 4 期。

［50］李绍金：《翟凤翀及翟氏家风》，《淄博晚报》2021 年 6 月 5 日第 A08 版。

［51］李霄飞：《试论淄博民间宗教信仰的特点、问题及意义》，《大众文艺》2011 年第 24 期。

［52］苏晋萍：《淄博市异地商会发展研究》，山东理工大学硕士学位论文，2019 年。

［53］孙其香、李学良：《淄博地区民间医神信仰考察》，《山东理工大学学报（社会科学版）》2020 年第 2 期。

［54］武振伟：《明清淄博地区的书院教育》，《齐鲁师范学院学报》2018 年第 3 期。

［55］宗毅：《山东省淄博市炉神姑信仰研究》，广西师范学院硕士学位论文，2018 年。

网络资源

［56］博山的故事：《博山工业文明的形成——陶瓷》，2021 年 12 月 7 日，网易博山故事，https://www.163.com/dy/article/GQIU2UVG0545BOSA.html。

［57］大学生性与生殖健康教育咨询服务中心：《管仲为娼妓行业神考述》，2019 年 12 月 27 日，宁夏大学大学生性健康教育网，https://fengyl.nxu.edu.cn/info/1033/8158.htm。

［58］桓台县委党史研究中心：《四世宫保坊》，2020 年 10 月 19 日，桓台县人民政府，http://www.huantai.gov.cn/art/2020/10/19/art_8191_2032548.html。

［59］刘吉泉：《山东淄博淄川人的寿诞习俗》，2019 年 12 月 23 日，炎黄风俗，http://www.fengsuwang.com/minjian/zichuanshoudan.asp。

［60］刘培国：《博山梨园百年记忆》，2020 年 12 月 18 日，颜山孝水公众号，https://mp.weixin.qq.com/s/5e_mmHaY-EQXgOq7WJW9sw。

［61］唐磊：《人类文明史的坐标：稷下学宫》，2019 年 7 月 30 日，央广网，http://www.cnr.cn/sd/gd/20190730/t20190730_524711704.shtml。

［62］王伟：《龙泉矾场北廓和关帝庙》，2019 年 9 月 1 日，百家号，https://baijiahao.baidu.com/s?id=1643452055322135919&wfr=spider&for=pc。

［63］中国道教协会：《山东淄博博山区玉皇宫》，2017 年 8 月 18 日，道教之音，https://www.daoisms.org/article/sort022/info-29505.html。

［64］中华人民共和国住房和城乡建设部等：《第一批列入中国传统村落名录的村落名单》，2012 年 12 月 17 日，中华人民共和国住房和城乡建设部，https://www.mohurd.gov.cn/gongkai/zhengce/zhengcefilelib/201212/20121219_212340.html；中华人民共和国住房和城乡建设部等：《第四批列入中国传统村落名录的村落名单》，2016 年 12 月 9 日；中华人民共和国住房和城乡建设部，https://www.mohurd.gov.cn/gongkai/zhengce/zhengcefilelib/201612/20161222_230060.html；中华人民共和国住房和城乡建设部等：《第五批列入中国传统村落名录的村落名单》，2019 年 6 月 6 日，中华人民共和国住房和城乡建设部，https://www.mohurd.gov.cn/gongkai/zhengce/zhengcefilelib/201906/20190620_240922.html；中华人民共和国住房和城乡建设部村镇建设司：《拟列入第六批中国传统村落名录村落名单》，2022 年 10 月 26 日，中华人民共和国住房和城乡建设部，https://www.mohurd.gov.cn/gongkai/zhengce/zhengcefilelib/202210/20221025_768248.html。

第四篇　游艺民俗

淄博是齐国故地，人文积淀深厚，民间游艺丰富多彩，具有海岱地域特色，是齐鲁文化的重要组成部分。传承至今的淄博民间游艺主要由游艺竞技、民间艺术、民间口头文学及民间语言构成。游艺竞技活动仍有上百种在民间传承，有些项目发生年代很早，具有丰富的历史文化内涵。民间艺术包括民间音乐、民间舞蹈和民间工艺等，其源流传承、艺术手段、文化底蕴皆富有地域文化特色。民间戏曲和曲艺既包括京剧、评书等全国性剧种和曲种，也有富有地域特色的五音戏、鹧鸪戏、八仙戏等地方性剧种。民间文学历史悠久、特色鲜明、流传甚广，包括故事、歌谣等，内容丰富多彩，折射出齐地文化特色。广大淄博民众在生产劳动过程中创造了丰富的民间语言，既有富有齐地特色的古语词、谚语、歇后语等，也有展示时代特色的新词新语。

第一章　游艺竞技

淄博游艺竞技活动丰富多彩，形态各异。许多游乐竞技活动古已有之，传承至今。有的已经消亡，有的则因时代、环境、人口迁徙等各种因素的影响而产生变异。同时，一些富有时代特色的新兴游艺竞技活动项目产生，并且具有娱乐色彩。淄博游艺竞技可分为民间体育、民间杂技、成人游乐、儿童游戏等。

第一节　民间体育

淄博作为齐国故地，是蹴鞠、赛马等传统体育项目的发源地，民间体育内容丰富，形式多样。齐地尚武，很多传统的体育项目都颇具齐地特色，如武术、捶丸、摔跤等，不仅历史悠久，而且直到现在仍然受到广大人民群众的欢迎和喜爱，有的已经发展为现代竞技体育项目。

一、传统体育项目

（一）蹴鞠

蹴鞠又名“蹋鞠”“蹴球”“蹴圆”“筑球”“踢圆”等，是类似于足球的中国传统球类游戏。[1]

中国历代有不少文字与图像资料记录当时蹴鞠的情形。关于蹴鞠的文字记载最早可见于《战国策·齐策一》，称“蹋鞠”，吹竽、鼓瑟、击筑、弹琴、斗鸡、走犬、六博、蹋鞠都是临淄人经常举行的娱乐活动。汉代临淄蹴鞠活动兴盛，《史记·扁鹊仓公列传》记载，安陵阪里公乘项处，身患牡疝，西汉名医、临淄人淳于意告诉他“慎毋为劳力事，为劳力事则必呕血死”，但项处“后蹴鞠，要蹶寒，汗出多，即呕血”，最后不治身亡。汉代以后许多文献也不乏对蹴鞠的记载。南朝文学家吴均《边城将》，即以“临淄蹴鞠”开篇：“临淄重蹴鞠，曲城好击刺。不要身后名，专骋眼前智。”可见当时临淄居民对蹴鞠的热爱。

宋明以来，产生了专门从事蹴鞠行业的艺人，常在朝廷的重大宴乐活动中进行表演；同时出现了关于蹴鞠的专业书籍，如南宋陈元靓编写的《事林广记·戊集》中有《齐云社规》《十踢总诀》《球门社规》《白打社规》等描写蹴鞠的章节。相传南宋宋徽宗是蹴鞠高手，上行下效，蹴鞠一度成为当时最盛行的竞技游戏。蹴鞠艺人还组织成立了齐云社，又称“圆社”，专门负责蹴鞠活动的组织和宣传。现存的宋代陶枕上绘有民间少女蹴鞠的图案，足可见蹴鞠在当时的受众之广。

清代中叶以后，随着西方现代足球的传入，传统蹴鞠逐渐衰落。但作为一种传统竞技游戏，其许多技巧仍然得以传承。2004 年 7 月 15 日，在第三届中国国际足球博览会上，时任亚洲足联秘书长潘维拉正式宣布：“国际足联和亚足联已经确认，中国的淄博临淄为世界足球的起源地。”并正式颁发了“足球起源地”证书和纪念杯。至此，淄博临淄作为足球起源地成为全国乃至世界的新闻热点。

蹴鞠器具在汉代以皮革为外壳，里面装入毛发，轻巧柔软。到了唐代，逐渐由实心球转变成为有球皮和球胆的充气球。宋代以来，鞠的制作工艺更加精细、严格。工匠们要裁剪十二块加工精细的皮革，采用里缝法密砌缝成球壳，使球体表面不露线角、光滑精致。

据汉代李尤所写《鞠城铭》记载，汉代的蹴鞠场称“鞠城”，四周围有矮墙，球门称“鞠室”。唐宋时期的单球门蹴鞠中，球门立在场地中央，门柱高三丈二尺，门径二尺八寸，宽九尺五寸，网中有直径约为一尺的洞，叫“风流眼”。

蹴鞠比赛主要分单球门、无球门两种方式。

单球门比赛：双方各派七名队员上场，各列一侧，分别站于球门左右两侧，称“左军”“右军”，设正、副两名裁判。比赛过程中，双方队员要明确自身的角色和职责。球头负责把球踢过球门的风流眼，其他队员采用各种技巧保持球不着地，并为球头创造度球机会。开球后，球着地的一方输一筹，把球踢过球门赢一筹。比赛最终以得筹多少决定胜负。比赛输赢最后决定于球头射门，奖罚皆由球头承担。

无球门比赛：在宋代称“白打”，有“一人场”到“十人场”，即从一人独踢、

[1] 蹴鞠参见钟进文主编：《中国民间游戏总汇·球类卷》，长沙：湖南文艺出版社，2016 年版，第 282 ~ 283 页。

两人对抗、三人对抗、四人对踢到十人对踢共十种形式。一人场规定，游戏者身体的各部分都可以碰到球，玩球的花样繁多，可以作为单独表演或个人的健身运动。无球门比赛注重控球技术，要求用头、肩、背、胸、膝、腿、脚等身体各个部位触球以形成整套动作，使球始终不落地。控球的花样繁多，如球在身上起落称“滚弄”，球的高起下落称“飞弄”。比赛最终根据所踢花样难度高低来定胜负。

（二）赛马

临淄也是传统体育项目赛马的起源地。“田忌赛马”的故事便发生在齐都临淄西郊的遄台。遄台是齐国王公贵族的赛马场地，在今临淄区齐都镇刘家庄西南、齐都镇桓公小学西北。据《史记·孙子吴起列传》记载，齐国大将田忌经常和齐威王在遄台赛马。往年比赛，田忌皆输给齐威王，这次田忌采用孙膑的策略，用下等马对付威王的上等马，用上等马对付威王的中等马，用中等马对付威王的下等马，最后以 2∶1 赢得比赛。可见，当时齐都临淄的赛马活动已经具有比较成熟的赛制，具备了一个运动项目的雏形。“齐国传统马术”“遄台赛马”被列入淄博市级非遗名录。

（三）武术

武术是中华民族在长期的历史演进过程中不断创造、逐渐形成的一种运动项目。齐地自古就有尚武的习俗，在临淄区市级非遗名录中，有十余种传统体育项目，其中武术类项目多达十项。比较著名的有临淄查拳、南霸低攻拳、王家庄落地梅花拳、皇城五字功、齐陵弹腿门等。[1]

1. 临淄查拳

查拳是中国传统武术中的优秀拳种之一，盛行于山东、河北、河南、山西，后遍及海内外，是长拳类型中较为系统的拳种。查拳在临淄也有传承，经过多年发展，形成了几大派别，主要有齐陵查拳、董褚查拳等。

齐陵查拳是清朝末年临淄区齐陵街道宋家庄于传章所传，距今已有一百多年的历史。齐陵查拳主要有四个特色：（1）有多种拳法，有多种器械套路，有两人拳法套路，有器械对练，有暗器，套路繁多，内容丰富。（2）在演练风格及技法特色上，既保持着古老的传统套路，又有着自己的特点，即：姿势舒展挺拔，发力迅猛，动静有致，节奏鲜明，步伐灵活多变。整个套路呈现出潇洒、剽悍、矫捷的风格。（3）多数以掌为主，手法多样，讲究手到步到、眼到手到，出手如闪电。同时注重腿法，手脚齐发，体现出“手是两扇门，全靠脚打人”的独特攻防特色。（4）讲究先德后武，有自己的武德和门规，门人必须遵循“二十不可”和“十不传”原则。

董褚查拳是山东冠县一里庄的李超群所传。李超群是清末著名查拳高手张其维的弟子，新中国成立后被分配到淄博市周村区园林所工作。20 世纪 60 年代初，临淄董褚村有很多人师从李超群学习查拳，他成为董褚村查拳的第一代传人。目前已

［1］临淄查拳、南霸低攻拳、王家庄落地梅花拳、皇城五字功、齐陵弹腿门等参见白云翔主编：《文化临淄》，济南：山东人民出版社，2021 年版，第 297 ～ 299 页。

经传承四代以上。主要特点是：（1）结合临淄本地太极拳，加入了太极拳的一些元素，动作更加舒展大方，姿势更加优美。（2）器械有刀、枪、剑等十多种，还有密传的查门千斤棒和连甲棍。（3）腿法内容丰富。综合其腿法，可归结为十四个字，即：踩、弹、踢、踹、泼、扫、勾、挂、排、缠、点、撩、截、拐。（4）较高级套路有十二路。运用时，要灵活掌握“十字要诀”，即：缩、小、绵、软、巧、挫、速、硬、脆、滑。动作采用了五种动物形象的特点，即：龙、虎、蛇、鹤、猴。

2. 南霸低攻拳

临淄区凤凰镇南霸村的低攻拳，始创于明末清初，后经过几代人的努力，在清代逐渐形成了完整的套路，并不断完善。主要特点是：上招下攻，在对打时着重打击对方腰以下要害部位，并兼顾腰以上部位。其套路齐全，动作迅猛，防不胜防。这种拳包括徒手和操械两大部分。徒手拳术部分以练习基本功为主，练习方法有遛腿架、二十四锤、卖口锤、八级架、四门斗等；器械部分主要有单刀、花枪、拐子、鞘子、马叉、长短棍、节棍、流星等十几种。套路练习以对打为主，攻防结合，在全国武术界独具特色。

南霸低攻拳开始是由南霸村武生朱建梅、朱建礼传授给本村年轻习武人王殿魁，王殿魁于同治元年（1862）中武进士，后来遂回乡隐居。其间，他将拳术传授给前来拜师的崔效祥。崔效祥是敬仲镇赵家庄子人，自幼爱好习武，练就了一身硬功夫。他的“飞刀”与“仙人簸米术”绝技，闻名于方圆几百里。在几十步外设一人头靶，他撇出的飞刀百发百中。73 岁时，他还能从六层方桌的高处，端着一簸箕米翻身落地，而不撒米，这就是著名的“仙人簸米术”。在低攻拳方面，崔效祥功底深厚，进攻如闪电，防守似铁壁，达到了很高的境界。20 世纪 20 年代后期，崔效祥来到南霸村设拳房传授低攻拳，当时参加学习的有十几个人，他们为第四代传人。20 世纪 70 年代，低攻拳又在南霸村兴盛起来。这时南霸村出现了第五代传人，直接由第四代传人亲自传授。

3. 王家庄落地梅花拳

临淄区稷下街道王家庄的落地梅花拳，是清朝末期流传至今的一种民间拳术，较为原始，以技击为主，防中带攻。主要特点是：几乎每一个动作都带有梅花形，动作与动作之间，也用梅花连接，灵动洒脱，使人眼花缭乱。拳术和器械在表演或打斗时，都要先拉好梅花架势。不论是单练还是对练，都以抱拳出现，曲肘，两拳对抱于胸前，一拳出击时，另一拳抱于胸前防守，比其他门类的抱肘拳更有气势，进攻更加灵活迅猛。

4. 皇城五字功

皇城镇的五字功以“金、木、水、火、土”五行生克为理论创编于世，清朝光绪年间传入，属外家拳短打类，全国稀有拳种之一。特点是：身法奇特，斜中取正，手法步伐变化复杂。以摆、扣、拧、转、小步、三角步、左右吊裆等为主，讲究“奇”“巧”“灵”“活”，不求姿势美观。在无程式中求程式，在无规律中求规律，用躲步、挪步、拖步、跟步、煞步编织出四门、八卦、拳架。

5. 齐陵弹腿门

清末民初，由临淄区齐陵街道宋家庄于传章老师所传，距今有一百多年的历史，目前已传至第六代。弹腿门至今所习练弹腿共有十二路弹腿法。弹腿有由下向上踢、高度以腰为限的进攻型腿法，也有使用下弹腿法攻击膝部下盘的特殊腿法。弹腿的动作幅度小，速度快，自身重心容易保持。既可以直接攻击对方，也可以在别的腿法的掩护下直接进击，还可以为别的拳法、腿法做引腿，适用性很强。分为正弹腿和侧弹腿，要求二目平视、气沉丹田、身法传神、刚柔至用，并需要身法快，步法快、巧、稳。身动似槐虫，身法似龙行，闪如轻风退拔刀，蹿高纵越似狸猫。抬腿如风，落地如钉，拳似流星眼似电，腰似蛇形腿似钻。

6. 博山九宫八卦斩穴拳

博山九宫八卦斩穴拳是我国传统武术稀有拳种之一，2013 年被国家体育总局体育文化发展中心授予“中国体育非物质文化遗产保护与推广项目”荣誉称号。九宫八卦斩穴拳创于清末民初，由淄博张店卫固镇人郭慕华所创，又称“郭家拳”。

郭慕华曾在少林寺习武多年，凭着对武术的痴迷和悟性，采众家拳术之优长，独创这套集健身与实战为一体的拳法。郭慕华创拳后，立有“黄金万两不传人”的规矩，晚年才传给博山人孙登云。1920 年，孙登云到博山五龙村隐居，邂逅大峪口村青年拳师刘同榜，遂收为徒，精心授武两年后离去。刘同榜得名师真传后，数十年苦练不辍，把九宫八卦斩穴拳练到炉火纯青的地步，在继承的基础上，融汇其他拳种技艺，对斩穴拳加以创新发展，到晚年授徒数百人，使该拳得以在淄博地区流传。主要流传地是博山的大峪口，大、小乔村等地。

九宫八卦斩穴拳，顾名思义与穴位有关。其每一招式都以攻击穴位为主，在看似简单的套路中，使用拳、肘、脚、膝等部位打击对方穴位，使人防不胜防。九宫八卦斩穴拳主要包括徒手和器械两大部分，基本特征以近身短打为主，招式一环扣一环，手、眼、身法、步法浑然一体，拧翻缠闪，进退起伏，刚中有柔，攻防得当。其掌法、身法、步法、腿法变化无穷，明虚暗实，无不得心应手。九宫八卦斩穴拳刚健有力，实战性强，好学易练，对民众强身健体有较强的实用价值。

九宫八卦斩穴拳非常重视武德，创拳伊始即制有《练武宗旨》，表明对习练者重在武德的要求：首倡强身健体保家护国，二是倡导恭诚敬师，三是倡导义气待人，四是倡导练艺先端品。例如比武时，抬头要思仁义礼智信，出拳要看残老病死苦，点到即是，胜负自知。习练者艺成之后，要为国尽忠，为双亲尽孝，对友要信，对人要恭，见义勇为，当仁不让，不得恃武逞强、欺压良善。[1]

旧时的武术竞赛多为拳术打斗和表演。拳术打斗，一般情况下属于土豪劣绅之间的权力之争，双方皆雇佣一支武艺高强的“拳把式”队伍。1935 年，在山东国术馆的指导下，县国术馆成立，开始招收学员。进入 20 世纪 80 年代，业余武术活

[1] 王培源主编：《文化淄博》，济南：山东人民出版社，2021 年版，第 200 ~ 201 页。

动在淄博境内十分活跃。进入21世纪后，跆拳道与传统武术相结合，在各区县设立训练班（武馆），吸引了一批青少年爱好者。

（四）捶丸

博山地区宋元时期的陶瓷遗址中，曾经出土过一些大大小小的瓷球，大的直径约6厘米，小的直径约3厘米。经考证，这些瓷球是古代一种体育用品——捶丸，反映了城市中对捶丸的大量需求。捶丸可以养气血，怡神情，是一项老少皆宜的保健活动。在一些古代美术作品中，可以看到妇女聚集在一起做捶丸游戏的场面。在儿童中更是流行，出土的捶丸中尺寸小一些的是儿童用品。

有人认为捶丸产生在唐代，称“步打球”。步打球即徒步挥杖打球，是从骑马打球发展而来的。每年冬节后一百零五日，中国节历上称“寒食节”。寒食节这天，唐代宫廷中举行大规模的献球活动，其中一项就是由宫女们组成的步打球比赛。步打球比赛分成两队，先胜第一球的一方得到奖励，并向皇帝跪拜谢恩，然后继续比赛。诗人王建在《宫词》中曾对这一活动有生动描述：“殿前铺设两边楼，寒食宫人步打球。一半走来争跪拜，上棚先谢得头筹。”

辽、金时期宫廷中也盛行步打球，但称“捶丸”。元时的捶丸活动已经初具规模，并形成了一套较为完备的比赛方法，比赛场地、器具、规格、规则都有明确规定。元代宁志斋老人的《丸经》在序言中称捶丸是“卫生之微奥，而训将练兵之一技也”，可以“养其血脉而怡怿乎精神”，有益于身心健康。

《丸经》凡三十二章，书中称捶丸场地不拘地址，平、凸、凹地和斜坡都可以捶丸。比赛时，分三种形式竞胜：分组对抗、多人对抗、双人对抗。分组对抗又按人数多寡分为大会、中会、小会。双人对抗又称“单对”。比赛前，各自选好地点，掘好球窝，并在离球窝六十至一百步的地面选定球基，球基约一平方尺。比赛时，各自将球从球基击入球窝，三棒内击入者得一筹，犯规和违例则倒扣一筹。多人对抗和单对以得筹多少决定胜负，大会、中会、小会则以二十筹、十五筹、十筹为满赛，所谓相朋者一朋胜多为赢。

捶丸在明代进一步流行和发展，宫中也承袭了这一游戏。明学者周履靖重刻《丸经》，跋称：“予壮游都邑间，好事者多尚捶丸；捶丸收放心，怡神情，动荡血脉，畅其四肢。”明宣宗喜好捶丸活动，《宣宗行乐图》长卷中，有一幅是宣宗亲自下场捶丸的场面。图中宣宗身穿便服，头戴小帽，双手合持球棒上端，凝神挺立在画有界线的场地右角。宣宗的左侧有三个人，场中一个人作跑动状，场内有彩色小三角旗数面，分别插在各个球窝边沿。清代时，捶丸随马技、马球在宫中绝迹。[1]

（五）摔跤

博山窑宋元时期陶瓷玩具中最常见白底黑花摔跤俑，表现的是两个垂发小儿摔

[1] 向斯：《中国皇帝游乐生活》，北京：新华出版社，1994年版，第91～92页。

跤的形象。这些摔跤俑一般高两寸左右，全系手塑而成，千姿百态，极少雷同。不仅展现了工匠的高超技艺，也反映出宋元时期摔跤这项活动的盛况。

中国古代的摔跤活动起源可以追溯至五千多年前，是训练和军事作战的一种技能，实际就是徒手相搏。宋辽金元时期，摔跤活动极为盛行。元朝结束后，统治中原的蒙古族大多退回到了大漠以北，留在当地的非常少。淄博市却有一个蒙古族聚居的村子——齐陵街道的刘家营村。2017 年，由临淄区天磊摔跤传承中心申报，蒙古族摔跤成功进入市级遗产名录中。

二、现代体育项目

中国传统体育在封建制度中存在和发展，因此封闭性、伦理性、民俗性、宗教性、军事性较强。鸦片战争以后，中国传统体育开始与西方体育碰撞与交融。如今，西方的田径、游泳、足球等项目已成为中国体育的主要内容，西方体育中心的平等竞争等观念已日渐影响到中国的传统体育。

（一）球类

淄博现代体育项目中，各种球类运动如足球、毽球、乒乓球、篮球等成为饱受淄博人民欢迎的项目。现代足球的起源地被公认为英国。但是，蹴鞠作为现代足球的前身已经得到国际足联的官方认证，成为最古老的足球。它也是在中国悠久文化背景下由原始的球类玩耍和简单的足球游戏演变为明确规则的竞技运动雏形。

另外，毽球也是淄博人民日常娱乐、运动的重要项目，不仅受到成年人的喜爱，同时也是中小学不可或缺的体育项目。市内重视青少年体育，多次组织举办中小学运动会踢毽子比赛。2009 年，淄博市毽球协会成立，协会的宗旨是关注毽球人的需求，实践毽球人的愿望，让更多人体验毽球带来的健康和快乐。协会多次主办、承办和协办各种毽球比赛，2010 年 10 月获得国家体育总局社体中心颁发的“突出贡献奖”。

（二）田径

淄博民间古老的田径运动有打水漂、奔跑等。民国时期，各中、小学在体育课中开展了短跑、中跑、长跑、跳高、跳远，投掷手榴弹、铅球、标枪、铁饼等田径运动。新中国成立后，田径运动开始普及，在农民运动会、职工运动会中都列入了田径运动项目。

第二节　民间杂技

淄博的民间杂技多在节庆庙会时表演，主要有杂技和杂耍。

一、杂技

淄博各区县的民间杂技很多，如翻五台山、搭人梯、翻筋斗、叠罗汉等。

（一）翻五台山

旧时春节，狮灯大拜年时主家要用五张八仙桌层层叠起，让“狮子”在上面做出各种难度极高的动作，直到从顶层翻过，称“翻五台山”。有的人家还会想方设法设置各种机关，将赏钱与喜封置于高处，让“猴子”上去摘取。

（二）搭人梯

一人接一人踩着肩膀向高处攀登叫“搭人梯”，耍龙灯、舞狮子都有此表演。

（三）翻筋斗

翻筋斗又叫“翻跟斗”“翻跟头”，指徒手在地上做各种滚翻、转体、卧、跳等动作。耍龙灯、舞狮子时，“宝”、巴孙（猴子）、狮子等都有侧手翻、前手翻、后手翻、前滚翻、后滚翻、前空翻、后空翻等表演。

（四）叠罗汉

叠罗汉是由两人以上层层重叠成各种图形。各区县常在春节、元宵节期间表演狮灯、龙灯，向人家及单位拜年，接受拜年者将赏钱、喜封悬于高处，表演者便多人以叠罗汉的形式摘下赏封，常获得围观人群的阵阵喝彩。

二、杂耍

旧时，常有民间艺人在街头表演杂耍，如投掷、套圈、手技、口技、顶技及木偶、魔术、猴戏等。民间艺人表演的口技能模仿猪、羊、狗、鸡、鸟等各种动物的叫声，小型魔术有“九连环”“蛋变小鸡”“仙人摘桃”等。比较流行的街头杂耍有“傻子扑蝴蝶”“二鬼摔跤”。

（一）傻子扑蝴蝶

傻子扑蝴蝶是桓台县一种杂耍，亦叫“五色蝴蝶”。表演开始，锣鼓声起，在欢快的乐曲节奏中，持蝶人“引子”手持彩蝶，在前方反复做引、逗、耍、闪等动作，“傻子”紧随其后，做追、捉、戏、扑、滚、爬、跌、拍等特技扑蝶动作。两人一引一追、一逗一捉、一耍一戏、一闪一扑，有呼有应，有动有静，时起时伏，引子的灵巧顽皮和傻子扑蝶时的诙谐风趣，被充分演绎了出来。颤身抖肩、翻手摇扇，是傻子扑蝶的两个最基本的动作，也是区别于其他舞蹈的显著特点。而“高跷扑”“就地十八滚”“脚尖走”“就地走”等动作构成了该舞蹈的扑蝶绝技。

（二）二鬼摔跤

二鬼摔跤是清朝后期由临淄区敬仲镇杨官村农民创造的一种傀儡表演形式，后传到辛店矮槐树村和雪宫西高村，距今已有二百多年。该表演实际是一人在表演，只是在演员的背上装上鬼脸假具，“小鬼”演员也化作鬼脸，故称“二鬼”。表演时，罩上服装的木架当作小鬼的手脚，两个鬼脸对面表演，做出踢打翻滚、使绊子、加别腿等花样。另外配上滑稽的唢呐声，演员用特别的哨子做出鬼叫、鬼哭、鬼嚎的声音，使观众看得如痴如呆。此表演随形势的需要随时变化各种材料，集娱乐、健身、滑稽为一体，是我国杂耍艺术中的奇葩。

第三节　成人游乐

一、传统游乐

（一）智力游乐

淄博民间智力游戏主要有六博棋类、猜谜语、说绕口令、翻交交、解九连环等。

1. 六博

六博，又名“陆博”，是我国古代最早的博戏。[1]六博由棋局（即棋盘）、棋子、棋箸组成，主要是掷采行棋，即先投箸，根据投箸的结果行棋。因六博投箸用的棋箸共6个，棋子共12个，双方各6个，故称“六博”。据有关文献资料记载和出土的文献推断，六博在夏商时期就已存在。春秋战国时期，其玩法、器具已相当完备，成为人们娱乐方式之一。《史记·苏秦列传》和《战国策·齐策》都记载了六博之戏在齐国广泛开展的盛况。齐国名士淳于髡劝谏齐威王不应沉湎酒色，其中提到民间宴饮以六博娱乐的场景：“若乃州闾之会，男女杂坐，行酒稽留，六博投壶，相引为曹。”在乡里聚会时，男女坐在一起，依次敬酒，以六博、投壶的游戏取乐。这一描述反映了六博与投壶已成为齐国宴饮常见的娱乐活动。

六博的六个棋子由一个“枭”棋和五个“散”棋组成，“枭”为贵，“散”为贱，博弈的胜负由枭棋是否被吃掉来决定。

近年来，在山东曲阜鲁国故城遗址的乙组3号墓和52号墓内，出土了战国时期的六博棋子和博筹，形制统一，制作精巧。在山东淄博发掘的西汉初年刘肥墓中，出土了1枚铜制骰子（现陈列于淄博齐国历史博物馆）。都进一步证实了古代六博活动开展的广泛与技艺的高超。

六博在汉代颇为兴盛，齐鲁出土的多块汉画像石中刻画了仙人六博的情景。汉人将六博与升仙思想相融合，将六博作为仙人娱乐的方式，希望自己死后可以和仙人一样以六博为戏。魏晋六朝时六博逐渐衰落并被其他博戏、棋戏所代替。

六博棋是世界上一切有兵种盘局棋戏，如象棋、国际象棋等的鼻祖。之后出现了双陆、骰子、叶子戏、打马、马吊、麻将等博戏，成为历代娱乐休闲的重要方式。博戏是集技巧、策略与运气于一体的娱乐性活动。技巧和智慧的较量使博戏较为优雅温和，而运气影响胜负则使博戏具有刺激性与娱乐性，因而成为古代女子的娱乐方式之一。宋代词人李清照，济南章丘人，深谙博戏之道，精通打马棋，曾著《打马图经》《打马赋》记载打马棋的玩法，探讨了打马棋的技巧，言辞富有哲理，值得玩味：“慧则通，通则无所不达；专则精，精则无所不妙。”

2. 猜谜

淄博民间习惯把猜谜语叫“猜枚”“猜默”。谜语的最早形式是隐语，春秋战

[1]六博参见崔乐泉：《中国古代六博研究（上）》，《体育文化导刊》2006年第4期，第85～87页；袁宏：《齐鲁体育文化研究》，济南：山东大学出版社，2015年版，第116～117页。

国时隐语已在齐国流行。针对齐国“百官荒乱”的局面，淳于髡曾以隐语（谜语）进谏齐威王，他问齐威王：“国中有大鸟，止于王庭，三年不蜚（飞）又不鸣，王知此鸟何也？”威王回答说：“此鸟不飞则已，一飞冲天；不鸣则已，一鸣惊人。”随即召集全国地方官 72 个人，“赏一人，诛一人”。[1]

民间谜语通俗浅显，轻松活泼，有些目不识丁的庄户人也能制谜和猜谜。民间猜谜语活动中，有许多谜语堪称雅俗共赏的精品：“一个光棍汉，愿躺不愿站，白天穿绸又披缎，晚上成了穷光蛋”，谜底是晒衣竿。“一物三口，有脚没手，谁要没它，难见亲友”，谜底是裤子。“从南来了个踟啦踟，不脱裤子下了海”，谜底是鸭。“你看像你，他看像他，一同来看，像咱大家”，谜底是镜子。“一时吃饱总不吃，躺在新房苦相思，新郎新娘陪伴我，私房话儿我全知”，谜底是枕头。

灯谜也是谜语的一种形式，文学性强，对猜谜者的文化素养有较高的要求。比如谜面是木兰之子，谜底是花生。因为木兰即花木兰，花木兰所生之子就是花生。若对历史不了解，对灯谜的谜格不熟悉，便不容易猜出谜底。

灯谜不局限于在花灯上猜测，逐渐发展成为一种经常性的猜谜活动，甚至成为宴席上酒令的组成部分。如蒲松龄的《聊斋志异》中有篇《鬼令》，写的是拆字谜酒令：

田字不透风，十字在当中；十字推上去，古字赢一钟（盅）。
回字不透风，口字在当中；口字推上去，吕字赢一钟（盅）。
图字不透风，令字在当中；令字推上去，含字赢一钟（盅）。
困字不透风，木字在当中；木字推上去，杏字赢一钟（盅）。
日字不透风，一字在当中；一字推上去，一口一大钟（盅）。[2]

3. 说绕口令

绕口令又称“急口令”“物口令”“吃口令”等，是中国民间传统的游艺活动。其特点是将若干双声叠韵词汇或者发音相同相近的语词，有意集中在一起，组成简单有趣的韵语，要求朗诵者快速念出来。《聊斋俚曲集·墙头记》中的张大怪在一出场等待岳父光临时念了一段绕口令：“他的达强及俺达，他那达后及俺达，他达就比俺达大。他达合俺达一堆站，俺达矮了勾一楂，叫他达教人不支架。不因着情受他那地土，俺只说俺是他达。”[3]这段调侃性质的绕口令不仅贴合张大怪的卑劣灵魂，也起到了调剂戏剧气氛、避免冷场的作用。朋友聚会、茶余酒后、联欢之时等，人们常以说绕口令这一娱乐方式来活跃气氛，既愉悦身心又锻炼了口语能力，是一种受人们喜爱的传统游艺活动。

[1]（汉）司马迁：《史记》，长春：吉林出版社，2005 年版，第 849 页。
[2]（清）蒲松龄著，于天池注，孙通海、于天池等译：《聊离志异》，北京：中华书局，2015 年版，第 1892 页。
[3]（清）蒲松龄著，蒲先明整理，邹宗良校注：《聊斋俚曲集》，北京：国际文化出版公司，1999 年版，第 5 页。

4. 翻交交

翻交交也叫“抄面汤”“翻撑”“翻棉单”“解绷绷”“翻花被”等。玩翻交交的道具是一根长约1米，两端结一死扣的环形线绳。玩时，一儿童用双手撑开环形线绳，按一定的程序用手指头勾、翻而成为一个基本图形，然后另一儿童用双手勾线翻动并套接在两手间，换成另一新图形。二人轮换着翻撑挑勾，巧妙翻出各种有趣的图形。因翻成的线绳交叉成一种长方形，很像一条单层布的褥单，又称“单绵条”。这一叫法在明清时就已出现，蒲松龄《聊斋俚曲集》中有“我才翻了个单绵条，你自一翻就乱了交”。翻交交还被称作“翻个交”等，《聊斋俚曲集》中有“咱且坐坐翻个交，看我翻个老牛槽”[1]。老牛槽是一种像牛石槽似的图形，至今仍是当地翻交交的主要图形。历史悠久的翻交交游乐活动在现代又有一些新的图形出现。如“豆腐块”“织布机”“箩筐底”“面条”“金鱼”“梯子”“降落伞”“山头”“面柜”“猴子爬杆”等。

5. 解九连环

最早形式的解九连环是战国时期的解玉连环。据史书记载：秦国派使臣携带一玉连环到齐国去，声称如果齐国无人能解开玉连环，秦国将要以刀兵相见。群臣面面相觑，无人解得开。齐王退后宫与无盐娘娘提起此事，聪明过人的无盐娘娘很快就解开了，秦国使臣不得不离开了齐国。

九连环用金属丝制成。一个长圈，一端是柄，中套9个圆环，每环下边连着垂下的直丝，到下边总联起一个横条。玩九连环，要摘下套上，手续极繁，却极为有趣，自古以来，多流行于闺阁妇女及孩童中。无论年节还是平日闲时，大家聚在一起，轮流解九连环，既比智慧细心，又赛手法技巧，深受人们的喜爱。

（二）节日游乐

节日游乐一般是指在特定的节日里集中开展的游乐活动。淄博民间节庆游乐活动主要有放烟火爆竹、玩灯赏灯、放风筝、踏青、乞巧、放河灯、登高游乐、冰嬉等。

1. 放烟火爆竹

放烟火爆竹是淄博民间年节时重要的游艺活动。

明清时，淄博烟火品类众多，并有许多善制烟火的能工巧匠，能制出诸如“日月合璧”“五星连珠”“八仙过海”“二仙传道”“李三娘推磨”“张生戏莺莺”“吕布戏貂蝉”“群莺放飞”“哪吒闹海”“和尚变驴”等各种形式的烟火。元宵节期间，境内富户官宦之家多放盛大的烟火，引得市井之民前去观赏。明清之时，民间还在春节期间放能飞上天空的二踢脚炮、数百头的鞭炮和一声巨雷般爆炸后飞上天空连续爆响的母子炮等。

清代后，一些区县在从除夕到初一通宵放爆竹的同时，还把以前在元宵节期间燃放的烟火移借过来，为节日的观赏游乐增添了奇光异彩。近年来，爆竹品种越来

[1]（清）蒲松龄著，蒲先明整理，邹宗良校注：《聊斋俚曲集》，北京：国际文化出版公司，1999年版，第461页。

越多，除了二踢脚、母子炮等传统的爆竹品种外，电光鞭、射天雷、天女散花炮等新品种层出不穷。另外，除了民间常见的花子、七彩旋花、平地一声雷、魔术弹等小型烟火外，各种新的礼花烟火以其射程远、花色新奇瑰丽、燃放时壮观等特色，吸引着城乡民众观赏游乐。

2. 玩灯赏灯

玩灯赏灯是元宵节的主要游乐活动，故元宵节又称“灯节”。

淄博花灯誉满神州，名扬世界。1984年底，淄博花灯应邀赴俄罗斯展出。1985年春，淄博花灯与自贡花灯并驾登上中央电视台《九州方圆》节目。淄博花灯主要有民间工艺灯、彩楼灯、灯棚、迷宫和树灯、水灯、机械座灯、故事灯组和流动灯车等。各种类型的花灯展现了精美的制作技艺，同时也反映了当地人民的生活状况及美好愿景。如八陡镇幸福村，把路旁的小白杨装扮成玉米、高粱、鲜桃，花灯一亮，银装素裹的农村霎时变成一片丰收在望的田园。[1]

此外，淄博地区习惯用豆面和玉米面做成生肖面灯，寓意消除病灾、人丁兴旺。生肖灯点燃后，全家老小围在一起看灯。哪一个生肖灯火苗旺，家里属这个生肖的人将在新一年里时运亨通，无病无灾。另外，还有代表十二个月的月灯，寓意祈祷该月的农作物、水果和蔬菜等获得丰收。月灯捏好上笼蒸熟后，人们会细心观察各个月灯里蒸馏水的多少，以卜旱涝。元宵节傍晚，人们在面灯里插上灯芯，注入食用油后点燃。

萝卜灯在农村很普遍。萝卜经剜刻成型后放上芯子注入油，由孩童们擎着满街跑，互相比较谁刻得精致，谁的灯火亮。另外，还有剜刻红薯、南瓜等为灯的。有些农村有元宵节照灯之俗，男孩子们手提萝卜灯、面灯等，围着枣树转六圈，据传这样可使当年的枣子丰收。

3. 放风筝

风筝也称“纸鸢”“纸鹞”等。据《墨子·鲁问》记载，公输班（鲁班）削竹木制成木鸢，在天上飞三日不下。[2]当时的木鸢或风筝多用于军事，大约到了唐代，风筝才从军事用途扩大到民间游艺。明清时期，放风筝更加普及。每年清明前后，人们纷纷到野外河滩放飞风筝。

放风筝的工具有线、绕线工具和供娱乐用的各种附加物。用于放风筝的线有许多种，如适合放小风筝的三股棉线、丝线，适合放较大风筝的麻线粗棉线，以及放大型龙头蜈蚣风筝用的铁丝线等。绕线工具也有多种，如放一般风筝用的线桄子，是一种穿在轴柄上的六角形线轴，可以自由地旋转着放线。收线时，一手拉线，一手打轮，十分方便适用。还有一种简易的用木板割成“Ⅱ”形的线桄子，也很方便。放大风筝要用线拐子，而放巨型风筝则要用绞车。

在民间，既可见到“屁股帘儿”这种最简单的风筝，也能有机会见到百余米的

[1] 张玉柱主编：《齐鲁民间艺术通览》，济南：山东友谊出版社，1998年版，第1061～1062页。
[2] 辛志凤等译注：《墨子译注》，哈尔滨：黑龙江人民出版社，2003年版，第426页。

风筝；既有造型古朴、扎糊简单的“豆腐块”“八卦”和“小桶”等风筝，也有扎制精巧、彩绘华丽的“沙燕”“美女”“凤凰”“龙头蜈蚣”等大型风筝。

4. 乞巧

农历七月初七是传统的七夕节，又叫“乞巧节”。

自南北朝以来，七月初七供织女、卜巧等乞巧活动在淄博逐渐形成，并带有较浓厚的地域文化色彩。供织女是七夕节里较隆重的活动，其一切事宜多由妇女安排，男子很少参与。白天，姑娘们用秫秸扎一佛龛或在土台上搭一小棚，内供织女图。入夜后，摆香案陈瓜果，妇女们围在织女像前乞巧。

卜巧是乞巧的一种表现形式。卜巧就是通过不同的占卜方式，得知自己是笨还是巧。有古老的视喜蛛结网卜巧，高青县有这样的习俗：在七夕夜，姑娘们把瓜果放在院子里，让喜蛛前来结网。若喜蛛真的结网了，便认为瓜果的主人巧。还有一种漂针卜巧，即在七夕这一天，每个姑娘各拿一碗水放在太阳下晒，然后将针放在水面上（水经日晒后，水面有浮尘，可以浮针），看碗底影子，如呈现类似山、花、云、线形态者均视为卜得巧；如果影像粗直如棒槌，就是没有得巧。

5. 放河灯

农历七月十五（中元节）放河灯，是在民间流行的季节游乐活动。传说，中元节是城隍出巡的日子，这一天主要祭祀祖先和孤魂，故又称“鬼节”。放河灯的前身是与盂兰盆会密切相关的超度亡灵之举。后来，其观赏娱乐色彩越来越浓，逐渐演变成为中元节的民间游乐活动。届时，各种式样的河灯相继出现：有彩纸做的莲花灯，有西瓜皮做的瓜皮灯，有萝卜剜空而成的萝卜灯，有荷叶插蜡烛而成的荷叶灯，有用豆面捏制的面灯等。人们用瓜皮、面碗、纸张制成各式各样的灯具，还以街巷为单位，制作特大纸船。到中元夜，把这些灯具和纸船放入河内，河面上顿时灯火通明。千万盏灯顺着水流而下，如同银河里的点点繁星。此时，人们扶老携幼涌到河堤观灯。淄川区元宵节临水人家多放河灯，放河灯前还会举行简短的仪式，锣鼓喧天，鞭炮齐鸣。20 世纪 50 年代后，放河灯之举逐渐消失。

6. 登高

农历九月初九是重阳日，自古以来民间有登高、赠糕吃糕、赏菊饮酒等习俗，其中临淄牛山山会比较著名。牛山是春秋战国时景公登其山“顾其国城而流涕”的地方，山清水秀，鸟语花香。每年三月三、九月九，春游、登高兼赶山会，其乐无穷。旧时曾有民歌曰：“三月里来三月三，姊妹二人爬牛山，捎带着逛温泉。”历史上牛山庙会也曾盛极一时。

古为淄川八大景观之一的奂山更是引人入胜。蒲松龄在《聊斋志异》里描写的“山市”胜景，就是这里。[1] 每年三月十五为会期，届时方圆百里的善男信女前来赶会者络绎不绝。

［1］（清）蒲松龄著，于天池注，孙通海、于天池等译：《聊斋志异》，北京：中华书局，2015 年版，第 1648 页。

桓台花山香火会（今属张店），山上有玉皇庙，周围环境十分优美。曾有古籍载："山谷绣错，远望如菡萏，上有一亩石，天将雨，云气生焉。"每逢会期，北部邻县的百姓，多乘船沿乌河溯流而上，前来赶会。

博山凤凰山庙会也曾十分盛行。据载，民国时期，每年四月十八至二十，在凤凰山麓碧霞元君行宫香会，有演出和商贸活动，后因商货不甚行销，香会逐渐零落。及至日本侵略军攻陷淄博各地，不少寺院庙宇、名胜古迹或毁于炮火，或拆走砖瓦修建碉堡，具有民族特色的庙会几乎绝迹。[1]

7. 冰嬉

冰嬉是古代人对冬季冰上娱乐活动的泛称。淄博地处北方，三九严冬，冰封水面时，人们（尤其是少年儿童）多喜欢在冰上娱乐嬉戏，称"滑哧溜""滑冰凌""擦滑"等。有跑冰车、滑冰等多种项目。所谓冰车是在方木板上固定一小板凳，再在方木板下固定两根粗铁条或硬木条而成。跑冰车者坐在上面，用两手各握一尖状物扎冰面使冰车在冰面上滑行戏耍，多个冰车一起嬉耍比赛更有趣味；在冰上做游戏，如打陀螺、踢石球、跳房子、捉迷藏等，别有一番情趣。滑冰时，多在木板下镶铁条或钢片，绑在鞋下作为冰鞋，滑起冰来灵活自如。也有不绑冰鞋玩的，多为孩童的游戏，叫"擦滑"。近几十年来，随着国家冰上运动的普及，民间滑冰及冰嬉活动的技艺水平越来越高，娱乐色彩日益浓厚，呈现出新的时代特色，如滑旱冰等。

8. 转秋千

秋千最早叫"千秋"。相传秋千为春秋时齐桓公从北方民族山戎传入，汉以后成为清明及端午节、寒食节等节日的民间游戏。秋千最初是用一根绳子，以手抓绳而荡，后发展成于木架上悬挂两绳，下拴横板。唐代荡秋千已经是很普遍的游戏，并且成为清明节习俗的重要内容。由于清明荡秋千随处可见，元明清三代定清明节为秋千节，皇宫里也安设秋千供皇后、嫔妃、宫女们玩耍。[2]清代郑板桥有诗歌云："纸花如雪满天飞，娇女秋千打四围。五色罗裙风摆动，好将蝴蝶斗春归。"说的就是当时放风筝和荡秋千这两种习俗。清末民初梁文灿在《蝶恋花·清明》中写道："三月清明槐火换，茶肆星罗，席地沙滩畔。风送芦弓声一片，纸鸢赛满南河岸。碧玉小家呼女伴，四面秋千，筛得团团转。九朵红云衣靛茜，鸦雏金碧松钗颤。"这首诗描绘了当地放风筝以及转秋千的习俗。《民国潍县志稿》记载了这种转秋千，"秋千之在人家庭院者，悉属旧式。惟城外白狼河边沙滩上坎地竖一木柱，上缀横梁，四面绳系画板，谓之转秋千：小家女子多着新衣围坐画板上，柱下围一木栅，内有人推柱使转，节之以锣，当锣声急时推走如飞，画板可筛出丈余，看似危险，而小女子则得意自若也。又于秋千柱顶上悬一小旗，并系以钱，则有多数勇

[1] 李障天、阎象吉主编，淄博市政协文史资料研究委员会、淄博市经济科技委员会编：《淄博经济史料》，北京：中国文史出版社，1990 年版，第 277 页。

[2] 洪夏子等编著：《中国礼仪·生活礼仪》，沈阳：东北大学出版社，2018 年版，第 67 ~ 68 页。

健少年揉升而上，作猴儿坐殿、鸭鸭浮水、童子拜观音等种种把戏，谓之打故事。捷足者得拔旗，携钱以归。观者乃夸赞、呵好不绝。此益多年积习，至今未改。”[1]沂源有这种转秋千，往往是因家庭成员有病得愈或生意发财而还愿，架转秋千供人们娱乐。一般一次许愿，架三年转秋千。[2]

（三）生活游乐

生活游乐是直接从人们生活中发生、演变而来，是游戏娱乐化了的生活模拟。淄博民间生活游艺主要有打铁花、跑驴、跑旱船、击鼓传花、各种酒令和踩高跷等。

1. 打铁花

打铁花也叫“打花”“大夫抡花”“流星铁花”。据民间相传，明末清初时已在今周村、博山、临淄等地流行，原是铁匠在元宵节前后举行的祈福活动，后来不断发展，观赏娱乐色彩愈来愈浓，成为富有特色的生活游艺活动。

打铁花一般在冬季夜晚举行，到元宵节前后形成高潮。地点多选在村头旷野空地上。事先要准备 3 ~ 5 座铁匠炉，5 把长柄铁勺，5 把长柄木板，3 ~ 4 只风箱，3 口黄黏土锅。原料是木炭 15 ~ 25 公斤，生铁屑、铜屑和铝屑各 7.5 公斤，谷糠 5 公斤左右。打花师傅们（多为铁匠）把生铁屑、铜屑、铝屑依次放在各个锅里，然后猛拉风箱，使各种金属屑烧红熔化。打花师傅的技艺颇为精湛，他们看着烧炉师傅用长柄铁勺把熔化了的金属汁舀在铺有谷糠的长柄木板上，便端起来飞快地奔到打花场，双手用力让木板颠两颠，将金属汁扬向半空，不等金属汁落地，急忙抡起木板猛力挥打，只打得火花如飞珠溅玉，满天飞舞。此时，几个打花师傅来回穿行，接连不断地把铁花打向夜空，只见红的、蓝的、金的、银的火花四溅，映得夜空一片绚丽辉煌。每次打铁花持续 15 分钟左右，原料用完，活动即停止。

2. 跑驴与跑旱船

跑驴和跑旱船在淄博各区县普遍流行。跑驴的道具“驴”多用竹篾扎骨架，外面糊纸，分前后两半，前为驴头，后为驴尾。表演者身处于扎制的毛驴身中段，似坐骑在驴之上。驴头和驴颈下挂有串铃或单个铃铛，走动时驴头可以颤动，驴尾能自由摇摆。以小碎步跑圆场，亦可做跳跃弹踢、趴伏骤起等动作。骑驴者多以年龄不同的妇女为主要人物，有的小丑人物扮相滑稽，表演灵活，引人发笑。[3]

跑旱船也称“采莲船”“旱船”。道具多用竹或高粱秸扎成框架，上搭顶棚，饰以彩穗，下罩绸或布围成船衣，船上扎纸或纱质的莲花。旱船大者长 3 米左右，小者 1 米。跑旱船者为一男一女，女者将船系于腰间，船上装有假腿和假脚，使表演者呈盘坐船头状；男者在船旁用桨或篙划水，模拟船行水中的种种动作，多表现渔家劳动和爱情生活情景。博山区李家窑村的旱船最闻名，有“东家的船，西家的

[1] 凤凰出版社编撰：《中国地方志集成·山东府县志辑 40》，南京：凤凰出版社，2004 年版，第 338 页。
[2] 曲洪祎编著：《记住乡愁：山东乡情展馆》，济南：山东人民出版社，2016 年版，第 138 页。
[3] 山东省淄博市政协文史资料研究委员会：《淄博文史资料选辑》（第四辑），济南：齐鲁书社，1986 年版，第 190 页。

船，比不上李家窑的五只船”的俗语。相传，跑旱船是该村的行商者在二百多年前从苏州引入的，因当时只有五只船，所以称“五只船”。此后，跑旱船在题材内容上不断丰富，形式上增加了多人乘船、两人划桨的表演，并发展为浩浩荡荡的大船队。一场跑旱船，队伍拉出五六百米，船队过处，观者如潮，喝彩声不绝。

3. 酒令

行酒令是一项饮酒时用于助兴的活动。淄博酒文化历史悠久，据考古发现，在高青县唐坊镇店子村附近发现的大汶口时期遗址、龙山至商周时期遗址很可能是大汶口文化时期东夷人重要的聚落遗址。早在大汶口文化时期，东夷人已经掌握了先进的酿酒技术。在东夷族的历史上，著名的部落首领有太昊、蚩尤、少昊、大舜等，其中太昊，即伏羲氏，风姓，与后世出现在今高青地的酿酒族群防风氏有直接承接关系。相传，酿酒的始祖仪狄就是防风氏家族的成员，而且在西周陈庄遗址中出土了大量青铜器及水井等遗物，高青县出土了一件东汉双耳酒杯，皆证明当地人日常生活中有饮酒的习惯。淄博人饮酒时喜行酒令，用于助兴。

历代流行的酒令种类众多，诗令是比较常见的一种。著名小说家蒲松龄、诗人王士祯（世称王渔洋）都是行酒令的高手。据记载，在西铺村毕际有家，王渔洋道：

“三字同头官宦家，三字同旁绫罗纱。要穿绫罗纱，还得官宦家。”

蒲松龄对道：

“三字同旁稻秫稷，三字同头屎尿屁，吃了稻秫稷，迸出屎尿屁。”

毕际有一听不妙，赶忙打圆场说：

“三字同头左右友，三字同旁清淡酒，都是左右友，同喝清淡酒。”

说罢，端起酒杯，一饮而尽。就这样，蒲松龄和王渔洋相识，两人诗文往还，成为好友。[1]

蒲松龄所著的《聊斋志异》中《鬼令》篇通过与鬼饮酒和以字为令的故事，既道出了饮酒的乐趣，又描示出中国汉字构造的奥妙，很值得一读。

除了上述诗令，《聊斋志异》中还说到了“字令”“雅令”“花枝令”等。此外，酒令的形式还有快乐令、骰子令、诗令、绕口令、谜语令、改字令、典故令、牙牌令、人名令、喜上眉梢令、闪压令、论语筹令、抛打令、回文重叠令、四书令、酒牌令、对字令、盗酒令，以及划拳、躲身数、击鼓传花和对火柴头等类似酒令的饮酒助兴游艺活动。淄博民间饮酒，讲究让客人喝足，最好有几位烂醉者（俗称“钻桌子底下”）。为此，各种酒令与助兴游艺就有了用武之地。有时单独用一种，有时几种轮换着用，直到尽兴为止。

4. 击鼓传花

击鼓传花（或传彩球等物）是自唐代以来用于酒宴上的助兴游艺，也称“击鼓传花令”。由于其方法简便，气氛热烈，在历代各阶层的聚会中和酒宴上常常用来活跃气氛，以助兴致。此游艺活动特别适合多人聚会娱乐，其主要形式是：十几人

[1] 王秀亮等著：《淄博乡情》，北京：大众文艺出版社，2009 年版，第 257 页。

或数十人围圈而坐，其中一人执花（或彩球等物），一人背众击鼓。鼓响花传，鼓停花止。最后，花传到谁手中，谁就要为大家自由表演一个节目。也有的采取表演节目者摸彩（如摸纸条）的形式，按纸条上写的要求行事，多是唱歌、跳舞、说笑话、学动物叫声等。表演节目之后，击鼓传花继续进行，尽兴乃止。

5. 踩高跷

高跷皆属木制，在刨好的木棒中部做一支撑点，以便放脚，然后再用绳索缚于腿部。高跷分高跷、中跷和跑跷三种，最高者可达三米。表演者不但可以用长木缚足行走，还能在行进中跳跃和舞剑，做出各种高难度的动作。

博山区河东村的高跷队伍，排头为九只大仙鹤，一字排开，硕大的体型引人注目，仙鹤细长的脖子探出，两只翅膀左右扇动，人在其间要保持平衡需要相当高的水平。后面是水漫金山寺的全班角色，青蛇、白蛇伴着许仙，鱼、鳖、虾、蟹更是齐全。表演者踩在最高的高跷上，犹如天神下凡，孙悟空踩的高跷足有两米半，人走累了，可以直接坐到屋檐上休息。[1]

（四）观赏游乐

观赏游乐是以观赏各种民间文娱表演而取乐的游乐活动，多在节日、庙会、集市和庆典集会时进行。淄博民间观赏游乐活动主要有舞龙、抬芯子等。

1. 舞龙

舞龙又叫“耍龙灯”“跑龙灯”“耍活龙”等。据文献记载，早在春秋战国时期，山东就有舞龙的雏形——含有龙崇拜与祈雨等内涵的舞队形式。大约宋代以后，舞龙开始出现于年节的民间娱乐活动之中，明清以后流行于各地。

舞龙时，舞龙者在龙珠的引导下，手持龙具，随鼓乐伴奏，通过人体的运动和姿势的变化完成龙的游戏，穿、腾、跃、翻、滚、戏、缠，组图造型等动作和套路，充分展示龙的精、气、神、韵等。耍龙灯时，几十个大汉举着巨龙在云灯里上下穿行，时而腾起，时而俯冲，变化万千，间或有鞭炮、焰火，大有腾云驾雾之势！下面簇拥着成百上千狂欢的人们，锣鼓齐鸣，蔚为壮观，好不热闹！

2. 抬芯子

抬芯子亦称“抬阁”“台阁”等，流行于淄博各地。常见的芯子是将铁杆固定于台式底座上，再将表演者固定于铁杆支架上，远看如灯芯子，故得此名。芯子大体分为四种：桌搁，用特制的木方桌做底座，固定支架，将多名童男童女缚于桌架上，由4人或8人抬行，亦叫“平台”；头搁，又称“扛芯子”，将铁杆缚在壮年男子身上，再将童男或童女固定在铁杆顶端；抬芯子，由众人抬一碗口粗木杠，杠上固定数个铁架，再缚以饰各类角色的儿童；车芯子，以车为底座，再立架子缚各类角色。芯子多在春节至元宵节期间与龙灯、狮舞、高跷、跑旱船等配合演出。周村区的抬芯子非常著名，抬芯子多达六七十台，扮饰芯子的人物故事有“天女散花”“天仙配”“张生戏莺莺”“青蛇白蛇”“武大郎与潘金莲”“梁山伯与祝英台”“三

[1] 刘心明主编：《文化博山》，济南：山东人民出版社，2021年版，第251～252页。

打白骨精”等，内容丰富，场面壮观。

二、现代游乐

（一）游山玩水

旧时，逢年过节，亲戚朋友、同乡同学有三五成群到风景秀丽处游玩的习俗，如登山赶庙会等。20 世纪 80 年代起，由于经济发展生活水平提高，游山玩水开始普及并成为民间重要的娱乐方式。人们利用节假日，或组团或自助到国内外旅游已蔚然成风，主要线路有周边游如潍坊休闲一日游、沂源红中庄苹果采摘农家乐，国内游如九寨沟五日游、黄山四日游、乐山大佛二日游等，出境游如韩国济州岛五日游、日本东京五日游等。现市内从事旅游经营的企业有大大小小几十家。

（二）唱歌跳舞

旧时，淄博民间流行唱民歌和跳民间舞蹈。中华人民共和国成立后，京剧、吕剧等戏曲流行于城乡每个角落，“文化大革命”中，唱革命歌曲、跳忠字舞、演革命样板戏又成为人们主要的宣传和娱乐方式。20 世纪 80 年代后，开始流行卡拉 OK。近年来跳交谊舞、广场舞和街舞、蹦迪又在城乡流行。许多歌厅、舞厅、歌城、夜总会也应运而生。唱歌跳舞至今仍是民间休闲娱乐重要方式。

（三）电子游艺

电子游艺是指玩装有处理机的现代化游艺机，随着电子科学的迅猛发展而风靡全球。一般分为两种：一种是便于携带的手掌机单机游戏，可以玩拼字游戏、数字猜谜、足球赛、黑杰克纸牌等；一种是需连接电视机使用的专用游戏机，如《太空保卫战》《公路驱车》《电子考尔夫》等，要求游戏者机智灵活地操作各种按钮取得胜利，趣味性较强。20 世纪 80 年代后，台球、电子游戏厅等多种娱乐场所在淄博兴起，一时之间出现了许多电子游戏室。20 世纪 90 年代中期电脑开始普及，电脑游戏逐步取代电子游戏，迅速赢得各个年龄段人们的喜爱，在网吧和家庭中，常常见到人们打“传奇”等游戏，这已经成为非常普遍的游戏门类。

第四节　儿童游戏

一、传统游戏

淄博各区县的儿童游戏主要有老鹰捉小鸡、捉迷藏、跳背、打瓦、斗拐、打沙布袋、丢手帕、弹蛋儿、跳房、拾子儿、打沙布袋、打陀螺、抬花轿等。[1]

（一）老鹰捉小鸡

老鹰捉小鸡又叫“老鹰叼鸡”“老鹰叼小鸡”“叼老尾”“叼小鸡儿”等。游戏角色为：一人当老母鸡，一人当老鹰，余者为小鸡。小鸡们在老母鸡身后牵着衣

[1] 部分传统游戏参见政协博山区委员会编：《博山民俗》，淄博：淄博市文化广电新闻出版局，2013 年版，第 166 ~ 175 页。

襟排成一队，老鹰站在母鸡对面做出抓小鸡的姿态。游戏开始时，老鹰做欲捉小鸡动作，母鸡身后众小鸡做惊恐状，母鸡则张开“翅膀”警惕地保护着小鸡，老鹰转圈捉母鸡身后的小鸡，母鸡左右阻挡，众小鸡在左躲右闪时发出“咯咯咯”的叫声。游戏规则是：老鹰拍一下小鸡的肩膀表示其被捉到，该小鸡退出，等待下一轮游戏时再参与。若老鹰累了，母鸡和众小鸡一起逗老鹰：“老鹰老鹰转转，给你个小鸡看看。”老鹰被激怒后，便会叫着捉起小鸡来。等到母鸡身后的小鸡全被捉光，一场游戏便结束了。然后再重新分配角色，开始下一轮游戏。

（二）藏么严实

藏么严实即捉迷藏。游戏人数不限，男女孩子均可参加。玩法是：一个较大的孩子，坐得稍高一点，捂住捉者的眼睛，大孩子唱着：“藏么藏么严实，打发小狗去拿去，拿不回来打十鞋底。”其余儿童则各找地方躲藏起来。当众儿童躲藏完毕，捉者便大声问：“开啦不？”如果有人还没有藏好，便大声回答：“还没好，再等一会儿。”如果没有人回答，捉者就开始找起来。如果找了一阵子还没有捉到人，躲藏的儿童就会从各自的隐蔽处悄悄走出来，跑到预定的地点摸一物体，一边跑一边喊“格儿”，以招引捉者堵截。如没有被捉住，就过关了，不许再捉他；如在奔跑时被捉住或在躲藏处被找到，这个儿童就当下一次的捉者。

（三）跳背

跳背又叫“捺水牛背”“跳案岔”。参加人数一般为三五人，最多不过七八人。游戏前，一般用“将军宝”（剪子、锤头、布）的方式决出输赢，输者当牛（支案岔者）让赢者跳。当牛的开始支案岔时，先把身体弯下，两腿蹬直双手按地，撅起屁股，让其他儿童按住脊背一个个从身上跳过去，这为第一轮。当牛的儿童再用双手握脚脖，身体升高了些，跳背的仍按着他的脊背依次跳过去，这为第二轮。然后当牛的用双手支住膝盖、支住大腿根儿，支住腰，最后身子挺立，两手攀住脖子，只把头低下，让跳背的儿童双手按着其肩膀跳过去，谁跳不过去谁就当牛。一般来说，进行不到最高度便有跳不过去的了。若是进行到最高度，只有年龄大、个子高、身手麻利的儿童才可以跳过去，年龄小、个子矮的儿童只能认输。玩这一游戏时，常搞出一些花样以增加乐趣。如跳前，命令当牛的儿童做出一些动作后再让人跳；如说“跳你一枝过头顶”，当牛的儿童要伸一个指头放在头顶处；如说“跳你二枝在耳边”，当牛的儿童得伸出两个手指头放在耳朵边。

跳驴背也很有特色。游戏前，先选出一人当驴头，一人当驴身子。当驴身子的儿童要用双臂抱住当驴头者的腰，低头躬身做好姿势让一个儿童从他的屁股处往背上跳。由于此跳法难度较大，常常会有一些儿童跳不上驴背便摔下去，摔下者要当驴身子。如果有多名摔下者，则用“将军宝”的方式决出谁当驴身子，而上轮当驴身子的儿童则改当驴头，原当驴头的儿童和其余的儿童一样，成为跳驴背者。若某儿童接连三局都能跳上驴背，便能享受骑驴的待遇。他可骑在驴身子上，用两只手揪住驴耳朵，围绕游戏场地转三圈。

（四）打瓦

打瓦又称“打聋王婆”“打阎王”“打官瓦”“打观音鼻子”等。清代蒲松龄《聊斋俚曲集·磨难曲》有“长街打瓦，踢毽罚毛”[1]之句。这一游戏一年四季皆可进行，参与者多为男孩。所用瓦要坚实耐打，多用硬石片、瓦片，也有用厚约一米铁片的。打瓦多在广场或宽阔的大街上进行，多为五六个儿童一起玩。开始前，先在场地上画两条相距十余米的平行线，一条为基准线，另一条线则按要求摆四块砖头供击打。这四块砖头各有名称：中间的一块叫“鼻子”，两侧的叫“耳朵”，“鼻子”后的一块叫“阎王”。众儿童按先后顺序各用手中的瓦掷打前面的砖头。掷中阎王者便是这局游戏的“神仙”；如不能打中阎王而打中鼻子或耳朵的，也算胜利，但不能当神仙；如任何目标都打不中，则必须听从神仙的命令，让打中鼻子和耳朵的儿童扭住自己的耳朵，在头上弹几下以示惩罚。有些当上神仙的男孩喜欢恶作剧，让打中鼻子和耳朵的儿童继续扭住受罚者的耳朵，唱道：“打铜鼓，吹洋号，问问神仙饶不饶？”神仙会说：“不饶。叫他再学狗叫。”此时受罚者只得遵命学狗叫，否则便是犯规。

（五）斗拐

斗拐也叫“斗鸡”，多为男孩参加。斗拐最少两人，多者不限。斗拐者各自盘起左腿，左膝盖前屈，小腿横在右大腿之前，左手托紧左大腿，右手握住左脚脖子，双方都呈“金鸡独立”状。游戏开始后，各用膝盖冲撞对方的膝盖，以冲撞、上掀、下压、侧击、佯攻、躲闪、骗斗等方法，迫使对方跌倒或者脱手掉拐败阵。斗拐时，不准用肩膀和胳膊肘撞人，也不准用手拉扯对方。如果双方斗拐时，同时掉拐而双脚落地，双方都败，可重新架起拐再来。否则以先脱手者为败方，后脱手者为胜方。斗拐游戏有三种形式：打擂台、群斗和攻营。

打擂台开始前，先选一块高坡地为擂台，然后众儿童以“剪子、锤头、布”的方式决出胜者。胜者便架起拐站在擂台上立擂，其余的儿童则架拐立在擂台下，逐个跳跃着上台打擂。按照游戏规则，胜者立擂，败者下台。

群斗时，参加斗拐的众儿童分成人数相等的两队，拉开一定的距离，各自排成一字队形，相对站好，并在队前划一条直线。比赛开始后，双方儿童同时架起拐进攻相斗。群斗时既可以一对一斗，也可以几个儿童对一个儿童斗。按游戏规则，哪一方全部被斗败为败方，对方则为胜方，斗败者没有资格再斗。

攻营前先分为两队，各自选出本队的首领，以“将军宝”的方式决出先后（先者攻，后者守）。两队在相距十多米处，各画一个大圆圈作为己方的大本营。首领站在营中，队员则在圈外护营。攻方齐架起拐跳跃着前来攻营，可以正面强攻，也可以智取。冲进圈内，将守方的首领逐出圈为获胜。守方也可以留下少数几人护营，

[1]（清）蒲松龄著，蒲先明整理，邹宗良校注：《聊斋俚曲集》，北京：国际文化出版公司，1999年版，第782页。

趁对方大本营空虚之机偷袭对方，将其首领逐出圈为胜。攻营时，首领可以在圈内放拐休息，但是当对方攻来时，则必须架起拐迎斗，凡掉拐者则为“阵亡”，不许再继续参加本次游戏。斗拐游戏多在冬、春、秋三季举行。

（六）丢手帕

丢手帕也叫“撂手巾”“叼手巾”“掉手帕”等。游戏时，众儿童围成一个大圆圈坐下，选一儿童手持手帕在圆圈外跑，并伺机将手帕放在某儿童身后。游戏规则：不许回头看，全凭感觉，也不许其他儿童暗示。如某儿童感觉到了手帕在自己身后，则要马上摸起手帕追丢手帕的儿童。如果丢手帕的儿童围着圆圈跑到追他的儿童原来的地方坐下，追赶他的儿童则为输；如果丢手帕儿童在围着圆圈跑的过程中被追上了，则输；如果手帕丢在某儿童身后没有察觉，丢手帕的儿童围着圆圈跑一圈转到那儿童处，那儿童则输。丢手帕时还常常配唱歌谣。

（七）拾子儿

拾子儿又叫“纳子”“抓子儿”“拾磨个”“拾腾骨”“抓骨拐”等。“子儿”是指5个磨圆的小石球，也有用小沙布袋、羊骨（羊腿骨与胫骨相连的一块小骨头）或杏核为子儿的。玩法有多种，常常伴以歌谣，很受女孩子们的喜爱。

抓子儿时，一手运用5个子儿，以一子儿上抛，乘其未落时，迅速抓起地上（或炕上、桌面上）的一子儿或数子儿，再把落下的那个子儿接在手中。也有边掷边拾边接的玩法，掷抛与拾接连续不断，全靠眼疾手快。

（八）跳房子

跳房子也叫“跳方”“跳年”“触瓦”等。方式是：游戏前先在地上画几个60厘米见方的方格，每方格代表一间房。然后在方格内分别写上几个数字。跳房子时，先用小瓦片（或沙布袋）掷入一个方格内，然后用单腿跳入该格，把瓦片（或沙布袋）踢入其次的格内，先跳完者为赢。其规则是：跳房子时，脚和瓦片不准压线，而且单腿跳入某格后，在跳踢之前瓦片和脚的位置都不能移动，否则犯规。犯规者停跳，让下一个人跳。一轮跳房子结束，以先跳完者为胜，后者为败。胜者可打败者的手掌，也可让败者学某种动物的叫声等以示惩罚。

（九）打沙布袋

打沙布袋又叫“打鬼子”“打马尾”等。可三名儿童参加，用出手拳的方式决定分工后，两名儿童在相距一二丈的距离相对站立，中间站着一个儿童。游戏开始后，由站在两端的儿童用沙布袋朝中间儿童打去，中间的儿童急忙躲闪。如果扔出的沙布袋被中间的儿童接住了，他则有了一个“保险球”，可以抵消被沙布袋儿打中一次。如果中间的儿童躲闪不及被沙布袋打中了，则算输。被打中的儿童，要和打着他的那个儿童互换角色，继续玩此游戏。反应快的儿童，可以接住许多保险球，持续很长一段时间不输。

也可多名儿童参加。先分成人数相等的两组或三组。分两组时，一组站在中间，另一组则分别站在两端，用沙布袋快速地打中间一组的儿童。如果沙布袋被某儿童接住了，便有了一个保险球，该组的其他儿童被打中可以用这个保险球抵一次。如果有一个或数个儿童已经被打下场，剩下的儿童能连着接一个或数个保险球，那么下场的儿童可以再上场继续玩。如果中间一组的儿童全部被沙布袋打下场，则要与另一组互换角色。分三组时，方法不变，只是当中间一组的儿童被打下场时，第三组的儿童上场当打沙布袋的一方，而原来打沙布袋的一组则换到中间躲闪沙布袋。如此轮换上场，兴尽而止。玩该游戏的多为女孩，也有男孩和女孩一起玩的。

（十）打陀螺

打陀螺又叫“打懒老婆”“打拉牛”“打特搂”等。陀螺多用硬木刻制而成（有人将刻制好的木陀螺浸泡在桐油中，浸泡后不仅耐用不裂，而且油光闪亮特别好看），其下端削成锥形，锥底部着地处，为了抗摩擦多镶铁钉或钢珠。陀螺顶部圆面上，可刻花或彩绘，使之旋转时色彩绚丽。有的地方用砖头磨制的陀螺，也别有情趣。打陀螺多用木棍绑着的鞭子缠绕旋发，然后用鞭子抽打使之旋转不停。打陀螺时多选择开阔平整的硬地，主要比赛谁打的时间长，也有比赛陀螺绕场地打圈、陀螺过路（路沟）、过河（指不平坦的地段）、打上陡坡的。冬天在冰上打陀螺更有趣味，陀螺自转的时间更长更稳。

（十一）弹蛋蛋

蛋蛋就是直径 13 毫米左右的彩色琉璃球，当时按其品种起名为：缠线、猫眼、日本旗、光蛋等等。在使用中又分为“玩蛋”，指用来弹动蛋蛋；“输蛋”，指用于输了时起支付作用的成色较差的蛋蛋。参加人数不限，多为男孩。玩法是：先在地上剜出一个半球形状的小坑（直径 7 ～ 8 厘米左右），叫“皇”。离皇三米左右，在地上画一道杠，叫“江”。开始后，先吊江，即把蛋蛋从皇的位置向江的方向用力弹，谁离江最近，谁就是先手。如果弹得越过江，叫“拉江”，就属最末。名次决定之后，从第一个开始以江为起点依次向皇的方向弹，如果在起点上弹动蛋蛋，打中了前手的蛋蛋，这叫“抢子”，即得以与前手的名次调换；如果后手在起点上弹的蛋蛋直接进了皇，这叫“抢皇”，他就是第一，原第一者就退居为抢皇者。下一步看谁先进皇，进了皇就叫“有皇”，有皇之后，蛋蛋不论打中哪一个的蛋蛋，被击中者就“死了”，即退出。按规矩每人只弹一次，让蛋蛋停在那里，等下次轮到再弹，但进皇之后和击中别的蛋蛋之后可以继续再弹。如果没有皇的击中别的蛋蛋，别的蛋蛋不死，但有皇的就没有皇，这叫“退皇”。弹蛋蛋的叫“借子”，可以再弹一次。剩到最后一个就是胜者，其他名次按死的前后划分。重新开局是谁最后谁先吊江。

弹蛋蛋，分“来赢的”和“来玩的”。“来赢的”就是谁若输了，就给赢者一个蛋蛋；“来玩的”就是只按输赢划分名次。以前，不论城乡，玩弹蛋蛋的孩子多，弹时要用一只手的食指、中指将蛋蛋捏紧再用拇指用力弹出，非常吃力，有时玩上瘾了，指甲磨光了，指头顶出了血，冬天把手冻裂了，满手红肿，裂缝出血，还是顽强地继续玩，乐此不疲。

（十二）还不起

还不起也叫“东旮旯秧”。参加游戏的人分为甲、乙、丙三方。其中，两个较大的女孩为甲和乙，其他若干不分性别的小孩子为丙方。具体玩法分为两个阶段。

第一阶段是“借小狗”。丙方站成一行，扮小狗。甲站在队前，扮主人。乙站在甲的对面，扮借狗人。开始，乙在丙方队前来回走动，边走边唱：“东旮旯秧，西旮旯秧，谁家小狗喝了俺那喂狗汤，一担筐，两担筐，一直担到王家庄，王家庄上一个老狗，汪哧汪哧咬俺两口。”唱完后，问甲：“大娘、大娘，你给俺个小狗吧？”甲说：“还没降（生育的意思）下来呢。”乙再边走边唱“东旮旯秧”歌谣，唱完再问，甲就以“才江下来，还没睁眼呢”“小狗刚会爬”“小狗刚能走”“小狗才会到炉旮旯舔饼嘎渣”等理由不给她。若干次后，甲答应说：“你到后院里去挑吧，”乙就走到丙方队伍中，挨个用手点着每一个孩子的头，随点随唱“挑肥，挑瘦，一挑挑了个饱肉”的歌谣，最后点到谁，谁就到乙的身后拽住衣服后襟。乙再带着这个孩子，再边转边唱“东旮旯秧”的歌谣，再次向甲要小狗。甲若问：“你不是要去了一个吗？”乙就编出如“小狗跑了”“让大狗咬死了”“到河崖喝水去了”等理由，每次要去一只小狗，直至把甲的小狗都挑来了为止。

第二阶段是“还不起”。玩法类似老鹰抓小鸡。做法是：乙把要去的小狗一个个拽在身后，甲的小狗全没了，就过来问乙：“你要了俺那么多小狗，你还给俺点啥？”乙说：“俺摊个煎饼还你。”随即带着她那帮小狗转一个圆圈，表示摊了一个煎饼，转完之后，乙就问甲：“还起了不？”甲说：“还不起。”说完就去乙的身后抢小狗，于是甲喊“还不起”，乙领的小狗们吆喝“还起了”，双方一起转圈圈，直到甲把小狗一个个全捉回来。

（十三）玩杏核

玩杏核，有多种玩法，介绍三种。

第一种叫“弹杏核”，玩的人可随意出若干个干杏核，攒在手里，人们把攒杏核的手凑到一块，唱着歌谣：“咕咕抽，一大把，不出仨来就出俩。”唱完之后，亮出手中的杏核，全部交给先手，先手把杏核往地上一扔，用指头在任何两个杏核之间画一条线，再用指头弹其中一个去撞另一个，如击中了，就赢了这两个杏核。如果打不中，手指画线或弹出时碰到了另外的杏核，就叫“瞎了”，由另一个人去弹，依次类推，直到打光。

第二种叫“担杏核”，多人玩凑出同样多的杏核，放在地上或桌子上，每人各抓起一部分往上一抛，再用一只手的手背去接，谁接的多即“担”的多了，谁是先手。其后玩法与第一种相同。

第三种叫“残杏核”，由两人或多人玩。先在地上挖一个直径10厘米左右的小坑，每人出若干个杏核，集中放在小坑里，用“将军宝”来分先后。按先后顺序各人分别用一个杏核，去撞击小坑里的杏核，叫“残杏核”。谁把杏核“残”到坑外边，杏核就是谁的，“残”完为止。

（十四）放土炮

放土炮也叫“摔响瓜”，人数不限。下雨后孩子捧水和泥，揪出一块泥用手捏成小盆状，甲将泥盆放在手上，喊道：“哇呜哇呜谁赔来？”乙：“我赔来。”甲：“赔多少？”乙：“赔三千。”甲：“三千不够。”乙：“三千五六。”说到这里，甲将手里的泥盆用力撞在地上或石板上。泥盆底鼓破，发出较大的响声，叫“放大炮”。盆底出现一个圆孔，由乙培一块泥，把孔堵上。如摔的方向不对，没有放响，这块泥就归乙。最后谁赢的泥多为胜。

（十五）拍花耳把

方法是：两人对面，两手成掌，四只手交叉合在一起，再抽开为开始。然后自拍一下，再以右手与对方右手拍一下；再自拍一下，再以左手与对方左手拍一下，叫“拍花耳把”。这样循环有节奏地进行，并和着节奏，齐唱如下歌谣：

你拍一，我拍一，天上下雨地下湿；
你拍二，我拍二，铜锤碰得铁锤响；
你拍三，我拍三，三万人马列两边；
你拍四，我拍四，四喜临门写大字；
你拍五，我拍五，武松上山打老虎；
你拍六，我拍六，包黑要铡亲母舅；
你拍七，我拍七，天上牛郎会织女；
你拍八，我拍八，八卦阵里藏人马；
你拍九，我拍九，九里山前龙虎斗；
你拍十，我拍十，全家团圆吃扁食；
吃了一锅又一锅，这个锅更比那锅多！

在拍的过程中，谁不小心出错了手，为输。输者接受惩罚后，再继续玩。

（十六）打腰

打腰是把小木棒削成形如枣核状两头尖的“腰”，再用一块菜刀形状的木板轻轻敲打腰，待腰弹起后，再把腰打出去，以距离远近决定胜负的游戏。制作腰，一般用枣木或槐木。游戏前，在一块平地上画一正方形，在其中间画上一小正方形，小正方形的外角与大正方形的内角连线，大小正方形相对边的中点也连线，在大正方形朝开阔地的一条边上的中间位置向外画上一小方格。每个格子里都标有数字，按 1、2、3……依次排列，离砖头越远数值越大。砖头对面的小正方形离得最远，数值最大。最后，取一块半头砖放在边线小方格相对的一边中间的位置，作为打腰的台子。参加游戏的人先用“将军宝”的方式决定出先后顺序。出场者，把腰放在砖头上，按照自己想要的数字用木板轻轻击打腰，腰落入格子后，不能压线，否则视为无效，让给下一位来打。腰落入的格子的数值决定了击打腰的次数。击打腰时，用木板轻轻击打其一头，腰就会弹起，之后用木板猛力敲击腰，使其飞向远处，打到规定次数为止。每次打腰时，腰不落地前可以连续击打，不计入次数。参加者依次打完，打出距离最远者即获胜者。打出的距离要从半头砖开始算起，一直量到腰所在的位置。如果距离短，就用一方的木板测量。若技术高超，打出的距离很远，就用目测的方式确定。有时，也会叫一个旁观者来测量。距离短的要受到惩罚，一般是让败者从胜者腰的地方将胜者背到半头砖的位置。

（十七）甩鞭子

甩鞭子就是模仿放牛人甩鞭子。鞭子多是用麻绳、麻线，甚至是布条搓成的，高级的鞭子是牛皮条做的。鞭子的长短取决于甩鞭人的高矮。甩鞭的目的是听鞭子的响声，要甩得响，除了用鞭子的技巧，关键是鞭梢。鞭梢多是用细长的牛皮做成，也有的是用从废轮胎里抽出来的线做成，以便声音响亮且脆生。能甩得动鞭子的孩子，差不多十六七岁，年纪小的孩子的鞭子就小多了。甩鞭子时，甩鞭人拖着长长的鞭子走到远处，用力抬起握杆子的手臂，用臂力带起鞭子，待鞭子抛向空中时，胳膊迅速甩下来，鞭子就重重抽在地上，同时发出清脆的响声。一般甩鞭人都要先轻轻试打几下，然后用力连续甩几次。甩鞭子是十分危险的，并不是很大众化，个性比较强的孩子参加得多一点。往往是几个甩鞭爱好者凑到一块，甩着玩，互相交流甩鞭的技巧，欣赏各自的鞭子。

（十八）推小车

游戏双方用“将军宝”的方式决定输赢。输者当车，赢者成为推车人。当车的人，两手着地，支撑起身子。推车人两手分别握住车的两只脚脖子，像推车子一样走到指定地点，再返回来。推小车既是一种游戏，也能很好地锻炼孩子腹肌和臂力。推小车原本是一种惩罚，玩到最后，获胜的一方要惩罚失败的一方，后逐渐演变成一种游戏。

（十九）挤墙角

每条胡同或者建筑之间，都有很多拐角。冬天，孩子们在胡同玩耍，因为天冷，就喜欢站在有阳光的墙角处，或是为了挤着取暖，或是为了凑热闹，不知不觉中就开始挤墙角了。挤墙角的参加者背靠在一面墙上，排成一行，使劲往墙角方向挤。每个人都尽量贴着墙站立，以防被挤出来。谁的力气小，或者坚持不住，稍一离墙就被挤了出来，被挤出者就跑到最后再次加入挤墙角的行列中。长时间不被挤出来的孩子最有成就感，墙角的那个受到最大压力，被挤得龇牙咧嘴。虽是这样，他们还是坚持着，直到挤的人没有了劲，他依然稳稳地占据着墙角位置。

（二十）占山为王

占山为王多是在有尖的小丘陵或者小土堆甚至雪堆上进行，农村的孩子秋冬季节也在出圈的猪栏粪上进行。参加者分成两伙，两伙人在各自的头头带领下，从山下往山上跑。先跑上山的一方竭力阻挡另一帮人上山，另一帮在争斗中努力把先占上山的一方赶下山去，双方为此展开激烈的争斗。最后占领山顶的一帮成为赢家。

（二十一）拔骨碌

拔骨碌类似摔跤，但是没有什么规约，更不像摔跤那样严格，只要把对方弄倒就算赢了。开始前，是“撑葫芦架”，两人互相抓住对方的胳膊，整个身子往前拱，有时头顶头，此时双方都在寻找摔倒对方的机会，看似平静的撑葫芦架，里面却充满杀机。要想摔倒对方，得有几个绝招：一是插别腿，撑着葫芦架，一方会从另一方的臂力、手劲、腿力上判断对方还能坚持多久，时机一到，抓牢对方，往一侧一带，伸出一条腿，一个插别腿，把对方弄倒；一是抱腿，一方突然下蹲，猛地抱住对方的一条小腿，使劲抬起，肩部顶着对方，把对方弄倒。实力相当时，双方往往同时倒地，会出现翻滚，最后一方会压住另一方，被压住的一方失败。

（二十二）扛老杠

扛老杠是两人各拿一根叶子杆，用手握着杆的两头，和对方交叉起来，向自己的一方拉，谁的老杠先被拉断，谁就输了，所以老杠既不能太短也不能太脆。杨树叶子是最适合扛老杠的，一是本地杨树多，再是杨树叶子的杆比较长，能捏得住。但刚摘下来的杨树叶子水分大，发脆，不用拉，一折就断了。只能从地上捡落叶，枯叶的不行，不软不硬的正好。一根好老杠能把对方的一把老杠全部弄断。谁若有一根总也不被扯断的老杠，就感觉如获至宝。而且生怕老杠干了，有的干脆存放在鞋里面，用脚汗浸着，遇到强手时，拿出来显摆一番。有时遇到总也拉不断对方老杠的时候，作弊行为也就产生了。因为双方用手捏着老杠，用力拉的过程中就看不到老杠，作弊者就趁机用指甲试图刻断对方的老杠，一旦被识破，对方就去找别的孩子扛老杠了。

（二十三）注了没

玩“注了没”多用商店买来的小皮球，也有用粗线缠成皮球状的线团。通过“将军宝”决定出第一个掷球的，掷球者站在一条画好的线内，对面站在不同位置的孩子准备接住他打出来的皮球。击球时，击球者一手向空中抛出皮球，用另一只手的手掌击球。接住皮球的孩子，成为下一个击球者。击球者在击球前朝接球者喊：“注了没？”接球者回应：“注了。”随着喊声球被击出去了。

（二十四）吹柳梢

吹柳梢是开春的游戏。柳树刚发芽时，从柳枝上取一段细柳条，将皮拧松，使其慢慢和里面的树干脱离，成管状的外壳，然后剪齐外壳的一端，并捏扁半厘米左右，轻轻刮去绿色外皮，留下白色内皮。试着用嘴吹，就会发出声音，柳梢就做成了。细柳枝做的柳梢，声音格外清脆响亮。粗柳枝做的柳梢声音低沉浑厚。用手指粗的柳条还可以做成带眼的竖笛，水平高的就能吹出好听的歌曲。柳梢一旦干了就吹不响了，因此，孩子们在玩的时候，就经常用舌头舔舔，以便一只柳梢吹的时间更长一些。

（二十五）抬花轿

抬花轿又称“搬姑姑”，反映了民间正月十六和六月初六把出嫁的姑姑（姑娘）接回娘家的习俗。玩法是：先在场院、街上或胡同里量出一段距离，确定好起点和终点，参加游戏的众儿童分为两帮，每帮再分成若干个 3 人一组的游戏单元。每组有两个儿童双手交叠相握当轿，另一个儿童（多为女童）则扮装姑姑坐在轿上。比赛形式：一种是当听到喊“一、二”后，便抬着姑姑跑向终点，以先到者为胜，途中不能歇脚，也不能把手松开，更不能将姑姑掉在地上，否则被视为对姑姑不敬，要被罚当大马，让胜者骑；另一种是双方轿组同时相对奔跑，中途相遇，坐轿人相互拉扯撕斗，迫使对方轿散人落地。其规则是：用手打人或用脚踢人为犯规，轿散了不能重新组轿，以最后双方谁的轿到达终点时的数量多少定胜负。

二、现代游戏

（一）跳皮筋

跳皮筋（跳橡筋绳）是女孩们十分喜爱的一项游戏，因其经济简便，趣味性强，所以非常普及。活动时，由两人将皮筋套在脚上（也可套在树上或其他可以套住的工具上），另外一人或多人两脚交替边唱边跳，在皮筋中间完成各种动作。它以跳跃为主，穿插着点、迈、勾、绊、搅、盘、踩、摆、顶、转等十多种基本动作，同时还可以组合跳出若干个花样来。跳皮筋唱的是自编儿歌，如：“小皮球，香蕉梨，马兰开花二十一；二八二五六，二八二五七，二八二九三十一……”

（二）折东南西北

折东南西北是一种简单的折纸游戏。玩法：剪裁好正方形的纸，把纸的四个角往里折，再反过来重复一下，前后左右压两下，手指伸进纸下面撑开，在撑开的四个口袋上标上东南西北，在里面的八个面上写上惩罚或者奖励，就可以玩了。游戏规则：操作人用两手的食指和拇指分别做并拢和张开的动作，问对方要哪儿、几下。假如对方说要东，三下，在手指的一张一合中，数三下，那么东所对应的内容就是对方所应受到的惩罚或奖励。

（三）玩魔方

魔方又叫“魔术方块”“鲁毕克方块”，是匈牙利布达佩斯建筑学院鲁比克教授 1974 年发明的，不久就风靡世界。人们发现这个小方块组成的玩意实在是奥妙无穷。20 世纪 80 年代初，魔方传入淄博，很快就受到人们的喜爱，不仅青少年爱玩，成年人也乐此不疲。在玩魔方的过程中，人们不仅可以获得游戏的快乐，还能使思维能力得到锻炼。

（四）玩变形金刚

变形金刚是 1984 年美国孩之宝（Hasbro）公司与日本 TAKARA 公司合作开发

的系列玩具和系列动画片与影片的总称。但因为成年人对动画片不甚了解造成误解，变形金刚在一定程度上广义地扩展到各种能够变形的机器人玩具和动画片。变形金刚传入淄博后，就一直是孩子们喜爱的玩具。

（五）打电玩

打电玩是指玩依托于电子设备平台运行的交互游戏，是儿童最喜欢的游戏之一。20世纪80年代起，电子游戏开始在市内流行，主要内容包括魂斗罗、俄罗斯方块、采蘑菇、打坦克等，令玩者乐此不疲。20世纪90年代中期电脑开始普及，电脑游戏逐步取代了电子游戏而成为青少年喜爱的游戏项目。电脑游戏是一种应用软件，专供人们娱乐所用，一经出现，迅速受到各个年龄段人们的喜爱，在网吧和有电脑的家庭中，人们常常因打电脑游戏而废寝忘食。近年来，电脑游戏可用MP4和手机等下载，玩家更为普遍。同时，打电玩游戏重新兴起，市内各大商场都设有电玩城，项目繁多，内容丰富，如捕鱼、投篮、跑酷、射击等，不仅受到儿童和青少年的喜欢，也是很多成年人休闲娱乐的方式之一。

第二章　民间艺术

淄博民间艺术特色鲜明、内容丰富，涉及民间美术、工艺、戏曲、音乐等领域，包含陶瓷、琉璃、丝绸、雕刻、编织、乐器等品类，其中优秀作品更是中国民间文化的瑰宝。淄博地区民俗继承东夷文化，较少受宗周礼制的束缚，民间艺术具有深厚的历史积淀、鲜明的地域特色和文化特质。

第一节　民间戏剧

淄博民间戏剧历史悠久，剧种和曲种种类繁多，演出剧目丰富多彩，从艺习俗独具特色。在淄博流行的戏剧剧种，既有全国流行的京剧、评书、相声等，也有淄博本地独有的（或形成于淄博，而后流行于省内甚至全国的）五音戏、八仙戏、鹧鸪戏、督府四平腔、吟腔戏等。20 世纪 90 年代后，随着经济社会发展及民众娱乐方式的日渐增多，有些戏曲与曲艺形式日渐式微。

一、五音戏

五音戏，原名“肘鼓子”（又作“周鼓子”），又称“秧歌腔”“五人戏”“五人班”等，是流传于淄博、济南一带的地方戏。它是在民间秧歌、花鼓和肘鼓子调的基础上，经过长期融合衍化发展而来的，至今有二百余年的历史。1934 年，上海百代公司为著名演员邓洪山（艺名鲜樱桃）灌制唱片后，赠送他一面锦旗，上书“五音泰斗”四个大字。之后鲜樱桃便正式使用“五音戏”这个名称，遂相沿成习。

肘鼓子，原为肘悬小鼓拍出节奏而得名，其实是从“姑娘腔”（也称“巫娘腔”）脱胎衍化而来的一种地方戏声腔，形成于清康熙前。肘鼓子在山东流传甚广，由于历代演员的条件和各地语言、风俗习惯的不同，与当地方言、民间小调结合后产生了东、西、北三路流派。五音戏源于西路肘鼓子，与柳琴戏、茂腔、柳腔、灯戏等同出一源，有密切的亲缘关系。

其剧目多取材于民间生活，尤其关心农村妇女的命运，揭露鞭挞封建道德的精神枷锁，为妇女争地位、鸣不平，心理刻画细致入微，表演真切动人。淄博、济南等地群众把五音戏叫作“拴老婆橛子”。旦角唱腔缠绵婉转，吐字清晰，旋律优美，尾音较长，尾声用假嗓翻高，谓之“云遮月”，令人心旷神怡。据统计，五音戏有传统剧目一百六十余出，以“三小戏”（即小生、小旦、小丑），特别是一些单出小戏数量最多，生、旦戏占很大比重。20 世纪 50 年代以来，一大批优秀剧目涌现，如根据《聊斋》和《俚曲》改编的《胭脂》《墙头记》《姊妹易嫁》，现代戏《豆花飘香》《石榴泉》，整理改编的传统戏《还魂记》等。

五音戏的唱腔与曲调，是在民间秧歌的说唱音乐基础上发展而来的，紧密结合民间语言的规律特点，情曲交融，感染力强，唱词清晰，塑造的人物性格多样且突出。主要曲调有：悠板、二不应、鸡刨爪、散板四种。另外，还有数板，如［马轱辘油］［扑灯蛾］等。除娃娃腔用得较多外，其他如曲牌［莲花落］［太平歌］［靠山调］等用得较少。五音戏起初没有弦乐伴奏，主要靠锣鼓。一般是四五个人搭班，演员兼操锣鼓，演唱时完全清唱。乐队最多四人（鼓板、大锣、小锣、小钹），都会演唱。以后用唢呐，没有传统曲牌，仅有一套简单的锣鼓点。新中国成立后，先后增加了二胡、月琴、三弦、板胡、坠琴、琵琶、中胡等管弦乐器伴奏。在挖掘、记录、加工、整理各种唱腔的同时，还创造了各种唱腔的“过门”，使五音戏得到了进一步丰富和发展。

五音戏产生了一位杰出的表演艺术家——邓洪山，艺名鲜樱桃。他出生于章丘一个贫寒农家，其父邓九星，其母邓张氏，都是肘鼓戏演员，每年秋收后，全家外出演戏。他自幼随父学艺，9岁登台演出，15岁便成为挑班主演，20岁成立五音戏班。1933年，他应戏剧家马彦祥之邀去北京、天津演出达半年之久，其后被介绍到上海百代唱片公司，灌制唱片。他扮相俊美，表演细腻，造型考究，感情真切，具有大家风范，尤其在声乐艺术方面独树一帜，不仅吐字清晰，字正腔圆，而且声腔委婉尽致，尾腔旋律变化多端，常以“云遮月”的手法突然翻高，峻拔新巧，令人心动神摇。他塑造的农村妇女形象，形神毕肖，剖析女性心理活动，淋漓尽致。邓洪山上承三代肘鼓子艺人之精华，又博采众长，向生活吸收营养，极大地丰富了表演艺术。他与梅兰芳、程砚秋、尚小云、荀慧生、周信芳等均有过交往，受益颇深，并得到梅兰芳的赞赏和高度评价。

二、其他剧种

除了五音戏外，淄博市内的其他剧种还有吕剧、八仙戏等。吕剧是由民间演唱形式发展而成的剧种，不仅在淄博市内流传，在整个山东省境内也是最著名的戏剧之一。八仙戏、鹧鸪戏、督府四平腔、吟腔戏、博山袼腔等小剧种流传范围不广，仅在淄博地区流传，是淄博当地独有的中国民间稀有剧种。

（一）吕剧

清朝末年，吕剧由博兴、广饶传入淄博，至20世纪30、40年代，流行于全境，在很多乡村、城镇享有盛誉。之后不少区县先后成立了业余吕剧团，春节期间演出，除演传统剧目外，还配合政府的方针政策排演现代小剧目，剔除了一些低级粗俗的插科打诨，增强了吕剧的思想性，唱腔也吸收其他剧种优点，进行了改造。

桓台县吕剧团在弘扬吕剧艺术、丰富群众精神文化生活方面写下了浓墨重彩的一笔。1956年6月，桓台县吕剧团成立。之后，经过筹建，不断发展壮大。1960年前多演出传统剧目，广受好评。1959年冬由本团徐文执笔改编的《胡林抢亲》被评为优秀演出剧目。1960至1965年，以演出现代剧目为主，主要剧目有《白毛女》《李二嫂改嫁》《箭杆河边》《丰收之后》《红岩》《洪湖赤卫队》《乌龙点睛》《杜鹃山》《沙家浜》等。另外也创作演出了不少贴近生活、贴近群众的现代吕剧作品，如 1960 年创作《乌龙点睛》、小吕剧《不服老》、现代小戏《学文化》。1964 年创作现代戏《火龙滩》、小吕剧《三借驴》《锁不住》等，并改编演出了《海防线上》《红岩》《江姐》三个现代戏。1984 年排演的小吕剧《春风暖》，参加淄博市文艺会演，获一等奖。同年，排演的小吕剧《孙二娘闹店》，参加建国 35 周年山东省文艺会演，获演出一等奖，全国 140 余家人民广播电台播出录音。1985 年 12 月，桓台县吕剧团撤销。之后，吕剧演出在城乡越来越少。直到 21 世纪，随着城乡经济的发展，吕剧才逐渐复苏。

1963 年 8 月，淄博市戏曲研究室成立，虽几经组改，但新剧创作和挖掘整理传统戏曲遗产等主要工作没有中断，1970 年创作现代吕剧《山村门市部》参加省会演。除此以外，市内还有很多由个人组织成立的民间吕剧团，对于传播和弘扬吕剧文化起到了重要作用，鲁艺吕剧团便是其中之一。该剧团成立于 2008 年 9 月 1 日，团长路晓荣，是著名吕剧表演艺术家郎咸芬的关门弟子，也是郎老师学生中唯一一位非专业演员。自剧团成立以来，先后排演了《红嫂》《江姐》等经典剧目，组织创作编排了反映山区教师的大型现代吕剧《蒙山谣》、现代吕剧《焦裕禄》等。排演的经典剧目《姊妹易嫁》在梅兰芳大剧院演出，受到观众好评。其后又复排了《李二嫂改嫁》《姊妹易嫁》《墙头记》《小姑贤》《龙凤面》等十六部传统戏。

（二）八仙戏

八仙戏形成并流传于淄博市临淄区五路口村。该村原名羊羔村，处于通往羊口盐场的官道，又衔连青州、无棣等地，贸易集中，商贾云集，寺庵道观密布，系道教自西向东流传的必经之路。清康熙十一年（1672）修《临淄县志》中有羊羔村“社”的记载。一说每年农历十一月初八起举行六天羊羔大会，由于经常演出《八仙庆寿》《八仙过海》等剧而得名。据说，八仙戏是由一个山西人教唱的，此人持瓢乞食，化缘为生，所唱即渔鼓道情调。演出剧目中的《八仙庆寿》《烧海》，亦见于蓝关戏。

该村保存清同治八年（1869）正月十六八仙戏重录本，除循例必演的《八仙庆寿》外，尚有《白虎岭》《白云洞》《万寿山》《贾家庄》《寻径》《高老庄》及“新续”《毒敌山》，共八出。据老演员于万秋讲：“过去尚有《烧海》一出，因犯本村龙王庙之忌，停演而失传。”早期无管弦伴奏。所唱曲牌有［驻云飞］［耍孩儿］［桂枝香］［号佛］［混江龙］［步步紧］［点绛唇］［皂罗袍］等。

之后，剧目逐渐丰富，该村王家义藏本，除前述八出外，尚有《洪江口》《双叉岭》《黑风洞》《闹沙河》《火云洞》《黄花观》《陈家庄》《隐雾山》《刘全进瓜》等，共十七出。其中《白云洞》不见于《西游记》小说，柳子戏有此剧目。《黑风洞》《隐雾山》等剧，其他剧种亦不多见。另有一出《离中离》，传系该村于汉章在民国十九年（1930）左右编创，剧本已失传，收得佚词一段：“不要济南，光要青岛胶州湾。找个差事干，就有大银圆。有吃又有穿，闲逛戏院，何必在这里唱八仙。”此时，八仙戏演出已逐渐增加笙、笛、唢呐伴奏，后来又陆续增加京胡、二胡等乐器，并聘请京剧及灯腔艺人指导排练，明显受其影响。

1955年，临淄县文化馆编创了现代戏《两个苦子》，参加山东省第一届业余戏剧创作会演。1956年，王家义参加山东省剧目工作会议做示范演唱，并贡献出所存抄本十七出。1959年，创作排演现代戏《一罐铜钱》，参加昌潍地区戏剧会演。1974年，徐星五收藏本送交临淄区文化馆保存，分三卷，共十七出，名目及内容与王家义抄本基本相同。1978年，临淄区文化馆又对该剧种进行全面挖掘，整理有较为完整的资料。

（三）鹧鸪戏

2006年，临淄区的鹧鸪戏被山东省人民政府列入第一批省级非物质文化遗产名录。2011年，被国务院列入第三批国家级非物质文化遗产名录。临淄鹧鸪戏起源于清乾隆年间，历经七代传承，由一种民间小戏发展成为相对成熟的大戏，在全国剧种中独树一帜，是全国唯一由村保存下来的完整剧种。

鹧鸪戏在演出中往往模仿鹧鸪的叫声，因此而得名。最初的鹧鸪戏只是一种简单的民间小调，有“勾板”和“娃娃腔”两个调式。孙兆初经过实践和研究，又在戏中加上了悲腔和老生腔，并在伴奏中加上了打击乐，使老生腔从鹧鸪戏腔调中分离出来，各行当之间有了一定的差别。经过第二代班主孙祠源、第三代班主孙逢吉的不懈努力，鹧鸪戏有了进一步创新，服装、道具、剧目以及唱腔念白都有了很大发展。在此基础上，鹧鸪戏形成了其所特有的音韵特色及地方特色，并得到了观众的认可。1910年前后，孙继康成为第四代班主，他对鹧鸪戏的演唱方式进行了较大的改进和创新。鹧鸪戏从此以它独有的特色进入了一个新的发展时期，并以孙继康为中心，形成了实力雄厚的表演阵容。

鹧鸪戏的演唱特点是在每句的唱腔中加入似鹧鸪鸣叫一样的拖音，即在上句与下句中间加上“唉”拖音，唱腔婉转悠扬，清脆嘹亮。鹧鸪戏的音乐伴奏以打击乐为主，几乎每一段都有打击乐。打击乐器是鹧鸪戏重要的表演工具，主要有小鼓、大锣、手锣、钹、闹钹、战鼓等。除此之外，还使用鹧鸪胡、二胡、三弦、月琴等进行伴奏。鹧鸪胡是演奏该戏的特殊的二弦乐器，整体用紫檀木制作，发出的音调圆润丰满、舒缓悠扬，形成特殊的韵味。鹧鸪戏的唱腔与念白取材于临淄方言，又吸取了京剧的精华，既大气规整又有浓郁的地方特色。常用曲牌有[勾板][爆娃娃][亲家斗调]等。

鹧鸪戏在服装、化妆、表演形式上吸取了京剧的精华，又自成体系。如鹧鸪戏与京剧中都有闻太师、包拯、孟良的脸谱，但脸谱的样子截然不同。鹧鸪戏的道白根据戏中人物身份的不同会有所变化，戏中有官职、有身份的上层人物（生、旦、净行当），如帝王、将相、秀才、小姐等模仿京剧道白来进行表演，抑扬顿挫；而社会下层人物（末、丑行当），如丫鬟、仆人、衙役、普通百姓则用方言道白，直来直去，妙趣横生。鹧鸪戏的剧目清新质朴，以齐国故都临淄的重要人物——姜太公为主人公，创作的《太公传》是主要剧目。后又根据聊斋故事创作了大批群众喜闻乐见的剧目，如《胭脂》等。除此之外，常演剧目还有《龙宝寺》《采茶案》《罗通扫北》《粉红江》等。

鹧鸪戏的表演博采多种戏剧之精华，在原汁原味的淄博地方文化的基础上，加上适当的京剧把子功，既保持了自身的本色，质朴而深情，又不拘一格，源于自然又高于自然，深深扎根于当地民众生活之中，更具有生命力和发展前景。[1]

（四）四平腔

临淄区齐都镇督府村的四平腔源于清朝末期，是该村村民从过路的艺人赵振邦那里学来的。经过一百多年的传承，发展成今天的四平腔。目前存有六十年前的手抄本四部，保存有《双增寿》《金环记》《三宝山》等十多个剧目。

四平腔以民间小调为基调，保持了浓郁鲜明的地方特色，高亢嘹亮，尤其是其中的哭腔，完全继承了临淄齐都百姓哭丧的腔调，婉转悲切、声声惊心。其念白则吸收了京剧的精华，是地方小调与大剧种融合的一个民间戏种。《四平调》是四平腔的主要调式，一般分为头腔、二腔、三腔和四腔四句。头腔和二腔之间有一个极短的过门，二腔和三腔之间有很长的间奏，四腔则明显拖长，由高到低，婉转嘹亮。[2]

（五）吟腔戏

洪山一带的吟腔戏已经成为淄博濒危地方戏曲。据说，吟腔戏最早是由活动在章丘一带的一个笛梆子戏班的演员——单兆玉传授。他年老时不再登台，后流落至周村，因他只会唱戏，不会伴奏，无奈之下，只好舍弃笛梆子戏的伴奏乐器笛子和梆子等，改用当地人熟悉、方便的锣鼓来伴奏。起初，人们把这种演唱形式称“锣鼓定腔”，后来，大家感到这些戏文中的唱腔，上下句音调不同，又讲究押韵合辙，演唱起来犹如吟诵诗词曲赋一般，故而便将其定名为“吟腔”。吟腔戏唱词通俗易懂，唱腔朴实无华，曲调变化少，但流利动听，在民间有着深厚的群众基础。

吟腔戏传统剧目多取材于民间传说故事，表现保家卫国、家庭伦理、风土人情、婚姻爱情、儿女情长等内容，戏剧故事性强，情节生动，唱词中融进了许多当地群众的语汇，生活气息和地域特色浓郁，故为洪山地区的广大群众所喜闻乐见。

吟腔戏自1860年开始教学，到1962年共经历了102年，培育了四代演员，形成了四个阶段。第一阶段即单老师亲传的“三胜班”时期，此外，还有扮演文武花旦、外角的王妮子、王德莲等。第二阶段，于1905年出台，主要有扮演武旦、花旦、须生、文武小生、黑头花脸、外角的王培臣、王生元、谭纪禹、栾凤修、王兆元、栾凤鸣、老谭三等。其中王培臣为第三代演员的传授人。第三阶段，于1928年出台，主要有宋傅生、王光禄、韩发晋、宋傅发、韩发俊、宋作中、孙成功等。其中宋傅生是第四代演员的传授人。这一代于1949年开始出台演戏，演出活动坚持了13年。1962年春节，演出了灯戏《狮子洞》之后偃旗息鼓，直到目前未再演出过。

吟腔戏共有20个剧目，多年来主要是口口相传，少有剧本传世，主要有《蝴蝶梦》

[1] 山东省文化和旅游厅编：《山东省级非物质文化遗产普及读本·传统戏剧卷》，济南：济南出版社，2019年版，第49 ~ 51页。

[2] 白云翔主编：《文化临淄》，济南：山东人民出版社，2021年版，第286页。

《会仙山》《双增寿》《闹书房》《孟良盗发》《红娘》等。其中《狐狸精传书》讲的是元朝末年，浙江青田县书生刘伯温，十年寒窗，博得乡试新科解元，无奈父母双双过世，只得投奔在京为相的姑父罗通，准备来年力夺状元。时有一狐仙，到天宫游玩，得知天帝颁新诏，人间欲改元易大明，皇帝是朱洪武，军师是刘伯温。于是从晒书台上盗得载有治国安邦之策的天书三卷，来到罗府花园书房，欲将天书交付于刘伯温。狐仙对刘伯温一见倾心，刘伯温也为其真情所动，遂成就了一段天缘。此后，刘伯温带天书前去辅佐朱洪武打天下。

吟腔戏由笛梆子戏转化而来，在古老的般阳大地上生根、发芽，几度开放出美丽的花朵。从 1962 年至今，沉寂半个世纪之后，终于又萌发出令人欣喜的蓓蕾。

（六）䓫腔

博山䓫腔又叫“山头梆子”“笛梆”，曲调高亢豪放，蕴含鲁中人豪迈的性格，与博山的陶琉文化、孝文化、饮食文化同根同源。博山䓫腔起源于明清时期，广泛流传于山头乐疃及周边地区，独特的唱腔和博山话对白，具有鲜明的地方特色和艺术欣赏价值，主要乐器为䓫琴、䓫笛等。

近年来，以博山乐疃为基地，成立了博山䓫腔剧团，博山戏曲老艺人侯世盛等对博山䓫腔进行了系统性的挖掘和整理，在乐疃恢复了地方戏博山䓫腔，使这一极具地方特色的地方戏曲在沉睡了近百年后重现舞台，高亢、淳朴的古老戏种重放光彩，多次在市区演出中获奖。2013 年，乐疃村被淄博市人民政府列为淄博市传统戏曲的保护基地，博山䓫腔被列入非物质文化遗产。

第二节　民间舞蹈

春秋战国时期，齐国乐舞繁荣兴盛。从临淄齐国古墓中出土的貅俑看，有的舞者两臂大张，倾身向前，势若飞翔，有的双手托于头前上方，有的一手于肩上方，一手于正身斜前方，突胯扭腰，舞姿优美，动作轻盈，寓于韵味。另据历史记载，齐国宫廷设有浩大的舞队和专业的歌舞者，足以说明当时齐国乐舞艺术的繁荣。

为继承和发展我国民族民间舞蹈艺术的优秀传统，新中国成立后，淄博舞蹈工作者曾多次进行挖掘。为进一步搜集整理，根据中央和省的指示，于 1983 年成立了《民族民间舞蹈集成·山东卷》淄博分册编委会，共 14 人，各区成立了编纂小组，辑录淄博民间舞蹈。

一、齐韶

齐《韶》是周代齐国的大型宫廷乐舞，来源于舜《韶》，脱胎于周《韶》，在齐国盛行八百年之久。鲁昭公二十五年（前 517），孔子入齐，在观赏齐《韶》后，如痴如醉，三月不知肉味，并发出了“尽善尽美”的赞叹。今临淄区齐都镇韶院村，有“孔子闻韶处”遗址，是当年孔子在齐都临淄学习、研究韶乐的地方。公元前 221 年，秦始皇灭齐后，得到了齐《韶》，将其加入秦的宫廷乐舞之中，后经汉、魏，传至隋。隋文帝杨坚于601年，令大臣牛弘、蔡征等人取其乐舞，废其歌诗，改编成了《祭孔乐舞》。后来历代的祭孔乐舞，都保存了大量的齐《韶》成分。

齐《韶》共分为九个乐章。第一乐章为器乐合奏，接下来是歌、乐、舞交织在一起的七个乐章，最后的乐章是《凤凰来仪》。演奏齐《韶》所用的乐器，大致可分为3组，共19种乐器。齐《韶》舞者舞时左手执籥（形状像排箫或笛的乐器道具），右手秉翟（用野鸡尾装饰的道具）。另外，还要有大量各种鸟类、野兽的头套、面具（特别是“凤凰来仪”一场）。齐《韶》蕴含着丰富的德政、民本、和谐思想，乐曲宏大壮丽，舞蹈温和优美，思想性和艺术性俱佳，堪称我国先秦乐舞的巅峰之作，带有浓郁的齐文化特色，具有非凡的创新精神。

1994年，淄博市齐文化研究界以及音乐团体开始了齐《韶》的发掘工作。1998年，国内知名古乐专家二十余人在淄博市举行了《韶》乐学术研讨会。2003年11月，临淄区齐国历史博物馆建成了国内第一座《韶》乐厅。11月23日，《韶》乐厅进行了首次对外演奏，得到观众一致好评。2004年9月16日，在首届中国·临淄国际齐文化旅游节开幕式上，淄博市歌剧舞剧院演出了舞乐诗——《齐韶乐舞》，取得了成功。2008年，齐《韶》经临淄区申报为市级非物质文化遗产；2009年，齐《韶》被山东省政府公布为山东省非物质文化遗产。[1]

二、芯子

芯子是在铁杆上站着一个装扮成戏曲人物的孩子的一种高竿杂耍，远远看去，恰似站在灯芯顶上，故称“灯芯子”。多表现接神迎驾、祭奠神灵或游街庙会等内容。

芯子最早流传于周村，后传至博山、淄川、张店和临淄等地。其中周村芯子以其品种繁多、制作精巧、表演丰富多彩而最负盛名，故民间习惯上仍称“周村芯子”。据老艺人讲述，早在清康熙元年（1662），周村有位老艺人为使表演达到便于群众观赏又安全的目的，整日苦思冥想，夜间仍辗转反侧不能入睡，便点上蜡烛吸着烟袋继续揣摩。突然，蜡烛爆出灯花，烛光上下闪耀，活像一个仙童子站在灯芯上灵巧舞动。这一景象使他茅塞顿开，他便根据灯台上插蜡烛的道理，模仿灯芯顶上晃动的幻影，用铁棍牢牢固定在一个类似灯台的底座上，铁棍的另一端高起，固定住一个扮演角色的小孩。远远看去，小孩恰似在蜡烛灯芯上舞动，其高度和观赏效果远远超过寸子和高跷，故大受欢迎。因为扮演者的姿势、活动完全依赖串衣而过的铁棍支撑，故当地人称“芯子”。

周村芯子有抬芯子、车芯子、撅芯子之分，同时又有单人芯子、双人芯子、多人芯子之分。演员高悬在空中，脚踩花瓶、鱼缸等尖锐易碎的物品，完全依靠在芯底上的一根铁棍（即俗称的芯子）支撑。芯子紧贴着下边演员的身躯通过，再从其手或其他部位伸出，延伸到上边演员的腿部、腰部和背部。演员装扮成戏剧人物，站立在几人高的细细的芯子上，在戏剧锣鼓点的伴奏下，走街串巷。芯子表演既有杂技的险中求趣，又有传统民间艺术的感染力，每次表演都吸引大量观众。

[1] 白云翔主编：《文化临淄》，济南：山东人民出版社，2021年版，第282～283页。

周村芯子所用的道具主要有芯底、铁芯子、铁耳、铁腰卡、压箱石头、旗（又叫“名旗”“招子”）、络（又叫“旋络”“花幡”）、伞、扇等。伴奏乐器以打击乐器为主，负责伴奏的锣鼓队由五人组成，一人打堂鼓，一人敲皮锣，一人敲手锣，一人敲钹，一人敲镲，敲皮锣者为指挥。

芯子表演队伍由三部分组成。第一部分是负责开道的旗、络、伞、扇，旗即名旗（招子），上面写明芯子表演队伍的名称；络即旋络（花幡），用丝绸编织而成，饰以各种吉祥物，高挑在空中；伞用丝绸制成，此伞不同于一般的伞，它的周边垂下一块绸子，迎风飘荡；扇用精美的丝绸和上好的材料扎制而成，象征玉皇大帝左右持扇的侍童。第二部分是锣鼓队，一般由五人组成，锣鼓曲牌以各种民间曲调为主，有［风点头］［急急风］［四点头］等，手法有快长槌、慢长槌等。第三部分是周村芯子的表演题材，以戏剧故事、民间传说为主，如《西厢记》《吕布与貂蝉》《白蛇传》《八仙过海》等。

周村芯子集戏曲、杂技、舞蹈、表演于一体，自产生以来，深受当地百姓喜爱。每年元宵节期间芯子队伍出动时，锣鼓喧天，彩旗飞舞，大街小巷人潮涌动，观者人山人海，场面非常壮观。周村芯子作为一种娱乐方式，已经成为当地百姓生活中不可或缺的一部分。2006 年，周村芯子被山东省人民政府列入第一批省级非物质文化遗产名录；2008 年，被国务院列入第二批国家级非物质文化遗产名录。

三、狮子舞

淄博的狮舞，特点鲜明。常见的有“狮子舞”“狮保舞”“狮头舞”三种。

狮子舞：为雌雄一双，每狮由两个人表演，随引舞人的动作，跳跃翻滚，时而理毛，时而挠痒，时而做各种戏球动作，谓之“狮子滚绣球”。狮子舞有文狮、武狮之分，其中包括具有悠久历史的五方狮子舞、九狮图舞、火狮子舞等。

狮保舞：为三狮舞，一对大狮子耍闹嬉戏之后，母狮怀孕欲生，雄狮高兴非常，为母狮挠痒、舔头、疏尾。霎时，小狮子降生，一双大狮抚吮喂奶等，瞬息间小狮子长大，大狮教小狮跑跳窜跃，扑打撕咬本领，幼狮夹在大狮中间，自行模仿大狮动作，十分逗人喜爱。这叫作“太狮少保嬉戏图”。

狮头舞：以玩狮头技巧为主，头很大，需两人擎着玩耍，动作也多是头上的，如瞪眼、摆头、吼呼、扇耳、张口等等。过去它玩到大小商号店铺前，都要奖赏，而且还必须把东西从狮子大嘴里倒进去。

淄博的狮舞颇有名气，张店大张乡曹营的狮子舞，不但可使双狮滚绣球，还能使大狮生小狮，表演生动逼真，十分幽默。周村的狮子曾在 50 年代初期，参加过华东区在上海举行的民间歌舞会演，受到奖励和好评。狮子能跳跃三张摞高的大八仙桌子，也能在反放的八仙桌子腿上或高架上做各种艰险的动作。尤其那种由跳跃高空又翻身落地的表演，都需要演员有大智大勇和高超的技艺。[1]

［1］山东省淄博市政协文史资料研究委员会编：《淄博文史资料选辑》，淄博：山东省淄博市政治协商会议文史资料研究委员会出版，1984 年版，第 191 页。

四、灯舞

明末清初以来，淄博灯节闹花灯就相当兴盛。如龙灯、百鸟朝凤灯、车子灯等与灯火烟花相配合，走街串巷，边舞边耍，异彩纷呈。

（一）龙灯舞

龙灯舞，也叫“跑龙灯”“耍龙灯”“耍活龙”。据淄博地方志书中的有关记载证明，唐宋时期的社火活动中，已有龙灯舞的表演。明永乐年间，辖区周村、颜神（今博山城）的龙灯舞已进入兴盛期。清康熙年间已经普及。当时，位于博山城内的西冶街，就因元宵节期间多悬龙形花灯和善舞龙灯而被誉为“戏龙街”。龙灯舞表演的道具包括龙珠、龙灯和云彩灯三部分。龙珠为球形，分别由 6 个直径约40厘米的铁丝外圈、8个直径约25厘米的中圈和6个直径约15厘米的内圈组合而成。外罩白纱布，绘成彩球样。中间穿一铁轴，安装在“Y”型铁架上，使它旋转自如。然后内装烛灯，将其固定在两米左右的木柄上，由一人操执引导龙灯表演。龙灯由三部分构成，即龙头、龙体和龙尾。龙头由竹篾扎制而成，上有两鹿角、牛耳，下有龙须，用两个电灯泡制成眼睛，然后镶金贴银进行绘画制成；下置一木柄，由一人操作表演。龙体的制作打破了一般龙灯分节组合的传统工艺，用 312 个竹制圆圈套扎而成，下面视其长短设不同数量的执杆。执杆必为奇数，一般是每隔一米设一杆，然后用绳索内连头、尾，穿上龙衣即成。龙衣是龙灯最重要的装饰，其选料和彩绘十分考究，一般用白色、透光、柔韧的布料制作。龙衣上的鱼鳞，一般是一条龙采用一种主色，以红、蓝、金黄居多；有的也用红、蓝、黄相间的多色来绘，但以颜色鲜艳、层次清晰、生动活泼为最佳。龙尾由竹篾扎制而成，前粗后细像鱼尾，彩绘与龙衣相同，一人执杆摇动。这种结构的龙灯，与木制分节龙灯相比，重量轻，易操作，造型逼真、美观，抡转、盘旋，伸缩自如。云彩灯形似云朵，以竹篾扎成骨架，外罩白纱，上绘云、龙图案，内装烛灯。一人手持一个，围绕龙灯跑场，寓意龙在云中遨游。其数量灵活掌握，一般情况下，每条龙设 8 ~ 12 个。

淄博龙灯表演由三部分组成。一是舞龙珠，引导龙灯做出各种动作；二是手持云彩灯围绕龙灯串花；三是众人操龙灯按规定套路表演。龙珠是整个龙灯表演的指挥，其基本动作有“小跑步”“慢逛街”“快逛街”“地弓架”“海底捞月”等。舞云彩灯的基本动作是“跑云”和“晃云”。舞龙灯，除了跟随龙珠的基本动作之外，还有其一套固定的程式：一曰“盘花”，即“盘头”“盘尾”“叠身”等；二曰“穿花”，即“大车轮”“羊角环”“钻尾”（又叫“鹭鸶穿帘”）“蛇蜕皮”（又叫“文王脱靴”）和“猛虎跳涧”等；三曰“翻花”，即“龙翻身”“龙转滚”等。上述程式往往相互结合，穿插运用于整个表演过程中，由此组成多种表演套路。常见的套路有“双龙戏珠”“贺龙门”“腾云驾雾”“姊妹同欢”“火龙闹海”“金龙扫地”“扑四门”等。

龙灯舞的表演形式有两种：一是行进式，即列队行进表演。其队形排列，最前面是两列火流星串花开道，四路纵队的民间锣鼓尾随其后，锣鼓队后面便是龙珠引导下的龙灯舞队，或单龙，或双龙。龙的两侧均匀地布有云彩灯。这种形式只能做上下起伏、“蛇蜕皮”动作和“翻花”程式。二是圆场式，即指在广场中定点表演。首先由火流星开场，锣鼓队列于场地一侧，云彩灯均匀分布于场地周围。表演开始，锣鼓高奏“紧急风”，云彩灯跑入场内串花。然后，随着指挥者的一声哨音，龙珠引导龙灯（一条或两条）疾步冲场。先作“穿花”，再作“翻花”，后作“盘花”，最后以“穿花”列队作结束。整个表演场面火爆，气氛炽烈，扣人心弦。

龙灯舞的伴奏音乐，是淄博独具特色的传统锣鼓乐曲。这些鼓乐曲节奏鲜明、音色和谐，具有“刚中有柔，粗中有细，热烈中见温和”的音乐特征，对烘托龙舞的气氛，揭示龙舞的内涵，表现不同程式的特点，起着至关重要的作用。所选用的曲牌，以［紧急风］［闹龙珠］和［九龙翻身］为主，兼以其他曲牌。［紧急风］是一首鼓、锣、钹、镲、铃大齐奏的锣鼓曲，速度快，气氛紧张炽烈，常被用于龙舞的“小跑步”“快逛街”和“冲场”“盘头”“盘尾”“叠身”表演之中。［闹龙珠］速度适中稍快，其特点是大鼓与众铜响乐器对奏，温和、嬉戏。该曲多在“慢逛街”等平和的表演中使用。［九龙翻身］基本上也是大齐奏，但以大鼓的滚奏为主，其中突出了鼓与铜响乐、铜钹与小镲的对比，速度较快，气势宏伟。一般用于“金龙扫地”“海底捞月”和“跑云”“混云”之中。

目前，龙灯舞已遍及城乡，在接连不断的喜庆活动中，展示着无穷的魅力，折射出时代的精神风貌。[1]

（二）百鸟朝凤灯

以表演为主、独具特色的博山百鸟朝凤灯常与龙灯同时表演，寓意“龙凤呈祥”。“百鸟朝凤”表演队伍庞大，有近百人之多，其中执云彩灯者 66 人，执“鸟灯”者 33 人。道具制作奇特，饰演鸟灯者背上系一“T”形竹架，横担上系 3 盏鸟形灯，用细绳连在一起，横担的中间 1 盏，两手各提 1 盏，表演时双臂甩动，使中间 1 盏鸟灯可升可降。饰演大凤的演员，立于车芯上凤的两翅间，近百盏鸟灯围大凤在云彩灯中串花起舞，似在空中飞翔。女演员手持的花灯，形状繁多、色彩艳丽，其中有玫瑰灯、荷花灯、羊角灯、猴子灯等 8 盏。男演员则统一手持伞灯 8 盏，将两伞顶相扣，中间燃烛，周围装有密密的排须，可前后转动，表演起来与各种形状的彩灯相配合，乐舞和谐，旋律婉转动听，舞姿韵味隽永。[2]

（三）车子灯

车子灯又名“十二属相灯”，源于博山区十字路村，流传于博山、淄川、周村一带，是山东省稀有的一个民间舞种。

车子灯属道具舞，由车灯和云彩灯两部分组成。车灯又名“车架子”，由车体、车顶、车轮、车把四部分组成。车体包括上下三个直径相同、高低造型不一的泡灯，其直径均为 40 厘米，但上泡灯高 34 厘米，呈盘鼓状；中间的泡灯高 32 厘米，下

［1］孙丽主编：《舞蹈》，济南：山东友谊出版社，2004 年版，第 121 ~ 122 页。
［2］孙丽主编：《舞蹈》，济南：山东友谊出版社，2004 年版，第 174 ~ 177 页。

面的泡灯高36厘米，均呈六棱柱体状。灯中皆有烛光。三泡灯由一圆轴连为一体。车顶是一斗形花篮，花篮外面绘有一属相图案或置一属相造型。车轮有三个，即底轮、中轮、上轮。底轮是承载车体的运输轮，直径23厘米，原为木制，现为胶轮。中、上轮分别立于泡灯之间，是带动泡灯左右转动的传动轮，直径为10.5厘米，木制，外包胶皮圈，中心装有轴承。车把，木制，高85厘米，呈弓形，位于中、底灯之间。当推动底轮转动时，牵动圆轴和中、上轮，带动车体上的三泡灯旋转，奇巧别致，独特新颖。云彩的形制与《百鸟朝凤》中的云灯类似，形似云朵，竹扎而成，外罩白纱，上绘有不同图案，其中有两盏云灯，顶端分别设有太阳和月亮的造型，用来负责领舞。其他各盏则是以《书·大禹谟》中的“六府、三事”等图案绘制而成。“六府”是水、火、木、金、土、谷，“三事”为“正德”“利用”“厚生”，以此象征人们对丰收年景的期盼和做人的准则。

车子灯主要靠队形变化来展示其独特的道具，属群体气氛型的队舞形式。既可列队行进表演，又能在固定场地作圆场表演。无论作何种形式的表演，都是由12个男舞员操车灯，24个女舞员持云灯。男舞员右手推车，左手叉腰，女舞员一手擎灯，一手持马鞭，两人一组，分别布于每架车灯的两侧。整个队形排列比较固定，日、月云灯在前，其他云灯和车子按组依次排列。其基本步伐是行进步和小台步。队形变换有“十字花”“荷花心”“蛇蜕皮”“穿三山”“之字形”“拧麻花”“万条盘”“龙摆尾”“穿四角”“剪子股”等。该舞的突出特点是：车灯与云灯纵横交错，川流不息，车灯一字排列，擎云灯者一手晃灯，一手挥舞马鞭，围绕车灯穿插跑动，犹如一条巨龙在五彩缤纷的云彩里遨游，气氛热烈，场面壮观，引人入胜。

车子灯以锣鼓乐作伴奏，主要曲牌有［紧急风］［蓬莱阁］［玉芙蓉］等。冲场和快速表演时用［紧急风］，一般情况下，以［蓬莱阁］［玉芙蓉］等曲牌交替演奏。[1]

五、踩寸子

踩寸子是流传在临淄城关永顺村的一种广场表演舞蹈。该村早前叫“花柳巷”，位于宫城以北村西，距雍门十几米。据说，踩寸子很早前从拉旱船演变而来。传说隋炀帝坐在一只缚扎的旱船里由四个美貌的女子拉牵“龙绳”，荒淫无道的昏王一路戏谑挑逗，命人撒红粟子于路面，使女子行进困难、拉牵时前走走后倒倒，还要边牵边唱“姐儿调”，当昏王恶意取乐时，将龙绳剪断，使女子摔倒在地，跌个四仰八叉，此时昏王托手哈哈大笑。踩寸子由此演变而来。

踩寸子人物有傻公子一人，花姐四人（踩寸子），男鼓四人，男霸王鞭四人，老妈妈一人（丑旦）。表演时，傻公子持彩扇，花姐拿绸巾，四男左腰系鼓，老妈妈手持蒲扇，按以下次序成一行（傻公子、一花姐、一男鼓、四男霸王鞭、老妈妈），在锣鼓伴奏中走成一大圆圈，傻公子便走进圈中唱一段“姐儿调”，点到大姐唱了，傻公子走回圈里，大姐也走进圈里唱“姐儿调”。唱时，男鼓围大姐打鼓逗乐，大

［1］孙丽主编：《舞蹈》，济南：山东友谊出版社，2004年版，第137～141页。

姐唱一段后，退至圈外，傻公子又进圈中唱一段，接着再点二姐唱。这样，三姐四姐接次表演下去（其他人都围圈而走）。老妈妈每当点到花姐到圈内唱时都要进去护一下。她脚穿挂铃铛的花鞋，用脚铃给舞者打节奏，同时，又护着花姐。

踩寸子是古老的传统民间舞蹈，形式新颖，风格别致，虽有调情色彩，但动作还是健康的，是一种自娱性的舞蹈，对研究齐地民间艺术有一定的参考价值。

六、跑竹马

跑竹马在张店区傅家镇南家村已有一百多年的历史，一般在每年的正月十五前后扮玩，是一种群众喜闻乐见的广场表演舞蹈。主要内容是《三国演义》中刘备率兵攻打西川的故事，又叫“五虎下西川”。舞者分别扮作关羽、张飞、赵云、马超、黄忠，骑一架竹马，竹马有红、黑、白、蓝、黄五色，有一马童牵马，另有十余人打着云彩灯、枝子灯、西瓜灯等。表演开始时，在十多面大鼓的“咚咚咚”声中，持灯者上场定场子，继而五虎将由马童牵马徐徐出场，先慢而后快，场面有“十字花”“柳树行”“五葫芦”“剪子锣”等。舞至高潮时，马鞭齐舞，铃声清脆，战马奔腾。加之灯火辉煌，银光闪闪，很是雄壮威武，此舞具有传统戏曲表演形式之特点。[1]

临淄区申报的非物质文化遗产“跑竹马”，据传源自清道光年间的安乐店村。光绪年间，安乐店村“三猛虎”之一李康侯带领竹马演出队，创造出《一枝梅》《二通鼓》《青棠果串》等鼓谱，编排《四门斗敌》《壁虎蜕皮》等跑马花样。民国年间，竹马队创编了《卷苦子》表演形式，三十二匹竹马分红、黄两队相继入场，犹如万马奔腾。1982年淄博市民间文艺调演，安乐店村《跑竹马》被称作“淄博竹马第一家”，获二等奖。2012年上了淄博电视台春节联欢晚会。[2]

七、打花鼓

打花鼓又名“磁村花鼓”，流传于淄川磁村一带，是劳动人民创造的歌舞一体的民舞形式。表演时斜背鼓，用一根一米长的线绳打结头，结头打鼓面（一男打鼓，三女打小钹、小锣）。表演程式：舞蹈时用锣鼓伴奏，有一定节拍，亮相时唱花鼓调，唱词可即兴更改。表演形式：一人打鼓，三人围鼓伴舞。动作：肩上双打，腋下打，腿下打，跳跃打，蹲转打等。舞步轻快，节奏鲜明，动作稳健有力；画面有穿插跳、圆场跳等，富有朴实的地方特色。

关于磁村花鼓的历史渊源，说法不一。磁村于村南修建石拱桥(又叫“鸳鸯桥”)，桥头的小店住着一伙要饭的，会打花鼓，是向章丘的尼姑学的，为庆祝鸳鸯桥的落成，老艺人陆克信学了花鼓，从此逢年过节都要打花鼓，流传至今。又传说渊源可追溯到唐朝。因磁村过去曾叫“磁窑坞”，村南华严寺碑（据传唐开元元年立）记

[1] 跑竹马、打花鼓、棒打鸳鸯参见山东省文化厅《文化艺术志》编辑办公室、山东省淄博市文化局《文化志》编纂办公室：《山东省文化艺术志资料汇编·第6辑·淄博市〈文化志〉资料专辑》，山东省文化厅史志办公室、淄博市文化志编辑办公室编印，1985年版，第16～18页。

[2] 临淄区民政局、临淄区齐文化研究社编：《临淄地名史话》，济南：齐鲁书社，2013年版，第406页。

载：磁村瓷业发达，集市贸易繁荣，地处交通要道，沿街乞讨者来往不绝，花鼓也随之流入。上述两种传说有共同之处：打花鼓的都是要饭人，是穷苦人谋求生存的一种手段。另外，磁村花鼓的鼓鞭用软绳，一是因为携带方便，翻舞轻巧，不打鼓时就搭肩便走；二是人可用鞭子驱赶狗。唱词也可证明："好命薄来好命薄，一辈子没摊上个好老婆，人家老婆把针线引，俺的老婆敲小锣。"真实地反映了沿街乞讨艺人的流浪生活。

八、棒打鸳鸯

棒打鸳鸯也叫《斗鹌鹑》，流传于周村的王村镇，是以舞队形式在街头广场表演的一种民间舞蹈。人物有生、旦、媒婆。生，头戴小生巾，身穿小生褟子，脚穿高低靴；旦，古装包头，身穿大襟褂、百褶裙，脚穿花便鞋；媒婆，梳头髻，插花，戴两边帽，两耳坠辣椒，穿彩旦服、黑便鞋。

表演时，男女相对（男前女后），男持彩扇，女持绸巾，在锣鼓和唢呐吹奏"句句双"的乐声中开始舞动，男半蹲后退，女向前扭步，媒婆持两棒槌搭于两小臂于腰前，做扭步自由进行。当见一对男女有爱慕之意扭在一起时，媒婆就把棒头边指边扭过去，在他们中间击一棒槌。此时，男用扇遮脸，女用绸巾遮脸，含羞转身分开，接做开始的动作，媒婆专瞅对方，只要两人扭在一起，就过去击一棒槌，这样做连续的表演。表演时，动作优美，情趣横生，构图清晰，富有特色。

此舞是毕凤山从东北带回，后糅合进当地戏曲及其他民间艺术加以发展创作，形成了现在的形式。此舞从内容上看，是属于反封建的；在表演上有调情的色彩，但总的还是健康的。

第三节　民间音乐

民歌是人民生活、劳动、斗争的形象记录，是书写人类历史的另一种艺术形式。淄博民歌题材广泛、形式多样、风格别致，体现了淄博人民的聪明才智和精神气质，在山东省的民族民间音乐宝库中，也是一件光彩夺目的瑰宝。民间小调《赶牛山》《四季歌》等，在人民群众中广为传唱。

为继承和发展我国的优秀的民族音乐遗产，市内音乐工作者，早在新中国成立前后就已开展这方面的工作。20 世纪 60 年代初，为了编印《中国民歌集成·山东卷》和《山东民间歌曲选》，市内集中人力，进行了两次有组织、有计划地挖掘、搜集民歌的工作。在大量民歌中选了 374 首编印成《淄博市民间歌曲选集》，成为淄博市第一份较完整的民间音乐资料。后经"文革"，这部分资料焚毁殆尽，幸存无几。1981 年又进行了第三次民间音乐（民歌、民间器乐曲）的搜集工作，搜集到百余首民歌，选印 22 首报省，淄博民歌资料又增添了新的内容。

由于历代人民的生活、职业、生产方式的不同，表达思想感情的手段也不同，又因人们的思想文化自然地向前发展，形成了民歌的不同体裁形式。按照当前一般的民歌分类法，淄博民歌大致可分为声乐和器乐，包括劳动号子、生活小调、打击乐和管弦乐等。

一、声乐

（一）劳动号子

所谓“劳动号子”，就是众多人在进行一种方式的劳动时，为了统一劳动节奏或调节劳动情绪，解除疲劳而唱出的一种既喊又唱的歌曲。号子的种类很多，淄博的劳动号子比较有特点的有矿工号、铁路运输号、建筑号三种。

1. 矿工号

淄博的煤炭工业生产发展得较早，许多繁重的劳动必须依靠众人的集体力量才能完成，这就产生了矿工们特有的劳动号子，如老牛车号（也叫“提升号”）、唱筐号、起重搬运号等。

老牛车是过去手工业操作时，小煤窑上的一种提升工具，有的用牛拉，有的用马拉，还有的用人拉。因用牛拉车为多，故名“老牛车”。老牛车号实际上是人力拉车时唱的一种号子。有两种形式：一是光说不唱的喊号，喊号像顺口溜；一是唱号，有领有合。一般是交钩后为了让大家聚力一起绞车，由慢渐快把筐拉上来。领号第一句词的内容没有什么实际意义，只是为了与第二句动词协韵。如：“一个老牛两个角齐大呼地拉一拉。”“前头一个跟蹲崖，齐大呼地带起来。”“前头一只绣花鞋，齐大呼地拾起来。”每喊其中一句，大家应声合号而起。

唱号是喊号的进一步发展，现在搜集到的唱号是在一种夯号的基础上发展而成的，在曲调上有一定的特点。交钩后唱号一般是由领号和四个乐句构成的二声部单乐段曲体，在劳动中反复演唱。

唱筐号是井上工人用锨向筐内装煤时，为了记住装的筐数，边上锨边唱的号子。它结构简单，只有一个上句和一个下句，共十二小节，多次反复。计数方式是：甲唱第一筐，乙唱第二筐，甲再唱第三筐，乙唱第四筐。以此类推，每唱到一百筐时，甲乙交换一下位置将筐数记下，再从第一筐唱起，继续往下唱。这种号子既起到计数的作用，又调剂了单调的劳动方式。

搬运号是后起的一种劳动号子。近代煤矿井下运用电力采煤，工人们需要将沉重的电机由一个采煤区转移到另一个采煤区时，有的撬，有的拉，呼着号搬运电机。所唱内容，除号召性的领唱句外，其他由领者机动灵活、因势利导、随机应变，有的严肃认真，有的诙谐风趣。

2. 铁路运输号

随着淄博矿藏资源的开掘，铁路运输逐渐发展起来。沿线的火车装卸工人，在机械不发达的情况下，仍以人力做各种装卸工作。他们在不同的劳动环境中又创造了各种劳动号子，如装卸号、打肩号、靠车号等。

装卸号是工人们往火车厢内装运大而重的物品时唱的号子。装卸时由地面至车厢搭上一个斜坡，让物品沿着斜坡向上滑动或向下滑动，有的在上边拉，有的在下边撬，为了用力一致便唱起号子。这种号子句式整齐，偶数句，号子的长短、词的多少根据劳动的实际情况而定。

打肩号是扛货人劳作时唱的号子。装车时，有一些像麻包、箱子之类的货物，一个人就扛得动，但必须由别人将货物放到他的肩上，然后装车。一般是二至四人唱着号子一起使劲将货物提起，放在扛货人的肩上，故谓之“打肩号”。这种号子基本是三拍节奏，类似喊“一、二、三”，一领一合，反复演唱，但反复中旋律多有变化。

靠车号是铁路工人唱的号子。火车有时需移动一个单独的车厢，使其与整体列车挂钩或脱钩，这时便由一个人喊号，众人应号，推动车厢由慢渐快徐徐前进。有较快、较慢两种靠车号子，但一般领号节奏开始较自由，合号时走上正常节奏，车厢运行快时，节奏基本上变为四一拍，与火车运转的节奏较一致。

3. 建筑号

建筑号即夯号。城乡人民进行房屋建筑砸压地基或在修路筑堤工地上都可听到高亢嘹亮的打夯号，是分布最广的劳动号子。在农村有的用打场的碌碡作夯，将其竖起来，附上两根木柄，下端周围系上几条绳子，一人掌柄，众人扯绳，夯一上一下地锤砸地基。也有用方石块等重物做夯的。夯号节奏平稳，因为打夯的劳动强度不是太大，号子的歌唱性也较强，旋律起伏跌宕，歌唱内容灵活多变。

流行在淄博的这几种号子，由于受人们从事劳动的环境所限制，不像海洋号子、黄河号子等那样高亢辽阔，却凸显了强悍、有力、朴实的特点。

（二）生活小调

生活小调也叫“杂巴拉调”“姐儿调”，是各地民歌中分布最广、数量最多的一个类别，约占全部民歌的一半以上。它不受时间、空间的限制，随时随地都可以吟唱，早出坡，晚歇凉，一人自赏或多人聚乐，歌声即兴而起。淄博的手工业作坊较多，陶瓷、琉璃、擀毡的工人，边干活边唱小曲，真是“活不离手，曲不离口”。题材广泛，从人们的家庭生活琐事到社会政治变革的大事，无所不及。其中，爱情题材占很大比重，旋律都抒情优美，曲调平缓舒展，透露出他们美好的希望和热烈的追求。

生活小调的其他内容，多是反映人们的生产劳动、学习娱乐、走亲访友、理想信念、人间礼事、历史故事、自然风貌等。旋律上，有的像明净的小溪微波荡漾，有的像湍湍的激流波澜起伏。曲式结构多种多样，有小至两个乐句的单乐段如《刮地风》，也有数百小节构成的较大型的曲体如《小货郎挑挑》等。单乐段多次反复成为分节歌形式的曲体较多。[1]

淄博民歌《赶牛山》流传于淄川一带，是一首带花腔的快速吐词唱法的传统小调，生动地描绘了少女们观赏大好春光时欢乐和喜悦的心情。民歌为三句式单乐段

[1] 山东省文化厅《文化艺术志》编辑办公室、山东省淄博市文化局《文化志》编纂办公室编著，《山东省文化艺术志资料汇编·第6辑·淄博市〈文化志〉资料专辑》，山东省文化厅史志办公室、淄博市文化志编辑办公室编印，1985年版，第5～9页。

结构，C 徵五声调式。第一乐句基本上是五声音阶的级进音调，优美、抒情；第二乐句的跳进、滑音与休止符的运用使旋律活泼欢快起来；第三乐句是加花腔的变化重复句，变化音 B、$^{\#}$F 音的出现，把歌曲推向高潮。[1]

二、器乐

（一）打击乐

打击乐系指用打击乐器演奏的乐曲，戏曲中称“武场”。淄博地区流行的器乐主要是花鼓调、皇城鼓乐、商家大鼓和博山锣鼓。

1. 花鼓调

花鼓调也称“秧歌调”，是民间歌舞形式的一种。旧时，花鼓调既有乐也有苦。新中国成立前农村过春节和闹元宵期间，多用来伴随杂耍串街演唱，遇上荒年，农民出外逃荒乞讨时也演唱。花鼓调《磁村花鼓》中有这样两句词：“昔日打鼓去要饭，今日打鼓庆丰年”，便是真情实景的描述。

花鼓调流传于淄川、博山、张店、周村等地，音乐结构大致相同，音乐风格上有些差异。南部山区一带流传的花鼓调有较强的山歌风味，如《放羊的》《觅汉难》《绣花鞋》等。淄川西部磁村一带流传的一种花鼓调叫《磁村花鼓》，是较典型的一种歌舞形式，表演者身背花鼓，手持鞭锤击打节奏，有独唱、对唱、齐唱等表演形式。有时配以旋锣，情绪更为活泼，乡土味甚浓。

花鼓调内容广泛，有历史故事、社会生活等。还有一种风格特异的花鼓调《拐磨子》（又叫“磨豆歌”），为男女对唱形式，有说有唱，活泼风趣，音乐上的突出特点是淄博花鼓调中少见的“羽调式”。后来，这首民歌演变为五音戏《拐磨子》的专用曲牌，情节更为生动。

2. 皇城鼓乐

临淄区皇城镇的大部分村庄都有自己的鼓乐，以前下村和北羊村的鼓乐最为出名。前下村的鼓乐产生于清朝中期，成型于清朝末期。有中鼓 20 面、中锣 20 面、中钱 20 面、二钹 20 面、镲 20 面、手锣 20 面。主要曲谱有《八股牌子》《八股穗子》《玉狮子》《韩信点兵》。前下鼓乐共演奏四段，前三段稍缓，第四段落开始加快，鼓点激越高昂，进入高潮，到最高点戛然而止。演奏有固定的顺序。第一段落：《八股牌子》→《八股穗子》→《玉狮子》→《韩信点兵》。第二段落：《八股穗子》→《玉狮子》→《韩信点兵》。第三段落：《玉狮子》→《韩信点兵》。第四段落：《韩信点兵》。汉将韩信曾在临淄做过齐王，在皇城一带有很多与他相关的传说，所以很多鼓乐与韩信有关。前下村的《韩信点兵》是发源并流传于临淄的独特鼓乐曲牌。鼓乐气势宏大，鼓点密集，如同韩信领兵厮杀，有古代战争的氛围。北羊村的鼓乐最早可追溯到清朝中期。有大鼓 5 面、中鼓 20 面、中锣 25 面、中钹 25 面、手锣 25 面。演奏曲目有《玉狮子》《玉心荣》《青龙过江》《玉昌》

[1] 王茜编著：《实用视唱基础教程》，长沙：湖南文艺出版社，2011 年版，第 178 页。

《刘备上楼》《二仙传道》《八仙过海》等。北羊鼓乐质朴清新、亲切活泼，鼓与镲、锣相互间奏，双方一问一答，简洁明快，像两个人在说笑话，妙趣横生，最大限度地体现了鼓乐的表现力。北羊鼓乐没有单独的手势和肢体指挥，领鼓、停鼓全凭鼓头的鼓声，有双锤叫、单锤叫，并用打击大鼓不同部位来起领。只有参与表演的人知晓其中的奥妙，表演起来不露痕迹，真正体现了“听鼓听声、听话听音”的古老习俗。[1]

3. 商家大鼓

商家大鼓起源于清朝中期。据传，乾隆年间，淄川城边的商家庄有一位名叫商学智的人在苏杭一带经商。有一年，商学智回家过年，为了增加节日的喜庆气氛，就购回了一套在南方十分盛行的锣鼓回庄敲打。由于当时文化生活比较单调，这一外来的艺术形式便很受青睐。每当鼓乐响起时，闻声而来的乡邻总是将商学智的家院围得水泄不通，想要学打鼓、请求帮制鼓的人家更是络绎不绝。为了满足大家的需求，商学智不仅购回了几十套锣鼓乐器，传授亲戚乡邻们打鼓技艺，而且前往苏杭一带多方拜师学艺，学会了大鼓的制作和锣、钹的翻砂铸造工艺。学成之后，商学智将这些工艺绝活带回家乡，开办了锣鼓制作工厂。

清末民初时，商家大鼓到了鼎盛时期，以淄川为中心，东到青州，西到章丘，南到莱芜，北到滨州，方圆几百里都盛行这种鼓乐。大鼓已成为当地家庭必备之物，几乎家家有鼓，每年每村都要组织好几次鼓赛。春节过后，相邻各村间更要举行大规模的鼓赛。学鼓、打鼓、赛鼓已成为当地主要的娱乐活动。

商家大鼓由鼓、锣、钱三种乐器组成。大鼓为扁平型，鼓腔高 30 厘米，鼓帮呈外圆弧形，用上好的桑木精心制作而成，鼓面直径 80 厘米，用整张熟好的老公牛皮经人工踩踏、挣紧、铆就而成。先前的方法是：将加工成型的鼓腔置于木台上，木台四周砸上铁橛，将牛皮蒙在鼓面，然后用多条双股麻绳。一端拴住牛皮，一端拴于铁挣紧，人工踩踏牛皮，待牛皮舒展开后，再用木标将麻绳重新拉紧，如此反复多次，最后上箍钉钉。现在的做法是：将加工成型的鼓腔放于可由千斤顶升降的木台上，鼓腔四周用松紧螺栓、铁抓将鼓面牛皮和地面上的地铆连接上紧，人工踩踏后，用木台下面的千斤顶将木台升高，以达到紧牛皮的目的。商家大鼓鼓腔内装有多组弹簧丝，敲打起来声音浑厚、响亮，伴有金属余音，声音和谐、美妙。鼓腔的外边装有两个对称的铁环子，方便打鼓者拴鼓背鼓。先前商家大鼓多为浅黑色，现多为大红色。锣、钹是由紫铜和高锡按 77∶23 的比例合炼成响铜，经翻砂、浇铸、修饰、磨光等工序制作而成。

商家大鼓常用鼓谱有《边鼓歌诀》《丈八歌诀》《杏天花歌诀》《长淌花歌诀》等，有的情绪欢快激昂、热烈紧凑；有的速度缓慢，舒畅怡然，属于煞板式的鼓牌。但不管前面打什么鼓点，前曲反复多少次，最后都必须结束在《长淌花歌诀》上。在商家大鼓的众多鼓谱中，《边鼓歌诀》用得最多，因其适应性最强，表达的情绪

[1] 白云翔主编：《文化临淄》，济南：山东人民出版社，2021 年版，第 286 ~ 287 页。

最丰富。商家大鼓的击鼓技法有击鼓心、击鼓边、击鼓帮，单槌打、双槌打、轻槌点、重槌砸等。它的起奏、变换、轻点、重击及刹鼓，全听鼓队“鼓头”的指挥，“千人打鼓，一锤定音”讲的就是鼓头的作用和地位。

商家大鼓音调优美、节奏欢快，激昂时，如雷霆万钧，排山倒海，有压倒一切之气势；缠绵时，如行云流水，春雨润物，切切幽幽，让人回味无穷。演奏中，最精彩和最为人称道的当属“刹鼓”，它能在瞬间抒发雄壮、激昂的情绪，有万马奔腾、气吞山河的磅礴气势，又能在瞬间戛然而止、鸦雀无声，其果断、迅速，令人心旷神怡，拍案叫绝。

商家大鼓历经十几代人的传承，距今已有三百余年历史。现今商家大鼓的传承人是淄博市淄川区商家镇杨家村人蒋效利。1976 年，蒋效利开始从事对商家大鼓艺术的钻研和实践。随后，蒋效利跑遍了商家镇，走访了近百位大鼓艺人，搜集整理出了失传多年的十余个鼓谱。通过苦学，他熟练掌握了商家大鼓的各种表演技艺，成立了制鼓厂，恢复了传统的商家大鼓年度赛事，组建了第一支商业性锣鼓表演队，并担任队长，为商家大鼓走上产业化的道路作出了突出贡献。

2006 年商家大鼓被列入淄博市第一批非物质文化遗产保护名录，2007 年商家镇被命名为“山东省鼓乐之乡”，2008 年商家镇被列入“中国鼓乐之乡”推荐名单。[1]

4. 博山锣鼓

博山锣鼓，在宋元时期随着颜神（博山古称）陶瓷、琉璃、煤炭三大行业的崛起而发展起来，并伴着明清时期该工业重镇的形成和文化交流的增强而兴盛。尤其是清初，该邑李家窑村袁、孟两家，借行商之机把江浙一带的锣鼓引进以后，借鉴了外地锣鼓的乐器、编配、鼓谱和演奏技法，使本地锣鼓别开生面，并形成了一套独具特色的锣鼓乐套曲。该组套曲主要由七个锣鼓段（俗称“鼓牌子”）组成，即《蓬莱阁》《闹花船》《鱼得水》（又称《水底鱼》《扬州歌》）《老义昌通》《新义昌通》《玉芙蓉》《娃娃通》（又名《连五锣》），后称“李家窑锣鼓”。至清朝中叶，李家窑锣鼓的发展进入高峰期，众多新锣鼓点应运而生，如《九龙翻身》《闹龙珠》《杏花天》《峨眉雪》《扑蝴蝶》《凤仁阁》《十番通》《擂通》《连水漫》《许仙游湖》《喜鹊串梅》《凤串牡丹》《水漫金山寺》《八锣》等。流布范围也随之扩大到淄川、周村、临淄、章丘、青州等比邻区县，并被广泛应用于闹元宵、庆丰收、集会、祈雨、祭奠和婚丧嫁娶之中。从此，“李家窑锣鼓”的名字被“博山锣鼓”代替。

博山锣鼓的乐队编制可根据场面大小和实际需要灵活调整，每种乐器（除大鼓外）可成倍增长。比较常见的是 36 人的乐队，乐器包括大鼓 1 面、中钹 4 对、大钹 4 对、锣 12 面、锡锣 6 个、小镲 4 对、碰铃 4 对、手锣 1 个。队形以扇形排列最为常见：大鼓在队形的后中心；手锣是锣鼓队的领队，在队伍最前端打击鼓谱，起指挥的作用；后面是中钹、大锁、锣，均分两边，成 45 度扇形，小镲

[1] 山东省文化和旅游厅组织编写：《传统音乐卷》，济南：济南出版社，2019 年，第 116 ~ 120 页。

及镲锣在鼓的后方成横队排列。也可以以鼓为中心，呈圆形排列；队伍在行进中，成方队排列。

不管队伍大小，始终是一面鼓。鼓槌以优质硬枣木制成，没有包头（多数锣鼓队用布、海绵或橡胶把鼓槌包起来），特别灵活。演奏借鉴了京剧中司鼓的技巧，使鼓不仅作为主要节拍来打“点”用，还可以演奏一连串密集的节奏。鼓的制作工艺独特，鼓槌与鼓面直接接触，发出的声音清脆、响亮，穿透力强；起鼓、送人、迎人、杠鼓都有固定的鼓点，但各有各的打法，各有各的意义；在击鼓时除有轻重之别和落鼓的部位（鼓边、鼓帮、鼓心）不同之外，还常以滚捶、双捶、点捶、擦捶等来表现特殊效果。演奏中还巧妙地运用领奏、交替、重叠等手法，继承中国打击乐的击法，使博山锣鼓更具观赏性。

博山锣鼓曲牌种类繁多，内容丰富，表演时洒脱奔放，节奏明快，变化无穷。多种乐器各有特点，鼓威风，锣响亮，钹震撼，镲清脆，既相互映衬烘托，又相互争鸣。现场观赏，只感铿锵有力，激情振奋；远处听去，但闻余音萦绕，回味无穷。博山锣鼓不但具有民族打击乐“刚”“粗”“热”的普遍特征，更具有“柔”“细”“漫”的个性特征，可谓刚中有柔，粗中有细，热烈中见温和。它既能表现波澜壮阔的场面和热烈激昂的情绪，也能表现稳重宁静的意境和轻松活泼的情调，展示出鲜明的艺术风格。

2009 年，博山锣鼓被山东省人民政府列入第二批省级非物质文化遗产名录。[1]

（二）管弦乐

管弦乐系指由管弦乐队演奏的乐曲。管弦乐队通常由拉弦乐器、弹拨乐器、竹管、木管、铜管加上打击乐器组合而成。古代，以丝为弦，以竹为管，故常用“丝竹”代指管弦乐，如成语“急管繁弦”、刘禹锡《陋室铭》“无丝竹之乱耳”、白居易《琵琶行》“终岁不闻丝竹声”等。现代，根据创作意图和演出条件，可对乐队编制适当调整，或加用钢琴、竖琴、钢片琴等。

淄博地区民间音乐源远流长，早在古代即有“其民无不吹竽、鼓瑟、击筑、弹琴”之说。春秋时期，孔子至齐闻韶乐，赞其尽善尽美。清末至民国时期，传统的民间音乐以唢呐吹奏最为流行。唢呐吹奏多用于婚、丧、寿、典仪式。用于婚事的乐曲有《对五》《小游湖》《杂唧》《小拜年》《一枝花》《打枣》等；用于丧事的乐曲有《对五》（D 调中音唢呐）《小六凡》等；用于祝寿、庆典的乐曲有《大柳摇金》《小柳摇金》等，这些演奏，曲牌固定，流传甚广。新中国成立初期，较有造诣的唢呐艺人有凤鸣村李云凤、黄家村董敬德、楼子村张仲梅等。桓台人李禹贤自幼受民间音乐的启迪，精研古琴演奏。他演奏的《风云际会》《高山流水》等古琴乐，在国内外享有盛誉。[2] 1950 年，二胡演奏家陈振铎取材临淄民歌改编为二胡独奏曲《寒鸦戏水》，一时在境内十分流行。

[1] 山东省文化和旅游厅组织编写：《传统音乐卷》，济南：济南出版社，2019 年，第 1 ~ 5 页。
[2] 山东省桓台县史志编纂委员会编：《桓台县志》，济南：齐鲁书社，1992 年版，第 606 页。

第四节　民间曲艺

据传，山东曲艺最早文献记载见于北宋孟元老的《东京梦华录》。明代俗曲小令遍及全省，到清代开始出现兴盛的局面，众多不同的曲种争奇斗艳，蔚为大观。淄博地区曲艺既有本地特有曲种：俚曲和八角鼓，也有传入本地的曲种，如西河大鼓、评书、快板等，极大地丰富了淄博人民的日常生活。

一、道情类

（一）聊斋俚曲

《聊斋俚曲》是清代文学家蒲松龄运用通俗易懂的大众语言，配以民间流传的杂曲、小调而写成的作品，简称《俚曲》。淄川为明清俗曲重要流布地区之一，蒲松龄集一生之阅历，汇明清俗曲之精华，取诸宫调、南北曲的曲牌联套为结构，于晚年完成了十五部曲的创作。内容以《聊斋志异》为基础，说鬼谈狐中揭露社会的邪恶，艺术形式表现在所用的曲牌上。

聊斋俚曲内容一般都是聊斋故事，有文记载的《墙头记》《姑妇曲》《蓬莱宴》《磨难曲》等十四部作品中，选用曲牌五十三个。新中国成立后，在挖掘、搜集、整理民间音乐工作中，仅搜集到［耍孩儿］［叠断桥］［黄莺儿］［憨头郎］［迓迓油］［跌落金钱］［哭皇天］［玉娥郎］［房四娘］［银纽丝］等十二个曲牌，其他曲牌已失传。民间流传的传统剧目有《张古董借妻》《小景天》等，内容大都是描写农家百姓的日常生活，深受人们喜爱。

从现存的曲牌来看，蒲松龄对音律颇有研究。悲则抑，喜则扬。有的轻飏欢快，如［黄莺儿］；有的委婉悠扬，如［迓迓油］；有的悲愤苦诉，如［耍孩儿］；有的朴实陈述，如［银细丝］等，词曲结合非常得当。从曲牌词曲结合的严谨程度来看，蒲松龄在曲调上是进行过艺术加工的，正像一首优秀民歌要经过历代民间艺术家多次加工才能逐渐完美一样。

聊斋俚曲自清代一直为广大人民群众所喜闻乐见。每逢正月十五扮玩，蒲家庄带的村民便将俚曲的片段作为扮玩的唱词，有的还装扮成俚曲中的大怪、二怪、王银匠、仙姑彩鸾、狐精施舜华等，到城区、乡镇演出。

聊斋俚曲以其特殊的魅力，不同程度地影响了其他姊妹艺术的发展，如以俚曲故事改编剧本的五音戏、柳子戏、川剧、京剧、秦腔、河北梆子等剧种，影响广泛而深远。[1]聊斋俚曲被誉为“中国明清俗曲的活化石”，为演唱和传承俚曲，淄川区专门成立了聊斋俚曲剧团。

二、牌子曲类

（一）八角鼓

八角鼓流传在博山城区和山头一带，也是一种杂牌套曲。结构形式上有类似俚

［1］李宗伟主编：《山东省省级非物质文化遗产名录图典》，济南：山东友谊出版，2012 年版，第 54 页。

曲的地方，即用多种曲牌连缀起来进行演唱，构成一个有故事情节的曲目。曲牌有一百五六十个，流传下来的有二十四个曲牌，如［四句乐］［阴阳句］［西柳］［太平年］［蒲露霞］［银纽丝］［打枣杆］［罗江怨］［南锣］［双高］［锯缸］［莲花落］［一串铃］等。每个曲目使用的曲牌的多少和连接次序也不固定，但开头用［四句乐］，结尾用［一串铃］，形成一定规律。

八角鼓的演唱形式是坐唱。每逢春节、庙会、夏夜乘凉或为老年人庆寿时，众人围在方桌前，各自手持一种乐器边奏边唱。使用的乐器主要有三弦、八角鼓，还有月鼓、七锁、节音板、撒拉机，有时还用笙、横笛。

八角鼓的艺术特点表现在：说唱性强，旋律优美，伴奏过门变化不多，多以［四句乐］任意反复使用，达到倾耳细听故事情节的艺术效果。另外，它的唱词通俗易懂、精炼生动，多用方言，深得民众喜爱。八角鼓演唱的曲目，多为历史故事。有《林冲山》《双雪山》《天台山》称“三山”，《单刀赴会》《刘二姐逛会》《人胜会》《蟠桃会》为“四会”。《金瓶梅》（包括“武松打虎”“戏奴”“别兄”“潘金拾麦子”“桃篇”“裁衣”“杀嫂”“十字坡”八套），《张家湾》《三怕》《拙老婆缝衣裤》《杨八姐游春》《小二姐做梦》《画纱灯》等一百多个曲目。这些曲目，七七事变前在群众中常演唱，以后战事频繁，便很少有人唱了。

三、鼓曲类

（一）西河大鼓

西河大鼓于 20 世纪 30、40 年代传入淄博，是河北省著名曲种之一，由当地流行的弦子书和木板大鼓融合衍变而成。西河大鼓音乐是板腔结构体，板式有头板、二板、流水板、垛子板、双高调、蚂蚱蹬腿、海底捞月等。演出形式为一弹一唱，主要伴奏乐器为三弦、书鼓、铜板，人员多时可加四胡、琵琶等。因其板式较为完备，过门可长可短。唱白相间，运用灵活，宜于说唱叙事性长篇大书，尤善表现历史战争故事的长篇大书，上自春秋战国诸多书目，下至《杨家将》《呼家将》《精忠说岳》，以至《包公案》《大红袍》各类公案传奇，无不脍炙人口。较之过于僵化呆板的山东大鼓，表现出极为明显的优势，故成为说书艺术中的主要形式。

西河大鼓传入淄博后，一时风靡境内，各区县在传统节日都会有曲艺表演，也涌现了一批演唱西河大鼓的名家。1980 年 8 月 8 日，市政府根据市文化局的报告，淄政发第 173 号文件，批准成立“淄博市魔术曲艺团”。1958 年至 1966 年期间，该团共演出西河大鼓曲目：《呼家将》《杨家将》《包公案》《五女兴唐传》《许仙游湖》《白兔记》等。在市内各区县的演艺场所中，许多西河大鼓的演唱者也颇受欢迎。荆家镇周董村刘兰凤，9 岁即拜师学习梅家门西河大鼓，20 岁即巡演于黑龙江、吉林、辽宁三省，在国内享有盛誉。刘兰凤及其弟子董宪斌、宋丰利在地市会演中曾多次获演出奖。郭秀英自幼随父学习唱腔和表演，主要唱河南坠子、西河大鼓，书目有《呼杨合兵》《杨家将》《呼家将》等，嗓音优美，有深厚的表演功底。在周村书场演出的曹桂兰，自幼学唱西河大鼓，和乐陵的徐连奎搭档，徐连奎弹单弦。主要书目有《杨家将》《呼家将》等，其书路是正宗的江湖口传派，塑造人物性格鲜明，唱腔如行云流水，委婉动听。

四、说唱类

（一）评书

评书源于讲故事，在各种说唱艺术形式中产生最早。起初直呼为“说话”，隋唐时已见记载，并非以前史籍中所谓“俳优谐笑”，直接包含讲故事的意思在内。这种艺术形式，南方称“评话”，北方叫“评书”。但在山东过去则叫“评词”，有的也叫“白词”，直到20世纪50年代，才随北方曲艺界多数称谓，改称“评书”。山东境内各地以方言述演故事者，谓之“山东评书”。

评书演出醒木一方，折扇一把，形式最为简单。然其讲今说古、敷衍故事、跳出跳进、夹评夹议，不仅内涵丰厚无限，且能说得风趣横生。历来各地评书为业者并不少，但与外省最大的不同点在于缺少世代相传的评书世家。其从业人员的来源：一是落魄文人喜爱此种技艺，编演书词下海作艺；二是鼓书演员因倒嗓音而改行。

张静波原唱西河大鼓，后改评书，擅说《精忠说岳》，深通说书诀窍，善于运用“扣子”技巧组织故事；赋赞齐全，表状刻画人物细致生动；语言通俗，多能联系下层听众。沈致祥，周村人，主要书目有《五老剑侠图》《三侠五义》等。此人相貌魁梧，浓眉大眼，嗓音洪亮，语言清晰，说起书来拉开架势有声有色，地方色彩浓郁，笑料串插得当，深受听众欢迎。常驻周村书场的评书人刘浩三，自幼练武、保镖，后来改说评书，以武侠小说为主，如《三侠剑》《五老剑侠图》等。因他是行伍出身，讲述武打场面是他的独到之处，在当时饱受欢迎。

淄博市魔术曲艺团团长李忠俊，其祖父李同和是当地的评书艺人，善说聊斋。他自幼读儒书，毕业于周村高等学堂（文昌阁），所说书目主要有《聊斋》《封神演义》《济公传》《岳飞传》等。此人有较深厚的文化基础，对书内的主要情节、警句格言、诗词歌赋、历史典故等理解得比较深透，能在演说之后再一一讲解。如《封神演义》大破“十绝阵”“诛仙阵”“万仙阵”中每个人物唱的道歌和行军打仗的赞语，《济公传》中济公唱的行路歌，都能细言慢语解释清楚，并把当时的社会背景，贯穿以孔孟之道，再适当加以笑料，让人在不乏其味中获得知识。

因为评书门第出身，师承各异，艺术遗产来自多方面，因而格外丰富、浩如烟海。经常上演者以袍带书居多，主要有《杨家将》《呼家将》《说岳》《隋唐》《东汉演义》《西汉演义》《明英烈》等。公案书主要有《大红袍》《包公案》《刘公案》等。武侠短打书亦颇不少，主要有《七侠五义》《小五义》《大、小八义》《七侠十三侠》《三侠剑》《雍正侠剑图》等。亦有少数讲说《三国演义》《水浒》《聊斋》等古典名著者。20世纪50年代以来，各地上演的新评书多为《林海雪原》《烈火金刚》《平原枪声》等。出版推广的长篇评书有：傅泰臣改编的《铁道游击队》、李凤琪创作的中篇评书《夜闯珊瑚潭》、短篇评书《大米和小米》以及王子祥改编的《铁道游击队外传》（发表时改为说唱本）等。

（二）毛竹板

毛竹板快书是一种曲艺演出艺术形式。由两块适当比例的毛竹板用线绳穿在一起为主要伴奏乐器（俗称“呱嗒板”），同时还有两块或几块较小点的竹片串在一块，片与片之间再用铜钱隔着，习惯叫“截子”或“撒拉子”的辅助乐器作为伴奏乐器演奏。因多用毛竹板做成，故名“毛竹板”。

毛竹板快书形式简单，演员自击毛竹板和截子站立说唱，表现力丰富，灵活机动。有头板、大按板、二按板、苦相思、流星赶月、垛子板、花板、快板等众多板头和俏腔，随着故事情节的变化而灵活运用。起初唱腔板式、腔调较少，只有［头板］［二板］［快板］等，起句时多先用“哎”字领起。后来，有了［大按板］［哭相思］［流星赶月］［流水板］［垛板］［垛句］等多种板头的巧俏唱法。演出书目多是中篇，如《武松传》《左连城告状》《响马传》《五龙传》《黄爱玉上坟》《王定保借当》等，短篇小段多用来垫场。

毛竹板快书传入淄博后，各区县在重要节日、活动时均安排相关表演，深受淄博人民群众的喜爱。

第五节　民间美术

一、陶琉艺术

（一）内画瓶

博山内画堪称绝技，系在透明琉璃瓶内壁作画，所以称“内画瓶”，属珍贵工艺美术品。博山内画是一种技艺高超的特种绘画艺术，使用特殊工具：将竹签削尖使弯，制成钩形竹笔，蘸以颜料，伸入瓶口于内壁上作画，在瓶内作画。瓶口狭窄，操作不易，且不能起稿、涂改，故非技艺娴熟、胸有成竹者，一般很难做出精品。内画题材多为山水花卉、珍禽异兽、古今人物及楼阁亭台。新中国成立后，博山内画曾进行工艺史上两项重大技术革新：一为1958年老艺人薛京万将内画颜料由水色改为瓷釉色，经加热固定，永不褪色；二为改竹笔为毛笔，系1961年由博山艺人王孝诚制成狼毫笔，用作勾勒，并用羊毫敷色，从而使内画技艺推向新阶段。明末清初，鼻烟壶随鼻烟自国外传入中国，因上层社会的喜爱、提倡，本品生产发展甚速，至清雍正、乾隆年间盛极一时，匠人争奇斗艳，苦心经营。咸丰年间，北京艺人始创鼻烟壶内画，光绪年间，其技艺为博山引入，经当地人毕荣久、薛向都、孙坦普等精心研习，又模仿、提高、创新，逐渐形成山东画派，与北京画派同享盛誉。毕荣久的作品，由于创作独特，画工精细，妙趣横生，被列为宫廷用品之一。博山内画品种繁多，新颖别致。大者高逾2尺，小者不及寸，千姿百态，异彩纷呈。近年来，又研制成双套色雕刻内壁画壶、内画香水瓶、内画项链等新产品。目前，销于国内外，作为旅游纪念及收藏珍品。

（二）青花鱼盘

博山窑青花鱼盘是清中、晚期后以博山福山窑、山头窑为主要窑口烧制的一种具有鲜明地方特色的日用陶瓷餐具。鱼盘胎质厚重，以鱼纹为主要装饰纹样，整个画面活泼生动、色彩鲜明、构图饱满，所用的青花釉彩变化丰富、浓淡相宜，构图中鱼纹采用写意手法绘制，线条流畅，造型肥硕夸张，形态各异。鱼体多蜷曲，充满生命的张力，似在水中游动，又似随时准备从水中跃出，充满生命力和力度美。鱼头仿鼠头，鱼嘴尖而有须，鱼眼多用深蓝色点画出，再进一步用圆圈勾画，使鱼眼饱满，生动而传神；勾画鱼身轮廓的线条流畅，一般只需寥寥三笔，鱼的轮廓便跃然盘上。鱼的胸鳍和腹鳍与身体相比有意被扩大，多被勾画成花瓣状，背鳍、尾鳍被描绘得薄而透，使整条鱼做欲飞状，鱼身虽肥硕，但整体不失轻盈，具有轻灵美。鱼鳞用短弧线、圆点或网状的线条任意勾画出，通过釉色的浓淡表现层次，与中国水墨画“墨分五彩”相类似，“釉分五色”的色彩技法在淄博青花鱼盘中的绘制中得到完美体现，是博山窑瓷器画工达到艺术巅峰的标志。作为配饰的水藻纹、水纹、蝶纹等纹饰与主题鱼纹相得益彰，使得画面饱满、活泼，表现出地方窑作品质朴、淳厚的审美特点。[1]

青花鱼盘寓意吉祥喜庆，又因物美价廉、坚实耐用，故深受消费者的喜爱。由于淄博窑青花鱼盘的流行时间较长，参与生产、绘制的人员众多，受当时民俗、审美取向以及画工个人对美的理解等多方面因素的影响，形成淄博窑青花鱼盘独特的绘画风格，具有鲜明的地域艺术特色。传世的鱼盘中不乏艺术精品，如青花大鱼盘、青花红绿彩鱼盘、青花金鱼盘（碟）、青花鱼化龙盘等。

（三）茶叶末釉

茶叶末釉起源于唐代中期，成熟于唐末。古人称“茶叶末，黄杂绿色，娇娆而不俗。艳于花，美如玉，范为瓶，最养目”，为中国古代名釉之一。茶叶末釉是一种含有结晶结构矿物的半无光釉，因釉中布满微细如尘、状似茶叶细末的片状结晶而得名。由于制作工艺和烧成方面的某些差异而形成色调上的变化，又有鳝鱼青、鳝鱼黄之分，以介于青黄之间者为上品。元代以后失传。清末民初，博山工艺传习所陶瓷艺人陈希龄恢复此工艺。当时所制茶叶末釉器皿及雕塑品，时称博山瓷器中的佼佼者，被许多古玩铺收购以此充古。新中国成立后，在釉料配制、成型、施釉、烧成等方面进行一系列研究改进，使之面貌一新。所制文具及瓶、尊、盂等仿古器皿，古色古香，主要代表作有双耳瓶、双凤瓶等。1957 年开始出口，后多次出国展览，获得较高赞誉。1979 年被命名为“山东省一轻名牌产品”。现由淄博美术陶瓷厂生产。

（四）雨点釉

雨点釉又名“油滴釉”“滴珠釉”，系天目釉的一种。起源于宋代博山大街一

[1] 孙启有、张红梅：《博山民俗对清中晚期淄博窑青花鱼盘纹饰的影响初探》，《山东陶瓷》2018 年第 1 期，第 24 ~ 28 页。

带窑场。因釉中布满银色金属光泽的放射状圆形结晶，形似雨点坠入水中时迸溅出来的水圈花斑而得名，具有独特的装饰效果和极高的艺术价值。其特点是：黑色的釉面上银星闪烁，大者如豆，小者如米粒。所制器皿，注入茶时闪金光，盛以清水放银光，映日视之，晶莹夺目，艺术风格奇特。多制作茶具及瓶、尊、钵、盏等艺术器皿，颇富高雅情趣。国内外视为名贵瓷器。日本曾把“尺瓶寸盂视为无上之品，茗瓯酒盏叹为不世之珍”，甚至还说“雨点瓷的碎片与金翠同价”。元代后失传，存世作品极少。20 世纪 20 年代，黑陶艺人侯相会经多年反复探索试验，直到 1936 年重新恢复，但质量远非昔时，工艺尚未完全过关。直到 1959 年，在其弟子李洪昌和技术人员的努力下，产品质量达到了空前水平，被选为国家礼品瓷，并出口日本和美国。1979 年获山东省一轻厅名牌产品称号。1981 年获全国轻工业优质产品证书。其代表作是双龙瓶、赤虎瓶、提梁壶、直径 0.5 米的大盘等。现由淄博美术陶瓷厂生产，其工艺严格，原料化学组成要求稳定。[1]

黑色雨点釉陶瓷的生产目前已基本成熟，然而纯正的红色雨点釉瓷之前世上还没有烧制成功过。红色雨点釉即在红色釉底上烧出近似均匀的约米粒大小呈雪花状有立体感的银色斑点，在光照下银色斑点在红色的釉底上闪烁着美丽的光泽，美轮美奂，堪称奇迹，具有较高的收藏增值潜力。近年来，淄博金玉园经贸有限公司历经十几年反复探讨与试验，终于成功烧制出纯正的红色雨点釉，填补了陶瓷界国际空白，并在第九届国际陶瓷博览会上被评为“淄博绝活”。

（五）鲁青瓷

鲁青瓷始于宋代，1972 年重新研制成功，是一种高级日用细瓷。鲁青瓷是在乳白瓷的坯体上面，施以含铁的高长石釉，用还原焰烧制而成。烧出的产品瓷质细腻，釉面青翠欲滴，晶莹剔透，明快淡雅，艺术效果明显。鲁青瓷通过丝网装饰后，线条纤秀，花纹白嫩，精致和谐，有“碧空白云”之效果，堪称瓷苑一绝。鲁青瓷工艺复杂，釉面是在窑中变化而成，每件瓷器独具个性，又因烧制温度高于其他青瓷，每窑成品极少，特别是瓶类艺品，造型独特，器型复杂，成为极少中的珍品。通过刻瓷艺术手法装饰后，刻出的作品，画面层次清晰，立体效果突出，更是难得。

1982 年，鲁青瓷刻瓷文具在德国慕尼黑第三十四届博览会上获金牌，这是中国陶瓷产品在国际上获得的第一块金牌。2011 年，鲁青瓷作为淄博陶瓷烧制技艺代表列入国家级非物质文化遗产代表性项目名录。

二、雕刻艺术

淄博的雕刻艺术起源于大汶口文化时期，临淄、张店、淄川境内的新石器时代文化遗址中，都出土过这一时期用刻划、手捏和堆贴装饰的陶器。山东龙山文化时期，刻划、捏塑、堆雕和镂孔装饰技艺，已具有较高的水平。战国时期，圆雕作为立体雕刻工艺品单独出现，建筑陶开始用浮雕装饰。秦汉时期，雕刻工艺主要用于

[1] 淄博市志编纂委员会编：《淄博市志》，北京：中华书局，1995 年版，第 1083 ~ 1084 页。

日常生活用品和随葬用明器制作。北宋至金形成雕塑型和刻划花两大装饰。雕塑装饰有圆雕、镂雕、浮雕、捏雕，刻划花装饰有刻花、划花、剔花。元代以后，雕刻工艺衰落。直至明末，部分技法始见恢复。清至民国，雕塑工艺品和用浮雕装饰的日用品有所增加。后期，部分产品制作由陶模改为石膏模，产量渐大，多用于玩具及建筑陶瓷装饰。新中国成立后，淄博的雕刻工艺不断发展创新。50年代，恢复圆雕、浮雕、镂雕等传统技法。60年代，发展堆泥、堆釉和捏雕。堆泥装饰的出现，为生产龙缸、花缸及园林陶瓷开辟了新的途径。70年代后，雕刻工艺得到较快发展，除广泛用于陈设陶瓷外，部分日用陶瓷亦采取浮雕、捏雕装饰，如罗纹壶、竹节杯、绳边碗、挂衣架等。

（一）刻瓷

刻瓷是一种在瓷器上雕刻的工艺，清代中叶成为一种独立的瓷器装饰艺术。据考证，因康熙好瓷，故常在其上题字为号，盖章作记。宫中御师为保留御迹，便用刀刻于瓷器上，这就是早期的刻瓷工艺。20世纪70年代，刻瓷艺术传入淄博后，在各大陶瓷厂家迅速展开研制，并先后建立刻瓷组织。一批资深陶瓷艺术家在继承淄博陶瓷传统技艺的基础上，研究地域瓷质和釉面色彩特性，改进刀具和装饰技法，研究出了堆雕与刻凿结合、喷花绘画与刻凿结合等新工艺。在表现手法上，改以平口刀捻、转、平、侧等刀法，使点、线、面巧妙结合，搭配得当。并将中国画、篆刻及西方油画的技艺融入刻瓷之中，刻出的作品不但具有书画神形，而且颇有浓郁的宝石韵味。他们还研制出了宝石瓷堆釉刻瓷、喷堆刻瓷、动彩刻瓷、乌金釉分层刻瓷、刻釉与刻瓷结合、刻瓷与新彩结合等一系列新工艺。这些工艺，有的打破了只刻成品瓷的传统工艺，而从半成品就开始加工，把淄博的刻瓷工艺推向了一个新阶段，使之在全国乃至世界范围内自成一派、独树一帜。

刻瓷融绘画、书法、刻镂于一身，集笔、墨、色、刀为一体，题材广泛，形式多样，诗文、山水、花鸟、人物、头像等均可刻镂；挂盘、座盘、文具、茶具、花瓶、瓷板等皆能作业。刻瓷工艺一般分三个步骤：一是起稿。即先将要雕刻的图案、书法、画面绘于瓷器上，然后照图刻制。绘画、雕刻功底高深的艺术家，多以腹稿施刀即可。二是雕刻。这是刻瓷中的主要环节，工艺复杂，技术性强，所用工具考究，操作技艺精深。一般常用工具有尖、扁金刚凿，金刚刻笔，小铁锤和砂轮片。主要工艺为线刻、点刻和面刻，其中线刻最为重要。所谓线刻，就是用大小不一的刻刀划刻出粗细不同、刚柔各异、曲直分明的各种线条。点刻，是用凿子錾出大小不同、疏密不一的点。刻瓷画面上的明暗近远、透视效果和衬景、底影多以此表现。点是线与面的基础，錾点奥妙无穷，功在其内。其宽窄、深浅、疏密、排列方向，与画面质感、形体结构和应用笔墨之法密切相关；运刀的轻重、快慢与点的虚实变化、表现效果紧密关联。刻面，则是用平口刀铲出或用砂轮片磨成较大破釉面。该破釉面与点、线结合，交相呼应，共同服从于整个构图的表现力。三是赋色。这是刻瓷的最后一道工序，即根据画面的需要，涂上各种颜色。在瓷器上涂色，不同于纸张和其他质地的东西，其常用颜料有三种，即油画颜料、发光油和陶瓷釉。赋色技法雷同于一般绘画。[1]

（二）燕子石雕

石雕形式多为平面减地雕、浅浮雕，也有的采用高浮雕或圆雕。题材多为卷草、梅、兰、竹、菊、蝙蝠、狮子、麒麟等吉祥图案。圆雕有石狮、石兽、石鼓等。现在市内除了大型石雕工厂外，还有小型作坊，制作各种石雕和建筑装饰。沂源县以燕子石雕刻闻名，燕子石又称“蝙蝠石头”，即三叶虫化石，是一种天然的优质雕刻和装饰石材。燕子石种类繁多，石上的燕子姿态变化无穷，妙趣横生。大者如指头，小者如蚊蝇，颜色有青、灰、褐、黄等，其中以金黄者为上品。风格古朴清雅、浑厚粗犷，燕子石文房用品深受国内外各阶层人士的欢迎。[2]

（三）淄砚

淄砚是著名的手工艺品，因产于淄川而得名，也称“淄川砚”“淄州砚”或“淄石砚”。淄砚起始于唐宋之际，已有近千年历史，在宋代已享有盛誉。据记载，宋神宗曾选择优质淄砚，用以奖励完成《资治通鉴》编著任务的司马光，可见淄砚当时之身价。

淄砚中较名贵者有金雀山的韫玉、金星、淄川梓桐山青金石三种。韫玉、金星产于博山北庵上村的淄砚石坑，后因得石极难而荒废。新石多采自地表，与过去自洞内所采砚石差异颇多，已无多采者。

淄川梓桐山青金石，颜色青黑，最宜发墨。因宋范仲淹曾取石刻砚之故又多称为“范公石”。此砚初用料为罗村紧邻的对松山石，后顺石脉查寻，延于罗村东北二华里处的洞子沟。洞子沟自清代至今不断有砚石开采。宋朝时候的文人苏轼、米芾等人曾使用。

新中国建立后，在博山西部山区南起桃花泉、禹王山，北至龙山一线，陆续发现了十几种淄石新品种。它们不仅可以用来刻制独具特色的新淄砚，而且发展了刻制淄石镇纸等手工艺产品。北面的夹山、卧石鸪一线的石料，是现在淄砚的主要砚石，该地亦为迄今最好的砚石产地。其种类有龙山紫、夹山红、荷叶绿、沉绿、绀黄、三彩、绀青诸品。质地细腻，石质温润，色泽华缛而不深艳。不少品种还带有石眼、斑点、冰纹、金线、金晕等纹彩，日本砚商惊呼为“奇石”。新的淄砚品种多，石质胜过旧石。在刻制方法上一反旧石砚全为长方形的模式，发展随形砚，因地制宜，以自然取胜，从原来单纯的民间刻砚升华为文化用具艺术品。[3]

（四）琉璃雕刻

博山琉璃雕刻闻名全国。分为两种：一种是阴纹刻花，一种是套色雕刻。阴纹

[1] 张玉柱主编：《齐鲁民间艺术通览》，济南：山东友谊出版社，1998 年版，第 1065 ~ 1066 页。
[2] 张玉柱主编：《齐鲁民间艺术通览》，济南：山东友谊出版社，1998 年版，第 867 页。
[3] 李障天、阎象吉主编，淄博市政协文史资料研究委员会、淄博市经济科技委员会编：《淄博经济史料》，北京：中国文史出版社，1990 年版，第 318 ~ 320 页。

刻花是在透明料器物的底部或反面用各种轮头磨出花草鸟鱼等花纹，从上面看，略有立体感。一些不宜于反面刻花的，如烟灯罩等，则表面刻花。题材多为花鸟类，风格率直粗犷，具有浓厚的地方特色。套色雕刻又称“套料雕刻”，纹样多以花鸟图案为主，人物、吉祥纹样次之。琉璃雕刻产品有盘、碗、瓶、笔筒、茶筒、台灯、烟缸、鼻烟壶等。[1]

三、剪纸艺术

民间剪纸在淄博历史悠久且已普及，以手工刻制，色彩明快鲜丽，剪制的物象吉祥和谐，洋溢着欢快健康、热爱生活的情感，受到广大民众的喜爱。淄川剪纸、张店剪纸、临淄剪纸等，被评为淄博市非物质文化遗产。因剪纸作品很难保存，考古发掘中很少见其身影。作为土生土长的民间艺术，在高雅的艺术殿堂里也很少见其踪迹。但在古代典籍和文学作品中，可以看到相关记载。蒲松龄《聊斋志异·素秋》中记载，素秋会“帛剪小人，仅四寸许”[2]，是用丝织品剪成的人物形象，可看作是剪纸的一种形式。

民间剪纸来源于生活，熟练剪纸的艺人，大都是当地的乡民，虽然文化水平较低，但不拘成法，独辟蹊径，随心而发，在即兴的剪纸创作中表现出惊人的艺术魅力。[3]风格上，融合了南方剪纸的细巧与北方剪纸的粗犷，于淳朴中见秀美，深厚中见洒脱，风格纤细隽永，线面相间，虚实相称，疏密有致，构图丰满，给人一种质朴、纯真、健康、活泼的感觉，并具有强烈的地方特色和浓厚的乡土气息。

由于剪纸的制作主要是用剪刀铰和用刻刀抠，因此民间又称剪纸为“铰花”和“抠花”。因其用途不同又有“窗花”“顶棚花”“门笺”“饽饽花”“猪头花”“灯花”“笸箩云子”等多种形式。题材丰富多样，有花鸟虫鱼、瓜果蔬菜、飞禽走兽、人物故事、神话传说、名胜古迹、福禄寿喜、生殖图腾、五谷丰登、吉祥如意等。通常以谐音、寓意、象征、含蓄等淳朴的艺术手法来表现。在民间流传一条不成文的剪纸规矩：“画中有戏，百看不腻；出口吉利，才合心意。”剪纸要讲究“彩头”，既要有“看头”，又要有“说头”，那才有意思。

剪纸内容最丰富、形式变化最多的是窗花，内容多为“四季花鸟”“龙凤呈祥”“喜鹊登梅”“鲤鱼跳龙门”等。主窗花四周则散贴单幅较小的剪纸，内容包括人物、动物、花鸟、鱼虫等，人物如“八仙”“嫦娥”“西厢记人物”“荷花生人”等。八张一套称为“一窗”。顶棚花装饰在吊顶天花板上，中间是吉祥图案组成的“团花”，四角为蝙蝠、蝴蝶、转草、云头等。此外还有盖在礼品饽饽、猪头、猪肉上的“饽饽花”“猪头花”“鸳鸯肉花”等。春节贴春联时，要在门楣、窗楣贴喜庆的门钱，又称“萝卜钱儿”“过门笺”“吊钱”“挂钱”“罗门钱”“活门钱”，

[1] 淄博市志编纂委员会编：《淄博市志》，北京：中华书局，1995 年版，第 1264 ~ 1265 页。
[2]（清）蒲松龄著，于天池注，孙通海、于天池等译：《聊斋志异》，北京：中华书局，2015 年版，第 2573 页。
[3] 王秀亮主编：《淄川民间艺术》，济南：齐鲁书社，2009 年版，第 154 页。

多为长方形，一般五张一套，分红、绿、蓝、紫、黄五色。有的地方在冲着大门的“福”字、“春”字上方也贴一单张的过门钱，在窗口上方、“灶王爷”上方、粮囤上、墙窝子上等处也贴过门钱。过去的门钱，多是刻“福”字或者“寿”字，也有刻“吉星高照”“开门见喜”之类四字成套的，其中“寿”字衬以寿桃图案。妇女盛放衣物、鞋袜的盒子上的剪纸称“盒子花”，用云头、转草、蝴蝶、蝙蝠等图案装饰。此外，淄博一些常见的动物、植物，如小鸡、鹅、大马、小马、牡丹花、灵芝草、芝麻等在剪纸作品中活灵活现，栩栩如生，让人叫绝。

四、刺绣艺术

临淄花边由来已久，俗名“兰干”，又称“抽纱”，用土纺丝线织成，是中外知名的传统手工艺品，其生产已有两千多年的历史。西汉时期，梭子长条小花边在临淄诞生。临淄花边因用途不同，花边的宽窄不一，但其长度不限，故有“梭子长条花边”之名。这种花边具有明显的地方特色和浓厚的生活气息，图案有人物、鸟兽、虫鱼、花卉等，主要用于装饰衣物，如衣摆、裙裾、袖口、裤脚、锦被、绣枕等。

光绪十三年（1887），意大利梵蒂冈耶稣传教士来到淄博，把意大利人喜爱的棒槌花边带进传教区并开始教授，后很多花边艺人在掌握了棒槌花边的技艺之后与传统的花边工艺相结合，新的棒槌花边在临淄逐渐发展起来。最早的临淄花边，工具简单，式样古朴，其制作过程是：用一条木凳固定经线，然后用缠有丝线的木梭，依据图案在经线上来回穿织而成。棒槌花边程序简便，容易掌握，以众多的木质小棒槌代替了来回牵线的梭子，打破了过去长条花边只能向长、宽伸展的局限，可以编制出方形、圆形、菱形等不同形状、不同规格的产品。1930 年，“青州府花边大套”出现，是棒槌花边持续发展的结果。1956 年，临淄县花边供销生产合作社成立，后成为山东省工艺品公司加工青州府花边大套的重点地方，周边区县纷纷派人来学习。

经过数代花边艺人的不断改革和创新，临淄花边规格增多，花样更新，用途日广。现代的临淄花边，有满花、镶边之分和大套、小件之别，做工精细、玲珑剔透，主要用作宴会台布、床罩、被单套、钢琴罩、沙发靠背、盘垫、衣裙装饰等。

第三章　民间口头文学

民间口头文学是劳动人民经过长期的生产生活积淀起来的人类精神生活食粮，具有广泛性、民族性、地域性、集体性等特点。每个地域都有自己的民间口头文学，淄博也不例外。在勤劳智慧的淄博人民的创造下，淄博民间口头文学的形式和内容颇为丰富，民间故事、神话传说、笑话、谜语、民间歌谣等颇具地域特点，反映出淄博人民的文化内涵和精神风貌。

第一节　民间故事、神话传说、笑话、谜语

一、民间故事

淄博流传较广的民间故事大致有拾金不昧、县令斩蛟、巡抚换头、儿媳与公公、聪明的九妹、神棋、水铃铛申冤、贪婪的卖油翁、动植物报恩、除霸安良等故事。[1]

（一）拾金不昧

明朝万历年间，傅家庄是高苑、青城一带通淄川、博山的要道，来往客商络绎不绝。该村有一姓刘名川阳的，为人忠厚老实，开一间客店，铺面素来兴隆。

一日，有一山西客商，宿于店中，早起急于赶路，把盛有金银的皮褡忘在厕所旁。他行远方觉，思量皮褡必被人拾去，所以未回来找。店主刘川阳早起打扫街道时，发现皮褡，就等候失主来找。一晃十几天过去了，一直没有等到失主，刘川阳就把皮褡藏在院中的枯井中。

数年后，失主重经此地，向刘川阳闲谈时说："此地近年来必有发迹的。"刘川阳问何故，客商说，"前几年，我在此地丢失一褡金银，拾者必富。"刘川阳问失金多少，客商如数告之。刘川阳说："金银仍在此。"即从枯井中取出，原封归还。客商又惊又喜，拿出一半金银分给刘川阳作为酬谢，刘川阳坚持不受。客商见刘川阳道德高尚、端庄笃厚，即拜为兄。

后来，客商为报答刘的厚恩，便于其店门前立碑镂书："刘川阳还金处"。以永记此事。

（二）巡抚三换头

早先，有个巡抚净干些坑害老百姓的事儿，老百姓十分憎恨他。某天，巡抚告老还乡时，路经一深山老林处被一群好汉拦住了道。这群好汉都是以前被巡抚逼得

[1] 民间故事、神话传说、笑话参见自郑峰主编：《淄博民间故事大全》，济南：山东文艺出版社，2004年版；淄博市志编纂委员会编：《淄博市志》，北京：中华书局，1995年版；桓台县地方史志编纂委员会编：《桓台县志》，济南：齐鲁书社，1992年版；王学彦主编，山东省沂源县史志编纂委员会编：《沂源县志》，济南：齐鲁书社，1996年版等。讲述人、整理人和流传地区略。

走投无路、家破人亡的穷百姓。他们打听到巡抚告老还乡从这儿走，就手持刀枪斧头早早在这里等他，要割掉巡抚的脑袋，否则就杀他全家。巡抚一听吓个半死，但为了保全两个儿子的性命和搜刮来的万贯家财，最后还是被好汉们割掉了脑袋。

巡抚的两个儿子，回到老家后看着爹那没头的尸首，心里很不是味儿。为表孝心，哥俩商量着给爹铸了个金头下了葬，随后又平分了家产。二人本就风流浪荡，老爹死了就更大胆起来，宿娼聚赌，花天酒地，挥金如土。不出几年，老大先败光家产，走投无路时想到巡抚的金头。趁夜深人静时，去墓地偷走了金头，为尽“孝心”，他换了钱之后又安上了个银头。又过了几年，老二的家产也败光了，走投无路时也想起了老爹的金头。可他偷偷搬回来一看，发现金头变成了银头。后一细想他知道是哥哥先下了手，也没吱声儿，也学着哥哥的样子，用银头换来的钱，给爹又换上了一个铁头。

（三）三个儿媳请公公

以前村里有个“老酸”，因为念了几天“子曰”“诗云”，便假斯文起来，不管什么场合，动不动就吟诗联句，酸里酸气的。老酸有三个儿子，都已成家，大媳妇娘家是书香门第，在老酸眼里为门当户对。二媳妇娘家开药铺，老酸认为不怎么样。三媳妇娘家是庄户农民，老酸更是降格看待。

大年三十这一天，三个儿媳的娘家捎信来，要请老酸在春节期间去他们家吃酒。老酸打定主意只去大儿媳家，但又恐二媳三媳说他偏待，便心生一计，趁年三十的晚饭以“大年三十”为题，让三个儿媳作诗，谁作的好就去谁家。三个儿媳一听，都有些为难。大儿媳虽是书香门第出身，也只是在家念了几天“人之初”，吟诗作赋实不在行！但没办法，最后开口道：“大年三十请公公，好酒好菜来孝敬，公公要不来，奉上《诗经》和《易经》。”老酸一听连声叫好，直夸大儿媳不愧出身书香门第。老二听着憋闷，但还是开口道：“大年三十请公公，好酒好菜来孝敬，公公要不来，奉上当归和川芎。”老酸一听觉得不对劲，这不是成心要我长病吗？一翻眼皮，鼻子哼了一声，把脸拉了老长。老三心里最不是滋味，心想，二嫂有气，我的气更大，我不说，这“戏”是下不了台，干脆再给他两句。便笑眯眯地说：“爹，俺庄户人家没文化，只认得粪筐、锄把子，说出来不好听，公公可别笑话。”于是她就开了腔：“大年三十请公公，好酒好菜来孝敬，公公要不来，俺家有笼头和缰绳。”说完跑回厢房去了。大媳二媳忍住笑，也随后走了。剩下老酸一人，心里说不出是什么滋味。

（四）神棋

早先有个年轻秀才，最爱下棋，常常废寝忘食，棋艺精湛，周围邻居没有谁是他的对手，有些不知情的人竟说他是棋神。秀才听了以后很是得意，自以为棋艺天下无敌。

有一天，秀才接到邻县一位举人写来的信，称想与秀才结识并切磋棋艺。秀才应邀而去，举人盛情款待过后，摆上棋下起来。一开始秀才心想该主人一定是棋中高手，所以走棋时小心进招，加意防守，试探对手能力。下了半天，见举人的招数也很平常，就放松警惕了，一直到中午都未分出胜负。午饭过后，重新回到棋局，秀才一改稳打稳进的路数，车、马、炮一起进攻，步步逼将，恨不得立即置对手于死地。而举人面对险招，从容不迫，处处巧妙应付，出人意料地扭转了几次危局。秀才才知遇上了劲敌，正筹划着另出绝招取胜，不料举人接连两次进逼，使他手足无措，竟无可挽回地输了。秀才自觉身负“棋神”之名，最后竟落败至此，起身拱手，悻悻而归。

眼看天色已晚，没走到半路就黑了天，忽然云生西北，雾长东南，雨像瓢泼似的下起来。秀才前不着村，后不着店，在暴雨中淋着往前走。走着走着，前边山林里闪出一点灯光，他顺着崎岖的山路，冒雨来到亮光处，原来是一户一圈篱笆墙两间小茅屋的人家，叫门后发现是一对寡母孤女。秀才说明来意，母亲一开始因避嫌拒绝收留秀才，后又改变主意让秀才住进柴棚，秀才很是感激。晚上，秀才毫无睡意，反复思考白天和举人的棋局，恰好听到了这对母女下棋，棋势激烈，三个回合之后，母亲胜一负二，披衣而出。秀才听得入了迷，见女主人出来，上前鞠躬施礼，求着和自己下一盘，女人连说不会。秀才便把她们怎么走，怎么吃子，怎么将军，末了谁输了的话全说出来。女人笑了笑说：“不必下了，就凭你记的这些，在人间已可称高手了。天已经明了，请早点赶路吧！”

秀才出了篱笆门，走出不多远回头一看，哪里有什么人家，只是在绿树丛中立着两块清秀挺拔的怪石。他朝石头拜了两拜，返身回举人家中，又和举人比试起来，一天下了三盘赢了三盘，举人大为敬服。问他一夜之间怎么如此长进？他只是说：“学无止境，能人背后有能人。”经过举人的宣扬，秀才成了名副其实的神棋手。不过，自和举人比试后，他在家中安心读书种地，轻易不和人下棋了。

（五）水铃铛申冤

从前，有两人一同外出做生意，一人发了大财，一人赔了老本。盈利者心地善良，愿意同赔本者一道归家，钱财平分，但赔本者心怀歹毒，怕被人耻笑，于是偷偷买了一把刀子带在身上。路遇大雨，俩人在一间破庙中避雨，赔本者见四周无人，便凶相毕露。盈利者自知不是他的对手，便要求在死前跪拜祖宗。他跪在地上朝家乡的方向拜了祖宗，抬头时看见房檐下被雨水溅起许多水铃铛，其中一个大似饭碗，漂在水面，任雨水拍打也不破碎。他向水铃铛磕了三个头说：“铃铛哥，铃铛哥，回家替我把话说！”

赔本者回到家，买了许多东西，看望死者的妻子，假模假样伤心道：大哥（盈利者）赔了钱，心中抑郁，一病不起，客死他乡，厚葬了他之后只身回来。又称盈利者在临终前托他照顾好自己的妻子。这女人家轻信了他的花言巧语，竟感恩不尽，便以身相许作为报答。女子生得美貌又贤惠，婚后夫妇非常和睦，一晃十年过去。一天，瓢泼大雨下个不停，闲下无事，夫妻俩观看院里溅起的铃铛泡。房门口有一个碗口大的铃铛泡，许久不破，妻子很是惊讶，而丈夫却冷冷发笑。妻子问：“你笑什么？”十年的恩恩爱爱，他对她也失去了戒心，说：“十年前我也见过这么一个大铃铛……”于是，把十年前的事全讲了出来。妻子如梦初醒，她虽不露声色，可心里恨透了这个人面兽心的家伙。第二天，她便进城告官，为前夫申了冤报了仇。

（六）贪婪的卖油翁

淄川城东南有个李家村，李家村有个卖油翁。他榨出的油从来不掺假，方圆几十里的人都慕名来打他的油吃。卖油时，总是将油提子灌得满满的；向外倒时，空得干干的；另外还都加上一小半提子。顾客很满意，生意很兴隆，但是赚的钱很少。卖油翁诚心诚意地做买卖，感动了财神爷，便派黑嘴黄鼬暗中帮助他。没过多久，卖油翁就发现，油卖过一天，夜里缸里又涨上一截来。他很高兴，又很纳闷，决定弄个明白。

有天夜里，卖油翁等雇工们走了后，早早熄了灯，躺到炕上装睡。半夜过后，借着射进屋里的月光，他见从门旁留下的猫道中，钻进一长串挑着鸡蛋皮的黄鼬，径直到了油缸旁。领头的一个，跳上油缸旁的一个案子，尖尖起两只后脚，把鸡蛋皮放到缸沿上一倒，发出油倒进缸里的声音，然后跳下来溜走了。后边的，相继把油倒进缸里。这样不断溜地来来往往，卖油翁闹不清是长长的一串没到头呢？还是头里回去的又回来了？总之，一个多时辰后才结束。他满脸喜色地跑到油缸前一看，油又涨上来一大截，乐得差点跳起来。他见缸边的案子太矮，黄鼬倒油费劲，便拿来两块砖垫在案子上，心想：这样黄鼬就不用尖尖着脚倒油了，觉得方便，就会挑来更多的油！榨油既费力、费工，又熬神，日后光等着黄鼬把油挑来就行！

第二天，卖油翁就辞退了早早来干活的雇工，没再榨油。夜里，他喜滋滋地躺在炕上，等着黄鼬向缸里挑油。谁知，眼巴巴等到天亮，也不见一个黄鼬再挑油来。以后好几天也没再来，卖油翁很后悔。

（七）县令斩蛟

在周村南郊大庄以南，古城村东北的涿河岸上，有一座古庙，在断墙残垣当中，有一棵三人方能合抱的大柏树，柏树周遭钉满了大铁钉，虽是显得十分苍老，但依然苍翠如盖，能遮盖周围四五丈。夏天在庙周围种地的农夫们都在这树底下歇凉、吃饭。以前，在周村流传着这样一句话：“先有装庙，后有蔡阳坟。”这个故事发生在东汉时期，庙前正是涿河从西向北的转弯处，这里水流湍急形成了一个大湾，当地人叫它“龙湾”。这龙湾水草茂密盛产鱼虾，吸引了附近的农夫们来这里打鱼捞虾，顽童们喜到这里游泳摸蟹，妇女们愿到这里洗涤衣裳。

有一年夏天，涿河上游山洪暴发，河水满槽。过后，这湾里住下了一只大蛟。先是有的小孩在这湾里游泳失踪，后来打鱼、洗衣的大人也被大蛟吃掉。从此，再无人敢到湾边去。以后，连附近大路上的行人也经常失踪。附近村民把这事报到县里，县太爷便派衙役带兵前去捉拿。衙役刚到湾边，冷不防就被大蛟拖一个去，余者便吓得抱头逃回县里禀报。以后，县太爷再派人，都推诿不敢前往。大蛟狂妄日甚，附近种田的农夫、牲畜经常被它伤害，大湾附近的农田都荒芜了，农夫只好离乡背井逃荒为丐。

这件事被州官知道了，便命令县官限10天内把蛟除掉。县官下令衙役去拿，衙役只是敷衍。期限到了，大蛟依然行凶，州官撤了县官的职。新上任的裴氏县太爷，是一个新举的孝廉，为人正直忠厚又兼好武功，水性超人。上任后，广贴告示，谁要拿住这只蛟赏银100两。七八天过去了，仍无人揭示。裴县令一筹莫展，饭吃不下，觉睡不着，眼看期限又到，他无可奈何！最后县令决心亲自到湾中斩蛟，为民除害。次日早饭后，他叫衙役给他拿了宝剑，一起来到湾边，许多大胆的村民也跟了来。那大蛟见有人来了，便搅得湾水卷起波浪，张开簸箕般的大嘴，向着来人示威，有的人吓得心惊胆战，连连后退。这时裴县令已是怒发冲冠，急忙脱掉官服，向衙役要过宝剑大喝一声，跳下水去，和蛟展开搏斗，一时间湾水开锅般沸腾。一个时辰后，大蛟吃了一剑钻到水底，县令也一个猛子跟下去，在水底格斗起来，霎时，水变红了。可县令直至晌午还没上来，大湾里依然翻江倒海似的。日头偏西，大湾里慢慢平静下来，遍体鳞伤的大蛟直挺挺漂上水面。岸边，人们不禁欢呼起来："县太爷可为我们除了一害，县太爷快上来吧！"但一点动静也没有，又过了一顿饭的工夫，县令手握宝剑也从水底飘上来，他已与大蛟同归于尽了。

众衙役和老百姓见此情景都大哭起来，人们赶快把县令捞上岸来，准备了棺木，盛敛起来。次日，全县百姓为其送葬。为了怀念这位为民除害的县令，人们在河西南岸建起了一座庙，永远缅怀裴县令。

（八）除霸安良

荆山泉清峰翠，景色秀丽，是沂源山区的游览胜地。明朝万历年间有桩奇闻。

一天，有位少年书生前来游逛，可巧，荆山寺主持外出，无人接待，他便独自在寺内转悠起来，信步来到禅堂参观，脚下不留神踏到个机关，地板开处现出一地穴洞口，随即走出两个艳装少女，扑通跪下连呼"救命！"，突然间把书生吓了一跳。书生姓任名浚，字贵卿，博山下庄人，时在芝芳村教书，与荆山寺主持僧了缘为友，常到寺中与其喝茶聊天。这了缘和尚俗家是芝芳村张姓子弟，出家后法名了缘，其师兄了凡是大明皇帝的替身僧，为此，了缘当了荆山寺主持，并掌管这一带庙宇的五百多名和尚，势力很大。

任浚正在惊愕之际，了缘一步闯了进来，上前抓住任浚的衣领道："大胆刁民，私闯佛门！"任浚自知闯了大祸，一时心慌意乱，不知所措，便道："事出偶然，何必动怒。"了缘见这文弱书生手无缚鸡之力，谅也跑不出他的掌心，便松开手道："事到如今，实不相瞒，这二黄花女是我所为，她们长得还不错吧？"任浚摇头叹息道："可怜，可怜！"了缘把任浚让到客房，边吩咐端茶，边阴冷地说："二女在敝寺并无为难之处，一日三餐，好吃好喝，一无打字，二无骂字，何言可怜？我俩是老友，此事天知地知你知我知，你若识趣，不得走漏，有你好处。"任浚道："大师所为，佛门清规，如何解释？"了缘无耻地笑道："僧是僧，佛是佛，我红尘一世图快活！"任浚一听此言，不禁怒火中烧，忘记眼前的险境，便指着了缘喝道："你霸占民女，伤天害理，该当何罪！"了缘冷笑道："我树大根深不怕摇。"任浚怒道："恶贯满盈该当连根刨！""好不识抬举，今天就让你见阎王！"了缘把手中的茶杯一摔，令手下凶僧把任浚五花大绑，拴在大雄宝殿前的白果树下，支上一口大油锅，单等夜深人静，下油锅炸人。看守任浚的小和尚法名修园，对了缘的所作所为早就怀恨在心，只是不敢吐露，眼看任浚就要死于非命，便趁凶僧们正在喝酒寻欢的当口，偷偷给任浚解开绑绳，两人一块逃走了。

任浚逃出虎口后，不敢再回芝芳村教书，便四处游学。在河南邱家大庄学堂结识了一位姓邱的老先生。这邱老先生曾任殿试副主考，告老还乡后教几个蒙童借此消遣，现任主考是他的学生。他见任浚才学出众，便写了封推荐信让任浚进京应试，任浚果然考中进士，一举成名，后官至刑部尚书。他早有除暴安良之志，便奏请皇上，除掉荆山寺恶僧。因了缘为皇帝替身僧师弟，与皇亲国戚互有联系，这皇上老倌昏头昏脑，犹豫不决，叹口气道："和尚乃出家之人，行霸也罢，不行霸也罢，罢啦，罢啦！"意即算啦，说完便卷帘退朝。皇上一个"罢"字出口，任浚叩头道："谢主隆恩，卑职遵旨。"便揩（借）音领旨，日夜兼程奔荆山寺来。他传谕周围村庄百姓前来接旨，对恶僧执行"耙"刑。当地百姓早对了缘恨之入骨，圣旨即到，一拥而上，冲进寺院，把这个恶贯满盈的恶僧捆绑起来，押到芝芳村南十亩地里。那里早已挖好竖坑，像栽树一般把他栽进坑里，将土埋至脖颈，只露着脑袋，然后用牛犋拉着铁耙，像耙地一般横三竖四地耙起来，那颗秃头在牛蹄和耙齿底下，顷刻便成了烂泥。

（九）动物报恩：义犬救主

沂源县城西南30里处有个沟泉村，村边有一水泉名叫"狗跑泉"。村庄因泉取名，叫"狗跑泉"（现改为"沟泉"）。相传，从前有一位王姓老汉，酷爱养犬，外出必带爱犬。一天，王老汉带两条爱犬到山后许村走亲戚，在亲戚家喝了一整天酒，晚上回家时在半路上醉倒了，身卧草丛，鼾然大睡。两条狗一左一右守候在他的身边，像侍从一样。半夜时分，突然起了野火，滚滚烈焰迅速向王老汉身边烧来。两犬惊恐万状，奔跑狂叫，又蹦又跳，想唤醒主人赶快逃命。王老汉烂醉如泥，沉睡不醒。两条狗急得在地上乱刨乱扒，竟然扒出一个土坑，从坑中汩汩冒出水来。狗见有了水，便轮番跳进水坑以身沾水，在老汉身边草地上滚洒，往复循环，奔跑不息。

天将破晓，野火渐熄。这时，王老汉酒消梦醒，睁眼一看，大吃一惊。只见漫山遍野一片灰烬，尚有零星火苗闪烁，只有自己醉卧之处的杂草湿漉漉的未燃，但见两条爱犬，浑身泥水，累死在水坑边。老汉一切都明白了，他不禁老泪滚滚，失声痛哭。回家到中，他变卖家产，置办棺木，将两条狗葬于水坑边，并为水坑取名"狗跑泉"。泉水昼夜不息，越涌越旺，成了沂河源头之一。因为有了水泉，住户越聚越多，渐成村庄，村名也就以泉为名，并在泉边修了一座王公庙。

明朝万历年间，居民捐资重修王公庙，重塑王公像，两边塑有黄黑二犬，俯卧左右。时蒙阴县令董加谟派人在泉边立一石碑，上刻"古迹狗跑泉"，并亲自撰写碑文曰："世传王公善畜犬，每出必与俱。当其醉而归也，卧草，犬旁守之，若从者。然俄而火起，延及卧前，犬遑遑焉，还走叫跑，不遗余力。倾之泉出地中，浸淫旁溢，火竟灭，王公无恙。及起视犬，则力竭毙矣。噫嘻！

犬一畜耳，犹能捐生救主，俾王公竟免于焦额，矧倨人斯自处当如何也？乃有析圭儋爵而弗思忠，承箕袭裘而罔知孝，反而背义，鱼肉同胞，甚者以德为仇、落井下石者，视此犬有余愧矣！余故表而出之，以阐幽光，以惩薄俗。"

旧蒙阴县志（清光绪二十四年版）对此事也有详细记载。

（十）植物报恩：桑树救驾

金星乡有个不大的山村，名叫"桑树峪"。相传，东汉光武帝刘秀打天下时，被王莽军打得大败溃散，刘秀单人匹马落荒而逃。跑到蒙阴县与沂水县交界的地方，被一个正在耕地的农民掩埋在犁沟里，躲过了追兵。追兵过后，这位老农指点他向东南方向逃奔。刘秀一口气跑了六七里路，又饥又渴，实在走不动了，便坐下来休息。歇过气来后，更感到饥饿难忍，想找点吃食充饥，但在这荒山野岭上哪儿找吃的东西呢？他仰天叹道："难道天有绝人之路？上苍保佑，使我汉家中兴！"正祷告着，突然眼前一亮，发现前边有一棵大桑树，桑枝上稠稠地结满又大又红的桑葚，他急忙爬上去，大吃一顿。那酸中带甜的桑葚，又充饥又解渴，使刘秀恢复了元气。他暗暗许下心愿："我若得了天下，一定重谢那位老农民和这棵桑树的救命之恩。"

此后，刘秀收拢旧部、重整旗鼓，率兵南征北战，出奇制胜，几年时间，果然消灭了王莽军，夺得了天下。当他登上皇位，大封功臣时，想起了这件事，便派钦差大臣前来查访敕封。钦差大臣查访到这里时，那位犁沟救驾的农民已经去世，便将那个村命名为"犁掩沟"（今蒙阴县），将那株大桑树附近的村命名为"桑树峪"（今沂源县）。但当年那位前来敕封的钦差大人不认得桑树，他看到一棵高大茂盛的樗树（臭椿）时，认为这就是当年曾经救驾的那棵桑树，便封这棵樗树为"树中之王"。这可把那棵老桑树气坏了，直气得鼓破了肚皮，怨恨皇帝老倌忘恩负义。至今，凡是古老桑树，大多都肚皮破裂，从树肚子里向外淌黄水。

二、神话传说

（一）地方风物传说

地方风物传说淄博各区县到处都有。如淄川蛤蟆石的传说、桓台云涛的传说、张店四宝山的传说、临淄凤凰山的传说，博山、淄川一带还流传着孝妇河的传说等等。

1. 蛤蟆石来历

淄川南面的一座山顶上，有块巨石，酷似卧着的一只大蛤蟆。许多山顶石崖上有拴船的大铁环可以证明这一带早先是大海。海里有个很坏的蛤蟆王，凡是从它的区域经过的船只，都被掀翻，由它独吞人肉人血。与它临近的虾族及其他水生动物，由于势力弱，经常遭到蛤蟆族的侵犯、凌辱。为此，虾王联合其他动物之王，到海龙王那里告状，海龙王虽然十分恼怒焦虑，但惮于蛤蟆王身上的黄皮袍也无可奈何。后来虾王巧计让蛤蟆王脱下了黄皮袍，并穿上扮成蛤蟆王的模样让前来声讨的蛤蟆王有口难辩，最后蛤蟆王被治罪。后来海龙王知道了，拔起定海神针一抛，将蛤蟆王的鼻梁穿透，又从其背上插下去，挑起来，钉在了一座山顶上。几天后，蛤蟆王死了，变成了一块巨石。从此，这一带再也没翻过船，来往船只，都在蛤蟆王的鼻梁上拴船休息。蛤蟆石由此而来。

2. 云涛传说

相传，东海龙王有个小儿子叫小白龙，自幼娇生惯养，遇事专横。这天，小白龙想到宫门外游玩寻欢，忽听到从西面传来一阵阵鼓乐之声。他立即带了虾奴蟹仆等一众随从出了龙宫，迎着乐声寻踪而来。他们穿过海眼，沿着清水河一直来到索镇玉带桥下。那鼓乐之声原来是从桥北面的河中高埠上传来的。

这天正是清明节，因当地百姓对管理清水河的乌龙神素觉感恩，每年便在这一日开始，连续开七天庙会，唱七天社戏以表答谢。小白龙见村民只敬乌龙神，不敬龙王爷和龙太子，心中恼怒，决定报复。他掀起滔滔大浪，滚滚河水很快淹没了两岸的房屋和庄稼。百姓遭此劫难，惨不忍睹。乌龙神见此情景，义愤填膺。他一面向龙王爷奏本控告小白龙的恶行，一面带领水族兵将引退大水，整修堤岸，使百姓重建家园。龙王爷收到乌龙神的奏本，不但没有治罪小白龙，反而大骂乌龙神妄图聚众谋反。自此，小白龙就更加肆无忌惮。

又一年六月，清水河沿岸庄稼长势良好，丰收在望。小白龙带着雪龙又来了，一夜之间下了三尺多厚的大雪，庄稼冻死，人畜病倒。乌龙神目睹此情，实在忍无可忍，便与小白龙厮杀起来。他们从清水河中杀到云头之上，又从云头杀到清水河底，只搅得河水滚滚，浪涛连天。小白龙并非乌龙神的对手，不一会便破鳞残甲，葬身于落龙滩。雪龙逃回龙宫，龙王爷闻知龙太子败死，气得七窍生烟，立即下令将乌龙神用千钧锁锁了，压在玉带桥北的河中高埠之下，让他永世不得翻身。龙王娘娘听说小白龙已死，便放声痛哭起来。她这一哭，东海波涛翻腾，浪潮顺着海眼涌入了清水河。水泛河岸，沿河百姓无处脱逃，纷纷涌向河中高埠，宁愿与乌龙神共患难。水势越来越大，淹没了两岸所有房屋，淹没了巍巍铁山，只有那一片河中高埠上滴水不见。原来是乌龙神在下面驮着，随着水势沉浮，任凭浪涛再大，高埠始终安然如故。人们得救了，为了纪念乌龙神的功德，便将清水河改称“乌龙河”，将玉带桥北那块河中高埠称为“云涛”。

3. 四宝山传说

古时，传说四角山一带风景秀丽，但人烟稀少。有户农民名叫房迎山，父亲早亡，母子俩相依为命，以种地打柴为生。

一年秋天，天气很热，房迎山早起上山打柴。中午时分，他觉得饥渴难忍，就到沟岩深处找水解渴。他走进一条山沟，见一清泉，十分高兴，趴下就喝，喝足了就躺在一块大青石上休息。朦胧中，房迎山觉得身轻如燕，飘飘悠悠登上沟崖，到了一片茂密的丛林中。他正要举斧砍柴，就听得有人说话，四下张望，又不见有人。于是，他就沿着山间小道循声找去，穿过一片高粱地，见大树下坐着两个神采奕奕、银须飘飘的老人，一边吃着西瓜，一边谈笑风生。老人听到有动静，抬头一看，见房迎山衣衫褴褛、手持柴斧，知道是个勤劳忠厚的庄户人，便招呼他一同坐下吃瓜。那西瓜红瓤黑子，香甜可口。吃完西瓜，两个老人将落在地上的瓜子一颗颗拾了起来，用手搓了几下，吹了三口气，送给了房迎山，并教给他种瓜的方法，让他回家种瓜。房迎山谢过老人，高高兴兴地回家去了。

第二年春天，房迎山按照老人的教导，在四角山下种了一大片西瓜。夏天，瓜熟了，他在瓜地里搭起凉棚，让老母亲守园看瓜，自己挑担卖瓜。接连种了几年，他家的日子渐渐富裕起来。这一年中秋节后，房迎山在瓜田里拔秧倒地，发现别的瓜秧早已枯黄，只有一棵瓜秧仍然蔓壮叶绿，上面还结了一个带绿茸的嫩毛小瓜。他并没在意，拔起瓜蔓向堰上摔去。不料“呼隆”一声巨响，四角山裂开了一条大缝，从里面射出万道金光。房迎山惊奇地瞪大了眼睛，一口气跑到山顶，想看个究竟。谁知一阵清风吹来，将他吹进了裂缝里，飘忽而下。只见绿树掩村，茅舍鸡啼，村头有一盘石磨，一个眉清目秀的少女正赶着一匹枣红骏马在推碾。碾盘上全是金光闪闪的豆子。碾旁有架葡萄，果实累累，晶莹闪亮。少女见房迎山来，也不回避，含情脉脉，以笑相迎，并顺手抓起一把豆子，摘下一串葡萄，赠给了房迎山，然后依旧赶马碾豆。房迎山刚要答话道谢，呼的一阵清风，又把他吹出山外，裂缝复合了。

房迎山的奇遇很快地传开了，人们都知道这四角山里有四件珍宝：金姑娘、金马、金豆子和金葡萄。四角山也从此改名为“四宝山”。

4. 虎山飞来石传说

淄川城西三十里处有座大山，其形极像一只卧虎，因而得名“虎山”。

虎山气势雄伟，山的顶峰即虎头上建有寺院，寺院高耸入云，远远望去，恰似两只虎耳，老虎张开的大嘴是一条山洞的洞口。传说此洞通往后山，出口在虎的臀部，有人比喻此洞是老虎的内腹。山洞虽然有出口，可没人能走出去，那是因为虎腹内有一个湖隔断了去路。传说湖中央有棵蟠桃树，桃子个大鲜美，是专给天宫王母娘娘做寿用的。如果凡人能得到这鲜桃，吃了便可长生不老。

虎山上的寺庙规模宏伟，美中不足的是没有一口像模像样的寺钟。寺院的老和尚决心要为寺院铸一口大钟，便亲自下山四处化缘。人们自然有钱的出钱，有粮的交粮。老和尚来到一家门前，家里的主人是一位年轻的妇人。老和尚讲明来意，不料那妇人勃然大怒：“今天要钱，明天要粮，我们孤儿寡母怎么活啊？什么也没有！就这么个孩子，要就领着！”

老和尚说：“阿弥陀佛，善哉，善哉！施主息怒，莫出狂言。”说完走了。

一切准备妥当，寺院举行了庄严的铸钟仪式，可是寺钟怎么也铸不成。工匠们急得团团转，个个莫名其妙，束手无策。

这时老和尚想起那天化缘的事，便派人把妇人的孩子拉来了。一个七八岁的孩子被投进铸造炉里，其状惨不忍睹，奇怪的是钟却铸成了。寺钟挂在钟楼里，好不壮观，由老和尚亲自撞响。当洪亮的钟声响彻寺院时，大家被惊呆了——老和尚每撞一下，大钟便发出“狠心娘”的哭声。凄楚的钟声让人落泪，人们的心里像被猫爪子抓了一般疼痛。从此，再没人撞响它。

寺院还是没有钟，老和尚为此闷闷不乐。一天夜里，天上响起“叮当叮当”的声音。这声音由远及近，由小渐大，好多人都被弄醒，寺院里的和尚都跑到院内，只见一口大钟从天而降。众和尚欣喜若狂，纷纷围观，原来这钟带有双翅。大家生怕钟飞走，打掉了它的双翅。从此虎山寺院有了钟，其声音十分洪亮动听。

5. 凤凰山传说

临淄城西大约二十里处，有座凤凰山。相传很久以前，山上住着兄妹俩，靠祖上留下的两间草房、一亩租田过日子。

日子过得很紧巴。这年冬天的一个晚上，外面下着鹅毛大雪，这兄妹俩把家里仅剩下的一把米熬成一碗稀粥。吃饭的时候，妹妹让给哥哥吃，哥哥让给妹妹喝，三推四让，把碗稀粥都让凉了。这时，从外面进来个老太太。老太太穿得很破很脏，进门后，冻得上牙直嗑下牙。哥哥见老太太怪可怜，就叫妹妹把那碗稀粥热了热，给老太太喝了，兄妹俩就饿肚子。晚上，哥哥把自己的铺盖让给老太太，让老太太和妹妹在一起睡，自己则和衣在灶间蹲了一宿。

第二天早晨，老太太要走。临走时，老太太从内衣里抽出三尺上面淡淡地绘着一只凤凰的白绫和几匝彩线，对妹妹说：“姑娘，你兄妹俩心眼真好，我没啥报答的，这样吧，我走后，你就用红丝线绣凤头，黑丝线绣凤眼，金丝线绣凤翼，五彩丝线绣凤尾。绣成了，就把它挂到北墙上。”说完，老太太就走了。老太太走后，妹妹就在家里开始绣凤。绣了九九八十一天，凤凰终于绣成了。兄妹俩就把那绣成的凤凰挂在了北墙上。

夜里，那绣的凤凰从白绫上飞下来了，在屋里转了一圈后，又回到白绫上。第二天早上，妹妹起来后在地上拣到一只闪闪发光的金凤凰。从此，凤凰每天夜里都从白绫上飞下来转一圈，妹妹则每天早上起来在地上拣一只金凤凰。兄妹俩把拣来的金凤凰拿去卖了，盖了宽敞的房子，置了一片地。从此，过上了好日子。可是，这事很快传到了县官的耳朵里。他立刻带着三班衙役来到这兄妹的家，愿出五百两银子买那张绣的凤凰。哥哥坚决不依，被县官抓去坐了大牢。县官临走时对他妹妹说：限期八十天，交出那只绣的凤凰，如果交不出，就把她哥哥杀了。妹妹想：我能绣出第一幅，就能绣出第二幅。于是，她买来了白绫和七彩丝线，黑天白日地绣，绣到第八十天上，只缺一只眼没绣上。

日期到了，没绣完也得去见县官呀。于是，妹妹就拿着那还缺一只眼的凤凰去见县官。见了县官，妹妹便说：“你先放了我哥哥，我就把另一只眼绣上。不然，我就不绣了。”“中。不过，我放了你哥哥，你要在我跟前绣，让你哥哥也在跟前陪着你。”县官心眼不少，他怕哥哥跑了，妹妹再不绣了，岂不什么也得不到？“行。”妹妹答应了，就开始绣另一支凤眼。

妹妹刚绣完最后一针，凤凰就从白绫上飞下来了。县官刚想伸手去抓，不料被凤凰一翅子打了个四仰八叉。凤凰鸣叫一声，驮起这兄妹俩就飞走了。从此，人们就称这兄妹俩住过的山叫“凤凰山”。

（二）人物传说

淄博地区民间人物传说主要涉及两类，一类是民间人物，如延女、颜文姜、孔子、孟子、蒲松龄等；一类是神仙人物的传说，如刘国老、碧霞元君、王母娘娘等。

1. 延女传奇

早前，卫固村延家出了两个举人，哥哥中了文举，弟弟中了武举。延武举有个女儿，美艳如画中人。延武举拿着当宝贝，一心想给她找个门当户对的人家。卫固周围一时没有相应的人家，所以女儿到了出嫁年龄，还没有寻到合适的主户。

延武举家有个小觅汉，整年里里外外地干活，与小姐经常见面。小觅汉生得聪明伶俐，很讨人喜欢。久而久之，小姐对他产生了爱慕之情。一天晚上，小姐邀小觅汉到绣楼上相会，不幸被她嫂子看见，告诉了延武举。延武举一听，拿起钢刀就要上楼杀了他俩。急得老夫人拉住不放，叫人请了文举人来说情。那文举人心肠更狠，为了保住举人家的名声，想出了火烧绣楼的毒计。假装不小心家中失了火，点着绣楼，熊熊大火吞没了绣楼，眼看楼毁人亡。延小姐用丝带把小觅汉从后窗吊下来，自己烧死在楼上。第二天，丫鬟上楼寻尸，在灰烬中找到一个皮球。不知里面有什么东西，拿回屋里放在盆中洗。那皮球见了清水，张开了嘴，长出一朵牡丹花，花中站着一个三寸高的人，一看正是延小姐。这丫鬟也不声张，连夜逃出延府。

那小觅汉得了性命，改名换姓，远走他乡，心里却始终挂念着延小姐。有一天他在街上看见一女子卖艺，围了很多人，他也挤进去，一看是延府的丫鬟。只见她把皮球放入水中，皮球里长出一朵牡丹花，花中站着一个小人，那小人见了小觅汉，就一下动起来了，又慢慢跳到地下，眨眼长得和真人一样。小觅汉一看是延小姐，延小姐也认出了小觅汉，两人悲痛难忍，相抱大哭。众人无不惊奇。周围看热闹的人正要问清楚是怎么回事，他们二人却像一阵青烟散去了。那卖艺的女子讲述了这件事的起因，一时传为奇谈。

2. 刘国老传说

古时，在太和庄上住着一个叫刘国老的人，原是天上的一条神龙，因犯戒律，被贬下界，已有三百余年。

一天，玉皇大帝正在宫中闲坐饮酒，忽然记起这位刘国老来，心想：他被罚落凡间已三百余年，可能已悔过自新，不妨给他一个立功赎罪的机会，于是便唤来太上老君商量。太上老君眯起眼睛，掐了一会儿仙指，说：“有了，这几天长山县有个财主不敬我君，就让这厮去那里发场大水，给他们一点教训。”玉帝点头称是，旋即写下一道水淹长山县的圣旨，命天将暗宣给刘国老。

刘国老接圣旨后，心中暗自不满：玉帝你也太没道理了，财主一人不敬你，惩罚他一人便可，为何要水淹全县、累及乡里！况且，我在这长山县太和庄三百余年，上上下下不乏邻里照应，正待有朝一日设法报答，却怎好恩将仇报，淹了乡亲们！

发水的时辰即将到了，刘国老急得团团转。嘴里不停地念着“长山县”忽然，他眼睛里闪耀出惊喜的亮光，使劲一拍脑门：“嗨嗨有了！长山、黄县，音差不多，我去把黄县淹了，回首时，就谎称我耳聋眼花，听错了，想必玉帝不会多怪。对！就这么样办！”果然，长山县人丝毫无损，而整个黄县却被洪水淹了个不亦乐乎。玉帝得到回旨后，天威震怒，命天将挖掉刘国老的一只眼睛，并化成一条小蛇，重贬凡界，永不得上天庭。

刘国老被贬回以后，虽然化成蛇身，又瞎了一只眼，却仍不忘报答乡邻之恩。每逢有人遇上疑难，便备一红漆传盘，内铺净沙，再覆上几张黄表纸，把刘国老请回家中，求问凶吉。刘国老便暗暗教他：用一面罗圈，系一支筷子，在盛有小米的传盘上来回晃动。遗落的字迹便是所求的答案。一时间，长山县太和庄的百姓都争相供奉刘国老，一来答谢救命之恩，二来求卜疑难。刘国老的供桌前一直香火不断。

3. 孟姜女传说

孟姜女的传说在春秋战国时期即初见端倪，《春秋左氏传》《礼记·檀弓》《孟子》以及《说苑》《列女传》等都有记载。孟姜女的原型是春秋时齐国将领杞梁之妻。据《左传》记载，杞梁死于攻莒之战，齐人抬着杞梁尸首回齐都临淄。杞梁妻子在郊外哭迎丈夫灵柩，齐庄公派人吊唁。杞梁妻子认为自己的丈夫有功于国，齐庄公派人在郊外吊唁，既缺乏诚意，又仓促草率，便回绝了齐庄公的郊外吊唁。后齐庄公亲自到杞梁家中吊唁，并把杞梁安葬在齐都郊外。

曾子在《礼记·檀弓》中增加了杞梁妻“哭夫”的情节，汉代派生出“崩城”“赴淄水而死”的情节。唐代，杞梁妻子的故事已完全摆脱原型，时间地点被改为秦代长城内外，开始向“孟姜女哭长城”的故事靠近。到了明代，明政府为了防止瓦剌入侵，大修长城，招致民怨沸腾。老百姓把当时现实与秦代筑长城的苦役联系起来，使传说逐渐变为反筑城徭役主题的新形态。明中叶以后，随着孟姜女庙、孟姜女坟等的修建，该传说被大量记载在地方志书与碑刻中，成为各地戏剧、唱本等俗文学中的常见题材，并以故事、歌谣、诗文、戏曲等多种形式在全国广为流传。最常见版本的基本情节是：孟姜女是孟姜两家瓜（葫芦）生的女孩，长大成人后嫁给范喜良（或万喜良），范在修长城时累死，尸首被埋进长城。孟姜女寻夫到长城，哭得长城倒塌，找到丈夫尸骨后，投海而死。劳动人民借这个传说，控诉封建社会徭役繁重、摧残家庭幸福的暴政，歌颂坚贞不渝、感天动地的爱情。

4. 牛郎织女传说

牛郎织女故事的雏形最早见于《诗经》，后经历代流传加工完善，最终形成妇孺皆知的动人故事。大意：牛郎父母早逝，常受兄嫂虐待。兄嫂不愿与牛郎一起生活，于是和他分家，分家时只分给他一头老牛。牛郎与老牛相依为命，耕田种地。织女是天宫玉帝的七女儿，她和姐妹们有时会到人间的河中洗澡。老牛牵线，牛郎织女得成姻缘。天神玉帝得知织女下凡后，命人抓回织女。牛郎上天追赶，被王母娘娘划出一道天河与织女隔开。喜鹊搭起鹊桥，让牛郎织女过河相会。后来天帝只允许他们七夕相会。沂源县大贤山织女洞为宋金时期遗迹，所存碑文证明牛郎织女传说起源于此，山下沂河畔仍存牛郎官庄村及众多碑碣，牛郎织女传说亦在当地流传。

（三）风俗传说

淄博风俗传说中既有岁时节日传说，如年的传说，元宵节挂花灯放焰火的传说，寒食、清明介子推的传说，端午节包粽子、赛龙舟以及屈原的传说，中秋节嫦娥奔月传说，腊八节腊八粥的传说，辞灶日灶君传说等；也有人生礼仪典故的缘起传说，如丧葬礼仪中报庙、泼汤、指路、送盘缠等的传说。其中有一些和神话有交集，但主要功能还是阐释风俗缘起。

在桓台马踏湖鱼龙湾附近流传着一个传说：

马踏湖中鱼龙湾，据说原来水面有数百亩之阔，水位深不可测。附近渔民约定不准下湾捕鱼，只准向湾内放生。每年清明节前后，总有无数善男信女特意从外地买来活鱼放生。久而久之，湾中鱼多且大。湖区人们称这些大鱼为"鱼仙""鱼龙"。

一年七月十五，一乡民撑舟晚归，途中忽然寒风骤起，顷刻间，纷纷扬扬竟下起了大雪。冰封湖面，舟行被阻，乡民只得夜宿船舱。在饥寒困迫之际，朦胧中见一老者须发苍白，由水上缓缓而来。乡民正值愕然，老者却含笑说："后生勿惊，吾乃龙窟主人，特邀你去吾处安身，以防冻馁。"说罢，用手一招，乡民便飘然跟随而行。他们左拐右拐，不多时，眼前豁然开朗，只见街道纵横，霞光冉冉。前面现出一座漆黑大门，上写"鱼龙洞庭"四个金光大字。老者进门即呼童唤仆，设美酒佳肴，款待乡民，并说："此亦是家，只管放心。"乡民想问什么，老者说："不必多问，日后便知。"乡民在酒足饭饱之后，遵老者所嘱，昏然睡去。第二天醒来，却依然身在船上，安然无恙。天明日出，冰雪消尽，湖上仍是一片初秋景象。回到村中，备言其事，大家都认为这是鱼仙显圣。于是，众乡民纷纷置酒菜在湾边祭奉那怜贫济苦的鱼仙。此后，每年三月十五在湾边放生，七月十五放河灯、扎花船祭奉鱼仙，成为这一带居民的习俗。

（四）史事传说

1. 二桃杀三士的故事

春秋时期，齐景公手下有三位勇士，分别是公孙接、田开疆、古冶子三人，他们三人都能赤手空拳和老虎搏斗，因而以勇力闻名天下。有一天，相国晏子从他们身旁经过，谦逊地小步快走，而这三个人却不站起身来，非常失礼。

晏子入朝拜见景公，说道："我听说圣明的君王蓄养勇猛之士，对上要有君臣大义，对下要有长幼伦常，对内可以禁止暴乱，对外可以威慑敌军；国家因为他们的功劳而获利，臣民因为他们的勇气而钦服，所以国家提高他们的地位，增加他们的俸禄。而现在君王蓄养的勇士，对上没有君臣大义，对下不讲长幼伦常，对内不能禁止暴乱，对外不能威慑敌军。这不过是祸国殃民之人罢了，不如赶快除掉他们。"

景公答道："这三个人极富勇力，硬拼恐怕不能成功，暗杀恐怕也刺不中。"晏子说道："他们虽然都是勇猛善战、不惧强敌的勇士，但却不讲长幼之间的礼节。"

晏子于是请景公派人赏赐他们两个桃子，说："你们三个人为何不按照功劳大小来吃这两个桃子呢？"

公孙接仰天长叹道："晏子果真是位足智多谋之人。这是他让景公考核我们的功劳啊，若不接受桃子，就表示自己不够勇敢，然而我们共有三个人，却只有两个桃子，人多桃少，这样一来，就只有按照功劳大小来吃桃子了。我公孙接曾经打败了野猪，又曾经打败了正在哺乳的母虎。像我公孙接这样的功劳，可以单独吃上一个桃子，而不用和别人分享。"公孙接说完就拿起了一个桃子站起身来。

田开疆接着说道："我手拿兵器，接连两次击退敌军。像我田开疆这样的功劳，也可以单独吃上一个桃子，而不用和别人分享。"说完也拿起一个桃子站起身来。

古冶子说道："我曾跟随国君横渡黄河，大鳖咬住国君车驾左边的马，拖到河流中间，我不能在水面游，只有潜到水里，顶住逆流，潜行百步，又顺着水流，潜行了九里，最后找到那只大鳖，将它杀死。我左手握着马的尾巴，右手提着大鳖的头，像仙鹤那样跃出水面。渡口上的人看到这一幕，都极为惊讶地说：'河神出来了。'仔细一看，才知道是鳖的头。像我古冶子这样的功劳，也可以单独吃上一个桃子，而不用和别人分享！你们两人为何不把桃子交还给我！"古冶子说完就抽出宝剑，站起身来。

公孙接、田开疆见状说道："我们的勇敢比不上您，功劳也及不上您，却在您之前拿起桃子而毫不谦让，这就是贪婪。既然如此贪婪，依然恬不知耻地活着，还有什么勇敢可言？"于是他们两人都交出了桃子，接着刎颈自杀。

古冶子看到这种情形，说道："他们两个都死了，唯独我古冶子独自活着，这就是不仁；用话语去羞辱别人，吹捧自己，这就是不义；悔恨自己的言行，却又不敢去死，这就是无勇。话虽如此，他们两人若是同吃一个桃子，是恰当的。而我独自吃上一个桃子，也是应该的。"他感到很羞惭，于是也放下桃子，刎颈自杀。

使者回复景公："他们三个人都死了。"景公派人给他们穿好衣服，放进棺材，按照勇士的葬礼埋葬了他们。

2. 围魏救赵的故事

公元前 354 年，魏惠王欲释失中山的旧恨，便派大将庞涓前去攻打中山。中山原本是东周时期魏国北邻的小国，被魏国收服，后来赵国乘魏国国丧伺机将中山强占了，魏将庞涓认为中山不过弹丸之地，距离赵国又很近，不若直打赵国都城邯郸，既解旧恨又一举两得。魏王从之，拨五百战车以庞涓为将，直奔赵国围了赵国都城邯郸。赵王急难中只好求救于齐国，并许诺解围后以中山相赠。齐威王应允，令田忌为将，并启用从魏国救得的孙膑为军师领兵出发。孙膑曾与庞涓是同学，对用兵之法谙熟精通。魏王用重金将他聘得，当时庞涓也正事奉魏国。庞涓自觉能力不及孙膑，恐其贤于已，遂以毒刑将孙膑致残，断孙膑两足并在他脸上刺字，企图使孙膑不能行走，又羞于见人。后来孙膑装疯，幸得齐使者救助，逃到齐国。这是一段关于庞涓与孙膑的旧事。

且说田忌与孙膑率兵进入魏赵交界之地时，田忌想直逼赵国邯郸，孙膑制止说：“解乱丝结绳，不可以握拳去打，排解争斗，不能参与搏击，平息纠纷要抓住要害，乘虚取势，双方因受到制约才能自然分开。现在魏国精兵倾国而出，若我直攻魏国，那庞涓必回师解救，这样一来邯郸之围定会自解。我们再于中途伏击庞涓归路，其军必败。”田忌依计而行。果然，魏军离开邯郸，归路中又陷伏击与齐战于桂陵，魏部卒长途疲惫，溃不成军，庞涓勉强收拾残部，退回大梁，齐军大胜，赵国之围遂解。这便是历史上有名的“围魏救赵”的故事。又十三年后，齐魏之军再度相交于战场，庞涓复陷于孙膑的伏击，自知智穷兵败遂自刎。孙膑以此名显天下，世传其兵法。

三、笑话

（一）傻女婿的眼力

从前，有个傻小子找了个媳妇，又聪明又伶俐。结婚后，头一年初二要去走丈人家。媳妇想：“头一年上门，让亲戚友人知道俺丈夫傻，多丢人呀。”于是，临走之前就对丈夫说：“你看你这个傻样，上俺娘家去可得学得乖巧点，要不让人家笑话。”傻丈夫说：“那咋着就能乖巧呀？”媳妇说：“俺娘家门前有一棵槐树，已经找木匠看过，说能出十二个小车盘子，二十四个好锨头，上有一个参大木子（啄木鸟）窝，能少出两个锨头。你去的时候，可把这些话说给别人听，人们就认为你有眼力，不会说你傻了。”

傻小子听了妻子的话，第二天上午来到岳父家。酒席间，大家出来散步，去至大门外，来到槐树下，傻小子想起了妻子的话，用眼打量了一下槐树说：“这棵树不错呀，能出十二个小车盘子，二十四个好锨头。”又转了半圈，发现参大木子窝，又说：“这个参大木子窝能少出两个好锨头。”人们听了，竖起大拇指说；“真是好眼力。”岳父一听，也觉得女婿眼力不低。傻女婿有眼力很快传遍了全村。

正好赶上村里有一家死了一头驴，人们围着七嘴八舌，有的说能出八十斤肉，有的说能出一百斤肉，议论纷纷。这时，有人提议说：“听说东头王老汉的女婿眼力不低，不如请他来估摸估摸。”人们一致赞同，很快就把这位出了名的“高眼力”请来了。人们竖起耳朵，听他咋估摸。傻小子倒背着手围着驴子转了一圈说：“这个驴能出十二个小车盘子，二十四个好锨头。”人们不禁一阵哄笑。傻小子不慌不忙又转了半圈，一揪驴的尾巴，看见驴腚眼，忙说：“这个参大木子窝能少出两个好锨头。”这一说不要紧，人们你看我我看你，笑得前仰后合，直不起腰来。

（二）秀才相亲

早前是没有相亲的，男女授受不亲，双方结婚前是不能见面的。直到结婚，入了洞房，揭了蒙头红，才能看到媳妇的真面目，否则就被看成是伤风败俗。

店子村有个于秀才，名“异人”，长得一表人才，又是富家子弟，一心要找个如花似玉的俊媳妇，可媒婆跑了不知多少趟，提了多少家闺女，都不中秀才的意。一天，媒婆“一溜风”跑来给秀才提亲。这次说的是张家庄老张家的侄女，说这闺女长得貌似天仙，陪送又多，如果不信可先到张家花园外偷偷相看相看，相中算事，相不中拉倒。于秀才听了便动了心，跟着“一溜风”到了张家庄。

来到张家庄，二人躲在张家花园墙外，偷偷往里看。只见有两个大闺女在园内干活，都穿得干净利落，长得很俊。黑一点的在推水磨，磨糊子。另一个在摊煎饼，不看则已，一看，简直勾去了秀才的魂。只见那女子长得雪白粉嫩，红嘴唇，一头青丝又黑又亮，摊煎饼的那个麻利劲就甭提了。于秀才看迷了，要不是“一溜风”叫他，简直就忘了是在人家的后墙外。“一溜风”问：“于秀才，哪个好？是推的好，还是摊的好？”于秀才连声说：“摊的好，摊的好！”于秀才相了亲，媒婆又牵线，很快定了亲。

到了娶亲那天，新媳妇被人抬着下了轿，要拜天地了，可新媳妇却站不起来，原来是个瘫巴。于异人急了眼，去找媒人“一溜风”，“一溜风”说：“秀才老爷呀，想当初相亲，你不就相中了这瘫的吗？”于秀才分辩说：“我相中的摊的不错，可这是个瘫巴呀！”“一溜风”转向众人说：“大家听听，评评理！于秀才相亲，相中的是瘫的，娶来的是瘫的。他们两相情愿，这事怎么能怪我呢？”生米做成了熟饭，于秀才有口难辩。

（三）第三个笨蛋

从前，有个县官，是个大笨蛋。你说，大笨蛋怎么能当县官？他姐夫在朝里呗。

这天早上，县官升完堂，没事听了，就往地上摔签，吩咐三班衙役，限期三天，抓回三个笨蛋来；抓不回来，每人打四十大板。三班衙役就出去找了。这儿找，那儿找，找了一天，没找着。

第二天又都出去找，天摸黑了，还是没找着，就往回走。走着走着，碰上个骑马的，身上背着个铺盖卷。他们就拦住了，问他为啥不把铺盖卷放到马背上。骑马的就说：“我骑着，已经够马受的了，再把铺盖放它背上，还不把它压坏了？这样，它也不太累，我也受得住。”衙役一听，嗯，这是个笨蛋，就把他抓去了。

第三天，又都出去了，找了一天，也没找到第二个笨蛋。看来，这四十大板是挨定了。管它怎么着，该回去交差还得交差。走到城门口，碰上一个扛竹竿的，他横扛着进不去，竖起来立着还是进不去，急得在那儿哭。嗯，第二个笨蛋有了。

第四天，一升堂，三班衙役就把两个笨蛋带上大堂。县官问完第一个，说：“嗯，是个笨蛋。”接着又问第二个，问完了，一拍惊堂木：“你这个笨蛋，哭什么？你就不会把竹竿从城门顶上摔过去吗？”才说完，就有个衙役站出来：“回禀大老爷，第三个笨蛋有了。”“在哪儿？”“就是大老爷你呀！”

（四）拍马屁

从前，有个小人听别人说，给当官的拍马屁大有好处，他就记在心里了。从此，他就天天跑到皇宫大门外等，想拍拍皇帝的马屁股。

这天，皇帝骑马要去狩猎，刚出城门，那小人急忙跑到马后面拍了马屁股一下，这一拍不要紧，马飞起一蹄子把小人踢出老远，跟着“哒哒哒”蹿开了，直把个皇帝吓白了脸。好在皇帝的护卫多，左拦右截，总算把御马给拽住了。待皇帝醒过神后，马上下令把那小人处了绞刑。

（五）仨女婿祝寿

有个老汉，仨闺女，招了三个女婿。大女婿和二女婿能说会道，三女婿的嘴可就笨得了不得。三闺女知道她女婿的嘴笨，去给他爷祝寿的时候，叫他别说话。他就真个不吱声。大女婿和二女婿认为他傻，就捉弄他。

这年，老汉又快过生日了，闺女和女婿还得去祝寿呀。三闺女就说他女婿："我给你几串钱，你背点干粮，出去跟人家学几句话吧。"三女婿就去了。

走着，看见一个耕地的，地当央一堆粪，耕地的就赶着牲口从外向里围着耕。他问人家在做啥，耕地的说："围粪而转耕。"他就记下了。

又走，看见一些人从楼里往外搬东西，他又问人家在做啥，人家说："高楼待拆。"他又记下了。

又走，看见一个挑粪的正指着趴在桶沿嗡嗡叫的苍蝇说："守着美味你不吃，瞎嗡嗡。"他又记下了。

干粮吃完了，钱也花完了，学了三句话。

老头过生日那天，仨女婿都去了。大女婿又和往年一样，问三女婿："三妹夫，你学得哪一经？""围粪而转耕。"大女婿和二女婿都愣了，你看我，我看你，他们只学过四书五经，"围粪而转耕"的名字还没听说过呢。二女婿又问了："三妹夫，你学的哪一册？""高楼待拆。"大女婿和二女婿又是一愣。愣啥？他们没学呗。也就不敢再问了。

过了一霎，酒菜端上来了。老汉出去有点事没回来，大女婿和二女婿就凑在一起胡嘀咕。三女婿又说啦："守着美味你不吃，瞎嗡嗡！"把两个姐夫给骂了，他们还不敢吱声。三女婿说完，又吃又喝，吃喝完了，腚一拍就走，也不搭理俩姐夫。

从此，大女婿和二女婿再也不敢捉弄三女婿了。

四、谜语

谜语最初起源于民间口头文学，是人们在长期生产劳动和生活实践中创造出的，由民间集体创作，口传心授，后经文人加工创新有了文义谜，并在上层社会和文人中流传。一般称民间谜为"谜语"，文义谜为"灯谜"，二者统称为"谜语"。猜谜（俗称"打灯谜"）有广泛的群众基础，不分男女老幼、贫富贵贱，都有大量的猜谜爱好者。民间谜语大都采用诗歌形式，启人心智，饶有情趣，深受人民群众喜爱。

淄博民间谜语，大多以生活中常见的动物、植物、生产工具、生活用品以及生产活动为谜底设计。很多谜语也以歌谣的形式出现，并且相对固定，在民间广泛流传。例如：

> 小白鸡儿靠墙根儿，来了客，尿泡尿。（谜底：卤壶子）
>
> 远看一只鞋，近看无鞋带，轻易不进去，进去出不来。（谜底：棺材）

五洲四海一美人，十四五上正青春，二十四五得了病，正三十上归了阴。（谜底：月亮）

远看一捧僧，近看是些琉璃灯，打开琉璃看，里头是冻冻。（谜底：葡萄）

打哪里来了个小光棍儿，头上顶着个秫秫粒儿。（谜底：火柴）

丈夫出门带佳人，闪下小奴看家门，君子看见扬长去，小人看见坏奴身。（谜底：锁）

墙里开花墙外红，园里无粪长大葱，墨松林里不下雨，手撮着孩子打能能。（谜底：探花、状元、翰林、举人）

一枝红花点二三，斗谷出来九升尖，蒸熟的馍馍又上装（笼屉），一棵芝麻打十千。（谜底：朱洪武、康熙、崇祯、万历四个皇帝）

第二节　民间歌谣

民间歌谣是一种短小精悍、合辙押韵、贴近生活、通俗易懂、便于歌唱或吟诵的口头流传文学。淄博民间歌谣极其丰富多彩，包含劳动歌、仪式歌、时政歌、各种生活歌（含情歌、儿歌、谜歌）等，内容多样。[1]

一、劳动歌谣

劳动歌谣是人们在劳动的时候按照一定节奏唱的歌，歌唱与劳动的动作相结合，具有协调动作、指挥劳动、鼓舞情绪等特殊功能。淄博劳动歌谣的内容涉及打夯、牧羊、植树、纺线等。

（一）打夯歌

伙计们呀，来哟，嘿哟！咱们来打夯！

一夯不成对哎，两夯成了双。三夯荞麦穗，四夯四角方。

咱们打到头，再来个回马枪。一夯挨一夯，打它个光又光。

修好了大水库，浇地变米粮。白天黑夜忙，白天赶太阳，

夜里赶月亮，喜收丰产粮。农业“大跃进”，处处谷满仓。

（二）东南西北

上东打呀嗨上东挨呀，连环夯儿套起来哇胡嗨！嗨！嗨呀胡嗨！嗨嗨劳动花儿开呀。

上西打呀嗨上西挨呀。高高的夯儿咱抬起来哇胡嗨！嗨！嗨呀胡嗨，嗨嗨劳动花儿开呀。

上南打呀嗨上南挨呀，谁不使劲是癞呆哇胡嗨！嗨！嗨呀胡嗨，嗨嗨劳动花儿开呀。

[1] 民间歌谣参见张文主编：《淄博歌谣卷》，济南：山东文艺出版社，1995年版。讲唱人、采录人略。

上北打呀哟上北挨呀，打到北头转回来哇胡嗨！嗨！嗨呀胡嗨，嗨嗨劳动花儿开呀。

同志们呀嗨，加把劲，再打一拍就换班哇胡嗨。嗨！嗨呀胡嗨，嗨嗨劳动花儿开呀。

（三）夯歌

打一夯啊，嗨哟。又一夯啊，嗨哟。往东打呀，嗨哟。是地方呀，嗨哟。

不要慌呀，嗨哟。不要忙呀，嗨哟。慢慢来呀，嗨哟。稳当当呀，嗨哟。

头遍轻呀，嗨哟。二遍重呀，嗨哟。三遍要平呀，嗨哟。

用力拉呀，嗨哟。再往东呀，嗨哟。

（四）号子

喂咳哩哟，塌下腰哇，走齐了哟，搭肩一拉哟，心欢畅，边拉套子开了腔哟。

如今小清河大变样，河岸两边好风光哎，沟成渠呀网成行哟。

（五）夯歌

夯咪咪呀，哎哟，打起来呀，哎哟。

六个人打夯，哎哟，我来领呀，哎哟。

谁不应号，哎哟，（他）是孬种啊，哎哟。

咱这盘夯，哎哟，像盘碾呀，哎哟。

六个人打夯，哎哟，围着转哇！哎哟。

像条龙哩，哎哟，摇摇拉拉，哎哟。

往前行啊！哎哟，咱这盘夯，哎哟。

像只船哪，哎哟，借着顺风，哎哟。

猛向前哪！哎哟，看着打呀，哎哟。

看着夯呗！哎哟，割了夯，哎哟。

（可）不相当啊！哎哟，咱挨着打呀，哎哟。

咱挨着排吧！哎哟，排到那头，哎哟。

咱转回来呀！哎哟。

夯不起哇，哎哟，多加力呀，哎哟。

夯不平哩，哎哟，咱齐松绳呀，哎哟。

夯不猛啊，哎哟，（都）想吃饼啊，哎哟。

夯不快呢？哎哟，（得）多加菜呀，哎哟。

夯不走哇，哎哟，（是）待喝酒哇，哎哟。

没有肴哇，哎哟，（先）切上（盘）藕吧，哎哟。

喝得痛快，哎哟，吃得饱呀，哎哟。

这夯保险，哎哟，打得好哇，哎哟。

夯咪咪哩，哎哟，又一夯啊，哎哟。
夯夯不离，哎哟，骨顶上呀，哎哟。
骨顶上打呀，哎哟，骨顶上敲呗，哎哟。
敲得骨顶，哎哟，一样高哇，哎哟。
一样高呗，哎哟，一样平哟，哎哟。
一样光啊，哎哟，一样明，哎哟。
一样明，哎哟，
瓦匠来了，哎哟，（他）好放平呀，哎哟。
放了水平，哎哟，盖新屋哇，哎哟。
盖起屋来，哎哟，（好）娶媳妇呀！哎哟。

（六）无题夯歌

哟嚎嗨呀，嗨嗨嚎嗨呀！哟！嚎！
哟嚎嗨，哟儿哟嚎嗨呀，嗨哟儿哟嚎嗨呀！
……（轮番唱）

（七）牧羊歌

正月里来是新年，人家玩来咱不玩。提着棍子上了山，你看穷人难不难？
二月里来草放青，山羊绵羊跑得凶。一天跑了个尽够载，不到半夜害腿疼。
三月里来羊出圈，手拿锥子和麻线。唤着狗来夹着毯，一早一晚缀鞋穿。
四月里来剪羊毛，铜钱卖了十八吊。带着八吊随身花，留着十吊往家捎。
六月里来想好好，放羊受罪谁知道？早晨吃了下午饭，后晌回来安歇了。

（八）快把树来栽

九尽杨花开，春光最可爱。
拿铁锨，上山坡，快把树来栽。
深深挖开土，浅浅将根埋。
砸得要结实，埋得要轻松。
荒山要绿化，有志者事竟成。

（九）纺线

纺线车，嗡嗡响，姐姐妹妹把线纺。
一人一天纺四两，看谁纺得最漂亮。

二、时政歌谣

时政歌主要反映人们对于时政形势的基本认识和态度，表达了民众的真实感情。抗日战争和解放战争时期，为配合政治形势，八路军宣传干部和当地群众利用原来歌谣的调自编了一些新歌谣，然后教唱，以活跃情绪、开展娱乐。

（一）党的功劳大

来了共产党，人民得解放。党的功劳大，人民永不忘。

（二）瓜儿离不开秧

瓜儿离不开秧，孩儿离不开娘。万物生长靠太阳，百姓离不开共产党。

（三）俩太阳

太阳红，太阳亮，太阳光芒万万丈。
中国人民福气多，天天享受俩太阳。
一个太阳天上照，一个太阳是共产党。
天上太阳暖人身，共产党时时暖心房。

（四）翻身做主人

太阳出来红满天，共产党领导咱把身翻。
国家大事人民办，政府官员人民选。
谁进步，谁当选。勤政廉洁人民赞。

（五）八路军

八路军，真威风，鬼子见了害头痛。
往前进攻攻不动，赶快退了赚相赢。

（六）八路军千千万

八路军千千万，杀敌人攻据点。
挖公路割电线，打得鬼子汉奸难了看。

（七）八路军是自己的兵

八路军是自己的兵，谁参加来谁光荣。
骑着马，披着红，你看光荣不光荣。

（八）盼红光

刘家庄像京城，刘希田似朝廷①，
三宫六院常陪伴，一日三餐摆酒宴。
文武大臣绅士群，结党营私害穷人，
抛下家，抛下娘，到了关东一个样，天下都有吃人狼。
盼救星，盼红光，红光何时到家乡。

注：①刘希田是当时刘家庄一带的权豪霸头。

（九）鬼子心似狼

鬼子心似狼，占领我村庄。
烧杀强奸作恶多，老百姓遭了殃呀，嗬咳。

（十）抗日歌谣

家中无米，抗战到底。银钱过千，抗战不坚。银钱过万，绝不抗战。

（十一）革命到底不动摇

一呀一棵树啊，高呀么高又高，有根有杆有树梢。
我来和它比一比，刮风下雨它不动，天翻地覆它不跑。
我要学它样，革命到底不动摇。

（十二）打鬼子

你也想来俺也想，想来想去要杆枪。
跟着八路一块走，走到天边不犯愁。
哎一个哟来！哎一个哟！
脱下那粗布衣裳，换上一身黄军装。
背着刀来拿着枪，咱们一块上战场。
哎一个哟来！哎一个哟！
打倒老蒋卖国贼，捉住汉奸汪精卫。
消灭强盗小日本，打倒土豪和劣绅。
哎一个哟来！哎一个哟！

（十三）打你回东京

卢沟桥，炮一声，鬼子三路分了兵：
一路去上海，二路上临潼，
小日本你别发疯，拳头打你回东京。

（十四）打得鬼子见阎王

鬼子出了洞，到了西古城。
鬼子走了火，惊动了苇子河。
说了一声杀，机关枪响哒哒。
打得鬼子滚了堂，嘴里不住地叫亲娘。
嚰哟一声见了阎王，嚰哟一声见了阎王。

（十五）折了本

日本鬼，卖凉水，打了罐，折了本。
回你东京看孩子，别在俺这不讲理。

（十六）大家来开会

锣鼓咚咚响，秧歌扭得欢。
大家来开会，有事来商量。
商量什么事，齐心打东洋。

三、仪式歌谣

仪式歌主要是在婚嫁、丧葬、传统节日的祭拜仪式上所唱的歌。

（一）祈雨歌

关老爷聪，关老爷灵，关老爷腾腾上神篷。
众人双膝跪在地，叫声关爷你细听：
不下雨，光刮风，饿死黎民和畜生，焚香报火谁照应。
关爷一听心生气，气抖抖地上天空。见了老天双膝跪，叫声天老爷你是听：
不下雨，光刮风，饿死黎民和畜生，焚香报火谁照应。
老天一听心生气，打开门，放出龙，闪公娘娘打头阵，雷公闪将紧相应。
咔嚓一声闷雷响，瓢泼大雨往下涌，下得沟满壕也平。
五谷杂粮都种上，众人心里喜盈盈，人人都说关爷好，关爷关心老百姓，
八抬大轿搬他来，唱台大戏给他听。

（二）娶亲谣

棠李树，棠三棠，棠李树上盖瓦房。
三间瓦房没盖齐，吹手喇叭就来娶。
头里抬的花红轿，后头跟着顶子床。
十二只猪，十二只羊，十二只骆驼摆成行。
先开柜，后开箱，木底鞋，十八双。
也有单，也有棉，各色的袜子穿不完。
也有绸，也有布，有了宝宝做衣裤。

（三）铺床歌

头一把，撒里边，三个儿子俩状元；
第二把，撒外边，三个儿子俩武官；
第三把，撒当央，有了闺女做娘娘；
第四把，撒两头，一头一个花枕头。

（四）铺床

新屋子，亮堂堂，砖铺地，粉白墙。
玻璃窗户玉石梁，门帘挂在金钩上。
大棕床，真漂亮，凤凰落在梧桐上。
毛毡铺，红毯罩，一年就把小子抱。
一把栗子一把钱，大的哄着小的玩；
一把栗子一把枣，大的领着小的跑。
头一把，撒里边，生个儿子做状元；
第二把，撒外边，生个儿子做武官；

第三把，撒当央，生个闺女做娘娘；
第四把，撒的是如意吉祥；
第五把，撒的是五子登科；
第六把，撒的是鸳鸯成双；
第七把，撒的是摇钱树；
第八把，撒的是财神来；
第九把，撒的是富贵花常开；
第十把，撒的是百年偕老春长在。

（五）年五更开门

大年五更早开门，门里门外是财神。
门里处处是摇钱树，门外到处是聚宝盆。
天天拾钱天天有，一天不拾就堆满门。

（六）年五更摆供

大年五更心虔诚，梳洗完了去摆供，
大苹果，红彤彤，生鸡生鸭白生生，
摆上鲤鱼打着挺，摆上花糕热腾腾，
十样供品摆得全，陈年老酒揎满盅。
烧高香，焚锡箔。放鞭炮，燃起花，
一家人家把头磕，磕得老天笑哈哈，
一年到头保佑着。

（七）供饺子

三鲜饺子两头尖，下到锅里滚又翻。
金勺子舀，银碗端，
端到厨房里敬灶王，端到天井里敬老天。
敬得灶王上天言好，敬得老天心喜欢。
一年事事保平安。

（八）辞灶歌

早晨起来进厨房，问声灶王可安详。
保佑俺锅里有米下，保佑俺囤里有余粮。
保佑俺子女不生灾，保佑俺公婆永旺祥。
手举高香双膝跪，把灶君送到明路上。

（九）新婚装枕头

你一把，我一把，不是仨，就是俩。

左一把，右一把，也有骡子也有马。
装上栗子装上枣，也生闺女也生小，
装上火烧，把穷气吓跑了。

（十）拴娃娃

爹十七，娘十八，命里无儿拴娃娃，
随身带上纸和香，顺手捎着红网纲，
快快走，急忙忙，赶紧去烧头盘香。
神盒放到供桌上，焚上纸，烧上香，
膝跪到地当央，送子娘娘听端详：
你与我送上一贵子，我一年四季来烧香。
红网纲，拿在手，与我儿搭在脖梗上。
为娘前头走，叫声我儿你跟上，
跟着为娘到家乡，你爹爹姓张娘姓王，咱的庄名李家庄。
咱家住在庄东头，大街路北第二巷，
为娘住在小北屋，那里就是娘的卧房。
要是我儿到家去，仔细听我说端详：
你大舅开银房，你二舅开铜房，
给你打上金锁铜铃铛，手镯戴在胳膊腕上。
等着我儿降生后，给你做上好衣裳，
等着我儿会跑了，说什么也忘不了送神娘。

（十一）拴娃娃

爹十七，娘十八，抱着孩子拴娃娃，娃娃娃娃你跟我吧！
你大舅当货郎，给你扯身花衣裳；
你二舅当银匠，给你打个银铃铛；
你小舅当铜匠，给你打个铜吭吭。

（十二）烧香

接生的奶奶去烧香，菩萨别嫌我的血手脏。
清水洗了两三遍，银白的手巾擦得光。
也接官，也接民，也接秀才和举人，接了无数小平民。

（十三）发丧

远看灵棚赛金山，近看灵棚白布漫。哈巴狗子张口叫，一对狮子列两边。
正大庭，抬头观，四大相爷列两边。手撮千张纸，迈步到灵前。
灵前一桌柜，吃一拿二眼观三。上边一把红罗伞，下边一口紫金冠。

紫金冠，紫金冠，仙人抬轿在里面。白龙马白龙鞍，一对童子列两边。

一对童子送到江岸上，王母娘娘涮彩船。船板船舱沉香木，珍珠玛瑙玉栏杆。

观音老母前有棵娑罗子树，拾掇拾掇做桅杆。大的就把桅杆做，小的正好做舢板。

九天仙女来拉船，修得善人到西天。西天倒有两座桥，金桥更比银桥高。

等着善人走一遭，善人去做那万万年的神仙。

四、情歌歌谣

淄博情歌，内容丰富，既有大胆泼辣的告白，也有细腻入微的心理描写，有送别情郎的依依不舍，有对亡妻（亡夫）的无限思念，有的描写相互爱慕的青年男女的日常生活。

（一）送情郎

一不要你愁来二不要你忧，三不要你戴错了奴的兜兜，
奴的兜兜一根银销索，哥哥的兜兜本是串九州。
一不要你慌来二不要你忙，三不要你穿错了奴的衣裳，
奴的衣裳一身红似火，哥哥的衣裳本是黄军装。
送情郎送到炉子台，提溜着裤来趿拉着鞋，
伸手开开门两扇，齐齐伴伴地走出来。
送情郎送到当天井，抬头看见了满天星，
早知道天还这样早，再留下哥哥待几点钟。
送情郎送到影壁墙，抬头看见了二大娘，
叫声情郎别害吓，二大娘年小时也是送情郎。
送情郎送到大门外，一伸手拉住了哥哥的武装带，
叫一声哥哥多咱回来？明天不来后天来！
送情郎送到大门东，祷告声老天爷刮阵大风，
刮风不如下雨好，留下哥哥多待几分钟。
送情郎送到大门西，抬头看见个卖梨的。
有心买个给哥哥吃，怕的是清晨吃不得凉东西。
送情郎送到大门北，抬头看见了二大伯。
素白的小扇遮粉面，管他大伯不大伯。
送情郎送到大门南，一伸手掏出了一些钱。
给你这十块打火车票，再给你十块做盘缠。
看了看西北上阴合了天，再给你十块买把伞，
再给你十块买鞋穿，再给你十块买香烟。

送情郎送到十字街，从腰里拿出只红绣鞋，
给你这只做标志，我留下那一只盼你来。
送情郎送到五家坡，叫一声哥哥你听着，
人家问咱是干啥的，你就说表妹妹送她表哥哥。
送情郎送到一座庙，俺二人跪下齐祷告。
祷告天来祷告地，埋怨咱自己命不济！
送情郎送到柳树行，咱二人坐下再诉衷肠，
奴家坐在溜平地，情郎坐到俺大腿上。
送情郎送到黄瓜园，二人坐下再玩玩，
黄瓜虽嫩老得快，莫把那少年光景耽。
送情郎送到石桥头，手扶着桥栏杆望水流，
河水有时也会断，咱恩爱夫妻到白头！
手扶着桥栏杆望水流，河水有时也会断，
咱恩爱夫妻到白头！

（二）四季歌

春季到来暖洋洋，姑娘房中绣花忙。
绣一朵红花绿叶配，一对蜜蜂飞进房。
夏季到来柳丝长，姑娘上河洗衣裳。
清清的河水哗哗地流，游水的鱼儿对成双。
秋季到来谷上场，姑娘场上簸谷糠。
谷糠谷米难分离，宁愿嫁个知心郎。
冬季到来雪茫茫，做好寒衣送情郎。
不量身做衣难可体，未见情郎泪汪汪。

（三）盼丈夫

正月里想来二月里盼，三月里凄凉四月里闲。
五月里抽帖算了一卦，算着我丈夫六月里还。
七月里盼到七月七，八月里盼到月明圆。
九月里盼到九月九，十月里盼到百草干。
十一月里常夜想，腊月里不来盼二年。
小奴家这才是想迷了，没看见丈夫在哪边。

（四）夜里梦见哥哥来

小公鸡，上磨台，夜里梦见哥哥来。
哥哥要吃龙凤面，拉过骡子磨三遍。
粗箩过，细箩揲，摔到盆里一块面，

拿过擀杖仔细擀，一擀擀了一大片，
拿起刀，一条线，下到锅里团团转。
金勺舀，银碗端，拌上香油和大蒜，
哥哥快来吃，妹妹做的龙凤面。

（五）看情郎

姐儿生来才十八，趁着爹娘不在家，洗洗脸把粉搽。
头上戴上满头艾，身上穿上绫罗纱，去看情郎他。
称上螃蟹买上虾，摘上南园大西瓜，提溜着下东洼。
天上下雨地下滑，哧溜溜了个仰嘎牙，两只手一挓挲。
跑了螃蟹蹦了虾，摔了南园大西瓜，滚了一身泥巴巴。
起来赶快往前走，顾不得道上人笑话，急急忙忙去看他。

（六）织绫罗

姐儿生来织绫罗，乌黑的头发没大一点脚，俊俏得没法说。
自从十七出了阁，摊了个丈夫不上学，白黑地守着我。
公公就说是欠管教，婆母娘就说是奴家挑唆，奴家听着不受和。
上床抻下红绫子被，坐着不把绣鞋脱，叫声冤家你听着，
要想成才把书念，天天按时去上学，别在家里恋老婆。
早晨吃饭擀油饼，晌午鸡蛋就馍馍，一切奴家全管着。
到夜晚烫上三盅酒，喝了好钻热被窝，你待咋着就咋着。

（七）绣银花

闲来无事绣银花，情郎哥哥来笑哈哈，小桂花快快端茶。
他是奴的表兄弟，前来看看爹和妈，捎带着看奴家。
他有一把风流垂金扇，小奴家有一枝海棠花，合起来凑一搭。
俺爹娘知道了不害怕，轻者是骂来重者是打，他可不能活砸煞。
俺哥嫂知道了不害怕，哥哥不在家，嫂嫂走娘家，她管不着我，我也不管她。

（八）天上的星

天上的星，稀不楞登，地上的酒壶配酒盅，十八的大姐配学生。
多咱娶，四月八，丹青裙子腰一掐，红缎子花鞋脚半拃。
娶来一枝花，不让伸手抓，等着进学中举会了试，陪着你尽情地耍。

（九）摘豆角

小奴二八年已过，手提竹篮摘豆角，去爬南山坡。
金莲裹得三寸长，蹲腚的辫子大半拖，走路步难挪。
扭扭捏捏到山坡，热辣辣的太阳像团火，小奴摘豆角。

一沟豆角没摘完，汗水湿衣嘴里干渴，凉水没带着。
低下头来望山坡，柳树底下情郎哥哥，水壶他捎着。
走向前去叫哥哥，俺试着天热有点渴，凉水给口喝。
哥哥一听心里乐，只要你陪俺来坐坐，凉水济着你喝。
小奴闻声脸冒火，男女有别古训说，只怪俺害干渴。
抬起头来四下里望，四周无人就是俺两个，坐坐咱就坐坐。
奴家接水背身坐，咕咚咕咚地把水喝。试着身后一哆嗦，
小奴含笑骂哥哥，谁叫你拽俺那衣裳角，偷把俺辫儿摸。
哥哥听罢笑哈哈，都怪你朝俺背身坐，辫儿凑近我。
二人斗嘴暗中乐，盘根问底扯丝罗，心中燃情火。
哥哥直言把话说，看你长得人不错，想快娶你做老婆，
小奴甩辫话没说，一把拉起情郎哥哥，快陪俺摘豆角。

（十）就是蜂蜜也不甜

脚上穿的蓝布鞋，妹妹跟着脚印来，脚印在时哥哥在，脚印不在妹别来。
哥哥见妹你就见，不要一天推一天，今天推到腊月三，就是蜂蜜也不甜。

（十一）五更情歌

一更里来月儿初上，情郎哥跳粉墙。娘问孩儿什么楞登响？邻家的猫儿上了房。

二更里来月儿照墙，情郎哥哥进绣房。娘问孩儿什么楞登响？风吹竹帘响叮当。

三更里来月儿上纱窗，情郎与奴解衣裳。娘问孩儿什么楞登响？奴家的绣鞋放在象牙床。

四更里来月儿进蚊帐，金莲搭在郎的肩膀。娘问孩儿什么楞登响？老鼠出来啃干粮。

五更里来天还没亮，送情郎送到大门上。娘问孩儿什么楞登响？为打老鼠早下床。

五、生活歌谣

生活歌谣是民间歌谣的主体，日常生活中有关家庭、社会、风俗、思想的方方面面，都通过民间歌谣反映出来。

（一）十二月忙

正月里姑娘要陪送，欠情来到上房中，
见了爹娘忙开口：尊声爹娘你细听，
为侬要陪送。俺要多少二位老人不要心疼。
俺狐狸皮大袄要重的，纺织的面子要红青，

单夹的棉袄一起要，双褂袖，杂字红，
翠带子，红头绳，要个马褂侬要染青。
二月里姑娘要三环，父母在上听侬言：
金花银花要四对，金顶子、银别簪，
一丈青火连簪，玛瑙坠子到周全，
要一盘镀金里系珍珠穗，迎面银花往上翻，
银戒指，金镶边，金镯、银镯侬要周全。
三月里姑娘要嫁妆，三条立柜四顶箱，
条案桌子要几件，条山机、顶子床，
梳头匣子放月亮，杌子板凳配成双，
圈椅靠椅两油光，灯架衣架是檀香，
盆架脚凳小橱柜，火盆架、象牙床，
小寝桌放炕上，两人对面好饮酒浆。
四月里姑娘要得精，父母在上仔细听，
贡缎褥子、红绫被，光要双，不要零，
罗蚊帐、石榴红，炕围子要黄绫，
单裤褂子一百有零。
五月里姑娘要得多，父母在上听侬说，
杂字荷包、银烟袋、玉石嘴，上边按银牌子，
挂火镰，乌木杆子一尺三，
上头绣上吕布戏貂蝉，凤两头系鸡冠，
下头还有那三阳配，钉子烟，打到干，
丝丝瓤瓤兰花烟。
六月里姑娘要得全，父母在上多盘算，
俺八印铁锅要两口，炒菜的小锅要四沿，
小壶两把要钢董，茶壶茶碗两套全，
要瓷要选景德镇，上边要那镶有凤凰戏牡丹。
七月里姑娘要得佳，春夏秋冬四季花，
各样的花样侬都要，水仙花、牡丹花、
石榴红、月季花、芍药、丁香、海棠花，
凤尾鸡冠花、木兰花、菊花、梅花、绣荞花、
迎春打的那仙人掌、小尖针、苏叶花、
灵芝草、玉针花、天庭饱满的芙蓉花。
八月里姑娘要汗褋，绣花手巾一抓丝，

使女丫鬟要四对，做针线，围一堆，
省下为侬商量母亲，说得个姑娘笑微微，
有点针线说一回，光有掖根无竖领，
过门帘，鸟雀飞，四限里套子围，
凤凰麒麟各占一堆。
九月里姑娘快忙完哇，忽然间想起个缎净包，
倒叫为侬好心焦，嗤楞嗤楞更绣得高，
绣上那八仙好热闹，还有那张飞战马超，
连中三元双官诰，富贵国，当阳桥，
东清湖，占阳绍，唐僧取经，一梁占朝。
十月里姑娘要安排，眼看就待娶女来，
寻思起来好欢乐，举慌忙，到妆台，
巧打扮，莫装呆，照照镜子，保不明哉，
忽听喇叭吹起来，轿夫一边抬，
椅子抬到大门外，上花轿四人抬，
走巷下，过大街，家家户户都跑将出来。
十一月里姑娘出了阁，摊了个女婿真配合，
眼看就像两条女，常守住，瞧砂锅，
逐日里，常念佛，明日里烧香把头磕，
郎才女貌是少见，撇下个老儿陪伴着，
大粗的辫子一托多，白白的脸，眼皮薄，
红红的嘴唇，两酒窝，天庭饱满富贵荣华。
十二月整一年，念书的学生还家园，
见了爹娘问安好，倒叫为侬好喜欢，
纸墨砚瓦端脸前，大笔一挥写对联，
对联贴在大门上，一家老少团聚过新年，
这才是喜乐年，芝麻香火磕头敬老天。

（二）十二月

正月那个里来过新年咹，哎嗨哟呀胡嗨呀，
过了那个初二，再过那初三咹，哎嗨哟呀胡嗨呀。
正月十五那半个月咹，哎嗨哟呀胡嗨呀。
再过那个半月就是那二月里天咹，哎嗨哟呀胡嗨呀。
二月那个里来二月二咹，哎嗨哟呀胡嗨呀。
龙抬头那个打响雷，带着那个闪电咹，哎嗨哟呀胡嗨呀。
三月那个里来三月三咹，哎嗨哟呀胡嗨呀。

过清明那个打秋千，踏青去游玩咹，哎嗨哟呀胡嗨呀。
四月那个里来满坡绿咹，哎嗨哟呀胡嗨呀。
棉花长，那个高粱旺，谷子长得强咹，哎嗨哟呀胡嗨呀！
五月那个里来麦儿黄咹，哎嗨哟呀胡嗨呀，
芒种那个三日麦子上了场咹，哎嗨哟呀胡嗨呀。
六月那个里来天气热咹，哎嗨哟呀胡嗨呀，
六月六那个看谷秀，高粱没了牛咹，哎嗨哟呀胡嗨呀。
七月那个里来七月七咹，哎嗨哟呀胡嗨呀，
天上的那个牛郎哎会织女咹，哎嗨哟呀胡嗨呀，
八月那个里来大半年咹，哎嗨哟呀胡嗨呀，
八月那个十五哎，一家人把月圆咹，哎嗨哟呀胡嗨呀。
九月那个里来，秋风凉咹，哎嗨哟呀胡嗨呀，
棉花白那个豆子熟，家家地里放牛羊咹，哎嗨哟呀胡嗨呀。
十月那个里来，十月一咹，哎嗨哟呀胡嗨呀，
家家子那个打丝糕，杀呀么杀公鸡咹，哎嗨哟呀胡嗨呀。
十一那个月里，场园里关了门咹，哎嗨哟呀胡嗨呀，
站大街那个晒太阳混呀日子咹，哎嗨哟呀胡嗨呀。
腊月那个里来腊八腊咹，哎嗨哟呀胡嗨呀，
煮米枣，煮饭糕，过呀么过小年咹，哎嗨哟呀胡嗨呀。
唱完了那个一年十二个月咹，哎嗨哟呀胡嗨呀，
只觉得那个嗓子干，口中又渴得慌呀，哎嗨哟呀胡嗨呀。
唱到那个这里算一段咹，哎嗨哟呀胡嗨呀，
喝点水那个抽袋烟，咱们继续往下唱咹，哎嗨哟呀胡嗨呀。

（三）庄稼名

路上走，道上行，念经先念庄稼名。
大麦为王坐京城，小麦调令发下兵。
秫秫扛枪排成队，黍子地里扎下营。
谷子钻心跑开马，豇豆地里摆战争。
摆战争，摆战争，黄豆黑豆炸乱了阵，火烧荞麦满地红。

（四）盼年歌

腊八吃糕，二十三辞灶，眨眨眼，新年就到。
孙女买花，孙子买鞭炮，媳妇身上新衣罩，老爹老妈老一套。

（五）拐棍歌

一根拐棍一根一，离开拐棍治不得。

两根拐棍两根两，拐棍比那儿女强。
三根拐棍三根三，儿媳的饭碗不好端。
四根拐棍四根四，老了年纪净受气。
五根拐棍五根五，老了年纪活受苦。
六根拐棍六根六，老了比那屎还臭。
七根拐棍七根七，儿媳做饭不给老的吃。
八根拐棍八根八，娶了儿媳就分家。
九根拐棍九根九，老了年纪不如鸡和狗。
十根拐棍十根十，老了吃那猪狗食。

（六）开药方

说江南，道江南，我上江南开药丸——
开上一味老来少，开上两味放心宽，
开上三味家里顺，开上四味顺气丸，
开上五味甜若蜜，开上六味蜜若甜，
开上七味黄连苦，开上八味苦黄连。
怎么就叫黄连苦？怎么就叫苦黄连？
怎么就叫甜若蜜？怎么就叫蜜若甜？
怎么就叫家里顺？怎么就叫顺气丸？
怎么就叫老来少？怎么就叫放心宽？
家有千口老来少，孩子们听话放心宽，
兄弟们昵和家里顺，妯娌们昵和顺气丸，
娘想闺女甜若蜜，闺女想娘蜜若甜，
老汉无儿黄连苦，光棍无妻苦黄连。

（七）这样的媳妇怎么活

大红喜，还没揭，大红袄，还没脱。
婆婆就坐在炕沿上，又唠叨，又啰唆。
儿媳啊，我直说，要的是两男两女整四个，要不你就是个空笸箩。
哎呀呀，啧啧啧，这样儿媳可怎么活。

（八）扁豆花

扁豆花一嘟噜，俺娘教俺织笼布，一天织了二尺半，
两手端给娘来看，娘说俺是个巧闺女，
两手端给爹爹看，爹爹夸俺好手艺，
两手端给哥哥看，哥哥夸俺好妹妹，
两手端给嫂嫂看，嫂子嫌俺织得稀，倒了城隍砸了机，

娘啊娘，俺受不了，包起那包袱送俺的，
爹娘送到俺大门外，哥哥送到俺村西，
哥哥你回去吧，有咱爹有咱娘，来回路走得长，
没了咱爹和咱娘，俺跑到坟上哭一场。

（九）婆婆丁

婆婆丁，紫缨缨，娘老了说话不中听，媳妇说话喜盈盈。
娘病了，想吃梨，哪有闲钱补笊篱，
媳妇病了，想吃梨，顶着雨，踏着泥，
跑东奔西赶大集，窜到城里去买梨，
悄悄放在被窝里，媳妇媳妇你偷着吃。

（十）分家

菠菜根，韭菜根，打了春的萝贝糠了心。
拽拽搭搭十来个月，没死没活地生下来，
吃娘的奶，尿娘的身，跟头轱辘地拉把成人，
要了媳妇变了心，拿着老娘当外人。
不给娘吃，不给娘喝，吵着闹着把家分。

（十一）纺棉花

纺棉花，嗡嗡嗡，闺女说话娘爱听。
奶奶疼的是孙子，姥姥最疼小外甥。
疼孙子，攒金子，疼外甥，使煞不唉哼。

（十二）长尾巴狼

长尾巴狼，尾巴长，娶了媳妇忘了娘。
把它娘背到粪堆上，把媳妇抱在热炕上。
娘啊娘，你别生气，粪堆上有热气。
又风凉，不闷气，比那热炕强着呢。

（十三）老槐树

老槐树，粗又矮，槐树旁边扎戏台。
人家的闺女都来了，俺那闺女还没来。
说着说着来到了，绿裤褂，绣花鞋，
爹见了，接包袱。娘见了，抱小孩。
嫂子见了一扭身。嫂子，嫂子，你别扭，
不吃你的饭，不喝你的酒，看看爹娘俺就走。
哥哥送到大门外，回过头来拜一拜，

爹爹送到大门西，转过身来作个揖，
俺娘送到大路上，娘俩抱头哭一场。
有爹有娘，多来几趟。没了爹娘断了秧。
娘死了，烧金香，爹死了，烧银香，
哥哥死了，烧黄香，嫂子死了，插棒棒。
娘死了，烧金纸，爹死了，烧银纸，
哥哥死了，烧黄纸，嫂子死了，燠狗屎。

（十四）孝敬歌

开了的花儿要结果，大了的姑娘要出阁。
老娘还在那梦中笑，自个儿早已烧上了锅。
柴火轻轻折，香菜轻轻切。
米儿轻轻淘，鸡蛋轻轻磕。
烟呛轻轻咳，炒菜轻颠勺。
不让狗汪汪，不叫鸡咯咯。
老娘养俺不容易，俺要老娘大歇歇。

（十五）罗锅树

罗锅树，八个弯，爹送州，娘送县，哥哥送到连花店。
瓦屋配楼顶，好马配金鞍。金灯配银灯，十八的大姐配书生。

（十六）要饭歌

呱打板，哗啦啦，婶子大娘给点吆？
可别给我黑窝窝，别叫你家狗咬我，给我一个白馍馍。

（十七）死了老婆咋着过

死了老婆没法活，得到厨房把饭熬。
蒸个窝窝可着锅，烙个锅饼磨盘大，
甭管生熟也得吃，逮着凉水没命地喝。
死了老婆咋着过。

（十八）十八的大姐

十八的大姐九岁的郎，又当妻来又当娘。
叫声丈夫岁数小，叫声儿来是俺的郎，
白天夜里都哄他，晚上睡觉尿俺一胸膛。

（十九）放风筝

出了大门上正南，拐过弯来下正东，来到了漫洼中。
打开拐子放开线，风筝起来满云空，听俺表表古人名。

头阵放的张君瑞，二阵放的崔莺莺，二人情意浓。
三阵放的唐三藏，四阵放的孙悟空，二人去取经。
五阵放的杨宗保，六阵放的穆桂英，二人在山中。
七阵放的高怀德，八阵放的赵美蓉，二人把枪拧。
九阵放的韩湘子，十阵放的杜林英，二人专修行。
十一阵放的汉刘备，十二阵放的是关公，二人坐朝廷。
姐妹正在放风筝，南边来了俩书生，长得是好面容。
风筝正放在热闹处，西北角上起怪风，刮断了风筝。
有心跟着风筝走，舍不得二位俊书生，主意拿不定。

六、儿童歌谣

儿歌也称“童谣”，往往是儿童游戏时自然流露的童言，通常以童趣、娱乐为主，也有成人教育儿童认识事物的知识性歌谣。

（一）小叭狗

小叭狗戴铃铛，嘎楞嘎楞到集上，
待吃桃，桃有毛，待吃杏，杏又酸，
待吃柿子，上南山。

（二）小老鼠

小老鼠，跳灯台，偷油吃，下不来，找他老奶奶，一鞭子抽下来。

（三）小碗盆

小碗盆，生生菜，两口子打仗想分开，
你分里，我分外，分了枕头分铺盖，
还有个小孩没分开，拿把锯来锯拉开。

（四）拾豆粒

山老鸹，白肚皮，上南洼拾豆粒，一拾拾了半簸箕，
狗推磨，猫打箩，巴巴子（鸭子）烧火抱柴火，老鼠坐在那炕头上装婆婆。

（五）小公鸡

小公鸡跳磨台，啥时盼着那媳妇来，也做袜，也做鞋，
吃饭端过那咸菜来，睡觉抱过那娃娃来。

（六）新婶子

小公鸡搓粉子，南屋里娶了个新婶子，
弯弯的眉，瞪眼子，红薄嘴唇，白脸子，
坐在炕上盘着腿，一笑脸上两个酒窝子。

（七）老鳖告状

下雨下雪，冻死老鳖，老鳖告状，告着和尚，和尚念经，告着先生，先生算卦，

告着蛤蟆，蛤蟆凫水，告着小鬼，小鬼扒门，告着大人，大人使劲，告着老万，老万瞪眼，罚了十块银圆。

（八）小杌扎

小杌扎，一歪拐，爷爷娶了个晚奶奶，

脚又瘸，嘴也歪，一脸麻子茄布袋。

气得爷爷离家门，整整三年没回来。

奶奶穿着绣花鞋，天天站在大门外，盼着爷爷快回来。

（九）小白鸡

小白鸡，卧草垛，没娘的孩子真难过。

跟爹睡，爹撵我，跟娘睡，娘扭我，自家睡，猫吓我。

窗台上有块剩窝窝，想吃又够不着，饿得我直哆嗦。

（十）小花猫

小花猫，咪唔唔，眼睛一闭打呼噜，胡子一竖逮老鼠。

家家串，户户去，客人来了它陪着，你也爱，我也留，咪唔咪唔它要走。

（十一）唱刘海

打竹板，唱刘海，刘海穿着大花鞋。

谁做的，娘做的，想起娘来受不得。

（十二）小杌扎

小杌扎，土里埋，摊了个爹爹不成材。

好喝酒，好看牌，家里的活儿一点不想来，气得爷爷把他吊起来。

（十三）小宝宝

小宝宝，摇铃铛，叮呤叮，到集上，东瞧瞧，西望望，买上小鱼熬鱼汤。

鱼汤美，鱼汤香，爷爷奶奶先品尝。爸爸夸，妈妈奖，宝宝心里喜洋洋。

（十四）老嬷嬷儿

老嬷嬷儿，拾豆茬，老毛猴儿来了不怕它。

老嬷嬷儿，拾瓦碴，劈头砸了个大疙瘩。

（十五）扁扁叶

扁扁叶①，扁扁柴，黑夜做梦姐姐来。

姐姐穿着花衣裳，俺就穿着瓜蒌秧。

姐姐骑着大骡子，俺就骑着碾砣子。

注：①扁扁叶，一种多年生草本植物，薇的一种，无花，嫩时可作蔬菜。

（十六）火焰虫

大麦秸，二麦秸，火焰虫①，落下来。

大麦穰，二麦穰，火焰虫，落满场。

注：①火焰虫，萤火虫。

（十七）踢毽谣

白石灰墙，瓦屋稍[1]，娶媳妇，灯笼[2]照。

木底儿鞋，过大庙，过去大庙两乘轿。

金簪子，银环子，丈八长的耳碗子。[3]

注：①稍，音 shào。②笼，音 lóu。③耳碗子，抠耳勺。

（十八）捕蜻蜓

蜻蜓蜻蜓来呀，我给你做双绣花鞋呀。

蜻蜓蜻蜓转呀，我给你碗小米饭呀。

蜻蜓蜻蜓落下，我给你块煎饼嘎渣。

（十九）小咬乖

小咬乖[1]，嫁人家。嫁谁家？嫁马家。马家是家好人家。

铺红毡，盖花被，吓得咬乖不敢睡。

注：①咬乖，即蝈蝈。

（二十）金孩子

金一金二金三四，金妈妈养了个金孩子。

吃金奶，叫金妈，金鼻子金眼金脑袋瓜。

（二十一）月妈妈

月妈妈，纺棉花，挣钱来，买甜瓜。

你一口，我一口，一口咬着孩子手。

孩子孩子你别哭，我给你买个大鸪鸪。

孩子孩子你别叫，我给你买个大礼帽。

逗得小孩哈哈笑。

（二十二）老雕转转

一只鸳鸯不吃饭，急得老雕团团转，叼来一只兔，叼来一块肝，鸳鸯鸳鸯你吃呗。

这些东西俺不稀罕，俺吃小鱼小虾和水鲜，老雕一听傻了眼。

（二十三）漫着墙头看秀才

高麦秸，短麦秸，漫着墙头看秀才，秀才乌纱头上戴。

媳妇戴着大红花，摇摇拉拉回娘家，娘家不是穷娘家。

涮金锅，熬金茶，琉璃的井，金蛤蟆，两手托着个金娃娃。

（二十四）好娃娃

爷爷年纪大，嘴里缺了牙，我给爷爷端杯茶。

爷爷笑哈哈，头发白花花，我给奶奶板凳坐，奶奶笑哈哈。
爸爸妈妈把我夸，尊敬老人有礼貌，是个好娃娃。

（二十五）打花拍

一打花拍一打一，天上下雨地下湿。两打花拍两打两，天上下雨地下淌。
三打花拍三打三，三个闺女去赶山。四打花拍四打四，四个闺女去看戏。
五打花拍五打五，石榴花开过端午。六打花拍六打六，六个闺女去割肉。
七打花拍七打七，七个闺女去买鸡。八打花拍八打八，八个闺女去买瓜。
九打花拍九打九，九个闺女去买藕。十打花拍十打十，十个闺女去买梨。

（二十六）小牛犊

小牛犊，跑得快，抹抹桌子摆上菜。
你一盅，我一盅，咱俩喝得醉哄哄。
你一碗，我一碗，咱俩喝得红了脸。
你一瓮，我一瓮，咱俩喝得红了腚。

（二十七）山老鸹

山老鸹白肚皮，跳跳哒哒看麦子。
麦子黄，上了场，
上了场，大车拉，碌碡打，布袋装，上了仓，
包包子，擀条子，楦饼夹子带馅子，一天一个饱肚子。

（二十八）你拍一，我拍一

你拍一，我拍一，一个小孩坐飞机。
你拍二，我拍二，两个小孩梳小辫。
你拍三，我拍三，三个小孩吃饼干。
你拍四，我拍四，四个小孩写大字。
你拍五，我拍五，五个小孩来跳舞。
你拍六，我拍六，六个小孩吃石榴。
你拍七，我拍七，七个小孩做游戏。
你拍八，我拍八，八个小孩吹喇叭。
你拍九，我拍九，九个小孩拍皮球。
你拍十，我拍十，十个小孩来剪纸。

第四章　民间语言

民间语言主要是指民间的口头语言，广大淄博民众运用口头语言，充分发挥想象力、概括力和表现力，创造了丰富多彩的民间语言。

第一节　淄博方言方音

一、淄博方言的形成

淄博话，即指山东省淄博市及其周边部分地区的方言。淄博方言的形成有两个因素：一是古代汉语演变形成的地方变体；二是地域文化在语言词汇上的沉积。

淄博方言是山东方言的重要组成部分，属于北方方言华北官话区，具有北方方言的基本特征，也是山东省鲁中地区方言的典型代表，在语言发音方面仍部分保留了历史上古齐国地区语言的痕迹，尤以淄川、博山一带为甚。如博山方言中还保留着古代方言入声字、合音字的发音痕迹。普通话中的 u 部分读为 ü 和 uo，例如：宿 $ɕy^{213}$、肃 $ɕy^{31}$、俗 $ɕy^{45}$ 等，窟窿的“窟”读 $k^{h}uo^{213}$，都是古入声字。博山话中也没有后缀“子”，如“瓶子”“桌子”“椅子”一律说成“瓶”“桌”“椅”，用拖长主要词干的发音并增加尾音 ə 来表示后缀“子”。

淄博方言不少词语的产生和流行是历史地域文化在语言词汇上的沉积。比如淄川“石安峪”村，当地人还习惯叫“闪峪”，“闪”在淄博方言中有“丢下”“落下”的意思。据说 1938 年日军大举进犯中原，铁蹄踏遍了峨庄的沟沟坎坎、山山岭岭，唯独落下了这个村子，狡猾的日军怎么也没想到荒山乱野中，居然还有人居住。这个村因特殊的地理位置躲过这一劫难。

由于淄博市是新中国成立之后新设立的行政区域，其所辖各区、各县历史上并不属于同一地区，故其各区、各县所用方言不尽相同。按照淄博市所辖各区、各县方言使用词汇的不同和发音声调的差异，大致可以把淄博话细分为四个部分，其中淄川、张店、博山、周村、沂源等地方言处于冀鲁官话石济片中的聊泰小片，值得注意的是，沂源当地方言虽处冀鲁官话区但明显受到中原官话的影响，故沂源当地方言中又明显带有中原官话的特色；桓台方言处于冀鲁官话沧惠片中的章桓小片；高青方言则处于冀鲁官话沧惠片中章桓小片和阳寿小片的过渡带；临淄方言则又处于胶辽官话东莱片中的青临小片和冀鲁官话石济片聊泰小片、沧惠片章桓小片的过渡带。由来自不同方言片区的各区各县，重新排列组合组成了独具特色的淄博话。

淄博方言根据语音特点，可大体分为三个区片：南区——博山区和淄川区，东区——临淄区，西北区——张店区、周村区和桓台县，这种划分与各区县地理及建制沿革有密切关系。博山曾长期属淄川，地土相连。张店区新中国成立前未曾设过县，大部分属长山县（东南部属淄川县），桓台、周村大部分地区也曾长期属长山县，因此方言较为一致。临淄区在1969年才划归淄博市，以前有时归益都县（即青州），独立设县后，仍隶属青州府，因此，方言与淄博市其他区县有较大区别。

南区三个声调，无 ʐ、ər 这类卷舌音，以改变韵母读音（韵变）的方式起着普通话儿化的作用，结构助词及词尾"子"等产生一种特殊的音变。东区四个声调，虽无 ʐ、ər 这类卷舌音，却有儿化韵。西北区四个声调，古代清音入声字独立为一类，中古日声母字在开口呼韵母前读 ʐ，合口呼韵母前读 l，韵变情况与南区基本一致。

南区除边远地区外，内部语音差异较小。张店区大体分为东、西两片，张店区南部的沣水、南定二镇，周村区南部的王村、萌水、彭阳三乡镇和临淄区南部的王寨、边河二乡镇与淄川话接近。桓台县分为东北、西南两片。[1]

二、淄博方言的特点

（一）语音

1. 声母

淄博方言中共有 25 个声母（包括零声母），如下：

p 保必　p‘ 盘怕　m 门米　f 飞法

V 窝威

t 刀得　t‘ 天桃　n 闹年　l 老罗

ts 咱裁　ts‘ 促猜　s 苏孙

tʂ 专召　tʂ‘ 车冲　ʂ 捎山　ʐ 人肉

tɕ 加今　tɕ‘ 千秋　ɕ 西相

k 高干　k‘ 开困　ŋ 俺欧　x 花活

ɭ 耳二

Ø 音原

（1）n 在齐齿呼、撮口呼前实际为 ȵ。普通话中以 r 拼合口呼作为声母的字，一般应该将舌头卷起不会碰到口腔壁，而淄博方言中舌头卷的幅度变小，且会碰到口腔壁，从而发出 l 的读音。例如："热"读成"乐"，"揉"读成"搂"，"让"读成"浪"，"入"读成"路"，"润"读成"论"。

（2）普通话开口呼如以 ɑ、o、e 等零声母音节，淄博方言会读成 ng 声母，读时舌头与口腔上壁接触。例如：啊、爱、熬、袄、安、俺、岸、昂、哦、欧、恩、饿、恶、嗯。

（3）部分用舌尖前音 z、c、s 作声母的字，淄博方言有时会读成舌尖后音 zh、ch、sh 或舌面音 j、q、x 作声母。例如："小册子"中的"册"被读成 tʂʰei，"颜色"读成"颜谁"，"自愿"读成"支援"，"木材"读成"木柴"，"桑叶"

[1] 淄博市志编纂委员会编：《淄博市志》，北京：中华书局，1995 年版，第 2243 页。

读成“商业”，“新村”读成“新春”，“标记”读成“标志”，“强度”读成“长度”，“席间”读成“时间”，“稀奇”读成“诗词”。

2. 韵母

淄博方言中韵母共36个分别是：

ɑ 妈他 iɑ 家压 uɑ 夸抓

ə 坡车 iə 爹歇 uə 合说 yə 约缺

ɿ 资词 ʅ 支师

i 机衣 u 姑竹 y 于曲

ɛ 台该 iɛ 街挨 uɛ 乖快

ei 被窄 uei 桂灰

ɔ 包好 iɔ 浇条

əu 周沟 iəu 九油

ã 山兰 iã 天坚 uã 端官 yã 捐原

ə̃ 本真 iə̃ 因亲 uə̃ 吨尊 yə̃ 训云

aŋ 章狼 iaŋ 羊娘 uaŋ 双光

əŋ 争彭 iŋ 经廷 uŋ 工东 yŋ 凶拥

a 发音部位很靠后。单元音 a 及 aŋ、iaŋ、uaŋ 中的 a，实际应为 ɑ。

ã、ə̃ 为鼻化元音，发音时口鼻同时出气。

还有两个变读韵母：yɛ、iei，只在南区和西北区表示类似儿化的音变时才用。

（1）单韵母：

①央、低、不圆唇元音 ɑ，淄博方言发音时舌位偏后，普通话正确发音舌位应该是在中间，例如：“啊”“他”“发达”“喇叭”等，淄博方言读起来声音靠后，而且会把音拖长一些；有时还会读成 iɛi 的音，例如：“崖”“涯”字等。

②后、半高、圆唇元音 o，淄博方言会读成不圆唇的 e，“我”的读音短而圆唇度不够。或读成复韵母 uo，“我”的读音拖长，口型由小而大。

③ er 是一个单元音韵母，在普通话中只能自成音节，构成“二、耳、尔、儿、饵、洱、迩、贰”等音节，但淄博方言在 er 前面加了辅音 l，组成了本没有的 ler 音。

④后、半高、不圆唇元音 e 读成前、半低、不圆唇元音 ê，或读成了复元音 ei，如“打嗝”被读成 $tʌ^{55}$ kei。“责任”的“责”、“颜色”的“色”和“小格子”中的“格”也是这种情况。

（2）复韵母：

①淄博方言的舌位动程不足。二合的前响复韵母如 ɑi、ei、ɑo、ou 发音时常常近似单韵母，缺少动程，很难听出中间有转换的过程。

②三合的中响复韵母 uɑi、uei、iɑo、iou 等则常常被“压缩”掉某个元音，发音近似二合复韵母。

③前响复韵母 iɑ、uɑ，淄博方言在发音时舌位偏后，并带圆唇色彩，使

声音带有一种厚重感，发音时应注意纠正舌头向前伸一点。例如：ia“俩”，ua“花”“夸”“瓜”等字，淄博方言读起来声音靠后，而且会把音拖长一些。

④ uo 中的韵腹 o 圆唇度不够，常读成不圆唇的 e。情况同前面的单韵母 o 相似。

⑤ ie、üe 的发音则常把韵腹 ê 发成舌位靠后的 e。例如：“叶”“也”“灭”“切”“借”“铁”以及“月”“绝”“雪”等字。

（3）鼻韵母：

主要表现为前鼻韵母容易把韵尾的 n 丢掉，即没有明显的鼻音韵尾 n，同时把元音鼻化发成口鼻音。如 an、ian、uan、üan、en、in、üen、un 八个前鼻音，像“元”“天”“魂”“音”“权”“嗯”等字发音时都存在这样的问题。纠正的方法是：在发音时将 n 拖长一些，发清楚些。另外，某些后鼻韵母也有丢失韵尾的现象。如 ang、iang、uang、eng、ing、ueng、ong、iong 八个后鼻音。此外，和复韵母发音一样，鼻韵母发音也存在舌位动程不足的问题。

（4）韵母发音从字音上的一些特殊情况：

①声母 b、p、m+ 韵母 o，淄博话会将 o 读成 ei 的音，如：“伯、迫、魄、陌、默、墨”跟“北、胚、妹”同音。

② g、k、h 及零声母 +e，淄博话会将 e 读成 uo 的音，如：“哥、歌、个、课、科、苛、棵、颗、可、禾、和、河、何、荷、贺、讹、蛾、鹅、饿、俄”等字，跟“锅、阔、活”同音。

③ z、x、s+e，淄博话会将 e 读成 ê，如：“则、泽、择、侧、测、策、册、塞、涩、色”等字。

④ j、x+ie 淄博话会将 ie 读成 iê，如：“阶、皆、街、介、界、鞋、蟹”等字。

⑤ b、p、m、zh、ch+ai，淄博话会将 ai 读成 ei 的音，如：“掰、白、柏、拍、麦、脉、摘、宅、翟、窄、拆”等字。

⑥ l+ei，淄博话会在韵母上增加 u，即 l+ei → luei 如“雷、累、泪”等字。

⑦特殊字：没，淄博话会读成 mu。[1]

3. 声调

各区调类、调值及分合情况见下表：[2]

<table>
<tr><td>南区</td><td colspan="2">平声 213</td><td colspan="2">上声 55</td><td>去声 31</td></tr>
<tr><td>西北区</td><td>平声 213</td><td>入声 33</td><td colspan="2">上声 55</td><td>去声 31</td></tr>
<tr><td>东区</td><td>平声 213</td><td>上声 55</td><td>阳平 42</td><td>上声 55</td><td>去声 31</td></tr>
<tr><td>例字</td><td>刚开朱车</td><td>屋福雪室</td><td>陈流麻学</td><td>体走老展</td><td>棒富见玉</td></tr>
</table>

从上表中可以看出，淄博方言的声调与普通话的声调差别较大，主要有以下几

[1] 张欣：《山东方言（淄博方言）和普通话的比较》，《文学界（理论版）》2011 年第 7 期，第 115 ~ 116 页。

[2] 淄博市志编纂委员会编：《淄博市志》，北京：中华书局，1995 年版，第 2256 页。

个特点：（1）三个分区调类不同，南区三个调类，西北区和东区各四个调类。（2）西北区（张店区东片除外）多出一个入声（来自中古清声母入声），调值中平偏高，记作 33。（3）与普通话相比，普遍没有阳平 35，只有东区有阳平调，调值为 42，是降调。普通话平声字在淄博话中读 213，普通话中上声字读平声 55，普通话中去声字读 31。总结来说：该高的不高，该上扬的没有上扬，该转折的缺乏转折，该下降时却降不下来。

4. 变调、轻声、儿化

（1）变调，基本上与普通话相同。如两个平声连读，第一个平声变为 55，即 213+213 → 55+213（花生、班车）；两个上声连读，第一个上声便 53，即 55+55 → 53+55（集体、篮球）。

（2）轻声，表现为强弱对照不明显。淄博方言后字末轻声的双音节词语，前后字的变调规律各区基本一致，轻声的调值由前一字的调类而定。在阴、阳、上、去、清入后面分别为 23、54、55、31、33。由于较轻较短，简化为 2、4、5、1、3 以与非轻声字区别。一般情况下，只在轻声音节右上角加“·”，不再出现具体数字。南区、西北区上声中来自中古阳平的部分，在轻声前又独立成一类，虽与东区阳平单字的调值不同，但变调后却相同。南区平声中和东区上声中来自中古清入的部分也独立出来，并与西北区的清入变调相同。

（3）儿化：淄博方言的东区及其相邻的张店东部的中埠、卫固二镇，尽管没有卷舌音 ʐ 和 ər，却有儿化韵，分三种情况：一是原韵母不变，只加卷舌动作，如票儿 p‘iɔr；二是原韵母发生相应变化后加卷舌动作，如鸡 i 儿，今 iə ~ 儿，都成为 tɕiə ~ r；三是失落鼻音韵母，再加卷舌动作，如空儿 k‘uər，风儿 fər，瓜种儿 tʂuər，缝儿 fər，声儿 ʂer，小名儿 miər。桓台县乌河流域有 ʐ 无 ər，也有儿化韵，不过没有上述第三种儿化法。

南区及西北区大部分地片都没有儿化韵。普通话和东区儿化的词，在这些地方有三种表示法：一是西北区加词尾“子”，如影子、小猴子、画子等；二是不加词尾，如木牌、小鱼、小狗、花；三是通过韵母的变读来表达。这种方式与普通话的儿化作用相同：①区别词性，例如：尖 $tɕiã^{213}$ 是形容词，变读为 $tɕiɛ^{213}$ 则是名词；②区别词义，例如：信 $ɕiɚ^{31}$ 指书信，变读为 $ɕiei^{31}$ 则指口信、消息；③表示小巧或亲昵的感情色彩，例如：琉琉蛋 $tɛ^{31}$、老伴 $pɛ^{31}$。

（二）词汇

许多词语淄博方言的说法与普通话不同，如：

中午—晌午	下午—过晌午	傍晚—傍黑天	每天—见天
麻雀—家雀	蚂蚁—蚁蝆	蛇—长虫	螳螂—刀螂
蜗牛—巴拉油	知了—烧前龟	玩具—吭吭	着急—急眼
烦躁—烦气	困倦—打盹	齐啬—抠	迷糊—迷瞪
惧怕—怵头	怎么—咋着	很—刚	躺下—趄下

铺被褥—伸炕　　东张西望—撒莫　　犹豫不决—二呼、二思
较短时间—一霎霎、一时半霎　　过一会儿—待霎霎、待盼
偷偷看、盯着看—瞜候　　剪子包袱锤—将军宝
语气词有：
了—哇（如，好哇）　吧—班（如，走班）　吗—包（如，行包）
这些词在日常生活中用得很广泛，觉得很平常，但还是要注意，提倡使用标准的普通话词语。

（三）语法

不管是词法还是句法，淄博方言与普通话大体一致，但也有自身特点。

1. 词法

第一，淄博方言词和普通话一样，分单纯词和合成词。

（1）单纯词，淄博方言有五类，如：

A. 单音节词：乖（弟、妹、年幼的人；可爱，漂亮，听话）

B. 象声词：轰隆

C. 叠音词：抽抽（抽屉）

D. 联绵词：经佑（照顾、服侍）

E. 译音词：逻辑

（2）合成词，淄博方言有六类，如：

A. 附加型：日头、老母、埝子、蚕妹儿

B. 主谓型：枝生（植物见水后显得旺盛、挺拔）、眼生（小孩怕见人）

C. 动宾型：忙活（忙碌）、打围（打猎）

D. 联合型：反正（不论怎么样）、松缓（轻松、病情好转）

E. 偏正型：糖瓜（麦芽糖吹成的像苹果大的食品）、公事（娶亲、办丧事）

F. 补充型：胀饱（肚子发胀、得意忘形）

第二，淄博方言合成词词义和形式与普通话有差异。

（1）词义相同，词形不同。

地蛋—土豆　晌午—中午　包子—水饺

（2）词义相同，构词方式不同。

短道（偏正）—劫路（动宾）　心焦（主谓）—训斥（联合）

发邪（动宾）—哭闹（联合）

（3）词形相同，词义有别。

赶车，普通话指驾驭牲畜拉的车，淄博方言指坐车、乘车，如：赶公交车、赶三轮车。

平分，普通话指对等均分、对半分，淄博方言指平整。

吹牛，普通话指说大话、夸口，淄博方言多指聊天。

第三，与普通话一样，淄博方言词类分十一类：实词六类（名词、动词、形容词、

数词、量词、代词），虚词五类（副词、介词、连词、助词、叹词）。淄博方言词类自身也有特点，很多词语词形与普通话不同，但词义相同，如大量名词[1]，又如：

（1）动词

上坡—下地　发恶—感染　有嗟—怀孕　持服—戴孝

操扯—筹划　拢火—生火　舞盖—修整

（2）形容词

年小—年轻　灵息—聪明　扁皮—扁

（3）代词

大伙子—大家　多咱—什么时候

2. 句法

第一，淄博方言和普通话的句法规则一致，都是“主在谓前，宾在动后，修前补后”，但是也有一些不同语序。

（1）淄博话“知道”的否定形式是将“不”嵌入中间，说“知不道”，普通话则将“不”放在词前，说“不知道”。“手冷、脚冷、头疼、牙疼”等，淄博话程度副词加在前，说成“挺手冷、很头疼”等，普通话程度副词加在中间。

（2）单音节动词重叠并带代词宾语时，淄博话既可以把代词宾语嵌入重叠的动词中间，也可像普通话那样把宾语放在重叠动词后边，如：

①你叫他叫（你叫叫他）。[2]

②咱约他约（咱约约他），他来就来，不来正好。

（3）单音节动词的代词宾语，淄博话既可放在处所或趋向补语之前或合成趋向动词补语中间，也可像普通话那样使用“把”字句，如：

③拉他起来。

④拉起他来（把他拉起来）。

⑤推他河里（把他推到河里）。

（4）淄博方言存在一些主谓倒装的句子，如：

⑥吃饭不，你？

⑦怎么了，你？

第二，淄博方言语气词多与普通话不同。

（1）淄博话的“呢”只可用于疑问句末尾，表示一定的疑问语气，还可以用语气词“来”代替，如：

①后来来？他信了吗？

（2）“不”字在淄博话中还可用于陈述句末尾，相当于“是不是”，如：

②我说他不来不，你还不信。

（3）淄博话有两个特殊的语气词“好”和“伙”，都是提醒的意思，但“好”

[1] 名词参见本章“物名”等节。

[2] 这部分括号内为普通话说法。

一般用于女性之间，“伙”用于男性之间，如：

③你今天去不好？

④迟到了伙？

第三，淄博话有“AAA”式重叠，与普通话“AA”式重叠不同。如：

①你看，那只蜻蜓落在了树枝的梢梢梢。

②不爬到山的顶顶顶，他是不会下来的。

③桌子已经靠到了墙的跟跟跟。[1]

以上从语音、词汇、语法三个方面来分析淄博方言与普通话的区别，可见二者差别之大。日常生活中应该注意减少方言使用，提倡说普通话，便于工作与学习中的沟通与交流。

三、淄博方言的演变

（一）推广普通话

1958年，淄博市开始推广普通话。市政府选派一批教师学习以汉语拼音为主的普通话基础知识。学成后，市教体局以这批教师为骨干，培训全市小学语文教师，内容主要是学汉语拼音。从此，淄博市以学校先行，一步一步地推行“以北京语音为标准音，以北方方言为基础方言，以典范的现代白话文著作作为语法规范”的普通话。教师、学生和企、事业单位工作人员都能说普通话，学校和社会的各种活动都使用普通话，电视台播音也用普通话。改革开放后，经济繁荣，交通便利，淄博和其他地区交往频繁，普通话成为人们交流沟通的重要工具，因此，人们都积极学习普通话，使用普通话。

（二）淄博方言的演变

社会各界广泛学习和使用普通话，普通话的语音、词汇和语法必然逐渐融入淄博方言，使淄博方言发生变化。

第一，有些词的念法，淄博方言和普通话差别很大，现在方言读音已经完全演变为普通话读音，如：

淄博，淄博方言原读 tʂʅ^{213} po，现读 tsɿ^{55} po。

胳膊，淄博方言原读 kuo^{213} pho，现读 kə^{55} po。

葡萄，淄博方言原读 p^{h}o^{55} t^{h}ou，现读 p^{h}u^{35} t^{h}ɑu。

第二，和语音情况一样，淄博方言的一些老词语逐渐被普通话词语取代，如：

淄博方言中的“吭吭”，现叫“玩具”。

淄博方言中的“杌踏、杌子”，现叫“板凳”“凳子”。

淄博方言中的“茅房、栏”，现叫“厕所”“卫生间”“洗手间”。

淄博方言中的“洋车子”，现叫“自行车”。

[1] 于思湘：《淄博方言语法现象研究》，《山东理工大学学报（社会科学版）》2004年第5期，第42～46页。

第三，经济繁荣，交通发达，淄博和省外、国外交往频繁。普通话词语、其他方言区词语、西文词语也逐渐进入淄博话，淄博方言词汇变得越来越丰富，如：

粉，粉丝，英文 fans 的音译，意思是狂热爱好者，如“章子怡的粉丝”“袁隆平的粉丝”。

作秀，英文 show 的音译，意思是表演、展示、显示、夸示、炫耀，现多用作贬义，如“他在作秀”，意思是做给人看，不实在。

跳楼，原是金融、商业的行业用语，意思是经营失败要跳楼自杀，现多用比喻义。如“输得要跳楼”，意思是输得多、输惨了；“跳楼价”是指不顾血本的最低价。

透支，银行允许其存款户在事先约定的限额内，超过存款余额支用款项的一种放款形式，现喻指精神、体力过度消耗，超过所能承受的程度，如“体力透支”。

第二节　淄博土语土话

一、称谓命名

作为齐鲁文化的组成部分，淄博方言称谓系统性强，内容丰富多彩，具有鲜明的中华民族传统文化特征，形成独特的民俗风情。亲族间称谓，至今仍沿袭父系家族为中心的旧俗，重秩序、重亲情、重礼仪、分亲疏、别内外，人品称谓评价标准严格，区分有度，礼仪有节，贬义称谓和誉称抑扬分明，爱憎鲜明，人名、物名地域特色突出，命名形式多样。近支称“自己家”“自己家里”，远支称“本家”，其他亲族中人一律称“亲戚”。五区三县，各地家庭成员间的称谓不同，有着书面、口语、当面和对人的许多差异。

（一）亲属称谓

1. 直系长辈称谓

直系长辈称谓各地不尽相同。称父亲，较早时称“爹”“大”“大大”“爷”，新兴叫“爸爸”。称母亲，一般叫“娘”，城市多称“妈妈”。称祖父，大多数地区叫“爷爷”。称祖母，叫“奶奶”。称曾祖父，叫“老姥爷”。称曾祖母，叫“老奶奶”。称外祖父，叫“姥爷”。称外祖母，叫“姥娘”“姥姥”。

2. 直系晚辈称谓

称儿子，各区县叫“儿”。称女儿，叫“闺女”。称孙子、孙女，各地称谓与普通话相同。称外孙、外孙女，统统叫“外甥”，需要区分时，男的一般说成“外甥”，女的一般说成“外甥闺女”。

3. 旁系长辈称谓

称伯父，叫“大爷”。称伯母，叫大娘。称叔叔，一般叫“叔”“叔叔”。称叔母，一般叫“婶子”“婶婶”“婶”。称姑姑，叫“姑”。称舅舅，叫“舅”。称舅母，叫“妗子”。称姨父、姨，跟普通话中的称谓相同。

4. 旁系平辈、晚辈称谓

称哥哥，叫“哥”。称弟弟，多数地方叫“兄弟”。称姐姐，农村多叫“姐”，城市叫“姐姐”。称妹妹，农村多叫“妹”，城市多叫“妹妹”。称侄子，叫“侄儿”。称侄女，一般叫“侄女儿”。称姐妹的孩子，一般不分男女都称“外甥”，男的一般说成“外甥”，女的一般说成“外甥闺女”。

5. 夫系亲属称谓

称丈夫的父亲，面称随丈夫叫“爹”“爸爸”，背后称“公公”。称丈夫的母亲面称随丈夫叫“妈”“娘”，背后一般叫“婆婆”。称丈夫之兄，面称随丈夫叫“哥”，背后一般叫“大伯子”“大伯哥”“大伯”。称丈夫之弟，面称随丈夫叫“弟弟”“兄弟”，背后叫“小叔子”。称丈夫之姐，面称随丈夫叫“姐姐”“姐”，背后叫“大姑子”“大姑姐”。称丈夫之妹，面称随丈夫叫“妹妹”“妹”，背后叫“小姑子”。丈夫的姑、舅、姨等，均随丈夫称呼。

6. 妻系亲属称谓

称岳父，面称随妻子叫“爸爸”“爹”“爷”，背后一般叫“丈人”“丈爷”“丈母爷”。称岳母，面称随妻子叫“妈”“娘”，背称一般叫“丈母娘”“丈母娘子”。称妻子之兄，面称随妻子叫“哥”，背称则叫“大舅子”。称妻子之弟，面称随妻子叫“弟弟”“兄弟”，背称叫“小舅子”。称妻子之姐，面称随妻子叫“姐姐”“姐”，背称叫“大姨子”。称妻子之妹，面称同妻子叫“妹妹”“妹”，背称则叫“小姨子”。称自己与妻子之姐夫、妹夫，面称随妻子，多叫“哥”“弟”，背称较多样，叫“两乔儿”“连襟”等。

（二）美称誉称

用“姓＋职务”的形式称谓领导；也称“老板”“老总”“头儿”“掌柜的”“当家的”，或用“× 把手”的形式称呼。

称同事为“伙计”“佮伙儿的”“一块儿的”；称把兄弟为“干兄弟”；称亲密朋友为“相好的”“哥儿们”“弟兄们”“铁哥们”；称同学为“一个学校的”“同班的”；称一同长大的为“一把连子”；称临时组合的群体为“凑班子”；称乡邻为“老兄太”“老兄台”“大哥”“二哥”“大兄弟”“他姐姐”“您嫂子”。

称内行为“老手儿”“行家”“熟手子”“老家局儿”“老本把”“老交”“老在行”“老把式”；称第一流的为“大拇指”“大拿”“大能人”“能手子”“巧手子”“好样儿的”；称肯干的人为“干家子”；称一技之长的人为“老师儿”（也尊称陌生人或同事）。

称诚实者为“实在人”“直实人”“实诚人”“老实人”；称处事大方者为“场面人”“利亮人”；称有志气者为“有种的”。

（三）命名习惯

1. 人名

乳名，方言叫“奶名”“小名”。过去“穷人家的孩子，涝地里的蛙子”，生得多，又贫贱，常以贱名、恶名、平常物、排行作乳名，取名随便。如：剩儿、臭儿、臭妮子、淘气、狗儿、虎儿、犸子、钳子、缸子、启子、棱子、篮子、勺子、枝子、耩子、石头儿、碌碡儿、麻妮子、裤套、大妮子、二嫚儿、三子；也有许多讨口彩的乳名，如：安子、连子、住子、喜子、等子、运子、来子、生子、连贵子、长举子、拴住儿、留住儿、立住儿、来福儿、连兴儿、顺来、长臻、停妮子、住妮子、转妮儿；还有一些即景为名的如：山子、梁子、洼子、长岭儿、春、冬子、十五儿、腊月儿、正月儿、三棰、站生儿。兄弟姐妹乳名有连续讲究，如：大妮子、二妮子、三妮子，二子、三子、六子、小七儿，大吉儿、双吉儿、小吉儿，大起子、二起子、起妮子，连社、连县、连省、连国儿，富贵、富余、富财、富寿子。此外，女孩乳名淄博南多带“妮儿”“妮子”。20 世纪 90 年代后，孩子的乳名多为美名，如：圆圆、明明、红红、豆豆、英子、华子、强子、荣子、玲、娟、国、锋等。城里大多乳名、学名并用，如：晶晶——武晶晶，娟娟——唐娟，彬彬——张彬。

学名，方言叫“大号”“名字”，过去多由当地文化人、小学或私塾老师起，严格按辈序字进行。男子配以积极、美好、温敦的字眼，如：兴田、光东、玉范、兆新、继有、学仁、洪勤、振义、立忠、建信、成祥、大吉、友喜、庆松、正茂；女子则偏重取艳名，如：花、叶、香、荣、英、艳、美、彩。兄弟姐妹姓名末一个字有相连口彩的习惯，如：梅花满堂、高起来、昌泰、兴家业。随着时代发展，农村学名仍按辈序字，城里多以单字美名为主，不再强调辈序。

绰号，方言叫“诨号”“外号”，一般以其丑形、丑性、丑行为来源，只作背称，面称则为詈辞，如：猪八戒、蛤蟆、枣核子、大牙、大腚、拉巴（走路扭胯度大的人）、夜猫子、狗蹦子、呜噜王（喜欢唠叨者）、窝囊儿（脏者）、细作（吝啬者）、疯狗（野性大者）、皮笊篱（吝啬者）。有些以姓取谑的，如：孙葫芦、牛蛋、羊（杨）草包。大部分绰号都有典故。

2. 物名

建筑、器物名：院子叫“天井”；地方叫“埝儿”“埝子”“地处”；地面叫“就地”；屋里的地面叫“田地”“屋打场子”；里屋叫“房屋子”；用纸糊的天花板叫“虚（宿）棚”；两房之间的夹道叫“夹咕道子”；几家共用的小巷叫“合巷”；院门里作屏蔽的墙叫“影壁墙”；门槛叫“门石堑子”；门窗上的横木叫“过木”；土块叫“坷垃”；学校叫“学屋”“书房”；商店叫“门市部”；主房叫“堂屋”“北屋”；厨房叫“饭屋”“锅屋”；猪圈羊圈牛圈叫“猪栏”“羊栏”“牛栏”；厕所叫“茅房”“栏”；篱笆院门叫“寨门”；琉璃叫“琉琉”；地窖叫“窖子”“窨子”；肥皂、香皂叫“胰子”；菜板叫“案板”；暖水瓶叫“暖壶”；衣服家具、工具叫“家什”；小板凳叫“杌踏”“板凳”；方形或圆形的板凳叫“杌子”；细碎瓦片、陶片叫“瓦”；用煤末与黏土和成的炭泥叫“搭火”；水桶叫“筲”；打气筒叫“气棒”；手电筒叫“电棒子”“手灯”；沏茶的瓷壶叫“卤（镂）壶子”；坟地叫“墓田”“坟茔”“茔地”“茔”；抽屉叫“抽斗”；棉袍叫“大袄”；被褥叫“被窝”“铺盖”；破旧碎布叫“铺衬”；头绳叫“纲子”；旧棉絮叫“套子”。

动物名：牲口叫“头牯”；螳螂叫“刀螂”“当螂”；麻雀叫“家雀”“家辰子”；乌鸦叫“老鸹”“洼老鸹”；喜鹊叫“野雀”；狼叫“犸虎”“大口”；鸭子叫“呱呱子”“八八子”；泥鳅叫“泥狗”；蝈蝈叫“乖乖”“咬乖”；鸽子叫“鹁鸽”；蚂蚁叫“蚁（米）蛘”；蚯蚓叫“曲蟮”；蜻蜓叫“蜓蜓”“蚂螂”；啄木鸟叫“臊打木子”；壁虎叫“歇虎子”“歇虎溜子”；蚜虫叫“蜜虫子”；蟋蟀叫“促蜇子”“蛐蛐”；蜘蛛叫“蛛蛛子”；蜗牛叫“巴拉油”；蝉叫“稍钱”；蚕叫“蚕妹儿”；蝌蚪叫“蛤蟆蝌得子”；蜥蜴叫“蛇虫（猴）子”；蛇叫“长虫”。

植物名：高粱叫“秫秫”；花生叫“长果”；玉米叫“棒槌子”“棒子”；南瓜叫“囊瓜”；谷秸叫“杆草”；萝卜叫“水萝贝”“白（青）萝贝”；胡萝卜叫“红萝贝”；蒜薹叫“蒜毫子”；红薯叫“地瓜”；松树、柏树叫“松树”；马齿苋叫“蚂蚱菜”。

3. 地名

（1）市、县（市、区）名

淄博地处山东省中部，鲁沂山北麓。“淄博”一名，系原淄川与博山两县合并时各取首字而得名，西周属齐。

张店，古称“黄桑店”。地处交通要冲，过往商旅多在此栖身。宋代，黄桑店中有一张氏店门庭大，客房多，生意兴隆，闻名遐迩。后来黄桑店之名渐被张家店取代。至元代，称之为“张店”。

博山，古称“颜神”，因孝妇颜文姜而得名。博山的来历有两种说法：其一，博山全境皆山，博山之名具有多山之意；其二，因境东南有“博山”，故以山名为区名。

淄川，因境内有淄水流经而得名。

周村，原名“昼屯”，因地处丘陵、平原的交接处，故名“昼”，曾因人少聚居而名为“昼”，后因字音转变和临水居称“昼屯”，北宋年间演变为“周村”。

桓台，传桓公曾会盟于柏寝台（广饶县东北处）而得名。据《今县释名增补》记载：“广饶县东北有柏寝台，齐景公与晏子于少海，登柏寝之台而望其国……俗谓台曰桓公台，相传桓公曾会盟于此，按柏与桓字形相近，桓当即柏字之讹。”[1]

高青，秦置狭县。隋开皇十八年（598），更设会城县；大业年间更名高苑县。1948 年，高苑、青城二县并为高青县，取两县首字而得名。

沂源，1944 年，由沂水、蒙阴、临朐三县析置沂源县，因地处沂河之源而得名，

[1] 民政部地名研究所编，张清华等编：《今县释名增补》，北京：中国社会出版社，2015 年版，第 241 页。

沿用至今。[1]

（2）街道名、乡镇名

街道多见于人口稠密的城市或重要的市场所在地。街道名多来源于市场名、旧村镇名、地理名、美名。淄川区有般阳路、商城路、松龄路。临淄有辛店街道、闻韶街道、雪宫街道、稷下街道、齐陵街道。周村有大街、丝市街、银子市街。张店有齐民路、齐泰路、齐桓路、齐风大道、齐祥路、齐和路、齐盛路、齐新大道、礼士路、稷学路、鞠源路、陶韵路、尚功路、尊贤路、积贤路、盛湖路、兰雁大道等。

乡镇名多为旧村名、美名。张店区有南定镇、傅家镇、马尚镇、房镇镇、中埠镇、沣水镇。淄川区有洪山镇、昆仑镇、双杨镇、罗村镇、寨里镇、龙泉镇、西河镇、太河镇、岭子镇。临淄区有凤凰镇、金山镇、敬仲镇、朱台镇、齐都镇、皇城镇、金岭回族镇等。桓台县有索镇镇、起凤镇、邢家镇、田庄镇、荆家镇、马桥镇、新城镇等。

（3）村名

淄博市3000多个自然村，由于所处地理环境不同，建村年代各异，村名的渊源和演化也丰富多样。每个村名都有一定的来历，含有传说与一定的民俗文化。以高青县的村名为例，村名的由来有以下几种：

一是因姓氏得名。在全市自然村中，以姓氏得名者约在60%以上。经考察发现，在古代，土著居民多以自然地理实体名称命名村名，而移民则多以姓氏命名。但是，以姓氏命名难免出现村名的重复，于是根据不同村的自然人文特征，在姓氏前后加特定的词语，赋予村名以较多的文化含义：加地理特征，如洼里徐、沙窝杨；加方位特征，如里外王、三里尚；加规模特征，如大孙、小王庄；加职业特征，如簸箕张、张木匠、赵店等；加建筑物特征，如石家井、张庙等。

二是因人名得名。高青县自古有避先人，尤其是祖先名讳的习俗，但却有很多村名直接取自立村第一代先祖的名字。如田镇的李兴耀，木李的张洛吾、张海兰，芦湖的朱泗皇、付光辉、刘念吴，黑里寨的王矮、张福贞、赵济明，青城的王天佑家、张巩田、刘公顺，唐坊的李凤鸣等。这些村名使用的都是迁来本地的首代拓荒者的名字。

三是因地形地貌、景观和方位而得名。与地貌有关：沙疃、沙窝、沙土魏、小圈、八沟李等。与地势有关：洼子刘、洼里徐、洼里孙、颜家洼、台子于、台陈、台孙等。与生态特点有关：草地、苇园、茅子王等。临近公路等交通设施：赵路、码头、李官庄、官道魏等。与水有关：堤上刘、堤西李、姚套（河套），傅家堤口、堰头、河东、河西、宋套、龙湾套、唐口（河口）等。与黄河有关：小开河、海里干、清河、小安定（位于黄河两岸，畏惧黄河洪水，期盼安定）、内外（黄河大堤）赵、买浒、上（黄河大堤上）孟等。与方位有关：东小马家、东李、东董、南北李、里外王、前后营等。与距离有关：三里庄、五里村、十里铺、务陈（务是十里之意，

[1] 牛汝辰编著：《中国地名掌故词典》，北京：中国社会出版社，2016年版，第201～202页。

此处距离高苑县城十华里）。

四是因名胜古迹得名。如达磨店（达摩殿）、玉皇堂、魏寺、千佛庙、庙子、大圣寺、九圣、三官庙、翟家寺、双庙等。

五是保持古地名原意。如高城（高苑）、青城（清池店）、田镇（田邑）等。以故事为背景命名的，如黑里寨、状科、留新南、于王口、三甲赵等。古代田亩有官田、私田之分，官田所在的村，称“官庄”，如官庄、云集官庄、张官庄、大官庄等。在民间，也有的村之所以有“官庄”之名，是因为古代这里出过大官，或受过皇封。

六是因职业或集市得名。如豆腐陈、纸坊、东西纸坊、油郑、粉张家、油坊杨、北油王等；茹家窑、周家窑以建材业命名，源于该地盐碱涝洼不适合耕种，但泥沙适合烧制砖瓦；以生产、生活用品制作及修理业命名的，如簸箕张、结网刘、冶张、蓑衣樊、踹鼓张、张木匠等；以集市或商业命名的，如小集、单家集、孙集、杜集。

七是因动物得名。自古人与动物难以割舍，动物之名，也就自然成为部分村名的由来。如老鸦赵、白龙湾、水牛李、龙虎庄、三龙庄、白马陈、业继王（野鸡王）等。本地以旱田居多，在临近黄河（古为大清河）的地方出现以水牛立名的村庄，说明古代这里就有种植水稻的水田,此也可以为高青大米种植历史悠久的一个旁证。

其他，由姓氏读儿化音衍生出的“旺”字后做缀的村：蔡旺、宫旺庄、冯旺、高旺庄、王旺庄等。一般性吉祥用语：耆士孙、吉祥村、逍遥庄、仁里、永阜、包福李、和店、德胜、义和镇、太平魏、明理庄、正理庄、天师家等。这些村名是人们崇德、尚义，追求自由、安定、幸福、长寿的体现。还有的村名是特殊时代价值取向的折射：带有明显民国时代道德色彩的村名，如樊家林四个村：义和、拥护、忠信、保证；带有明显的解放初期时代政治特点的村名，如田镇四街：胜利街、和平街、民主街、建设街；纪念黄河抗洪胜利而立名：三圣（由三次抗洪胜利谐音演化）等。[1]

二、语言崇拜

（一）口彩语

口彩，淄博叫“吉利话”，是在一些特定的场合说的一些好听的话，主要是为了图吉利、讨口彩，增加喜庆和欢愉气氛。

口彩语的构成，大致有四种方式。一是在原词语的前边加上吉祥喜庆的语素，如：喜酒、喜事、喜丧、长命鞋、长寿面、子孙馍馍；二是用美言代替原来的说法，即换一种说法，如：怀孕——有喜、害喜，做生日——上寿，结婚——办喜事，花生——长生果儿，鲤鱼——财神爷；三是谐音，有的用单词谐音的方法，如今日开业——金日开业、大鸡——大吉、栗子——立子、筷子——快子、枣——早，有的是组合谐音，如：福到了——一张“福”字倒着贴在门上、墙上，五福临门——一

[1] 参见季乃礼主编：《文化高青》，济南：山东人民出版社，2021 年版，第 175 ~ 191 页。

张“福”字，其四角配四个蝙蝠的剪纸或图案，长命灯——一盏灯彻夜通明；四是用象征手法，通过文字或图案等形式象征吉祥内容，如年画、对联、店名、“泰山石敢当”、祭祀用的纸香物品等。

1. 春节吉利话

春节吉利话涉及春节活动各个方面，特别禁忌说难听的话，俗语说“大年五更死了驴，不好也要说好”，就是要在一些物象、行为方面讨口彩。如：民间有节前备年货的习俗，家家买鸡买鱼、炸鸡炸鱼，并说“这一年吉（鸡）也有了，余（鱼）也有了”，讨“吉祥如意”“年年有余”的口彩。写春联、贴春联，都是欢乐、丰收、长寿、幸福的内容；把“福”字倒贴，讨“福到（倒）了”的口彩；门口院内贴“出门见喜”“吉星高照”等竖幅；鸡猪兔圈贴“六畜兴旺”，床头贴“身体健康”，粮囤贴“余粮万担”“招财进宝”，橱柜上贴“黄金万两”“衣服满柜”“肉鱼满橱”，车上贴“日行千里”，其他小件一律贴“酉”帖，谐“有”音；门口上方贴“萝卜钱儿”，谐“摞百千”，挂“挑钱儿”，谐“挑钱”；贴门神、福神、财神年画，寓平安、福佑、发财；放爆竹，取意“竹报平安”。

在包新年的第一顿水饺时，一般用豆腐馅，谐“都有福”音。用素馅，寓一年平静，不生气，并且在煮水饺时故意弄破几个，问“挣了吗”，要答“挣了不少”，而忌讳说“破了”“烂了”；还有的在水饺内放置糖、硬币等，寓意甜蜜、发财，谁吃到谁有好运。淄博各地都有蒸年糕的习俗，“蒸年糕”就是“争年年高”。

2. 新婚吉利话

新婚讨口彩，主要包括三个方面的内容。一是喜，新房内外贴红双“喜”字，写、剪成“囍”，寓“双喜临门”；窗花剪喜鹊登梅枝图案，寓意喜上眉梢；与新婚有关的物事名称前都冠以“喜”字，如喜酒、喜烟、喜糖、喜花生、喜饼干、喜钱、讨喜、办喜事。二是红，寓新，以此避邪、求吉。很多用具用红纸包裹、红色染成，如家具漆成红色，新娘穿红袄红褂、红鞋，戴蒙头红子，床、席、被褥全用红色，用红毡、红桌布，垫器物用红纸包裹，用红绸子裹红筷子插在新房门上方，壶、碗等嫁妆用红绳捆扎，系上红布条，用红线穿铜钱，染成红色的花生、栗子、红枣挂于被褥四角，或放入新床四周；用红纸包喜钱赏轿夫、车夫、讨喜的叫花子，香烟也用红色烟纸包装的，在祖先的坟头顶压红坟头纸。三是美好的祝愿。新娘进洞房前要在一个红杌子上坐坐，叫“坐坐性”，寓其驯服。新娘迈过门槛时，脚要踏糕和筷子，谐“高”“快”，讨“步步高、快发财、快生子”的口彩。新娘下轿后，扬撒香烟、栗子、枣、花生于其全身及院落，寓早生子、花花生，烟火绵绵。新娘坐定床沿，就要吃“宽心面”，不想娘家，也叫“长汤”，面条顺滑，寓顺利，然后吃糕，并且故意不煮熟，主持人问新娘“生不生”，新娘一定要回答“生”。新婚之夜要灯烛长明，叫“长命灯”。在沂源县，铺床过程如下：首先，把床四条腿各用一包着红纸的砖垫好（据说红砖能镇邪），床前放一上床用的踏凳，踏凳两头各放一块包红纸的年糕（象征步步高登）。然后，把谷秸、黄草（预示吉祥）均匀铺在床上，在床两头各放一棵芝麻秸（预示多子）、一棵菠菜（谐音“博才”），再依次铺上红席（用红高粱秸的皮编就）、红毡、被褥，最上边撒上栗子、枣、花生、铜钱，边撒边念：“一把栗子一把枣，大人领着小孩跑。左一把，右一把，不到三年就是俩。一把金，一把银，一辈子有个聚宝盆。一把米，一把面，一生不愁吃和穿。”预祝新婚夫妇子孙满堂，生活幸福。[1]

淄川区，铺床要在新郎、新娘拜过天地之后进行。具体操作者是新郎的一个哥哥，所谓“大伯哥铺床，儿女一大帮”。床上要铺高粱茬子、芝麻秸、豆秸等，歌谣说“放上高粱茬子，生个带把子”“放上芝麻秸，辈辈出大官”“放上豆秸，辈辈出秀才”。届时，新郎、新娘还要共同填枕头（两个），长辈们会教他们说“一填金，二填银，三填儿女一大群”等等。新娘回门后在娘家住一夜，第二天一早就要赶回婆家，回来时要用小手绢从娘家带一块豆腐。“豆”与“都”在方言中同音，“腐”与“福”“富”音近，“豆腐”即“都（有）福”“都富”。这天赶回婆家越早越好，赶回来得越早福气越大，日子过得越富，当地有谚语：“待（想）要富，赶到婆婆穿不上裤。”[2]

3. 生育吉利话

当青年人新婚之时，亲戚、邻居多赠送红枣、栗子等吉祥之果，用“枣”谐“早”，用“栗子”谐“立子”，借此祈求新郎、新娘早生贵子。在乡间的集市上，一年四季经常可以看到有售此类干果的，关键在于它的象征意义。

花生，淄博话也叫“长生果”“人参果”“长果”等。在民间，花生有两种象征意义：第一，是祝愿生的孩子既有男孩，又有女孩（民间叫“插花生”“花着生”，即男孩女孩交叉生）；第二，民间有把花生奉为圣果的，认为老人经常吃长生长寿，病人吃了有利于健康，所以亲友之间赠送花生具有吉祥、祝愿的意义。

方言用“喜”冠以生育词语，如求子叫“拴喜”，怀孕叫“有喜”，孕吐叫“害喜”，生孩子叫“添喜”，男孩“大喜”、女孩“小喜”，并到娘家“报喜”，备“喜蛋”。

小孩出生后直到成年之前，又以红色庇佑无病无灾，健康生长，如戴红肚巾、扎红腰带、钉红衣领子。端午节时，大人用红布缝小鸡到儿童的帽子或衣袖上，再串上辣椒种，取名“鸡餐豆”，以祈不生水痘。

4. 房院建设吉利话

淄博各地在选用建房木材时，大都讲究以木材种类名称谐音讨口彩。用杏木做门，以求幸福；榆木做梁，以求余粮；松木做叉手（梁架木），以求长寿。在安门窗时，要贴对联：“昨日太公从此过，说是今日好安门”，贴“安门大吉”“安窗大吉”“太公在此”；在上梁时要贴“上梁大吉”，以求吉利；梁上拴一红绸，吊一串铜钱，谐“十全”；门两边底石、影壁上刻画蝙蝠、鹿或书写“福”“禄”。

[1] 张勃等编著：《中国人最应该知道的 77 个礼俗》，北京：中国书籍出版社，2012 年版，第 80 页。
[2] 孟庆泰：《淄博地区的语言崇拜与习俗》，《民俗研究》1994 年第 3 期，第 55 ~ 57 页。

院内多栽牡丹花、石榴树、槐树。牡丹花，称“富贵花”；石榴树，取意“榴开百子”“留子孙”；槐树，有招财的寓意，“门前一棵槐，不是进宝，就是招财”；枣树，寓“早立子”之意。

5. 宴席吉利话

民间讲究宴席的菜谱与上菜程序。“头鸡二鱼三豆腐”，寓吉利、富裕、幸福；栗子炖鸡的特色菜，谐“吉利”；对鱼的摆放位置、鱼的吃法也要讲究，鱼头对着主客，鱼眼夹给主客，先行“头三尾四肚五背六”的酒令，再开始吃鱼，寓富余长久。此外，所行酒令全是讨口彩，一是一心敬、一心一意；二是宝拳一对、哥俩好、弟兄们好、再好好、好事成双；三是连中三元、三桃园；四是四红四喜、四季发财；五是五福临门、五福同寿、五季魁首；六是六六大顺；七是七巧七巧；八是八匹战马、八仙过海；九是九快升官；十是全了全了，十全十美。输了喝酒，叫“赢”，喝干叫“满上”，最后一杯酒叫“全家福”。饯行和接风，讲究“出门包子回家面”，祝愿出门挣一包子钱，老家能恋住他，顺利归来。

6. 祝寿吉利话

祝寿时讨口彩，一是表现在祝寿的礼物上，冠以“寿”字，如长寿面、寿酒；二是表现在“买寿”的活动上，儿女们凑钱买纸香，在父母生日时烧拜天地，祈求父母长寿。

7. 祭祀吉利话

祭品讲究三碗菜、三碗水饺、每碗三个水饺，顺“神三鬼四”以表示所敬者为“神”，把用榆枝扎成的挂满纸钱的树状物叫“摇钱树”，烧祭用的纸叫“黄表”“元宝”“金锞子”。香折了忌说“断”，而说“存”。在祭奠时，每一环节都有一套讨口彩的顺口溜，如祭灶时说“灶君上天，有啥说啥，多加美言，少说闲话”，或说“上天去您多言好事，下界来您广降吉祥”。

8. 开工、开业吉利话和禳解语

立春为一年农作的开始，过去有鞭春牛的习俗，现在集体“出行”，放鞭炮，并象征性地刨土，说一套吉利话，如“一刨金、二刨银、三刨刨了个聚宝盆”。开业时往往张贴“金日开业”“开门大吉”等吉利语。此外，还有禳解时所用的一套吉利语，有的叫“巧话”，如：吃了脏东西，便说“不干不净，吃了没病”；砸碎了器物，便说“旧的不去，新的不来”；钱物受了损失，便说“拿钱买寿，去钱消灾”。

9. 数字口彩

民间在一些数字上设吉利语，如衣扣等喜单数，与扣眼合成双；送嫁妆、送粥米的人数喜双，取“成双成对”；以“3”“6”“9”为吉祥数字，特别崇拜“6”，取意“六六大顺”。当地一些习俗中特别看重“六”字：媒人到女方提亲要择吉日，每月的初六、十六、二十六不用占卜就是吉日；博山一带，不管是提亲、定亲、结婚、回门、送礼要送六色礼，即送的礼花色品种须够六种；较富有的人家更为讲究，每一种礼品中还要凑足“六”字，如酒为一色必六瓶，肉为一色须六斤，烟为一色须六条等。受南方影响，又崇拜“8”，对“518”“888”等趋之若鹜。

10. 其他吉利话

在博山、淄川一带，还有重阳节做糗糕的习俗，这种糕区别于春节时的年糕，它是流质的不是固体的，是在锅里用文火慢慢地糗（煮），而不是放在笼上蒸。当地有谚语说：“九月九，家家糗，谁家不糗是没有。”农历九月九正值秋忙季节，尽管如此，人们还是尊崇这一习俗，再忙也要留女人在家糗糕。[1]

“被”与辈分的“辈”同音，常用方言词“传辈”，指祖辈的制度、物品留传给儿孙使用。儿子、女儿在分领父母遗产或遗物时，女儿无权将父母的被子拿走，被子的所有权属于儿子。传统观念认为，家业靠儿孙来继承，香火靠儿孙来延续，女儿出嫁后属外姓之人，其子女姓外姓，无权继承父业。

（二）禁忌语

1. 崇拜禁忌语

方言有神祇崇拜的内容，其称呼后一般加“爷”“老爷”“奶奶”“娘娘”以示敬畏，如：老爷爷儿（太阳）、月奶奶（月亮）、天老爷、地母奶奶、观音娘娘、送子娘、财神爷、门神胡爷、山神老爷、阎王爷、藏母奶奶、老母奶奶，并把藏母老爷（也叫“灶王爷”）称为“一家之主”。

方言有某些动物崇拜的内容。民间有供奉宅仙的习俗，认为黄鼠狼、狐狸是很有灵气的动物。有很多关于黄鼠狼的传说。例如，某为富不仁的豪绅，准备过年的好东西一夜之间被搬运一空；某人多行不义，被“仙家”附身，弄得神情迷乱、魂魄颠倒云云。这首先是动物崇拜，进而转到语言崇拜。黄鼠狼不能直呼其“黄鼠狼”，而赋之“老福神”“仙家”“老邻舍家”等尊称，俨然与“神”“仙”相提并论，再次一等的，称其为“黑嘴巴子”。把狐狸尊为“大哥”“仙姑”“胡大仙”，初一和十五进香，以佑全家平安富裕。传说直呼其名就是不敬，会领来“车货子”，在一夜之间盗走所有财物，搬运到敬它的人家去。还有两个禁说海中动物、水神的传说。一个传说，旧时一个年轻媳妇坐船过江，对哭泣的孩子说：“再哭就把你扔进海里喂鱼。”不一会儿，风起浪涌，船颠簸将覆，船客一致要求她把孩子扔到海里，说她的话招惹了鱼仙，否则全船人都得葬身鱼腹，她无奈，只得抛孩子入海，马上便风平浪静，船又继续前进了。另一传说，山区洪水暴发时，一位住在高高的庙崖山上的人说：“龙王老爷，你再能下雨也淹不了我。”结果大雨几天几夜不止，沟满河平，淹没了庙崖山顶。人们对动物的崇拜，还表现在对虎、狼、蛇等的厌恶与恐惧上，讳称虎“大猫”，称狼“大口”“麻虎”，称蛇“长虫”“长长”。

2. 疾病、死亡禁忌语

对于病、死，民间讳莫如深。“怕念叨”，认为怕啥来啥，说病病就会来，如小孩儿口无百忌，说“腰疼”，父母马上用语言破解：“小孩儿没腰。”即使真的

[1] 部分语言崇拜参见孟庆泰：《淄博地区的语言崇拜与习俗》，《民俗研究》1994 年第 3 期，第 55 ~ 57 页。

有病，也婉言之为“不好受”“不好”“不大好”“不熨帖”“不愉括”“不愉作”“不舒坦”“生癞”“有症候儿”“不壮实”。对有残疾的人，遵循“守着矮人不说短话”的原则，称盲人为“先生”，腿残疾为“腿不行”，手残疾者为“不得劲儿”“不方便”。

对正常死亡，方言说成“老了”“没了”“走了”“不在了”“不好了”“老大了”“过世了”“咽了气”“伸了腿”“撒了手”“倒了头”“挺了脚”“合了眼”“不受罪了”；自杀，说成“寻思不开”“招了邪魔”“钻牛角”“寻短见”“寻无常”“伸了脖子（上吊）”“伸了头（上吊）”“挂了（上吊）”；病死，说成“没抬头”“治不过来”“没收救”；夭折，说成“伤了”“扔了”“抛撒了”。有些地方把形容极度的“死”换成“杀”“毁”，如“乐死人”说成“喜杀人”，“气死了”说成“活气杀”，“憋死了”说成“闷毁了”，忌讳提到“死”，禁说“活够了”“撑死了”，以为说巧了“赶上时辰”，就真能应验。所以对咒语、誓语特别禁忌，把“出门撞车”“死爷死娘”“不留一个人芽儿”“全家死绝”“死到大年五更”作为恶毒的詈语。

方言也讳言与死亡有关的事物，如把棺材称为“板”“材”“寿货”“寿木”“寿器”“器木”“寿材”“寿活路”，把殓衣称为“送老衣裳”“寿衣”，把坟地称为“林”“林地”“舍林子”“岗子”。

3. 其他禁忌语

有植树谚语：“前不栽桑，后不栽柳，院内不栽鬼拍手。”意思是，门前栽树不可栽桑树，房后栽树不可栽柳树，院中不可栽白杨树。据说是由于“桑”“丧”同音，门前栽桑是“顶门丧（桑）”“丧（桑）门”，主家破人亡。“柳”一说主后代走下坡路，另一说象征花荫柳下乃伤风败俗之场合。杨树叶子经常发出“哗啦哗啦”之声，有利于盗贼行窃。

桓台县每到过年时要蒸一种很大的馒头，蒸的时候，由于火势很猛，常常催得馒头裂开口子，当地人从不说“裂口子”，而叫“笑了”。赋予馒头“笑”的动作，增加了喜庆和喜爱色彩。

水饺煮破了、碎了，一律叫“挣了”。“破了、碎了、挣了”都是指大家不情愿接受的事实，但“挣了”则消解了不愉快的色彩。按当地人的说法，饺子“挣”得越多，说明挣钱挣得越多。

宴席上，翻鱼忌说“翻”，叫“正过来”“划过来”。

周村一带，婚礼上送贺礼，尤其忌讳送缎子。当地送布料送被面送毛毯统称“送喜帐”，布料、被面不能是缎子面料，因为缎子和“断子”音近，新婚开始，希求子嗣繁衍，断子是大忌。[1]

疙瘩有线打结的意思，淄博方言把纽扣叫“疙瘩子”，疙瘩也有不顺利的意思，因此，当地风俗有忌讳“疙瘩”的习惯。妻子做针线活儿，忌讳丈夫在线上打疙瘩，

[1] 于全有主编：《中国语言学研究》，长春：吉林文史出版社，2006 年版，第 87 页。

即使打了，妻子也要扯下来，担心夫妻之间结上感情的疙瘩，相互生分起来。妻子、丈夫自己在线上打结并不忌讳，只忌讳夫妻之间打疙瘩。早晨人们外出做事，看见纽扣忌讳拾起来，大清晨就拾“疙瘩子”，一天做事都会疙疙瘩瘩不顺利，这是谁都不愿出现的事。

结婚大礼安排在哪一年份，民间十分讲究。如果是无春之年，民间叫“寡年”，寡年不婚嫁。老百姓认为，寡年结婚会守寡。为避讳寡年结婚，在 1993 年底，淄博一些地区突击结婚形成风潮，娶亲的车队可谓络绎不绝，车水马龙。为新娘准备嫁妆，要请人帮忙，所请之人必须是夫妇健在的人，最好是儿女双全的，忌讳寡妇。这种避凶趋吉的心理在民俗中反映得非常普遍。

酒宴上“干杯”“干了”不绝于耳，但民间忌讳说“干”“没”等词语，“干”用“满”代替。“干了这一杯”说成“满了这一杯”，“干了三大杯”说成“满了三大杯”。酒瓶里没有酒了，也不能说“干了”“没了”，要说瓶子“满了”。过去没有电灯的时候，点油灯照明，灯里油干了，不能说“油干了”或“没有油了”，只能说灯里“油满了”。儿童涉世未深，往往不懂忌讳，直言“干了”“没了”，会受到大人的严厉训斥。

三、民谚俗语

（一）谚语

谚语是指流传于民间的言简意赅的短语，由群众所创造并在群众中广泛流传，具有口语性和通俗性的特点，简练而形象，反映了劳动人民的生活实践经验和美好愿望。淄博谚语非常丰富，主要分气象、农业、卫生、社会、学习等类别。生产谚语，包括农谚、经商谚语等，见本志第一篇，其他类别谚语[1]，选录于下：

八竿子打不着。（关系疏远）

八竿子砸不出个屁来。

八面砍不出个橛楔来。（人难相处）

百日连阴雨，总有一朝晴。

爆仗脾气，一点就着。

比着腚眼裁裤子。（节约过头）

便宜无好货，好货不便宜。

不打勤利不打懒，专打不长眼。（长眼，有眼力见儿）

不到黄河心不死，不撞南墙不回头。

不懂机器乱搞油。

不和人家劈一个葱叶。（不和别人交际来往）

不怕不识货，就怕货比货。

[1] 谚语内容参见守愚工作室：《说说桓台方言、歇后语和俗语》，2018 年 6 月 8 日，个人图书馆，http://www.360doc.com/content/18/0608/01/44669208_760562238.shtml。

不怕慢，就怕站。（不怕做得慢，怕停下不做）

不怕夜猫子叫，就怕夜猫子笑。（俗以为凶兆）

不是驴不走，就是磨不转。（总是出问题）

不是一家人，不进一家门。

不听老人言，吃亏在眼前。

不图三分利，谁起早五更。

不言不语念真经。

不蒸馒头蒸口气。（“蒸”谐音“争”）

菜好做，客难请。

苍蝇不叮无缝的蛋。

拆台子戏，拔秧子瓜，死了媳妇走丈人家。（拆台子戏，即将拆戏台的最后一出戏。拔秧子瓜，不等成熟就要拔瓜蔓的瓜）

馋人好走亲戚。

常吃地瓜，眼是秤。（常吃地瓜的人用眼目测重量。常做某事，心中有数）

常赶集没有碰不上亲家。

吃不穷，穿不穷，算计不到就受穷。

吃稠的拉薄的，不像个干活的。（好吃懒做之人）

吃饭穿衣量家当。（根据经济情况适度消费）

吃妈妈还要解开怀。（妈妈，乳房）

柿子专拣软的捏。

吃桃饱，吃李饥，吃到杨梅笑眯眯。（桃子可缓饥饿，李子伤脾胃，杨梅吃了心情愉悦）

出门一里，不如家里。

厨房难为不着做饭的。（人有一技之长，到哪都可以施展）

吹埠土，找裂纹。（埠土，浮土。发现问题，解决问题）

跐着鼻子上脸。（跐，踩。）

从南京到北京，买的不如卖的精。

寸草铡三刀，螃蟹吃了也上膘。（饲草铡得越短越好）

矬子老婆高声。

矬子里头拔将军。

打不着貔狐惹一腚臊。（貔狐，也说“貔子”，即狐狸）

打春的雪，狗也撵不上。（立春之后，雪化得快）

打狗得看主人面。

打是亲，骂是爱，不打不骂是一害。

打小看苗。（家庭教育重要）

大胆撑煞，小胆饿煞。

大人不把小人怪，宰相肚里盛开船。

待要吃饱饭，围着博山转。（清末博山经济繁荣，艺人云集，故有此谚）

待要好，大敬小。

担了十日晴，担不了十日阴。（万物生长靠太阳，没有阳光，生物不能生长）

倒霉知不道哪一霎。（祸事发生时不可预估）

到哪山砍哪柴。

籴不着粮食掉了口袋。

掉了找不着，死了哭不活。

掉下个树叶怕砸着。（做事谨小慎微）

东嫁东流，西嫁西流。（女子出嫁之后，一切与娘家无关）

肚子饱了眼饥困。（明明肚子已饱，见了好吃的东西仍很馋想要）

多子多女多冤家。（父母一世要为子女烦恼、忧心）

摁下葫芦起来瓢。

儿大起他娘。（儿大不由娘）

儿大三分客。

儿哭一声惊天动地，闺女哭一声真心实意，媳妇子哭一声嘘声冷气，女婿哭一声驴驹子放屁。（说明不同关系的人对死者的感情不同）

儿孙自有儿孙福。

翻了糊，糊了翻。（比喻不解决根本问题）

饭不离口，拳不离手。

富贵不离祖，游子思故乡。

富贵险中求。

该当井里死，河里淹不煞。

干啥吆喝啥。

刚扔下把棍子就打要饭的。（把棍子，木棍）

钢刀割不断亲戚。

钢刀压脖不低头，泰山压顶不弯腰。

高处添土，矮处掘坑。（帮强不帮弱，谁势力大，向谁边倒）

胳膊扭不过大腿，大腿扭不过腰。

给脸不要脸。（不识抬举，不知好歹）

给他点颜色，他就上大红。（蹬鼻子上脸，没有自知之明）

狗急跳墙，兔急咬人。

狗记千，猫记万。（狗和猫的记忆力好）
狗尿不臊。（狗尿很骚，不骚是假的，不可信）
狗窝里斯馕不了干粮。（斯馕，食物发霉）
管天管地，管不着人家拉屎放屁。
管头不顾腚。（顾得了一头，顾不了另一头）
管闲事，落是非。
光见那贼吃啥，没见那贼挨打。
贵人语迟。（贵人少言寡语）
国强民也富，国破家也亡。
过了这个村就没那个店。
孩子哭了抱给他娘。（总有办法解决）
孩子是自家好，老婆是人家好。
含着半截露着半截。（说话不直截了当）
含着冻冻说不出冷来。（冻冻，冰块）
含着是块骨头，吐出来是肉。
行行有道，道道有门。（各有各的行业诀窍）
好狗不挡道。
好汉不吃眼前亏。
好汉架不住三泡稀。（铁人硬汉也经不起拉肚子的折腾）
好马不吃回头草，好蜂不采落地花。
好人无长寿，祸害活千年。
好煞有个仇家，孬煞有个朋友。（一个人不管多好多坏，总有对头、朋友）
喝酒不吃菜，各人心里爱。（各有所爱）
哄儿瞒孙。
哄煞人不偿命。（会哄人，但只说不做）
猴子手里掉不了枣。（为人做事从不吃亏）
胡琴两根弦，全靠手中变。
话多伤心，饭多伤身。
慌啥，慌（荒）了不打粮食。（劝诫人遇事要冷静）
会者不难，难者不会。
浑身刺挠不知哪里痒痒。（刺挠，发痒难受）
火车跑得快，全靠车头带。
饥了甜如蜜，饱了蜜不甜。
鸡不叫算今每。（今每，今天）

鸡不撒尿，自有门道。（自然会有窍门、门路）

鸡多了不下蛋，老婆多了不做饭。

家贫出孝子，国乱识忠臣。

家乡水甜入心，十年不改旧乡音。

家有千口，主事一人。

家有一老，强起一宝。

嫁得好不如过得好。

见人说人话，见鬼说鬼话。

教的曲唱不得。（一味模仿，没有形成自己的风格，就还没有真正出师）

借的米能下锅，要的米下不得锅。（借出东西容易，向人讨还不容易）

借坡下驴。

借钱为好，要钱为恼。

尽忠报国，尽孝守家。

进门看脸色，出门看天色。

井里无水四下淘。（多想办法）

看殡不嫌殡大。（旁观别人不幸，寻乐开心）

看到眼里拔不出来。（被某种东西吸引，难以自拔）

看人拉屎腚眼痒痒。

看人下菜碟。

看自己一朵花，看别人豆腐渣。

炕头王。（一般指男人，在外低三下四，在家称王称霸）

客不走，主不安。

客人是条龙，勿来就要穷。

懒驴上磨，不是拉就是尿。

捞不着兔子扒狗吃。

老猫屋脊睡，一辈留（传）一辈。（风俗习惯代代相传）

老要精神少要板，年小就怕死样眼。

姥娘揣甥，使煞不唉哼。（揣，抱。使煞，累死。唉哼，呻吟。姥娘对外甥有感情，替女儿看孩子心甘情愿）

俩人穿一条裤。

零割肉不疼。

聋人会揪作。（聋人因听力欠缺，常编造，自欺欺人）

聋人三分痴。

卤水点豆腐，一物降一物。

骡驾辕，马拉套，娘们儿当家瞎胡闹。（旧传统是马驾辕，男人当家）

骡子大了值钱，人大了不值钱。

驴屎蛋外面光。

买个黑碗还稀罕三天。（开始都很珍惜）

麦穰擦腚不利索。（麦穰细碎，不适合擦屁股）

卖盐的老婆喝淡汤。

瞒着锅头上炕。（锅头，灶）

慢工出巧匠。

慢工出细活。

没想到小窝里还有大螃蟹。

没有金刚钻，不揽瓷器活儿。

门里出身三分匠人。（世代传承手艺）

庙小阴风大，池浅王八多。

摸着黄鼬当马骑。

拿不净的贼，除不尽的草。（贼像草无法除净）

拿着人肉换猪肉。（出卖劳动力换取收入）

哪壶不开提留哪壶。

男的勤，田头地角出金银；女的勤，布机纺车出金银。

你不打人一拳，人不踢你一脚。

年好过，春难捱。（过年就一天，好打发，接下来的春天，若上年余粮不多，一季日子就难）

宁吃开眉粥，不吃皱眉饭。

宁吃鲜桃一口，不吃烂杏一筐。

宁打金钟一下，不打破鼓千声。（宁愿向能力强的人央求一次，不向不能解决问题的人央求多次）

宁给穷人一斗，不给富人一口。

宁叫钱吃亏，不叫人吃亏。（钱能解决问题，哪怕多花钱，不让身体受罪）

宁肯给君子提鞋，不肯和小人同财。

宁死不背理，宁贫不堕志。

宁要家乡一培土，莫恋他乡万两金。

女大三，过得黄金触着天；男大三，女大四，眼中钉子肉中刺。（旧时习惯女大男小，认为女大三好，而男大三或女大四，则夫妻不和睦，难相容）

破家值万贯。

欺老莫欺少，欺少有仇报。

齐不齐，一把泥。（泥瓦匠干活不管齐不齐，一把泥抹了就行）

起早五更赶晚集。

千人千脾气，万人万模样。

牵着不走打着倒退。（人没志气或脾气倔，各种办法都不能使之改变）

前头有车，后头有辙。

钱财如粪土，仁义值千金。

亲戚家中个举，不如邻舍家喂个驴。（邻舍家，邻居。远亲不如近邻）

勤扫天井懒赶集。（天井，院子。讲卫生，少花钱）

穷怕亲戚富怕贼，单裤破了怕孤堆。（孤堆，蹲）

瘸驴借就破布袋。（借就，凑合。互有缺陷的双方凑合着做事或生活）

人倒霉连盐罐子也生蛆。

人多不洗碗，鸭多不下蛋。

人还能叫尿憋死。

人活一口气，佛烧一炷香。

人敬我一尺，我敬人一丈。

人没笑脸不开店。

人穷不上眼，水浅不上竿。（人穷志短，让人瞧不起）

人在时里，鳖在泥里。（运气好）

忍得一时气，能得百日安。

三两葫芦二两油。（说话做事飘忽不定，主意不正）

三岁看小，七岁看老。

扫地如静心。（佛家有云：扫地扫地扫心地，心地不扫空扫地。人人若把心地扫，无明烦恼皆远离。人人若把心地扫，世间皆成清净地）

上当就一回。

捎话捎多了，捎钱捎少了。（托人捎银子，往往越捎越少；托人捎话，往往越捎越多。传言往往添油加醋，不可轻信）

少管闲事，多活年岁。

舌头底下压死人，唾沫星子淹死人。

舌头鼓不出腮去。

省了盐，酸了酱。（不该节省的地方节省）

省着省着，一个窟窿等着。（过于节约）

虱子多了不咬得慌。

十层单不如一层棉。

十个手指头冲不齐。

十个指头咬咬哪一个也疼。

十世修来个好邻舍。

屎壳郎跟着花蝴蝶飞。

是菜就挖到筐子里，蚊子虽小也是肉。

是猫就避鼠。

是亲三分向。（有亲戚关系，立场会倒向他那一边）

手大捂不过天来。

守着矬子不能说矮话。

受人劝，吃饱饭。

树大自直。

谁家那坟茔里没有棵弯弯脖子树。（每个群体都有品行不好的人）

水多了加面，面多了加水。

水多了泡倒墙。

说话做事裹不住头芯子。（裹不住头芯子是指小孩。说话做事不成熟）

说顺话不捱呲哒。（捱呲哒，挨骂）

死狗挫不上墙去。

随葫芦打趟趟。（人云亦云）

天不冻下力之人。（下力，勤劳）

天塌下来有地顶着。

天下不收懒奸。（懒奸，懒惰之人）

天下爷娘爱小儿。

听话听音。（要透过话的表面，去探寻说话者的真实用意）

吐口唾沫砸个坑。

推车不怕慢，就怕断了袢。（袢，推车把上拴的带子，搭在人肩上，便于用力）

腿不治不瘸，眼不治不瞎。（过去医疗水平低）

袜子不好，呢绒的；媳妇不好鱼龙的。（20世纪50、60年代，能穿上结实耐用的呢绒袜子，能娶上水灵漂亮的鱼龙湾姑娘，就很满意了）

外亲不挡理。（亲朋好友做错了事，不要包庇、以情害理）

外甥狗，吃饱了就走。（外甥去姥娘家，尽管受到好的招待，但总认为不是自己的家）

外甥随舅，侄女随姑。

为人莫做拨火棍，拨来拨去烧自身。

捂着耳朵偷铃铛。

勿要睡到日头红，三个五更抵一工。

媳妇子能为大得天，不敢在娘家过七月十五、腊月二十三。（能为，本事大，厉害。女子结了婚，就是婆家的人，过年过节要返回婆家）

喜鹊喳喳叫，喜事要来到。

下雨下雪先济天。（人的能力有限）

闲时置下忙时用。

咸吃萝卜淡操心。

嫌好道歹。（挑剔）

小车不倒济着拱。（只要还有力气，就坚持到底）

小姑子是棵葱，不辣也憁拢。（小姑子对嫂子来说就像葱，即使不辣，也难闻）

小姐的心，丫鬟的命。

笑话人不如人，脸上长疤瘌，腚上长皱纹。

写字怕描，拉屎怕瞧。（写字越描越黑，不光彩的事，不要到处说）

心急喝不得热黏粥。

心静自然凉。

盐多不坏菜，油多不坏味。

盐里也有你，酱里也有你。（瞎掺和，什么事都插手）

咬人的狗不叫。

爷有，娘有，不如自家有。

一锛砍到墨。（木匠技艺的极致）

一槽难拴两个叫驴。（二强各不相容）

一朝被蛇咬，十年怕井绳。

一分钱憋倒英雄汉。

一个巴掌拍不响。

一个李果三把火。

一个荞麦三个棱，人人有个偏心病。（偏心病，偏心眼儿的毛病）

一锅黏粥没有个豆。（没有内容，没有重点）

一回生，两回熟，三回不用请师傅。

一粒老鼠屎，坏了满锅汤。

一人不说两面话，人前不讨两面光。

一人修路，万人安步。

一人有福，拖带满屋。

一人作恶，万人遭殃。

一日相争三日穷。

一岁年纪一岁心。

一天好过，一年好过，一辈子不好过。

一窝子貔狐不嫌臊。（貔狐，狐狸）

一孝遮百丑。

一揸不如四指近。

一锥子扎不出血来。

硬的怕横的，横的怕愣的，愣的怕不要命的。

有福不在两膝楞鼻。（人不可貌相）

有行工之日，就有完工之时。

有劲没处使，有钱没处花。

有山必有路，有水必有渡。

有上不去的天，没过不去的关。

有使煞，有闲煞。（每个人都有每个人的命运）

有志不在年高，无志空长百岁。

鱼好吃，腥难闻。

远路无轻载。（路途远了，再轻的东西也感到沉重）

越干渴越给你盐吃。

云彩没处估雨。（比喻世事难料）

在家敬父母，强起远烧香。

在家千日好，出门一时难。

早起三光，晚起三慌。

站着说话不嫌腰疼。

长百日，短五七。（老人死后每七天上一次坟，五七坟则提前几天，百日坟则推后几天）

长木匠，短铁匠，不长不短是石匠。（长木匠，木工活多留有浮头。短铁匠，铁具短了可以通过加热、锻造使其加长。石器以料定工，料多大，尺寸多大。比喻做事要具体问题具体分析）

账目清，好弟兄。

这山盼着那山高，到了那山没柴烧。

争着不足，让着有余。（遇事相争，双方都受损；相让，双方都得益）

庄稼不收年年种。

庄稼看着人家的好，孩子看着自家的好。

自己的筢子上柴火。（用筢子搂柴火，自己的用着顺手搂得多）

纵子如杀子。（溺爱，会害了孩子）

走过南，闯过北，爬过火车挨过摔，走过大森林，见过大老黑。（说一个人阅历广，见过世面，带有调侃的味道）

醉煞不认半壶酒钱。（宁愿喝醉也不愿意谈及酒钱。比喻做了错事，碍于面子不承认）

（二）歇后语

歇后语，民间一般叫“坎子”“巧话儿”“俏皮话儿”等。淄博当地的歇后语丰富展现了当地的风土人情，颇有地方特色。在构成上一般可以分为两类：一类是谐音双关的歇后语，即后一部分利用语音相同或相近的特点而达到言此寓彼的目的，如“把梨子连皮吃——不啃（肯）”“禅和子念经没撞钟——击磬（吉庆）”等；另一类是寓意，即前一部分是比喻，后一部分是对前一部分的解释，如“草蛤蜊缝至行头里——成了个憨蛋”“博山的陶瓷——成套成套的”等。歇后语通过日常生活中的一些现象，或者通过编撰一些子虚乌有的情形，表现当地人说话的乖巧、调侃、讽刺、自嘲，增强语言交际的活泼、戏谑作用。歇后语属于当地的文化现象，具有一定的史料价值。常见的歇后语[1]有：

艾焙子炙那连连骨——疼着他那脚后跟了

八十的老头转磨磨——晕煞了

镑地的镑出来个柘骨碌——锄着这死眼子了

背着粪栏子看戏——熏谁啊（熏，骗，桓台方言）

背着粪栏子撵书记——瞎装积极（撵，追）

被窝里放屁——能文能武

秕芝麻上不得锅炒——歇了还无油水

玻璃上擤鼻涕——出啦声

布袋里装索头——弯弯来里头（索头指套牛车用的牛索头，木头做的，形状像倒写的 V 字；来，在。指外表正直而鬼点子多的人）

台的不走开——装亲生的

吃竹皮拉笊篱——还响（很）会编来

拶塑匠两口子扎春牛——忙扎（着）那芒（忙）哩

穿着大褂子偷囊瓜——人物人不办人物事（比喻干与自己身份不相称的坏事。囊瓜就是南瓜，穿大褂子的人指读书人，人物人是指受人敬重的人）

吹鼓手吊下驴来——回头朝下哈哈

[1] 歇后语参见王聿发：《聊斋俚曲中歇后语的分布与类型》，《蒲松龄研究》2006 年第 4 期第 87 ~ 88、156 页；笑书：《流行于博山民间的歇后语》，2015 年 7 月 26 日，经典用语，http://www.jintang114.org/html/xiehouyu/2015/0726/23563.html；守愚工作室：《说说桓台方言、歇后语和俗语》，2018 年 6 月 8 日，个人图书馆，http://www.360doc.com/content/18/0608/01/44669208_760562238.shtml。

瓷窑上的瓦盆儿——一套一套的
打靛的把子吊了柄——是个没把的个青头
大风里刮了下颏——连嘴也是难赶
大拇指抓痒痒——冒充一把连
灯泡掐蒜——轻捣（青岛）
籴的二升秕芝麻——打了没油水
腚沟夹搓板——净道道
腚沟夹扫帚——齐呼啦着
腚沟里夹盖垫——反过来正过去都是摁（恁，你的）那里（理）
腚沟里夹上秤杆——一溜崩星
豆腐的点不成脑——坏了作
豆皮窝窝（用豆皮做的窝头）晒太阳——挖挲得慌
断了线的珍珠——一个一个地乱滚
砘骨碌掉在井里——一个眼子到底
二月二的煎饼——摊（瘫）了
翻贴门神——左右难
贩梢瓜的爬到屋檐上——上门来寻人便宜
贩鲜的担着柳杌子活鱼——唬破他那肚头子了
公公背儿媳妇——费力不讨好
狗儿甜蒜碟——不轻饶
狗拉油搭儿——不长出息
关着屋门烧湿柴火——有意存烟（焉）
光腚串门——没事找事
光着腚穿裙子——围得好
光着腚拧屋脊——对不起四邻
锅腰子上山——前（钱）上紧（锅腰子，罗锅。驼背人上山抬头挺胸，前面衣服紧绷）
蛤蟆颗的子头疼——浑身净病（蝌蚪，桓台人叫“蛤蟆颗的子”）
猴子扒竹竿——一节一节地来了
胡桃栗子摆在鼻窝里——脸上开起山果铺子来
豁口子加墙板——打杀了
火炉子不旺——欠煽（欠教训）
家辰子拉薄屎——赖呆巴乌（家辰子，麻雀；赖呆，埋汰，不利落）
尖古堆扮玩——熊没熊过这一帮

尖古堆那狗虎——不吃范（饭）了（尖古堆村范姓较多，自己村里的狼不吃自己人）

见了丈母娘喊嫂子——没话打捞话

姜庙村打的那仗——姜打姜（将打将）

叫花子安风扇——穷大方

叫花子抱着醋坛子——穷酸

叫花子躲乱——穷得讨饭还带着不安稳

轿子里打拳——不识抬举

结巴郎吵架——张口结舌

解官元宝打开鞘——漏出整腚来了

借高利贷买棺材——死要面子活受罪

金棒槌敲门——富啦

金刚钻划豆腐——深刻

金鸡配凤——天生的一对

金戒指上镶宝石——好上加好

进关走麓村——不用多说（旧时此路为龙泉方向进入淄川的必经之路）

近视老婆拾蒜瓣——自家捣了眼了

京戏走台步——磨磨蹭蹭

井底下种花——根底深

净了包袱的线匠——没零卖，发了纩（光）子了

镜子里瞪眼——自己吓自己

揪着耳朵过江——操心过度（渡）

九寸加一寸——得寸进尺

九月菊花逢细雨——点点入心

酒店里开了市——就挑出望布来了

酒坛淌出糟来——鼓了袋子了

旧板凳做了脚打罗——成了踢（体）面

锅子匠不钻眼——生钉

开会呼口号——异口同声

开水锅里煮空笼——不蒸馒头争（蒸）口气

开水泡黄豆——自我膨胀

开水煮棉絮——熟套子

砍柴刀刮脸——手艺高

砍树吃橘子——不顾根本

看见尼姑叫嫂子——乱认亲

裤裆里钻出个丑鬼来——唬着我这腚垂子了

拉屎扒地瓜，连带着逮蚂蚱，顺便来把地瓜叶回去蒸巴拉——一举多得（巴拉，桓台民间食物，少许面加菜叶加盐蒸熟，一般蘸蒜泥吃）

拉屎抠破擦腚纸——手壮

拉屎冒热气——要的就是这股劲

莱芜韭菜——各自一席

懒驴上磨——屎尿多

老鸹飞那猪腚上——光看别人黑，看不到自己黑（老鸹，乌鸦）

老汉子上树——欠撮（撮，一是“往上推”“往上顶”义，一是“揍”“打”“教训”义）

老虎窝里种南瓜——守着个吃人的东西还作大叶（业）

老黄瓜刷绿漆——装嫩

老韭菜——硬拌

老母猪衔着象牙筷子——就装煞，也是杀才

老娘娘爬墙头——欠撮

老娘娘跳井——尖脚（坚决）到底

老鼠啃瓷缸——满口是瓷（词）

李家窑那八八（鸭子）——出来就是一天

六月六的豆腐——陪不得了

笼里犯出羔团子——好势的也打

萝卜窖子被了盗——掘开了

驴腚上挂炊帚——刷（耍）穷腚（就是贫嘴的意思）

驴腚上挂暖瓶——有一定水平

麻线栓豆腐——提不得

马尾套蜻蜓——把腚挣了

犸虎咬着老羊——就吃下他下半截，他也是不作声的

买了肝肺不上碗——用心

卖布的净了店——没嘎裂拉一裂拉

卖豆腐的破了布袋子——过不得了

卖馓子的折了本——就扎挣不得了

卖糖的不见了糖箱子——光拉那弯弯担

茅房刮旋风——生欢你这张卫生纸了

茅房里那石头——又臭又硬

茅房里贴告示——吓唬那些拉屎的

棉花掉进孝妇河——没法弹（谈）涟

面盆里加引子——发起来了

木匠提溜着墨斗——也只是看一眼

木锨舒在那酱盆里——大匙起来了（舒，伸出，放置）

拿着筷子敲菜碗——饭饱了弄筷（款）

年三十打得那兔子——有它也过年，无它也过年

娘花车子失火——着布记（找不济）（娘花车子指纺车，棉花弹好后做成布记，再用布记纺线。找不济，找麻烦。）

牛角上抹油——又尖又滑

培了的芋头不踏——差一脚

披着蓑衣吃麻糁——不看吃的看穿的

披着蓑衣打飞脚——抖掉了身上那几根柴火

皮猴子掉在火里——一根毛也不见

屁股里长出波瘰子来——瞎了那腚门子

屁股长在脖子上——腆着腚去见人

肉头老撞着显道神——你也说不得我长，我也道不得你短

软杠子举重——呼扇

三十里、五十里不知道路径——走上岔道去了

山头的漏壶（瓷茶壶）——好嘴

摄傀儡子解开包——弄出故事来了

十八的大姐铰了头——不待嫁（价）

十月里柿子不漤——就烘上来了

石头钻的鼓子——不中打

丝瓜不叫丝瓜——叫啰唆（啰唆长得像丝瓜，个别人分不清。啰唆是说话絮叨或做事麻烦的意思）

四牌楼不叫四牌楼——城心（成心）（成心，故意地）

苏州娘子不缠脚——光兴了一个头儿

剃头匠吆喝——没了换头了

剃头挑子——一头热

替板的长了一腚疮——没人打就痒痒

铁鬼脸满地撂——丢出那丑来了

驼垛子的老驴上山——唉哼着又济着喘粗气

歪脖子秫秫——各自一种

王长明不开方——必死绝症了（清康熙雍正年间，淄川一位名医王长明，医术精湛）

文昌爷爷不坐轿——骑了牛来了

乌河头念的那书——孙嘟囔（没有作用的自言自语。乌河头村孙姓居多，桓台人把处事吃亏叫孙）

五里庄子打香油——正办公事（比较重视，认真办事的意思。民间公事指婚丧嫁娶）

捂着耳朵放爆仗——使了钱卖了些出作

杌扎子坏了——欠扎裹（欠教训）

西瓜掉到油篓里——好大的一个滑蛋

细豆腐揣的好肉——再酸些他也不嫌

瞎牛蠓飞在眉毛上——咬着眼

夏里的皮袄不收拾——只怕掉了毛

线匠不见了线包子——背不得

小大姐笑掉了裤子——喜起来顾不得难看

小孩子卖长生果——吃不了还叫他兜着走

小腊梅的裹脚——有块块

小粜粮的生意快——只见不住下

校场坝的旗杆——光棍一条

鞋里加楔子——好揎（悬）

新女婿闪了腰——你疼我也疼

胸膛上长起草来——慌了心

腌坏了的螃蟹久不吃了——脐子都沙了

扬州的琼花——找遍天下无二朵

养汉老婆不生儿——奸捣的没了种了

养汉老婆不脱裤——人不找你，你又找人；人来找你，你又作势

姚家峪发山水——冲下来一个坏枣

姚家峪请客——自带小窑货

一窝皮狐——不嫌臊

一捂眼加一捂眼——二捂眼

鱼龙湾接生的那孩子——没有三篇文章（没有三篇文章，形容事情做起来不难或简单。说鱼龙湾有一家，老婆早产来不及上医院，丈夫亲自接生，结果大人孩子平安，丈夫事后骄傲地总结说：接生孩子也没有三篇文章）

渔妈妈的皮狐子，变了个江米人——就是个引汉子的老妖精

月亮不叫月亮——叫大兴（星）

澡堂尿尿——没处查头

张天师闭了眼——出神

赵家庄那卷子——黏牙（据说20世纪50、60年代治理河道，不知是因面粉霉变还是因没蒸熟，赵家庄工地的卷子黏牙。做事不果断干脆，拖拉，事情难办，都叫“黏牙”）

这偷生子儿——可领不得你的教了

纸糊的桌子请客——抹（骂）抹（骂）就抹（骂）一块去了

猪八戒家生的孩子——弄出丑样子来了

竹篮打水——落成空

庄家不识木梨——好一个香（乡）瓜

庄家佬得罪着老龙王——怪下来，不上俺那地里下雨

庄家佬看戏，不认得关爷——那红的就出来了

做梦娶媳妇——光想好事

（三）惯用语

惯用语是一种习用的词组，既有三音节为主的固定格式，又有比较灵活的结构。常用来比喻一种事物或行为，相当于一个词或词组，通常使用与其字面意义不同的深层意义，具有简洁明快、生动形象、内涵丰富等特点。淄博方言有大量的惯用语，表现力强，文学性高，充分表现了淄博民众的语言表达能力，同时也是研究淄博民间文化重要的语料、史料和活化石。常见的惯用语[1]有：

唉哼：呻吟。

巴不得：希望，盼望。

巴头瞧猫儿：东张西望。

扒瞎话：说谎。

拔轱辘：摔跤，双方动手打成一团。

白瞪眼：没有办法、干着急。

半吊子：不务正业或者做事鲁莽。

包团：缺点错误。

饱汉不知饿汉饥：不能设身处地为有困难的人着想。

背着抱着一样沉：同样，一样。

不大离：差不多。

不叫准：不一定。

[1] 惯用语参见淄博市志编纂委员会编：《淄博市志》，北京：中华书局，1995年版；张泰、王文晖、隋长虹：《聊斋俚曲集方言俗语选释》，《蒲松龄研究》2004年第1期，第97～108页。

不赖：不错、好。
不拢个、倒不过个：没有空闲。
不宜量好：不识好歹，不知道感恩。
不沾闲：不起作用，不好。
不着调：做事不认真。
曹气：捣蛋。
草鸡：耍赖。
敞门子：也叫“半门子”，指靠着色相挣点零花钱的妇女。
畅快：解恨、发泄怨气。
吃饱了撑的：多管闲事。
吃不了兜着走：造成了很严重的后果。
吃独食：独吞，自己一个人占有。
出条：出色。
雏儿：外行，也说成“雏巴”。
泚毛：质量差，水平低，也作“疵毛”“疵毛大褂子”。
大白薯：也叫“地瓜”，硬充好汉。
得塞：抖落。
掉渣儿：土气十足。
动弹：干活，行动，活动。
短道：劫路。
对和：对付，顶嘴。
对撇子：投缘，也说成“对眼儿”“对脾气”。
二不楞腾：懈怠，迟钝。
二当：不精明，拖拉，办事不利索。
二乎：傻里傻气。
二皮脸：厚脸皮，不要脸。
二思：犹豫，不明确表态。
发脾寒：患疟疾。
发邪：小孩哭闹不止。
翻盖：把房子拆了重建。
反正：不论怎么样。
佛：表示疼痛的叹词，也说成“哎哟我佛”“佛佛佛”。
嘎根儿：一直。
尜：为人刻薄，厉害，狠毒。

生：小气、吝啬，也说成“生古”。
赶颜色：勤快，看得见活儿。
干打雷不下雨：不落实，不采取行动。
干够：巴结，求。
稿儿：东西，物件。
胳膊肘子往外拐：办事袒护外人。
硌眼皮：办事太不公道，让人看不下去。
咕咕头：事端，阴谋。
拐孤：贪占便宜，性情怪僻。
光待：经常。
锅腰子、罗锅：驼背。
好成个头：关系亲密。
好生着：小心。
合账：合算。
胡捣鼓：胡乱做事，也叫“胡捣捣”“胡摆摆”。
胡而马约：敷衍了事。
晃晃：偶尔，有时。
活通眼子：喉咙。
饥困：饿。
鸡刨狗糟：挥霍浪费。
急自：本来就。
加二五的：小心，卖力。
将才、才将：刚，刚才。
将打将：勉强。
脚脖子：手腕。
截么子：赶紧，多次地。
绝要：一定。
攫：用手搔。
吭子：对人的贬称，也指事物。
哭穷：装作贫穷的样子。
快兴：快速，利落。
拉呱：讲故事，闲说话。
拉磨、迁磨：拖拉，行动迟缓。
赖呆：软弱，不利索，邋遢。

狼虎：不怕天不怕地。
老婆舌头：善传流言蜚语者。
哩哏儿棱：装糊涂，糊弄人，办事敷衍，或搞阴谋诡计。
论堆：不求上进，破罐子破摔。
捋续：逐渐。
麻瞪：眼皮下垂，眼睛似睁非睁，也说“麻搭”。
没咒念：没办法了。
猛其（急）灵：突然，意想不到。
磨牙：斗嘴。
抹了蜜、抹了洋蜜：嘴甜，说话好听；高兴，喜悦。
拿不开枷：纳闷，犯疑，想不开。
硇人：使人中毒。
泥窝：泥泞，泥地。
排：（多用脚后部）用力踢。
皮锤：拳头。
皮紧：欠揍。
屁嗤狼烟：狼狈不堪的样子。
谝能为：炫耀技能。
扑撒：抖动。
岂不知：实际上。
起手：扒手。
乔气：见怪，身上难受。
趄下：躺下。
求起：稍微。
仍崩、崩：快速离开或跑开。
趿：穿鞋时把鞋后帮踩在脚下，不完全穿上。
山杠子：没见过世面，大惊小怪。
闪：亲近的人或物突然离开，感情上若有所失；抛弃。
烧包：没事找事，故意显摆。
神、妖：故作姿态，故弄玄虚，也说成“神道”“妖道”。
使：累。
手面子：手背。
受用：享用；舒服。
秫秸攒：将成捆的秫秸竖起，相互依靠而形成的锥形堆积物。

熟活：熟悉，熟练。
说婆家：给女的说媒。
说媳妇：给男的说媒。
死眉塌哈眼：办事不看眼色，不灵活。
俗：过于频繁，也说成“俗凡”“俗道”。
酸：打扮妖娆，搔首弄姿。
趿拉板：拖鞋。
胎：不结实。
谈歉：怜悯，可怜。
天花：笑容。
投：捅（炉子、烟袋等）。
旺相、旺活、旺跳：身体健康，精力旺盛。
望布：酒店门前所挂的用绸、布做的幌子。
窝攒、握钻：揉搓（成球），近似于“抟”的动作。
五脊子六兽：心烦意乱，忐忑不安。
希乎：几乎，差一点。
细作：小气。
下包子：蒸饺。
先：已经。
嫌乎：讨厌，厌恶。
现打现：当时，马上。
香饽饽：比喻受欢迎的人或事物。
小菜儿一碟儿：不在话下，没有问题。
小九九：心中盘算。
形容：羞辱。
熊样：傻样，鬼样。
熏獾：形容烟雾弥漫。
寻无常：上吊，投井。
牙花子：牙床。
眼生：小孩怕见生人。
扬风炸毛：轻浮不稳重，大惊小怪。
洋货：猖狂，也说“洋凡”。
夜猫子：猫头鹰，指熬夜的人。
一大些：很多。

一堆：一齐，一块儿。
欹：倚，靠。
引子：老面，面肥。
有了：怀孕。
榆木疙瘩：坚硬的榆树根，比喻思想顽固。
杌子、笼：用去皮的柳条编织的容器，有挎把，多用以盛放粮食、米面等。
圆承、圆成、圆融：说和，劝说。
约拉盖、耶鲁盖：前额。
长耳朵底子：患中耳炎。
胀饱：肚子发胀，得意忘形。
爪地：刨地。
折：将物品向一个容器内集中（多指饭菜等）。
真果的：果真。
症候：病，毛病。
执张：大惊小怪，装腔作势。
拽文：假充斯文，也说成“拽”。
钻唧：会找门路。

本篇附录：淄博市自然景观与人文景观名录[1]

表 1　淄博市自然景观

序号	景观	地址	特色
1	翠屏山景区	沂源县中庄镇	由万亩公益林、大峡谷、水库、龙王潭及林果观光带组成。
2	峨庄瀑布群景区	淄川区太河镇	国家 3A 级景区，瀑连塘，塘连瀑，秀水塘湾，飞瀑不断。
3	凤凰山旅游区	沂源县三岔乡	以齐长城古堡、千峰茏翠、云海松涛盛名。
4	红莲湖景区	张店区柳泉北路	有桓台古八景之一“会泊红莲”，体现丰厚自然、人文内涵。
5	九天洞风景区	沂源县南鲁山镇	传说天有九层，此洞九大洞厅，景观与天宫媲美，故名。
6	开元溶洞	博山区源泉镇	因洞内有唐代开元年间摩崖石刻得名，江北最大溶洞。
7	留仙谷景区	淄川区洪山镇	传说蒲松龄隐居之地，瀑布流泉，谷深绝壑，景观秀美。

[1] 淄博市自然景观与人文景观参见淄博市旅游发展委员会：《体验淄博·景点》，2020 年 9 月 10 日，淄博旅游资讯网，http://www.zbta.net。

（续表）

序号	景观	地址	特色
8	鲁山国家森林公园	博山区池上镇	鲁中最高峰，齐鲁界山，具绿、幽、秀、奇、险特色。
9	鲁山溶洞群风景区	沂源县南鲁山镇	北方最大的溶洞群，被誉为“江北第一溶洞群”。
10	马踏湖风景区	桓台县起凤镇	国家湿地保护区，省级风景名胜区，生态功能示范区。
11	萌山风景区	周村区萌水镇	集山水风光、名胜古迹和人文景观为一体。
12	蟠龙山景区	张店区卫固镇	茂林修竹，庙宇凌空，曲径通幽，流水环山，钟灵毓秀。
13	齐山风景区	淄川区太河镇	全国唯一一家以齐文化为主题的自然观光风景区。
14	千乘湖生态文化园	高青县大悦路	国家 3A 级景区，国家水利风景区，水城一体，黄河湿地园林特色。
15	樵岭前风景区	博山区山头镇	峰峦叠翠，飞流叠瀑，素有“天然公园”之称。
16	潭溪山旅游区	淄川区太河镇	得天独厚的天然氧吧，自然景观和人文景观丰富。
17	文昌湖风景区	周村区萌山镇	原萌山水库，具有湖光山色、山水相依的生态环境。
18	孝妇河湿地公园	张店区昌国路	生态、休闲的城市湿地公园。
19	姚家峪生态旅游度假区	博山区西过境路	有淋漓湖度假养生谷、桃园小镇、马公祠等六个板块。
20	原山国家森林公园	博山区颜山公园路	国家 4A 级景区，重点风景名胜区，森林文化教育基地。
21	云明山风景区	淄川区太河镇	国家古村落森林公园，鲁中最大天然盆景园。
22	梓潼山鬼谷洞风景区	淄川区双沟镇	山清水秀，谷幽林茂，有“鬼谷仙境”之美誉。

表 2　淄博市人文景观

序号	景观	地址	特色
1	东周殉马馆	临淄区齐都镇	大型东周时期墓葬，殉马坑围绕在墓东、西、北三面。
2	福王红木博物馆	周村区周隆路	省内红木卖场面积最大的家具商场、红木会馆。
3	古月楼博物馆	张店区柳泉路	集收藏、展览、研究、交流于一体的文物经营单位。
4	管仲纪念馆	临淄区齐陵街道	依托管仲墓而建，分馆区和园区，另设中国宰相馆。
5	国井酒文化博览园	高青县中心路	集酒文化体验、古法酿造演绎、原酒私藏封藏品鉴等功能。
6	黑铁山抗日武装起义纪念地	张店区卫固镇	为纪念 1937 年 12 月黑铁山起义而建，包括起义指挥部旧址、烈士陵园、纪念碑、纪念馆等。

（续表）

序号	景观	地址	特色
7	姜太公祠	临淄区桓公路	以姜太公衣冠冢为依托而建，山东省重要道教活动场所。
8	焦裕禄纪念馆	博山区源泉镇	全国最早的焦裕禄纪念馆。
9	九顶莲花山文化景区	沂源县东里镇	山、寺、泉、河、村有机组合，道、儒、佛文化合一。
10	奎盛公园	淄川区松龄东路	集自然风光、动植物观赏、休闲娱乐为一体。
11	聊斋城	淄川区洪山镇	以园林为表现形式，以聊斋故事为主题。
12	临淄足球博物馆	临淄区临淄大道	浓缩了中国的蹴鞠文化史、体育文化史和世界足球史。
13	六一八战备电台旧址	沂源县鲁村镇	华东地区规模最大、保存最完整的战备电台，国防教育基地。
14	马鞍山风景区	淄川区淄河镇	因形似马鞍得名，爱国主义教育基地和国防教育基地。
15	蒲松龄故居	淄川区洪山镇	世界短篇小说之王蒲松龄的故里。
16	蒲松龄书馆	周村区王村镇	蒲松龄生前执教和写作的地方。
17	齐国故城遗址博物馆	临淄区张皇路	迁建为齐文化博物馆，集文物收藏、展陈、保护、研究、教育、休闲功能于一体。
18	齐文化博物院	临淄区临淄大道	以齐文化为主线，以故都临淄为核心，展示齐国历史文化。
19	唐山佛雕文化园	沂源县东里镇	有“唐山叠翠”风景和摩崖造像、至元古碑等古迹。
20	王渔洋纪念馆	桓台县新城镇	为纪念一代诗宗王渔洋而建。
21	颜文姜祠	博山区山头镇	又名灵泉庙、顺德夫人祠，俗称大庙。
22	沂源牛郎织女景区	沂源县燕崖镇	建于唐代的织女洞和牛郎庙，传说与实地实景相对应。
23	涌泉齐长城景区	淄川区淄河镇	历史故事“孟姜女哭长城”的流传地。
24	玉黛湖生态乡村庄园	张店区张辛路	融知识性、趣味性、游乐性于一体的生态休闲场所。
25	中国古车博物馆	临淄区齐陵镇	包括春秋殉马车展厅和中国古车陈列展厅两部分。
26	中国课本博物馆	张店区中润大道	国内首座课本主题博物馆。
27	中国陶瓷馆	张店区华光路	国内规模最大、档次最高、展品最全的专业陶瓷馆。
28	周村古商城	周村区周村大街	有“旱码头”“丝绸之乡”“天下第一村”美誉。
29	淄博市科技馆	张店区科技巷	开展科技交流、科学普及和科技教育的大型场馆。

本篇主要参考文献

古籍类

［1］（汉）刘向著，王天海、杨秀岚译：《说苑》，北京：中华书局，2019年版。

［2］（汉）司马迁：《史记》，长春：吉林大学出版社，2015年版。

［3］（清）蒲松龄著，蒲先明整理，邹宗良校注：《聊斋俚曲集》，北京：国际文化出版公司，1999年版。

［4］（清）蒲松龄著，于天池注，孙通海、于天池等译：《聊斋志异》，北京：中华书局，2015年版。

［5］（宋）李昉等编：《太平广记》，北京：中华书局，1961年版。

［6］（战国）墨翟著，辛志凤、蒋玉斌等译：《墨子译注》，哈尔滨：黑龙江人民出版社，2003年版。

［7］陈曦译注：《六韬》，北京：中华书局，2016年版。

［8］李山、轩新丽译注：《管子》，北京：中华书局，2019年版。

［9］绿净译注：《古列女传译注》，上海：上海三联书店，2021年版。

［10］缪文远、罗永莲、缪伟译注：《战国策》，北京：中华书局，2016年版。

［11］唐敬杲选注：《列子》，北京：商务印书馆，1926年版。

［12］杨伯峻：《孟子译注》，北京：中华书局，2010年版。

［13］杨伯峻编著：《春秋左传注》，北京：中华书局，2018年版。

［14］张永雷、刘丛著译：《汉书》，北京：中华书局，2009年版。

著作类

［15］白云翔主编：《文化临淄》，济南：山东人民出版社，2021年版。

［16］凤凰出版社编撰：《中国地方志集成·山东府县志辑》，南京：凤凰出版社，2004年版。

［17］高青县地方史志编纂委员会编：《高青县志》，北京：中国社会出版社，1991年版。

［18］洪夏子、刘彦萍、马丽：《生活礼仪》，沈阳：东北大学出版社，2018年版。

［19］桓台县地方史志编纂委员会编：《桓台县志》，济南：齐鲁书社，1992年版。

［20］季乃礼主编：《文化高青》，济南：山东人民出版社，2021年版。

［21］李障天、阎象吉主编；淄博市政协文史资料研究委员会、淄博市经济科技委员会编：《淄博经济史料》，北京：中国文史出版社，1990年版。

［22］李宗伟主编：《山东省省级非物质文化遗产名录图典》，济南：山东友谊出版社，2012年版。

［23］林继富总主编，钟进文主编：《中国民间游戏总汇·球类卷》，长沙：湖南文

艺出版社，2016 年版。

［24］刘心明主编：《文化博山》，济南：山东人民出版社。

［25］民政部地名研究所编，张清华等编：《今县释名增补》，北京：中国社会科学出版社，2015 年版。

［26］牛汝辰编：《中国地名掌故词典》，北京：中国社会出版社，2016 年版。

［27］牛余星主编，山东省淄博市张店区志编纂委员会编：《张店区志》，北京：中国友谊出版公司，1991 年版。

［28］曲洪祎：《记住乡愁·山东乡情展馆》，济南：山东人民出版社，2016 年版。

［29］山东省地方史志编纂委员会编：《山东省志·民俗志（1840—2005）》，济南：山东人民出版社，2016 年版。

［30］山东省文化和旅游厅编：《山东省级非物质文化遗产普及读本·传统戏剧卷》，济南：济南出版社，2019 年版。

［31］山东省文化厅《文化艺术志》编辑办公室、山东省淄博市文化局《文化志》编纂办公室：《山东省文化艺术志资料汇编·第 6 辑·淄博市〈文化志〉资料专辑》，山东省文化厅史志办公室、淄博市文化志编辑办公室编印，1985 年版。

［32］山东省淄博市博山区区志编纂委员会编：《博山区志》，济南：山东人民出版社，1990 年版。

［33］山东省淄博市临淄区志编纂委员会编：《临淄区志》，北京：国际文化出版公司，1989 年版。

［34］山东省淄博市政协文史资料委员会《淄博文史资料选辑》（第四辑），济南：齐鲁书社，1986 年版。

［35］山东省淄博市周村区年鉴编纂委员会编：《周村年鉴（1986—1992）》，济南：齐鲁书社，1995 年版。

［36］山东省淄博市周村区志编纂委员会编：《周村区志》，北京：中国社会科学出版社，1992 年版。

［37］山东省淄博市淄川区区志编纂委员会编：《淄川区志》，济南：齐鲁书社，1990 年版。

［38］史兵：《中国体育文化区探微》，北京：线装书局，2008 年版。

［39］宋暖：《博山琉璃研究》，济南：齐鲁书社，2016 年版。

［40］王培源主编：《文化淄博》，济南：山东人民出版社，2021 年版。

［41］王秀亮：《淄博乡情》，北京：大众文艺出版社，2009 年版。

［42］王秀亮主编：《淄川民间艺术》，济南：齐鲁书社，2009 年版。

［43］王学彦主编，山东省沂源县史志编纂委员会编：《沂源县志》，济南：齐鲁书社，1996 年版。

［44］向斯：《中国皇帝游乐生活》，北京：新华出版社，1994 年版。

［45］于全有主编：《中国语言学研究》，长春：吉林文史出版社，2006 年版。

［46］张富祥主编：《文化沂源》，济南：山东人民出版社，2021 年版。
［47］张桂林主编：《传统音乐》，济南：山东友谊出版社，2008 年版。
［48］张文主编：《淄博歌谣卷》，济南：山东文艺出版社，1995 年版。
［49］张文主编：《淄博故事卷》，济南：山东文艺出版社，1990 年版。
［50］张玉柱主编：《齐鲁民间艺术通览》，济南：山东友谊出版社，1998 年版。
［51］赵晓明、王聿发编：《淄川民间故事》，济南：齐鲁书社，2009 年版。
［52］郑峰主编：《淄博民间故事大全》，济南：山东文艺出版社，2004 年版。
［53］周飞舟、巩曰国主编：《文化桓台》，济南：山东人民出版社，2021 年版。
［54］朱丽霞主编：《文化周村》，济南：山东人民出版社，2021 年版。
［55］朱正昌总主编，孙丽主编：《舞蹈》，济南：山东友谊出版社，2004 年版。
［56］政协博山区委员会编：《博山民俗》，淄博：淄博市文化广电新闻出版局，2013 年版。
［57］淄博市志编纂委员会编：《淄博市志》，北京：中华书局，1995 年版。

期刊类

［58］崔乐泉：《中国古代六博研究》，《体育文化导刊》2006 年第 4 期。
［59］董善习：《淄博刻瓷艺术之我见》，《陶瓷科学与艺术》2011 年第 10 期。
［60］孟庆泰：《淄博地区的语言崇拜与习俗》，《民俗研究》1994 年第 3 期。
［61］潘鲁生：《谈淄博民间文化》，《山东工艺美术学院学报》2016 年第 4 期。
［62］王聿发：《聊斋俚曲中歇后语的分布与类型》，《蒲松龄研究》2006 年第 4 期。
［63］于思湘：《淄博方言语法现象研究》，《山东理工大学学报（社会科学版）》2004 年第 5 期。
［64］张迪：《口述史视野下的山东淄博磁村花鼓舞蹈传承研究》，《当代音乐》2019 年第 9 期。
［65］张泰、王文晖、隋长虹：《〈聊斋俚曲集〉方言俗语选释》，《蒲松龄研究》2004 年第 1 期。

网络资源

［66］守愚工作室：《说说桓台方言、歇后语和俗语》，2018 年 6 月 8 日，个人图书馆，http://www.360doc.com/content/18/0608/01/44669208_760562238.shtml。
［67］笑书：《流行于博山民间的歇后语》，2015 年 7 月 26 日，经典用语，https://www.jintang114.org/html/xiehouyu/2015/0726/23563.html。
［68］淄博市旅游发展委员会：《体验淄博 · 景点》，2020 年 9 月 10 日，淄博旅游资讯网，http://www.zbta.net。

编后记

对淄博民俗进行资料整理与研究，始于十年前主持“淄博方言博物馆展陈内容筹备”课题研究，之后又参与国家社科基金项目“齐鲁戏曲与齐鲁文化研究”和淄博民间文化艺术传承创新平台项目建设。十年间，我们从被民俗吸引，到研究语言民俗，逐渐立足文化创新发展层面审视民俗。2019 年申报淄博市校城融合发展研究项目“创新文化建设视域下淄博民俗文化调查与研究”，开始编写《淄博民俗志》，2022 年通过结项验收。2023 年 2 月，《淄博民俗志》书稿获批作为山东省社科理论重点研究基地山东省齐文化研究基地项目成果出版。

这部书是第一次对淄博民俗以方志形式编修，编写人员怀着极大热情投入工作，积累了大量资料。根据中国民俗协会制定的编写大纲，参考其他省市《民俗志》的编写纲目与内容，于 2020 年初开始撰稿。编写分四篇：第一篇生产贸易民俗，主要由张晓明撰稿；第二篇日常生活民俗，主要由平娟、阚楠撰稿；第三篇社会民俗，主要由刘甲敏、李新宇撰稿；第四篇游艺民俗，主要由金梦鸽撰稿。2021 年底完成初稿，后多次征求专家意见，几易其稿，每篇由 20 万字删改至 15 万字，2022 年 7 月定稿，2023 年 5 月付梓发行。

这部书的出版，离不开各界的支持与帮助。

省政协原副主席、山东师范大学特聘资深教授、山东理工大学齐文化研究院王志民院长对齐鲁文化的真挚热爱，对学术研究的深切情怀，是工作开展的动力源泉。王院长百忙中多次通过电话、邮件问询著作出版情况，给以亲切的关怀与指导，并欣然赐序。

从首次获批资助到出版，历时逾六载，学校社科处领导和齐文化研究院领导始终热情资助著作出版。

淄博民俗文化研究会会长、《管子学刊》原主编于孔宝先生，学校特聘教授、齐鲁文化专家、上海交通大学人文学院朱丽霞教授，提出了许多宝贵的建议。

淄博市投资促进局郭小婕女士多次提供热忱帮助。

淄博市市场监管局与淄博市农业农村局提供了国家地理标志商标与产品等资料。

出版跨经新冠疫情最后肆虐时期，齐鲁书社社长王路先生、山东人民出版社文化艺术编辑室主任刘晨先生与责任编辑刘一星女士做了大量专业而辛苦的工作。

言不可尽，情不可尽！幸沐鸿恩，恭致谢忱！

书中阙误错讹之处，敬请方家指正。

这部书，献给生于斯长于斯的这片土地，献给这片土地上挚爱的亲人！我们相信，在中华民族复兴道路上，齐文化正迎来全新的发展时代。

2023年季春写于小百合书屋